2020

中国第三产业统计年鉴

CHINA STATISTICAL YEARBOOK OF THE TERTIARY INDUSTRY

国 家 统 计 局　编
Compiled by National Bureau of Statistics

中国统计出版社
China Statistics Press

图书在版编目（CIP）数据

中国第三产业统计年鉴 . 2020 = China Statistical Yearbook of the Tertiary Industry 2020 / 国家统计局编 . -- 北京 : 中国统计出版社 , 2020.12
ISBN 978-7-5037-9377-6

Ⅰ . ①中 … Ⅱ . ①国 … Ⅲ . ①第三产业－经济统计－统计资料－中国－ 2020 －年鉴 Ⅳ . ① F264.1-66

中国版本图书馆 CIP 数据核字 (2020) 第 221035 号

中国第三产业统计年鉴—2020

作　　者 / 国家统计局
责任编辑 / 李　冲
装帧设计 / 李雪燕
出版发行 / 中国统计出版社有限公司
通信地址 / 北京市丰台区西三环南路甲 6 号　邮政编码 /100073
电　　话 / 邮购（010）63376909　书店（010）68783171
网　　址 / http://www.zgtjcbs.com
印　　刷 / 河北鑫兆源印刷有限公司
经　　销 / 新华书店
开　　本 / 880×1230 毫米　1/16
字　　数 / 1300 千字
印　　张 / 42.25
版　　别 / 2020 年 12 月第 1 版
版　　次 / 2020 年 12 月第 1 次印刷
定　　价 / 320.00 元

本书附同版本 CD-ROM 一张，光盘内容以书面文字为准。
如有印装差错，由本社发行部调换。

《中国第三产业统计年鉴—2020》

编委会和编辑工作人员

编者说明

一、《中国第三产业统计年鉴—2020》收录了全国和各省、自治区、直辖市 2019年第三产业的统计数据以及部分历史数据，是一部反映中华人民共和国第三产业发展全面情况的资料性年刊。

二、本年鉴正文内容分为 9个篇章：1.第三产业单位数；2.第三产业就业人员数；3.第三产业增加值；4.第三产业固定资产投资；5.第三产业双向投资与服务贸易进出口情况；6.第三产业能源消费情况；7.第三产业分行业主要指标；8.派生产业情况；9.港澳台第三产业情况。附录部分包括 3个篇章：1.世界及主要国家第三产业统计资料摘要；2.中国服务业采购经理指数及世界主要经济体的相关情况；3.部分国家服务业生产指数月度增速。各篇章前设有简要说明，对本篇章的主要内容、资料来源、统计范围、统计方法以及历史变动情况予以简要概述，篇末附有主要统计指标解释。

三、本年鉴所涉及的全国性统计数据，除森林面积和森林覆盖率外，均未包括香港、澳门特别行政区和台湾省数据。

四、香港、澳门特别行政区的统计是构成国家统计总体的一部分。但根据《中华人民共和国香港特别行政区基本法》和《中华人民共和国澳门特别行政区基本法》的有关原则，香港、澳门与内地是相对独立的统计区域，根据各自不同的统计制度和法律规定，独立进行统计工作。本年鉴中香港、澳门特别行政区统计资料分别由香港特别行政区政府统计处、澳门特别行政区政府统计暨普查局提供，国家统计局国际统计信息中心负责整理、编辑。

五、台湾省数据来自台湾省“行政院主计处”统计资料，国家统计局国际统计信息中心负责整理、编辑。

六、与 2019年版《中国第三产业统计年鉴》相比较，本年鉴主要做了如下修订：

（一）删除表式：

1.第七篇章“第三产业分行业主要指标”的“科学研究和技术服务业”章

节中，删除“研究与开发机构研究与试验发展（R&D）课题学科分组情况”“各地区出入境货物检验检疫情况”“海洋观测预报单位机构、人员情况”“海洋观测调查情况”四张表。

2. 第七篇章“第三产业分行业主要指标”的“教育”章节中，删除“中国出国留学和外国来华留学人员情况”一张表。

3. 第七篇章“第三产业分行业主要指标”的“公共管理、社会保障和社会组织”章节中，删除“人民检察院受理举报、控告和申诉案件情况”一张表。

4. 第八篇章“派生产业情况”的“旅游及相关产业”章节中，删除“按国籍分入境外国游客”一张表。

5. 第八篇章“派生产业情况”的“文化及相关产业”章节中，删除“规模以下文化服务业企业基本情况”及“文化服务业事业和社团法人单位基本情况”两张表。

6. 第八篇章的“派生产业情况”，因相关分类标准调整，产业单位认定方法正在研究，无法提供数据，删除派生服务业章节。

（二）合并表式：

在第七篇章《第三产业分行业主要指标》的“水利、环境和公共设施管理业”章节中，“环保重点城市道路交通噪声监测情况”和“环保重点城市区域环境噪声监测情况”二表合并为“主要城市噪声监测情况”一张表。

（三）增加表式：

1.第三篇章“第三产业增加值”中，因分地区核算制度改革，《中国第三产业统计年鉴—2019》中沿用 2017年度数据。为确保年度数据连续性，《中国第三产业统计年鉴—2020》将 2018年度和 2019年度分地区增加值相关数据同时加载，增加三张表。

2. 第七篇章“第三产业分行业主要指标”的“公共管理、社会保障和社会组织”章节中，增加“人民检察院办理民事、行政公益诉讼案件情况”一张表。

七、本年鉴中凡未注明年份的数据，均指 2019年的数据。

八、本年鉴所使用的度量衡单位，均采用国际统一标准计量单位。

九、本年鉴中部分数据合计数或相对数由于计量单位取舍不同而产生的计算误差，均未做机械调整。

十、符号使用说明：年鉴各表中的“空格”表示该项统计指标数据不足本表最小单位数、数据不详或无该项数据；“#”表示其中的主要项。港澳台部分的符号使用方法具体见其篇章说明。

目　录

一、第三产业单位数

二、第三产业就业人员数

三、第三产业增加值

四、第三产业固定资产投资

五、第三产业双向投资与服务贸易进出口情况

六、第三产业能源消费情况

七、第三产业分行业主要指标

八、派生产业情况

九、港澳台第三产业情况

附录一、世界及主要国家第三产业统计资料摘要

附录二、中国服务业采购经理指数及世界主要经济体的相关情况

附录三、部分国家服务业生产指数月度增速

1 第三产业单位数

简要说明

一、主要内容

本篇资料通过对一定时期第三产业法人单位数量上的描述，反映报告期内第三产业法人单位的数量变化。

二、统计范围与统计口径

第三产业基本单位统计范围包括：我国境内从事社会经济第三产业活动的法人单位，未包括香港、澳门特别行政区和台湾省。

三、资料来源

第三产业基本单位统计2004年、2008年、2013年和2018年的数据，来源于第一次、第二次、第三次和第四次全国经济普查数据，其余年份来源于基本单位统计年报数据，普查年份没有年报数据。

社会组织和自治组织单位数由民政部提供。

1-1 第三产业法人单位数及所占比重

单位：个

年 份	全部法人单位数	第一产业	第二产业	第三产业	第三产业法人单位数所占比重(%)
1997	4344278	65307	1492302	2786669	64.1
1998	4417508	59692	1567816	2790000	63.2
1999	4221995	57177	1442405	2722413	64.5
2000	4366141	57542	1500106	2808493	64.3
2001	5107015	59104	1467937	3579974	70.1
2002	5170852	59522	1492241	3619089	70.0
2003	5214144	156033	1537037	3521074	67.5
2004	5168303	1835	1579340	3587128	69.4
2005	5647823	68800	1733605	3845418	68.1
2006	6068912	78205	1889475	4101232	67.6
2007	6495064	98546	2039702	4356816	67.1
2008	7098765	2023	2200376	4896366	69.0
2009	8003868	184764	2386389	5432715	67.9
2010	8754588	242429	2568818	5943341	67.9
2011	9593729	321086	2758483	6514160	67.9
2012	10616530	440853	2949694	7225983	68.1
2013	10856568	1815	2743796	8110957	74.7
2014	13701440	773414	3244154	9683872	70.7
2015	15729199	1005230	3544975	11178994	71.1
2016	18191382	1262764	3953940	12974678	71.3
2017	22009092	1670774	4731349	15606969	70.9
2018	21787273	1224	4626235	17159814	78.8
2019	25280211	1642773	5063303	18574135	73.5

注：2004年、2008年、2013年和2018年第一产业法人单位数仅包括兼营第二、三产业的第一产业法人单位。

1-2 第三产业按行业、东中西部以及东北地区分组的法人单位数

单位：个

行业	法人单位数				
		东部地区	中部地区	西部地区	东北地区
合　计	**18574135**	**10355607**	**3853380**	**3552997**	**812151**
农、林、牧、渔专业及辅助性活动	237114	66503	100174	48632	21805
开采专业及辅助性活动	4276	612	331	2973	360
金属制品、机械和设备修理业	38938	23226	6877	6302	2533
批发和零售业	**7155907**	**4268744**	**1404525**	**1199798**	**282840**
批发业	3936043	2513744	689655	568142	164502
零售业	3219864	1755000	714870	631656	118338
交通运输、仓储和邮政业	**629631**	**352947**	**126800**	**113419**	**36465**
铁路运输业	1246	539	257	384	66
道路运输业	400374	207498	92400	77974	22502
水上运输业	14771	9596	2861	1688	626
航空运输业	3094	1669	406	782	237
管道运输业	372	216	68	74	14
多式联运和运输代理业	110878	84408	9757	11613	5100
装卸搬运和仓储业	72421	37185	15258	14054	5924
邮政业	26475	11836	5793	6850	1996
住宿和餐饮业	**449277**	**237000**	**85790**	**113178**	**13309**
住宿业	131960	61055	26696	38858	5351
餐饮业	317317	175945	59094	74320	7958
信息传输、软件和信息技术服务业	**1047408**	**639842**	**209158**	**155194**	**43214**
电信、广播电视和卫星传输服务	29017	12941	6627	7325	2124
互联网和相关服务	136357	79144	30589	22538	4086
软件和信息技术服务业	882034	547757	171942	125331	37004
金融业	**131744**	**89264**	**14824**	**21521**	**6135**
货币金融服务	38945	19986	6241	9364	3354
资本市场服务	59701	50908	2763	5351	679
保险业	17621	8276	3770	4050	1525
其他金融业	15477	10094	2050	2756	577
房地产业	**811663**	**447403**	**167144**	**158354**	**38762**
房地产业	811663	447403	167144	158354	38762
租赁和商务服务业	**2825375**	**1702982**	**520558**	**499876**	**101959**
租赁业	258454	123945	62951	60094	11464
商务服务业	2566921	1579037	457607	439782	90495
科学研究和技术服务业	**1390741**	**857042**	**274651**	**205528**	**53520**
研究和试验发展	203416	149556	26914	17619	9327
专业技术服务业	603148	348222	120105	110440	24381
科技推广和应用服务业	584177	359264	127632	77469	19812
水利、环境和公共设施管理业	**172856**	**79250**	**44413**	**41589**	**7604**
水利管理业	22772	7813	6757	6681	1521
生态保护和环境治理业	22470	10650	5163	5769	888
公共设施管理业	110046	52375	28535	24405	4731
土地管理业	17568	8412	3958	4734	464
居民服务、修理和其他服务业	**522903**	**284878**	**101728**	**115818**	**20479**
居民服务业	228927	128676	42937	48014	9300
机动车、电子产品和日用产品修理业	194083	99069	37942	49386	7686
其他服务业	99893	57133	20849	18418	3493
教育	**698893**	**302090**	**182343**	**174768**	**39692**
教育	698893	302090	182343	174768	39692
卫生和社会工作	**279155**	**116650**	**72170**	**68691**	**21644**
卫生	190675	69815	53470	52235	15155
社会工作	88480	46835	18700	16456	6489
文化、体育和娱乐业	**585224**	**317145**	**129110**	**116773**	**22196**
新闻和出版业	8873	4732	1809	1816	516
广播、电视、电影和录音制作业	72376	45750	11132	13334	2160
文化艺术业	170890	92643	39388	32527	6332
体育	59456	35998	10055	10799	2604
娱乐业	273629	138022	66726	58297	10584
公共管理、社会保障和社会组织	**1593030**	**570029**	**412784**	**510583**	**99634**
中国共产党机关	36656	10329	9322	13735	3270
国家机构	462040	131439	129333	162734	38534
人民政协、民主党派	6401	2089	1615	2119	578
社会保障	10706	2494	3569	3824	819
群众团体、社会团体和其他成员组织	410171	166389	89611	137252	16919
基层群众自治组织	667056	257289	179334	190919	39514

1-3 各地区第三产业法人单位数

单位：个

地 区	2007	2008	2009	2010	2011	2012	2013
全 国	**4356816**	**4896366**	**5432715**	**5943341**	**6514160**	**7225983**	**8110957**
北 京	269987	229389	326070	333119	339930	352507	576634
天 津	73215	98185	99464	115642	129983	146761	158130
河 北	164897	186396	214124	226856	238171	253885	320694
山 西	123459	125381	136363	142929	152719	167686	171812
内蒙古	72388	89959	98756	105566	111756	117284	133085
辽 宁	178286	210793	227113	242397	255177	315733	308077
吉 林	68672	92475	95522	85508	89507	94269	104444
黑龙江	89162	111957	121344	130178	136219	140072	140554
上 海	269674	260136	259954	289813	308687	336372	315200
江 苏	292981	336147	386037	479293	556722	636540	657050
浙 江	265194	298851	328369	364092	417817	472890	570774
安 徽	135710	138043	150844	162753	193694	217851	259496
福 建	140569	156314	178045	201768	232899	259971	270572
江 西	88429	102964	113261	124181	133364	166966	183671
山 东	304705	397970	441614	505592	547125	600099	607597
河 南	198698	227803	241904	249744	256627	267180	391220
湖 北	153270	218863	241083	253804	279162	317929	342473
湖 南	139855	184994	194537	209186	224218	245616	323743
广 东	373128	401828	459624	522154	596147	667820	738021
广 西	118180	127997	147604	166446	189951	211760	203069
海 南	23796	24778	25822	30322	34123	38842	39498
重 庆	82382	99975	108699	121050	149740	181851	201560
四 川	235118	242396	256626	267267	275697	302400	306688
贵 州	75697	78319	83325	88095	91544	98388	114743
云 南	84756	98542	114897	130783	149743	160897	158749
西 藏	13053	14582	14940	15244	15428	15553	17929
陕 西	132944	141049	156630	160258	178409	193674	201219
甘 肃	75899	79055	83061	87505	91216	97644	112374
青 海	19533	20686	21533	22915	23900	25467	29035
宁 夏	25353	23903	26354	28000	30801	33250	36076
新 疆	67826	76636	79196	80881	83684	88826	116770

1-3 续表

单位：个

地 区	2014	2015	2016	2017	2018	2019
全 国	**9683872**	**11178994**	**12974678**	**15606969**	**17159814**	**18574135**
北 京	598321	641029	646874	654823	927890	850010
天 津	196037	243372	303998	347974	232920	247559
河 北	360865	425143	524464	766990	835062	880101
山 西	204219	261897	349239	424346	388779	456179
内蒙古	156062	170668	197767	229568	246973	270022
辽 宁	360057	399774	435068	480409	469476	450692
吉 林	125444	132071	141384	149117	154409	154230
黑龙江	153845	165123	183182	234967	212740	207229
上 海	330431	343605	357385	376332	376014	407213
江 苏	852005	1009469	1279916	1604092	1419897	1603491
浙 江	723735	821291	951472	1190194	1064583	1332836
安 徽	321755	388957	452152	594467	632607	661092
福 建	388842	461980	532297	620532	547347	707731
江 西	227755	266812	318382	389056	353752	392322
山 东	750280	917722	1189066	1429606	1362081	1664599
河 南	449315	559206	620138	713946	1055586	1065184
湖 北	424391	507983	576338	687379	696763	766643
湖 南	327002	356272	420047	506224	519608	511960
广 东	877443	955114	1043763	1351026	2430350	2563447
广 西	247266	297964	348074	396587	423728	484926
海 南	46701	56616	63470	75423	86417	98620
重 庆	257403	306389	359017	405566	434842	438105
四 川	353117	373418	407564	460213	642310	652845
贵 州	138414	169309	207802	270199	276301	291882
云 南	207876	271033	323837	404836	382565	408469
西 藏	21882	22197	22271	21988	35024	34565
陕 西	237044	268960	291702	330621	428458	431210
甘 肃	128036	141071	150573	156968	198501	184404
青 海	35818	39667	43567	71654	62011	67816
宁 夏	39976	47279	57410	63232	57010	79495
新 疆	142535	157603	176459	198634	205810	209258

1-4 各地区第三产业法人单位数及所占比重

单位：个

地 区	全部法人单位数	第一产业	第二产业	第三产业	第三产业法人单位数所占比重(%)
全 国	**25280211**	**1642773**	**5063303**	**18574135**	**73.5**
北 京	913369	6648	56711	850010	93.1
天 津	321740	11851	62330	247559	76.9
河 北	1318321	104011	334209	880101	66.8
山 西	633960	89111	88670	456179	72.0
内蒙古	381670	53421	58227	270022	70.7
辽 宁	621156	42302	128162	450692	72.6
吉 林	212073	23952	33891	154230	72.7
黑龙江	295952	46100	42623	207229	70.0
上 海	482353	5118	70022	407213	84.4
江 苏	2327217	39449	684277	1603491	68.9
浙 江	1905578	45729	527013	1332836	69.9
安 徽	946508	91691	193725	661092	69.8
福 建	941297	46383	187183	707731	75.2
江 西	570196	64092	113782	392322	68.8
山 东	2309367	100155	544613	1664599	72.1
河 南	1418818	122388	231246	1065184	75.1
湖 北	1006945	57579	182723	766643	76.1
湖 南	672298	56616	103722	511960	76.2
广 东	3349156	38120	747589	2563447	76.5
广 西	641503	75901	80676	484926	75.6
海 南	125542	11343	15579	98620	78.6
重 庆	591369	74990	78274	438105	74.1
四 川	867477	87763	126869	652845	75.3
贵 州	471151	102105	77164	291882	62.0
云 南	571421	85592	77360	408469	71.5
西 藏	49191	2498	12128	34565	70.3
陕 西	587005	48581	107214	431210	73.5
甘 肃	266600	53275	28921	184404	69.2
青 海	98516	18227	12473	67816	68.8
宁 夏	113259	17361	16403	79495	70.2
新 疆	269203	20421	39524	209258	77.7

1-5 第三产业按行业、控股情况分组的企业法人单位数

单位：个

行业	企业法人单位数	国有控股	集体控股	私人控股	港澳台商控股	外商控股	其他
合计	**15395895**	**200508**	**115706**	**14496109**	**77817**	**55147**	**450608**
农、林、牧、渔专业及辅助性活动	65513	1358	1979	59375	116	54	2631
开采专业及辅助性活动	4272	100	62	3934	10	9	157
金属制品、机械和设备修理业	38763	383	623	36395	120	164	1078
批发和零售业	**6980244**	**40568**	**40621**	**6688532**	**27167**	**24832**	**158524**
批发业	3803192	24838	19034	3632872	20221	20917	85310
零售业	3177052	15730	21587	3055660	6946	3915	73214
交通运输、仓储和邮政业	**619744**	**17058**	**5909**	**572256**	**2990**	**1800**	**19731**
铁路运输业	1238	412	38	732	2	3	51
道路运输业	393818	6829	3163	371300	756	346	11424
水上运输业	14306	981	491	12022	97	65	650
航空运输业	2997	437	26	2306	19	31	178
管道运输业	371	79	3	246	6	14	23
多式联运和运输代理业	110834	1437	421	103123	1211	687	3955
装卸搬运和仓储业	69855	5908	1685	58207	868	640	2547
邮政业	26325	975	82	24320	31	14	903
住宿和餐饮业	**446998**	**6803**	**4221**	**418101**	**2333**	**2022**	**13518**
住宿业	130969	4889	2344	117744	708	445	4839
餐饮业	316029	1914	1877	300357	1625	1577	8679
信息传输、软件和信息技术服务业	**1039712**	**7184**	**2230**	**984667**	**8674**	**4857**	**32100**
电信、广播电视和卫星传输服务	25225	2822	252	20666	257	265	963
互联网和相关服务	135270	821	292	129027	578	251	4301
软件和信息技术服务业	879217	3541	1686	834974	7839	4341	26836
金融业	**129926**	**17950**	**2094**	**94466**	**2573**	**1666**	**11177**
货币金融服务	37345	7420	1575	21210	2006	734	4400
资本市场服务	59617	2508	213	53554	362	223	2757
保险业	17602	6784	225	6566	94	646	3287
其他金融业	15362	1238	81	13136	111	63	733
房地产业	**806707**	**27104**	**15695**	**714330**	**7707**	**3298**	**38573**
房地产业	806707	27104	15695	714330	7707	3298	38573
租赁和商务服务业	**2553784**	**41048**	**23774**	**2378756**	**15276**	**8842**	**86088**
租赁业	252245	1461	625	242351	741	314	6753
商务服务业	2301539	39587	23149	2136405	14535	8528	79335

1-5 续表 单位：个

行业	企业法人单位数	国有控股	集体控股	私人控股	港澳台商控股	外商控股	其他
科学研究和技术服务业	**1255369**	**18603**	**7544**	**1172609**	**7635**	**5644**	**43334**
研究和试验发展	193241	1550	886	181131	1704	1432	6538
专业技术服务业	557766	13060	3679	517821	3192	2254	17760
科技推广和应用服务业	504362	3993	2979	473657	2739	1958	19036
水利、环境和公共设施管理业	**136261**	**9492**	**2142**	**118601**	**455**	**212**	**5359**
水利管理业	5945	1411	263	3924	13	13	321
生态保护和环境治理业	18816	920	146	16761	132	91	766
公共设施管理业	96427	6302	1632	84326	299	94	3774
土地管理业	15073	859	101	13590	11	14	498
居民服务、修理和其他服务业	**496578**	**2615**	**4216**	**474558**	**862**	**595**	**13732**
居民服务业	206889	1173	1862	197474	416	287	5677
机动车、电子产品和日用产品修理业	193531	838	1588	185567	257	179	5102
其他服务业	96158	604	766	91517	189	129	2953
教育	**230944**	**1587**	**1266**	**220606**	**387**	**311**	**6787**
教育	230944	1587	1266	220606	387	311	6787
卫生和社会工作	**76683**	**1114**	**976**	**71301**	**163**	**142**	**2987**
卫生	61600	843	782	57354	100	98	2423
社会工作	15083	271	194	13947	63	44	564
文化、体育和娱乐业	**514276**	**7523**	**2344**	**487543**	**1349**	**699**	**14818**
新闻和出版业	5606	2009	170	3185	7	9	226
广播、电视、电影和录音制作业	68548	2378	381	63055	206	75	2453
文化艺术业	126186	1753	642	119235	294	136	4126
体育	48944	440	233	46432	224	192	1423
娱乐业	264992	943	918	255636	618	287	6590

1-6 第三产业按地区、控股情况分组的企业法人单位数

单位：个

地区	企业法人单位数	国有控股	集体控股	私人控股	港澳台商控股	外商控股	其他
全国	**15395895**	**200508**	**115706**	**14496109**	**77817**	**55147**	**450608**
北京	810401	12249	12588	750626	4717	5845	24376
天津	228319	5601	1934	195226	1814	1602	22142
河北	736845	8953	4727	714997	404	615	7149
山西	363382	6557	3450	351585	126	145	1519
内蒙古	202760	3316	943	188942	119	92	9348
辽宁	370032	6528	4295	338518	971	1397	18323
吉林	102040	2925	974	91173	119	146	6703
黑龙江	145695	4118	1655	133403	149	140	6230
上海	376504	9477	5290	325182	9954	13493	13108
江苏	1415599	13107	7451	1353581	5258	4949	31253
浙江	1174562	10923	7738	1140214	3478	7879	4330
安徽	549991	6074	3242	502491	521	238	37425
福建	609888	7812	3039	586826	4234	1889	6088
江西	298497	5774	1919	281825	341	141	8497
山东	1401294	10524	5917	1358728	1804	2896	21425
河南	825781	7990	5365	779349	498	284	32295
湖北	600523	7331	4309	577781	780	876	9446
湖南	353114	5845	2209	333858	373	237	10592
广东	2273046	17352	16252	2092961	38660	9101	98720
广西	379025	5219	3242	364894	674	735	4261
海南	84683	1739	843	69354	359	141	12247
重庆	380764	3922	1533	367486	639	467	6717
四川	468034	8764	5022	436422	770	639	16417
贵州	225411	5695	2224	214643	142	102	2605
云南	319179	5480	3315	301188	337	445	8414
西藏	17545	920	356	14493	23	12	1741
陕西	324265	6195	2849	302452	341	449	11979
甘肃	105589	2799	1133	94255	55	34	7313
青海	46911	1113	384	43960	33	33	1388
宁夏	60657	924	298	58040	25	27	1343
新疆	145559	5282	1210	131656	99	98	7214

1-7 第三产业按行业、登记注册类型分组的企业法人单位数

单位：个

行　业	企业法人单位数	内　资						
			国　有	集　体	股份合作	国有联营	集体联营	国有与集体联营
合　计	**15395895**	**15245089**	**57579**	**68864**	**15827**	**661**	**1535**	**477**
农、林、牧、渔专业及辅助性活动	65513	65290	772	1403	73	7	48	6
开采专业及辅助性活动	4272	4249	23	12				
金属制品、机械和设备修理业	38763	38413	137	476	107	1	6	
批发和零售业	**6980244**	**6923993**	**15021**	**28660**	**5988**	**218**	**690**	**188**
批发业	3803192	3758729	9002	12774	2827	109	305	85
零售业	3177052	3165264	6019	15886	3161	109	385	103
交通运输、仓储和邮政业	**619744**	**614043**	**6010**	**3697**	**563**	**51**	**87**	**40**
铁路运输业	1238	1233	31	27	1		1	
道路运输业	393818	392417	1738	1804	346	17	48	16
水上运输业	14306	14007	128	389	19	2	6	1
航空运输业	2997	2925	50	3	2	1		
管道运输业	371	344	4	1	1			
多式联运和运输代理业	110834	108742	183	193	91	4	3	1
装卸搬运和仓储业	69855	68094	3081	1255	91	14	28	20
邮政业	26325	26281	795	25	12	13	1	2
住宿和餐饮业	**446998**	**442010**	**3422**	**2544**	**820**	**33**	**71**	**18**
住宿业	130969	129571	2531	1563	316	27	43	15
餐饮业	316029	312439	891	981	504	6	28	3
信息传输、软件和信息技术服务业	**1039712**	**1024723**	**1080**	**517**	**347**	**28**	**12**	**6**
电信、广播电视和卫星传输服务	25225	24629	612	138	15	9	2	2
互联网和相关服务	135270	134346	62	38	51	2		1
软件和信息技术服务业	879217	865748	406	341	281	17	10	3
金融业	**129926**	**122800**	**2574**	**454**	**639**	**16**	**4**	**8**
货币金融服务	37345	33077	1495	397	568	7	3	6
资本市场服务	59617	58821	226	27	37	7		2
保险业	17602	15755	726	13	29	2	1	
其他金融业	15362	15147	127	17	5			
房地产业	**806707**	**794371**	**6497**	**8376**	**1852**	**77**	**110**	**54**
房地产业	806707	794371	6497	8376	1852	77	110	54
租赁和商务服务业	**2553784**	**2527050**	**7866**	**12762**	**1976**	**105**	**202**	**66**
租赁业	252245	250940	272	320	91		2	
商务服务业	2301539	2276110	7594	12442	1885	105	200	66

1-7 续表 1

单位：个

行业	企业法人单位数							
		内资	国有	集体	股份合作	国有联营	集体联营	国有与集体联营
科学研究和技术服务业	**1255369**	**1239394**	**6967**	**3852**	**1300**	**57**	**110**	**33**
研究和试验发展	193241	189188	391	351	366	3	14	1
专业技术服务业	557766	551740	5305	1940	547	33	48	29
科技推广和应用服务业	504362	498466	1271	1561	387	21	48	3
水利、环境和公共设施管理业	**136261**	**135448**	**1891**	**1064**	**84**	**21**	**20**	**5**
水利管理业	5945	5909	501	200	3	3	2	3
生态保护和环境治理业	18816	18507	251	52	14	3	1	
公共设施管理业	96427	95987	1011	760	52	15	17	2
土地管理业	15073	15045	128	52	15			
居民服务、修理和其他服务业	**496578**	**494965**	**1195**	**2745**	**979**	**10**	**88**	**25**
居民服务业	206889	206099	580	1253	399	6	39	23
机动车、电子产品和日用产品修理业	193531	193075	405	1053	467	4	34	2
其他服务业	96158	95791	210	439	113		15	
教育	**230944**	**230119**	**775**	**655**	**325**	**5**	**24**	**9**
教育	230944	230119	775	655	325	5	24	9
卫生和社会工作	**76683**	**76269**	**629**	**573**	**262**	**12**	**29**	**14**
卫生	61600	61340	506	438	251	10	24	9
社会工作	15083	14929	123	135	11	2	5	5
文化、体育和娱乐业	**514276**	**511831**	**2712**	**1071**	**512**	**20**	**34**	**5**
新闻和出版业	5606	5581	813	126	14	2		3
广播、电视、电影和录音制作业	68548	68199	1116	192	38	8	2	1
文化艺术业	126186	125667	495	312	143	5	7	
体育	48944	48436	106	96	54	2	6	1
娱乐业	264992	263948	182	345	263	3	19	

1-7 续表 2

单位：个

行　业	其他联营	国有独资公　司	其他有限责任公司	股份有限公　司	私营独资	私营合伙	私营有限责任公司
合　计	**1191**	**48451**	**1085176**	**84415**	**952601**	**179794**	**12607320**
农、林、牧、渔专业及辅助性活动	25	345	5309	517	11994	698	42788
开采专业及辅助性活动		24	397	34	126	10	3568
金属制品、机械和设备修理业	1	49	2380	159	2516	217	32044
批发和零售业	**572**	**6464**	**368144**	**23883**	**517850**	**24774**	**5876753**
批发业	258	4391	207098	12699	180032	9979	3289602
零售业	314	2073	161046	11184	337818	14795	2587151
交通运输、仓储和邮政业	**62**	**3985**	**51618**	**3879**	**19334**	**1910**	**516790**
铁路运输业		57	436	34	26	4	606
道路运输业	34	1917	29460	2300	11704	1113	338238
水上运输业	1	231	2079	203	276	56	10440
航空运输业		176	616	58	24	4	1949
管道运输业		10	114	13	9	1	188
多式联运和运输代理业	15	300	9565	498	2859	355	93604
装卸搬运和仓储业	11	1244	7436	512	3741	327	49641
邮政业	1	50	1912	261	695	50	22124
住宿和餐饮业	**43**	**1034**	**34533**	**2346**	**73256**	**5293**	**314398**
住宿业	10	739	13941	1081	22980	2043	82883
餐饮业	33	295	20592	1265	50276	3250	231515
信息传输、软件和信息技术服务业	**27**	**1184**	**75294**	**6186**	**19987**	**7726**	**901587**
电信、广播电视和卫星传输服务	8	494	2794	1077	1183	109	17870
互联网和相关服务	2	162	10136	831	4924	746	115735
软件和信息技术服务业	17	528	62364	4278	13880	6871	767982
金融业	**12**	**1269**	**20921**	**15915**	**1544**	**22314**	**54623**
货币金融服务	3	224	6939	7489	354	173	14033
资本市场服务	5	453	9121	416	349	20883	26837
保险业	1	143	2210	7770	710	52	3645
其他金融业	3	449	2651	240	131	1206	10108
房地产业	**60**	**6985**	**124046**	**6899**	**15134**	**3225**	**611908**
房地产业	60	6985	124046	6899	15134	3225	611908
租赁和商务服务业	**156**	**16213**	**201448**	**11186**	**76610**	**89352**	**2084349**
租赁业	7	419	13955	793	8892	544	223382
商务服务业	149	15794	187493	10393	67718	88808	1860967

1-7 续表 3

单位：个

行业	其他联营	国有独资公司	其他有限责任公司	股份有限公司	私营独资	私营合伙	私营有限责任公司
科学研究和技术服务业	**78**	**3856**	**103001**	**6580**	**27167**	**9222**	**1064311**
研究和试验发展	10	315	16732	1050	3411	1478	163083
专业技术服务业	33	2735	43277	2926	12159	2571	474707
科技推广和应用服务业	35	806	42992	2604	11597	5173	426521
水利、环境和公共设施管理业	**13**	**4060**	**16293**	**1095**	**3230**	**442**	**105521**
水利管理业	2	486	1108	59	236	40	3184
生态保护和环境治理业	1	264	2384	175	408	67	14623
公共设施管理业	10	2848	11839	815	1873	226	75307
土地管理业		462	962	46	713	109	12407
居民服务、修理和其他服务业	**41**	**523**	**27298**	**1853**	**51912**	**3576**	**400304**
居民服务业	21	244	11335	811	23423	1678	164442
机动车、电子产品和日用产品修理业	16	126	9982	678	24335	1389	152856
其他服务业	4	153	5981	364	4154	509	83006
教育	**29**	**308**	**13881**	**1104**	**12859**	**2053**	**195472**
教育	29	308	13881	1104	12859	2053	195472
卫生和社会工作	**31**	**151**	**7284**	**541**	**18291**	**3130**	**44146**
卫生	27	84	5693	417	16985	2906	33065
社会工作	4	67	1591	124	1306	224	11081
文化、体育和娱乐业	**41**	**2000**	**33319**	**2237**	**100787**	**5851**	**358712**
新闻和出版业	2	495	1129	97	91	11	2754
广播、电视、电影和录音制作业	6	460	6369	454	3891	308	54535
文化艺术业	9	634	8803	559	8322	897	104318
体育	2	127	3594	208	3351	339	40091
娱乐业	22	284	13424	919	85132	4296	157014

1-7 续表 4

单位：个

行业	私营股份有限公司	其他内资企业	港澳台商投资	合资经营	合作经营	独资	股份有限
合计	**116045**	**25153**	**81894**	**14226**	**1606**	**63573**	**958**
农、林、牧、渔专业及辅助性活动	938	367	145	40	3	92	2
开采专业及辅助性活动	53	2	11		1	9	
金属制品、机械和设备修理业	280	40	143	44	3	93	2
批发和零售业	**45301**	**9487**	**27530**	**2994**	**181**	**23623**	**291**
批发业	24409	5159	20569	2050	107	17936	203
零售业	20892	4328	6961	944	74	5687	88
交通运输、仓储和邮政业	**5121**	**896**	**3336**	**711**	**464**	**2074**	**48**
铁路运输业	2	8	2	1		1	
道路运输业	3198	484	882	160	374	322	10
水上运输业	143	33	150	86	16	43	4
航空运输业	36	6	32	14	1	14	3
管道运输业	3		11	7		4	
多式联运和运输代理业	852	219	1273	196	49	997	23
装卸搬运和仓储业	593	100	958	243	24	669	8
邮政业	294	46	28	4		24	
住宿和餐饮业	**3540**	**659**	**2559**	**647**	**87**	**1712**	**46**
住宿业	1197	202	823	292	50	437	22
餐饮业	2343	457	1736	355	37	1275	24
信息传输、软件和信息技术服务业	**9291**	**1451**	**8887**	**922**	**54**	**7643**	**142**
电信、广播电视和卫星传输服务	273	43	293	45	3	163	59
互联网和相关服务	1419	237	586	71	4	491	10
软件和信息技术服务业	7599	1171	8008	806	47	6989	73
金融业	**2144**	**363**	**3587**	**1784**	**29**	**1609**	**50**
货币金融服务	1303	83	2879	1595	24	1196	43
资本市场服务	338	120	399	78	4	283	6
保险业	348	105	185	63		59	
其他金融业	155	55	124	48	1	71	1
房地产业	**7770**	**1378**	**8248**	**2388**	**456**	**5178**	**113**
房地产业	7770	1378	8248	2388	456	5178	113
租赁和商务服务业	**19290**	**5469**	**15971**	**2344**	**133**	**12959**	**148**
租赁业	1889	374	893	401	11	456	13
商务服务业	17401	5095	15078	1943	122	12503	135

1-7 续表 5 单位：个

行业	私营股份有限公司	其他内资企业	港澳台商投资	合资经营	合作经营	独资	股份有限
科学研究和技术服务业	**10581**	**2279**	**8113**	**1422**	**63**	**6416**	**77**
研究和试验发展	1642	341	1925	425	18	1432	25
专业技术服务业	4663	767	3218	393	28	2717	25
科技推广和应用服务业	4276	1171	2970	604	17	2267	27
水利、环境和公共设施管理业	**1323**	**386**	**501**	**204**	**18**	**263**	**9**
水利管理业	52	30	16	5		11	
生态保护和环境治理业	218	46	159	74	5	77	2
公共设施管理业	996	216	315	120	13	170	7
土地管理业	57	94	11	5		5	
居民服务、修理和其他服务业	**3699**	**717**	**846**	**185**	**27**	**598**	**11**
居民服务业	1560	285	430	104	18	291	5
机动车、电子产品和日用产品修理业	1487	241	229	40	6	173	4
其他服务业	652	191	187	41	3	134	2
教育	**2096**	**524**	**394**	**88**	**13**	**281**	**2**
教育	2096	524	394	88	13	281	2
卫生和社会工作	**809**	**367**	**193**	**103**	**10**	**75**	
卫生	610	315	115	67	7	36	
社会工作	199	52	78	36	3	39	
文化、体育和娱乐业	**3809**	**721**	**1430**	**350**	**64**	**948**	**17**
新闻和出版业	36	8	9	4		5	
广播、电视、电影和录音制作业	690	129	224	66	5	139	2
文化艺术业	966	197	313	64	6	230	4
体育	389	70	233	64	35	125	3
娱乐业	1728	317	651	152	18	449	8

1-7 续表 6

单位：个

行业	其他	外商投资	合资经营	合作经营	独资	股份有限	其他
合　计	**1531**	**68912**	**15849**	**851**	**46513**	**1932**	**3767**
农、林、牧、渔专业及辅助性活动	8	78	26	3	34	7	8
开采专业及辅助性活动	1	12	3		6	1	2
金属制品、机械和设备修理业	1	207	73	4	122	6	2
批发和零售业	**441**	**28721**	**4215**	**132**	**21952**	**545**	**1877**
批发业	273	23894	3169	82	18750	345	1548
零售业	168	4827	1046	50	3202	200	329
交通运输、仓储和邮政业	**39**	**2365**	**764**	**142**	**1323**	**59**	**77**
铁路运输业		3	1		2		
道路运输业	16	519	164	115	197	18	25
水上运输业	1	149	110	2	36	1	
航空运输业		40	12	1	24	2	1
管道运输业		16	6		8	2	
多式联运和运输代理业	8	819	212	12	548	20	27
装卸搬运和仓储业	14	803	255	11	499	16	22
邮政业		16	4	1	9		2
住宿和餐饮业	**67**	**2429**	**537**	**50**	**1634**	**91**	**117**
住宿业	22	575	190	32	307	23	23
餐饮业	45	1854	347	18	1327	68	94
信息传输、软件和信息技术服务业	**126**	**6102**	**1642**	**42**	**4073**	**166**	**179**
电信、广播电视和卫星传输服务	23	303	28	3	196	49	27
互联网和相关服务	10	338	113	1	203	9	12
软件和信息技术服务业	93	5461	1501	38	3674	108	140
金融业	**115**	**3539**	**1368**	**10**	**1496**	**489**	**176**
货币金融服务	21	1389	439	2	635	197	116
资本市场服务	28	397	148	6	184	13	46
保险业	63	1662	740	1	639	274	8
其他金融业	3	91	41	1	38	5	6
房地产业	**113**	**4088**	**1428**	**176**	**2191**	**125**	**168**
房地产业	113	4088	1428	176	2191	125	168
租赁和商务服务业	**387**	**10763**	**1923**	**104**	**7773**	**238**	**725**
租赁业	12	412	131	2	246	8	25
商务服务业	375	10351	1792	102	7527	230	700

1-7 续表 7

单位：个

行业	其他	外商投资	合资经营	合作经营	独资	股份有限	其他
科学研究和技术服务业	**135**	**7862**	**2975**	**82**	**4432**	**138**	**235**
研究和试验发展	25	2128	969	19	1054	29	57
专业技术服务业	55	2808	794	29	1860	45	80
科技推广和应用服务业	55	2926	1212	34	1518	64	98
水利、环境和公共设施管理业	**7**	**312**	**125**	**12**	**149**	**8**	**18**
水利管理业		20	9		10		1
生态保护和环境治理业	1	150	75	6	59	2	8
公共设施管理业	5	125	35	6	69	6	9
土地管理业	1	17	6		11		
居民服务、修理和其他服务业	**25**	**767**	**194**	**15**	**479**	**20**	**59**
居民服务业	12	360	84	9	222	10	35
机动车、电子产品和日用产品修理业	6	227	58	5	145	8	11
其他服务业	7	180	52	1	112	2	13
教育	**10**	**431**	**130**	**14**	**257**	**10**	**20**
教育	10	431	130	14	257	10	20
卫生和社会工作	**5**	**221**	**112**	**25**	**64**	**6**	**14**
卫生	5	145	72	22	40	2	9
社会工作		76	40	3	24	4	5
文化、体育和娱乐业	**51**	**1015**	**334**	**40**	**528**	**23**	**90**
新闻和出版业		16	8	1	6		1
广播、电视、电影和录音制作业	12	125	49	2	50	8	16
文化艺术业	9	206	66	4	115	1	20
体育	6	275	95	25	138	5	12
娱乐业	24	393	116	8	219	9	41

1-8 第三产业按地区、登记注册类型分组的企业法人单位数

单位：个

地 区	企业法人单位数	内 资								
			国 有	集 体	股份合作	国有联营	集体联营	国有与集体联营	其他联营	国有独资公司
全 国	**15395895**	**15245089**	**57579**	**68864**	**15827**	**661**	**1535**	**477**	**1191**	**48451**
北 京	810401	798048	2910	6474	4717	67	142	18	38	1527
天 津	228319	223908	1322	1242	185	23	34	11	13	920
河 北	736845	735748	2352	3645	527	9	15	4	16	2728
山 西	363382	363029	2345	2431	48	11	28	6	4	1513
内蒙古	202760	202521	805	421	68	9	17	2	5	1107
辽 宁	370032	367221	2452	3159	531	28	79	18	66	1257
吉 林	102040	101753	1033	552	93	4	28	5	4	723
黑龙江	145695	145345	1645	1003	269	17	26	9	29	707
上 海	376504	351930	1199	2255	538	24	56	60	37	1898
江 苏	1415599	1403415	3521	4578	631	43	99	44	98	2889
浙 江	1174562	1160414	1656	4227	2020	14	8	18	15	3914
安 徽	549991	549269	1941	1841	172	30	59	19	35	1286
福 建	609888	602359	1962	2520	153	15	19	7	22	1789
江 西	298497	297989	2629	1126	147	20	33	12	19	971
山 东	1401294	1395393	3162	3546	378	21	83	14	56	2502
河 南	825781	824732	3023	3860	276	25	51	16	86	1568
湖 北	600523	598292	3209	3071	236	28	68	26	71	1328
湖 南	353114	352382	1758	1205	111	29	62	15	31	1618
广 东	2273046	2221673	5871	9375	3138	91	275	93	361	3255
广 西	379025	377513	2159	2479	202	9	14	2	7	1687
海 南	84683	84171	627	345	95	16	16	5	6	278
重 庆	380764	379466	766	834	171	5	36	6	29	1217
四 川	468034	466420	1770	1821	401	28	73	9	45	3004
贵 州	225411	225035	1255	1510	103	14	39	11	14	2549
云 南	319179	318215	1461	2187	214	19	58	14	34	1627
西 藏	17545	17492	328	81	11	11	12	4	2	209
陕 西	324265	323146	1985	1811	175	22	64	8	16	1605
甘 肃	105589	105488	688	563	85	12	19	11	18	773
青 海	46911	46823	333	179	50	4	7	2	4	292
宁 夏	60657	60592	186	161	22	3	4	1	1	349
新 疆	145559	145307	1226	362	60	10	11	7	9	1361

1-8 续表 1

单位：个

地 区	其他有限责任公司	股份有限公司	私营独资	私营合伙	私营有限责任公司	私营股份有限公司	其他内资企业	港澳台商投资	合资经营	合作经营
全 国	**1085176**	**84415**	**952601**	**179794**	**12607320**	**116045**	**25153**	**81894**	**14226**	**1606**
北 京	63744	3577	21297	12299	678053	3156	29	4889	922	135
天 津	31073	2212	7636	4797	171468	1719	1253	2212	935	24
河 北	32902	1814	48719	5510	634253	1610	1644	392	129	9
山 西	10585	1136	18082	1113	323237	2463	27	137	54	5
内蒙古	19262	1224	6101	1014	169544	2831	111	69	24	
辽 宁	51427	5121	42362	2174	254495	3446	606	970	329	17
吉 林	19964	2208	7361	455	67549	1481	293	95	35	
黑龙江	13780	1983	9336	779	113563	2145	54	152	43	6
上 海	50381	2499	22182	8568	259317	2243	673	10215	1654	132
江 苏	72861	8060	55530	14532	1228735	8997	2797	5678	1426	49
浙 江	29176	2244	51064	34462	1028343	2827	426	4104	1168	17
安 徽	71259	3095	38226	3885	421516	5244	661	342	120	8
福 建	17463	1490	31988	5787	535454	3209	481	5015	1297	59
江 西	16669	2112	21784	10095	235710	5511	1151	312	92	3
山 东	59871	5987	75180	9026	1226612	7001	1954	1983	713	39
河 南	44728	3339	50227	4052	704809	7862	810	424	146	13
湖 北	39058	2757	55000	5992	484724	2386	338	984	337	17
湖 南	17050	2467	37109	6213	278591	5621	502	385	166	7
广 东	232013	13052	89686	29951	1806992	19623	7897	39897	3554	982
广 西	17764	959	30660	2265	318255	1044	7	691	286	23
海 南	23269	975	2234	993	52623	2481	208	337	84	12
重 庆	10702	2115	81976	2772	275686	2871	280	653	159	13
四 川	34984	3610	43732	4821	365061	5756	1305	710	204	17
贵 州	13888	1053	43315	1400	158869	794	221	187	76	2
云 南	24474	3236	33483	2040	245116	3524	728	319	108	4
西 藏	8958	506	746	533	5650	433	8	16	2	
陕 西	21886	1761	11615	1508	277293	3246	151	531	91	8
甘 肃	21338	2250	7104	382	70368	1815	62	43	18	2
青 海	3207	368	2119	275	39183	688	112	33	11	2
宁 夏	1333	245	2305	312	54878	730	62	25	11	
新 疆	10107	960	4442	1789	121373	3288	302	94	32	1

1-8 续表 2

单位：个

地区									
				外商投资					
	独 资	股份有限	其 他		合资经营	合作经营	独资	股份有限	其 他
全 国	**63573**	**958**	**1531**	**68912**	**15849**	**851**	**46513**	**1932**	**3767**
北 京	3772	29	31	7464	1967	117	5253	64	63
天 津	1163	49	41	2199	580	39	1281	73	226
河 北	245	6	3	705	199	38	456	7	5
山 西	75	3		216	74	11	110	20	1
内蒙古	36	8	1	170	55	8	86	4	17
辽 宁	581	11	32	1841	553	24	1153	39	72
吉 林	49	5	6	192	43	5	103	24	17
黑龙江	79	9	15	198	56	9	79	38	16
上 海	8180	121	128	14359	2044	118	11829	138	230
江 苏	4007	89	107	6506	1895	43	4125	152	291
浙 江	2889	16	14	10044	2180	30	6527	67	1240
安 徽	193	12	9	380	168	7	152	18	35
福 建	3566	37	56	2514	711	17	1679	51	56
江 西	198	9	10	196	71	2	87	15	21
山 东	1161	25	45	3918	1184	45	2502	75	112
河 南	247	9	9	625	147	5	271	177	25
湖 北	607	16	7	1247	355	10	735	100	47
湖 南	187	13	12	347	120	9	156	30	32
广 东	34283	394	684	11476	2200	243	7690	461	882
广 西	364	10	8	821	204	15	389	205	8
海 南	190	19	32	175	53	13	75	13	21
重 庆	451	16	14	645	208	7	376	22	32
四 川	458	11	20	904	321	12	473	15	83
贵 州	103	4	2	189	45	7	115	10	12
云 南	182	15	10	645	139	7	351	39	109
西 藏	13	1		37	16	1	7	1	12
陕 西	198	12	222	588	172	5	324	45	42
甘 肃	19	2	2	58	11	1	24	6	16
青 海	15	2	3	55	14		22	13	6
宁 夏	9	3	2	40	13	1	21	3	2
新 疆	53	2	6	158	51	2	62	7	36

1-9 批发和零售业按地区分组的法人单位数

单位：个

地区	法人单位数（2018年）	#多产业法人单位	法人单位数（2019年）	#多产业法人单位
全国	**6499161**	**113239**	**7155907**	**122837**
北京	273387	7218	259365	4361
天津	79142	1062	84886	1243
河北	358174	5743	374542	6321
山西	141041	3639	172364	3999
内蒙古	85930	1690	93920	1946
辽宁	178057	2675	169425	2679
吉林	46950	942	46743	1028
黑龙江	69493	1681	66672	1750
上海	127314	8021	142793	8541
江苏	613999	8229	678171	9630
浙江	465896	8059	613479	8550
安徽	242064	3668	252193	4491
福建	236338	3978	317460	4312
江西	119751	1462	137446	1751
山东	598403	7247	728784	8175
河南	408979	5021	415436	5700
湖北	257986	3736	276174	4388
湖南	154878	2589	150912	2471
广东	966082	10394	1043904	12792
广西	142714	3824	165974	4750
海南	22146	581	25360	698
重庆	176115	3069	174491	3357
四川	187084	5419	192114	5438
贵州	91682	1847	97150	1921
云南	141696	4070	151415	4573
西藏	7292	133	7132	133
陕西	147183	3281	149543	3486
甘肃	58213	1284	52004	1236
青海	17087	440	18736	479
宁夏	18271	501	29111	580
新疆	65814	1736	68208	2058

1-10 交通运输、仓储和邮政业按地区分组的法人单位数

单位：个

地 区	法人单位数 (2018年)	#多产业法人单位	法人单位数 (2019年)	#多产业法人单位
全 国	**577233**	**19095**	**629631**	**21993**
北 京	19175	696	17848	502
天 津	13792	232	14184	247
河 北	31074	611	32938	728
山 西	14626	502	16849	550
内蒙古	11040	335	11892	407
辽 宁	21938	485	21331	502
吉 林	5824	224	5959	288
黑龙江	9398	371	9175	400
上 海	16002	1131	17939	1325
江 苏	59043	944	65083	1222
浙 江	32133	1478	39002	1657
安 徽	24424	796	25554	1019
福 建	16714	740	19663	777
江 西	17144	422	18704	539
山 东	52848	969	66140	1127
河 南	26433	849	26723	1067
湖 北	22591	1026	25439	1228
湖 南	13686	487	13531	514
广 东	72787	2072	77590	2525
广 西	13253	620	15801	790
海 南	2254	87	2560	108
重 庆	11711	585	12578	657
四 川	18551	926	19283	978
贵 州	7709	424	8270	464
云 南	10675	740	12164	859
西 藏	684	33	676	38
陕 西	13403	400	13360	424
甘 肃	5000	290	4510	298
青 海	1588	103	1776	111
宁 夏	2575	121	3515	138
新 疆	9158	396	9594	504

1-11 住宿和餐饮业按地区分组的法人单位数

单位：个

地 区	法人单位数(2018年)	#多产业法人单位	法人单位数(2019年)	#多产业法人单位
全 国	**431323**	**18998**	**449277**	**20192**
北 京	34458	2218	32208	1235
天 津	4935	298	5114	346
河 北	15538	785	15905	842
山 西	8427	363	10083	442
内蒙古	4358	170	4436	212
辽 宁	8862	294	8368	278
吉 林	2625	97	2439	98
黑龙江	2706	115	2502	130
上 海	20445	2096	19858	2064
江 苏	25927	1205	28194	1550
浙 江	24951	1466	27954	1513
安 徽	16738	579	17297	779
福 建	12861	548	14732	639
江 西	6697	225	7384	249
山 东	28234	1151	34177	1307
河 南	21284	451	21297	521
湖 北	17622	562	18322	683
湖 南	11646	413	11407	379
广 东	52913	2423	55598	2990
广 西	8451	480	10205	638
海 南	2691	163	3260	200
重 庆	26373	486	24797	538
四 川	16832	734	17323	727
贵 州	17053	174	17206	185
云 南	14348	506	14549	588
西 藏	1139	17	1130	23
陕 西	11321	482	11363	525
甘 肃	5899	241	5350	219
青 海	2095	77	2251	90
宁 夏	1201	64	1692	78
新 疆	2693	115	2876	124

1-12 信息传输、软件和信息技术服务业按地区分组的法人单位数

单位：个

地 区	法人单位数（2018年）	#多产业法人单位	法人单位数（2019年）	#多产业法人单位
全 国	**919879**	**12017**	**1047408**	**14558**
北 京	77133	1798	68633	1515
天 津	17802	218	17960	202
河 北	39141	430	42292	538
山 西	17399	232	25146	302
内蒙古	8256	128	9627	178
辽 宁	28833	283	27372	270
吉 林	6495	80	5987	98
黑龙江	10182	147	9855	170
上 海	23484	1031	25212	1188
江 苏	72799	899	98224	1275
浙 江	55067	904	80752	1157
安 徽	30440	238	34281	395
福 建	32791	360	46518	435
江 西	15310	97	19117	160
山 东	58722	509	81022	682
河 南	56112	310	56383	446
湖 北	39431	277	50017	414
湖 南	24880	321	24214	361
广 东	165633	1782	172828	2217
广 西	18658	238	23516	309
海 南	5804	77	6401	112
重 庆	22734	303	23871	373
四 川	31631	422	32672	532
贵 州	8179	94	9345	133
云 南	15285	287	16934	374
西 藏	1097	34	1060	35
陕 西	20798	165	20883	239
甘 肃	4146	95	3732	106
青 海	1785	46	2214	52
宁 夏	1462	41	2773	52
新 疆	8390	171	8567	238

1-13 金融业按地区分组的法人单位数

单位：个

地 区	法人单位数(2018年)	#多产业法人单位	法人单位数(2019年)	#多产业法人单位
全 国	**137934**	**21153**	**131744**	**16637**
北 京	12796	936	6933	468
天 津	4988	290	5070	307
河 北	3681	954	4099	935
山 西	2401	620	2456	601
内蒙古	1721	607	1712	567
辽 宁	3673	836	3445	601
吉 林	1312	443	1280	363
黑龙江	1487	562	1410	487
上 海	9539	753	9069	523
江 苏	6925	1250	6012	817
浙 江	16965	1118	15777	1010
安 徽	3270	807	3243	566
福 建	3347	600	3773	510
江 西	1649	549	1670	443
山 东	5783	1522	8141	1116
河 南	3001	1035	2723	732
湖 北	2875	765	2804	562
湖 南	2011	750	1928	555
广 东	30364	1806	29733	1257
广 西	2387	590	2781	560
海 南	588	137	657	101
重 庆	1818	377	1906	383
四 川	3394	978	3361	788
贵 州	1509	394	1501	347
云 南	2948	641	2841	569
西 藏	336	31	321	24
陕 西	2399	610	2369	458
甘 肃	1550	453	1232	374
青 海	354	125	348	109
宁 夏	576	150	792	129
新 疆	2287	464	2357	375

1-14 房地产业按地区分组的法人单位数

单位：个

地区	法人单位数 (2018年)	#多产业法人单位	法人单位数 (2019年)	#多产业法人单位
全国	**744924**	**34891**	**811663**	**39559**
北京	26884	2000	25072	958
天津	10832	349	11520	382
河北	45063	2105	46774	2414
山西	16757	841	20042	1072
内蒙古	11617	513	13222	753
辽宁	22196	739	22162	754
吉林	7454	243	7282	265
黑龙江	9574	308	9318	345
上海	21457	1394	22070	1415
江苏	59246	2657	67293	3242
浙江	46052	2172	54133	2328
安徽	26697	1437	28027	1901
福建	18144	1032	21837	1206
江西	13547	606	15933	769
山东	51380	2092	62011	2504
河南	46303	1038	47074	1366
湖北	31427	1461	34986	1860
湖南	20714	884	21082	850
广东	117254	4467	124439	5467
广西	21498	1213	26062	1534
海南	10393	298	12254	380
重庆	16578	1352	17884	1478
四川	25144	1904	26831	1914
贵州	11596	545	12923	620
云南	14998	1023	17669	1297
西藏	627	22	637	24
陕西	19993	858	20600	950
甘肃	7331	364	6852	362
青海	2545	170	2926	201
宁夏	2119	188	2869	203
新疆	9504	616	9879	745

1-15 租赁和商务服务业按地区分组的法人单位数

单位：个

地 区	法人单位数（2018年）	#多产业法人单位	法人单位数（2019年）	#多产业法人单位
全 国	**2551306**	**38379**	**2825375**	**48514**
北 京	184751	3087	169189	2923
天 津	39513	529	41627	550
河 北	99299	1765	109466	2144
山 西	45373	950	55653	1272
内蒙古	32688	498	35876	694
辽 宁	64493	1142	61673	1174
吉 林	16861	339	16725	365
黑龙江	24764	454	23561	530
上 海	69898	2754	76930	2997
江 苏	188239	3197	229748	4378
浙 江	157725	3228	190757	4044
安 徽	90577	1160	99194	1791
福 建	69411	1115	99758	1464
江 西	48714	438	58559	709
山 东	171491	2122	232002	3023
河 南	126282	1049	129595	1521
湖 北	93706	1079	113372	1663
湖 南	65296	1201	64185	1173
广 东	514187	5031	535456	6843
广 西	68961	1191	81127	1694
海 南	14719	221	18049	339
重 庆	64049	760	64823	970
四 川	92162	1584	95519	1801
贵 州	35243	516	39758	600
云 南	48736	1116	53986	1506
西 藏	5692	35	5558	42
陕 西	57625	693	57780	901
甘 肃	19942	321	18415	345
青 海	9806	196	11285	220
宁 夏	6878	127	11277	172
新 疆	24225	481	24472	666

1-16 科学研究和技术服务业按地区分组的法人单位数

单位：个

地区	法人单位数（2018年）	#多产业法人单位	法人单位数（2019年）	#多产业法人单位
全国	**1275579**	**19872**	**1390741**	**26058**
北京	154092	2366	136076	2458
天津	25989	225	28778	289
河北	51677	827	59330	1016
山西	21099	528	27128	668
内蒙古	13102	198	16136	362
辽宁	30154	399	29061	423
吉林	9485	130	9169	190
黑龙江	15612	229	15290	291
上海	26067	984	31658	1089
江苏	129379	1735	157330	2336
浙江	61583	1502	78935	1890
安徽	41985	546	44132	857
福建	27310	676	40404	872
江西	16779	292	19027	468
山东	93529	1196	119160	1590
河南	75709	519	77074	866
湖北	56306	709	62116	1206
湖南	45379	777	45174	832
广东	194574	1962	199286	2771
广西	28686	642	32566	955
海南	5537	85	6085	120
重庆	21164	331	21783	464
四川	42513	867	43156	1159
贵州	11100	338	11837	388
云南	21870	679	23728	901
西藏	1461	14	1423	21
陕西	28134	385	28029	578
甘肃	7564	220	7134	273
青海	3370	82	3951	90
宁夏	2235	54	3360	69
新疆	12135	375	12425	566

1-17 水利、环境和公共设施管理业按地区分组的法人单位数

单位：个

地 区	法人单位数 (2018年)	#多产业法人单位	法人单位数 (2019年)	#多产业法人单位
全 国	**148860**	**3025**	**172856**	**3727**
北 京	7346	201	6986	132
天 津	1732	17	1927	28
河 北	7420	142	9419	203
山 西	5510	105	6184	120
内蒙古	3785	48	3937	71
辽 宁	3710	54	3601	57
吉 林	1519	27	1637	33
黑龙江	2346	44	2366	52
上 海	2228	70	2458	83
江 苏	10920	175	13891	236
浙 江	8556	231	10103	263
安 徽	6426	132	7114	202
福 建	4849	105	6224	142
江 西	3033	42	3608	48
山 东	10758	168	14663	231
河 南	9631	84	11120	131
湖 北	8162	190	9743	232
湖 南	6462	153	6644	167
广 东	11067	197	12416	294
广 西	4524	82	6432	116
海 南	876	20	1163	19
重 庆	3162	93	4142	116
四 川	6044	143	6492	164
贵 州	3373	51	3613	64
云 南	4061	127	4831	158
西 藏	205	3	203	4
陕 西	5486	110	5864	112
甘 肃	1895	76	1626	92
青 海	970	23	1192	26
宁 夏	527	12	824	13
新 疆	2277	100	2433	118

1-18 居民服务、修理和其他服务业按地区分组的法人单位数

单位：个

地 区	法人单位数（2018年）	#多产业法人单位	法人单位数（2019年）	#多产业法人单位
全 国	**497292**	**10317**	**522903**	**11328**
北 京	36756	1184	33407	754
天 津	7237	142	7658	167
河 北	22280	457	22727	504
山 西	11377	238	13381	268
内蒙古	6932	126	7678	151
辽 宁	12599	208	11873	182
吉 林	4078	54	4066	49
黑龙江	4816	63	4540	70
上 海	17678	1007	17401	1028
江 苏	41016	744	44363	916
浙 江	26474	808	33452	902
安 徽	21003	327	21340	447
福 建	15468	327	17847	402
江 西	7990	83	9237	121
山 东	33873	547	39141	667
河 南	25048	230	24305	285
湖 北	20009	295	20763	338
湖 南	13286	232	12702	207
广 东	62395	1261	65169	1615
广 西	11192	294	13569	396
海 南	3084	55	3713	76
重 庆	17501	294	16836	340
四 川	19026	456	19588	462
贵 州	13950	134	14726	148
云 南	13888	270	14557	314
西 藏	673	6	669	7
陕 西	13423	262	13689	263
甘 肃	5882	78	5176	73
青 海	1778	27	1880	31
宁 夏	1741	36	2370	40
新 疆	4839	72	5080	105

1-19 教育按地区分组的法人单位数

单位：个

地区	法人单位数（2018年）	#多产业法人单位	法人单位数（2019年）	#多产业法人单位
全国	**665883**	**24001**	**698893**	**25852**
北京	21236	663	19869	498
天津	5749	140	6275	260
河北	28623	622	28723	664
山西	15682	1048	17383	1075
内蒙古	10805	270	12405	309
辽宁	19103	581	19436	571
吉林	8344	395	8276	415
黑龙江	11671	284	11980	306
上海	9227	249	9082	272
江苏	36601	1157	39883	1480
浙江	37929	902	46240	1253
安徽	25508	1773	25780	1998
福建	20876	926	22421	1025
江西	19188	1157	19511	1235
山东	43057	1529	52077	1756
河南	60451	782	60178	827
湖北	25978	1482	27838	1664
湖南	31778	1262	31653	1271
广东	71352	1658	72214	2003
广西	26800	133	28171	212
海南	5239	143	5306	73
重庆	16561	1154	17374	1240
四川	34127	1483	34768	1124
贵州	15828	827	16440	887
云南	15492	1416	16398	1372
西藏	1038	30	1035	31
陕西	20247	582	20272	602
甘肃	12540	754	12519	773
青海	2358	124	2370	121
宁夏	3049	101	3667	107
新疆	9446	374	9349	428

1-20 卫生和社会工作按地区分组的法人单位数

单位：个

地　区	法人单位数（2018年）	#多产业法人单位	法人单位数（2019年）	#多产业法人单位
全　国	**272504**	**8251**	**279155**	**9277**
北　京	6607	370	6362	180
天　津	2262	42	2326	76
河　北	10764	217	10867	272
山　西	6896	275	7382	386
内蒙古	4926	99	5138	113
辽　宁	11409	192	11182	194
吉　林	4405	72	4302	85
黑龙江	6162	209	6160	224
上　海	4933	58	4895	60
江　苏	30041	469	30846	634
浙　江	12391	436	14637	538
安　徽	11564	771	11490	857
福　建	6262	128	6777	154
江　西	8524	185	8166	207
山　东	18784	771	20243	960
河　南	20369	92	20560	110
湖　北	12539	714	12768	786
湖　南	11858	439	11804	449
广　东	17810	608	18401	755
广　西	5822	45	6148	80
海　南	1298	31	1296	26
重　庆	6476	319	6750	378
四　川	16751	466	16899	419
贵　州	5569	163	5621	174
云　南	5887	556	6005	586
西　藏	575	13	573	14
陕　西	11463	172	11412	184
甘　肃	3992	216	3881	224
青　海	1462	36	1480	34
宁　夏	869	26	967	34
新　疆	3834	61	3817	84

1-21 文化、体育和娱乐业按地区分组的法人单位数

单位：个

地 区	法人单位数（2018年）	#多产业法人单位	法人单位数（2019年）	#多产业法人单位
全 国	**566593**	**7206**	**585224**	**8314**
北 京	53882	677	49183	625
天 津	7395	100	7684	99
河 北	23852	296	24147	314
山 西	13635	203	15417	218
内蒙古	7343	86	8314	111
辽 宁	12712	120	11952	120
吉 林	4205	62	3922	61
黑龙江	6496	79	6322	77
上 海	12599	493	12802	498
江 苏	44141	553	44902	748
浙 江	36470	567	42742	708
安 徽	21353	243	21037	322
福 建	19022	230	25113	307
江 西	10752	99	11180	128
山 东	37583	332	43350	429
河 南	34229	229	33538	307
湖 北	23539	284	24354	357
湖 南	24155	307	23584	287
广 东	61695	795	63415	989
广 西	11599	154	12679	204
海 南	3140	37	3807	48
重 庆	16975	216	16681	240
四 川	26469	343	25914	339
贵 州	9258	111	9162	117
云 南	14315	173	14523	206
西 藏	1013	8	984	13
陕 西	13799	199	13420	213
甘 肃	5870	69	5553	66
青 海	1766	39	1865	38
宁 夏	1647	20	2085	28
新 疆	5684	82	5593	97

1-22 公共管理、社会保障和社会组织按地区分组的法人单位数

单位：个

地 区	法人单位数（2018年）	#多产业法人单位	法人单位数（2019年）	#多产业法人单位
全 国	**1597010**	**66308**	**1593030**	**68206**
北 京	17477	276	17047	99
天 津	9864	171	10767	342
河 北	86524	2122	86289	2456
山 西	59737	5144	58002	4969
内蒙古	36462	2038	37744	2007
辽 宁	41294	1001	39400	956
吉 林	28104	776	27377	873
黑龙江	32818	2199	32857	2213
上 海	13735	83	13596	90
江 苏	82333	641	81572	881
浙 江	77570	483	79461	705
安 徽	52752	3483	52004	3824
福 建	58629	3279	59281	3377
江 西	57261	2792	55436	3008
山 东	129035	5405	133795	5412
河 南	104927	2789	103526	2846
湖 北	69421	5144	71894	5330
湖 南	72337	3179	71922	3276
广 东	80079	3442	80672	4058
广 西	51867	77	51814	166
海 南	7580	396	7549	194
重 庆	29418	819	29743	840
四 川	115402	2543	111669	2165
贵 州	42359	4617	42274	4616
云 南	52787	2932	52829	3012
西 藏	12793	915	12752	914
陕 西	54057	3675	53534	3579
甘 肃	54033	2904	52492	2966
青 海	14454	768	14936	792
宁 夏	12809	421	12814	421
新 疆	39092	1794	37982	1819

1-23 社会组织、自治组织情况

单位：个

年份 地区	社会组织				自治组织		
	单位数	社会团体	民办非企业单位	基金会	单位数	村民委员会	社区居委会
2005	319762	171150	147637	975	709026	629079	79947
2006	354393	191946	161303	1144	704386	623669	80717
2007	386916	211661	173915	1340	694715	612709	82006
2008	413660	229681	182382	1597	687698	604285	83413
2009	431069	238747	190479	1843	683767	599078	84689
2010	445631	245256	198175	2200	681715	594658	87057
2011	461971	254969	204388	2614	679133	589653	89480
2012	499268	271131	225108	3029	679628	588475	91153
2013	547245	289026	254670	3549	683167	588547	94620
2014	606048	309736	292195	4117	682144	585451	96693
2015	662425	328500	329141	4784	680535	580856	99679
2016	702405	335932	360914	5559	662478	559186	103292
2017	761539	354794	400438	6307	660709	554218	106491
2018	817360	366234	444092	7034	649888	542019	107869
2019	866335	371638	487112	7585	642693	533073	109620
中央级	2295	1983	99	213			
北　京	12849	4556	7522	771	7122	3891	3231
天　津	5614	2272	3243	99	5162	3543	1619
河　北	30026	10329	19553	144	53070	48718	4352
山　西	16875	7495	9263	117	27991	25385	2606
内蒙古	16998	8414	8444	140	13548	11058	2490
辽　宁	24782	6705	17973	104	16056	11589	4467
吉　林	13422	5758	7551	113	11223	9325	1898
黑龙江	19731	6865	12750	116	11549	8967	2582
上　海	16880	4305	12076	499	6038	1570	4468
江　苏	97013	38081	58192	740	21520	14202	7318
浙　江	69277	25428	43093	756	25403	20402	5001
安　徽	32320	14523	17626	171	17969	14527	3442
福　建	31691	18430	12881	380	17012	14336	2676
江　西	26140	12138	13915	87	20690	17005	3685
山　东	56022	18153	37657	212	77140	69546	7594
河　南	44012	12250	31614	148	51678	45595	6083
湖　北	31031	12303	18552	176	27284	22653	4631
湖　南	36876	15862	20660	354	29264	23866	5398
广　东	70860	31494	38182	1184	26676	19801	6875
广　西	27118	12999	14023	96	16359	14221	2138
海　南	7888	3145	4635	108	3195	2561	634
重　庆	17553	7833	9638	82	11184	8015	3169
四　川	44932	20705	24048	179	51167	43481	7686
贵　州	13753	7164	6523	66	17541	13231	4310
云　南	23640	14333	9190	117	14501	11869	2632
西　藏	536	478	36	22	5524	5290	234
陕　西	30548	16922	13459	167	19858	16996	2862
甘　肃	24644	18148	6417	79	17433	16011	1422
青　海	6084	4264	1788	32	4622	4144	478
宁　夏	6083	3483	2526	74	2799	2259	540
新　疆	8842	4820	3983	39	12115	9016	3099

【主要统计指标解释】

法人单位 指有权拥有资产、承担负债，并独立从事社会经济活动（或与其他单位进行交易）的组织。法人单位应同时具备以下条件：（1）依法成立，有自己的名称、组织机构和场所，能够独立承担民事责任；（2）独立拥有（或授权使用）资产或者经费，承担负债，有权与其他单位签订合同；（3）具有包括资产负债表在内的账户，或者能够根据需要编制账户。法人单位包括五种类型：企业法人、事业单位法人、机关法人、社会团体和其他成员组织法人、其他法人。

多产业法人单位 法人单位从事多种经济活动，或者位于多个地点，称为多产业法人。多产业法人由两个或两个以上产业活动单位组成。

企业法人 指依据《中华人民共和国公司登记管理条例》、《中华人民共和国企业法人登记管理条例》等国家法律和法规，经各级市场监督管理部门登记注册，领取《企业法人营业执照》的企业。包括：（1）公司制企业法人；（2）非公司制企业法人；（3）依据《中华人民共和国个人独资企业法》、《中华人民共和国合伙企业法》，经各级市场监督管理部门登记注册，领取《营业执照》的个人独资企业、合伙企业。

企业控股情况 根据企业实收资本中某种经济成分的出资人的实际投资情况，或出资人对企业资产的实际控制、支配程度进行分类。具体分为国有控股、集体控股、私人控股、港澳台商控股、外商控股和其他六类。

国有控股 包括：（1）在企业的全部实收资本中，国有经济成分的出资人拥有的实收资本（股本）所占企业全部实收资本（股本）的比例大于50%的国有绝对控股。（2）在企业的全部实收资本中，国有经济成分的出资人拥有的实收资本（股本）所占比例虽未大于50%，但相对大于其他任何一方经济成分的出资人所占比例的国有相对控股；或者虽不大于其他经济成分，但根据协议规定拥有企业实际控制权的国有协议控股。（3）投资双方各占50%，且未明确由谁绝对控股的企业，若其中一方为国有经济成分的，一律按国有控股处理。

集体控股 包括：（1）在企业的全部实收资本中，集体经济成分的出资人拥有的实收资本（股本）所占企业全部实收资本（股本）的比例大于50%的集体绝对控股。（2）在企业的全部实收资本中，集体经济成分的出资人拥有的实收资本（股本）所占比例虽未大于50%，但相对大于其他任何一方经济成分的出资人所占比例的集体相对控股；或者虽不大于其他经济成分，但根据协议规定拥有企业实际控制权的集体协议控股。

私人控股 包括：（1）在企业的全部实收资本中，私人经济成分的出资人拥有的实收资本（股本）所占企业全部实收资本（股本）的比例大于50%的私人绝对控股。（2）在企业的全部实收资本中，私人经济成分的出资人拥有的实收资本（股本）所占比例虽未大于50%，但相对大于其他任何一方经济成分的出资人所占比例的私人相对控股；或者虽不大于其他经济成分，但根据协议规定拥有企业实际控制权的私人协议控股。

港澳台商控股 包括：（1）在企业的全部实收资本中，港澳台商经济成分的出资人拥有的实收资本（股本）所占企业全部实收资本（股本）的比例大于50%的港澳台商绝对控股。

（2）在企业的全部实收资本中，港澳台商经济成分的出资人拥有的实收资本（股本）所占比例虽未大于50%，但相对大于其他任何一方经济成分的出资人所占比例的港澳台商相对控股；或者虽不大于其他经济成分，但根据协议规定拥有企业实际控制权的港澳台商协议控股。

外商控股 包括：（1）在企业的全部实收资本中，外商经济成分的出资人拥有的实收资本（股本）所占企业全部实收资本（股本）的比例大于50%的外商绝对控股。（2）在企业的全部实收资本中，外商经济成分的出资人拥有的实收资本（股本）所占比例虽未大于50%，但相对大于其他任何一方经济成分的出资人所占比例的外商相对控股；或者虽不大于其他经济成分，但根据协议规定拥有企业实际控制权的外商协议控股。

其他控股情况 除上述五类以外的企业控股情况。

国有企业 指企业全部资产归国家所有，并按《中华人民共和国企业法人登记管理条例》规定登记注册的非公司制的经济组织。不包括有限责任公司中的国有独资公司。

集体企业 指企业资产归集体所有，并按《中华人民共和国企业法人登记管理条例》规定登记注册的经济组织。

股份合作企业 指以合作制为基础，由企业职工共同出资入股，吸收一定比例的社会资产投资组建，实行自主经营，自负盈亏，共同劳动，民主管理，按劳分配与按股分红相结合的一种集体经济组织。

联营企业 指两个及两个以上相同或不同所有制性质的企业法人或事业单位法人，按自愿、平等、互利的原则，共同投资组成的经济组织。联营企业包括国有联营企业、集体联营企业、国有与集体联营企业和其他联营企业。

国有联营企业 指所有联营单位均为国有。

集体联营企业 指所有联营单位均为集体。

国有与集体联营企业 指联营单位既有国有也有集体。

其他联营企业 指上述三种联营企业之外的其他联营形式的企业。

有限责任公司 指根据《中华人民共和国公司登记管理条例》规定登记注册，由两个以上，五十个以下的股东共同出资，每个股东以其所认缴的出资额对公司承担有限责任，公司以其全部资产对其债务承担责任的经济组织。有限责任公司包括国有独资公司以及其他有限责任公司。

国有独资公司 指国家授权的投资机构或者国家授权的部门单独投资设立的有限责任公司。

其他有限责任公司 指国有独资公司以外的其他有限责任公司。

股份有限公司 指根据《中华人民共和国公司登记管理条例》规定登记注册，其全部注册资本由等额股份构成并通过发行股票筹集资本，股东以其认购的股份对公司承担有限责任，公司以其全部资产对其债务承担责任的经济组织。

私营企业 指由自然人投资设立或由自然人控股，以雇佣劳动为基础的营利性经济组织。包括按照《公司法》、《合伙企业法》以及《个人独资企业法》规定登记注册的私营独资企业、私营合伙企业、私营有限责任公司、私营股份有限公司和个人独资企业。

私营独资企业 由一名自然人投资经营，以雇佣劳动为基础，投资者对企业债务承担无限责任的企业。

私营合伙企业 由两个以上自然人按照协议共同投资、共同经营、共负盈亏，以雇佣劳动为基础，对债务承担无限责任的企业。

私营有限责任公司 由两个以上自然人投资或由单个自然人控股的有限责任公司。

私营股份有限公司 由五个以上自然人投资，或由单个自然人控股的股份有限公司。

其他内资企业 指上述企业之外的其他内资经济组织。

与港澳台商合资经营企业 指港澳台地区投资者与内地企业依照《中华人民共和国中外合资经营企业法》及有关法律的规定，按合同规定的比例投资设立、分享利润、分担风险及亏损的企业。

与港澳台商合作经营企业 指港澳台地区投资者与内地企业依照《中华人民共和国中外合作经营企业法》及有关法律的规定，依照合作合同的约定进行投资或提供条件设立、分配利润、分担风险及亏损的企业。

港澳台商独资经营企业 指依照《中华人民共和国外资企业法》及有关法律的规定，在内地由港澳台地区投资者全额投资设立的企业。

港澳台商投资股份有限公司 指根据国家有关规定，经商务部（原外经贸部）依法批准设立，其中港、澳、台商的股本占公司注册资本的比例达25%以上的股份有限公司。凡其中港、澳、台商的股本占公司注册资本的比例小于25%的，属于内资企业中的股份有限公司。

其他港澳台商投资企业 指在中国境内参照《外国企业或个人在中国境内设立合伙企业管理办法》和《外商投资合伙企业登记管理规定》，依法设立的港、澳、台商投资合伙企业等。

中外合资经营企业 指外国企业或外国人与中国内地企业依照《中华人民共和国中外合资经营企业法》及有关法律的规定，按合同规定的比例投资设立、分享利润、分担风险及亏损的企业。

中外合作经营企业 指外国企业或外国人与中国内地企业依照《中华人民共和国中外合作经营企业法》及有关法律的规定，依照合作合同的约定进行投资或提供条件设立、分配利润、分担风险及亏损的企业。

外资企业 指依照《中华人民共和国外资企业法》及有关法律的规定，在中国内地由外国投资者全额投资设立的企业。

外商投资股份有限公司 指根据国家有关规定，经商务部（原外经贸部）依法批准设立，其中外资的股本占公司注册资本的比例达25% 以上的股份有限公司。凡其中外资股本占公司注册资本的比例小于25%的，属于内资企业中的股份有限公司。

其他外商投资企业 指在中国境内依照《外国企业或个人在中国境内设立合伙企业管理办法》和《外商投资合伙企业登记管理规定》，依法设立的外商投资合伙企业等。

社会团体 指中国公民自愿组成，为实现会员共同意愿，按照其章程开展活动的非营利性社会组织。是在中华人民共和国境内组织的各种协会、学会、联合会、研究会、联谊会、促进会、商会等合法机构的总称。各种社团，均不得从事以盈利为目的的经营性活动，并具备以下四项法人条件：①依法成立；②必要的财产或者经费；③有自己的名称、组织机构和场所；④能够独立承担民事责任。否则，不能统计为社团机构数。报告期末合法社团总数，即为年末实有社团机构数。

民办非企业单位 即社会服务机构，是指企业事业单位、社会团体和其他社会力量以及公民个人利用非国有资产举办的，从事非营利性社会服务活动的社会组织。目前，民办非企业单位主要分布在教育、卫生、文化、科技、体育、劳动、民政、社会中介、服务业等行(事)业中。

基金会 指利用自然人、法人或者其他组织捐赠的财产，以从事公益事业为目的，按照《基金会管理条例》规定成立的非营利性法人。基金会分为具有公开募捐资格的基金会和不具有公开募捐资格的基金会。

村民委员会数 指报告期末乡镇在农业人口的居住地区设立的群众性自治组织（即村民委员会）实有个数。

社区居委会数 指报告期末城市和建制镇在城镇居民集中居住的地区设立的居民委员会实有个数（含家委会）。

2 第三产业就业人员数

简要说明

一、主要内容

本篇资料主要包括劳动力、就业人员、私营企业和个体就业人数等。

二、统计范围与统计口径

《劳动工资统计报表制度》的调查范围为城镇地域全部法人单位;《全国月度劳动力调查制度》的调查范围为我国大陆地区的城镇和乡村地域上居住的人口；私营企业及个体工商户统计范围为全社会。1990 年及以后的劳动力、就业人员数据根据劳动力调查、人口普查推算，2001 年及以后数据根据第六次人口普查数据重新修订，相应年份的分地区、分类型、分行业的资料相加不等于总计。1998 年及以后城镇非私营单位就业人员等指标中不再包括离开本单位仍保留劳动关系的职工。

三、资料来源

1. 就业基本情况资料，是国家统计局人口和就业统计司根据《劳动工资统计报表制度》、《人口变动情况抽样调查方案》及《全国月度劳动力调查制度》搜集资料，加工整理。

2. 私营企业及个体工商业就业人员资料，由国家市场监督管理总局提供。

2-1 第三产业就业人员数及比重

单位：万人

年 份	劳动力	就业人员合计				第三产业就业人员占所有就业人员比重(%)
			第一产业	第二产业	第三产业	
1957	23971	23771	19309	2142	2320	9.8
1962		25910	21276	2059	2575	9.9
1965		28670	23396	2408	2866	10.0
1970		34432	27811	3518	3103	9.0
1975		38168	29456	5152	3560	9.3
1978	40682	40152	28318	6945	4890	12.2
1979	41592	41024	28634	7214	5177	12.6
1980	42903	42361	29122	7707	5532	13.1
1981	44165	43725	29777	8003	5945	13.6
1982	45674	45295	30859	8346	6090	13.5
1983	46707	46436	31151	8679	6606	14.2
1984	48433	48197	30868	9590	7739	16.1
1985	50112	49873	31130	10384	8359	16.8
1986	51546	51282	31254	11216	8811	17.2
1987	53060	52783	31663	11726	9395	17.8
1988	54630	54334	32249	12152	9933	18.3
1989	55707	55329	33225	11976	10129	18.3
1990	65323	64749	38914	13856	11979	18.5
1991	66091	65491	39098	14015	12378	18.9
1992	66782	66152	38699	14355	13098	19.8
1993	67468	66808	37680	14965	14163	21.2
1994	68135	67455	36628	15312	15515	23.0
1995	68855	68065	35530	15655	16880	24.8
1996	69765	68950	34820	16203	17927	26.0
1997	70800	69820	34840	16547	18432	26.4
1998	72087	70637	35177	16600	18860	26.7
1999	72791	71394	35768	16421	19205	26.9
2000	73992	72085	36043	16219	19823	27.5
2001	73884	72797	36399	16234	20165	27.7
2002	74492	73280	36640	15682	20958	28.6
2003	74911	73736	36204	15927	21605	29.3
2004	75290	74264	34830	16709	22725	30.6
2005	76120	74647	33442	17766	23439	31.4
2006	76315	74978	31941	18894	24143	32.2
2007	76531	75321	30731	20186	24404	32.4
2008	77046	75564	29923	20553	25087	33.2
2009	77510	75828	28890	21080	25857	34.1
2010	78388	76105	27931	21842	26332	34.6
2011	78579	76420	26594	22544	27282	35.7
2012	78894	76704	25773	23241	27690	36.1
2013	79300	76977	24171	23170	29636	38.5
2014	79690	77253	22790	23099	31364	40.6
2015	80091	77451	21919	22693	32839	42.4
2016	80694	77603	21496	22350	33757	43.5
2017	80686	77640	20944	21824	34872	44.9
2018	80525	77586	20258	21390	35938	46.3
2019	81104	77471	19445	21305	36721	47.4

注：2018年劳动力数据有所调整。

2-2 按登记注册类型分第三产业城镇非私营单位就业人员数(2019年底)

单位：万人

行　　业	合　计	国有单位	城镇集体单位	其他单位
合　　计	**10184.3**	**5125.4**	**159.8**	**4899.1**
批发和零售业	**830.0**	**42.9**	**12.9**	**774.3**
批发业	410.6	34.0	5.2	371.3
零售业	419.5	8.8	7.7	403.0
交通运输、仓储和邮政业	**815.5**	**131.8**	**8.5**	**675.2**
铁路运输业	191.6	2.5	0.1	189.0
道路运输业	364.7	62.0	4.4	298.3
水上运输业	31.9	3.4	0.6	27.9
航空运输业	62.4	4.0		58.3
管道运输业	2.7	0.2		2.5
多式联运和运输代理业	31.9	0.4	0.2	31.3
装卸搬运和仓储业	46.8	7.1	3.1	36.7
邮政业	83.4	52.2		31.2
住宿和餐饮业	**265.2**	**20.9**	**3.1**	**241.3**
住宿业	117.3	17.6	2.1	97.6
餐饮业	148.0	3.4	1.0	143.6
信息传输、软件和信息技术服务业	**455.3**	**19.9**	**0.7**	**434.6**
电信、广播电视和卫星传输服务	158.3	16.1	0.5	141.7
互联网和相关服务	58.3	0.8		57.5
软件和信息技术服务业	238.6	3.0	0.2	235.4
金融业	**826.1**	**89.3**	**9.5**	**727.3**
货币金融服务	363.8	70.4	9.3	284.1
资本市场服务	29.6	2.1	0.1	27.4
保险业	420.6	15.6		405.0
其他金融业	12.1	1.3		10.7
房地产业	**510.3**	**15.7**	**9.9**	**484.7**
租赁和商务服务业	**660.4**	**98.5**	**26.2**	**535.6**
租赁业	15.2	0.5	0.3	14.4
商务服务业	645.1	98.0	25.9	521.2
科学研究和技术服务业	**434.3**	**150.3**	**4.3**	**279.7**
研究和试验发展	74.2	40.7	0.5	32.9
专业技术服务业	297.4	88.0	3.1	206.4
科技推广和应用服务业	62.8	21.6	0.8	40.4
水利、环境和公共设施管理业	**244.5**	**129.9**	**5.0**	**109.6**
水利管理业	32.3	25.9	1.2	5.3
生态保护和环境治理业	16.0	8.8	0.1	7.1
公共设施管理业	190.4	93.6	3.7	93.1
土地管理业	5.8	1.7		4.1
居民服务、修理和其他服务业	**86.3**	**12.3**	**3.2**	**70.8**
居民服务业	36.5	7.8	1.7	26.9
机动车 、电子产品和日用产品修理业	12.2	0.6	0.6	11.0
其他服务业	37.6	3.9	0.9	32.8
教育	**1909.3**	**1540.0**	**37.7**	**331.6**
卫生和社会工作	**1006.2**	**835.1**	**33.2**	**137.9**
卫生	962.8	816.8	31.1	115.0
社会工作	43.4	18.3	2.1	23.0
文化、体育和娱乐业	**151.2**	**82.1**	**1.5**	**67.5**
新闻和出版业	29.3	17.6	0.2	11.6
广播、电视、电影和录音制作业	40.1	23.6	0.3	16.2
文化艺术业	48.0	33.7	0.7	13.6
体育	13.8	4.5	0.2	9.1
娱乐业	19.9	2.7	0.2	17.0
公共管理、社会保障和社会组织	**1989.8**	**1956.7**	**4.1**	**29.1**
#中国共产党机关	87.2	86.9		
国家机构	1840.9	1824.4		
人民政协、民主党派	10.5	10.5		
社会保障	15.4	15.0		
群众团体、社会团体和其他成员组织	24.2	19.4	0.4	4.5

注：城镇非私营单位就业人员数不含私营企业和个体(后续表同)。

2-3 按第三产业行业门类分城镇非私营单位就业人员数

单位：万人

行业门类	2004	2005	2006	2007	2008	2009	2010	2011
合　计	**5939.7**	**6011.1**	**6105.4**	**6243.5**	**6428.7**	**6668.6**	**6898.6**	**7294.4**
批发和零售业	586.7	544.0	515.7	506.9	514.4	520.8	535.1	647.5
交通运输、仓储和邮政业	631.8	613.9	612.7	623.1	627.3	634.4	631.1	662.8
住宿和餐饮业	177.1	181.2	183.9	185.8	193.2	202.1	209.2	242.7
信息传输、软件和信息技术服务业	123.7	130.1	138.2	150.2	159.5	173.8	185.8	212.8
金融业	356.0	359.3	367.4	389.7	417.6	449.0	470.1	505.3
房地产业	133.4	146.5	153.9	166.5	172.7	190.9	211.6	248.6
租赁和商务服务业	194.4	218.5	236.7	247.2	274.7	290.5	310.1	286.6
科学研究和技术服务业	222.1	227.7	235.5	243.4	257.0	272.6	292.3	298.5
水利、环境和公共设施管理业	176.1	180.4	187.0	193.5	197.3	205.7	218.9	230.3
居民服务、修理和其他服务业	54.2	53.9	56.6	57.4	56.5	58.8	60.2	59.9
教育	1466.8	1483.2	1504.4	1520.9	1534.0	1550.4	1581.8	1617.8
卫生和社会工作	494.7	508.9	525.4	542.8	563.6	595.8	632.5	679.1
文化、体育和娱乐业	123.4	122.5	122.4	125.0	126.0	129.5	131.4	135.0
公共管理、社会保障和社会组织	1199.0	1240.8	1265.6	1291.2	1335.0	1394.3	1428.5	1467.6

2-3 续表

单位：万人

行业门类	2012	2013	2014	2015	2016	2017	2018	2019
合　计	**7649.5**	**8592.8**	**8828.7**	**8986.0**	**9127.8**	**9277.4**	**9392.8**	**10184.3**
批发和零售业	711.8	890.8	888.6	883.3	875.0	842.8	823.3	830.0
交通运输、仓储和邮政业	667.5	846.2	861.4	854.4	849.5	843.9	819.0	815.5
住宿和餐饮业	265.1	304.4	289.3	276.1	269.7	265.9	269.8	265.2
信息传输、软件和信息技术服务业	222.8	327.3	336.3	349.9	364.1	395.4	424.3	455.3
金融业	527.8	537.9	566.3	606.8	665.2	688.8	699.3	826.1
房地产业	273.7	373.7	402.2	417.3	431.7	444.8	466.0	510.3
租赁和商务服务业	292.3	421.9	449.4	474.0	488.4	522.6	529.5	660.4
科学研究和技术服务业	330.7	387.8	408.0	410.6	419.6	420.4	411.5	434.3
水利、环境和公共设施管理业	243.8	259.2	269.1	273.3	269.6	268.5	260.6	244.5
居民服务、修理和其他服务业	62.1	72.3	75.4	75.2	75.4	78.2	77.4	86.3
教育	1653.4	1687.2	1727.3	1736.5	1729.2	1730.4	1735.6	1909.3
卫生和社会工作	719.3	770.0	810.4	841.6	867.0	897.9	912.4	1006.2
文化、体育和娱乐业	137.7	147.0	145.5	149.1	150.8	152.2	146.6	151.2
公共管理、社会保障和社会组织	1541.5	1567.0	1599.3	1637.8	1672.6	1725.6	1817.5	1989.8

2-4 按第三产业行业门类分国有单位就业人员数

单位：万人

行业门类	2004	2005	2006	2007	2008	2009	2010	2011
合　计	**4754.8**	**4727.4**	**4748.9**	**4792.6**	**4855.7**	**4921.3**	**5025.8**	**5167.1**
批发和零售业	259.6	214.7	186.7	174.1	160.7	144.2	137.3	145.7
交通运输、仓储和邮政业	473.4	443.3	433.0	432.0	424.5	413.9	403.3	415.9
住宿和餐饮业	70.5	67.5	63.8	58.6	56.6	55.2	54.6	56.3
信息传输、软件和信息技术服务业	74.1	65.8	65.6	62.5	63.0	64.6	62.5	67.0
金融业	196.4	177.5	165.1	161.4	155.4	146.0	144.3	146.3
房地产业	50.9	47.5	45.0	45.2	43.5	43.5	45.4	47.6
租赁和商务服务业	107.9	114.6	121.0	120.5	125.9	125.4	131.5	127.9
科学研究和技术服务业	188.6	188.5	193.0	197.5	201.6	209.4	219.6	218.2
水利、环境和公共设施管理业	158.0	161.0	165.4	169.8	172.8	178.3	189.9	198.0
居民服务、修理和其他服务业	24.2	24.9	27.7	28.7	28.8	28.3	28.9	30.7
教育	1409.7	1424.9	1448.0	1462.9	1481.9	1490.6	1517.4	1540.9
卫生和社会工作	437.9	452.4	466.8	483.2	501.2	529.9	562.6	606.0
文化、体育和娱乐业	111.9	110.5	110.1	111.3	110.9	111.9	113.1	113.8
公共管理、社会保障和社会组织	1191.8	1234.3	1257.5	1285.0	1328.8	1380.0	1415.6	1452.7

2-4 续表

单位：万人

行业门类	2012	2013	2014	2015	2016	2017	2018	2019
合　计	**5328.8**	**5288.5**	**5340.1**	**5352.6**	**5363.1**	**5355.6**	**5229.2**	**5125.4**
批发和零售业	148.5	110.1	99.9	90.8	82.0	72.0	60.6	42.9
交通运输、仓储和邮政业	419.5	410.3	395.2	373.4	366.0	353.0	264.1	131.8
住宿和餐饮业	57.6	45.7	41.8	37.4	35.2	31.7	26.0	20.9
信息传输、软件和信息技术服务业	65.8	49.5	37.5	35.5	33.5	26.9	24.9	19.9
金融业	151.9	147.9	146.1	146.6	148.7	143.1	125.8	89.3
房地产业	46.7	37.1	36.5	33.1	32.1	26.3	19.6	15.7
租赁和商务服务业	116.7	123.6	126.0	120.6	118.1	116.8	104.2	98.5
科学研究和技术服务业	232.5	223.7	224.8	213.2	215.1	206.2	182.7	150.3
水利、环境和公共设施管理业	208.9	207.7	211.9	210.7	203.9	195.9	167.6	129.9
居民服务、修理和其他服务业	30.4	22.9	22.5	22.0	21.4	18.5	19.3	12.3
教育	1567.2	1573.8	1602.7	1607.3	1593.9	1582.4	1564.8	1540.0
卫生和社会工作	639.5	672.7	703.9	733.1	752.5	773.8	786.2	835.1
文化、体育和娱乐业	115.0	109.9	106.3	104.4	102.6	98.8	91.5	82.1
公共管理、社会保障和社会组织	1528.6	1553.6	1585.1	1624.4	1658.1	1710.3	1791.8	1956.7

2-5 按第三产业行业门类分城镇集体单位就业人员数

单位：万人

行业门类	2004	2005	2006	2007	2008	2009	2010	2011
合　计	**393.2**	**361.1**	**336.7**	**320.2**	**295.4**	**278.3**	**272.9**	**261.6**
批发和零售业	108.9	89.9	77.4	69.0	58.6	52.5	48.0	46.8
交通运输、仓储和邮政业	34.1	30.6	27.2	24.6	22.2	20.6	19.8	17.5
住宿和餐饮业	15.0	13.7	12.7	11.6	11.0	10.4	9.6	10.0
信息传输、软件和信息技术服务业	1.3	1.4	1.1	0.9	0.8	1.1	1.0	1.3
金融业	66.6	63.8	62.1	61.3	60.1	53.1	52.1	50.2
房地产业	7.8	8.2	8.0	7.7	7.4	8.7	9.2	8.6
租赁和商务服务业	30.7	35.2	34.1	34.4	33.1	36.7	37.6	31.8
科学研究和技术服务业	4.5	3.8	3.5	3.4	3.4	4.2	4.2	3.7
水利、环境和公共设施管理业	10.2	9.6	10.0	10.2	10.8	10.5	10.5	10.8
居民服务、修理和其他服务业	13.5	10.3	9.8	8.9	8.8	8.2	7.8	6.0
教育	43.1	40.2	36.0	34.3	24.6	17.4	17.5	19.1
卫生和社会工作	50.0	48.3	48.8	48.7	49.8	49.9	51.4	51.5
文化、体育和娱乐业	2.8	2.5	2.3	2.3	2.3	2.2	2.2	2.0
公共管理、社会保障和社会组织	4.8	3.5	3.6	2.9	2.4	2.7	2.2	2.4

2-5 续表

单位：万人

行业门类	2012	2013	2014	2015	2016	2017	2018	2019
合　计	**260.2**	**264.7**	**255.2**	**235.8**	**222.9**	**207.5**	**183.7**	**159.8**
批发和零售业	40.9	38.3	35.0	31.7	28.0	21.2	17.8	12.9
交通运输、仓储和邮政业	17.7	19.0	17.4	14.8	13.7	12.2	9.3	8.5
住宿和餐饮业	9.3	10.0	6.7	5.4	4.9	4.2	3.9	3.1
信息传输、软件和信息技术服务业	1.3	0.9	0.8	0.7	0.6	0.8	0.6	0.7
金融业	50.1	48.7	47.0	46.5	44.9	42.0	33.1	9.5
房地产业	8.7	8.3	8.9	8.0	8.0	7.4	7.2	9.9
租赁和商务服务业	33.7	38.1	36.0	31.8	29.1	27.7	23.3	26.2
科学研究和技术服务业	5.4	5.5	5.4	4.8	4.6	4.2	3.9	4.3
水利、环境和公共设施管理业	10.6	10.7	11.2	10.9	10.6	10.0	8.0	5.0
居民服务、修理和其他服务业	6.1	5.4	5.7	4.9	4.2	3.8	3.3	3.2
教育	19.0	21.8	22.2	20.9	19.0	18.9	22.9	37.7
卫生和社会工作	52.6	54.0	54.9	51.5	51.2	51.0	46.2	33.2
文化、体育和娱乐业	2.5	2.0	1.9	1.8	1.8	1.7	1.3	1.5
公共管理、社会保障和社会组织	2.3	2.1	2.1	2.0	2.3	2.4	3.0	4.1

2-6 按第三产业行业门类分城镇非私营单位中其他单位就业人员数

单位：万人

行业门类	2004	2005	2006	2007	2008	2009	2010	2011
合　计	**791.6**	**922.6**	**1019.8**	**1130.8**	**1277.6**	**1469.0**	**1599.8**	**1865.7**
批发和零售业	218.3	239.4	251.6	263.8	295.0	324.2	349.9	455.0
交通运输、仓储和邮政业	124.4	140.0	152.6	166.4	180.6	199.9	208.0	229.4
住宿和餐饮业	91.6	100.1	107.3	115.7	125.6	136.5	145.1	176.5
信息传输、软件和信息技术服务业	48.3	62.8	71.5	86.8	95.7	108.1	122.3	144.5
金融业	93.1	117.9	140.2	167.0	202.0	249.9	273.7	308.9
房地产业	74.7	90.9	101.0	113.6	121.8	138.7	157.1	192.4
租赁和商务服务业	55.8	68.7	81.6	92.3	115.7	128.4	140.9	126.9
科学研究和技术服务业	29.0	35.5	38.9	42.5	52.0	59.0	68.6	76.5
水利、环境和公共设施管理业	7.9	9.8	11.6	13.5	13.7	16.8	18.5	21.5
居民服务、修理和其他服务业	16.5	18.7	19.0	19.8	19.0	22.3	23.5	23.1
教育	14.0	18.1	20.4	23.7	27.5	42.3	46.8	57.7
卫生和社会工作	6.8	8.2	9.8	11.0	12.6	16.0	18.6	21.6
文化、体育和娱乐业	8.7	9.6	10.0	11.5	12.7	15.4	16.2	19.2
公共管理、社会保障和社会组织	2.5	3.0	4.4	3.3	3.8	11.6	10.7	12.5

2-6 续表

单位：万人

行业门类	2012	2013	2014	2015	2016	2017	2018	2019
合　计	**2060.4**	**3039.6**	**3233.4**	**3397.6**	**3541.7**	**3714.3**	**3980.0**	**4899.1**
批发和零售业	522.4	742.4	753.6	760.9	765.1	749.6	744.9	774.3
交通运输、仓储和邮政业	230.3	417.0	448.9	466.2	469.8	478.7	545.6	675.2
住宿和餐饮业	198.1	248.7	240.8	233.3	229.6	230.0	240.0	241.3
信息传输、软件和信息技术服务业	155.7	276.9	298.0	313.6	330.0	367.7	398.8	434.6
金融业	325.7	341.3	373.3	413.7	471.5	503.7	540.4	727.3
房地产业	218.3	328.3	356.8	376.2	391.6	411.0	439.2	484.7
租赁和商务服务业	141.8	260.2	287.4	321.7	341.2	378.1	402.1	535.6
科学研究和技术服务业	92.8	158.5	177.8	192.6	199.9	210.0	224.9	279.7
水利、环境和公共设施管理业	24.3	40.8	46.1	51.7	55.0	62.6	85.0	109.6
居民服务、修理和其他服务业	25.7	44.1	47.3	48.3	49.8	56.0	54.8	70.8
教育	67.2	91.6	102.4	108.3	116.4	129.1	147.9	331.6
卫生和社会工作	27.3	43.3	51.6	57.0	63.3	73.2	80.0	137.9
文化、体育和娱乐业	20.2	35.0	37.3	42.8	46.3	51.7	53.7	67.5
公共管理、社会保障和社会组织	10.6	11.3	12.1	11.4	12.2	12.9	22.6	29.1

2-7 各地区按第三产业行业门类分城镇非私营单位就业人员数(2019年底)

单位：万人

地区	批发和零售业	交通运输、仓储和邮政业	住宿和餐饮业	信息传输、软件和信息技术服务业	金融业	房地产业	租赁和商务服务业
全国	**830.0**	**815.5**	**265.2**	**455.3**	**826.1**	**510.3**	**660.4**
北京	59.6	59.0	30.5	85.9	64.5	47.4	73.7
天津	20.0	14.9	6.3	6.6	19.8	10.8	15.3
河北	20.6	27.5	4.5	10.1	37.0	10.4	16.1
山西	13.6	21.1	3.5	5.2	30.0	5.5	11.8
内蒙古	8.3	19.9	2.9	4.7	20.7	5.7	7.1
辽宁	18.8	32.9	5.1	13.7	33.5	10.7	13.4
吉林	10.4	16.3	2.3	5.6	17.5	6.1	6.4
黑龙江	11.2	25.8	1.4	8.8	23.4	5.8	13.5
上海	99.0	50.4	29.9	41.8	37.9	30.1	76.4
江苏	60.5	48.3	19.2	32.4	38.9	29.1	46.1
浙江	39.7	31.2	14.6	24.4	47.6	26.8	35.6
安徽	27.0	23.7	5.8	9.3	23.2	17.6	18.3
福建	24.7	22.9	9.2	10.8	25.2	17.4	19.9
江西	16.0	18.3	3.6	5.5	20.2	9.4	7.3
山东	46.7	44.7	11.6	17.3	55.6	26.0	22.9
河南	36.8	41.2	7.8	16.6	29.5	28.0	26.4
湖北	36.9	31.0	8.8	18.1	20.2	17.7	17.7
湖南	21.7	25.9	6.3	8.1	35.7	14.1	13.9
广东	114.7	82.6	40.6	66.2	84.4	86.0	112.6
广西	13.0	19.1	4.4	4.5	19.6	9.1	11.3
海南	5.6	7.3	5.5	2.2	5.1	8.2	3.1
重庆	22.3	21.5	4.5	4.7	20.6	13.7	14.3
四川	28.1	32.0	12.5	20.0	32.7	25.2	25.4
贵州	11.1	13.2	2.8	4.0	14.5	10.7	8.2
云南	15.8	16.3	5.4	5.3	11.9	10.4	11.9
西藏	2.4	2.6	0.6	0.9	1.4	0.5	1.5
陕西	22.7	27.1	9.3	13.4	27.8	13.8	11.0
甘肃	7.8	13.2	2.8	3.7	9.6	5.4	3.8
青海	2.4	5.2	0.6	0.9	2.9	1.4	1.6
宁夏	2.3	3.8	0.5	0.8	3.9	1.4	3.0
新疆	10.4	16.7	2.5	3.6	11.2	6.0	10.9

2-7 续表 单位：万人

地 区	科学研究和技术服务业	水利、环境和公共设施管理业	居民服务、修理和其他服务业	教 育	卫生和社会工作	文化、体育和娱乐业	公共管理、社会保障和社会组织
全 国	**434.3**	**244.5**	**86.3**	**1909.3**	**1006.2**	**151.2**	**1989.8**
北 京	68.9	12.4	6.8	57.6	32.5	18.6	50.2
天 津	11.1	3.7	6.5	20.2	11.7	2.1	17.6
河 北	16.4	9.1	2.5	96.0	45.3	5.2	99.2
山 西	7.7	8.0	0.8	55.2	24.7	4.4	65.8
内蒙古	7.0	3.9	0.8	37.9	19.2	3.2	58.4
辽 宁	9.8	7.4	2.3	51.0	31.5	4.5	69.9
吉 林	7.8	6.8	1.8	37.2	21.2	3.3	42.8
黑龙江	8.6	6.7	2.8	39.6	24.9	2.8	48.0
上 海	36.2	10.6	10.9	40.1	28.4	7.5	29.8
江 苏	27.3	13.2	4.9	110.3	59.4	9.2	88.5
浙 江	18.0	11.3	3.7	87.6	51.3	8.0	76.4
安 徽	10.6	8.3	2.2	69.5	35.6	3.7	59.6
福 建	7.9	6.9	3.5	60.7	25.8	4.2	51.9
江 西	6.4	5.1	0.9	60.1	28.0	3.0	62.6
山 东	18.2	17.8	3.3	121.4	70.6	6.9	128.0
河 南	17.6	13.6	2.7	121.5	66.1	6.8	123.1
湖 北	17.0	11.8	2.5	70.6	41.7	5.9	72.3
湖 南	13.4	9.5	2.3	84.1	45.9	6.2	88.8
广 东	47.3	18.0	12.9	162.4	82.9	13.4	142.1
广 西	7.4	7.4	1.0	68.7	35.3	3.2	61.6
海 南	2.1	3.6	0.7	14.4	7.3	1.3	16.7
重 庆	7.6	4.1	1.0	45.6	20.9	2.7	37.7
四 川	15.3	9.8	2.8	104.4	57.1	5.5	107.6
贵 州	4.8	4.3	1.6	53.9	25.0	2.3	70.0
云 南	9.4	6.1	1.6	63.4	30.2	3.8	72.8
西 藏	1.2	0.5	0.2	5.4	1.9	0.6	17.3
陕 西	12.9	10.3	1.9	61.4	31.6	5.7	64.6
甘 肃	6.6	6.0	0.5	39.2	17.0	2.8	50.9
青 海	1.8	1.0	0.1	8.6	5.4	0.8	15.1
宁 夏	1.4	1.7	0.0	9.6	5.2	0.8	13.3
新 疆	6.6	5.8	0.5	51.9	22.6	2.6	87.2

2-8 各地区按第三产业行业门类分国有单位就业人员数(2019年底)

单位：万人

地 区	批发和零售业	交通运输、仓储和邮政业	住宿和餐饮业	信息传输、软件和信息技术服务业	金融业	房地产业	租赁和商务服务业
全 国	**42.9**	**131.8**	**20.9**	**19.9**	**89.3**	**15.7**	**98.5**
北 京	1.4	1.9	2.3	1.4	1.1	1.5	14.6
天 津	0.4	2.3	0.3	0.1	2.1	0.5	3.6
河 北	1.5	8.9	1.2	0.8	0.9	0.4	2.8
山 西	1.3	4.1	1.0	0.9	2.8	0.8	2.6
内蒙古	0.8	3.2	0.3	0.8	2.6	0.2	2.0
辽 宁	1.4	3.8	0.5	0.7	4.3	0.5	2.5
吉 林	0.7	4.2	0.6	0.6	2.6	0.3	1.6
黑龙江	1.1	6.2	0.5	0.6	3.2	0.3	3.8
上 海	0.5	2.8	0.6	0.2	1.4	0.6	6.4
江 苏	2.5	8.1	1.1	0.8	6.3	0.7	7.2
浙 江	1.2	3.8	0.8	0.9	3.0	0.8	5.9
安 徽	1.7	4.5	0.2	0.4	2.7	0.3	1.6
福 建	1.6	2.9	0.5	0.5	4.0	0.8	3.4
江 西	1.7	3.4	0.6	0.5	2.6	0.3	2.3
山 东	1.0	8.0	2.1	1.2	5.4	0.9	3.6
河 南	4.0	10.0	1.1	1.1	4.5	0.7	5.0
湖 北	3.2	7.9	0.9	1.2	3.4	0.9	3.2
湖 南	2.5	5.6	0.5	0.7	3.2	0.5	2.4
广 东	1.7	7.4	1.4	1.5	9.6	1.4	10.7
广 西	1.4	3.3	0.6	0.3	5.9	0.5	2.1
海 南	0.2	1.1	0.1	0.2	0.6	0.2	0.6
重 庆	0.7	3.0	0.2	0.8	1.7	0.1	0.4
四 川	2.0	5.1	0.5	0.6	2.7	0.5	2.5
贵 州	2.0	2.0	0.2	0.4	1.3	0.2	1.2
云 南	2.0	2.5	0.6	0.6	2.1	0.3	1.0
西 藏	0.5	1.4	0.1	0.5	0.2	0.1	0.2
陕 西	2.0	7.6	0.5	0.5	4.2	0.9	1.9
甘 肃	0.5	1.9	0.5	0.7	1.8	0.1	0.8
青 海	0.2	1.5	0.1	0.1	0.6	0.1	0.1
宁 夏	0.2	0.7	0.1		0.5		0.5
新 疆	0.9	2.9	0.7	0.5	1.9	0.3	2.1

2-8 续表 单位：万人

地区	科学研究和技术服务业	水利、环境和公共设施管理业	居民服务、修理和其他服务业	教育	卫生和社会工作	文化、体育和娱乐业	公共管理、社会保障和社会组织
全国	**150.3**	**129.9**	**12.3**	**1540.0**	**835.1**	**82.1**	**1956.7**
北京	20.0	6.6	1.0	37.5	24.0	9.3	45.4
天津	2.8	2.5	0.3	17.8	10.0	1.1	17.4
河北	4.3	5.5	0.3	83.4	37.3	3.6	98.8
山西	4.5	6.4	0.2	46.7	22.3	3.2	65.4
内蒙古	3.9	2.3	0.1	33.4	17.6	2.7	57.9
辽宁	3.9	4.0	1.0	43.3	26.1	3.1	68.5
吉林	4.7	5.8	0.4	33.1	18.8	2.3	42.2
黑龙江	3.6	5.9	0.5	36.3	21.3	1.9	47.5
上海	5.9	1.2	0.7	26.9	19.1	2.4	23.4
江苏	6.6	6.0	0.6	81.7	41.6	4.2	86.7
浙江	5.7	4.9	0.5	70.4	44.7	4.2	74.8
安徽	3.8	3.2	0.4	55.7	26.9	1.8	59.1
福建	3.2	2.4	0.2	46.8	21.1	2.4	50.8
江西	3.6	1.7	0.1	51.8	24.4	1.9	61.7
山东	6.2	6.0	0.5	100.0	59.3	3.8	127.1
河南	7.7	6.8	0.5	87.5	49.6	4.0	119.9
湖北	6.8	8.1	1.0	62.4	36.6	3.4	72.3
湖南	5.6	7.2	0.4	67.6	39.3	3.0	87.6
广东	9.6	8.0	1.5	104.9	66.0	4.7	139.2
广西	5.0	6.1	0.3	64.3	34.0	2.2	61.4
海南	0.9	1.1	0.1	11.2	6.0	0.5	16.5
重庆	3.0	1.1	0.1	36.4	17.5	1.2	37.2
四川	5.5	5.1	0.4	85.5	48.5	3.2	106.9
贵州	2.1	1.1	0.1	48.9	22.4	1.3	69.7
云南	5.4	3.0	0.2	53.0	26.5	2.2	72.2
西藏	0.9	0.1		5.1	1.7	0.4	17.3
陕西	5.3	6.9	0.5	47.7	26.2	3.0	64.1
甘肃	4.2	4.7	0.1	36.0	15.5	1.9	50.5
青海	1.1	0.6		7.4	4.7	0.5	15.1
宁夏	0.8	1.4		8.8	4.9	0.5	13.1
新疆	4.0	4.0	0.1	48.5	21.0	2.2	87.0

2-9 各地区按第三产业行业门类分城镇集体单位就业人员数(2019年底)

单位：人

地 区	批发和零售业	交通运输、仓储和邮政业	住宿和餐饮业	信息传输、软件和信息技术服务业	金融业	房地产业	租赁和商务服务业
全 国	**129141**	**84568**	**30524**	**6871**	**94647**	**99096**	**262394**
北 京	6978	4301	6093	983	18	20655	50051
天 津	1594	1760	346	86		2502	4115
河 北	8401	3330	1233	179	2176	2786	10319
山 西	9519	2348	1007	86	12454	3164	4862
内蒙古	350	672	218	11	8708	286	846
辽 宁	5538	3410	585	42	5378	2120	9836
吉 林	859	284	111		2218	203	676
黑龙江	2372	703	141		1865	421	1203
上 海	3649	4212	2908	42	19	9434	21545
江 苏	8118	14915	1896	366	2811	4888	23571
浙 江	3511	2487	1583	715	79	2816	11278
安 徽	2837	4937	452	96	468	1632	4684
福 建	5205	1695	555	220	500	2866	4249
江 西	1411	1668	187	361	119	607	1880
山 东	10316	3371	1459	56	784	5370	4980
河 南	10161	9487	1762	2849	3416	2586	6335
湖 北	12175	2341	990	42	3428	1920	5041
湖 南	4814	4894	928	98	74	2165	2428
广 东	11373	5910	2793	298	1021	24381	58481
广 西	3150	1149	394		13293	1363	5763
海 南	207	100	15	130		420	278
重 庆	1957	659	999			490	3970
四 川	3036	3460	1097	32	1	1038	6737
贵 州	1518	940	256	84	1273	1226	2883
云 南	2310	1359	1219	27	12674	916	1253
西 藏	75	240	135			6	4
陕 西	4508	3300	729	40	9982	1484	6540
甘 肃	1096	188	222	2	4656	749	2950
青 海	207	272	106		1657	63	861
宁 夏	399					164	89
新 疆	1497	176	105	26	5575	375	4686

2-9 续表 单位：人

地区	科学研究和技术服务业	水利、环境和公共设施管理业	居民服务、修理和其他服务业	教育	卫生和社会工作	文化、体育和娱乐业	公共管理、社会保障和社会组织
全国	**43125**	**50005**	**32326**	**377003**	**331997**	**15442**	**40818**
北京	6015	5242	5426	10080	14444	1583	1328
天津	400	257	920	1344	1285	150	13
河北	927	1754	710	17020	25799	2039	1061
山西	646	877	751	5979	8255	732	2001
内蒙古	464	988	212	651	1830	51	144
辽宁	1694	654	1467	5178	6317	655	9
吉林	402	175	735	554	582	60	62
黑龙江	329	46	203	812	2610	3	174
上海	1497	4417	4628	9303	18087	1004	6279
江苏	6829	10830	4253	82885	66374	2180	8950
浙江	1254	1418	2110	10059	3315	463	409
安徽	1109	474	1291	7407	19691	234	1036
福建	1363	985	505	21767	15777	411	1616
江西	687	405	105	5778	4796	394	648
山东	2070	1346	851	28885	22418	733	1771
河南	3385	967	1271	47345	24965	709	5602
湖北	1795	9643	259	7600	10057	750	9
湖南	1100	1252	276	9184	18240	749	2046
广东	3740	5046	2426	48961	25226	982	3321
广西	852	1024	1014	2421	328	16	354
海南	401		32	979	1842	36	50
重庆	433	202	339	4799	6465	91	1130
四川	1472	235	394	10502	12341	393	764
贵州	414	251	447	877	1762	66	133
云南	1194	389	387	8746	5942	373	717
西藏			6	146	128	3	5
陕西	1877	163	1074	15502	6777	195	532
甘肃	393	235	60	7052	4369	355	471
青海	42	33	49	528	391	21	
宁夏	23			3542	275		54
新疆	318	697	125	1117	1309	11	129

2-10 各地区按第三产业行业门类分城镇非私营单位中其他单位就业人员数(2019年底)

单位：万人

地 区	批发和零售业	交通运输、仓储和邮政业	住宿和餐饮业	信息传输、软件和信息技术服务业	金融业	房地产业	租赁和商务服务业
全 国	**774.3**	**675.2**	**241.3**	**434.6**	**727.3**	**484.7**	**535.6**
北 京	57.5	56.7	27.6	84.4	63.4	43.8	54.1
天 津	19.4	12.4	6.0	6.5	17.7	10.0	11.3
河 北	18.2	18.3	3.2	9.3	36.0	9.7	12.3
山 西	11.3	16.7	2.4	4.3	25.9	4.4	8.7
内蒙古	7.4	16.6	2.5	3.9	17.1	5.5	5.0
辽 宁	16.9	28.8	4.5	13.0	28.7	10.0	9.9
吉 林	9.6	12.1	1.7	5.0	14.7	5.8	4.7
黑龙江	9.8	19.5	0.9	8.3	20.1	5.4	9.6
上 海	98.1	47.2	29.0	41.5	36.4	28.6	67.9
江 苏	57.2	38.8	17.9	31.6	32.3	27.9	36.6
浙 江	38.2	27.2	13.6	23.4	44.6	25.7	28.6
安 徽	25.0	18.8	5.5	8.8	20.5	17.1	16.3
福 建	22.6	19.8	8.6	10.2	21.1	16.3	16.1
江 西	14.1	14.8	3.0	5.0	17.6	9.0	4.7
山 东	44.7	36.3	9.4	16.2	50.2	24.5	18.8
河 南	31.8	30.2	6.5	15.3	24.7	27.1	20.8
湖 北	32.5	22.8	7.9	16.9	16.5	16.6	14.0
湖 南	18.8	19.9	5.7	7.5	32.4	13.4	11.3
广 东	111.9	74.6	38.9	64.7	74.7	82.1	96.0
广 西	11.2	15.7	3.7	4.2	12.3	8.4	8.6
海 南	5.4	6.2	5.4	2.0	4.5	7.9	2.5
重 庆	21.4	18.4	4.2	3.9	18.9	13.6	13.5
四 川	25.8	26.5	11.9	19.4	30.0	24.6	22.2
贵 州	8.9	11.1	2.6	3.6	13.1	10.3	6.7
云 南	13.5	13.7	4.7	4.7	8.6	10.0	10.7
西 藏	1.9	1.2	0.5	0.4	1.1	0.4	1.3
陕 西	20.2	19.2	8.7	12.9	22.6	12.8	8.4
甘 肃	7.2	11.3	2.3	3.1	7.3	5.2	2.7
青 海	2.2	3.7	0.4	0.9	2.1	1.3	1.4
宁 夏	2.1	3.1	0.4	0.8	3.4	1.4	2.5
新 疆	9.3	13.8	1.8	3.1	8.8	5.7	8.3

2-10 续表 单位：万人

地 区	科学研究和技术服务业	水利、环境和公共设施管理业	居民服务、修理和其他服务业	教 育	卫生和社会工作	文化、体育和娱乐业	公共管理、社会保障和社会组织
全 国	**279.7**	**109.6**	**70.8**	**331.6**	**137.9**	**67.5**	**29.1**
北 京	48.3	5.3	5.3	19.1	7.0	9.2	4.7
天 津	8.2	1.2	6.1	2.4	1.5	1.0	0.2
河 北	12.0	3.4	2.1	10.8	5.4	1.4	0.4
山 西	3.2	1.5	0.6	8.0	1.5	1.2	0.2
内蒙古	3.1	1.5	0.6	4.4	1.5	0.5	0.4
辽 宁	5.8	3.4	1.1	7.1	4.8	1.4	1.4
吉 林	3.1	0.9	1.4	4.0	2.4	1.0	0.6
黑龙江	5.0	0.8	2.3	3.2	3.3	0.9	0.4
上 海	30.2	9.0	9.8	12.2	7.5	5.0	5.8
江 苏	20.0	6.1	3.9	20.3	11.2	4.8	1.0
浙 江	12.2	6.2	3.0	16.2	6.2	3.8	1.6
安 徽	6.7	5.0	1.7	13.0	6.7	1.9	0.4
福 建	4.6	4.4	3.2	11.8	3.0	1.8	0.9
江 西	2.7	3.3	0.8	7.6	3.2	1.1	0.8
山 东	11.8	11.7	2.8	18.5	9.0	3.0	0.7
河 南	9.6	6.7	2.2	29.2	13.9	2.7	2.6
湖 北	10.0	2.7	1.5	7.5	4.0	2.4	
湖 南	7.7	2.2	1.9	15.6	4.8	3.1	1.0
广 东	37.4	9.6	11.2	52.5	14.4	8.6	2.6
广 西	2.3	1.1	0.5	4.2	1.2	1.0	0.1
海 南	1.2	2.5	0.6	3.1	1.1	0.8	0.2
重 庆	4.5	2.9	0.8	8.7	2.8	1.6	0.4
四 川	9.6	4.6	2.3	17.9	7.3	2.3	0.6
贵 州	2.7	3.2	1.4	4.9	2.4	1.0	0.3
云 南	3.9	3.0	1.4	9.5	3.1	1.6	0.6
西 藏	0.4	0.4	0.2	0.3	0.2	0.2	
陕 西	7.5	3.4	1.2	12.2	4.7	2.7	0.5
甘 肃	2.4	1.2	0.4	2.4	1.1	0.9	0.3
青 海	0.7	0.3	0.1	1.2	0.6	0.3	
宁 夏	0.6	0.2		0.4	0.3	0.3	0.2
新 疆	2.6	1.7	0.4	3.3	1.5	0.3	0.2

2-11 各地区按第三产业行业门类分私营企业就业人员数(2019年底)

单位：万人

地 区	第三产业合计	批发和零售业	交通运输、仓储和邮政业	住宿和餐饮业	信息传输、软件和信息技术服务业	金融业	房地产业	租赁和商务服务业
全 国	**15660.95**	**6559.40**	**555.41**	**422.75**	**1017.70**	**188.05**	**718.51**	**3001.04**
北 京	980.92	192.15	28.04	36.69	26.82	3.14	37.39	188.65
天 津	70.25	21.14	3.43	1.03	1.78	3.54	2.12	16.80
河 北	251.94	122.24	11.18	5.99	14.14	2.21	13.20	31.81
山 西	177.46	91.64	10.38	5.52	6.42	5.20	9.13	21.56
内蒙古	219.64	100.04	10.65	5.25	9.03	2.80	12.29	41.57
辽 宁	300.62	127.76	18.43	7.38	18.89	2.49	18.84	52.94
吉 林	191.06	78.87	9.94	4.62	10.94	4.41	11.68	27.58
黑龙江	61.77	23.95	3.02	0.84	4.23	0.85	3.19	10.46
上 海	1260.48	438.87	46.16	17.13	60.27	6.22	32.48	352.66
江 苏	1222.57	449.00	54.10	25.35	49.77	6.09	56.78	294.77
浙 江	1009.02	427.85	30.71	24.58	75.95	15.28	33.22	202.25
安 徽	442.77	187.80	20.78	12.72	19.97	17.84	23.13	76.88
福 建	689.86	316.12	21.18	13.86	52.00	3.95	21.05	125.40
江 西	381.49	170.95	23.20	9.61	27.59	2.25	20.80	79.79
山 东	1260.75	597.82	49.18	34.33	83.49	21.09	58.16	209.12
河 南	563.05	273.28	19.67	14.85	28.02	2.84	30.92	92.53
湖 北	552.63	232.27	23.36	17.29	33.40	4.20	36.76	94.80
湖 南	389.75	113.07	9.43	6.85	37.39	8.89	71.29	71.29
广 东	2831.53	1441.49	65.80	66.80	223.23	46.78	80.86	484.01
广 西	395.15	186.05	13.33	9.57	16.00	2.52	21.65	81.48
海 南	99.85	34.35	2.67	2.85	8.36	0.61	11.53	22.61
重 庆	737.67	293.41	22.23	35.68	79.98	6.06	30.60	142.08
四 川	361.94	126.16	10.45	9.70	45.36	1.33	16.25	77.35
贵 州	232.90	97.61	7.56	11.96	16.13	1.77	10.06	46.79
云 南	259.60	112.10	11.17	12.50	16.50	2.67	17.88	41.38
西 藏	23.54	7.55	0.79	1.17	1.05	0.15	0.58	6.75
陕 西	304.12	117.98	10.83	14.31	30.79	6.05	12.54	48.27
甘 肃	183.59	90.14	7.25	8.70	9.70	1.91	11.54	23.04
青 海	31.42	11.69	1.47	1.62	1.21	0.50	1.68	6.55
宁 夏	28.81	12.84	1.36	0.91	1.49	1.40	1.21	5.00
新 疆	144.82	63.20	7.65	3.09	7.81	2.99	9.68	24.88

2-11 续表 单位：万人

地 区	科学研究和技术服务业	水利、环境和公共设施管理业	居民服务、修理和其他服务业	教育	卫生和社会工作	文化、体育和娱乐业	其他
全 国	**1769.09**	**111.57**	**550.43**	**133.46**	**85.21**	**522.03**	**26.32**
北 京	343.09	9.02	17.44	1.29	6.52	90.57	0.11
天 津	15.19	0.38	1.78	0.26	0.79	2.01	0.01
河 北	28.12	2.21	8.75	2.02	1.69	8.33	0.05
山 西	12.21	1.29	6.79	1.44	1.13	4.17	0.57
内蒙古	16.69	2.35	8.43	2.15	2.51	5.29	0.59
辽 宁	29.83	2.53	9.42	2.30	3.98	5.77	0.07
吉 林	19.64	1.98	7.98	2.40	2.40	8.59	0.03
黑龙江	8.85	0.66	1.60	0.69	0.52	1.92	0.99
上 海	241.78	4.50	18.92	2.44	2.67	36.37	0.01
江 苏	205.16	8.05	38.15	7.81	5.50	22.00	0.05
浙 江	108.50	6.16	31.84	11.41	4.86	35.83	0.57
安 徽	40.15	4.40	19.56	4.29	1.64	13.06	0.53
福 建	77.32	4.61	18.94	4.03	3.34	28.02	0.02
江 西	16.10	3.07	13.91	3.13	1.33	9.75	
山 东	98.85	9.38	43.13	13.96	7.49	34.74	
河 南	45.11	10.75	15.03	4.56	3.04	21.54	0.91
湖 北	46.32	3.51	19.35	13.67	2.28	12.04	13.38
湖 南	33.33	2.26	9.70	6.33	2.95	16.94	0.01
广 东	187.71	9.33	128.65	20.30	7.83	66.62	2.12
广 西	35.72	3.23	12.46	1.53	1.24	8.44	1.91
海 南	5.54	1.67	4.18	0.89	0.46	3.75	0.38
重 庆	43.15	4.92	36.03	6.86	4.21	32.46	
四 川	36.09	2.14	11.08	3.42	5.50	15.81	1.30
贵 州	11.91	2.26	13.93	3.61	1.98	6.71	0.63
云 南	16.29	2.57	13.04	2.78	3.19	7.52	0.02
西 藏	1.53	0.24	1.08	0.18	0.13	1.03	1.30
陕 西	21.55	4.74	17.70	5.03	3.15	10.77	0.42
甘 肃	7.39	1.41	11.39	2.57	0.98	7.35	0.21
青 海	2.34	0.43	2.36	0.23	0.17	1.10	0.07
宁 夏	1.71	0.18	1.21	0.35	0.46	0.68	0.01
新 疆	11.92	1.35	6.59	1.53	1.25	2.81	0.05

2-12 各地区按第三产业行业门类分个体就业人员数(2019年底)

单位：万人

地　区	第三产业合　计	批发和零售业	交通运输、仓储和邮政业	住宿和餐饮业	信息传输、软件和信息技术服务业	金融业	房地产业	租赁和商务服务业
全　国	**15101.89**	**8830.78**	**495.12**	**2872.18**	**90.79**	**1.44**	**34.68**	**387.30**
北　京	64.16	40.58	2.74	9.33	0.04		0.02	3.90
天　津	104.46	54.63	3.19	21.42	0.19	0.04	0.71	6.83
河　北	768.23	476.09	42.55	125.08	3.17	0.11	1.95	15.80
山　西	379.85	214.05	26.77	71.73	1.52	0.15	0.20	5.72
内蒙古	283.31	154.35	9.97	60.70	1.99	0.02	0.33	4.56
辽　宁	453.81	242.70	31.12	76.89	2.02	0.07	1.50	10.45
吉　林	481.67	288.83	37.73	73.12	1.26	0.04	1.30	5.18
黑龙江	408.57	188.93	30.06	81.78	2.41	0.30	0.60	6.37
上　海	65.30	43.14	0.40	12.34	0.02		0.04	0.74
江　苏	987.94	568.98	49.41	167.41	5.27	0.07	4.46	38.48
浙　江	690.82	407.07	20.55	127.26	2.30	0.04	4.22	22.36
安　徽	691.26	421.53	10.25	124.16	7.29	0.04	1.49	11.96
福　建	525.46	336.09	10.02	94.47	2.38	0.03	2.32	11.83
江　西	392.52	249.06	4.02	71.56	3.60	0.02	0.91	5.52
山　东	1563.10	915.63	29.13	213.64	5.68	0.04	4.45	68.82
河　南	896.35	560.42	17.05	175.77	2.23	0.09	0.55	10.03
湖　北	970.20	581.71	41.27	168.47	6.60	0.04	0.75	22.12
湖　南	482.66	267.24	18.18	111.15	3.85	0.04	1.04	11.49
广　东	1290.60	816.95	18.14	253.63	3.68	0.07	2.45	41.02
广　西	442.85	256.24	22.24	88.77	1.14	0.03	0.31	8.22
海　南	105.85	53.89	2.69	26.11	5.87		0.08	1.93
重　庆	327.99	190.68	7.03	72.96	2.23	0.01	0.14	9.54
四　川	757.42	430.06	15.44	173.77	4.70	0.06	2.28	25.46
贵　州	373.91	212.33	9.75	89.05	2.15	0.05	0.18	5.97
云　南	403.54	212.56	5.50	95.94	2.74	0.04	0.14	6.96
西　藏	47.74	19.86	4.73	14.82	0.22		0.04	0.60
陕　西	535.07	305.09	13.59	119.35	11.84	0.03	1.24	7.25
甘　肃	208.28	120.15	1.69	51.03	1.87		0.32	3.07
青　海	66.76	31.57	3.49	19.59	0.21		0.01	0.63
宁　夏	96.32	50.04	2.03	18.99	0.39	0.01	0.31	9.42
新　疆	235.90	120.33	4.39	61.88	1.93		0.35	5.06

2-12 续表

单位：万人

地 区	科学研究和技术服务业	水利、环境和公共设施管理业	居民服务、修理和其他服务业	教育	卫生和社会工作	文化、体育和娱乐业	其他
全 国	**33.17**	**60.57**	**2002.38**	**27.77**	**56.22**	**142.36**	**67.13**
北 京	0.64	0.09	5.57	0.11	0.13	1.01	
天 津	1.03	0.28	14.12	0.01	0.35	1.66	
河 北	2.21	0.43	91.33	0.48	2.47	6.30	0.28
山 西	0.46	0.61	53.00	0.29	1.87	3.44	0.04
内蒙古	1.17	0.07	39.61	5.40	2.23	1.71	1.20
辽 宁	1.56	0.24	72.36	0.32	7.73	6.81	0.02
吉 林	3.06	5.68	56.95	0.68	3.23	3.55	1.06
黑龙江	0.60	0.94	86.14	0.35	2.10	3.18	4.82
上 海	0.34	0.01	7.95		0.08	0.23	
江 苏	3.59	0.59	130.51	4.68	1.72	12.74	0.04
浙 江	1.89	0.34	92.91	1.02	1.70	9.01	0.16
安 徽	0.66	0.15	103.53	0.74	1.13	8.28	0.05
福 建	1.67	0.12	59.55	0.31	1.34	5.33	
江 西	0.34	0.08	53.12	0.55	0.90	2.82	
山 东	1.46	0.66	310.03	1.71	3.47	8.40	
河 南	1.99	41.42	77.10	1.00	1.47	7.01	0.22
湖 北	0.78	0.21	109.43	0.96	2.51	6.82	28.54
湖 南	0.55	2.23	56.87	0.99	2.40	6.58	0.06
广 东	5.28	0.25	132.61	3.50	2.43	7.94	2.64
广 西	0.99	4.92	52.27	0.19	1.92	4.33	1.27
海 南	0.27	0.08	12.92	0.12	0.59	1.06	0.24
重 庆	0.16	0.04	38.96	0.90	1.64	3.70	
四 川	0.89	0.13	91.57	0.80	3.91	5.59	2.76
贵 州	0.36	0.21	46.01	0.64	1.13	4.94	1.13
云 南	0.24	0.08	50.41	0.52	2.12	4.75	21.54
西 藏	0.01	0.04	5.26	0.02	0.21	1.38	0.54
陕 西	0.38	0.53	69.01	0.90	1.34	4.30	0.22
甘 肃	0.29	0.03	25.18	0.29	1.62	2.63	0.10
青 海	0.02	0.05	8.45	0.05	0.40	2.16	0.14
宁 夏	0.09	0.01	13.09	0.07	0.47	1.34	0.05
新 疆	0.18	0.07	36.56	0.15	1.61	3.36	0.01

2-13 各地区按第三产业行业门类分城镇私营企业就业人员数(2019年底)

单位：万人

地　区	第三产业合计	批发和零售业	交通运输、仓储和邮政业	住宿和餐饮业	信息传输、软件和信息技术服务业	金融业	房地产业	租赁和商务服务业
全　国	**10846.59**	**4503.59**	**346.62**	**288.80**	**772.54**	**128.83**	**453.56**	**2164.94**
北　京	621.97	108.60	13.20	24.76	21.16	2.35	22.85	126.42
天　津	64.31	20.63	3.36	1.02	1.62	2.72	2.08	13.68
河　北	182.02	82.61	6.08	4.81	12.00	1.99	11.54	26.21
山　西	80.76	41.73	4.60	3.06	2.79	3.67	5.31	9.52
内蒙古	140.63	69.37	6.68	3.80	6.06	1.76	8.04	23.35
辽　宁	138.45	61.30	10.56	4.66	7.10	1.70	10.75	20.43
吉　林	98.48	41.30	5.73	2.28	5.11	2.95	7.05	12.86
黑龙江	44.38	17.84	2.28	0.60	2.82	0.67	2.37	7.64
上　海	657.08	219.20	22.65	13.87	32.54	4.41	18.73	186.32
江　苏	1061.48	372.40	42.01	22.96	46.53	5.51	48.92	276.29
浙　江	833.96	346.85	21.80	19.83	68.91	8.56	26.42	179.77
安　徽	252.73	107.53	12.20	6.82	11.16	14.06	13.27	45.66
福　建	567.99	249.42	17.18	10.94	46.03	3.61	18.32	107.75
江　西	258.92	105.79	10.62	6.41	21.97	2.05	16.82	60.35
山　东	350.46	173.62	13.09	8.75	22.13	5.33	18.84	57.38
河　南	351.13	172.76	11.74	8.89	18.04	1.95	17.12	61.77
湖　北	294.08	116.56	9.53	8.16	20.43	1.29	17.59	55.52
湖　南	127.12	40.00	3.58	2.24	10.76	3.16	6.57	30.40
广　东	2611.15	1313.80	59.51	60.56	217.74	43.86	71.58	453.00
广　西	226.50	103.29	9.29	5.02	9.38	1.43	12.68	49.77
海　南	70.73	23.37	1.89	1.90	5.19	0.39	9.38	16.44
重　庆	673.87	262.96	20.05	24.12	77.75	5.58	29.58	134.63
四　川	335.80	115.04	9.18	8.57	43.96	1.30	15.55	74.12
贵　州	58.86	24.22	1.45	3.91	3.99	0.73	2.19	11.65
云　南	203.34	83.75	8.64	9.68	14.64	1.46	14.85	34.16
西　藏	13.25	4.31	0.42	0.68	0.49	0.11	0.24	3.77
陕　西	250.44	96.47	7.79	11.19	26.52	2.47	9.92	41.05
甘　肃	109.14	56.20	2.99	5.08	6.51	0.95	4.95	14.36
青　海	20.83	7.75	1.07	1.08	0.93	0.24	0.78	4.55
宁　夏	16.01	7.41	0.74	0.58	0.98	0.43	0.50	3.18
新　疆	130.71	57.52	6.72	2.58	7.27	2.15	8.73	22.91

2-13 续表　　单位：万人

地区	科学研究和技术服务业	水利、环境和公共设施管理业	居民服务、修理和其他服务业	教育	卫生和社会工作	文化、体育和娱乐业	其他
全国	**1196.38**	**68.83**	**395.14**	**90.91**	**57.41**	**366.87**	**12.18**
北京	223.03	4.28	10.19	0.70	4.28	60.10	0.04
天津	14.16	0.34	1.74	0.26	0.79	1.92	0.01
河北	20.07	1.08	6.38	1.39	1.30	6.54	0.02
山西	3.95	0.43	3.06	0.51	0.57	1.37	0.18
内蒙古	7.77	1.48	6.40	1.49	1.19	2.87	0.36
辽宁	11.25	1.57	5.06	0.38	1.84	1.84	0.01
吉林	9.26	1.15	4.58	0.78	0.82	4.60	0.02
黑龙江	5.76	0.55	1.16	0.38	0.35	1.27	0.69
上海	121.48	2.11	11.85	1.64	2.29	19.99	
江苏	177.52	5.51	31.33	7.03	5.09	20.37	0.03
浙江	86.64	4.52	25.26	9.69	3.87	31.37	0.46
安徽	18.94	2.40	11.26	1.66	0.74	7.00	0.04
福建	65.85	3.54	15.53	3.52	2.69	23.61	0.02
江西	12.12	2.11	9.44	2.61	1.13	7.50	
山东	24.93	2.13	12.12	2.23	1.64	8.26	
河南	23.36	7.73	8.38	1.85	1.71	15.51	0.31
湖北	31.41	1.65	8.62	11.76	1.24	6.22	4.10
湖南	17.48	0.84	3.60	1.80	0.77	5.89	0.01
广东	171.19	7.91	122.19	18.84	7.30	62.32	1.35
广西	19.65	2.03	6.97	0.91	0.72	4.33	1.03
海南	3.87	1.38	3.00	0.63	0.32	2.63	0.34
重庆	40.88	4.33	32.69	6.62	3.93	30.75	
四川	33.35	1.73	9.95	3.17	4.93	13.76	1.20
贵州	2.55	0.50	3.86	0.90	0.79	1.92	0.20
云南	13.13	1.68	10.21	2.30	2.59	6.23	0.02
西藏	0.60	0.10	0.65	0.11	0.07	0.50	1.20
陕西	18.84	3.42	15.26	4.72	2.55	9.86	0.37
甘肃	4.82	0.74	6.11	1.34	0.53	4.46	0.11
青海	1.37	0.28	1.67	0.15	0.14	0.82	
宁夏	0.72	0.09	0.62	0.20	0.12	0.42	0.01
新疆	10.44	1.21	6.01	1.32	1.14	2.65	0.05

2-14 各地区按第三产业行业门类分城镇个体就业人员数(2019年底)

单位：万人

地 区	第三产业合 计	批发和零售业	交通运输、仓储和邮政业	住宿和餐饮业	信息传输、软件和信息技术服务业	金融业	房地产业	租赁和商务服务业
全 国	**10535.75**	**6112.34**	**287.90**	**2124.41**	**57.73**	**0.76**	**26.85**	**290.33**
北 京	33.39	21.33	0.84	4.39	0.02		0.01	2.38
天 津	103.42	53.91	3.16	21.33	0.19	0.04	0.71	6.81
河 北	419.28	246.02	14.13	81.93	1.67	0.06	1.74	9.20
山 西	283.45	154.01	19.65	57.39	0.90	0.10	0.16	4.61
内蒙古	194.94	111.65	5.42	37.39	1.24	0.01	0.14	2.05
辽 宁	289.72	156.57	18.74	48.96	1.16	0.04	1.02	6.72
吉 林	243.39	152.62	10.65	33.61	0.55	0.01	0.26	1.72
黑龙江	372.94	166.20	29.11	77.46	1.47	0.03	0.55	5.77
上 海	42.99	28.14	0.27	8.26	0.01		0.01	0.37
江 苏	817.28	463.35	34.27	150.77	4.48	0.06	4.30	26.48
浙 江	509.73	294.55	14.27	97.27	1.82	0.03	3.92	17.14
安 徽	573.30	353.60	6.98	105.89	5.76	0.04	1.24	10.06
福 建	354.03	222.56	3.84	69.64	1.53	0.02	2.00	8.06
江 西	307.60	184.96	3.24	62.60	2.24	0.02	0.90	4.46
山 东	605.03	405.50	7.58	71.50	1.29	0.01	1.44	47.08
河 南	619.62	384.27	10.66	122.72	1.36	0.05	0.22	6.51
湖 北	568.28	340.70	14.55	106.01	3.38	0.02	0.59	13.52
湖 南	458.63	254.86	11.03	111.06	2.94		0.83	10.67
广 东	1013.16	631.04	12.57	201.64	3.14	0.06	2.18	36.69
广 西	313.44	184.74	13.36	62.40	0.82	0.02	0.20	6.04
海 南	63.60	33.87	1.70	16.47	0.25		0.04	0.83
重 庆	279.50	158.90	4.29	64.97	1.84	0.01	0.14	8.60
四 川	587.23	324.89	9.22	139.47	3.60	0.05	2.06	22.34
贵 州	233.11	122.60	8.85	61.49	1.10	0.03	0.15	3.87
云 南	244.89	120.80	3.38	67.13	1.50	0.03	0.12	4.99
西 藏	42.13	17.51	3.74	13.17	0.19		0.04	0.55
陕 西	505.24	286.44	13.19	114.13	10.47	0.03	1.24	6.81
甘 肃	116.47	65.27	0.64	30.22	0.85		0.04	1.90
青 海	54.70	26.65	3.17	14.65	0.17		0.01	0.46
宁 夏	75.84	38.12	1.27	15.60	0.30	0.01	0.27	9.01
新 疆	209.44	106.69	4.12	54.88	1.50		0.34	4.63

2-14 续表

单位：万人

地　区	科学研究和技术服务业	水利、环境和公共设施管理业	居民服务、修理和其他服务业	教育	卫生和社会工作	文化、体育和娱乐业	其他
全　国	**24.20**	**52.92**	**1350.32**	**20.88**	**43.32**	**105.44**	**38.33**
北　京	0.48	0.02	3.11	0.07	0.09	0.63	
天　津	1.03	0.28	13.96	0.01	0.35	1.66	
河　北	1.57	0.16	56.21	0.27	1.93	4.25	0.14
山　西	0.32	0.36	41.64	0.25	1.43	2.60	0.03
内蒙古	0.33	0.03	29.31	4.24	1.53	0.95	0.65
辽　宁	1.07	0.10	42.79	0.21	7.01	5.31	0.01
吉　林	2.49	5.11	33.17	0.30	1.40	1.49	0.02
黑龙江	0.50	0.84	81.88	0.17	1.88	2.95	4.12
上　海	0.24	0.01	5.50		0.05	0.15	
江　苏	3.26	0.46	112.59	4.25	1.52	11.46	0.03
浙　江	1.52	0.19	70.43	0.79	1.35	6.32	0.13
安　徽	0.45	0.11	80.83	0.58	0.99	6.74	0.03
福　建	1.21	0.06	40.56	0.22	1.02	3.32	
江　西	0.20	0.05	45.26	0.49	0.74	2.43	
山　东	0.34	0.10	65.76	0.35	1.46	2.61	
河　南	1.16	36.94	49.37	0.71	1.01	4.50	0.15
湖　北	0.47	0.11	62.60	0.50	1.83	4.42	19.57
湖　南	0.45	2.23	54.83	0.94	2.21	6.56	0.03
广　东	4.27	0.16	107.85	2.85	2.04	6.69	1.99
广　西	0.71	4.66	35.32	0.12	1.25	2.89	0.90
海　南	0.04	0.06	8.99	0.10	0.43	0.66	0.17
重　庆	0.15	0.03	34.90	0.84	1.56	3.26	
四　川	0.76	0.09	73.90	0.62	3.37	4.56	2.29
贵　州	0.25	0.11	30.55	0.39	0.72	2.57	0.43
云　南	0.17	0.03	34.77	0.36	1.58	3.29	6.76
西　藏	0.01	0.04	4.90	0.02	0.20	1.25	0.51
陕　西	0.37	0.48	65.62	0.88	1.30	4.11	0.18
甘　肃	0.14	0.01	14.66	0.12	0.90	1.68	0.02
青　海	0.01	0.04	7.01	0.04	0.33	2.01	0.14
宁　夏	0.07	0.01	9.66	0.05	0.37	1.08	0.03
新　疆	0.15	0.05	32.40	0.14	1.47	3.06	

【主要统计指标解释】

劳动力 指在16周岁及以上，有劳动能力，参加或要求参加社会经济活动的人口。包括就业人员和失业人员。

就业人员 指年满16周岁，为取得报酬或经营利润，在调查周内从事了1小时（含1小时）以上劳动的人员；或由于在职学习、休假等原因在调查周内暂时未工作的人员；或由于停工、单位不景气等原因临时未工作的人员。

单位就业人员 指报告期末最后一日在本单位工作，并取得工资或其他形式劳动报酬的人员数。该指标为时点指标，不包括最后一日当天及以前已经与单位解除劳动合同关系的人员，是在岗职工、劳务派遣人员及其他就业人员之和。就业人员不包括：

(1) 离开本单位仍保留劳动关系，并定期领取生活费的人员；

(2) 在本单位实习的各类在校学生；

(3) 本单位因劳务外包而使用的人员。

城镇私营和个体就业人员 城镇私营就业人员指在工商管理部门注册登记，其经营地址设在县城关镇(含县城关镇)以上的私营企业就业人员，包括私营企业投资者和雇工。城镇个体就业人员指在工商管理部门注册登记，并持有城镇户口或在城镇长期居住，经批准从事个体工商经营的就业人员，包括个体经营者和在个体工商户劳动的家庭帮工和雇工。

3 第三产业增加值

简要说明

国内生产总值数据是由国家统计局国民经济核算司根据不同产业部门、不同支出构成的特点和资料来源情况采用不同方法计算的。

本年鉴公布的国内生产总值以及与之有关的指标数据，最后一年数据不是最终数，还会在获得更多的财务和行政记录等资料后发生变动。如果遇到普查或者重大核算方法改革，在能够获得更详细的基础资料的情况下，国内生产总值的历史数据还会发生变动。2018 年是第四次全国经济普查年份，国家统计局依据经济普查数据和相关部门资料，修订了 1952 年以来的国内生产总值历史数据。本年鉴中的数据是修订后的数据。

国内生产总值是一个价值量指标，其价值的变化受价格变化和物量变化两大因素影响。不变价国内生产总值是把按当期价格计算的国内生产总值换算成按某个固定期（基期）价格计算的价值，从而使两个不同时期的价值进行比较时，能够剔除价格变化的影响，以反映物量变化，反映生产活动成果的实际变动。国内生产总值指数就是根据两个时期不变价国内生产总值计算得到的。随着经济的不断发展，各行业的价格结构也会不断发生变化，为了更好地反映这种变化对于经济的影响，计算不变价国内生产总值需要每隔若干年调整一次基期。我国自开始核算国内生产总值以来，共有 1952 年、1957 年、1970 年、1980 年、1990 年、2000 年、2005 年、2010 年、2015 年 9 个不变价基期，目前的基期是 2015 年。也就是说，2019 年的不变价国内生产总值是按照 2015 年价格计算的。由于计算不变价国内生产总值采用按不同基期分段计算，因此本年鉴中的不变价国内生产总值数据也按分段方式公布。

本篇中的数据分类基于《国民经济行业分类》（GB/T 4754—2017）和 2018 年修订的《三次产业划分规定》。第一产业是指农、林、牧、渔业（不含农、林、牧、渔专业及辅助性活动）。第二产业是指采矿业（不含开采专业及辅助性活动），制造业（不含金属制品、机械和设备修理业），电力、热力、燃气及水生产和供应业，建筑业。第三产业即服务业，是指除第一产业、第二产业以外的其他行业（剔除国际组织）。

本年鉴所列地区生产总值数据由国家统计局与各省、自治区、直辖市统计局统一核算得到。由于部分活动仅核算在全国不核算在地区，各地区数据相加之和略小于全国。

3-1 第三产业增加值及所占比重

单位：亿元

年 份	国内生产总值	第一产业	第二产业	第三产业	第三产业增加值占国内生产总值比重(%)
1978	3678.7	1018.5	1755.1	905.1	24.6
1979	4100.5	1259.0	1925.3	916.1	22.3
1980	4587.6	1359.5	2204.7	1023.4	22.3
1981	4935.8	1545.7	2269.0	1121.1	22.7
1982	5373.4	1761.7	2397.6	1214.0	22.6
1983	6020.9	1960.9	2663.0	1397.1	23.2
1984	7278.5	2295.6	3124.7	1858.2	25.5
1985	9098.9	2541.7	3886.4	2670.8	29.4
1986	10376.2	2764.1	4515.1	3097.0	29.8
1987	12174.6	3204.5	5273.8	3696.3	30.4
1988	15180.4	3831.2	6607.2	4742.0	31.2
1989	17179.7	4228.2	7300.7	5650.8	32.9
1990	18872.9	5017.2	7744.1	6111.6	32.4
1991	22005.6	5288.8	9129.6	7587.2	34.5
1992	27194.5	5800.3	11725.0	9669.2	35.6
1993	35673.2	6887.6	16472.7	12313.0	34.5
1994	48637.5	9471.8	22452.5	16713.1	34.4
1995	61339.9	12020.5	28676.7	20642.7	33.7
1996	71813.6	13878.3	33827.3	24108.0	33.6
1997	79715.0	14265.2	37545.0	27904.8	35.0
1998	85195.5	14618.7	39017.5	31559.3	37.0
1999	90564.4	14549.0	41079.9	34935.5	38.6
2000	100280.1	14717.4	45663.7	39899.1	39.8
2001	110863.1	15502.5	49659.4	45701.2	41.2
2002	121717.4	16190.2	54104.1	51423.1	42.2
2003	137422.0	16970.2	62695.8	57756.0	42.0
2004	161840.2	20904.3	74285.0	66650.9	41.2
2005	187318.9	21806.7	88082.2	77430.0	41.3
2006	219438.5	23317.0	104359.2	91762.2	41.8
2007	270092.3	27674.1	126630.5	115787.7	42.9
2008	319244.6	32464.1	149952.9	136827.5	42.9
2009	348517.7	33583.8	160168.8	154765.1	44.4
2010	412119.3	38430.8	191626.5	182061.9	44.2
2011	487940.2	44781.5	227035.1	216123.6	44.3
2012	538580.0	49084.6	244639.1	244856.2	45.5
2013	592963.2	53028.1	261951.6	277983.5	46.9
2014	643563.1	55626.3	277282.8	310654.0	48.3
2015	688858.2	57774.6	281338.9	349744.7	50.8
2016	746395.1	60139.2	295427.8	390828.1	52.4
2017	832035.9	62099.5	331580.5	438355.9	52.7
2018	919281.1	64745.2	364835.2	489700.8	53.3
2019	986515.2	70473.6	380670.6	535371.0	54.3

注：本表按当年价格计算。

3-2 第三产业分行业增加值

单位：亿元

年 份	第三产业	#批发和零售业	#交通运输、仓储和邮政业	#住宿和餐饮业	#金融业	#房地产业	#其他
1978	905.1	242.4	182.0	44.6	76.5	79.7	265.6
1979	916.1	200.9	193.7	44.0	75.9	86.2	298.5
1980	1023.4	193.8	213.4	47.4	85.8	96.2	368.2
1981	1121.1	231.2	220.8	54.1	91.7	99.8	403.3
1982	1214.0	171.5	246.9	62.3	130.6	110.6	469.5
1983	1397.1	198.7	275.0	72.5	168.9	121.6	535.2
1984	1858.2	363.6	338.6	96.8	230.6	162.0	637.3
1985	2670.8	802.5	421.8	138.3	293.9	214.8	765.8
1986	3097.0	852.7	499.0	163.2	401.2	297.5	846.1
1987	3696.3	1059.7	568.5	187.1	506.2	381.9	949.8
1988	4742.0	1483.6	685.9	241.4	658.9	472.8	1146.8
1989	5650.8	1536.4	812.9	277.4	1079.9	565.1	1320.7
1990	6111.6	1269.2	1167.2	301.9	1144.1	660.9	1501.7
1991	7587.2	1834.8	1420.5	442.3	1195.2	762.2	1853.1
1992	9669.2	2405.4	1689.2	584.6	1482.1	1099.1	2309.8
1993	12313.0	2817.0	2174.3	712.1	1903.5	1376.9	3207.8
1994	16713.1	3774.0	2788.2	1008.5	2557.9	1905.6	4516.1
1995	20642.7	4779.4	3244.7	1200.1	3211.5	2349.4	5662.8
1996	24108.0	5600.5	3782.6	1336.8	3700.7	2611.9	6844.5
1997	27904.8	6328.4	4149.1	1561.3	4179.2	2914.5	8490.9
1998	31559.3	6914.3	4661.5	1786.9	4318.2	3427.7	10143.7
1999	34935.5	7492.2	5175.9	1941.2	4489.7	3674.5	11827.0
2000	39899.1	8159.8	6161.9	2146.3	4842.2	4140.9	14092.9
2001	45701.2	9120.8	6871.3	2400.1	5202.8	4705.8	16982.6
2002	51423.1	9996.8	7494.3	2724.8	5555.8	5334.5	19818.6
2003	57756.0	11171.2	7914.8	3126.1	6045.7	6157.0	22753.8
2004	66650.9	12455.8	9306.5	3664.8	6600.2	7152.1	26754.6
2005	77430.0	13968.5	10668.8	4195.7	7486.0	8482.7	31742.1
2006	91762.2	16533.4	12186.3	4792.6	9972.3	10320.9	36910.8
2007	115787.7	20941.1	14605.1	5548.1	15200.0	13714.0	44561.5
2008	136827.5	26186.2	16367.6	6616.1	18345.6	14600.3	53169.3
2009	154765.1	29004.6	16522.4	6957.0	21836.8	18760.5	60002.6
2010	182061.9	35907.9	18783.6	7712.0	25733.1	23326.6	68654.7
2011	216123.6	43734.5	21842.0	8565.4	30747.2	27780.7	81082.2
2012	244856.2	49835.5	23763.2	9536.9	35272.2	30751.9	93041.6
2013	277983.5	56288.9	26042.7	10228.3	41293.4	35340.4	105847.3
2014	310654.0	63170.4	28534.4	11228.7	46853.4	38086.4	119618.5
2015	349744.7	67719.6	30519.5	12306.1	56299.8	42573.8	136856.5
2016	390828.1	73724.5	33028.7	13607.8	59964.0	49969.4	156744.3
2017	438355.9	81156.6	37121.9	15056.0	64844.3	57086.0	179086.3
2018	489700.8	88903.7	40337.2	16520.6	70610.3	64623.0	204145.2
2019	535371.0	95650.9	42466.3	17903.1	76250.6	70444.8	227715.8

注：1.本表按当年价格计算。

2.其他包含信息传输、软件和信息技术服务业，租赁和商务服务业，科学研究和技术服务业，水利、环境和公共设施管理业，居民服务、修理和其他服务业，教育，卫生和社会工作，文化、体育和娱乐业，公共管理、社会保障和社会组织共9个门类行业。下表同。

3-3 第三产业分行业增加值构成

单位：%

年 份	第三产业	#批发和零售业	#交通运输、仓储和邮政业	#住宿和餐饮业	#金融业	#房地产业	#其他
1978	100.0	26.8	20.1	4.9	8.5	8.8	29.3
1979	100.0	21.9	21.1	4.8	8.3	9.4	32.6
1980	100.0	18.9	20.9	4.6	8.4	9.4	36.0
1981	100.0	20.6	19.7	4.8	8.2	8.9	36.0
1982	100.0	14.1	20.3	5.1	10.8	9.1	38.7
1983	100.0	14.2	19.7	5.2	12.1	8.7	38.3
1984	100.0	19.6	18.2	5.2	12.4	8.7	34.3
1985	100.0	30.0	15.8	5.2	11.0	8.0	28.7
1986	100.0	27.5	16.1	5.3	13.0	9.6	27.3
1987	100.0	28.7	15.4	5.1	13.7	10.3	25.7
1988	100.0	31.3	14.5	5.1	13.9	10.0	24.2
1989	100.0	27.2	14.4	4.9	19.1	10.0	23.4
1990	100.0	20.8	19.1	4.9	18.7	10.8	24.6
1991	100.0	24.2	18.7	5.8	15.8	10.0	24.4
1992	100.0	24.9	17.5	6.0	15.3	11.4	23.9
1993	100.0	22.9	17.7	5.8	15.5	11.2	26.1
1994	100.0	22.6	16.7	6.0	15.3	11.4	27.0
1995	100.0	23.2	15.7	5.8	15.6	11.4	27.4
1996	100.0	23.2	15.7	5.5	15.4	10.8	28.4
1997	100.0	22.7	14.9	5.6	15.0	10.4	30.4
1998	100.0	21.9	14.8	5.7	13.7	10.9	32.1
1999	100.0	21.4	14.8	5.6	12.9	10.5	33.9
2000	100.0	20.5	15.4	5.4	12.1	10.4	35.3
2001	100.0	20.0	15.0	5.3	11.4	10.3	37.2
2002	100.0	19.4	14.6	5.3	10.8	10.4	38.5
2003	100.0	19.3	13.7	5.4	10.5	10.7	39.4
2004	100.0	18.7	14.0	5.5	9.9	10.7	40.1
2005	100.0	18.0	13.8	5.4	9.7	11.0	41.0
2006	100.0	18.0	13.3	5.2	10.9	11.2	40.2
2007	100.0	18.1	12.6	4.8	13.1	11.8	38.5
2008	100.0	19.1	12.0	4.8	13.4	10.7	38.9
2009	100.0	18.7	10.7	4.5	14.1	12.1	38.8
2010	100.0	19.7	10.3	4.2	14.1	12.8	37.7
2011	100.0	20.2	10.1	4.0	14.2	12.9	37.5
2012	100.0	20.4	9.7	3.9	14.4	12.6	38.0
2013	100.0	20.2	9.4	3.7	14.9	12.7	38.1
2014	100.0	20.3	9.2	3.6	15.1	12.3	38.5
2015	100.0	19.4	8.7	3.5	16.1	12.2	39.1
2016	100.0	18.9	8.5	3.5	15.3	12.8	40.1
2017	100.0	18.5	8.5	3.4	14.8	13.0	40.9
2018	100.0	18.2	8.2	3.4	14.4	13.2	41.7
2019	100.0	17.9	7.9	3.3	14.2	13.2	42.5

注：本表按当年价格计算。

3-4 第三产业不变价增加值

单位：亿元

年 份	第三产业	#批发和零售业	#交通运输、仓储和邮政业	#住宿和餐饮业	#金融业	#房地产业	#其他
	按1970年价格计算						
1978	888.8	253.4	179.7	44.8	77.0	64.8	255.7
1979	958.5	275.5	194.6	49.8	75.5	67.5	281.4
1980	1016.6	270.4	202.9	51.7	81.0	72.8	322.9
	按1980年价格计算						
1980	1023.4	193.8	213.4	47.4	85.8	96.2	368.2
1981	1121.5	251.0	217.4	55.7	89.8	92.8	395.4
1982	1263.4	249.2	242.1	73.3	128.5	101.3	447.9
1983	1448.3	302.1	265.1	87.5	162.7	106.5	501.5
1984	1729.0	376.8	304.6	94.6	212.7	136.0	578.4
1985	2042.2	503.1	346.6	100.6	249.1	170.0	645.0
1986	2293.8	550.6	394.6	116.3	324.4	214.0	664.4
1987	2630.6	631.7	432.6	127.5	397.6	276.7	732.7
1988	2977.0	706.0	486.7	159.5	477.9	311.7	799.7
1989	3150.8	630.4	507.2	175.4	601.3	361.4	838.4
1990	3234.9	597.2	549.5	181.5	614.3	384.0	869.6
	按1990年价格计算						
1990	6111.6	1269.2	1167.2	301.9	1144.1	660.9	1501.7
1991	6674.1	1334.9	1290.4	326.5	1176.5	739.9	1733.6
1992	7515.0	1475.2	1420.2	414.7	1252.6	936.9	1933.3
1993	8429.6	1601.8	1598.2	448.9	1393.9	1037.7	2255.8
1994	9387.9	1733.1	1734.4	570.7	1529.6	1161.8	2540.1
1995	10334.5	1875.7	1924.8	629.1	1664.6	1306.4	2801.4
1996	11286.9	2018.9	2137.3	672.1	1796.3	1358.9	3155.8
1997	12464.2	2195.9	2333.9	745.7	1958.6	1414.9	3652.9
1998	13511.5	2338.9	2581.0	828.2	2058.9	1523.9	4003.9
1999	14761.2	2542.6	2895.2	892.1	2169.3	1614.4	4461.5
2000	16204.3	2782.1	3143.7	975.4	2320.6	1729.1	5045.7
	按2000年价格计算						
2000	39899.1	8159.8	6161.9	2146.3	4842.2	4140.9	14092.9
2001	43992.5	8901.9	6704.6	2310.4	5182.0	4596.0	15904.0
2002	48605.4	9686.2	7182.5	2590.9	5572.0	5050.2	18078.6
2003	53242.3	10648.9	7622.6	2911.0	5986.5	5543.5	20035.5
2004	58630.4	11348.3	8726.1	3270.2	6267.2	5867.4	22581.1
2005	65875.9	12826.5	9703.9	3671.2	7152.7	6578.9	25292.2
	按2005年价格计算						
2005	77430.0	13968.5	10668.8	4195.7	7486.0	8482.7	31742.1
2006	88374.1	16687.2	11732.4	4723.0	9262.6	9786.1	35189.6
2007	102577.2	20060.5	13117.2	5177.3	11652.1	12137.8	39269.5
2008	113323.0	23240.1	14078.2	5674.3	13060.6	12212.1	43673.1
2009	124186.8	26005.6	14552.9	5887.4	15195.1	13610.4	47413.2
2010	136194.4	29801.8	15930.6	6371.4	16555.6	14585.8	51226.4
	按2010年价格计算						
2010	182061.9	35907.9	18783.6	7712.0	25733.1	23326.6	68654.7
2011	199336.2	40383.5	20598.3	8106.2	27710.1	24975.0	75299.4
2012	215311.2	44542.3	21852.4	8629.3	30329.6	26060.7	81482.2
2013	233180.2	49225.9	23294.2	8966.1	33534.6	27844.8	87643.7
2014	252631.7	54275.6	24907.1	9521.6	37059.8	28434.0	95548.8
2015	274804.4	57925.7	26014.1	10146.8	43263.1	29528.0	104817.2
	按2015年价格计算						
2015	349744.7	67719.6	30519.5	12306.1	56299.8	42573.8	136856.5
2016	378060.3	72916.2	32620.3	13256.1	59007.1	46313.9	150244.2
2017	409325.0	78615.8	35737.5	14338.1	61815.6	49534.8	165435.2
2018	442003.5	83869.1	38691.8	15296.5	64771.8	51254.3	183717.5
2019	473744.2	88572.0	41205.0	16136.3	69077.2	52576.4	201523.0

注：1.更换基期的年份有两个不变价数据，一个按上一基期价格计算，一个按新基期价格计算。
2.有关不变价国内生产总值的解释见简要说明。

3-5 第三产业分行业增加值及占GDP的比重

行业	2019		2018	
	增加值(亿元)	占GDP的比重(%)	增加值(亿元)	占GDP的比重(%)
第三产业	**535371.0**	**54.3**	**489700.8**	**53.3**
批发和零售业	95650.9	9.7	88903.7	9.7
交通运输、仓储和邮政业	42466.3	4.3	40337.2	4.4
住宿和餐饮业	17903.1	1.8	16520.6	1.8
信息传输、软件和信息技术服务业	33391.8	3.4	28733.5	3.1
金融业	76250.6	7.7	70610.3	7.7
房地产业	70444.8	7.1	64623.0	7.0
租赁和商务服务业	32638.0	3.3	29468.5	3.2
科学研究和技术服务业	22624.3	2.3	20175.3	2.2
水利、环境和公共设施管理业	5861.3	0.6	5096.1	0.6
居民服务、修理和其他服务业	16983.4	1.7	14793.3	1.6
教育	37934.1	3.8	34001.4	3.7
卫生和社会工作	22354.6	2.3	20652.6	2.2
文化、体育和娱乐业	8137.8	0.8	7301.3	0.8
公共管理、社会保障和社会组织	47790.5	4.8	43923.1	4.8

注：1.本表按当年价格计算。
2.因未列出农、林、牧、渔专业及辅助性活动，开采专业及辅助性活动和金属制品、机械和设备修理业增加值，故本表中的分行业增加值之和不等于第三产业增加值。

3-6 第三产业分行业增加值指数

(上年=100)

年份	第三产业	#批发和零售业	#交通运输、仓储和邮政业	#住宿和餐饮业	#金融业	#房地产业	#其他
1978	113.6	123.1	108.9	118.1	110.1	105.7	111.2
1979	107.8	108.7	108.3	111.1	98.0	104.1	110.1
1980	106.1	98.1	104.3	103.9	107.3	107.9	114.8
1981	109.6	129.5	101.9	117.5	104.7	96.5	107.4
1982	112.7	99.3	111.4	131.6	143.1	109.1	113.3
1983	114.6	121.2	109.5	119.4	126.5	105.2	112.0
1984	119.4	124.7	114.9	108.1	130.7	127.7	115.3
1985	118.1	133.5	113.8	106.3	117.1	125.0	111.5
1986	112.3	109.4	113.9	115.6	130.2	125.9	103.0
1987	114.7	114.7	109.6	109.7	122.6	129.3	110.3
1988	113.2	111.8	112.5	125.1	120.2	112.7	109.1
1989	105.8	89.3	104.2	109.9	125.8	115.9	104.8
1990	102.7	94.7	108.3	103.5	102.2	106.2	103.7
1991	109.2	105.2	110.6	108.2	102.8	112.0	115.4
1992	112.6	110.5	110.1	127.0	106.5	126.6	111.5
1993	112.2	108.6	112.5	108.2	111.3	110.8	116.7
1994	111.4	108.2	108.5	127.1	109.7	112.0	112.6
1995	110.1	108.2	111.0	110.2	108.8	112.4	110.3
1996	109.2	107.6	111.0	106.8	107.9	104.0	112.7
1997	110.4	108.8	109.2	110.9	109.0	104.1	115.8
1998	108.4	106.5	110.6	111.1	105.1	107.7	109.6
1999	109.2	108.7	112.2	107.7	105.4	105.9	111.4
2000	109.8	109.4	108.6	109.3	107.0	107.1	113.1
2001	110.3	109.1	108.8	107.6	107.0	111.0	112.9
2002	110.5	108.8	107.1	112.1	107.5	109.9	113.7
2003	109.5	109.9	106.1	112.4	107.4	109.8	110.8
2004	110.1	106.6	114.5	112.3	104.7	105.8	112.7
2005	112.4	113.0	111.2	112.3	114.1	112.1	112.0
2006	114.1	119.5	110.0	112.6	123.7	115.4	110.9
2007	116.1	120.2	111.8	109.6	125.8	124.0	111.6
2008	110.5	115.9	107.3	109.6	112.1	100.6	111.2
2009	109.6	111.9	103.4	103.8	116.3	111.5	108.6
2010	109.7	114.6	109.5	108.2	109.0	107.2	108.0
2011	109.5	112.5	109.7	105.1	107.7	107.1	109.7
2012	108.0	110.3	106.1	106.5	109.5	104.3	108.2
2013	108.3	110.5	106.6	103.9	110.6	106.8	107.6
2014	108.3	110.3	106.9	106.2	110.5	102.1	109.0
2015	108.8	106.7	104.4	106.6	116.7	103.8	109.7
2016	108.1	107.7	106.9	107.7	104.8	108.8	109.8
2017	108.3	107.8	109.6	108.2	104.8	107.0	110.1
2018	108.0	106.7	108.3	106.7	104.8	103.5	111.1
2019	107.2	105.6	106.5	105.5	106.6	102.6	109.7

注：本表按不变价格计算。

3-7 第三产业分行业增加值指数

(1978年=100)

年 份	第三产业	#批发和零售业	#交通运输、仓储和邮政业	#住宿和餐饮业	#金融业	#房地产业	#其他
1978	100.0	100.0	100.0	100.0	100.0	100.0	100.0
1979	107.8	108.7	108.3	111.1	98.0	104.1	110.1
1980	114.4	106.7	112.9	115.5	105.2	112.3	126.3
1981	125.3	138.2	115.0	135.6	110.2	108.4	135.6
1982	141.2	137.2	128.1	178.5	157.7	118.2	153.6
1983	161.9	166.3	140.2	213.1	199.5	124.3	172.0
1984	193.2	207.4	161.1	230.3	260.8	158.7	198.4
1985	228.3	277.0	183.3	244.8	305.5	198.4	221.2
1986	256.4	303.1	208.8	283.1	397.9	249.7	227.9
1987	294.0	347.7	228.8	310.5	487.8	322.9	251.3
1988	332.7	388.7	257.5	388.5	586.2	363.8	274.3
1989	352.2	347.1	268.3	426.9	737.6	421.8	287.6
1990	361.6	328.8	290.7	441.8	753.5	448.2	298.3
1991	394.8	345.8	321.4	477.9	774.9	501.7	344.3
1992	444.6	382.2	353.7	607.0	825.0	635.3	384.0
1993	498.7	415.0	398.0	657.0	918.1	703.6	448.1
1994	555.4	449.0	432.0	835.3	1007.5	787.8	504.5
1995	611.4	485.9	479.4	920.8	1096.4	885.8	556.4
1996	667.7	523.0	532.3	983.8	1183.2	921.4	626.8
1997	737.4	568.9	581.3	1091.4	1290.1	959.4	725.5
1998	799.3	605.9	642.8	1212.2	1356.1	1033.3	795.3
1999	873.3	658.7	721.1	1305.7	1428.8	1094.7	886.1
2000	958.6	720.7	782.9	1427.7	1528.4	1172.5	1002.2
2001	1057.0	786.3	851.9	1536.8	1635.7	1301.4	1131.0
2002	1167.8	855.5	912.6	1723.4	1758.8	1430.0	1285.6
2003	1279.2	940.6	968.5	1936.4	1889.6	1569.7	1424.8
2004	1408.7	1002.3	1108.8	2175.3	1978.2	1661.4	1605.8
2005	1582.8	1132.9	1233.0	2442.0	2257.7	1862.8	1798.6
2006	1806.5	1353.4	1355.9	2748.9	2793.5	2149.1	1993.9
2007	2096.8	1627.0	1516.0	3013.3	3514.2	2665.5	2225.1
2008	2316.5	1884.9	1627.0	3302.6	3939.0	2681.8	2474.6
2009	2538.5	2109.2	1681.9	3426.6	4582.7	2988.9	2686.5
2010	2784.0	2417.0	1841.1	3708.3	4993.1	3203.1	2902.6
2011	3048.1	2718.3	2019.0	3897.9	5376.7	3429.4	3183.5
2012	3292.4	2998.2	2141.9	4149.4	5884.9	3578.5	3444.9
2013	3565.7	3313.5	2283.2	4311.4	6506.8	3823.5	3705.4
2014	3863.1	3653.4	2441.3	4578.5	7190.8	3904.4	4039.6
2015	4202.2	3899.1	2549.8	4879.1	8394.5	4054.6	4431.5
2016	4542.4	4198.3	2725.3	5255.8	8798.1	4410.8	4864.9
2017	4918.0	4526.5	2985.7	5684.8	9216.9	4717.6	5356.8
2018	5310.7	4829.0	3232.6	6064.8	9657.6	4881.3	5948.8
2019	5692.0	5099.7	3442.5	6397.7	10299.6	5007.2	6525.4

注：本表按不变价格计算。

3-8 三次产业贡献率和对国内生产总值增长的拉动

单位：%，百分点

年 份	贡献率				对国内生产总值增长的拉动			
	国内生产总值	第一产业	第二产业	第三产业	国内生产总值	第一产业	第二产业	第三产业
1978	100.0	9.8	61.8	28.4	11.7	1.1	7.2	3.3
1979	100.0	20.9	53.6	25.6	7.6	1.6	4.1	1.9
1980	100.0	-4.8	85.6	19.2	7.8	-0.4	6.7	1.5
1981	100.0	40.5	17.7	41.8	5.1	2.1	0.9	2.1
1982	100.0	38.6	28.8	32.6	9.0	3.5	2.6	2.9
1983	100.0	23.9	43.5	32.7	10.8	2.6	4.7	3.5
1984	100.0	25.6	42.7	31.7	15.2	3.9	6.5	4.8
1985	100.0	4.1	61.2	34.8	13.4	0.5	8.2	4.7
1986	100.0	9.8	53.2	36.9	8.9	0.9	4.8	3.3
1987	100.0	10.2	55.0	34.8	11.7	1.2	6.4	4.1
1988	100.0	5.4	61.3	33.4	11.2	0.6	6.9	3.7
1989	100.0	15.9	44.0	40.1	4.2	0.7	1.8	1.7
1990	100.0	40.2	39.8	20.0	3.9	1.6	1.6	0.8
1991	100.0	6.8	61.1	32.2	9.3	0.6	5.7	3.0
1992	100.0	8.1	63.2	28.7	14.2	1.2	9.0	4.1
1993	100.0	7.6	64.4	28.0	13.9	1.1	8.9	3.9
1994	100.0	6.3	66.3	27.4	13.0	0.8	8.6	3.6
1995	100.0	8.7	62.8	28.5	11.0	1.0	6.9	3.1
1996	100.0	9.3	62.2	28.5	9.9	0.9	6.2	2.8
1997	100.0	6.5	59.0	34.5	9.2	0.6	5.5	3.2
1998	100.0	7.2	59.7	33.0	7.8	0.6	4.7	2.6
1999	100.0	5.6	56.9	37.4	7.7	0.4	4.4	2.9
2000	100.0	4.1	59.6	36.2	8.5	0.4	5.1	3.1
2001	100.0	4.6	46.4	49.0	8.3	0.4	3.9	4.1
2002	100.0	4.1	49.4	46.5	9.1	0.4	4.5	4.2
2003	100.0	3.1	57.9	39.0	10.0	0.3	5.8	3.9
2004	100.0	7.3	51.8	40.8	10.1	0.7	5.2	4.1
2005	100.0	5.2	50.5	44.3	11.4	0.6	5.8	5.0
2006	100.0	4.4	49.7	45.9	12.7	0.6	6.3	5.8
2007	100.0	2.7	50.1	47.3	14.2	0.4	7.1	6.7
2008	100.0	5.2	48.6	46.2	9.7	0.5	4.7	4.5
2009	100.0	4.0	52.3	43.7	9.4	0.4	4.9	4.1
2010	100.0	3.6	57.4	39.0	10.6	0.4	6.1	4.2
2011	100.0	4.1	52.0	43.9	9.6	0.4	5.0	4.2
2012	100.0	5.0	50.0	45.0	7.9	0.4	3.9	3.5
2013	100.0	4.2	48.5	47.2	7.8	0.3	3.8	3.7
2014	100.0	4.5	45.6	49.9	7.4	0.3	3.4	3.7
2015	100.0	4.4	39.7	55.9	7.0	0.3	2.8	3.9
2016	100.0	4.0	36.0	60.0	6.8	0.3	2.5	4.1
2017	100.0	4.6	34.2	61.1	6.9	0.3	2.4	4.2
2018	100.0	4.1	34.4	61.5	6.7	0.3	2.3	4.2
2019	100.0	3.9	32.6	63.5	6.0	0.2	1.9	3.8

注：1.产业贡献率指各产业增加值增量与GDP增量之比。
2.产业拉动指GDP增长速度与各产业贡献率之乘积。
3.本表按不变价格计算。

3-9 各地区第三产业分行业增加值(2018年)

单位：亿元

地区	第三产业	批发和零售业	交通运输、仓储和邮政业	住宿和餐饮业	金融业	房地产业	其他
北京	27508.1	2824.1	1015.9	515.3	5951.3	2481.5	14720.0
天津	8352.3	1345.2	748.8	157.9	1838.4	1143.4	3118.6
河北	16252.0	2722.3	2606.5	354.8	2220.9	2103.4	6244.1
山西	8142.9	1328.3	983.8	193.5	1081.1	1035.7	3520.5
内蒙古	8054.7	1370.2	1130.1	330.2	847.0	828.9	3548.3
辽宁	12441.0	2046.9	1304.4	296.3	1856.6	1368.6	5568.2
吉林	6041.6	732.9	579.9	188.1	780.8	731.1	3028.8
黑龙江	6309.3	946.3	508.5	213.7	946.6	656.3	3037.9
上海	25546.3	4884.8	1616.5	451.6	5901.9	3185.3	9506.2
江苏	46936.5	10139.3	2964.4	1413.4	6846.9	7467.2	18105.3
浙江	30718.8	6853.0	1852.8	991.9	4506.3	4117.1	12397.7
安徽	17278.5	3184.0	1865.4	688.2	2142.5	2711.4	6687.0
福建	17461.0	3891.9	1376.2	611.8	2581.1	2436.0	6564.0
江西	10758.0	1942.3	1022.5	408.4	1422.6	1740.3	4221.9
山东	34174.7	8747.1	3384.9	1040.7	3871.2	3963.1	13167.7
河南	23586.2	3698.0	2834.1	1037.9	2529.2	3079.9	10407.1
湖北	20899.9	3098.0	2031.0	1125.9	2554.0	3320.1	8770.9
湖南	19341.4	3705.4	1516.2	835.6	1809.9	2623.4	8850.9
广东	54710.4	10476.0	3363.5	1749.4	7962.3	8533.7	22625.5
广西	9913.9	1607.6	867.1	342.7	1366.8	1650.2	4079.5
海南	2871.6	464.2	224.2	252.4	380.1	481.8	1068.9
重庆	11367.9	2024.6	899.4	458.3	1876.0	1336.7	4772.9
四川	22417.7	3835.5	1401.7	1043.2	2922.4	3118.1	10096.8
贵州	7691.0	1181.2	655.3	378.4	992.3	572.3	3911.5
云南	11114.5	2187.3	1041.2	539.2	1312.6	1278.2	4756.0
西藏	837.3	95.5	47.7	39.5	118.6	48.2	487.8
陕西	10896.4	1734.5	1033.6	393.0	1580.3	1178.6	4976.4
甘肃	4416.4	587.6	407.2	143.0	774.5	440.8	2063.3
青海	1386.2	150.9	123.2	47.5	259.5	118.9	686.2
宁夏	1742.7	190.2	170.1	49.4	285.9	145.7	901.4
新疆	6460.1	742.6	730.1	168.9	967.3	483.5	3367.7

注：本表按当年价格计算。

3-10 各地区第三产业分行业增加值构成(2018年)

(第三产业增加值=100)

地 区	批发和零售业	交通运输、仓储和邮政业	住宿和餐饮业	金融业	房地产业	其他
北 京	10.3	3.7	1.9	21.6	9.0	53.5
天 津	16.1	9.0	1.9	22.0	13.7	37.3
河 北	16.8	16.0	2.2	13.7	12.9	38.4
山 西	16.3	12.1	2.4	13.3	12.7	43.2
内蒙古	17.0	14.0	4.1	10.5	10.3	44.1
辽 宁	16.5	10.5	2.4	14.9	11.0	44.7
吉 林	12.1	9.6	3.1	12.9	12.1	50.2
黑龙江	15.0	8.1	3.4	15.0	10.4	48.1
上 海	19.1	6.3	1.8	23.1	12.5	37.2
江 苏	21.6	6.3	3.0	14.6	15.9	38.6
浙 江	22.3	6.0	3.2	14.7	13.4	40.4
安 徽	18.4	10.8	4.0	12.4	15.7	38.7
福 建	22.3	7.9	3.5	14.8	14.0	37.5
江 西	18.1	9.5	3.8	13.2	16.2	39.2
山 东	25.6	9.9	3.0	11.3	11.6	38.6
河 南	15.7	12.0	4.4	10.7	13.1	44.1
湖 北	14.8	9.7	5.4	12.2	15.9	42.0
湖 南	19.2	7.8	4.3	9.4	13.6	45.7
广 东	19.1	6.1	3.2	14.6	15.6	41.4
广 西	16.2	8.7	3.5	13.8	16.6	41.2
海 南	16.2	7.8	8.8	13.2	16.8	37.2
重 庆	17.8	7.9	4.0	16.5	11.8	42.0
四 川	17.1	6.3	4.7	13.0	13.9	45.0
贵 州	15.4	8.5	4.9	12.9	7.4	50.9
云 南	19.7	9.4	4.9	11.8	11.5	42.7
西 藏	11.4	5.7	4.7	14.2	5.8	58.2
陕 西	15.9	9.5	3.6	14.5	10.8	45.7
甘 肃	13.3	9.2	3.2	17.5	10.0	46.8
青 海	10.9	8.9	3.4	18.7	8.6	49.5
宁 夏	10.9	9.8	2.8	16.4	8.4	51.7
新 疆	11.5	11.3	2.6	15.0	7.5	52.1

注：本表按当年价格计算。

3-11 各地区第三产业分行业增加值指数(2018年)

(上年=100)

地 区	第三产业	批发和零售业	交通运输、仓储和邮政业	住宿和餐饮业	金融业	房地产业	其他
北 京	107.3	100.8	105.9	102.2	107.6	100.8	110.1
天 津	105.6	100.8	102.1	105.6	105.0	97.7	112.6
河 北	110.0	105.5	102.2	106.1	110.8	106.4	117.3
山 西	109.0	101.5	108.1	105.3	105.6	107.9	114.1
内蒙古	106.0	103.5	105.2	102.9	101.9	101.9	109.9
辽 宁	104.8	101.2	102.6	101.1	102.3	102.6	108.7
吉 林	105.4	102.4	103.3	102.1	98.6	104.8	109.1
黑龙江	106.4	108.9	104.0	108.2	105.8	103.4	106.8
上 海	108.2	104.3	111.0	101.5	107.1	104.9	111.9
江 苏	107.9	106.4	107.4	105.4	107.0	101.8	111.5
浙 江	108.3	104.7	105.0	102.4	112.5	110.3	109.5
安 徽	108.8	106.9	104.8	106.4	105.1	106.9	113.1
福 建	108.6	106.9	105.0	103.9	103.3	107.0	113.9
江 西	108.6	101.8	105.1	105.4	107.8	107.3	113.3
山 东	108.9	107.9	106.0	105.2	106.2	107.2	112.2
河 南	109.5	104.9	107.1	104.0	109.5	106.6	113.4
湖 北	109.9	106.5	105.1	106.1	105.0	106.3	115.8
湖 南	109.1	104.8	102.3	106.7	102.9	106.5	114.4
广 东	107.8	104.7	106.3	102.7	107.9	103.1	111.8
广 西	109.3	106.5	106.9	105.5	106.7	112.3	111.3
海 南	107.1	102.6	108.7	106.1	104.9	90.1	119.0
重 庆	109.0	105.9	106.5	105.3	106.9	100.6	114.4
四 川	109.5	107.4	105.9	107.7	100.7	110.4	113.3
贵 州	109.4	106.8	108.3	108.0	106.9	107.8	111.5
云 南	107.6	106.9	106.8	107.5	103.3	107.7	109.5
西 藏	105.3	104.8	107.4	101.1	103.5	115.8	105.1
陕 西	109.0	105.7	107.0	103.8	106.1	106.4	113.1
甘 肃	107.8	106.9	107.7	101.7	104.4	106.5	110.2
青 海	107.4	102.6	104.7	102.6	97.0	107.6	114.1
宁 夏	107.4	106.5	93.6	107.2	104.4	105.5	112.8
新 疆	108.0	104.5	120.1	102.8	104.9	105.0	107.9

注：本表按不变价格计算。

3-12 各地区第三产业分行业增加值(2019年)

单位：亿元

地 区	第三产业	批发和零售业	交通运输、仓储和邮政业	住宿和餐饮业	金融业	房地产业	其他
北 京	29542.5	2856.9	1025.3	540.4	6544.8	2620.8	15954.3
天 津	8949.9	1372.3	787.7	169.1	1907.9	1238.5	3474.4
河 北	17988.8	2947.5	2916.0	389.0	2416.1	2310.0	7010.2
山 西	8748.9	1361.6	1006.8	207.1	1174.0	1081.7	3917.7
内蒙古	8530.5	1448.3	1202.7	361.5	874.9	892.2	3750.9
辽 宁	13200.4	2164.4	1313.4	317.6	1985.2	1471.4	5948.4
吉 林	6304.7	759.1	574.4	192.6	837.9	778.8	3161.9
黑龙江	6815.0	1005.3	533.0	237.1	995.4	671.9	3372.3
上 海	27752.3	5023.2	1650.4	458.9	6600.6	3300.7	10718.5
江 苏	51064.7	10901.3	3157.2	1540.2	7529.6	8057.8	19878.6
浙 江	33687.8	7470.1	1962.1	1092.3	5004.4	4356.9	13802.0
安 徽	18860.4	3429.2	1973.9	759.4	2345.6	2870.5	7481.8
福 建	19217.0	4242.9	1484.6	656.7	2875.4	2689.6	7267.8
江 西	11760.1	2103.3	1083.7	447.4	1557.5	1895.0	4673.2
山 东	37640.2	9744.8	3636.1	1173.7	4177.4	4348.7	14559.5
河 南	26018.0	4010.8	2970.4	1150.2	2793.9	3419.6	11673.1
湖 北	22920.6	3347.1	2233.5	1248.5	2783.6	3680.3	9627.6
湖 南	21158.2	4022.9	1556.5	922.4	1960.1	2777.3	9919.0
广 东	59773.4	11153.0	3466.4	1878.2	8881.4	9223.6	25170.8
广 西	10772.0	1759.0	902.0	376.9	1469.5	1798.8	4465.8
海 南	3129.5	533.0	246.9	269.2	392.2	497.9	1190.3
重 庆	12557.5	2192.1	977.1	502.0	2088.0	1473.0	5325.3
四 川	24443.3	4194.7	1468.5	1149.2	3121.9	3399.1	11109.9
贵 州	8430.3	1269.9	709.9	417.2	1060.0	632.2	4341.1
云 南	12224.6	2389.2	1113.1	599.5	1406.1	1410.4	5306.3
西 藏	924.0	104.5	47.8	41.9	121.9	54.5	553.4
陕 西	11821.5	1880.4	1059.9	428.3	1708.3	1305.6	5439.0
甘 肃	4805.4	646.3	438.4	158.3	862.3	470.5	2229.6
青 海	1504.3	160.8	123.2	50.8	263.0	127.5	779.0
宁 夏	1883.8	200.9	178.2	53.7	302.0	148.1	1000.9
新 疆	7019.9	766.1	953.7	181.9	1015.3	510.0	3592.9

注：本表按当年价格计算。

3-13 各地区第三产业分行业增加值构成(2019年)

(第三产业增加值=100)

地区	批发和零售业	交通运输、仓储和邮政业	住宿和餐饮业	金融业	房地产业	其他
北京	9.7	3.5	1.8	22.2	8.9	53.9
天津	15.3	8.8	1.9	21.3	13.8	38.9
河北	16.4	16.2	2.2	13.4	12.8	39.0
山西	15.6	11.5	2.4	13.4	12.4	44.7
内蒙古	17.0	14.1	4.2	10.3	10.5	43.9
辽宁	16.4	10.0	2.4	15.0	11.1	45.1
吉林	12.0	9.1	3.1	13.3	12.4	50.1
黑龙江	14.8	7.8	3.5	14.6	9.9	49.4
上海	18.1	5.9	1.7	23.8	11.9	38.6
江苏	21.3	6.2	3.0	14.7	15.8	39.0
浙江	22.2	5.8	3.2	14.9	12.9	41.0
安徽	18.2	10.5	4.0	12.4	15.2	39.7
福建	22.1	7.7	3.4	15.0	14.0	37.8
江西	17.9	9.2	3.8	13.2	16.1	39.8
山东	25.9	9.7	3.1	11.1	11.6	38.6
河南	15.4	11.4	4.4	10.7	13.1	45.0
湖北	14.6	9.7	5.4	12.1	16.1	42.1
湖南	19.0	7.4	4.4	9.3	13.1	46.8
广东	18.7	5.8	3.1	14.9	15.4	42.1
广西	16.3	8.4	3.5	13.6	16.7	41.5
海南	17.0	7.9	8.6	12.5	15.9	38.1
重庆	17.5	7.8	4.0	16.6	11.7	42.4
四川	17.2	6.0	4.7	12.8	13.9	45.4
贵州	15.1	8.4	4.9	12.6	7.5	51.5
云南	19.5	9.1	4.9	11.5	11.5	43.5
西藏	11.3	5.2	4.5	13.2	5.9	59.9
陕西	15.9	9.0	3.6	14.5	11.0	46.0
甘肃	13.4	9.1	3.3	17.9	9.8	46.5
青海	10.7	8.2	3.4	17.5	8.5	51.7
宁夏	10.7	9.5	2.9	16.0	7.9	53.0
新疆	10.9	13.6	2.6	14.5	7.3	51.1

注：本表按当年价格计算。

3-14 各地区第三产业分行业增加值指数(2019年)

(上年=100)

地 区	第三产业	批发和零售业	交通运输、仓储和邮政业	住宿和餐饮业	金融业	房地产业	其他
北 京	106.4	101.6	102.2	100.3	109.5	106.9	106.6
天 津	105.9	100.3	106.8	104.6	103.3	109.5	108.6
河 北	109.4	108.1	113.0	107.2	107.5	104.8	110.6
山 西	107.0	102.8	106.6	105.8	107.2	103.9	109.4
内蒙古	105.4	104.2	104.3	107.7	103.0	104.6	106.8
辽 宁	105.6	106.2	102.5	105.1	105.9	104.5	106.4
吉 林	103.3	104.7	101.6	100.1	106.2	103.1	102.7
黑龙江	105.9	104.0	105.9	107.9	105.1	100.5	107.9
上 海	108.2	102.4	103.6	99.5	111.6	105.1	111.1
江 苏	106.6	104.8	105.6	105.5	109.5	104.3	107.5
浙 江	107.8	106.3	106.0	106.2	110.2	105.0	109.1
安 徽	107.7	105.7	106.4	107.6	108.7	103.9	109.9
福 建	107.3	107.0	109.5	105.2	109.2	107.0	106.5
江 西	109.0	106.3	106.6	107.1	108.5	107.0	111.4
山 东	108.7	111.7	108.6	108.8	106.6	104.4	108.3
河 南	107.4	105.9	106.7	108.2	108.2	106.7	108.1
湖 北	107.8	105.3	109.4	108.5	107.1	105.6	109.2
湖 南	108.1	106.2	103.9	108.1	107.7	105.0	110.4
广 东	107.5	104.9	105.9	103.3	109.3	106.8	109.0
广 西	106.2	106.0	105.8	106.6	106.2	105.4	106.7
海 南	107.5	112.1	113.7	105.2	101.6	99.5	109.5
重 庆	106.4	106.6	106.9	107.5	108.0	102.7	106.3
四 川	108.5	106.5	107.0	108.1	106.2	105.8	110.6
贵 州	107.8	105.7	106.8	107.7	106.2	105.5	109.3
云 南	108.3	107.6	108.4	108.6	106.4	105.9	109.6
西 藏	109.2	107.3	105.0	102.7	102.1	114.7	111.5
陕 西	106.8	107.6	104.7	105.4	107.1	103.7	107.7
甘 肃	107.2	107.9	108.0	109.3	110.6	104.7	105.9
青 海	106.5	104.5	100.9	103.2	100.6	103.9	110.9
宁 夏	106.8	104.4	105.3	104.8	105.3	100.3	109.4
新 疆	108.1	101.9	134.3	105.5	104.3	104.4	105.2

注：本表按不变价格计算。

【主要统计指标解释】

国内生产总值（GDP） 指一个国家所有常住单位在一定时期内生产活动的最终成果。国内生产总值有三种表现形态，即价值形态、收入形态和产品形态。从价值形态看，它是所有常住单位在一定时期内生产的全部货物和服务价值与同期投入的全部非固定资产货物和服务价值的差额，即所有常住单位的增加值之和；从收入形态看，它是所有常住单位在一定时期内创造的各项收入之和，包括劳动者报酬、生产税净额、固定资产折旧和营业盈余；从产品形态看，它是所有常住单位在一定时期内最终使用的货物和服务价值与货物和服务净出口价值之和。在实际核算中，国内生产总值有三种计算方法，即生产法、收入法和支出法。三种方法分别从不同的方面反映国内生产总值及其构成。

对于一个地区来说，称为地区生产总值或地区GDP。

4 第三产业固定资产投资

简要说明

一、主要内容

固定资产投资资料通过对一定时期第三产业建造和购置固定资产活动的数量方面的描述，反映报告期内第三产业固定资产投资的速度、结构、资金来源等。

二、统计范围

第三产业固定资产投资统计的范围包括：建设项目投资、房地产开发投资及农户投资。

三、资料来源

跨省（区）项目资料来自国务院有关部门（企业）等；农户固定资产投资资料来自国家统计局住户调查办公室的住户调查；除此以外的固定资产投资统计资料均来自国家统计局固定资产投资统计司的统计调查。

四、统计调查方法

除农户固定资产投资统计采用抽样调查方法外，其他均为全面调查。

五、统计口径变化

自 1997 年起，除房地产开发投资、非农户投资、农户投资及城镇和工矿区私人建房投资外，固定资产投资的统计起点由 5 万元提高到 50 万元。

自 2006 年起，非农户固定资产投资统计改为按项目统计，调查方法由抽样调查改为全面统计报表，起点为 50 万元。

自 2006 年起，城镇和工矿区私人建房投资改为按项目统计，起点为 50 万元。

自 2011 年起，除房地产开发投资、农村农户投资外，固定资产投资项目统计起点由 50 万元提高到 500 万元。

自 2012 年起，国民经济行业分类使用《国民经济行业分类》（GB/T 4754-2011）标准。

自 2018 年起，国民经济行业分类使用《国民经济行业分类》（GB/T 4754-2017）标准。

为便于比较，增速均按可比口径计算。

六、内容修订

为进一步贯彻新发展理念，更好地反映经济结构和质量的变化，自 2019 年起，本篇资料对第三产业固定资产投资表式进行了改版，内容以各分组固定资产投资比上年增长速度为主，通过速度变化反映固定资产投资形势及政策效应。

4-1 按行业门类分第三产业全社会固定资产投资增长情况

单位：%

行业门类	2007	2008	2009	2010	2011	2012
第三产业合计	**23.8**	**24.8**	**33.8**	**25.2**	**21.1**	**20.7**
农、林、牧、渔专业及辅助性活动						
开采专业及辅助性活动						
金属制品、机械和设备修理业						
批发和零售业	27.1	29.9	37.2	17.5	41.0	31.9
交通运输、仓储和邮政业	16.6	20.3	46.7	20.4	3.5	11.1
住宿和餐饮业	38.7	28.9	34.0	28.2	34.0	30.2
信息传输、软件和信息技术服务业	-1.5	17.0	19.7	-5.2	0.6	23.8
金融业	29.8	65.4	38.2	35.9	44.4	44.7
房地产业	32.3	24.7	22.0	31.4	28.3	21.4
租赁和商务服务业	30.8	42.8	50.2	32.2	40.5	38.9
科学研究和技术服务业	13.1	39.6	53.6	14.9	41.9	47.4
水利、环境和公共设施管理业	24.6	33.3	46.8	24.9	14.1	20.8
居民服务、修理和其他服务业	11.6	20.1	53.6	38.9	46.6	32.0
教育	4.6	6.2	39.5	14.6	14.0	18.4
卫生和社会工作	15.1	30.6	60.8	14.0	27.8	12.3
文化、体育和娱乐业	30.1	27.9	49.9	24.2	21.0	35.1
公共管理、社会保障和社会组织	5.9	18.4	26.3	19.9	15.7	7.1
国际组织						

注：自2013年起，三产划分按《国家统计局关于印发<三次产业划分规定>的通知》(国统字[2012]108号)执行，农林牧渔业、采矿业和制造业仅包括该门类下的第三产业投资。

4-1 续表

单位：%

行业门类	2013	2014	2015	2016	2017	2018	2019
第三产业合计	**20.4**	**16.4**	**10.2**	**10.4**	**9.2**	**5.5**	**6.2**
农、林、牧、渔专业及辅助性活动		23.6	26.3	12.4	-4.0	8.4	1.4
开采专业及辅助性活动		-2.2	-16.5	-19.2	-29.8	-0.4	20.1
金属制品、机械和设备修理业		-0.3	3.2	-11.0	-3.2	-26.9	38.1
批发和零售业	29.7	25.5	19.8	-4.0	-6.1	-19.8	-15.9
交通运输、仓储和邮政业	17.0	17.8	13.8	9.5	14.8	4.0	3.3
住宿和餐饮业	17.2	3.6	5.1	-8.7	4.0	-0.8	-2.7
信息传输、软件和信息技术服务业	14.6	36.1	34.4	14.6	12.8	4.1	8.7
金融业	34.4	10.7	0.3	-4.2	-13.3	-13.1	10.4
房地产业	19.8	10.6	2.2	6.0	3.0	8.0	8.3
租赁和商务服务业	25.4	35.7	18.6	30.6	14.6	13.9	15.9
科学研究和技术服务业	26.6	35.1	12.6	17.2	9.4	13.6	17.9
水利、环境和公共设施管理业	27.2	23.5	20.5	23.3	21.2	3.3	2.9
居民服务、修理和其他服务业	10.2	13.7	15.1	0.8	2.0	-12.6	-8.7
教育	17.8	23.8	15.2	20.7	20.4	7.0	18.1
卫生和社会工作	20.0	27.9	29.7	21.4	18.1	8.4	5.3
文化、体育和娱乐业	22.5	18.5	8.9	16.4	12.9	21.2	13.9
公共管理、社会保障和社会组织	-2.9	23.0	9.0	4.3	-2.0	-18.0	-15.6
国际组织							

4-2 各地区按登记注册类型分第三产业固定资产投资(不含农户)增长情况

单位：%

地　区	总　计	内　资	港澳台商投资	外商投资
全　国	**6.6**	**6.7**	**8.5**	**-3.8**
北　京	-2.3	-0.4	-25.4	-26.5
天　津	11.8	11.5	27.8	10.2
河　北	11.0	11.0	4.2	20.7
山　西	11.4	11.3	21.8	38.6
内 蒙 古	5.4	4.7	1289.3	
辽　宁	2.6	4.7	-15.7	-18.8
吉　林	-4.7	-5.6	18.0	69.8
黑 龙 江	7.6	7.4	51.9	-16.0
上　海	3.8	3.5	0.6	24.4
江　苏	6.3	6.9	2.2	-10.0
浙　江	10.3	10.4	7.8	6.1
安　徽	10.6	10.5	28.7	-36.8
福　建	2.8	1.8	46.8	11.8
江　西	9.2	9.5	-6.7	-44.2
山　东	6.8	6.1	49.5	6.6
河　南	9.0	9.2	-30.2	59.8
湖　北	13.4	13.4	61.8	-34.1
湖　南	7.0	7.1	0.3	10.9
广　东	12.9	13.5	15.0	-5.2
广　西	12.0	12.5	3.4	-14.3
海　南	-11.9	-12.6	0.2	5.1
重　庆	4.4	5.0	3.6	-26.4
四　川	10.1	10.2	2.0	11.3
贵　州	-3.0	-2.8	-30.3	46.0
云　南	7.0	6.7	19.0	65.0
西　藏	1.4	1.3	741.2	
陕　西	-0.4	-0.3	0.7	-42.8
甘　肃	3.6	3.4	253.6	51.5
青　海	-2.4	-2.3		
宁　夏	-14.3	-14.0	-30.3	-20.5
新　疆	0.2	-0.1	13.3	1157.0

4-3 各行业按构成分第三产业固定资产投资(不含农户)增长情况

单位：%

行　业	投资额	建筑安装工程投资	设备工器具购置	其他费用
第三产业合计	**6.6**	**6.3**	**-5.2**	**10.3**
农、林、牧、渔专业及辅助性活动	**1.4**	**1.7**	**-3.0**	**4.7**
开采专业及辅助性活动	**20.1**	**25.7**	**18.7**	**-37.3**
金属制品、机械和设备修理业	**38.1**	**15.9**	**86.3**	**133.4**
批发和零售业	**-15.9**	**-18.0**	**-12.8**	**-1.0**
批发业	-12.8	-14.9	-5.2	-4.8
零售业	-18.4	-20.3	-20.9	1.4
交通运输、仓储和邮政业	**3.4**	**5.9**	**-17.7**	**5.9**
铁路运输业	-3.3	-7.6	-7.3	18.8
道路运输业	9.0	10.2	0.9	4.8
水上运输业	-22.5	-8.3	-48.2	-30.9
航空运输业	-17.8	17.0	-34.5	-16.8
管道运输业	-3.4	9.1	-48.0	4.7
多式联运和运输代理业	-10.7	-11.4	-41.0	67.8
装卸搬运和仓储业	-7.7	-7.7	-17.7	6.0
邮政业	18.9	31.1	-26.5	48.1
住宿和餐饮业	**-1.2**	**-0.2**	**-7.7**	**-4.3**
住宿业	2.2	3.9	-8.0	-4.1
餐饮业	-14.9	-16.8	-7.1	-5.3
信息传输、软件和信息技术服务业	**8.6**	**9.9**	**5.3**	**15.8**
电信、广播电视和卫星传输服务	17.8	8.7	27.4	12.7
互联网和相关服务	16.7	22.2	13.8	1.8
软件和信息技术服务业	-8.2	3.3	-42.6	25.8
金融业	**10.4**	**-0.1**	**-0.2**	**75.2**
货币金融服务	12.3	7.2	6.9	38.2
资本市场服务	-19.5	-29.5	-17.8	61.3
保险业	44.1	14.9	-67.9	211.0
其他金融业	23.7	20.1	0.9	148.3
房地产业	**9.2**	**7.2**	**6.2**	**13.3**
租赁和商务服务业	**15.8**	**16.5**	**8.7**	**16.6**
租赁业	16.6	0.7	18.5	71.9
商务服务业	15.7	16.8	-0.1	16.1
科学研究和技术服务业	**17.9**	**16.1**	**4.4**	**48.6**
研究和试验发展	29.1	28.4	-10.4	92.8
专业技术服务业	18.0	17.5	19.0	19.7
科技推广和应用服务业	9.1	5.9	5.5	32.2
水利、环境和公共设施管理业	**2.9**	**5.6**	**-5.4**	**-11.9**
水利管理业	1.4	6.3	-14.7	-23.3
生态保护和环境治理业	37.2	42.8	23.3	8.8
公共设施管理业	0.3	2.5	-9.1	-11.6
居民服务、修理和其他服务业	**-9.1**	**-10.3**	**-5.5**	**-0.7**
居民服务业	-3.1	-3.4	-10.1	5.9
机动车、电子产品和日用产品修理业	10.5	5.8	33.7	1.2
其他服务业	-38.1	-39.5	-29.8	-34.2
教育	**17.7**	**18.0**	**-0.7**	**27.3**
卫生和社会工作	**5.3**	**4.9**	**9.1**	**3.8**
卫生	6.8	6.6	11.7	
社会工作	-0.2	-1.1	-8.5	16.5
文化、体育和娱乐业	**13.9**	**13.5**	**-3.5**	**28.4**
新闻和出版业	-29.2	-20.8	-24.9	-49.5
广播、电视、电影和影视录音制作业	-13.3	-18.0	-26.2	43.0
文化艺术业	-1.4	-4.7	-27.3	41.1
体育	4.1	1.5	-19.5	40.6
娱乐业	31.7	35.6	12.6	19.7
公共管理、社会保障和社会组织	**-15.6**	**-16.8**	**-7.4**	**-7.7**
中国共产党机关	79.8	57.8	86.9	
国家机构	-12.1	-12.8	-6.7	-10.7
人民政协、民主党派	78.9	124.7	-91.2	
社会保障	-54.2	-58.0	7.5	-26.5
群众团体、社会团体和其他成员组织	-20.6	-21.2	12.7	-33.7
基层群众自治组织	-39.3	-40.1	-41.7	0.8
国际组织				

4-4 按行业门类分第三产业固定资产投资(不含农户)增长情况

单位：%

行业门类	2007	2008	2009	2010	2011	2012
第三产业合计	**23.7**	**25.2**	**33.1**	**25.7**	**21.1**	**21.2**
农、林、牧、渔专业及辅助性活动						
开采专业及辅助性活动						
金属制品、机械和设备修理业						
批发和零售业	29.2	30.3	40.6	16.5	41.2	32.3
交通运输、仓储和邮政业	15.8	20.8	48.2	19.8	3.7	11.2
住宿和餐饮业	41.7	30.5	34.2	28.0	34.4	30.3
信息传输、软件和信息技术服务业	2.7	17.1	19.3	-5.9	1.0	23.8
金融业	28.0	66.4	37.9	37.0	44.4	44.7
房地产业	32.6	25.5	20.1	33.6	29.6	22.4
租赁和商务服务业	29.9	45.8	49.8	32.2	40.6	38.9
科学研究和技术服务业	12.1	37.7	51.1	17.1	41.9	47.4
水利、环境和公共设施管理业	23.6	32.4	45.6	24.9	14.1	20.8
居民服务、修理和其他服务业	28.4	32.6	65.8	46.0	53.1	38.3
教育	4.3	6.1	37.7	14.7	14.0	18.4
卫生和社会工作	14.3	31.7	59.3	15.4	28.0	12.3
文化、体育和娱乐业	31.6	27.1	48.0	22.6	21.6	35.3
公共管理、社会保障和社会组织	4.2	17.0	24.5	18.0	15.7	7.1
国际组织						

4-4 续表

单位：%

行业门类	2013	2014	2015	2016	2017	2018	2019
第三产业合计	**20.8**	**16.9**	**10.6**	**10.9**	**9.5**	**5.5**	**6.6**
农、林、牧、渔专业及辅助性活动		23.6	26.3	12.4	-4.0	8.4	1.4
开采专业及辅助性活动		-2.2	-16.5	-19.2	-29.8	-0.4	20.1
金属制品、机械和设备修理业		-0.3	3.2	-11.0	-3.2	-26.9	38.1
批发和零售业	29.1	24.8	20.1	-4.0	-6.3	-21.5	-15.9
交通运输、仓储和邮政业	17.6	18.4	14.2	9.5	14.8	3.9	3.4
住宿和餐饮业	17.7	3.4	5.1	-8.6	3.9	-3.4	-1.2
信息传输、软件和信息技术服务业	14.6	35.8	34.4	14.5	12.8	4.0	8.6
金融业	34.4	10.7	0.3	-4.2	-13.3	-13.1	10.4
房地产业	20.2	11.0	2.5	6.8	3.6	8.3	9.2
租赁和商务服务业	25.1	35.9	18.6	30.5	14.4	14.2	15.8
科学研究和技术服务业	26.6	35.1	12.6	17.2	9.4	13.6	17.9
水利、环境和公共设施管理业	27.2	23.5	20.5	23.3	21.2	3.3	2.9
居民服务、修理和其他服务业	18.3	14.9	15.5	1.8	2.4	-14.4	-9.1
教育	17.2	24.5	15.2	20.7	20.2	7.2	17.7
卫生和社会工作	19.9	27.9	29.7	21.4	18.1	8.4	5.3
文化、体育和娱乐业	22.4	18.6	8.9	16.4	12.9	21.2	13.9
公共管理、社会保障和社会组织	-2.9	22.9	9.1	4.3	-2.0	-18.0	-15.6
国际组织							

4-5　各行业按登记注册类型和控股情况分第三产业固定资产投资(不含农户)增长情况

单位：%

行　业	投资额	#内　资	港澳台商投资	外商投资	#国有控股	集体控股	私人控股
第三产业合计	**6.6**	**6.7**	**8.5**	**-3.8**	**5.3**	**1.9**	**8.8**
农、林、牧、渔专业及辅助性活动	**1.4**	**1.5**	**-42.7**	**-0.8**	**-2.1**	**25.7**	**5.4**
开采专业及辅助性活动	**20.1**	**20.5**	**-27.9**	**-61.1**	**12.2**	**388.5**	**36.4**
金属制品、机械和设备修理业	**38.1**	**42.1**	**-43.9**	**40.7**	**-22.4**	**137.5**	**78.0**
批发和零售业	**-15.9**	**-15.8**	**-11.4**	**-41.4**	**-14.9**	**-22.3**	**-13.9**
批发业	-12.8	-12.9	13.9	-26.9	-7.9	15.0	-13.0
零售业	-18.4	-18.1	-18.4	-45.5	-19.6	-35.6	-14.7
交通运输、仓储和邮政业	**3.4**	**3.4**	**4.2**	**-0.9**	**3.5**	**17.2**	**-3.7**
铁路运输业	-3.3	-3.3	-35.0	-56.1	-5.9	58.5	66.5
道路运输业	9.0	8.9	57.6	2.5	8.2	25.1	5.6
水上运输业	-22.5	-23.4	56.5	-35.7	-23.3	42.3	-15.3
航空运输业	-17.8	-18.7	-8.9	-7.1	-14.5	142.2	-4.8
管道运输业	-3.4	-6.7		6.7	-2.4	370.0	-7.0
多式联运和运输代理业	-10.7	-15.7	61.7	216.0	-0.4	43.7	-18.5
装卸搬运和仓储业	-7.7	-7.9	-7.9	1.6	-6.1	-34.0	-11.3
邮政业	18.9	14.2	-0.6	348.4	9.2	171.2	6.1
住宿和餐饮业	**-1.2**	**-0.6**	**-19.4**	**-20.9**	**-1.9**	**-30.7**	**1.2**
住宿业	2.2	3.2	-31.1	-23.5	4.4	-33.3	4.6
餐饮业	-14.9	-16.2	497.5	16.4	-36.5	-12.7	-10.9
信息传输、软件和信息技术服务业	**8.6**	**11.2**	**-6.2**	**2.6**	**12.4**	**-26.8**	**1.3**
电信、广播电视和卫星传输服务	17.8	16.8	11.5	46.3	16.2	15.1	6.1
互联网和相关服务	16.7	20.4	1.9	37.3	10.9	65.9	12.4
软件和信息技术服务业	-8.2	-1.5	-38.0	-57.0	-1.4	-53.5	-6.4
金融业	**10.4**	**6.9**	**124.5**	**-20.9**	**-20.6**	**42.2**	**14.5**
货币金融服务	12.3	9.8	54.8	-38.3	-22.5	49.7	44.5
资本市场服务	-19.5	-27.6		-16.1	-28.6	-65.8	-42.7
保险业	44.1	43.9			-17.1		49.4
其他金融业	23.7	20.4			-4.7	-83.3	107.0
房地产业	**9.2**	**9.4**	**11.9**	**-4.5**	**8.2**	**0.1**	**10.9**
租赁和商务服务业	**15.8**	**15.8**	**33.1**	**-11.8**	**15.6**	**17.6**	**9.0**
租赁业	16.6	19.9	120.5	-60.9	94.6	-71.2	-15.4
商务服务业	15.7	15.5	25.2	16.6	13.5	21.4	11.2
科学研究和技术服务业	**17.9**	**17.8**	**54.1**	**-8.1**	**35.9**	**-14.6**	**5.7**
研究和试验发展	29.1	31.0	14.6	-29.6	72.7	44.1	-7.6
专业技术服务业	18.0	19.0	8.3	-75.6	22.5	-31.1	15.8
科技推广和应用服务业	9.1	7.3	129.0	447.6	10.4	-52.3	9.1
水利、环境和公共设施管理业	**2.9**	**3.1**	**-36.8**	**4.2**	**4.2**	**9.0**	**-1.0**
水利管理业	1.4	1.5	-38.0	-16.0	2.2	-20.7	-4.0
生态保护和环境治理业	37.2	37.5	35.3	2.6	40.4	11.6	25.8
公共设施管理业	0.3	0.5	-47.0	7.6	1.8	10.9	-3.9
居民服务、修理和其他服务业	**-9.1**	**-9.0**	**-62.0**	**108.0**	**-14.6**	**-12.8**	**1.4**
居民服务业	-3.1	-2.5	-68.2	127.2	-3.4	5.0	0.3
机动车、电子产品和日用产品修理业	10.5	9.6	-40.1		-37.7	256.0	24.3
其他服务业	-38.1	-38.4	-22.6	-47.9	-43.1	-51.7	-29.6
教育	**17.7**	**17.4**	**232.4**	**62.6**	**14.2**	**-2.1**	**30.7**
卫生和社会工作	**5.3**	**5.4**	**-10.5**	**12.1**	**6.8**	**-1.8**	**5.3**
卫生	6.8	6.7	-10.0	43.7	8.5	2.9	4.1
社会工作	-0.2	0.4		-43.5	-4.3	-17.2	7.4
文化、体育和娱乐业	**13.9**	**13.6**	**8.7**	**55.1**	**9.7**	**2.0**	**19.6**
新闻和出版业	-29.2	-29.2			-25.6		-62.6
广播、电视、电影和影视录音制作业	-13.3	-15.8	65.8		-12.1	-16.7	-26.5
文化艺术业	-1.4	-1.5	37.4	-18.1	2.6	-1.3	-2.5
体育	4.1	4.7	-81.3	100.5	10.1	-44.4	8.0
娱乐业	31.7	31.3	118.1	37.9	30.0	31.5	31.2
公共管理、社会保障和社会组织	**-15.6**	**-15.6**			**-14.8**	**-18.3**	**-22.3**
中国共产党机关	79.8	79.8			92.2		
国家机构	-12.1	-12.1			-12.3		
人民政协、民主党派	78.9	78.9			90.2		
社会保障	-54.2	-54.2			-55.0	-28.7	-35.9
群众团体、社会团体和其他成员组织	-20.6	-20.6			-12.3	-36.9	-53.5
基层群众自治组织	-39.3	-39.3			-42.6	-41.1	-42.2
国际组织							

4-6 按行业分第三产业固定资产投资(不含农户)实际到位资金增长情况

单位：%

行业	本年实际到位资金	国家预算资金	国内贷款	利用外资	自筹资金	其他资金
第三产业合计	**5.5**	**-0.9**	**3.5**	**38.3**	**2.3**	**11.5**
农、林、牧、渔专业及辅助性活动	**4.5**	**-11.9**	**-3.4**		**5.9**	**25.4**
开采专业及辅助性活动	**19.9**	**-84.0**	**-85.9**		**24.5**	
金属制品、机械和设备修理业	**46.0**	**-54.4**	**2.2**		**49.4**	**84.1**
批发和零售业	**-27.5**	**30.5**	**-48.1**	**64.2**	**-27.6**	**-10.6**
批发业	-27.1	48.4	-41.2	27.1	-28.0	7.1
零售业	-27.8	18.8	-54.4	118.8	-27.3	-19.7
交通运输、仓储和邮政业	**5.1**	**-2.4**	**13.2**	**24.1**	**-3.0**	**23.8**
铁路运输业	7.5	-14.7	55.2	9.5	-10.2	-11.9
道路运输业	11.0	1.8	9.8	45.6	7.7	41.3
水上运输业	-25.5	-10.1	-2.8	-38.6	-36.7	3.4
航空运输业	-19.4	-34.5	-33.2		-4.4	14.3
管道运输业	-19.9	-93.5	-19.3		-22.0	
多式联运和运输代理业	-21.4	-61.9	-35.2	-18.6	-23.1	126.9
装卸搬运和仓储业	-11.7	-6.4	8.8	19.9	-14.0	-12.5
邮政业	13.6	362.5	256.9		9.4	120.5
住宿和餐饮业	**-0.1**	**8.8**	**-7.1**	**-57.8**		**11.7**
住宿业	5.2	-3.8	-7.1	-27.5	5.1	29.9
餐饮业	-30.2	72.4	-7.2	-79.5	-27.9	-56.4
信息传输、软件和信息技术服务业	**14.3**	**45.3**	**11.7**	**1.3**	**20.6**	**-49.1**
电信、广播电视和卫星传输服务	37.0	168.5	-29.9	9.1	41.7	-34.1
互联网和相关服务	21.9	23.5	12.4	-37.5	48.9	-60.1
软件和信息技术服务业	-13.4	-31.5	32.8	382.3	-15.7	-33.8
金融业	**-1.9**	**27.0**	**-7.0**	**-97.7**	**-1.4**	**-2.8**
货币金融服务	10.1	71.3	-27.2	-76.1	16.3	-70.1
资本市场服务	-18.2		-74.3		-14.2	-6.7
保险业	-30.8				-36.2	
其他金融业	16.2		55.7		3.4	
房地产业	**7.2**	**-11.8**	**3.5**	**66.9**	**4.3**	**10.7**
租赁和商务服务业	**12.0**	**37.4**	**-8.7**	**123.3**	**12.9**	**18.6**
租赁业	26.6	53.2	72.9	107.8	1.0	715.3
商务服务业	11.3	37.3	-13.5	125.4	13.6	9.7
科学研究和技术服务业	**9.3**	**21.2**	**-7.2**	**10.9**	**5.2**	**65.4**
研究和试验发展	25.0	1.7	26.4	30.0	12.3	297.9
专业技术服务业	11.6	63.4	-34.5	-49.1	12.7	-6.9
科技推广和应用服务业	-5.2	22.0	-23.2	153.4	-4.6	-8.7
水利、环境和公共设施管理业	**-0.5**	**6.2**	**-14.2**	**43.6**	**-3.8**	**15.9**
水利管理业	3.0	-1.7	-20.9	72.8	4.9	26.7
生态保护和环境治理业	31.4	82.6	-7.5	128.4	22.8	37.6
公共设施管理业	-3.5	2.9	-14.1	31.0	-6.6	11.5
居民服务、修理和其他服务业	**-20.9**	**3.9**	**-51.7**	**42.5**	**-20.9**	**-5.9**
居民服务业	-12.8	45.2	-55.9	97.0	-11.9	-4.0
机动车、电子产品和日用产品修理业	-11.6		-5.0		-9.6	-87.7
其他服务业	-51.3	-74.0	-24.5	-73.9	-52.2	9.5
教育	**20.2**	**16.3**	**-2.0**	**55.9**	**24.0**	**25.5**
卫生和社会工作	**2.8**	**10.3**	**-4.6**	**37.2**	**-4.3**	**44.4**
卫生	4.3	16.0	-1.2	27.7	-3.9	37.3
社会工作	-3.1	-33.5	-18.5	56.3	-5.9	100.3
文化、体育和娱乐业	**13.7**	**-0.9**	**7.3**	**-47.2**	**15.3**	**29.2**
新闻和出版业	-25.6	-2.1			-61.8	112.1
广播、电视、电影和影视录音制作业	-28.7	-44.9	-32.6		-31.1	19.7
文化艺术业	9.2	6.1	-22.4	233.7	8.3	48.7
体育	0.5	-7.3	67.5	-71.6	-4.1	2.6
娱乐业	26.2	11.1	9.0	-59.6	29.6	26.4
公共管理、社会保障和社会组织	**-30.8**	**-29.1**	**-73.5**	**37.6**	**-27.4**	**-37.5**
中国共产党机关	105.6	116.1			92.1	83.6
国家机构	-30.7	-29.6	-75.7	37.6	-25.5	-37.8
人民政协、民主党派						
社会保障	-74.3	-50.2			-59.3	-89.6
群众团体、社会团体和其他成员组织	-27.3	-47.1	-79.5		-26.2	26.1
基层群众自治组织	-45.4	3.1	-14.0		-57.9	-8.4
国际组织						

4-7 各地区按行业门类分第三产业固定资产投资(不含农户)增长情况

单位：%

地　区	第三产业合计	农、林、牧、渔专业及辅助性活动	开采专业及辅助性活动	金属制品、机械和设备修理业	批发和零售业	交通运输、仓储和邮政业	住宿和餐饮业	信息传输、软件和信息技术服务业	金融业	房地产业
全　国	**6.6**	**1.4**	**20.1**	**38.1**	**-15.9**	**3.4**	**-1.2**	**8.6**	**10.4**	**9.2**
北　京	-2.3	32.3		400.1	-46.1	-15.4	116.2	-13.3	6.9	-4.0
天　津	11.8	114.1	305.7	1013.8	-40.3	26.3	29.9	-32.6	106.9	8.4
河　北	11.0	-17.4	-56.5	412.7	-9.1	2.5	35.8	85.2	-55.0	2.1
山　西	11.4	77.2	15.3	59.7	12.9	29.9	45.6	23.3	-9.9	12.4
内蒙古	5.4	3.4	22.4	-79.6	-19.2	15.8	5.0	3.5	-56.0	11.8
辽　宁	2.6	-33.5	-69.3	215.8	-1.3	-21.5	-25.3	76.3	33.5	9.2
吉　林	-4.7	-52.3	-13.2	-100.0	-47.8	-1.7	-19.2	-33.5	-79.1	11.9
黑龙江	7.6	66.2	451.3	-100.0	-30.6	13.1	-14.4	-14.8	-21.2	0.6
上　海	3.8	174.1		-27.9	-7.4	-10.8	-61.4	14.8	20.9	5.1
江　苏	6.3	9.0	-69.2	121.3	-2.5	6.4	13.1	-8.6	-33.9	8.0
浙　江	10.3	71.7		9.6	1.3	15.2	-1.0	11.4	41.1	10.3
安　徽	10.6	-41.5	-100.0	-46.6	-21.3	15.1	3.7	-8.6	-11.1	12.8
福　建	2.8	8.9	-41.2	-21.5	-45.0	-14.8	-11.6	-14.1	-5.4	15.5
江　西	9.2	-29.0	12.5	13.1	18.3	10.0	-1.3	43.8	-9.8	8.0
山　东	6.8	32.5	34.8	-50.0	-58.2	23.2	-8.3	19.2	20.4	16.7
河　南	9.0	16.4	92.7	470.8	-26.5	4.8	-3.3	-10.6	6.7	5.8
湖　北	13.4	7.3	-39.9	106.2	-6.5	5.4	15.2	58.6	-16.1	8.4
湖　南	7.0	52.0	-68.2	130.4	-19.8	4.0	-2.5	63.2	-0.9	9.5
广　东	12.9	15.3	-95.8	35.8	7.3	11.8	-13.3	5.3	92.0	8.5
广　西	12.0	33.0	-81.7	37.5	-35.0	14.4	-3.6	28.3	-13.3	23.9
海　南	-11.9	-37.3	-87.7	328.5	-22.1	-38.6	-13.1	-4.4	129.3	-20.4
重　庆	4.4	26.4	133.8	198.7	35.8	5.6	7.0	125.0	32.7	5.3
四　川	10.1	-11.7	-34.2	-61.5	-1.8	7.2	-2.8	32.2	42.8	12.7
贵　州	-3.0	-18.2	6.7	1307.4	-14.1	-11.6	-7.6	-24.4	4.1	15.1
云　南	7.0	-27.1			10.7	15.3	-7.3	-17.0	-53.6	22.3
西　藏	1.4	-19.3			-49.5	-6.0	-17.6	-40.8	106.8	36.6
陕　西	-0.4	-11.9	62.2	1606.2	-16.8	1.7	6.3	-27.9	-34.5	0.5
甘　肃	3.6	-49.7	-13.8	445.8	-12.9	21.1	-6.3	-25.2	-58.6	9.7
青　海	-2.4	-31.6	92.0		30.3	-41.5	-33.6	8.7	73.8	8.2
宁　夏	-14.3	45.2		-0.6	-52.5	-32.7	-8.0	0.9	-91.5	-11.5
新　疆	0.2	-15.0	178.0	-76.8	14.1	-5.1	95.2	-3.7	-87.1	4.6

4-7 续表

单位：%

地　区	租赁和商务服务业	科学研究和技术服务业	水利、环境和公共设施管理业	居民服务、修理和其他服务业	教　育	卫生和社会工作	文化、体育和娱乐业	公共管理、社会保障和社会组织	国际组织
全　国	**15.8**	**17.9**	**2.9**	**-9.1**	**17.7**	**5.3**	**13.9**	**-15.6**	
北　京	157.7	27.0	1.8		-13.0	49.0	77.0	-27.9	
天　津	34.2	2.8	7.1	-20.1	45.4	98.9	-45.6	150.0	
河　北	45.7	2.2	28.7	-8.7	58.8	-1.6	16.2	82.8	
山　西	-3.7	72.0	0.1		21.7	-4.2	2.2	-37.2	
内蒙古	190.2	-5.4	-13.1	-71.8	33.6	-5.9	-15.4	39.5	
辽　宁	45.2	44.6	-11.2	-9.8	-9.0	-9.0	-24.1	-22.7	
吉　林	-42.1	-18.7	-7.0	-44.0	-21.7	-49.4	-26.1	-78.3	
黑龙江	-19.2	38.2	44.9	-49.7	19.7	-30.9	0.9	-5.1	
上　海	79.1	-9.9	12.0	162.7	-16.4	4.6	32.5	-41.2	
江　苏	7.1	8.6	-1.4	11.1	30.8	-18.8	13.9	15.0	
浙　江	-8.1	99.1	4.1	11.1	11.5	-1.6	11.7	1.3	
安　徽	-5.3	-13.2	12.7	-35.3	28.7	19.6	4.2	-59.0	
福　建	16.7	-20.7	-7.2	-31.4	36.5	24.8	5.1	-53.0	
江　西	14.8	-1.8	8.0	86.1	46.5	32.8	-3.1	-9.4	
山　东	-11.2	32.3	-16.0	15.5	5.3	-6.6	-13.6	-57.6	
河　南	44.9	-3.0	21.5	-11.4	24.6	21.6	23.1	-38.3	
湖　北	14.2	27.5	18.0	-12.1	61.4	-2.1	69.6	-27.4	
湖　南	20.9	22.7	-4.3	-14.6	23.9	7.0	29.6	-7.8	
广　东	12.7	2.8	29.7	4.3	36.9	39.6	-0.9	34.6	
广　西	-7.2	-3.6	-10.0	-32.8	18.6	23.0	-14.7	32.1	
海　南	151.1	75.1	13.6	-48.8	9.4	19.2	22.2	-47.2	
重　庆	7.2	16.8	-8.1	24.8	21.8	9.6	43.3	-49.8	
四　川	36.7	70.4	3.0	-26.0	19.4	19.9	15.4	3.4	
贵　州	16.5	82.3	-17.9	-7.6	-14.6	-17.7	-4.9	14.3	
云　南	-21.3	-46.5	-11.2	-31.9	-17.3	-20.8	-23.5	-51.2	
西　藏	77.8	-15.9	-11.6	-42.3	47.6	-9.5	16.3	-23.9	
陕　西	43.5	-13.7	-3.7	-14.2	0.4	-6.1	24.8	-7.6	
甘　肃	8.6	33.0	-20.8	31.3	8.1	-1.2	-9.4	-48.8	
青　海	-44.8	223.4	23.4	244.2	77.7	-1.1	46.5	33.1	
宁　夏	31.7	-29.5	11.7	8.0	-6.4	-28.3	-52.4	-63.6	
新　疆	42.9	-38.3	7.7	-38.6	15.4	32.4	43.8	-69.8	

【主要统计指标解释】

全社会固定资产投资 以货币形式表现的在一定时期内全社会建造和购置固定资产的工作量以及与此有关的费用的总称。该指标是反映固定资产投资规模、结构和发展速度的综合性指标，又是观察工程进度和考核投资效果的重要依据。全社会固定资产投资按登记注册类型可分为国有、集体、个体、联营、股份制、私营和个体、港澳台商、外商、其他等。

固定资产投资（不含农户） 指城镇和农村各种登记注册类型的企业、事业、行政单位，以及城镇个体户进行的计划总投资500万元及以上的建设项目投资和全部房地产开发投资。包含原口径的城镇固定资产投资加上农村企事业组织项目投资，该口径自2011年起开始使用。

固定资产投资的资金来源 根据固定资产投资的资金来源不同，分为国家预算资金、国内贷款、利用外资、自筹资金和其他资金。

（1）国家预算资金：国家预算包括一般预算、政府性基金预算、国有资本经营预算和社保基金预算。各类预算中用于固定资产投资的资金全部作为国家预算资金填报，其中一般预算中用于固定资产投资的部分包括基建投资、车购税、灾后恢复重建基金和其他财政投资。各级政府债券也应归入国家预算资金。

（2）国内贷款：指报告期固定资产投资项目单位向银行及非银行金融机构借入用于固定资产投资的各种国内借款，包括银行利用自有资金及吸收存款发放的贷款、上级拨入的国内贷款、国家专项贷款（包括煤代油贷款、劳改煤矿专项贷款等），地方财政专项资金安排的贷款、国内储备贷款、周转贷款等。

（3）利用外资：指报告期收到的境外（包括外国及港澳台地区）资金(包括设备、材料、技术在内)。包括对外借款(外国政府贷款、国际金融组织贷款、出口信贷、外国银行商业贷款、对外发行债券和股票)、外商直接投资、外商其他投资(包括利用外商投资收益在国内进行固定资产再投资活动的资金)。不包括我国自有外汇资金(国家外汇、地方外汇、留成外汇、调济外汇和国内银行自有资金发放的外汇贷款等)。各类外资按报告期的外汇牌价（中间价）折成人民币计算。

（4）自筹资金：指固定资产投资单位在报告期收到的，由各企、事业单位筹集用于固定资产投资的资金，包括各类企事业单位的自有资金和从其他单位筹集的用于固定资产投资的资金，但不包括各类财政性资金、从各类金融机构借入资金和国外资金。

（5）其他资金：在报告期收到的除以上各种资金之外的用于固定资产投资的资金，包括社会集资、个人资金、无偿捐赠的资金及其他单位拨入的资金等。

固定资产投资按国民经济行业分 指根据其从事的社会经济活动性质对各类单位进行的分类。应根据建设项目建成投产后的主要产品种类或主要用途及社会经济活动种类来划分，不能根据项目单位本身的行业类别来划分。如果项目投产后有几种产品，应根据主要产品来确定行业类别。一般情况下，一个建设项目只能属于一种国民经济行业。

固定资产投资按构成分 建设项目的构成一般分为建筑工程、安装工程、设备工器具购置和其他费用。

（1）建筑工程　指各种房屋、建筑物的建造工程。这部分投资额必须兴工动料，通过施工活动才能实现，是固定资产投资额的重要组成部分。

（2）安装工程　指各种设备、装置的安装工程。在安装工程中，不包括被安装设备本身价值。

（3）设备工器具购置　指报告期内购置或自制的，达到固定资产标准的设备、工具、器具的价值。新建单位及扩建单位的新建车间，按照设计或计划要求购置或自制的全部设备、工具、器具，不论是否达到固定资产标准均计入“设备工器具购置”中。

（4）其他费用　指在固定资产建造和购置过程中发生的，除建筑安装工程和设备、工器具购置投资完成额以外的应当分摊计入固定资产投资的费用，不指经营中财务上的其他费用。

5 第三产业双向投资与服务贸易进出口情况

简要说明

一、主要内容

本篇资料主要包括服务贸易、外商直接投资、对外直接投资的分行业统计。

二、资料来源

本篇资料由国家统计局贸易外经统计司负责整理、编辑，资料来源于商务部。

5-1　按行业分对外直接投资

单位：万美元

行　业	对外直接投资净额			截至2019年对外直接投资存量
	2017	2018	2019	
总　计	**15828830**	**14303731**	**13690756**	**219888069**
其中：批发和零售业	2631102	1223791	1947108	29553871
交通运输、仓储和邮政业	546792	516057	387962	7653356
住宿和餐饮业	-18509	135396	60398	492025
信息传输、软件和信息技术服务业	443024	563187	547794	20220605
金融业	1878544	2171720	1994929	25453442
房地产业	679506	306600	341839	7761139
租赁和商务服务业	5427321	5077813	4187508	73408168
科学研究和技术服务业	239065	380199	343163	4600991
水利、环境和公共设施管理业	21892	17863	26988	330060
居民服务、修理和其他服务业	186526	222822	167338	1360344
教育	13372	57302	64880	429261
卫生和社会工作	35267	52480	22717	312691
文化、体育和娱乐业	26401	116586	52352	1262671
公共管理、社会保障和社会组织				

5-2　按行业分外商直接投资

行　业	合同项目（个）	实际使用金额（万美元）
总　计	**40888**	**13813462**
其中：批发和零售业	13837	904982
交通运输、仓储和邮政业	591	453316
住宿和餐饮业	835	97180
信息传输、软件和信息技术服务业	4295	1468232
金融业	865	713206
房地产业	1050	2347188
租赁和商务服务业	5777	2207283
科学研究和技术服务业	5183	1116831
水利、环境和公共设施管理业	143	52242
居民服务、修理和其他服务业	361	54218
教育	258	22248
卫生和社会工作	111	27186
文化、体育和娱乐业	804	62986
公共管理、社会保障和社会组织	4	166

5-3 服务进出口分类金额

单位：亿美元

类别	进出口		出口		进口	
	金额	同比(%)	金额	同比(%)	金额	同比(%)
总额	**7850.0**	**-1.4**	**2836.0**	**4.5**	**5014.0**	**-4.5**
运输	1509.1	0.2	460.3	8.8	1048.7	-3.2
旅行	2856.1	-9.7	345.1	-12.5	2511.0	-9.3
建筑	372.9	6.0	280.0	5.3	92.9	8.0
保险服务	155.5	-7.4	47.8	-2.9	107.8	-9.3
金融服务	63.8	13.8	39.1	12.3	24.7	16.4
电信、计算机和信息服务	807.6	14.0	538.6	14.5	269.0	13.2
知识产权使用费	410.3	-0.3	66.5	19.6	343.8	-3.4
个人、文化和娱乐服务	52.8	14.5	12.0	-1.3	40.8	20.2
维护和维修服务	138.4	42.5	101.8	41.8	36.6	44.2
加工服务	198.9	-10.8	195.8	-11.2	3.1	18.4
其他商业服务	1232.0	5.1	733.5	4.9	498.5	5.4
政府服务	52.6	-15.5	15.4	-12.0	37.2	-16.8

【主要统计指标解释】

服务进出口 指常住单位与非常住单位之间相互提供的服务。包括运输，旅行，建筑，保险服务，金融服务，电信、计算机和信息服务，知识产权使用费，个人、文化和娱乐服务，维护和维修服务，加工服务，其他商业服务，政府服务。

外商直接投资 是指国外及港澳台地区投资者在非上市公司中的全部投资及在单个外国投资者所占股权比例不低于10%的上市公司中的投资。

对外直接投资 是境内投资者以控制国（境）外企业的经营管理权为核心的经济活动，体现在一经济体通过投资于另一经济体而实现其持久利益的目标。

6 第三产业能源消费情况

简要说明

一、主要内容

本篇包括的主要内容有分行业、分主要能源品种的消费量，居民生活能源消费量等。

二、统计范围

本篇资料的统计范围为全社会。

三、资料来源

数据均来自历年能源平衡表。

四、计算说明

电力折算标准煤系数按平均发电煤耗计算。

6-1 分行业能源消费量

单位：万吨标准煤

项　　目	1985	1990	1995	2000	2005	2010	2011
能源消费总量	**76682**	**98703**	**131176**	**146964**	**261369**	**360648**	**387043**
在总量中:							
1.农、林、牧、渔业	4045	4852	5505	4233	6860	7266	7675
2.工业	51068	67578	96191	103014	187914	261377	278048
3.建筑业	1302	1213	1335	2207	3486	5533	6052
4.交通运输、仓储和邮政业	3713	4541	5863	11447	19136	27102	29694
5.批发和零售业、住宿和餐饮业	766	1247	2018	3251	5917	7847	9147
6.其他	2470	3473	4519	6118	10484	15052	16843
7.居民生活	13318	15799	15745	16695	27573	36470	39584

6-1　续表　　单位：万吨标准煤

项　　目	2012	2013	2014	2015	2016	2017	2018
能源消费总量	**402138**	**416913**	**428334**	**434113**	**441492**	**455827**	**471925**
在总量中:							
1.农、林、牧、渔业	7804	8055	8020	8271	8585	8945	8781
2.工业	284712	291130	298449	295953	295615	302308	311151
3.建筑业	6337	7017	7377	7545	7847	8243	8685
4.交通运输、仓储和邮政业	32561	34819	36343	38510	39883	42140	43617
5.批发和零售业、住宿和餐饮业	10012	10598	10864	11447	12042	12456	12994
6.其他	18407	19763	20069	21925	23185	24277	26262
7.居民生活	42306	45531	47211	50461	54336	57459	60436

6-2 煤炭分行业消费量

单位：万吨

项　　目	1985	1990	1995	2000	2005	2010	2011
消费量	**81603**	**105523**	**137677**	**135690**	**243375**	**349008**	**388961**
在消费量中:							
1.农、林、牧、渔业	2209	2095	1857	1051	1802	2147	2207
2.工业	58613	81091	117571	121807	224766	329728	368916
3.建筑业	532	438	440	537	604	731	797
4.交通运输、仓储和邮政业	2307	2161	1315	882	811	639	646
5.批发和零售业、住宿和餐饮业	738	1058	977	1461	2627	3192	3572
6.其他	1580	1980	1987	1495	2727	3412	3612
7.居民生活	15624	16700	13530	8457	10039	9159	9212

6-2 续表

单位：万吨

项　　目	2012	2013	2014	2015	2016	2017	2018
消费量	**411727**	**424426**	**413633**	**399834**	**388820**	**391403**	**397452**
在消费量中:							
1.农、林、牧、渔业	2266	2451	2479	2625	2778	2834	2363
2.工业	391191	403157	392567	378190	367435	371160	380696
3.建筑业	767	811	914	878	805	733	650
4.交通运输、仓储和邮政业	614	615	558	492	404	353	321
5.批发和零售业、住宿和餐饮业	3752	3966	3767	3864	3826	3461	2686
6.其他	3883	4136	4046	4159	4081	3580	3021
7.居民生活	9253	9290	9303	9627	9492	9283	7714

6-3 焦炭分行业消费量

单位：万吨

项　　目	1985	1990	1995	2000	2005	2010	2011
消费量	**4689.7**	**6914.7**	**10725.3**	**10840.8**	**25105.8**	**38702.8**	**42063.3**
在消费量中:							
1.农、林、牧、渔业	20.8	60.1	128.6	70.9	63.5	46.8	54.1
2.工业	4627.7	6808.8	10412.0	10554.6	24860.9	38598.7	41952.1
3.建筑业	7.8	5.2	10.8	19.0	18.4	5.8	4.8
4.交通运输、仓储和邮政业	5.7	4.1	10.1	11.2	1.1	0.1	0.1
5.批发和零售业、住宿和餐饮业	2.7	7.7	25.7	35.7	64.1	5.1	9.2
6.其他	2.0	1.9	6.4	12.2	7.6	2.8	1.9
7.居民生活	23.0	26.9	131.6	137.2	90.3	43.5	41.1

6-3　续表

单位：万吨

项　　目	2012	2013	2014	2015	2016	2017	2018
消费量	**44805.2**	**45851.9**	**46884.9**	**44058.7**	**45462.4**	**43743.1**	**43716.6**
在消费量中:							
1.农、林、牧、渔业	57.5	69.2	34.9	49.5	53.1	38.4	103.0
2.工业	44694.8	45694.0	46749.6	43923.0	45324.7	43609.1	43560.9
3.建筑业	6.3	7.7	9.7	6.7	7.1	12.6	10.6
4.交通运输、仓储和邮政业	0.1	2.2	2.7	3.0	3.2	6.0	0.4
5.批发和零售业、住宿和餐饮业	6.7	35.8	46.6	40.1	41.3	49.4	19.0
6.其他	1.9	5.0	5.1	5.4	5.6	5.9	6.3
7.居民生活	37.9	38.0	36.4	31.2	27.4	21.8	16.4

6-4 石油分行业消费量

单位：万吨

项　　目	1985	1990	1995	2000	2005	2010	2011
消费量	**9169**	**11486**	**16065**	**22496**	**32547**	**44101**	**45620**
在消费量中:							
1.农、林、牧、渔业	759	1034	1203	789	1452	1383	1466
2.工业	6171	7322	9349	11249	14030	18555	17986
3.建筑业	292	327	243	841	1502	2483	2582
4.交通运输、仓储和邮政业	1176	1683	2864	6399	10928	15079	16221
5.批发和零售业、住宿和餐饮业	38	78	334	247	376	481	500
6.其他	506	758	1390	1636	1974	2578	2880
7.居民生活	226	285	682	1336	2284	3542	3984

6-4 续表

单位：万吨

项　　目	2012	2013	2014	2015	2016	2017	2018
消费量	**47797**	**49971**	**51859**	**55960**	**57693**	**60396**	**62245**
在消费量中:							
1.农、林、牧、渔业	1538	1650	1718	1733	1730	1786	1725
2.工业	17753	17595	18357	19718	20383	21487	22460
3.建筑业	2741	3091	3205	3384	3599	3804	3936
4.交通运输、仓储和邮政业	17864	18968	19558	20663	21146	22076	22739
5.批发和零售业、住宿和餐饮业	542	565	563	616	585	601	599
6.其他	3068	3350	3152	3683	3537	3503	3458
7.居民生活	4292	4752	5305	6162	6713	7140	7328

6-5 原油分行业消费量

单位：万吨

项　　目	1985	1990	1995	2000	2005	2010	2011
消费量	**9509.5**	**11762.2**	**14886.4**	**21232.0**	**30088.9**	**42874.6**	**43965.8**
在消费量中:							
1.农、林、牧、渔业	0.8	0.2	10.1				
2.工业	9389.9	11653.8	14716.3	21052.1	29962.1	42716.6	43860.4
3.建筑业	74.0	55.2	2.7	3.3			
4.交通运输、仓储和邮政业	44.3	52.1	156.8	175.1	126.9	158.0	105.4
5.批发和零售业、住宿和餐饮业	0.1	0.3	0.5	0.2			
6.其他	0.4	0.6	1390.3	1.4			
7.居民生活							

6-5　续表

单位：万吨

项　　目	2012	2013	2014	2015	2016	2017	2018
消费量	**46678.9**	**48652.2**	**51597.0**	**54788.3**	**57125.9**	**59402.2**	**63004.3**
在消费量中:							
1.农、林、牧、渔业							
2.工业	46559.5	48503.4	51552.1	54752.4	57103.6	59393.5	62995.5
3.建筑业							
4.交通运输、仓储和邮政业	119.4	148.7	44.9	35.9	22.3	8.7	8.8
5.批发和零售业、住宿和餐饮业							
6.其他							
7.居民生活							

6-6 燃料油分行业消费量

单位：万吨

项　　目	1985	1990	1995	2000	2005	2010	2011
消费量	**2837.4**	**3367.8**	**3693.7**	**3872.8**	**4244.2**	**3758.0**	**3662.8**
在消费量中:							
1.农、林、牧、渔业	3.1	2.9	8.4	0.4	0.7	1.1	1.3
2.工业	2662.2	3091.7	3406.2	2975.1	2986.9	2377.3	2260.2
3.建筑业	18.9	47.3	14.2	16.7	14.2	30.8	30.6
4.交通运输、仓储和邮政业	144.1	208.2	227.5	850.0	1201.0	1326.7	1345.2
5.批发和零售业、住宿和餐饮业	3.1	1.6	6.6	11.6	27.5	8.6	9.3
6.其他	6.0	16.1	30.8	19.0	13.9	13.5	16.2
7.居民生活							

6-6 续表

单位：万吨

项　　目	2012	2013	2014	2015	2016	2017	2018
消费量	**3683.3**	**3954.0**	**4355.5**	**4662.0**	**4631.0**	**4887.3**	**4536.1**
在消费量中:							
1.农、林、牧、渔业	2.0	2.0	1.3	0.9	1.0	1.3	1.3
2.工业	2241.7	2421.1	2835.7	3133.0	3035.4	3043.7	2688.2
3.建筑业	27.1	59.5	44.6	53.5	51.9	43.2	31.8
4.交通运输、仓储和邮政业	1383.9	1429.0	1441.4	1439.5	1511.4	1771.3	1795.7
5.批发和零售业、住宿和餐饮业	8.7	19.1	17.4	19.0	17.2	15.1	10.1
6.其他	19.9	23.4	15.1	16.1	14.1	12.5	9.0
7.居民生活							

6-7 汽油分行业消费量

单位：万吨

项　　目	1985	1990	1995	2000	2005	2010	2011
消费量	**1396**	**1900**	**2910**	**3505**	**4855**	**6956**	**7596**
在消费量中:							
1.农、林、牧、渔业	122	146	180	89	160	169	186
2.工业	451	589	812	682	442	689	605
3.建筑业	73	90	104	116	172	275	283
4.交通运输、仓储和邮政业	477	620	982	1528	2430	3275	3574
5.批发和零售业、住宿和餐饮业	23	46	197	70	129	168	177
6.其他	238	391	571	793	998	1166	1313
7.居民生活	11	18	64	228	524	1214	1459

6-7　续表　　单位：万吨

项　　目	2012	2013	2014	2015	2016	2017	2018
消费量	**8166**	**9366**	**9776**	**11368**	**11866**	**12296**	**13055**
在消费量中:							
1.农、林、牧、渔业	193	199	217	231	224	230	243
2.工业	581	523	489	477	436	382	297
3.建筑业	287	326	331	409	437	452	505
4.交通运输、仓储和邮政业	3778	4382	4665	5307	5511	5699	6068
5.批发和零售业、住宿和餐饮业	200	221	218	243	241	244	276
6.其他	1461	1819	1738	2108	2046	2075	2164
7.居民生活	1667	1896	2119	2593	2970	3214	3504

6-8 煤油分行业消费量

单位：万吨

项 目	1985	1990	1995	2000	2005	2010	2011
消费量	**385.5**	**350.9**	**512.1**	**871.6**	**1076.8**	**1765.2**	**1816.7**
在消费量中:							
1.农、林、牧、渔业	3.3	3.1	3.6	1.5	1.6	0.9	1.5
2.工业	20.1	20.6	44.9	84.0	57.5	40.2	34.2
3.建筑业	1.3	1.3	3.5	4.0		8.8	10.8
4.交通运输、仓储和邮政业	56.2	93.4	250.0	535.9	952.4	1601.1	1646.4
5.批发和零售业、住宿和餐饮业	0.1	0.6	8.5	14.0	3.7	35.0	32.2
6.其他	182.9	127.3	137.3	160.1	36.2	58.7	68.2
7.居民生活	121.6	104.6	64.3	72.2	25.5	20.5	23.5

6-8 续表

单位：万吨

项 目	2012	2013	2014	2015	2016	2017	2018
消费量	**1956.6**	**2164.1**	**2335.4**	**2663.7**	**2970.7**	**3326.4**	**3653.5**
在消费量中:							
1.农、林、牧、渔业	1.2	1.2	0.8	1.1	2.2	1.5	4.9
2.工业	32.0	27.4	17.4	21.2	20.0	14.5	24.9
3.建筑业	7.9	11.4	10.4	12.5	10.0	9.7	17.3
4.交通运输、仓储和邮政业	1787.1	1998.2	2216.0	2504.9	2814.9	3173.3	3462.5
5.批发和零售业、住宿和餐饮业	28.6	13.4	11.3	11.7	11.2	11.3	15.5
6.其他	74.2	84.6	50.7	83.3	85.9	88.4	103.8
7.居民生活	25.6	27.9	28.9	29.1	26.4	27.6	24.6

6-9 柴油分行业消费量

单位：万吨

项 目	1985	1990	1995	2000	2005	2010	2011
消费量	**1939**	**2692**	**4321**	**6806**	**10975**	**14699**	**15635**
在消费量中:							
1.农、林、牧、渔业	629	882	1001	697	1286	1207	1272
2.工业	644	728	1190	1696	1710	2090	1824
3.建筑业	125	133	118	206	387	490	519
4.交通运输、仓储和邮政业	454	709	1247	3294	6169	8658	9485
5.批发和零售业、住宿和餐饮业	11	23	104	96	116	197	212
6.其他	74	217	646	639	900	1287	1428
7.居民生活			16	178	406	771	895

6-9 续表

单位：万吨

项 目	2012	2013	2014	2015	2016	2017	2018
消费量	**16966**	**17151**	**17165**	**17360**	**16839**	**16917**	**16410**
在消费量中:							
1.农、林、牧、渔业	1335	1442	1492	1493	1496	1547	1468
2.工业	1748	1676	1595	1516	1413	1460	1259
3.建筑业	518	557	552	556	561	596	543
4.交通运输、仓储和邮政业	10727	10921	11043	11163	11068	11174	11167
5.批发和零售业、住宿和餐饮业	229	234	230	258	232	234	212
6.其他	1445	1340	1269	1384	1307	1233	1107
7.居民生活	964	982	984	991	761	673	652

6-10 液化石油气分行业消费量

单位：万吨

项　　目	1985	1990	1995	2000	2005	2010	2011
消费量	**155.7**	**254.2**	**750.6**	**1389.7**	**2046.5**	**2321.9**	**2470.2**
在消费量中:							
1.农、林、牧、渔业			0.1	0.4	3.5	4.7	5.6
2.工业	59.9	82.0	192.5	426.1	534.4	586.8	661.1
3.建筑业		1.0	0.5	8.9	6.3	7.2	7.2
4.交通运输、仓储和邮政业			0.5	16.5	48.7	61.0	65.5
5.批发和零售业、住宿和餐饮业	0.5	6.6	17.4	55.5	99.0	72.6	69.0
6.其他	4.5	6.1	5.7	24.0	25.8	52.6	54.8
7.居民生活	90.8	158.5	534.0	858.3	1328.7	1537.0	1607.2

6-10 续表

单位：万吨

项　　目	2012	2013	2014	2015	2016	2017	2018
消费量	**2482.2**	**2823.4**	**3289.8**	**3961.2**	**5015.1**	**5457.8**	**5673.1**
在消费量中:							
1.农、林、牧、渔业	6.4	6.8	7.1	7.2	6.8	7.1	7.6
2.工业	621.0	705.1	835.0	1113.9	1766.8	1896.3	2215.5
3.建筑业	6.8	14.7	16.8	15.1	14.8	15.8	17.0
4.交通运输、仓储和邮政业	68.1	89.4	91.8	100.3	104.2	123.7	125.1
5.批发和零售业、住宿和餐饮业	76.0	78.5	86.6	84.0	83.6	96.4	86.2
6.其他	68.5	83.4	79.4	91.4	83.5	93.5	74.4
7.居民生活	1635.4	1845.6	2173.1	2549.3	2955.4	3225.0	3147.3

6-11 天然气分行业消费量

单位：亿立方米

项　　目	1985	1990	1995	2000	2005	2010	2011
消费量	**129.3**	**152.5**	**177.4**	**245.0**	**466.1**	**1080.2**	**1341.1**
在消费量中:							
1.农、林、牧、渔业						0.5	0.6
2.工业	109.6	120.2	154.4	199.0	327.2	691.8	875.7
3.建筑业	14.1	10.6	0.3	0.8	1.5	1.2	1.3
4.交通运输、仓储和邮政业	0.8	1.9	1.6	8.8	38.0	106.7	138.3
5.批发和零售业、住宿和餐饮业			0.6	3.4	10.8	27.2	33.6
6.其他	0.5	1.2	1.2	0.6	9.1	26.0	27.1
7.居民生活	4.3	18.6	19.4	32.3	79.4	226.9	264.4

注：从2010年起包括液化天然气数据。

6-11　续表

单位：亿立方米

项　　目	2012	2013	2014	2015	2016	2017	2018
消费量	**1497.0**	**1705.4**	**1870.6**	**1931.8**	**2078.1**	**2393.7**	**2817.1**
在消费量中:							
1.农、林、牧、渔业	0.6	0.7	0.8	0.9	1.1	1.1	1.3
2.工业	980.7	1129.1	1223.0	1234.5	1338.6	1575.2	1940.1
3.建筑业	1.3	2.0	1.9	2.2	1.9	1.8	2.5
4.交通运输、仓储和邮政业	154.5	175.8	214.4	237.6	254.8	284.7	286.2
5.批发和零售业、住宿和餐饮业	38.7	39.3	46.6	51.3	53.7	57.6	60.8
6.其他	32.9	35.6	41.3	45.4	48.2	52.9	57.9
7.居民生活	288.3	322.9	342.6	359.8	379.7	420.3	468.4

6-12 电力分行业消费量

单位：亿千瓦小时

项　　目	1985	1990	1995	2000	2005	2010	2011
消费量	**4118**	**6230**	**10023**	**13472**	**24940**	**41934**	**47001**
在消费量中:							
1.农、林、牧、渔业	317	427	582	533	776	976	1013
2.工业	3283	4873	7660	10005	18522	30872	34692
3.建筑业	71	65	160	160	234	483	572
4.交通运输、仓储和邮政业	63	106	182	281	430	735	848
5.批发和零售业、住宿和餐饮业	38	76	200	419	752	1292	1503
6.其他	122	202	234	623	1341	2452	2753
7.居民生活	223	481	1006	1452	2885	5125	5620

6-12 续表

单位：亿千瓦小时

项　　目	2012	2013	2014	2015	2016	2017	2018
消费量	**49763**	**54203**	**57830**	**58020**	**61205**	**65914**	**71508**
在消费量中:							
1.农、林、牧、渔业	1013	1027	1013	1040	1092	1175	1243
2.工业	36232	39237	42249	41550	42997	46053	49095
3.建筑业	608	675	722	699	726	789	888
4.交通运输、仓储和邮政业	915	1001	1059	1126	1251	1418	1608
5.批发和零售业、住宿和餐饮业	1691	1877	1996	2122	2324	2527	2900
6.其他	3084	3398	3615	3919	4395	4881	5716
7.居民生活	6219	6989	7176	7565	8421	9072	10058

【主要统计指标解释】

能源消费总量 是指一定地域内，国民经济各行业和居民家庭在一定时间消费的各种能源的总和。包括：原煤、原油、天然气、水能、核能、风能、太阳能、地热能、生物质能等一次能源；一次能源通过加工转换产生的洗煤、焦炭、煤气、电力、热力、成品油等二次能源和同时产生的其他产品。其中水能、风能、太阳能、地热能、生物质能等可再生能源，是指人们通过一定技术手段获得的，并作为商品能源使用的部分。在核算过程中，一次能源、二次能源消费不能重复计算。能源消费总量分为终端能源消费量、能源加工转换损失量和能源损失量三部分。

(1)终端能源消费量：指一定时期内，用于消费（而非用于加工转换产出其他能源）的各种能源之和。

(2)能源加工转换损失量：指一定时期内，全国投入加工转换的各种能源数量之和与产出各种能源产品之和的差额。该指标是观察能源在加工转换过程中损失量变化的指标。

(3)能源损失量：指一定时期内，能源在输送、分配、储存过程中发生的损失和由客观原因造成的各种损失量，不包括各种气体能源放空、放散量。

7 第三产业分行业主要指标

7-1 服务业企业

简要说明

一、主要内容

本篇资料主要内容是 2019 年服务业企业法人单位主要指标，包括规模以上服务业和规模以下服务业，主要分组包括按行业、地区等分组。

二、统计范围

规模以上服务业：年营业收入 2000 万元及以上服务业法人单位，包括：交通运输、仓储和邮政业，信息传输、软件和信息技术服务业，水利、环境和公共设施管理业三个门类和卫生行业大类；年营业收入 1000 万元及以上服务业法人单位，包括：租赁和商务服务业，科学研究和技术服务业，教育三个门类，以及物业管理、房地产中介服务、房地产租赁经营和其他房地产业四个行业小类；年营业收入 500 万元及以上服务业法人单位，包括：居民服务、修理和其他服务业，文化、体育和娱乐业两个门类，以及社会工作行业大类。

规模以下服务业：年营业收入 2000 万元以下服务业法人单位，包括：交通运输、仓储和邮政业，信息传输、软件和信息技术服务业，水利、环境和公共设施管理业三个门类和卫生行业大类；年营业收入 1000 万元以下服务业法人单位，包括：租赁和商务服务业，科学研究和技术服务业，教育三个门类，以及物业管理、房地产中介服务、房地产租赁经营和其他房地产业四个行业小类；年营业收入 500 万元以下服务业法人单位，包括：居民服务、修理和其他服务业，文化、体育和娱乐业两个门类，以及社会工作行业大类。

三、统计调查方法

规模以上服务业企业法人单位为全面调查，规模以下服务业企业法人单位为抽样调查。

四、资料来源

规模以上服务业数据来自《规模以上服务业统计报表制度》调查结果，规模以下服务业数据来自《规模以下服务业抽样调查统计报表制度》推算结果。

五、其他

由于数据四舍五入影响，合计数与各分项之和可能存在细微偏差。

7-1-1 服务业企业法人单位分地区主要指标

地 区	营业收入 (亿元)	资产总计 (亿元)	从业人员 (万人)
全 国	**376163.7**	**2292751.9**	**8310.3**
北 京	52996.8	343337.6	714.4
天 津	9847.6	75217.3	150.5
河 北	8183.3	50189.2	260.0
山 西	3115.6	34959.2	137.6
内蒙古	2521.2	30115.6	83.2
辽 宁	6600.4	51972.1	193.4
吉 林	2123.0	18942.6	62.8
黑龙江	3077.1	16648.1	81.9
上 海	42437.1	159848.9	469.4
江 苏	34185.7	215313.9	700.7
浙 江	28869.1	176525.2	488.6
安 徽	9828.0	66877.8	278.2
福 建	10209.3	47804.6	294.3
江 西	6264.2	36403.7	176.5
山 东	18219.2	93038.5	468.4
河 南	14241.9	47664.4	455.2
湖 北	12818.6	64111.0	339.6
湖 南	9477.0	63705.4	273.5
广 东	47733.8	247442.8	1142.0
广 西	4059.3	36654.0	153.1
海 南	2202.9	23284.3	48.7
重 庆	8553.4	55664.0	239.0
四 川	13918.2	105011.0	392.0
贵 州	3803.6	65161.9	123.8
云 南	5281.4	48227.2	153.1
西 藏	893.6	11593.7	16.5
陕 西	6967.4	44114.6	202.8
甘 肃	1841.2	19758.2	73.2
青 海	557.7	6379.6	25.4
宁 夏	683.8	4908.7	26.7
新 疆	4652.3	31876.8	85.8

注：不含批发和零售业、铁路运输业、住宿和餐饮业、金融业、房地产开发经营。

7-1-2 服务业企业法人单位分行业主要指标

行　　业	营业收入 (亿元)	资产总计 (亿元)	从业人员 (万人)
总　计	**376163.7**	**2292751.9**	**8310.3**
道路运输业	38492.1	188917.0	722.2
水上运输业	6174.1	23853.7	49.0
航空运输业	8044.4	25955.2	62.3
管道运输业	1330.0	5680.8	2.7
装卸搬运和运输代理业	14871.5	13567.3	105.0
仓储业	8150.3	32361.3	117.6
邮政业	7314.3	4953.3	151.3
电信、广播电视和卫星传输服务	17622.4	59212.6	163.9
互联网和相关服务	20421.6	31315.1	158.3
软件和信息技术服务业	43187.3	78030.2	723.6
物业管理	9857.9	35451.5	657.3
房地产中介服务	3595.8	17135.1	162.0
房地产租赁经营	6110.2	116390.0	94.3
其他房地产业	651.4	19010.7	11.2
租赁业	5475.8	15850.4	136.6
商务服务业	89645.8	1200027.1	2194.5
研究和试验发展	5768.6	19946.5	126.6
专业技术服务业	33428.7	102434.3	669.1
科技推广和应用服务业	11537.5	43829.9	293.1
水利管理业	663.2	13353.9	9.9
生态保护和环境治理业	1495.5	9474.0	24.1
公共设施管理业	6247.1	79100.4	216.3
土地管理业	4100.6	83681.1	8.5
居民服务业	2687.4	4602.7	165.0
机动车、电子产品和日用产品修理业	3207.2	4285.2	123.2
其他服务业	1896.1	2819.6	160.6
教育	5842.9	11240.6	395.6
卫生	6025.1	9786.3	234.3
社会工作	329.6	2273.1	25.0
新闻和出版业	1684.0	5742.4	25.3
广播、电视、电影和影视录音制作业	3790.0	10984.8	53.0
文化艺术业	1714.6	6280.4	70.8
体育	898.4	3613.0	35.8
娱乐业	3902.4	11592.6	162.6

7-1-3 规模以上服务业企业法人单位分地区主要指标

地 区	单位数(个)	年初存货(亿元)	流动资产合计(亿元)	应收账款(亿元)	存货(亿元)	固定资产原价(亿元)	累计折旧(亿元)	本年折旧(亿元)
全 国	**177509**	**44884.4**	**402021.9**	**51479.9**	**46408.4**	**260284.1**	**84206.6**	**12462.8**
北 京	18076	3520.3	89109.1	10225.2	3492.3	28362.0	9897.1	1324.2
天 津	4432	2365.6	15373.2	1716.1	2572.1	5631.1	1924.7	265.2
河 北	4510	1051.4	5767.1	758.2	1158.0	5776.5	2506.4	353.0
山 西	1604	135.8	2596.0	544.8	145.9	4299.6	1757.1	223.2
内 蒙	1594	491.6	2718.0	363.8	440.6	6921.0	1628.5	201.0
辽 宁	4021	1683.3	6244.1	769.7	591.0	10458.1	3044.9	414.7
吉 林	1228	398.5	1765.6	269.9	311.6	2294.0	914.0	155.0
黑龙江	1203	2034.2	3584.4	280.8	1832.7	3727.0	1297.9	158.6
上 海	14280	1771.5	40124.2	6623.0	1820.6	20243.4	7159.0	1057.6
江 苏	16235	5521.0	32783.7	4157.1	6310.0	15054.2	4893.9	726.1
浙 江	11754	2334.8	22426.9	2414.8	2794.0	11649.6	4672.1	772.0
安 徽	4625	957.2	4846.5	698.6	1001.6	5886.1	1693.3	252.9
福 建	6246	848.8	6875.0	1686.6	975.0	6287.3	2015.1	296.4
江 西	4549	499.5	4104.3	738.1	494.1	6766.6	1565.3	195.8
山 东	8320	756.3	9855.0	1788.0	819.3	11280.5	3860.3	566.4
河 南	8428	1793.5	9594.1	1020.6	1969.9	12373.8	3200.5	478.0
湖 北	6156	2464.8	13147.1	1934.9	2403.8	11627.4	3152.0	441.0
湖 南	6713	4569.7	16046.2	1347.9	4817.2	4922.5	1490.0	253.3
广 东	27696	2538.0	59140.7	7094.6	2636.6	34434.7	12311.9	1919.3
广 西	2527	1184.7	7288.6	480.6	1262.2	4716.4	1581.8	234.1
海 南	768	136.0	2171.8	243.8	139.3	2345.6	822.1	141.4
重 庆	3495	3523.4	10986.7	1237.8	3979.7	6384.5	1481.9	246.1
四 川	6813	1916.7	14566.0	1788.5	2021.5	9320.3	3051.1	457.3
贵 州	2302	559.9	3901.3	499.5	595.4	4931.5	1078.8	149.6
云 南	1928	516.9	4038.6	537.7	494.0	6138.4	1507.2	216.2
西 藏	134	11.0	260.8	59.1	8.4	413.3	155.1	62.1
陕 西	4173	631.4	5407.5	1036.9	657.3	8244.6	2436.7	343.2
甘 肃	999	148.3	1653.0	357.7	148.3	3062.9	881.5	137.5
青 海	334	125.2	1129.2	186.0	137.9	1487.5	449.9	83.1
宁 夏	403	28.5	245.5	47.3	26.4	569.2	238.6	47.5
新 疆	1963	366.4	4271.6	572.2	351.6	4674.7	1537.9	291.1

7-1-3 续表 1

地　区	资产总计（亿元）	负债合计（亿元）	所有者权益合计（亿元）	营业收入（亿元）	营业成本（亿元）
全　国	**1011544.2**	**529657.7**	**481886.2**	**237978.2**	**179332.8**
北　京	233134.6	107672.5	125462.1	43283.1	30797.2
天　津	33232.4	19419.4	13813.0	7640.2	6282.5
河　北	13253.0	8365.7	4887.3	4161.8	3307.6
山　西	8860.4	4248.7	4611.7	2253.4	1828.7
内　蒙	10539.6	6379.3	4160.3	1824.2	1513.5
辽　宁	21500.0	10731.7	10768.3	4453.7	3710.9
吉　林	4435.2	2740.3	1694.9	1055.6	853.0
黑龙江	8208.5	6643.9	1565.3	1744.5	1724.3
上　海	96781.9	44662.4	52119.5	35254.4	27543.1
江　苏	69859.9	41944.2	27915.7	16182.9	12466.7
浙　江	46687.6	25586.1	21101.2	19403.7	13342.8
安　徽	14820.8	7725.8	7095.0	3805.2	2998.4
福　建	19153.5	10569.0	8584.5	4939.5	3783.1
江　西	14647.6	7045.8	7601.8	3179.7	2503.6
山　东	28636.6	14701.3	13935.4	8304.4	6682.6
河　南	29076.7	16223.6	12853.0	6696.1	4935.8
湖　北	36756.8	19978.6	16777.5	6869.0	5304.5
湖　南	26515.8	15441.0	11074.8	4341.7	3223.0
广　东	137989.8	73587.3	64402.5	33516.6	23684.4
广　西	18809.3	10231.8	8577.5	2660.7	2074.4
海　南	7279.7	4658.7	2621.1	1449.6	1192.6
重　庆	25864.4	14040.5	11823.9	4101.1	3038.6
四　川	37662.1	20291.7	17370.4	7189.7	5635.7
贵　州	11174.9	7419.1	3755.9	1621.2	1194.9
云　南	16248.4	8743.4	7504.9	2861.0	2258.5
西　藏	761.5	490.3	271.2	184.0	171.3
陕　西	15391.1	8146.3	7244.8	4480.4	3506.9
甘　肃	6361.4	2902.6	3458.8	1184.8	993.8
青　海	3239.7	1570.1	1669.6	313.5	318.7
宁　夏	742.6	441.0	301.6	303.3	244.3
新　疆	13918.8	7055.7	6863.1	2719.6	2217.4

7-1-3 续表 2

地 区	税金及附加(亿元)	销售费用(亿元)	管理费用(亿元)	财务费用(亿元)	利息收入(亿元)	利息支出(亿元)	投资收益(亿元)	营业利润(亿元)
全 国	**1574.6**	**12370.9**	**23013.1**	**6925.1**	**2612.7**	**8312.7**	**14361.4**	**26468.6**
北 京	312.4	3291.6	4682.5	1434.9	862.4	2131.4	7104.7	8257.1
天 津	59.8	300.1	557.3	180.1	40.2	206.8	160.8	380.0
河 北	37.3	156.0	364.8	133.7	17.8	125.6	44.5	204.2
山 西	10.0	61.8	156.7	69.2	10.9	81.8	124.0	254.0
内 蒙	11.6	58.9	157.2	169.7	69.2	118.7	50.8	-12.1
辽 宁	30.6	137.8	407.8	208.5	29.4	195.6	94.5	105.3
吉 林	6.5	67.9	128.4	44.5	14.7	52.9	9.2	-14.8
黑龙江	8.5	75.9	139.0	42.4	86.3	106.5	2.3	-127.1
上 海	123.5	1752.9	3543.3	402.0	216.6	531.3	1841.1	3194.0
江 苏	125.0	777.0	1379.0	461.9	98.4	411.9	412.7	1392.8
浙 江	108.1	972.8	2597.0	201.0	163.8	337.2	595.7	2489.6
安 徽	26.1	156.4	282.3	110.0	25.2	125.5	222.9	445.2
福 建	32.3	317.3	405.1	156.8	40.9	176.1	149.9	388.7
江 西	18.9	172.0	225.7	108.1	19.0	120.2	30.2	208.0
山 东	52.4	310.1	681.4	218.7	58.2	265.3	247.4	633.3
河 南	62.0	227.8	478.4	300.2	43.9	322.6	98.5	788.9
湖 北	48.0	270.3	459.5	222.8	48.9	270.3	95.1	655.1
湖 南	51.8	233.5	364.8	233.8	19.5	108.4	48.2	299.2
广 东	253.8	1827.5	3585.3	943.1	480.5	1174.9	2509.1	5035.2
广 西	17.7	98.8	248.3	138.7	20.7	151.5	50.6	167.5
海 南	8.0	72.8	104.2	124.3	13.6	126.9	30.9	2.6
重 庆	33.5	175.2	443.4	144.9	25.6	179.2	49.8	351.3
四 川	47.2	305.2	578.5	251.6	126.8	337.7	176.3	595.6
贵 州	11.1	79.9	176.9	147.6	7.5	140.3	6.8	47.2
云 南	16.7	107.9	185.8	173.1	17.1	184.1	50.4	197.1
西 藏	0.7	10.4	18.3	3.1	3.0	5.3	4.6	-5.8
陕 西	34.5	181.1	335.8	158.8	16.4	152.4	55.8	293.1
甘 肃	5.4	44.2	98.8	39.2	4.3	47.5	4.2	16.1
青 海	1.2	13.5	34.3	7.5	7.5	19.9	2.5	-41.1
宁 夏	2.0	41.9	33.3	6.6	0.9	6.5	0.9	-21.0
新 疆	18.0	72.6	160.2	88.3	23.8	98.3	87.0	289.3

7-1-3　续表 3

地　区	营业外收入(亿元)	营业外支出(亿元)	利润总额(亿元)	所得税费用(亿元)	应付职工薪酬(亿元)	应交增值税(亿元)	平均用工人数(万人)
全　国	**2333.0**	**1281.3**	**27521.4**	**3699.2**	**43507.4**	**4970.6**	**3492.8**
北　京	306.5	395.9	8167.6	727.7	8480.4	878.8	409.6
天　津	119.6	32.6	466.9	93.3	891.2	167.3	68.7
河　北	86.1	43.6	246.8	72.1	756.3	82.6	89.0
山　西	23.2	12.6	264.9	61.0	435.4	36.4	44.6
内　蒙	68.6	17.1	43.7	18.8	376.8	44.4	39.4
辽　宁	39.0	22.2	122.1	51.6	1034.1	86.3	97.9
吉　林	21.0	4.0	2.2	8.8	213.4	18.7	26.7
黑龙江	24.8	13.1	-115.6	12.8	450.1	32.9	39.6
上　海	281.0	98.1	3377.2	506.3	5771.0	624.0	299.9
江　苏	173.3	69.9	1496.3	237.5	2730.0	356.1	266.2
浙　江	208.6	55.8	2643.4	339.3	2881.8	379.6	220.7
安　徽	32.1	15.5	461.8	56.3	637.2	87.5	85.9
福　建	47.4	17.4	419.0	72.1	937.0	106.2	102.2
江　西	32.7	13.9	226.9	31.4	548.2	84.4	63.8
山　东	88.3	44.4	677.3	137.7	1497.6	184.1	163.5
河　南	59.9	23.7	825.6	125.7	1216.0	137.5	143.2
湖　北	86.4	19.6	721.3	123.0	1336.1	145.8	135.4
湖　南	46.9	21.3	324.7	45.6	682.6	80.6	88.5
广　东	309.6	210.1	5131.7	640.6	6883.1	746.2	539.6
广　西	31.1	14.8	183.9	30.2	523.8	74.3	57.5
海　南	10.5	6.5	6.6	17.5	197.2	25.2	18.6
重　庆	41.8	18.3	374.8	56.4	756.9	74.4	81.4
四　川	65.3	27.0	631.3	101.0	1530.5	171.8	147.5
贵　州	23.0	6.0	64.3	21.6	328.3	41.9	37.1
云　南	18.3	11.6	204.1	30.7	489.9	74.1	48.4
西　藏	5.5	0.5	-0.8	1.0	37.2	7.1	2.9
陕　西	33.9	26.0	301.4	41.4	949.8	122.1	85.9
甘　肃	20.4	7.2	29.3	10.8	306.7	26.9	30.8
青　海	4.2	3.2	-40.2	1.7	97.4	3.5	7.7
宁　夏	5.4	2.4	-18.1	1.4	69.0	6.5	8.8
新　疆	18.5	26.8	281.0	23.9	462.5	63.2	41.8

7-1-4 规模以上服务业企业法人单位分行业主要指标

行　　业	单位数（个）	年初存货（亿元）	流动资产合计（亿元）	应收账款（亿元）	存　货（亿元）	固定资产原价（亿元）	累计折旧（亿元）	本年折旧（亿元）
总　　计	**177509**	**44884.4**	**402021.9**	**51479.9**	**46408.4**	**260284.1**	**84206.6**	**12462.8**
铁路运输业	317	242.9	10609.9	3599.2	228.8	49373.3	11520.1	1415.2
道路运输业	22320	1875.1	31124.4	3353.8	1922.7	55975.1	11042.8	1788.7
水上运输业	2413	173.5	5433.3	644.7	167.6	10445.6	3586.2	442.6
航空运输业	407	64.2	4931.1	578.2	75.7	15474.8	5290.4	1018.9
管道运输业	100	153.2	997.3	72.6	173.6	4729.6	1786.1	191.2
装卸搬运和运输代理业	6748	43.4	4400.6	1366.7	43.1	953.8	400.6	66.0
仓储业	4915	7627.5	11225.1	703.1	6325.4	6396.7	2032.0	304.7
邮政业	1660	61.1	2433.1	596.6	62.9	1699.3	812.4	108.7
电信、广播电视和卫星传输服务	2761	218.6	13587.8	1854.4	198.0	43099.7	25639.5	3209.9
互联网和相关服务	3602	119.1	18035.7	2381.9	147.9	2944.6	1389.9	433.9
软件和信息技术服务业	15827	1632.5	29887.9	8179.3	1847.8	4134.7	1741.5	421.9
物业管理	11301	330.3	7717.4	735.9	362.6	2077.8	680.4	103.8
房地产中介服务	1522	93.7	3710.2	296.2	105.0	106.8	51.9	10.1
房地产租赁经营	5787	2825.1	24943.7	1402.7	2879.2	10181.1	2818.6	366.3
其他房地产业	115	531.8	1043.4	39.9	428.1	85.7	38.8	5.5
租赁业	2161	143.8	2464.1	521.8	144.8	2677.5	934.8	232.7
商务服务业	36860	9017.2	133878.6	9528.4	9668.3	22105.1	5352.4	806.6
研究和试验发展	2093	298.2	3629.0	829.4	341.3	1444.4	589.1	99.5
专业技术服务业	16614	2371.9	27843.4	6751.0	2602.7	5539.4	2539.7	346.2
科技推广和应用服务业	3953	426.9	6898.6	2092.6	425.3	1256.9	417.9	99.9
水利管理业	189	37.4	629.6	118.4	33.8	2603.5	451.9	78.1
生态保护和环境治理业	826	119.2	1329.6	340.6	102.0	658.8	203.4	39.6
公共设施管理业	4159	2806.5	10097.9	1122.9	3058.3	4460.8	1137.5	189.0
土地管理业	333	12242.7	29001.3	2139.2	13592.1	2217.1	241.6	57.8
居民服务业	2814	171.9	897.2	87.3	140.9	401.2	189.6	27.4
机动车、电子产品和日用产品修理业	2535	64.4	644.2	118.7	65.0	140.0	60.0	11.8
其他服务业	1981	12.2	320.4	91.4	11.8	135.0	58.9	15.8
教育	5219	24.3	2006.5	260.3	23.3	1795.8	583.8	116.0
卫生	5907	133.4	2402.1	565.0	146.4	2463.3	944.1	190.3
社会工作	469	4.9	106.0	11.3	4.4	130.1	21.1	5.4
新闻和出版业	1368	381.6	2813.8	244.6	411.2	695.0	331.2	30.8
广播、电视、电影和影视录音制作业	3852	419.7	3795.4	551.1	442.8	885.0	447.7	67.2
文化艺术业	1663	70.8	874.8	76.7	74.5	490.6	113.7	24.2
体育	1006	31.2	761.4	90.6	32.9	630.7	237.6	28.5
娱乐业	3712	114.1	1547.0	133.4	118.0	1875.3	519.6	108.7

7-1-4 续表 1

行　　业	资产总计（亿元）	负债合计（亿元）	所有者权益合计（亿元）	营业收入（亿元）	营业成本（亿元）
总　　计	**1011544.2**	**529657.7**	**481886.2**	**237978.2**	**179332.8**
铁路运输业	79083.5	26625.7	52457.8	13001.1	11930.1
道路运输业	123128.3	73879.7	49248.6	23355.6	20349.8
水上运输业	20930.2	10274.5	10655.7	5289.8	4280.8
航空运输业	24679.1	14199.4	10479.6	7850.7	6934.7
管道运输业	5093.2	1518.4	3574.8	1283.6	782.5
装卸搬运和运输代理业	6347.7	3837.1	2510.6	10712.5	9823.7
仓储业	18516.5	13252.5	5264.2	5001.2	4436.7
邮政业	4050.0	2547.9	1501.7	6358.6	5609.9
电信、广播电视和卫星传输服务	55473.5	20813.1	34660.4	16297.7	11292.1
互联网和相关服务	25754.4	15346.5	10408.0	16989.5	9397.8
软件和信息技术服务业	44481.3	21644.1	22836.5	28372.8	17396.8
物业管理	12211.3	8263.2	3948.1	5778.3	4276.3
房地产中介服务	4626.8	3935.8	691.0	1372.9	915.4
房地产租赁经营	59683.1	36913.1	22769.9	3504.1	1598.1
其他房地产业	2257.4	1364.5	892.9	136.0	100.1
租赁业	5637.9	3876.4	1761.5	1437.2	1074.2
商务服务业	347306.4	171861.0	175445.4	44145.6	34708.5
研究和试验发展	7063.8	2946.9	4117.6	2517.4	1680.1
专业技术服务业	44198.5	25634.5	18564.0	20786.7	15979.0
科技推广和应用服务业	11609.3	6608.6	5000.7	3542.8	2506.2
水利管理业	3809.7	1893.0	1916.7	241.0	199.9
生态保护和环境治理业	3006.6	1534.7	1471.9	725.6	494.7
公共设施管理业	22394.7	13553.1	8841.6	2870.0	2143.1
土地管理业	48606.3	28651.7	19954.7	1817.3	1364.2
居民服务业	1512.5	993.8	518.7	872.6	505.0
机动车、电子产品和日用产品修理业	1146.3	742.5	403.8	814.6	626.1
其他服务业	483.6	273.6	210.0	625.5	467.0
教育	4118.1	2759.8	1358.3	2345.5	1382.7
卫生	4789.7	3235.0	1554.7	3813.0	2747.4
社会工作	288.3	197.9	90.4	71.0	49.0
新闻和出版业	4816.6	1834.1	2982.5	1468.2	956.0
广播、电视、电影和影视录音制作业	6620.5	3172.4	3448.2	2390.9	1857.5
文化艺术业	2042.7	1199.8	842.9	541.5	363.1
体育	1661.9	1549.4	112.5	477.1	372.7
娱乐业	4114.7	2724.3	1390.4	1170.7	731.6

7-1-4 续表 2

行　业	税　金及附加(亿元)	销售费用(亿元)	管理费用(亿元)	财务费用(亿元)	利息收入(亿元)	利息支出(亿元)	投资收益(亿元)	营业利润(亿元)
总　计	**1574.6**	**12370.9**	**23013.1**	**6925.1**	**2612.7**	**8312.7**	**14361.4**	**26468.6**
铁路运输业	22.7	14.6	374.9	433.4	53.2	517.8	90.2	437.3
道路运输业	170.9	434.4	1398.6	1677.2	179.5	1495.7	502.0	1034.8
水上运输业	35.3	63.9	362.2	240.8	44.8	233.4	226.9	594.1
航空运输业	35.0	320.9	290.8	342.3	40.0	301.8	119.7	319.6
管道运输业	6.9	3.2	50.6	17.9	6.2	29.3	32.5	470.9
装卸搬运和运输代理业	12.1	192.6	554.7	28.7	13.9	33.9	71.8	202.7
仓储业	35.8	196.4	349.1	123.7	181.1	314.4	41.3	294.2
邮政业	17.5	184.3	440.3	13.7	4.7	6.3	21.8	131.1
电信、广播电视和卫星传输服务	54.7	1544.8	1082.1	93.2	119.7	180.9	1413.5	3471.6
互联网和相关服务	99.9	2042.3	2366.9	-120.1	197.1	75.1	339.1	2328.3
软件和信息技术服务业	125.1	2233.3	3049.5	98.5	122.8	217.6	473.5	3394.8
物业管理	59.6	218.1	847.0	93.6	38.1	108.8	84.8	407.5
房地产中介服务	8.9	186.5	195.5	7.8	45.5	49.9	41.2	97.9
房地产租赁经营	211.0	185.3	772.0	634.9	177.8	683.1	536.4	670.5
其他房地产业	1.9	3.7	9.2	11.5	19.2	29.9	4.3	14.2
租赁业	9.3	78.7	124.3	77.2	11.4	68.4	17.4	74.6
商务服务业	328.9	1973.1	5073.7	2433.7	1032.9	3103.5	9194.0	8853.1
研究和试验发展	13.9	102.3	358.1	5.0	16.0	19.1	212.6	369.9
专业技术服务业	105.1	501.6	2072.0	128.9	141.1	244.0	395.7	1760.2
科技推广和应用服务业	21.0	229.8	435.0	50.3	40.8	71.0	118.3	226.7
水利管理业	2.6	2.6	24.6	32.8	4.7	37.1	6.5	-16.2
生态保护和环境治理业	6.0	22.5	70.2	20.6	4.3	22.0	18.4	123.0
公共设施管理业	28.7	138.6	346.4	112.8	17.6	109.3	52.4	171.0
土地管理业	59.1	7.7	76.9	192.6	23.0	181.8	44.7	247.0
居民服务业	5.9	147.1	141.6	10.5	2.3	9.1	3.6	67.2
机动车、电子产品和日用产品修理业	6.0	71.5	71.6	10.1	3.8	11.8	13.6	42.6
其他服务业	4.0	37.8	89.3	3.6	0.2	2.4	0.8	24.4
教育	12.6	331.6	457.7	27.9	9.6	23.2	11.2	100.0
卫生	7.2	324.0	598.2	49.6	4.0	38.7	5.1	66.6
社会工作	0.6	4.5	20.2	2.0	0.7	1.7	0.5	-7.0
新闻和出版业	12.2	140.7	274.7	-7.5	21.2	12.3	71.4	207.6
广播、电视、电影和影视录音制作业	23.1	177.3	230.5	15.0	20.0	30.3	146.2	227.4
文化艺术业	6.9	46.9	85.2	14.0	4.8	14.2	20.3	70.7
体育	9.5	57.4	118.2	18.5	2.5	13.0	9.2	-83.6
娱乐业	14.4	150.8	201.5	30.4	8.2	21.9	20.4	73.8

7-1-4 续表 3

行 业	营业外收入(亿元)	营业外支出(亿元)	利润总额(亿元)	所得税费用(亿元)	应付职工薪酬(亿元)	应交增值税(亿元)	平均用工人数(万人)
总 计	**2333.0**	**1281.3**	**27521.4**	**3699.2**	**43507.4**	**4970.6**	**3492.8**
铁路运输业	21.6	69.8	389.0	235.1	3347.8	367.0	181.7
道路运输业	500.9	98.8	1436.9	314.0	3630.4	536.5	402.6
水上运输业	51.8	28.1	617.7	112.8	589.0	62.1	35.8
航空运输业	60.0	31.2	348.4	96.0	1402.2	68.3	59.1
管道运输业	2.8	2.0	471.8	96.7	56.5	33.9	2.4
装卸搬运和运输代理业	27.4	9.2	220.8	59.0	586.2	46.3	47.4
仓储业	102.6	30.8	366.3	83.7	494.0	55.9	52.3
邮政业	24.4	31.8	123.7	49.9	1191.4	45.2	108.5
电信、广播电视和卫星传输服务	79.5	90.0	3460.9	407.0	2420.4	393.6	136.2
互联网和相关服务	95.9	130.4	2292.8	274.3	2251.9	331.3	86.2
软件和信息技术服务业	155.1	151.0	3396.2	363.7	6150.2	764.8	294.3
物业管理	62.8	19.5	448.0	95.8	2071.7	197.5	337.0
房地产中介服务	6.6	3.2	101.4	23.2	506.9	53.0	39.4
房地产租赁经营	141.1	70.5	741.4	176.4	404.9	141.8	29.1
其他房地产业	5.3	2.4	17.0	4.2	10.6	1.8	0.7
租赁业	13.0	10.4	77.3	24.8	149.9	40.2	16.3
商务服务业	480.2	290.0	9044.9	635.0	8164.9	847.4	812.6
研究和试验发展	44.3	11.8	402.4	54.4	682.8	48.8	29.1
专业技术服务业	94.2	56.6	1802.1	264.2	4230.1	493.8	256.8
科技推广和应用服务业	23.2	9.4	240.8	46.2	622.6	70.5	34.5
水利管理业	3.2	0.9	-13.9	2.8	34.8	7.6	2.3
生态保护和环境治理业	7.3	2.1	128.3	16.8	93.9	27.0	8.2
公共设施管理业	55.7	20.3	207.5	47.0	617.1	72.7	114.5
土地管理业	101.9	30.9	318.0	33.1	52.1	22.9	3.8
居民服务业	6.4	4.4	69.2	18.6	222.3	14.0	33.7
机动车、电子产品和日用产品修理业	5.9	1.1	47.0	8.3	125.7	25.4	14.7
其他服务业	3.4	1.4	26.4	4.6	303.2	22.7	67.2
教育	16.8	8.8	107.8	31.7	861.4	46.9	87.8
卫生	26.0	23.0	70.7	35.7	1071.0	7.1	107.4
社会工作	1.5	0.5	-5.9	0.1	25.2	0.6	4.1
新闻和出版业	30.7	9.5	229.0	12.3	367.5	37.4	18.3
广播、电视、电影和影视录音制作业	30.9	7.9	249.7	29.8	272.0	34.6	21.1
文化艺术业	14.3	4.1	80.9	13.6	98.8	12.3	11.5
体育	21.2	11.7	-74.1	4.2	182.3	12.7	9.6
娱乐业	15.1	7.9	81.1	24.2	215.9	26.9	26.8

【主要统计指标解释】

存货 指企业在日常活动中持有以备出售的产成品或商品、处在生产过程中的在产品、在生产过程或提供劳务过程中耗用的材料或物料等，通常包括原材料、在产品、半成品、产成品、商品以及周转材料等。根据会计“资产负债表”中“存货”项目的期末余额数填报。其中：“年初存货”根据会计“资产负债表”中“存货”项目的年初余额数填报。注意：“存货”具有实物形态，不属于无形资产，由于企业持有存货的最终目的是为了出售，所以房地产开发企业（单位）购置的土地、尚未销售的商品房等均计入“存货”。

流动资产合计 资产满足以下条件之一应归为流动资产：（1）预计在一个正常营业周期中变现、出售或耗用，主要包括存货、应收账款等；（2）主要为交易目的而持有；（3）预计在资产负债表日起一年内（含一年）变现；（4）自资产负债表日起一年内，交换其他资产或清偿负债的能力不受限制的现金或现金等价物。包括货币资金、应收票据、应收账款、存货等项目。根据会计“资产负债表”中“流动资产合计”项目的期末余额数填报。

应收账款 指资产负债表日以摊余成本计量的、企业因销售商品、提供服务等经营活动应收取的款项。根据会计“资产负债表”中“应收账款”项目的期末余额数填报。

固定资产原价 指固定资产的成本，包括企业在购置、自行建造、安装、改建、扩建、技术改造某项固定资产时所发生的全部支出总额。根据会计“固定资产”科目的期末借方余额填报。

累计折旧 指企业在报告期末提取的历年固定资产折旧累计数。包括房屋、建筑物和机器设备等的折旧费。根据会计“累计折旧”科目的期末贷方余额填报。

本年折旧 指企业在报告期内提取的固定资产折旧合计数。可根据会计“累计折旧”科目的本期贷方累计发生额填报；或者，可根据会计“财务状况变动表”中“固定资产折旧”项的数值填报。若企业执行2001年《企业会计制度》，可以根据会计核算中《资产减值准备、投资及固定资产情况表》内“当年计提的固定资产折旧总额”项本年增加数填报。

资产总计 指企业过去的交易或者事项形成的、由企业拥有或者控制的、预期会给企业带来经济利益的资源。包括企业拥有的土地、办公楼、厂房、机器、运输工具、存货等实物资产和现金、存款、应收账款和预付账款等金融资产。资产一般按流动性（资产的变现或耗用时间长短）分为流动资产和非流动资产。其中流动资产可分为货币资金、交易性金融资产、应收票据、应收账款、预付款项、其他应收款、存货等；非流动资产可分为长期股权投资、固定资产、无形资产及其他非流动资产等。根据会计“资产负债表”中“资产总计”项目的期末余额数填报。

负债合计 指企业过去的交易或者事项形成的，预期会导致经济利益流出企业的现时义务。包括银行贷款、借款、应付账款、应付职工工资、应付职工福利费、应交税金等企业负有偿还责任的债务。根据会计“资产负债表”中“负债合计”项目的期末余额数填报。

负债一般按偿还期长短分为流动负债和非流动负债。根据会计资产负债表中“负债合计”项目的期末余额数填报。执行企业会计准则或《小企业会计准则》的企业：负债合计=流动负债合计+非流动负债合计；执行其他企业会计制度的企业负债包括流动负债和长期负债。

所有者权益合计 指企业资产扣除负债后由所有者享有的剩余权益。公司的所有者权益又称股东权益。包括实收资本、资本公积、盈余公积、未分配利润等。根据会计“资产负债表”中“所有者权益合计”项目的期末余额数填报。

营业收入 指企业从事销售商品、提供劳务和让渡资产使用权等生产经营活动形成的经济利益流入。营业收入包括“主营业务收入”和“其他业务收入”。根据会计“利润表”中“营业收入”项目的本年累计数填报。

营业成本 指企业从事销售商品、提供劳务和让渡资产使用权等生产经营活动发生的实际成本。“营业成本”应当与“营业收入”进行配比。包括“主营业务成本”和“其他业务成本”。根据会计“利润表”中“营业成本”项目的本年累计数填报。

税金及附加 指企业因从事生产经营活动按税法规定应缴纳的消费税、城市维护建设税、资源税、环境保护税、教育费附加及房产税、土地使用税、车船使用税、印花税等相关税费。根据会计“利润表”中“税金及附加”项目的本年累计数填报。

销售费用 指企业在销售商品和材料、提供劳务的过程中发生的各种费用，包括保险费、包装费、展览费和广告费、商品维修费、预计产品质量保证损失、运输费、装卸费等以及为销售本企业商品而专设的销售机构（含销售网点、售后服务网点等）的职工薪酬、业务费、折旧费等经营费用。建筑业企业销售费用指企业从事施工生产活动过程中发生的各项费用，包括应由企业负担的运输费、装卸费、包装费、保险费、维修费、展览费、差旅费、广告费和其他经费。房地产企业销售费用指企业在从事主要经营业务过程中所发生的各项销售费用，包括转让、销售、结算和出租开发产品等。执行企业会计准则或《小企业会计准则》的企业，根据会计“利润表”中“销售费用”项目的本年累计数填报。执行其他企业会计制度的企业，根据会计“利润表”中“营业费用（或经营费用）”项目的本年累计数填报。

管理费用 指企业为组织和管理企业生产经营所发生的费用，包括企业在筹建期间内发生的开办费、董事会和行政管理部门在企业经营管理中发生的，或者应当由企业统一负担的公司经费等。为了与财政部《关于修订印发2019年度一般企业财务报表格式的通知》（财会〔2019〕6号）保持一致，“管理费用”不包含“研发费用”。执行企业会计准则的企业，根据会计“利润表”中“管理费用”项目的本年累计数填报。执行《小企业会计准则》的企业，应将会计“利润表”中“管理费用”项目本年累计数减“研究费用”项目本年累计数后填报。执行其他企业会计制度的企业以及未执行财政部《关于修订印发2019年度一般企业财务报表格式的通知》（财会〔2019〕6号）的企业，在会计“利润表”中“管理费用”项目的本年累计数的基础上，根据会计“管理费用”科目下的“研究费用”相关明细科目，将“研发费用”剔除后填报。

财务费用 指企业为筹集生产经营所需资金等而发生的筹资费用，包括企业生产经营期间发生的利息支出（减利息收入）、汇兑损失（减汇兑收益）以及相关的手续费等。根据会计“利润表”中“财务费用”项目的本年累计数填报。

利息收入 指企业按照相关会计准则确认的应冲减财务费用的利息金额。包括非金融企业存款业务所确认的利息等。执行企业会计准则的企业，根据会计“利润表”中“利息收入”项目的本年累计数填报。执行《小企业会计准则》的企业，填0。执行其他企业会计制度的企业，根据会计“财务费用”科目下“利息收入”明细科目的本期发生额以正数填报，如果未设置该科目，填0。

利息支出 指企业短期借款利息、长期借款利息、应付票据利息、票据贴现利息、应付债券利息、长期应付引进国外设备款利息等利息支出。根据企业“财务费用明细账”中“财务费用——利息支出”科目的本期发生额填报。如果企业没有单独设立“利息收入”科目，应填报利息支出减去银行存款等的利息收入后的净额。

投资收益 指企业确认的投资收益或投资损失，反映企业以各种方式对外投资所取得的收益。根据会计“利润表”中“投资收益”项目的本年累计数填报。如为投资损失以“-”号记。

营业利润 指企业从事生产经营活动所取得的利润。执行企业会计准则或《小企业会计准则》的企业，营业利润为营业收入减去营业成本、税金及附加、销售费用、管理费用、财务费用、资产减值损失，再加上公允价值变动收益、投资收益、资产处置收益和其他收益后的金额，根据会计“利润表”中“营业利润”项目的本年累计数填报；执行其他企业会计制度的企业，营业利润为营业收入减去营业成本、税金及附加、销售费用、管理费用、财务费用，再加上投资收益后的金额，根据会计“损益表”中“营业利润”项目、“投资收益”项目的本年累计数之和填报。

营业外收入 指企业发生的除营业利润以外的收益，主要包括与企业日常活动无关的政府补助、盘盈利得、捐赠利得等。执行企业会计准则或《小企业会计准则》的企业，根据会计“利润表”中“营业外收入”项目的本年累计数填报；执行其他企业会计制度的企业，根据会计“损益表”中“营业外收入”项目、“补贴收入”项目的本年累计数之和填报。

营业外支出 指企业发生的与经营业务无直接关系的各项支出，包括非流动资产处置损失、非货币性资产交换损失、债务重组损失、公益性捐赠支出、非常损失、盘亏损失等。根据会计“利润表”中“营业外支出”项目的本年累计数填报。

利润总额 指企业在一定会计期间的经营成果，是生产经营过程中各种收入扣除各种耗费后的盈余，反映企业在报告期内实现的盈亏总额。利润总额为营业利润加上营业外收入，减去营业外支出后的金额，根据会计“利润表”中“利润总额”项目的本年累计数填报。

所得税费用 所得税费用由两部分组成：当期所得税和递延所得税。当期所得税是指企业按照税法规定计算确定的针对当期发生的交易和事项，应交纳给税务部门的所得税金额，即应交所得税。递延所得税是指按照所得税准则规定应予确认的递延所得税资产和递延所得税负债应有的金额相对于原已确认金额之间的差异。执行企业会计准则或《小企业会计准则》的企业，根据会计“利润表”中“所得税费用”项目的本年累计数填报；执行其他企业会计制度的企业，根据会计“损益表”中“所得税”项目的本年累计数填报。

应付职工薪酬（本年贷方累计发生额） 指企业为获得职工提供的服务或解除劳动关系而给予的各种形式的报酬或补偿。包括职工工资、奖金、津贴和补贴，职工福利费，医疗保险费、养老保险费、失业保险费、工伤保险费和生育保险费等社会保险费，住房公积金，工会经费和职工教育经费，带薪缺勤，利润分享计划，非货币性福利，辞退福利和其他为获得职工提供的服务而给予的报酬或补偿。如果企业财务报告附注中包含“应付职工薪酬”项目，则根据其“应付职工薪酬列示”部分的合计项的本期增加额填报。或者，执行企业会计准则或《小企业会计准则》的企业，根据会计“应付职工薪酬”科目的本年贷方累计发生额填报；执行其他企业会计制度的企业，应将本年上述职工薪酬包含的项目归并填报。

如果企业“应付职工薪酬”会计科目的核算范围不包含“劳务派遣人员薪酬”，则应加“劳务派遣人员薪酬”后填报；如果企业“应付职工薪酬”会计科目的核算范围已包含“劳务派遣人员薪酬”，但不设置明细科目单独核算，则不对“应付职工薪酬”指标作特殊处理，避免“劳务派遣人员薪酬”重复计入。

应交增值税 指按照税法规定，以销售货物、服务、无形资产、不动产或提供加工、修理修配劳务的增值额和货物进口金额为计税依据而课征的一种流转税。填报本指标时，应按权责发生制核算企业本期应负担的增值税，有两种计算方法，可选其一，一旦确定，原则上不得更改。

计算方法一：

根据本期会计科目（1）“销项税额”、“进项税额转出”、“出口退税”年初至期末贷方累计发生额（一般与期末贷方余额相等，因为年初贷方余额为零），（2）“进项税额”年初至期末借方累计发生额，即期末借方余额 - 年初借方余额，（3）“出口抵减内销产品应纳税额”、“减免税款”年初至期末借方累计发生额（一般与期末借方余额相等，因为

年初借方余额为零），取值后按照下述公式计算填报:

应交增值税 = 销项税额 - （进项税额 - 进项税额转出） - 出口抵减内销产品应纳税额 - 减免税款 + 出口退税

计算方法二:

根据本期《增值税纳税申报表（一般纳税人适用）》（以“国家税务总局公告2013年32号”版式为例）“销项税额”（第11栏）、“进项税额”（第12栏）、“进项税额转出”（第14栏）、“免、抵、退应退税额”（第15栏）、“简易计税办法计算的应纳税额”（第21栏）、“按简易计税办法计算的纳税检查应补缴税额”（第22栏）、“应纳税额减征额”（第23栏）栏目“一般货物、劳务和应税服务”列中“本年累计”列，按照下述公式计算填报:

应交增值税=销项税额 -（进项税额 - 进项税额转出 - 免、抵、退应退税额）+简易计税办法计算的应纳税额+按简易计税办法计算的纳税检查应补缴税额 - 应纳税额减征额

计算方法说明及填报要求:

（1）计算公式均体现权责发生制，本期发生的进项税额全部参与计算，相当于不设置留抵，同时也不抵扣会计账簿或增值税纳税申报表中上年年末留抵的进项税额，公式计算结果可以为负数。

（2）按照公式计算本指标后，不应再计算往年增值税减免及退税返还税额，因为这部分价值不再形成企业缴纳义务。

（3）应交增值税中应包含本单位及下属分公司按简易计税办法计算的应纳税额，按照公式计算时可被进项税额抵减。

（4）符合财政部《关于深化增值税改革有关政策的公告》（财政部 税务总局 海关总署公告2019年第39号）规定，存在进项税额加计抵减的企业，应填报扣除应抵减数额后的应交增值税。

平均用工人数 指报告期内（年度、月度）企业平均拥有的从事服务业活动的人员数。按“谁用工，谁统计”的原则实施统计，包括参加企业服务业活动的正式人员，劳务派遣人员和临时聘用人员。不包括在本企业领取工资、股息、红利、未参加服务业活动的人员。

7 第三产业分行业主要指标

7-2 农林牧渔专业及辅助性活动

简要说明

一、主要内容

2010年以来各地区农林牧渔服务业产值。按照新国民经济行业分类标准，2018年农林牧渔服务业产值改为农林牧渔专业及辅助性活动产值。

二、资料来源

资料来源于《中国农村统计年鉴2020》。

7-2-1 各地区农林牧渔专业及辅助性活动产值

(按当年价格计算) 单位：亿元

地区	2010年	2011年	2012年	2013年	2014年	2015年	2016年	2017年	2018年	2019年
全国	**2554.6**	**2873.4**	**3194.3**	**3555.5**	**3940.5**	**4341.3**	**4828.9**	**5353.1**	**5865.4**	**6489.0**
北京	5.9	6.6	7.5	8.0	8.4	8.7	8.7	8.7	8.8	9.1
天津	9.0	10.0	10.2	10.3	10.7	11.1	12.0	12.1	13.7	14.7
河北	201.8	224.2	241.5	266.5	290.2	313.2	342.0	375.5	413.2	467.3
山西	56.9	63.8	70.5	76.5	83.6	86.7	89.5	92.6	97.4	103.0
内蒙古	28.3	31.7	34.7	37.8	40.2	42.2	44.6	47.0	49.0	50.8
辽宁	122.1	138.0	154.1	174.7	194.5	200.8	203.1	209.4	188.4	189.7
吉林	53.1	60.0	63.5	64.4	67.4	68.2	72.6	75.0	77.4	80.8
黑龙江	53.7	65.2	77.3	88.6	101.0	114.7	130.4	140.4	154.9	166.6
上海	8.7	9.7	10.7	11.7	11.5	11.0	10.6	11.3	19.2	17.6
江苏	221.0	252.7	280.8	309.6	352.9	400.0	437.7	478.3	511.0	558.5
浙江	41.6	46.7	51.1	54.9	60.0	65.1	70.4	78.1	87.2	98.7
安徽	104.8	120.3	132.9	146.9	162.5	173.6	218.4	239.5	264.6	295.2
福建	82.2	89.6	95.9	103.9	112.5	122.2	132.1	139.9	150.4	168.4
江西	75.1	79.9	85.4	91.2	98.8	106.0	111.3	120.5	133.7	148.8
山东	272.5	295.1	325.1	363.4	400.9	432.0	510.7	594.7	678.9	750.1
河南	201.0	220.5	237.2	263.6	294.5	327.4	361.6	404.3	464.8	557.8
湖北	117.4	132.9	155.2	178.0	209.5	255.4	308.5	386.8	446.4	491.4
湖南	177.2	204.1	235.2	259.9	281.5	302.5	345.9	392.0	428.4	477.4
广东	133.0	148.8	162.7	178.2	193.0	206.6	225.7	245.3	269.4	308.3
广西	90.1	103.8	117.0	131.4	150.2	166.7	189.3	213.9	235.3	257.4
海南	23.0	27.0	31.5	35.2	39.7	44.0	49.5	55.9	63.0	71.7
重庆	13.6	15.7	17.9	19.9	22.2	26.2	30.3	34.3	38.1	42.4
四川	74.6	82.0	93.1	109.3	122.3	140.4	160.4	169.9	189.2	210.7
贵州	51.5	61.7	67.8	75.0	80.7	107.3	147.6	162.2	176.5	190.6
云南	63.9	72.0	80.1	90.4	100.0	111.8	123.0	131.7	141.9	153.9
西藏	3.1	3.0	3.1	3.1	3.3	3.8	4.3	4.3	5.5	5.6
陕西	80.4	91.6	105.2	118.7	129.3	137.9	150.5	162.8	177.8	196.3
甘肃	112.0	125.6	137.6	154.8	168.9	182.2	138.4	148.4	139.3	145.5
青海	3.9	4.2	4.6	4.9	5.3	5.7	6.0	6.3	6.7	7.1
宁夏	11.9	13.9	15.8	17.9	19.8	21.7	22.9	24.5	26.1	27.7
新疆	61.5	73.0	89.3	106.8	124.9	146.2	171.0	187.3	209.4	226.0

注：2010-2017年数据根据第三次全国农业普查结果进行了修订(下同)。

【主要统计指标解释】

农林牧渔专业及辅助性活动（2018年以前为农林牧渔服务业） 指对农、林、牧、渔业生产活动进行的各种支持性服务活动，不包括各种科学技术和专业技术服务活动。具体包括灌溉服务、农产品初级加工服务、其他农业服务、林业服务、兽医服务、其他畜牧服务、渔业服务等。

农林牧渔专业及辅助性活动产值（2018年以前为农林牧渔服务业产值） 指对农林牧渔业生产活动进行的各种支持性服务活动的价值，等于农林牧渔专业及辅助性活动营业收入。

7 第三产业分行业主要指标

7-3 开采专业及辅助性活动和金属制品、机械和设备修理业

简要说明

一、主要内容

本篇资料是反映开采专业及辅助性活动和金属制品、机械和设备修理两个行业的主要经济指标。

二、统计范围与统计口径

本篇所涉及的全国统计数据，均未包括香港特别行政区、澳门特别行政区和台湾省的数据，数据统计口径为年主营业务收入在2000万元及以上的开采专业及辅助性活动业和金属制品、机械和设备修理业法人单位。

三、资料来源

本篇工业统计数据主要根据工业统计年度报表有关资料整理汇总。

7-3-1 开采专业及辅助性活动主要经济指标

年　份	资产总计 (亿元)	营业收入 (亿元)	平均用工人数 (万人)
2012	2543.02	1893.67	
2013	2821.94	2215.33	32.35
2014	2262.36	2118.74	30.97
2015	2760.84	1755.93	29.18
2016	2825.78	1574.66	29.27
2017	2553.60	1600.73	26.80
2018	2847.56	2215.43	30.89
2019	3003.55	2434.63	31.09

注：2018年及以后为营业收入，2017年及以前为主营业务收入(以下相关表同)。

7-3-2 金属制品、机械和设备修理业主要经济指标

年　份	资产总计 (亿元)	营业收入 (亿元)	平均用工人数 (万人)
2012	1170.75	896.44	
2013	1184.10	929.91	16.90
2014	1096.17	853.60	15.35
2015	1303.91	977.77	16.69
2016	2198.00	1194.85	17.04
2017	1734.00	1093.53	15.16
2018	1957.65	1205.97	15.02
2019	2182.27	1452.91	17.62

7-3-3 按地区分组开采专业及辅助性活动主要经济指标

地　区	资产总计 (亿元)	营业收入 (亿元)	平均用工人数 (万人)
全　国	**3003.55**	**2434.63**	**31.09**
北　京	438.81	166.82	1.60
天　津	381.78	311.36	3.47
河　北			
山　西	4.70	2.73	0.01
内蒙古			
辽　宁	252.35	243.52	4.90
吉　林	52.20	57.96	1.42
黑龙江	338.57	304.23	5.35
上　海			
江　苏			
浙　江			
安　徽	3.79	3.15	0.07
福　建			
江　西			
山　东	138.53	154.46	2.60
河　南	122.66	132.11	1.11
湖　北	67.54	92.29	0.51
湖　南			
广　东	74.88	31.29	0.14
广　西			
海　南			
重　庆			
四　川	397.10	361.94	2.87
贵　州			
云　南	0.06	0.23	0.02
西　藏			
陕　西	292.71	204.68	3.09
甘　肃	16.58	11.15	0.21
青　海			
宁　夏			
新　疆	421.30	356.72	3.72

7-3-4 按地区分组金属制品、机械和设备修理业主要经济指标

地区	资产总计（亿元）	营业收入（亿元）	平均用工人数（万人）
全国	**2182.27**	**1452.91**	**17.62**
北京	443.91	123.48	1.41
天津	28.71	16.06	0.37
河北	40.72	33.00	0.85
山西	38.15	25.25	0.72
内蒙古	8.36	6.88	0.14
辽宁	108.74	48.85	0.91
吉林	4.56	3.76	0.14
黑龙江	23.19	10.22	0.21
上海	327.64	282.18	2.82
江苏	24.62	19.27	0.29
浙江	160.15	75.76	1.51
安徽	128.72	50.13	0.51
福建	116.15	206.71	0.96
江西	0.43	0.82	0.01
山东	35.42	19.17	0.46
河南	48.90	42.28	0.63
湖北	71.25	86.29	0.97
湖南	6.88	8.77	0.20
广东	235.57	214.65	2.30
广西	42.60	17.93	0.32
海南	5.91	5.56	0.22
重庆	4.65	4.44	0.20
四川	165.15	94.20	0.48
贵州	7.08	4.73	0.08
云南	0.91	0.76	0.03
西藏			
陕西	52.62	27.81	0.34
甘肃	40.93	12.07	0.23
青海	0.14	1.75	0.02
宁夏	5.45	3.00	0.11
新疆	4.74	7.12	0.18

【主要统计指标解释】

资产总计 指企业过去的交易或者事项形成的、由企业拥有或者控制的、预期会给企业带来经济利益的资源。资产一般按流动性（资产的变现或耗用时间长短）分为流动资产和非流动资产。其中流动资产可分为货币资金、交易性金融资产、应收票据、应收账款、预付款项、其他应收款、存货等；非流动资产可分为长期股权投资、固定资产、无形资产及其他非流动资产等。根据会计“资产负债表”中“资产总计”项目的期末余额数填报。包括企业拥有的土地、办公楼、厂房、机器、运输工具、存货等实物资产和现金、存款、应收账款和预付账款等金融资产。

营业收入 指企业从事销售商品、提供劳务和让渡资产使用权等生产经营活动形成的经济利益流入。营业收入包括“主营业务收入”和“其他业务收入”。根据会计“利润表”中“营业收入”项目的本年累计数填报。

平均用工人数 指报告期企业平均实际拥有的、参与本企业生产经营活动的人员数。

7 第三产业分行业主要指标

7-4　批发和零售业

简要说明

一、主要内容

批发和零售业法人单位财务状况和经营情况。

二、统计范围

限额以上批发和零售业法人单位。

三、统计调查方法

对限额以上批发和零售业法人单位采用全面调查的方法。

四、限额标准

批发业法人单位，年主营业务收入2000万元及以上。

零售业法人单位，年主营业务收入500万元及以上。

五、资料来源

本部分统计资料由国家统计局贸易外经统计司根据《批发和零售业统计报表制度》搜集的资料加工整理而得。

7-4-1 限额以上批发和零售业企业年末资产负债

单位：亿元

项　　目	资产总计	#流动资产合计	#固定资产净额	负债合计	所有者权益合计
总　　计	**358775.3**	**274985.6**	**15984.4**	**259826.0**	**99296.3**
一、批发业	**293883.5**	**229996.4**	**9518.0**	**214175.4**	**79909.0**
#国有控股	105557.5	75482.9	3816.5	71405.4	34365.5
(一)按登记注册类型分					
内资企业	**247866.6**	**193903.4**	**8451.0**	**182763.5**	**65286.0**
国有企业	7949.6	6448.1	635.0	2738.4	5213.4
集体企业	350.6	240.5	25.7	246.9	103.7
股份合作企业	88.8	81.1	4.0	68.3	20.5
联营企业	24.0	19.5	1.2	9.7	14.3
国有联营企业	2.4	2.1	0.2	0.3	2.1
集体联营企业	4.9	3.6		4.3	0.6
国有与集体联营企业	14.9	12.1	0.9	4.7	10.2
其他联营企业	1.8	1.8		0.4	1.4
有限责任公司	123997.5	96872.4	4462.8	92985.1	30993.4
国有独资公司	25446.8	17491.5	810.5	18194.3	7253.6
其他有限责任公司	98550.7	79380.9	3652.3	74790.7	23739.8
股份有限公司	30302.3	18490.8	1166.6	19172.7	11346.9
私营企业	85052.6	71679.2	2145.7	67486.4	17548.7
私营独资企业	116.2	100.8	7.4	82.3	33.9
私营合伙企业	22.9	21.3	0.5	16.6	6.3
私营有限责任公司	82186.0	69787.0	2042.6	65785.8	16380.7
私营股份有限公司	2727.5	1770.1	95.2	1601.7	1127.7
其他企业	101.1	71.8	10.0	56.0	45.1
港、澳、台商投资企业	**18275.8**	**14084.7**	**423.2**	**12692.9**	**5582.9**
合资经营企业	3536.2	2703.1	107.6	2456.1	1080.0
合作经营企业	113.1	95.6	1.2	87.7	25.4
独资经营企业	13904.2	10896.0	300.4	9820.5	4083.8
投资股份有限公司	595.2	273.2	11.6	243.5	351.7
其他港澳台商投资企业	127.1	116.8	2.4	85.1	42.0
外商投资企业	**27741.1**	**22008.4**	**643.8**	**18719.0**	**9040.1**
中外合资经营企业	5843.2	4400.8	170.8	4604.3	1238.9
中外合作经营企业	67.7	60.2	1.6	57.7	10.0
外资企业	20643.0	16676.1	430.7	13327.7	7315.2
外商投资股份有限公司	836.1	548.9	28.8	520.8	333.3
其他外商投资企业	351.2	322.4	11.9	208.5	142.7
(二)按国民经济行业分					
农、林、牧、渔产品批发	11078.4	8048.6	534.4	8020.9	3056.4
食品、饮料及烟草制品批发	27942.8	22356.7	1435.4	16510.7	11429.9
#米、面制品及食用油批发	5299.2	4226.7	274.3	4398.1	901.1
肉、禽、蛋、奶及水产品批发	2407.5	1939.1	135.8	1818.2	589.3
酒、饮料及茶叶批发	6483.9	5549.0	172.9	4158.0	2325.4
烟草制品批发	6958.4	5623.9	542.1	1323.3	5635.0
纺织、服装及家庭用品批发	27608.0	22288.7	649.5	20278.3	7329.3
#服装批发	5517.7	4314.7	194.8	3597.4	1920.2

注：限额以上批发和零售业、住宿和餐饮业企业中，由于包含了部分视同法人单位，因此财务指标数据资产总计≠负债合计+所有者权益合计(下表同)。

7-4-1 续表 1

单位：亿元

项　　目	资产总计	#流动资产合计	#固定资产净额	负债合计	所有者权益合计
鞋帽批发	1133.3	991.3	38.7	747.6	385.7
日用家电批发	8034.5	6845.6	98.5	6786.9	1247.8
文化、体育用品及器材批发	8015.0	6412.1	199.7	5434.8	2579.7
#文具用品批发	1627.1	1388.6	36.3	1256.3	370.8
体育用品及器材批发	532.4	442.5	14.0	338.5	193.5
图书批发	1736.4	1180.4	77.0	1150.9	585.4
医药及医疗器材批发	22329.4	19063.4	605.4	16412.3	5916.2
#西药批发	13683.2	11718.8	313.1	10221.7	3460.8
中药批发	3274.9	2831.9	83.3	2556.7	718.1
矿产品、建材及化工产品批发	139757.5	105341.2	4976.1	105398.7	34574.7
#煤炭及制品批发	20765.6	14120.0	533.4	14445.4	6312.5
石油及制品批发	25278.8	17319.1	2601.4	18446.4	7058.4
金属及金属矿批发	56791.8	45436.3	586.8	45305.4	11481.0
建材批发	13809.9	10904.0	252.3	10541.0	3271.6
化肥批发	3139.4	2273.0	78.8	2360.2	777.5
农药批发	543.6	375.6	12.0	374.9	168.7
机械设备、五金产品及电子产品批发	47027.7	38389.7	921.4	34375.5	12644.2
#汽车及零配件批发	15186.5	12408.3	202.0	11786.4	3399.8
计算机、软件及辅助设备批发	3414.7	3057.2	52.1	2692.9	721.7
通讯设备批发	5154.8	4395.0	49.0	3917.8	1236.4
贸易经纪与代理	5268.9	4339.6	58.9	4137.5	1130.6
其他批发业	4855.9	3756.4	137.1	3606.6	1247.9
二、零售业	**64891.8**	**44989.1**	**6466.4**	**45650.6**	**19387.3**
#国有控股	14785.1	9067.0	1703.0	9230.7	5739.0
(一)按登记注册类型分					
内资企业	**53741.8**	**37216.4**	**5329.7**	**38232.9**	**15651.2**
国有企业	579.3	351.2	86.5	349.0	226.4
集体企业	156.2	108.7	21.5	90.4	65.2
股份合作企业	186.9	152.9	14.1	174.0	13.0
联营企业	11.5	8.1	1.4	5.0	6.5
国有联营企业	1.7	1.3	0.3	0.5	1.2
集体联营企业	2.9	2.1	0.4	1.2	1.8
国有与集体联营企业	2.7	1.7	0.4	1.2	1.5
其他联营企业	4.3	3.1	0.2	2.1	2.1
有限责任公司	21642.7	15322.9	2089.4	15776.9	5841.6
国有独资公司	1926.0	1107.8	173.9	1283.0	642.7
其他有限责任公司	19716.7	14215.0	1915.6	14494.0	5198.9
股份有限公司	9941.0	5888.2	1150.5	6107.8	4064.6
私营企业	21190.9	15368.1	1958.0	15715.8	5414.6
私营独资企业	307.2	184.1	50.4	138.0	166.9
私营合伙企业	40.8	23.5	7.9	17.5	22.2
私营有限责任公司	20027.4	14628.2	1811.5	15113.5	4858.4
私营股份有限公司	815.6	532.3	88.2	446.9	367.2
其他企业	33.4	16.3	8.3	14.0	19.3
港、澳、台商投资企业	**4911.9**	**3438.8**	**492.7**	**3363.7**	**1548.2**
合资经营企业	1376.9	949.8	122.4	752.3	624.9

7-4-1 续表 2

单位：亿元

项 目	资产总计	#流动资产合计	#固定资产净额	负债合计	所有者权益合计
合作经营企业	44.6	33.0	5.3	14.6	29.9
独资经营企业	3285.4	2341.5	332.1	2461.2	824.3
投资股份有限公司	127.3	69.0	15.9	88.3	38.8
其他港澳台商投资企业	77.7	45.5	17.0	47.4	30.4
外商投资企业	**6238.0**	**4334.0**	**644.0**	**4053.9**	**2187.9**
中外合资经营企业	1844.7	1281.4	156.7	1100.0	744.7
中外合作经营企业	69.7	54.9	8.1	48.5	21.2
外资企业	3089.8	2331.1	354.1	2199.3	894.2
外商投资股份有限公司	829.7	426.8	81.4	405.1	424.6
其他外商投资企业	404.2	239.7	43.7	301.0	103.2
(二)按国民经济行业分					
综合零售	17233.9	9857.1	2563.5	12319.0	4911.2
#百货零售	11298.0	6074.1	1772.1	7633.7	3660.5
超级市场零售	5351.1	3366.7	747.5	4146.2	1204.1
食品、饮料及烟草制品专门零售	2406.7	1591.2	231.8	1373.4	1021.6
#粮油零售	224.8	141.8	30.2	151.6	73.0
肉、禽、蛋、奶及水产品零售	274.5	175.9	38.7	173.6	99.9
酒、饮料及茶叶零售	666.0	479.9	52.0	367.9	291.5
烟草制品零售	169.4	115.5	12.0	53.9	115.3
纺织、服装及日用品专门零售	4139.9	3075.8	258.3	2813.2	1327.5
#服装零售	2647.8	1927.1	181.9	1878.8	770.9
文化、体育用品及器材专门零售	2971.5	2201.9	254.6	1719.5	1247.7
#体育用品及器材零售	139.3	100.5	18.0	95.1	44.2
图书、报刊零售	1524.8	1052.3	168.2	780.9	743.9
医药及医疗器材专门零售	2684.9	2116.1	144.1	1889.9	792.1
#西药零售	2325.2	1805.4	107.4	1628.0	694.9
汽车、摩托车、零配件和燃料及其他动力销售	24960.7	17631.6	2420.2	17736.7	7415.8
#汽车新车零售	15496.2	12134.6	1290.9	11929.4	3537.9
机动车燃油零售	8438.7	4826.3	1007.4	5136.2	3526.5
家用电器及电子产品专门零售	4440.2	3858.2	149.8	3203.7	1229.4
#日用家电零售	2589.5	2322.1	86.9	1952.0	634.2
计算机、软件及辅助设备零售	564.2	466.5	18.5	301.1	261.2
通信设备零售	498.3	425.6	10.1	368.4	129.5
五金、家具及室内装饰材料专门零售	1410.9	864.5	170.1	942.1	461.6
货摊、无店铺及其他零售业	4643.0	3792.8	274.0	3653.0	980.3
#互联网零售	3509.3	3079.1	91.1	3039.7	462.2
(三)按零售业态分					
有店铺零售	59162.6	40173.6	6240.9	41161.9	18156.3
#超市	1538.6	1023.9	193.1	1105.1	429.0
大型超市	6436.9	3982.3	1033.9	4943.9	1492.0
百货店	10123.1	5661.4	1337.0	6860.3	3259.9
专业店	21541.7	15231.9	1923.5	14397.8	7349.9
专卖店	17477.4	13185.1	1471.2	12469.7	4974.6
无店铺零售	6543.3	5468.9	274.6	5074.9	1459.2

7-4-2 各地区限额以上批发和零售业企业年末资产负债

单位：亿元

地 区	资产总计	#流动资产合计	#固定资产净额	负债合计	所有者权益合计
全 国	**358775.3**	**274985.6**	**15984.4**	**259826.0**	**99296.3**
北 京	49814.6	36196.2	1039.9	35141.3	14673.2
天 津	15466.2	12890.7	326.9	12616.8	2848.1
河 北	7083.9	4857.5	487.2	5146.5	1918.2
山 西	6302.9	4676.6	373.7	4880.7	1425.8
内蒙古	2792.8	1973.3	211.3	2078.5	716.2
辽 宁	8935.6	7329.0	429.0	7306.2	1618.2
吉 林	2303.1	1705.9	292.5	1750.3	524.0
黑龙江	3064.2	2445.8	240.4	2490.1	568.5
上 海	41778.2	33473.8	1081.4	29282.7	12497.6
江 苏	31280.2	24500.6	1405.7	23135.4	8147.2
浙 江	29935.2	22892.4	1022.2	22472.5	7664.9
安 徽	6840.2	5361.2	969.2	4849.5	1990.9
福 建	15721.1	10975.0	551.3	9994.9	5703.0
江 西	3901.7	3045.8	241.0	2666.8	1228.3
山 东	18131.0	14280.5	882.5	14379.9	3794.0
河 南	7865.1	6188.6	1119.1	5788.8	2139.4
湖 北	8010.4	5865.4	757.2	5738.4	2261.6
湖 南	5315.1	3515.1	491.9	3435.2	1929.9
广 东	48469.8	38927.7	1478.1	35548.3	12921.5
广 西	5054.2	3702.0	240.9	3629.7	1422.1
海 南	1535.0	1178.6	97.8	1003.8	530.5
重 庆	5529.2	4202.5	301.5	3837.3	1685.5
四 川	8091.6	6146.5	436.6	5793.2	2296.2
贵 州	4576.4	3701.0	204.4	2849.4	1715.6
云 南	5705.5	3857.7	259.0	3406.0	2297.4
西 藏	226.7	174.6	20.8	134.1	93.9
陕 西	5428.4	4109.2	270.1	3737.9	1701.8
甘 肃	1927.6	1332.3	155.5	1168.9	747.6
青 海	966.5	640.7	57.7	598.6	366.4
宁 夏	1043.9	789.8	65.0	857.2	309.1
新 疆	5679.1	4049.6	474.9	4107.1	1559.9

7-4-3 各地区限额以上批发业企业年末资产负债

单位：亿元

地 区	资产总计	#流动资产合计	#固定资产净额	负债合计	所有者权益合　　计
全 国	**293883.5**	**229996.4**	**9518.0**	**214175.4**	**79909.0**
北 京	44844.5	32247.8	790.8	31450.4	13394.1
天 津	14306.4	12123.5	199.0	11673.7	2631.3
河 北	4631.5	3623.3	234.6	3251.6	1375.3
山 西	5207.8	3964.5	220.5	3978.1	1230.7
内蒙古	2190.6	1593.7	101.1	1603.8	586.7
辽 宁	7024.6	6078.9	185.4	5858.5	1149.3
吉 林	1357.0	1126.1	113.8	1078.3	266.5
黑龙江	2332.0	1959.3	134.1	1909.2	421.9
上 海	37144.6	30017.6	714.9	26018.1	11126.4
江 苏	25255.7	20560.9	725.6	19150.6	6108.3
浙 江	25986.5	20044.9	599.6	19356.1	6622.3
安 徽	4549.6	3722.0	731.4	3272.7	1276.9
福 建	13276.9	9362.2	371.3	8557.6	4713.9
江 西	2662.1	2210.8	151.1	1849.1	815.6
山 东	14334.5	11593.4	485.7	11377.8	2961.1
河 南	5433.2	4444.8	907.8	4054.3	1447.7
湖 北	5642.3	4389.7	406.9	4107.4	1529.3
湖 南	2776.5	2107.5	171.7	1864.8	971.3
广 东	40582.6	32591.8	944.7	30301.8	10280.9
广 西	4051.8	2938.6	156.6	2951.3	1099.4
海 南	1150.4	902.6	53.9	743.8	406.2
重 庆	4063.7	3344.4	138.1	2868.9	1192.2
四 川	5728.2	4629.8	194.0	4264.0	1463.6
贵 州	3110.3	2623.3	104.6	1848.8	1256.0
云 南	4568.4	3125.4	138.0	2631.6	1936.2
西 藏	135.7	113.9	7.0	68.5	67.2
陕 西	3675.9	2915.8	99.5	2554.6	1138.5
甘 肃	1355.3	954.7	97.4	786.9	566.7
青 海	825.0	539.3	35.0	493.5	330.7
宁 夏	822.2	644.8	35.8	710.2	233.9
新 疆	4857.9	3501.1	268.0	3539.4	1308.7

7-4-4 各地区限额以上零售业企业年末资产负债

单位：亿元

地　区	资产总计	#流动资产合计	#固定资产净额	负债合计	所有者权益合　　计
全　国	**64891.8**	**44989.1**	**6466.4**	**45650.6**	**19387.3**
北　京	4970.1	3948.4	249.1	3691.0	1279.1
天　津	1159.8	767.2	127.9	943.1	216.7
河　北	2452.4	1234.2	252.6	1894.9	542.9
山　西	1095.2	712.1	153.2	902.7	195.1
内蒙古	602.2	379.5	110.2	474.7	129.4
辽　宁	1911.0	1250.1	243.6	1447.7	468.9
吉　林	946.1	579.8	178.8	672.0	257.5
黑龙江	732.2	486.5	106.2	580.9	146.6
上　海	4633.6	3456.2	366.6	3264.6	1371.2
江　苏	6024.5	3939.8	680.1	3984.9	2038.8
浙　江	3948.6	2847.5	422.6	3116.4	1042.6
安　徽	2290.6	1639.1	237.8	1576.7	714.0
福　建	2444.2	1612.8	179.9	1437.4	989.1
江　西	1239.6	835.1	89.8	817.7	412.7
山　东	3796.4	2687.0	396.8	3002.2	832.9
河　南	2431.9	1743.8	211.3	1734.5	691.7
湖　北	2368.1	1475.7	350.3	1631.0	732.3
湖　南	2538.6	1407.6	320.2	1570.4	958.6
广　东	7887.1	6335.9	533.4	5246.5	2640.6
广　西	1002.5	763.4	84.3	678.4	322.7
海　南	384.6	276.1	43.9	260.0	124.3
重　庆	1465.5	858.1	163.4	968.3	493.3
四　川	2363.4	1516.7	242.6	1529.2	832.6
贵　州	1466.1	1077.6	99.8	1000.7	459.6
云　南	1137.1	732.3	121.0	774.5	361.2
西　藏	91.0	60.7	13.7	65.6	26.7
陕　西	1752.5	1193.4	170.5	1183.2	563.3
甘　肃	572.3	377.6	58.1	381.9	180.9
青　海	141.5	101.3	22.7	105.1	35.7
宁　夏	221.7	145.0	29.2	147.0	75.2
新　疆	821.3	548.5	206.9	567.7	251.2

7-4-5 限额以上批发和零售业企业损益及分配

单位：亿元

项　　目	营业收入	营业成本	销售费用	管理费用	财务费用	利润总额
总　　计	**707005.2**	**654250.6**	**24963.2**	**11372.2**	**2783.9**	**14270.6**
一、批发业	**589293.0**	**552366.4**	**15875.0**	**7510.9**	**2152.7**	**11872.5**
#国有控股	205287.8	193727.7	3589.0	1722.4	695.4	5199.7
(一)按登记注册类型分						
内资企业	**500554.6**	**474097.7**	**10175.7**	**5339.5**	**1976.6**	**8817.9**
国有企业	16465.7	12591.9	407.9	555.0	-90.1	1565.5
集体企业	628.4	597.0	13.0	10.4	4.7	4.5
股份合作企业	268.0	258.0	4.8	2.8	0.7	3.3
联营企业	17.3	16.3	0.2	0.6		0.7
国有联营企业	3.4	2.7	0.1	0.2		0.4
集体联营企业	10.9	10.8	0.1	0.1	0.1	0.2
国有与集体联营企业	2.1	2.0		0.3	-0.1	-0.1
其他联营企业	1.0	0.8				0.1
有限责任公司	241103.7	230542.2	4280.6	1902.2	1023.3	4148.9
国有独资公司	42390.3	40863.6	619.2	327.5	215.4	607.0
其他有限责任公司	198713.4	189678.6	3661.4	1574.7	807.8	3541.9
股份有限公司	40759.9	38652.3	1149.0	363.7	258.3	827.4
私营企业	200903.3	191070.6	4311.6	2499.2	778.4	2246.8
私营独资企业	407.9	370.2	9.7	6.9	1.3	15.5
私营合伙企业	85.9	81.9	0.9	0.7	0.1	3.0
私营有限责任公司	196837.6	187355.1	4180.0	2420.5	750.5	2100.4
私营股份有限公司	3571.9	3263.5	121.0	71.2	26.5	127.9
其他企业	408.2	369.4	8.5	5.5	1.4	20.8
港、澳、台商投资企业	**28528.2**	**24975.3**	**1886.2**	**926.8**	**81.4**	**840.7**
合资经营企业	4391.7	4150.2	110.6	77.7	25.6	65.8
合作经营企业	216.0	200.7	11.4	4.1	0.8	1.5
独资经营企业	23453.5	20223.2	1737.0	827.7	51.3	752.4
投资股份有限公司	291.9	242.3	18.4	12.7	3.2	22.0
其他港澳台商投资企业	175.1	158.8	8.8	4.6	0.5	-1.0
外商投资企业	**60210.2**	**53293.4**	**3813.0**	**1244.6**	**94.7**	**2213.9**
中外合资经营企业	19787.3	18508.7	912.2	98.7	31.1	279.1
中外合作经营企业	46.8	41.2	3.8	2.0	0.4	-0.9
外资企业	38421.5	33014.4	2774.2	1114.9	57.1	1863.9
外商投资股份有限公司	1101.5	937.1	102.8	20.6	3.3	40.3
其他外商投资企业	853.1	792.1	20.0	8.4	2.9	60.0
(二)按国民经济行业分						
农、林、牧、渔产品批发	13073.3	12539.5	209.4	164.3	143.3	165.9
食品、饮料及烟草制品批发	49101.8	40210.9	2500.0	1327.2	1.4	3810.3
#米、面制品及食用油批发	7837.2	7352.3	318.7	115.7	47.5	102.1
肉、禽、蛋、奶及水产品批发	4588.1	4156.8	204.9	95.1	18.0	130.5
酒、饮料及茶叶批发	8835.2	6586.5	903.2	213.0	3.2	1429.4
烟草制品批发	16758.3	12203.5	411.5	617.7	-118.2	1886.4
纺织、服装及家庭用品批发	49142.3	43173.5	3289.9	1404.5	136.7	1318.0
#服装批发	8733.2	7203.2	765.6	393.6	32.8	394.8
鞋帽批发	2513.4	2054.3	162.2	174.8	4.4	133.6
日用家电批发	12197.1	11296.3	530.7	293.7	18.3	109.0

7-4-5 续表 1 单位：亿元

项 目	营业收入	营业成本	销售费用	管理费用	财务费用	利润总额
文化、体育用品及器材批发	11676.0	10620.2	445.2	243.4	46.4	389.3
#文具用品批发	3060.6	2901.8	66.2	43.2	9.4	43.8
体育用品及器材批发	1127.7	1013.1	60.4	30.8	2.0	82.6
图书批发	1022.5	812.4	80.3	60.5	3.4	70.3
医药及医疗器材批发	32067.1	27656.1	2332.0	876.3	207.0	1029.0
#西药批发	19775.4	17639.6	1110.1	383.1	143.5	518.1
中药批发	4907.9	4194.7	464.6	121.3	26.3	103.7
矿产品、建材及化工产品批发	332722.6	324167.1	3623.3	1829.5	1312.1	2887.7
#煤炭及制品批发	35762.7	34406.0	630.5	248.6	200.1	615.5
石油及制品批发	67542.3	65547.8	1020.1	322.1	169.2	548.5
金属及金属矿批发	152112.9	149907.4	711.1	519.1	615.7	719.9
建材批发	21017.3	20001.4	363.6	224.7	110.9	460.1
化肥批发	5183.6	4998.5	88.8	41.8	44.4	34.9
农药批发	655.0	583.5	37.0	15.3	5.6	19.5
机械设备、五金产品及电子产品批发	86064.1	79409.6	3157.2	1452.1	216.0	1969.4
#汽车及零配件批发	32644.4	30134.8	1524.7	282.8	28.0	692.5
计算机、软件及辅助设备批发	7252.9	6812.6	184.7	114.0	23.2	84.3
通讯设备批发	11810.9	11250.2	240.5	118.5	48.2	166.5
贸易经纪与代理	5071.1	4778.9	75.7	70.7	42.5	126.8
其他批发业	10374.5	9810.5	242.3	142.9	47.2	176.2
二、零售业	**117712.2**	**101884.2**	**9088.3**	**3861.2**	**631.2**	**2398.1**
#国有控股	20677.6	18141.6	1397.3	432.8	61.8	599.7
(一)按登记注册类型分						
内资企业	**100579.6**	**88406.3**	**6785.0**	**3139.5**	**566.7**	**1856.7**
国有企业	907.2	797.3	51.6	33.4	2.3	27.2
集体企业	432.1	372.4	22.3	16.9	1.5	16.0
股份合作企业	207.8	183.5	8.9	5.7	0.7	8.5
联营企业	89.2	77.9	3.1	1.6	0.3	6.5
国有联营企业	9.6	7.8	0.4	0.1		1.2
集体联营企业	52.9	47.4	1.6	1.1	0.2	2.6
国有与集体联营企业	15.1	13.0	0.8	0.2		1.1
其他联营企业	11.6	9.7	0.3	0.3	0.1	1.6
有限责任公司	41862.2	36915.1	2836.3	1121.0	203.3	710.1
国有独资公司	2072.6	1809.9	119.5	52.0	4.3	80.6
其他有限责任公司	39789.6	35105.3	2716.7	1069.0	199.0	629.4
股份有限公司	12079.9	10638.3	792.7	295.4	61.9	301.5
私营企业	44917.0	39355.0	3066.5	1662.4	295.9	778.4
私营独资企业	971.0	817.6	37.3	33.6	6.6	60.0
私营合伙企业	116.6	97.3	4.8	5.0	0.7	7.5
私营有限责任公司	42632.9	37438.6	2924.7	1578.6	281.5	669.9
私营股份有限公司	1196.4	1001.5	99.7	45.3	7.1	40.9
其他企业	84.2	66.8	3.6	3.2	0.7	8.5
港、澳、台商投资企业	**7874.3**	**6123.2**	**1111.3**	**371.4**	**31.2**	**212.7**
合资经营企业	1617.1	1308.4	192.1	69.6	6.6	44.6

7-4-5 续表 2

单位：亿元

项　　目	营业收入	营业成本	销售费用	管理费用	财务费用	利润总额
合作经营企业	92.3	77.3	6.6	4.4		4.0
独资经营企业	5950.2	4574.8	874.9	290.1	23.0	158.1
投资股份有限公司	104.4	74.2	21.8	4.3	1.1	3.6
其他港澳台商投资企业	110.4	88.5	16.0	3.0	0.5	2.3
外商投资企业	**9258.2**	**7354.7**	**1192.0**	**350.3**	**33.3**	**328.7**
中外合资经营企业	2890.7	2266.3	424.0	87.5	4.9	128.2
中外合作经营企业	120.5	102.0	12.5	3.1	0.5	2.6
外资企业	4656.5	3638.3	630.1	221.3	22.1	164.3
外商投资股份有限公司	1000.9	818.0	80.4	26.2	3.9	32.3
其他外商投资企业	589.8	530.0	44.9	12.2	2.0	1.3
（二）按国民经济行业分						
综合零售	21248.6	17165.8	2371.2	1009.7	147.5	557.2
#百货零售	10745.1	8565.4	1022.6	568.3	102.1	491.9
超级市场零售	9440.2	7763.7	1159.2	374.4	40.2	113.5
食品、饮料及烟草制品专门零售	3883.4	3087.9	392.5	372.9	21.8	210.8
#粮油零售	303.8	270.4	15.2	11.0	3.4	8.8
肉、禽、蛋、奶及水产品零售	585.4	501.0	41.2	223.8	3.3	17.9
酒、饮料及茶叶零售	1050.9	835.5	74.1	42.0	6.7	85.6
烟草制品零售	198.3	159.4	17.2	11.5	-0.4	13.5
纺织、服装及日用品专门零售	6008.8	4085.6	1183.8	409.4	34.3	292.9
#服装零售	3623.5	2400.2	781.8	276.8	26.2	134.0
文化、体育用品及器材专门零售	3179.6	2460.0	337.6	187.2	13.3	171.0
#体育用品及器材零售	241.0	180.4	42.9	14.4	1.0	
图书、报刊零售	1217.2	913.2	124.3	94.1	-3.5	99.1
医药及医疗器材专门零售	4271.6	3408.1	537.5	188.9	23.3	121.6
#西药零售	3730.7	2976.3	478.8	160.8	19.7	102.4
汽车、摩托车、零配件和燃料及其他动力销售	53758.9	49493.4	2254.3	1010.2	313.0	715.0
#汽车新车零售	37529.8	34838.5	1398.2	797.6	254.0	328.3
机动车燃油零售	14326.1	12954.2	691.0	163.5	47.6	348.2
家用电器及电子产品专门零售	7751.1	6847.7	502.6	220.7	32.5	101.1
#日用家电零售	3733.1	3307.9	261.3	100.0	16.0	30.5
计算机、软件及辅助设备零售	1165.7	1008.4	62.9	38.9	3.8	40.6
通信设备零售	1248.6	1115.0	79.1	35.9	4.6	10.6
五金、家具及室内装饰材料专门零售	2354.6	1952.1	165.8	117.7	23.2	88.4
货摊、无店铺及其他零售业	15255.6	13383.8	1342.9	344.6	22.3	140.1
#互联网零售	13996.6	12366.4	1234.6	279.5	17.5	62.4
（三）按零售业态分						
有店铺零售	101004.2	87255.4	7610.1	3469.0	598.2	2242.0
#超市	3326.9	2741.0	306.0	154.4	24.7	62.8
大型超市	9929.1	8152.9	1230.1	585.1	47.8	156.9
百货店	9655.6	7590.1	1004.9	520.7	88.5	451.1
专业店	37392.4	33004.8	2263.0	980.3	192.9	827.0
专卖店	37582.2	33180.4	2496.0	1060.3	224.2	720.2
无店铺零售	18764.2	16380.4	1687.5	455.5	37.0	178.3

7-4-6 各地区限额以上批发和零售业企业损益及分配

单位：亿元

地 区	营业收入	营业成本	销售费用	管理费用	财务费用	利润总额
全 国	**707005.2**	**654250.6**	**24963.2**	**11372.2**	**2783.9**	**14270.6**
北 京	64176.7	59023.7	2666.0	1340.3	284.0	1578.1
天 津	27361.0	26168.3	651.3	245.6	117.6	178.1
河 北	12100.8	11211.6	383.6	190.7	63.2	148.8
山 西	10607.4	10033.6	283.6	149.3	54.5	83.2
内蒙古	4618.1	4227.5	224.0	80.9	28.0	49.6
辽 宁	15786.8	14931.1	389.0	207.4	69.3	143.4
吉 林	3282.1	2933.7	178.0	88.9	27.9	34.8
黑龙江	5161.5	4780.9	167.6	88.1	35.0	57.0
上 海	108126.0	99163.4	5065.2	1897.3	257.0	2195.2
江 苏	65935.2	61292.3	2118.0	1006.0	283.4	1279.8
浙 江	71133.7	67368.2	1815.2	818.7	261.2	1208.9
安 徽	12669.1	11431.2	627.3	425.2	43.7	293.4
福 建	34965.8	32863.0	892.4	455.8	141.7	660.8
江 西	6890.9	6136.3	300.3	132.5	25.9	232.9
山 东	36167.6	33939.3	1035.4	489.7	177.3	432.2
河 南	14729.2	13297.6	477.7	292.2	88.7	414.2
湖 北	17774.7	16007.7	738.7	326.2	76.6	481.5
湖 南	11174.9	9774.8	474.3	297.1	65.7	400.1
广 东	92573.3	85777.7	3339.9	1507.0	280.7	1618.1
广 西	9370.8	8792.6	241.5	128.0	45.7	127.6
海 南	2782.1	2523.5	105.0	43.0	10.7	99.8
重 庆	12773.1	11640.5	534.0	199.3	44.0	336.4
四 川	17209.4	15627.2	714.4	276.5	69.3	430.5
贵 州	6307.6	4962.3	278.6	137.8	22.7	982.9
云 南	10411.7	9558.3	306.3	125.3	50.0	328.0
西 藏	410.8	306.8	59.9	10.7	-0.5	29.5
陕 西	14219.5	13220.7	449.6	194.1	47.8	267.1
甘 肃	5634.7	5343.5	125.4	56.6	22.1	55.8
青 海	1300.9	1131.6	44.2	16.9	4.8	17.2
宁 夏	1581.8	1488.3	48.2	19.7	6.7	13.0
新 疆	9767.8	9293.4	228.6	125.3	79.0	92.6

7-4-7 各地区限额以上批发业企业损益及分配

单位：亿元

地　区	营业收入	营业成本	销售费用	管理费用	财务费用	利润总额
全　国	**589293.0**	**552366.4**	**15875.0**	**7510.9**	**2152.7**	**11872.5**
北　京	55436.2	51402.1	1887.0	1087.4	258.3	1500.6
天　津	25344.9	24389.4	479.6	185.4	104.4	186.1
河　北	8905.5	8384.7	187.8	83.9	37.0	120.4
山　西	8888.0	8444.6	182.4	96.6	39.3	120.3
内蒙古	3474.0	3198.3	151.6	49.2	20.5	46.5
辽　宁	13063.3	12522.2	207.0	107.4	47.1	116.4
吉　林	2158.4	1951.7	113.2	39.1	11.0	27.7
黑龙江	3985.6	3762.0	93.8	44.6	21.4	42.6
上　海	99360.5	92359.7	3797.1	1434.1	225.4	1967.3
江　苏	55653.6	52323.5	1285.4	705.1	229.2	1008.6
浙　江	62881.5	60160.2	1190.6	576.2	226.0	1071.1
安　徽	8638.7	7873.1	366.1	115.2	25.1	211.9
福　建	28764.2	27403.1	504.6	285.4	118.0	500.0
江　西	4659.5	4164.5	178.7	72.8	10.4	182.2
山　东	29939.2	28437.7	629.7	304.1	132.2	340.9
河　南	10287.5	9439.2	226.4	156.9	53.1	276.4
湖　北	12528.2	11453.6	411.8	188.8	48.4	328.6
湖　南	6269.3	5525.4	218.6	127.5	31.8	250.9
广　东	79614.6	74731.3	2161.2	1112.8	229.4	1356.5
广　西	7526.8	7159.8	126.8	75.5	38.1	90.1
海　南	2058.4	1916.1	51.7	22.3	6.5	68.1
重　庆	9536.0	8827.5	234.4	111.8	29.3	249.7
四　川	11205.1	10317.9	323.1	137.2	44.6	291.4
贵　州	4091.5	3131.7	152.8	80.4	7.1	890.1
云　南	8278.3	7673.5	171.1	76.1	40.2	273.3
西　藏	228.8	148.0	51.2	7.4	-0.6	17.5
陕　西	10711.7	10177.8	216.6	85.5	29.2	196.1
甘　肃	4795.9	4601.6	68.5	35.0	13.3	47.8
青　海	1080.1	935.8	30.3	10.2	2.9	14.5
宁　夏	1286.9	1235.1	25.2	9.9	4.3	6.2
新　疆	8640.7	8315.5	150.5	87.3	69.6	72.8

7-4-8 各地区限额以上零售业企业损益及分配

单位：亿元

地 区	营业收入	营业成本	销售费用	管理费用	财务费用	利润总额
全 国	**117712.2**	**101884.2**	**9088.3**	**3861.2**	**631.2**	**2398.1**
北 京	8740.5	7621.6	779.0	253.0	25.7	77.5
天 津	2016.2	1778.9	171.7	60.2	13.2	-8.1
河 北	3195.4	2826.9	195.9	106.9	26.2	28.5
山 西	1719.4	1589.0	101.2	52.8	15.3	-37.1
内蒙古	1144.1	1029.2	72.4	31.7	7.6	3.0
辽 宁	2723.6	2408.9	182.0	100.1	22.1	26.9
吉 林	1123.7	982.0	64.8	49.8	16.9	7.2
黑龙江	1175.9	1018.8	73.8	43.6	13.6	14.4
上 海	8765.5	6803.7	1268.1	463.2	31.6	227.9
江 苏	10281.7	8968.7	832.6	300.8	54.2	271.2
浙 江	8252.2	7208.0	624.6	242.4	35.2	137.8
安 徽	4030.5	3558.1	261.2	310.0	18.6	81.5
福 建	6201.6	5460.0	387.9	170.4	23.8	160.8
江 西	2231.4	1971.9	121.5	59.6	15.5	50.8
山 东	6228.4	5501.6	405.7	185.6	45.1	91.4
河 南	4441.7	3858.4	251.4	135.3	35.6	137.8
湖 北	5246.4	4554.1	326.9	137.4	28.2	152.9
湖 南	4905.7	4249.5	255.7	169.6	33.9	149.3
广 东	12958.7	11046.4	1178.7	394.2	51.3	261.6
广 西	1844.0	1632.7	114.8	52.5	7.6	37.5
海 南	723.6	607.4	53.3	20.7	4.2	31.6
重 庆	3237.0	2813.1	299.5	87.5	14.7	86.8
四 川	6004.4	5309.3	391.3	139.4	24.7	139.2
贵 州	2216.1	1830.7	125.8	57.4	15.6	92.8
云 南	2133.4	1884.8	135.2	49.2	9.8	54.6
西 藏	181.9	158.8	8.7	3.3	0.2	12.0
陕 西	3507.8	3043.0	233.0	108.6	18.6	71.0
甘 肃	838.8	742.0	56.8	21.6	8.8	8.0
青 海	220.9	195.8	14.0	6.7	1.9	2.8
宁 夏	294.9	253.2	23.0	9.8	2.4	6.8
新 疆	1127.1	978.0	78.0	38.1	9.3	19.8

7-4-9 限额以上批发和零售业企业商品购、销、存情况（按登记注册类型分）

单位：亿元

项目	商品购进额	#进口	商品销售额	#出口	期末商品库存额
总　计	**709505.3**	**51415.4**	**782518.3**	**27436.1**	**46410.0**
一、批发业	**601908.8**	**48241.8**	**652164.1**	**27346.3**	**35036.0**
#国有控股	215630.4	16950.1	227016.1	5706.6	12818.9
内资企业	**517880.9**	**28669.4**	**554507.6**	**21176.6**	**28490.0**
国有企业	13193.5	191.8	18329.8	128.6	1551.3
集体企业	590.9	81.2	667.9	10.4	21.5
股份合作企业	284.4	14.5	306.7	6.6	13.2
联营企业	16.9	0.2	19.3	1.0	1.3
国有联营企业	2.6		3.9		0.4
集体联营企业	11.7		12.1		0.3
国有与集体联营企业	2.1	0.2	2.1	1.0	0.5
其他联营企业	0.5		1.2		0.1
有限责任公司	253643.0	19116.0	269021.9	8413.9	14227.7
国有独资公司	44773.8	3656.3	46544.4	1221.8	2932.3
其他有限责任公司	208869.2	15459.6	222477.5	7192.1	11295.4
股份有限公司	44823.2	2275.1	43566.1	1437.3	2865.0
私营企业	204948.5	6990.3	222163.3	11178.1	9794.2
私营独资企业	389.7	2.2	444.1	2.1	19.8
私营合伙企业	81.8		94.8		2.3
私营有限责任公司	200911.9	6680.5	217666.4	10962.2	9479.3
私营股份有限公司	3565.1	307.6	3957.9	213.8	292.8
其他企业	380.7	0.3	432.7	0.8	15.8
港、澳、台商投资企业	**26900.2**	**3527.4**	**31430.9**	**801.7**	**2562.2**
合资经营企业	4623.8	589.7	4997.5	154.3	327.5
合作经营企业	221.3	2.3	240.4	1.1	4.4
独资经营企业	21650.9	2875.6	25685.7	642.6	2202.0
投资股份有限公司	229.7	52.8	310.1	2.3	20.3
其他港澳台商投资企业	174.5	7.0	197.1	1.5	8.0
外商投资企业	**57127.6**	**16045.0**	**66225.7**	**5368.0**	**3983.8**
中外合资经营企业	20322.4	871.4	21950.4	570.6	597.4
中外合作经营企业	45.1	20.1	50.3	9.7	1.8
外资企业	34661.8	14725.8	42086.7	4667.3	3243.5
外商投资股份有限公司	1281.0	227.6	1207.1	19.2	87.0
其他外商投资企业	817.4	200.1	931.2	101.2	54.0

7-4-9 续表 单位：亿元

项　目	商品购进额	#进口	商品销售额	#出口	期末商品库存额
二、零售业	**107596.6**	**3173.6**	**130354.1**	**89.8**	**11374.0**
#国有控股	17924.4	491.0	23813.4	15.5	1532.9
内资企业	**93033.5**	**2346.8**	**111124.8**	**84.8**	**9774.2**
国有企业	723.5	28.3	1028.8	0.5	76.6
集体企业	404.0	0.4	482.1		28.2
股份合作企业	124.0		238.4		19.0
联营企业	82.7		94.5		1.3
国有联营企业	8.9		10.7		0.3
集体联营企业	49.1		54.5		0.4
国有与集体联营企业	14.4		16.8		0.3
其他联营企业	10.3		12.5		0.3
有限责任公司	39477.9	1179.4	46124.1	38.8	4049.3
国有独资公司	1851.0	156.4	2376.2	13.1	206.5
其他有限责任公司	37626.9	1023.0	43747.9	25.7	3842.8
股份有限公司	10338.0	114.6	14214.8	2.1	812.6
私营企业	41818.5	1023.0	48855.0	43.3	4784.2
私营独资企业	883.6	2.4	1047.6	0.1	56.2
私营合伙企业	105.6	0.1	127.5		5.5
私营有限责任公司	39778.1	993.2	46386.5	42.9	4576.2
私营股份有限公司	1051.2	27.3	1293.3	0.3	146.2
其他企业	64.9	1.0	87.1	0.1	3.1
港、澳、台商投资企业	**6602.8**	**353.0**	**8541.5**	**0.8**	**859.2**
合资经营企业	1416.6	75.0	1759.7	0.2	165.1
合作经营企业	87.6		102.3		5.0
独资经营企业	4923.2	252.1	6445.8	0.3	653.8
投资股份有限公司	87.4	24.6	115.0		30.0
其他港澳台商投资企业	88.0	1.3	118.6	0.3	5.3
外商投资企业	**7960.2**	**473.8**	**10687.8**	**4.2**	**740.7**
中外合资经营企业	2608.4	172.5	3272.4	2.9	227.8
中外合作经营企业	123.5	8.0	136.7		7.2
外资企业	3993.8	279.1	5501.7	1.1	412.7
外商投资股份有限公司	821.9	0.5	1124.6		60.9
其他外商投资企业	412.7	13.6	652.4	0.1	32.1

7-4-10 限额以上批发和零售业企业商品购、销、存情况（按国民经济行业分）

单位：亿元

项目	商品购进额	#进口	商品销售额	#出口	期末商品库存额
总计	**709505.3**	**51415.4**	**782518.3**	**27436.1**	**46410.0**
一、批发业	**601908.8**	**48241.8**	**652164.1**	**27346.3**	**35036.0**
农、林、牧、渔产品批发	13047.8	1665.2	13905.9	186.1	2385.0
食品、饮料及烟草制品批发	43355.2	2780.3	54371.4	985.5	4420.0
#米、面制品及食用油批发	7877.3	999.6	8483.4	193.6	1338.4
肉、禽、蛋、奶及水产品批发	4286.9	737.6	4868.9	195.5	422.2
酒、饮料及茶叶批发	7283.3	197.5	10005.3	57.2	787.1
烟草制品批发	13165.5	58.8	18957.9	81.6	1050.8
纺织、服装及家庭用品批发	47000.6	2962.7	53637.9	8664.7	4608.0
#服装批发	7589.2	813.5	9458.1	2990.7	931.6
鞋帽批发	2177.2	92.4	2707.8	896.3	212.7
日用家电批发	13117.5	164.8	13328.0	385.0	1609.8
文化、体育用品及器材批发	11299.8	660.3	12540.3	744.4	1339.9
#文具用品批发	3125.6	201.4	3387.8	144.0	173.2
体育用品及器材批发	1115.1	27.0	1244.7	103.0	88.2
图书批发	868.3	8.2	1039.7	5.0	201.7
医药及医疗器材批发	30219.9	2323.2	35431.4	332.9	3476.4
#西药批发	19420.0	916.2	21915.5	182.1	2080.0
中药批发	4564.8	213.8	5451.7	16.3	485.9
矿产品、建材及化工产品批发	356198.8	21437.6	369584.1	6035.0	12216.5
#煤炭及制品批发	37737.7	1578.4	40453.6	141.7	1212.2
石油及制品批发	72629.2	5814.1	72056.4	1081.2	3190.1
金属及金属矿批发	166145.7	7908.3	171634.3	2149.7	4545.0
建材批发	21373.7	1146.8	23095.4	647.8	908.8
化肥批发	5269.3	280.7	5601.3	222.3	393.5
农药批发	607.3	14.1	674.1	121.9	66.7
机械设备、五金产品及电子产品批发	85620.3	14644.5	95811.8	8847.9	5812.3
#汽车及零配件批发	31883.1	4019.4	36123.0	1095.7	2169.3
计算机、软件及辅助设备批发	7268.1	1537.4	7934.2	856.6	482.3
通讯设备批发	13497.2	2722.8	14318.1	741.0	664.8
贸易经纪与代理	4949.6	1146.9	5456.3	1058.4	221.6
其他批发业	10216.9	621.0	11425.1	491.5	556.2

7-4-10 续表　　单位：亿元

项目	商品购进额	#进口	商品销售额	#出口	期末商品库存额
二、零售业	**107596.6**	**3173.6**	**130354.1**	**89.8**	**11374.0**
(一)按国民经济行业分					
综合零售	18528.4	356.6	23592.2	14.8	1979.8
#百货零售	8669.0	286.7	12294.2	1.8	868.0
超级市场零售	8961.1	62.6	10161.5	12.8	1040.6
食品、饮料及烟草制品专门零售	3225.1	46.8	4196.4	5.5	359.2
#粮油零售	279.0	1.7	330.4	0.1	38.6
肉、禽、蛋、奶及水产品零售	506.0	12.5	618.0	0.4	33.1
酒、饮料及茶叶零售	917.9	7.9	1164.9	0.6	140.9
烟草制品零售	162.2	11.5	206.4		43.5
纺织、服装及日用品专门零售	4466.5	272.1	6676.4	15.9	1232.1
#服装零售	2586.3	212.0	4071.0	6.5	700.5
文化、体育用品及器材专门零售	2725.1	121.3	3447.3	5.1	716.5
#体育用品及器材零售	189.3	0.9	261.0	0.2	41.0
图书、报刊零售	1079.5	62.5	1257.0	1.6	225.5
医药及医疗器材专门零售	3713.0	28.2	4677.5	2.9	630.2
#西药零售	3255.4	16.0	4088.9	2.3	557.8
汽车、摩托车、零配件和燃料及其他动力销售	50368.0	2132.8	59860.4	13.9	4862.7
#汽车新车零售	36935.8	2078.1	40713.3	11.6	4258.1
机动车燃油零售	11696.1	22.5	17078.1	0.6	429.1
家用电器及电子产品专门零售	7851.0	36.8	8687.4	2.2	644.4
#日用家电零售	4056.5	16.4	4221.7	0.8	328.3
计算机、软件及辅助设备零售	1092.4	7.3	1299.4	0.2	80.8
通信设备零售	1175.7	1.0	1353.0	0.5	110.9
五金、家具及室内装饰材料专门零售	1903.7	15.9	2459.6	4.6	187.2
货摊、无店铺及其他零售业	14815.7	163.1	16757.0	24.9	761.9
#互联网零售	13799.1	112.1	15443.6	9.6	689.9
(二)按零售业态分					
有店铺零售	91423.3	2965.2	111861.3	53.5	10376.5
#超市	3090.8	15.5	3678.6	1.6	341.0
大型超市	9537.6	36.0	10968.9	14.6	1117.9
百货店	7439.8	322.3	10943.7	2.8	828.4
专业店	33609.7	758.5	41575.5	17.8	3452.7
专卖店	35246.2	1786.8	41319.6	10.7	4464.0
无店铺零售	18061.3	247.3	20809.9	38.2	1135.0

7-4-11 各地区限额以上批发和零售业企业商品购、销、存情况

单位：亿元

地区	商品购进额	#进口	商品销售额	#出口	期末商品库存额
全国	**709505.3**	**51415.4**	**782518.3**	**27436.1**	**46410.0**
北京	67530.9	10725.4	71964.2	1876.2	6425.4
天津	28924.2	1233.1	30698.1	565.7	1725.4
河北	11544.6	189.9	13314.9	154.9	829.1
山西	10863.2	92.7	11924.2	13.9	526.6
内蒙古	4537.5	297.5	5218.3	113.6	433.8
辽宁	15569.6	806.1	17107.5	229.2	889.5
吉林	3055.2	43.5	3549.8	10.8	407.6
黑龙江	4901.0	1095.0	5527.0	34.0	570.7
上海	109379.7	13465.2	120468.3	4412.6	7037.9
江苏	67564.3	3718.3	72602.9	3949.2	3973.1
浙江	71265.0	3397.1	77759.3	5319.4	3271.2
安徽	12320.5	743.8	14091.8	311.7	1015.8
福建	34477.5	2902.3	38498.4	2015.3	1743.8
江西	5876.0	55.4	7406.3	237.1	517.0
山东	35945.1	1189.6	39891.4	1370.1	1998.8
河南	14168.8	209.4	16263.3	253.5	1260.6
湖北	17832.8	131.0	20404.4	143.1	1085.7
湖南	10363.8	273.7	11878.4	161.7	799.8
广东	93126.6	6277.4	101582.5	4411.6	5826.6
广西	9607.1	181.9	10390.2	267.4	554.3
海南	2744.6	316.7	3086.8	23.6	217.0
重庆	12272.8	618.1	13942.0	187.5	784.1
四川	16885.2	309.5	18945.2	142.3	1131.8
贵州	5049.4	93.0	6955.9	63.0	532.9
云南	9757.6	408.3	11609.9	341.5	745.0
西藏	312.3	1.6	443.3		54.1
陕西	14699.1	719.0	16472.2	722.1	673.4
甘肃	5446.7	38.5	5958.6	15.5	337.4
青海	1032.6	11.2	1210.2	8.8	63.6
宁夏	1810.9	6.3	1837.8	4.6	86.8
新疆	10640.6	1864.9	11515.1	76.1	891.2

7-4-12 各地区限额以上批发业企业商品购、销、存情况

单位：亿元

地区	商品购进额	#进口	商品销售额	#出口	期末商品库存额
全国	**601908.8**	**48241.8**	**652164.1**	**27346.3**	**35036.0**
北京	58719.2	10463.6	62513.5	1875.0	5654.8
天津	26951.8	1185.5	28499.1	563.6	1482.7
河北	8667.1	130.8	9820.2	154.6	424.8
山西	9274.1	73.2	9925.8	12.9	334.4
内蒙古	3472.5	284.4	3946.4	113.2	322.5
辽宁	13005.1	727.3	13937.1	224.3	642.1
吉林	2125.5	18.4	2361.5	10.8	287.8
黑龙江	3819.7	1079.6	4173.8	34.0	444.1
上海	101654.8	13004.1	110931.3	4407.1	5824.8
江苏	58224.5	3530.5	61334.3	3945.4	3104.2
浙江	63679.9	3091.8	68016.0	5312.4	2446.6
安徽	8576.6	588.2	9608.3	301.8	644.5
福建	28795.3	2764.1	31676.2	2008.7	1291.5
江西	3882.5	26.3	4864.1	233.7	221.0
山东	30080.8	1058.9	33004.7	1364.0	1300.4
河南	10197.7	129.0	11281.9	240.4	806.7
湖北	12462.6	54.2	14141.7	142.7	689.7
湖南	6578.9	186.5	6818.2	160.9	457.7
广东	81624.2	5839.8	87414.4	4406.2	4594.0
广西	7890.9	152.7	8376.7	265.2	356.5
海南	2062.7	196.7	2293.2	23.6	121.0
重庆	9367.0	532.2	10416.2	186.5	558.0
四川	11131.8	161.2	12388.0	142.3	687.4
贵州	3275.1	31.9	4542.7	62.3	288.0
云南	8036.5	363.7	9249.5	328.0	548.5
西藏	158.9		252.4		24.3
陕西	11519.8	669.6	12550.8	722.0	397.4
甘肃	4699.9	26.3	5025.4	15.5	248.3
青海	842.7	9.0	974.4	8.6	39.6
宁夏	1519.3	4.8	1512.1	4.6	47.5
新疆	9611.1	1857.3	10314.1	76.1	745.3

7-4-13 各地区限额以上零售业企业商品购、销、存情况

单位：亿元

地区	商品购进额	#进口	商品销售额	#出口	期末商品库存额
全国	**107596.6**	**3173.6**	**130354.1**	**89.8**	**11374.0**
北京	8811.6	261.8	9450.7	1.2	770.6
天津	1972.4	47.6	2199.1	2.1	242.8
河北	2877.5	59.1	3494.7	0.3	404.3
山西	1589.1	19.5	1998.3	1.0	192.2
内蒙古	1065.0	13.1	1271.9	0.4	111.3
辽宁	2564.5	78.7	3170.4	4.9	247.4
吉林	929.7	25.0	1188.3		119.8
黑龙江	1081.3	15.4	1353.3		126.6
上海	7724.9	461.1	9536.9	5.5	1213.2
江苏	9339.8	187.9	11268.6	3.8	868.8
浙江	7585.1	305.3	9743.3	7.1	824.6
安徽	3743.9	155.6	4483.5	9.9	371.2
福建	5682.2	138.3	6822.2	6.5	452.3
江西	1993.5	29.1	2542.2	3.4	296.0
山东	5864.3	130.7	6886.7	6.1	698.4
河南	3971.1	80.3	4981.5	13.1	453.9
湖北	5370.2	76.7	6262.7	0.4	396.1
湖南	3784.9	87.1	5060.2	0.8	342.1
广东	11502.4	437.5	14168.1	5.3	1232.6
广西	1716.2	29.3	2013.5	2.1	197.7
海南	681.9	120.1	793.6		96.0
重庆	2905.8	85.9	3525.8	1.0	226.1
四川	5753.4	148.3	6557.2		444.3
贵州	1774.3	61.0	2413.2	0.8	244.9
云南	1721.1	44.6	2360.4	13.5	196.5
西藏	153.5	1.6	190.9		29.9
陕西	3179.3	49.4	3921.4	0.1	276.0
甘肃	746.7	12.3	933.2		89.1
青海	190.0	2.3	235.8	0.2	24.0
宁夏	291.6	1.5	325.7		39.4
新疆	1029.5	7.6	1201.0		145.9

【主要统计指标解释】

资产总计 指企业过去的交易或者事项形成的、由企业拥有或者控制的、预期会给企业带来经济利益的资源。资产一般按流动性（资产的变现或耗用时间长短）分为流动资产和非流动资产。其中流动资产可分为货币资金、变易性金融资产、应收票据、应收账款、预付款项、其他应收款、存货等；非流动资产可分为长期股权投资、固定资产、无形资产及其他非流动资产等。

流动资产合计 资产满足以下条件之一应归为流动资产：（1）预计在一个正常营业周期中变现、出售或耗用，主要包括存货、应收账款等；（2）主要为交易目的而持有；（3）预计在资产负债表日起一年内（含一年）变现；（4）自资产负债表日起一年内，交换其他资产或清偿负债的能力不受限制的现金或现金等价物。包括货币资金、应收票据、应收账款、存货等项目。

固定资产净额 指固定资产原价减去累计折旧、固定资产减值准备等后的金额。

负债合计 指企业过去的交易或者事项形成的，预期会导致经济利益流出企业的现时义务。负债一般按偿还期长短分为流动负债和非流动负债。

所有者权益合计 指企业资产扣除负债后由所有者享有的剩余权益。公司的所有者权益又称股东权益。包括实收资本、资本公积、盈余公积、未分配利润等。

营业收入 指企业从事销售商品、提供劳务和让渡资产使用权等生产经营活动形成的经济利益流入。包括“主营业务收入”和“其他业务收入”。

营业成本 指企业从事销售商品、提供劳务和让渡资产使用权等生产经营活动发生的实际成本。包括“主营业务成本”和“其他业务成本”。

销售费用 指企业在销售商品和材料、提供劳务的过程中发生的各种费用，包括保险费、包装费、展览费和广告费、商品维修费、预计产品质量保证损失、运输费、装卸费等以及为销售本企业商品而专设的销售机构（含销售网点、售后服务网点等）的职工薪酬、业务费、折旧费等经营费用。

管理费用 指企业为组织和管理企业生产经营所发生的费用，包括企业在筹建期间内发生的开办费、董事会和行政管理部门在企业经营管理中发生的，或者应当由企业统一负担的公司经费等。

财务费用 指企业为筹集生产经营所需资金等而发生的筹资费用，包括企业生产经营期间发生的利息支出（减利息收入）、汇兑损失（减汇兑收益）以及相关的手续费等。

利润总额 指企业在一定会计期间的经营成果，是生产经营过程中各种收入扣除各种耗费后的盈余，反映企业在报告期内实现的盈亏总额。

商品购进额 指从本企业以外的单位和个人购进（包括从国外直接进口）作为转卖或加工后转卖的商品金额（含增值税）。本指标反映批发和零售业从国内外市场上购进商品的总价。

进口 指直接从国外进口或委托外贸企业代理进口的商品金额，不包括从国内有关单位购进的进口商品。对外贸易企业只统计自主经营进口的商品，不统计受托代理进口的商品。

商品销售额 指对本单位以外的单位和个人出售的商品金额（包括售给本单位消费用的商品，含增值税），在批发和零售业中，本指标反映在国内市场上销售商品以及出口商品的总价。

出口 指直接向国（境）外出口商品和委托外贸企业代理出口的商品金额，商品出口不包括售给外贸企业出口或加工后出口的商品，以及在国内市场以外币销售的商品。外贸企业只统计自主经营出口的商品，不包括受托代理出口的商品。

零售额 指售给个人用于生活消费和社会集团用于公共消费的商品金额。

期末商品库存额 对于批发和零售业法人单位和个体经营户，是指报告期末取得所有权的全部商品金额（含增值税）；对于批发和零售业产业活动单位，是指报告期末实际在库且归属法人具有所有权的全部商品金额（含增值税）。这个指标反映批发和零售业的商品库存情况，以及对市场商品供应的保证程度。

7 第三产业分行业主要指标

7-5 交通运输、仓储和邮政业

简要说明

一、主要内容

1. 交通运输、仓储和邮政业企业法人单位分地区主要指标。

2. 交通运输业资料主要包括：主要运输方式的线路里程、运输设备拥有量、技术质量情况，各种运输方式完成的货物运输量和旅客运输量，全国港口码头长度、泊位数量及货物吞吐量，城市公共交通运营线路总长度、运营车（船）数量及客运量等资料。

3. 邮政业资料主要包括：全国邮政主要业务量、营业网点及邮政邮路情况、邮政通信服务水平等。

二、调查范围及统计单位

1. 铁路资料：包括国家铁路（含控股合资）、地方铁路和非控股合资铁路运营情况，不含军用铁路及由厂矿企事业单位自建的铁路专用线和专用铁路。国家铁路（含控股合资）和非控股合资铁路运营资料来源于各铁路局及所属运输企业（公司）。地方铁路运营资料来源于各省地方铁路管理部门。

2. 公路、水路、港口资料：（1）公路和水路线路里程为年末通车和通航里程数，不含未正式投入使用的公路和航道里程；（2）民用汽车拥有量及机动车和汽车驾驶员人数，根据公安部交通管理局所属各省（自治区、直辖市）车管部门登记注册的车辆资料和驾驶员资料整理，不含军用车辆；（3）公路营运汽车拥有量，根据各省（自治区、直辖市）道路运输主管部门登记注册的从事公路运输的营业性运输车辆资料整理，属于民用汽车的一部分；（4）营业性民用运输船舶拥有量，根据各省（自治区、直辖市）交通运输主管部门登记注册的从事水上客、货运输的营业性船舶资料整理，不含非运输船舶及农业、渔业生产船舶；（5）公路、水路客货运输量资料，由交通运输部负责收集整理；（6）公路、水路运输量统计包括全面调查和非全面调查两种方式，统计范围是在各省交通运输主管部门登记注册的从事公路、水路客、货运输的营业性的车辆和船舶所完成的运输量；（7）港口的统计范围为所有取得港口经营许可的业户。

3. 管道运输资料：包括输原油、输成品油、输天然气及输其他气体的管道长度和完成的运输量。统计范围包括：油气田企业直接通向炼油厂、化工厂、电站等用户及装车站、油码头的管道，炼油厂通向用户（包括商业石油公司油库）的成品油管道，独立核算的管道运输企业通向用户及装车（站）栈桥、油码头的管道。管道运输资料主要来源于中国石油天然气集团有限公司、中国石油化工集团公司和中国海洋石油集团有限公司所属的管道运输企业，由三家集团公司分别负责收集审核本部门资料。

4. 民航运输资料：统计对象为在我国境内注册从事民用航空运输飞行和通用航空飞行的航空运输企业和民用航空机场，不包括在我国境内运输飞行的外国航空公司。统计内容为各航空公司从事国内运输、港澳台运输、国际运输的定期航班航线条数及里程、运输量及飞机构成和运营情况、通用航空飞行完成情况等。

5. 城市公共交通资料：统计范围为全国所有设市城市的城市公共交通情况。

6. 邮政业资料：包括全国邮政企业和获得快递业务经营许可的快递企业，为社会公众提供的各类邮政及快递服务。

三、资料来源

本篇资料由国家统计局服务业统计司负责整理、编辑。有关交通运输、仓储和邮政业企业法人单位分地区主要指标来源于《规模以上服务业统计报表制度》和《规模以下服务业抽样调查统计报表制度》，从业人员指标来源于《劳动工资统计报表制度》。有关交通运输业资料分别来源于公安部交通管理局所属各省车管部门、交通运输部、中国民用航空局、国家铁路局、中国国家铁路集团有限公司、中国石油天然气集团公司、中国石油化工集团公司和中国海洋石油集团有限公司。有关邮政业资料来源于国家邮政局。

7-5-1 交通运输、仓储和邮政业企业法人单位分地区主要指标

地　区	营业收入（亿元）	资产总计（亿元）	从业人员（万人）
全　国	**84376.7**	**295288.6**	**1210.0**
北　京	5899.2	12142.8	64.1
天　津	3977.4	10888.7	21.1
河　北	2127.9	8153.7	43.4
山　西	975.6	7721.6	27.9
内蒙古	1014.2	4499.5	15.6
辽　宁	2458.8	12815.8	34.0
吉　林	702.8	3844.0	14.0
黑龙江	1341.4	6395.1	17.2
上　海	11023.4	19676.9	68.1
江　苏	8611.5	20307.7	97.9
浙　江	5165.1	13097.7	65.7
安　徽	2618.5	6827.6	46.8
福　建	2652.1	10062.2	44.1
江　西	1986.8	7126.5	41.1
山　东	5502.0	14204.7	88.9
河　南	2853.6	10266.1	64.4
湖　北	2523.6	12656.9	47.8
湖　南	1342.6	9890.1	35.0
广　东	9580.0	32645.5	144.1
广　西	998.4	8222.9	24.5
海　南	883.2	4177.1	7.7
重　庆	1666.9	8095.7	39.2
四　川	2405.3	12050.8	50.7
贵　州	648.9	7612.8	16.2
云　南	1739.6	10487.6	22.7
西　藏	118.5	406.7	2.2
陕　西	1382.3	9514.8	29.9
甘　肃	463.6	6723.1	12.7
青　海	94.2	298.0	3.3
宁　夏	213.8	449.9	4.4
新　疆	1405.6	4025.9	15.5

7-5-2 交通运输业基本情况

指　标	2009	2010	2011	2012	2013
运输线路长度　（万公里）					
铁路营业里程	8.55	9.12	9.32	9.76	10.31
#高速铁路	0.27	0.51	0.66	0.94	1.10
公路里程	386.08	400.82	410.64	423.75	435.62
#高速公路	6.51	7.41	8.49	9.62	10.44
内河航道里程	12.37	12.42	12.46	12.50	12.59
#等级航道	6.15	6.23	6.26	6.37	6.49
定期航班航线里程	234.51	276.51	349.06	328.01	410.60
国际航线	91.99	107.02	149.44	128.47	150.32
国内航线	142.52	169.50	199.62	199.54	260.29
管道输油(气)里程	6.91	7.85	8.33	9.01	9.85
输油管	3.55	3.85	3.95	4.13	4.32
输气管	3.35	4.00	4.38	4.88	5.52
客运量总计　（万人）	**2976898**	**3269508**	**3526319**	**3804035**	**2122992**
铁路	152451	167609	186226	189337	210597
公路	2779081	3052738	3286220	3557010	1853463
水运	22314	22392	24556	25752	23535
民航	23052	26769	29317	31936	35397
旅客周转量总计　（亿人公里）	**24834.9**	**27894.3**	**30984.0**	**33383.1**	**27571.7**
铁路	7878.9	8762.2	9612.3	9812.3	10595.6
公路	13511.4	15020.8	16760.2	18467.5	11250.9
水运	69.4	72.3	74.5	77.5	68.3
民航	3375.2	4039.0	4537.0	5025.7	5656.8
货运量总计　（万吨）	**2825222**	**3241807**	**3696961**	**4099400**	**4098900**
铁路	333348	364271	393263	390438	396697
公路	2127834	2448052	2820100	3188475	3076648
水运	318996	378949	425968	458705	559785
民航	445.5	563.0	557.5	545.0	561.3
管道	44598	49972	57073	61238	65209

注：1.从2005年起，公路里程包括村道，与以前年度数据不可比(下同)。
2.2008年，公路、水路客货运输量和周转量统计口径发生变化，不宜进行历史对比(下同)。
3.2011年起民航航线里程改为定期航班航线里程(下同)。
4.2013年公路水路客货运输数据，源自2013年交通运输业经济统计专项调查，统计范围口径有所调整(下同)。
5.从2013年起,管道运输由中国石油天然气集团公司、中国石油化工集团公司和中国海洋石油集团有限公司提供(下同)。
6.2019年铁路货运量和货物周转量数据来自国家铁路局，同2018年相比统计范围增加部分地方铁路。
7.2019年公路货运量及货物周转量统计口径，根据2019年道路货物运输量专项调查进行调整，与以前年度数据不可比(下同)。
8.2018年及以前港口统计范围为规模以上港口，从2019年起调整为全国所有获得港口经营许可的业户(下同)。

7-5-2 续表 1

指　　标	2009	2010	2011	2012	2013
货物周转量总计　（亿吨公里）	**122133.3**	**141837.4**	**159323.6**	**173770.7**	**168013.8**
铁路	25239.2	27644.1	29465.8	29187.1	29173.9
公路	37188.8	43389.7	51374.7	59534.9	55738.1
水运	57556.7	68427.5	75423.8	81707.6	79435.7
民航	126.2	178.9	173.9	163.9	170.3
管道	2022.4	2197.2	2885.4	3177.3	3495.9
港口货物吞吐量　（万吨）	**697159**	**810180**	**911814**	**977473**	**1064891**
沿海港口	475481	548358	616292	665245	728098
#外贸	197922	226938	252318	276221	302431
内河港口	221678	261822	295522	312228	336793
#外贸	18296	21025	23967	26831	29961
民用汽车拥有量　（万辆）	**6280.61**	**7801.83**	**9356.32**	**10933.09**	**12670.14**
#载客汽车	4845.09	6124.13	7478.37	8943.01	10561.78
载货汽车	1368.60	1597.55	1787.99	1894.75	2010.62
#私人汽车拥有量	4574.91	5938.71	7326.79	8838.60	10501.68
#载客汽车	3808.33	4989.50	6237.46	7637.87	9198.23
载货汽车	753.40	931.52	1067.43	1175.63	1275.49
民用运输船舶拥有量　（艘）	**176932**	**178407**	**179242**	**178591**	**172554**
机动船	149367	155624	157950	158309	155340
驳船	27565	22783	21292	20282	17214
港口码头泊位　（个）	**20091**	**20333**	**20524**	**20450**	**20379**
沿海港口	5372	5529	5612	5715	5761
#万吨级	1214	1293	1366	1453	1524
内河港口	14719	14804	14912	14735	14618
#万吨级	293	318	340	369	394
民用飞机　（架）	**2181**	**2405**	**3191**	**3589**	**4004**
#运输飞机	1417	1597	1764	1941	2145
通用航空飞机	555	606	1124	1320	1519

7-5-2 续表 2

指 标	2014	2015	2016	2017	2018	2019
运输线路长度 （万公里）						
铁路营业里程	11.18	12.10	12.40	12.70	13.17	13.99
#高速铁路	1.65	1.98	2.30	2.52	2.99	3.54
公路里程	446.39	457.73	469.63	477.35	484.65	501.25
#高速公路	11.19	12.35	13.10	13.64	14.26	14.96
内河航道里程	12.63	12.70	12.71	12.70	12.71	12.73
#等级航道	6.54	6.63	6.64	6.62	6.64	6.67
定期航班航线里程	463.72	531.72	634.81	748.30	837.98	948.22
国际航线	176.72	239.44	282.80	324.59	359.89	401.47
国内航线	287.00	292.28	352.01	423.72	478.09	546.75
管道输油(气)里程	10.57	10.87	11.34	11.93	12.23	12.66
输油管	4.52	4.66	4.99	5.37	5.50	5.74
输气管	6.05	6.21	6.34	6.56	6.73	6.93
客运量总计 （万人）	**2032218**	**1943271**	**1900194**	**1848620**	**1793820**	**1760436**
铁路	230460	253484	281405	308379	337495	366002
公路	1736270	1619097	1542759	1456784	1367170	1301173
水运	26293	27072	27234	28300	27981	27267
民航	39195	43618	48796	55156	61174	65993
旅客周转量总计 （亿人公里）	**28647.1**	**30058.9**	**31258.5**	**32812.8**	**34218.2**	**35349.2**
铁路	11241.9	11960.6	12579.3	13456.9	14146.6	14706.6
公路	10996.8	10742.7	10228.7	9765.2	9279.7	8857.1
水运	74.3	73.1	72.3	77.7	79.6	80.2
民航	6334.2	7282.6	8378.1	9513.0	10712.3	11705.3
货运量总计 （万吨）	**4167296**	**4175886**	**4386763**	**4804850**	**5152732**	**4713624**
铁路	381334	335801	333186	368865	402631	438904
公路	3113334	3150019	3341259	3686858	3956871	3435480
水运	598283	613567	638238	667846	702684	747225
民航	594	629	668	706	739	753
管道	73752	75870	73411	80576	89807	91261

7-5-2 续表 3

指 标	2014	2015	2016	2017	2018	2019
货物周转量总计 （亿吨公里）	**181667.7**	**178355.9**	**186629.5**	**197372.6**	**204686.2**	**199394.3**
铁路	27530.2	23754.3	23792.3	26962.2	28821.0	30182.0
公路	56846.9	57955.7	61080.1	66771.5	71249.2	59636.4
水运	92774.6	91772.5	97338.8	98611.2	99052.8	103963.0
民航	187.8	208.1	222.4	243.6	262.5	263.2
管道	4328.3	4665.4	4195.9	4784.1	5300.7	5349.7
全国港口货物吞吐量 （万吨）	**1118803**	**1146382**	**1188872**	**1267173**	**1334499**	**1395083**
沿海港口	769557	784578	810933	865464	922392	918774
#外贸	320839	325326	339026	358817	372129	385525
内河港口	349246	361804	377939	401710	412107	476309
#外贸	32091	36046	39558	43482	44165	46544
民用汽车拥有量 （万辆）	**14598.11**	**16284.45**	**18574.54**	**20906.67**	**23231.23**	**25376.38**
#载客汽车	12326.70	14095.88	16278.24	18469.54	20555.40	22474.27
载货汽车	2125.46	2065.62	2171.89	2338.85	2567.82	2782.84
#私人汽车拥有量	12339.36	14099.10	16330.22	18515.11	20574.93	22508.99
#载客汽车	10945.39	12737.23	14896.27	17001.51	18930.29	20710.58
载货汽车	1352.78	1330.65	1401.16	1478.40	1605.10	1753.66
民用运输船舶拥有量 （艘）	**171977**	**165905**	**160144**	**144924**	**136975**	**131555**
机动船	154974	149659	144568	131746	125754	121440
驳船	17003	16246	15576	13178	11221	10115
全国港口码头泊位 （个）	**20516**	**20363**	**19712**	**18329**	**17298**	**24458**
沿海港口	5923	6115	6096	6209	6150	6426
#万吨级	1633	1750	1814	1913	2019	2076
内河港口	14593	14248	13616	12120	11148	18032
#万吨级	406	416	423	418	451	444
民用飞机 （架）	**4168**	**4554**	**5046**	**5593**	**6134**	**6525**
#运输飞机	2370	2650	2950	3296	3639	3818
通用航空飞机	1798	1904	2096	2297	2495	2707

7-5-3 各地区城镇非私营单位交通运输业从业人员(2019年底)

单位：人

地 区	铁 路 运输业	道 路 运输业	水 上 运输业	航 空 运输业	管 道 运输业
全 国	**1915824**	**3647405**	**319477**	**623543**	**26514**
北 京	103262	262211	278	80757	4522
天 津	28282	58793	10860	8896	608
河 北	88090	117971	18039	5716	113
山 西	102588	75783	30	5051	259
内蒙古	108116	57632	2	7407	185
辽 宁	112596	115587	28394	18345	757
吉 林	62565	61878	36	3773	172
黑龙江	137316	60614	648	10855	579
上 海	33685	179731	31571	82811	944
江 苏	63962	233644	51663	16798	7545
浙 江	3996	202173	28954	10806	77
安 徽	47294	132343	8420	3995	27
福 建	33462	96020	14619	27767	33
江 西	56340	89676	3358	4732	245
山 东	88039	203676	38377	19734	2787
河 南	110841	229495	2097	9368	526
湖 北	78615	159683	13201	7983	806
湖 南	77840	129511	3233	6718	394
广 东	72094	388267	41430	127911	524
广 西	66436	66832	4385	8631	
海 南	6485	19442	6083	24943	28
重 庆	27194	123672	12140	15112	72
四 川	70829	166837	716	35845	140
贵 州	33450	59640	193	15109	141
云 南	39036	75190	245	26144	288
西 藏	708	15372		7207	
陕 西	97418	111013	21	12497	721
甘 肃	64837	44324	183	3826	256
青 海	23341	19558	9	2473	
宁 夏	19741	11089	186	2800	
新 疆	57366	79748	106	9533	3765

注：本篇资料数据来源为国家统计局《劳动工资统计报表制度》，统计范围为城镇非私营单位。

7-5-4 运输线路长度

单位：万公里

年 份	铁路营业里程	#国家铁路电气化里程	公路里程	#高速公路	内河航道里程	定期航班航线里程	#国际航线	管道输油(气)里程
1978	5.17	0.10	89.02		13.60	14.89	5.53	0.83
1980	5.33	0.17	88.83		10.85	19.53	8.12	0.87
1981	5.39	0.17	89.75		10.87	21.82	8.28	0.97
1982	5.33	0.18	90.70		10.86	23.27	9.99	1.04
1983	5.46	0.23	91.51		10.89	22.91	9.99	1.08
1984	5.48	0.30	92.67		10.93	26.02	10.74	1.10
1985	5.52	0.41	94.24		10.91	27.72	10.60	1.17
1986	5.58	0.44	96.28		10.94	32.31	10.76	1.30
1987	5.60	0.46	98.22		10.98	38.91	14.89	1.38
1988	5.62	0.57	99.96	0.01	10.94	37.38	12.83	1.43
1989	5.70	0.64	101.43	0.03	10.90	47.19	16.64	1.51
1990	5.79	0.69	102.83	0.05	10.92	50.68	16.64	1.59
1991	5.78	0.78	104.11	0.06	10.97	55.91	17.74	1.62
1992	5.81	0.84	105.67	0.07	10.97	83.66	30.30	1.59
1993	5.86	0.89	108.35	0.11	11.02	96.08	27.87	1.64
1994	5.90	0.90	111.78	0.16	11.02	104.56	35.19	1.68
1995	6.24	0.97	115.70	0.21	11.06	112.90	34.82	1.72
1996	6.49	1.01	118.58	0.34	11.08	116.65	38.63	1.93
1997	6.60	1.20	122.64	0.48	10.98	142.50	50.44	2.04
1998	6.64	1.30	127.85	0.87	11.03	150.58	50.44	2.31
1999	6.74	1.40	135.17	1.16	11.65	152.22	52.33	2.49
2000	6.87	1.49	167.98	1.63	11.93	150.29	50.84	2.47
2001	7.01	1.69	169.80	1.94	12.15	155.36	51.69	2.76
2002	7.19	1.74	176.52	2.51	12.16	163.77	57.45	2.98
2003	7.30	1.81	180.98	2.97	12.40	174.95	71.53	3.26
2004	7.44	1.86	187.07	3.43	12.33	204.94	89.42	3.82
2005	7.54	1.94	334.52	4.10	12.33	199.85	85.59	4.40
2006	7.71	2.34	345.70	4.53	12.34	211.35	96.62	4.81
2007	7.80	2.40	358.37	5.39	12.35	234.30	104.74	5.45
2008	7.97	2.50	373.02	6.03	12.28	246.18	112.02	5.83
2009	8.55	3.02	386.08	6.51	12.37	234.51	91.99	6.91
2010	9.12	3.27	400.82	7.41	12.42	276.51	107.02	7.85
2011	9.32	3.43	410.64	8.49	12.46	349.06	149.44	8.33
2012	9.76	3.55	423.75	9.62	12.50	328.01	128.47	9.01
2013	10.31	3.60	435.62	10.44	12.59	410.60	150.32	9.85
2014	11.18	3.69	446.39	11.19	12.63	463.72	176.72	10.57
2015	12.10	7.47	457.73	12.35	12.70	531.72	239.44	10.87
2016	12.40	8.03	469.63	13.10	12.71	634.81	282.80	11.34
2017	12.70	8.66	477.35	13.64	12.70	748.30	324.59	11.93
2018	13.17	9.22	484.65	14.26	12.71	837.98	359.89	12.23
2019	13.99	10.04	501.25	14.96	12.73	948.22	401.47	12.66

7-5-5 客运量

单位：万人

年 份	总计	铁路	公路	水运	民航
1952	24518	16352	4559	3605	2
1957	63821	31262	23772	8780	7
1962	122154	75003	30737	16397	17
1965	96334	41245	43693	11369	27
1970	130056	52455	61812	15767	22
1975	192969	70465	101350	21015	139
1978	253993	81491	149229	23042	231
1980	341785	92204	222799	26439	343
1985	620206	112110	476486	30863	747
1986	688211	108579	544259	34377	996
1987	746422	112479	593682	38951	1310
1988	809592	122645	650473	35032	1442
1989	791374	113805	644508	31778	1283
1990	772682	95712	648085	27225	1660
1991	806048	95080	682681	26109	2178
1992	860855	99693	731774	26502	2886
1993	996634	105458	860719	27074	3383
1994	1092882	108738	953940	26165	4039
1995	1172596	102745	1040810	23924	5117
1996	1245357	94797	1122110	22895	5555
1997	1326094	93308	1204583	22573	5630
1998	1378717	95085	1257332	20545	5755
1999	1394413	100164	1269004	19151	6094
2000	1478573	105073	1347392	19386	6722
2001	1534122	105155	1402798	18645	7524
2002	1608150	105606	1475257	18693	8594
2003	1587497	97260	1464335	17142	8759
2004	1767453	111764	1624526	19040	12123
2005	1847018	115583	1697381	20227	13827
2006	2024158	125656	1860487	22047	15968
2007	2227761	135670	2050680	22835	18576
2008	2867892	146193	2682114	20334	19251
2009	2976898	152451	2779081	22314	23052
2010	3269508	167609	3052738	22392	26769
2011	3526319	186226	3286220	24556	29317
2012	3804035	189337	3557010	25752	31936
2013	2122992	210597	1853463	23535	35397
2014	2032218	230460	1736270	26293	39195
2015	1943271	253484	1619097	27072	43618
2016	1900194	281405	1542759	27234	48796
2017	1848620	308379	1456784	28300	55156
2018	1793820	337495	1367170	27981	61174
2019	1760436	366002	1301173	27267	65993

7-5-6 客运量构成

单位：%

年 份	总计	铁路	公路	水运	民航
1952	100.0	66.7	18.6	14.7	0.01
1957	100.0	49.0	37.2	13.8	0.01
1962	100.0	61.4	25.2	13.4	0.01
1965	100.0	42.8	45.4	11.8	0.03
1970	100.0	40.3	47.5	12.1	0.02
1975	100.0	36.5	52.5	10.9	0.07
1978	100.0	32.1	58.8	9.1	0.09
1980	100.0	27.0	65.2	7.7	0.10
1985	100.0	18.1	76.8	5.0	0.12
1986	100.0	15.8	79.1	5.0	0.14
1987	100.0	15.1	79.5	5.2	0.18
1988	100.0	15.1	80.3	4.3	0.18
1989	100.0	14.4	81.4	4.0	0.16
1990	100.0	12.4	83.9	3.5	0.21
1991	100.0	11.8	84.7	3.2	0.27
1992	100.0	11.6	85.0	3.1	0.34
1993	100.0	10.6	86.4	2.7	0.34
1994	100.0	9.9	87.3	2.4	0.37
1995	100.0	8.8	88.8	2.0	0.44
1996	100.0	7.6	90.1	1.8	0.45
1997	100.0	7.0	90.8	1.7	0.42
1998	100.0	6.9	91.2	1.5	0.42
1999	100.0	7.2	91.0	1.4	0.44
2000	100.0	7.1	91.1	1.3	0.45
2001	100.0	6.9	91.4	1.2	0.49
2002	100.0	6.6	91.7	1.2	0.53
2003	100.0	6.1	92.2	1.1	0.55
2004	100.0	6.3	91.9	1.1	0.69
2005	100.0	6.3	91.9	1.1	0.75
2006	100.0	6.2	91.9	1.1	0.79
2007	100.0	6.1	92.1	1.0	0.83
2008	100.0	5.1	93.5	0.7	0.67
2009	100.0	5.1	93.4	0.7	0.77
2010	100.0	5.1	93.4	0.7	0.82
2011	100.0	5.3	93.2	0.7	0.83
2012	100.0	5.0	93.5	0.7	0.84
2013	100.0	9.9	87.3	1.1	1.67
2014	100.0	11.3	85.4	1.3	1.90
2015	100.0	13.0	83.3	1.4	2.24
2016	100.0	14.8	81.2	1.4	2.57
2017	100.0	16.7	78.8	1.5	2.98
2018	100.0	18.8	76.2	1.6	3.41
2019	100.0	20.8	73.9	1.5	3.75

7-5-7 旅客周转量

单位：亿人公里

年　份	总计	铁路	公路	水运	民航
1952	248.02	200.64	22.64	24.50	0.24
1957	496.55	361.30	88.07	46.38	0.80
1962	1085.56	859.01	141.46	83.92	1.17
1965	697.04	478.99	168.20	47.37	2.48
1970	1031.05	718.19	240.06	71.01	1.79
1975	1434.55	954.09	374.48	90.59	15.39
1978	1743.07	1093.22	521.30	100.63	27.91
1980	2281.34	1383.16	729.50	129.12	39.56
1985	4436.39	2416.14	1724.88	178.65	115.72
1986	4896.51	2586.71	1981.74	182.06	146.00
1987	5418.18	2843.06	2190.43	195.92	186.06
1988	6208.91	3260.31	2528.24	203.92	216.91
1989	6074.56	3037.41	2662.11	188.27	186.77
1990	5628.35	2612.64	2620.32	164.91	230.48
1991	6178.32	2828.05	2871.74	177.21	301.32
1992	6949.38	3152.24	3192.64	198.38	406.12
1993	7858.00	3483.30	3700.70	196.40	477.60
1994	8591.42	3636.04	4220.30	183.50	551.58
1995	9001.90	3545.70	4603.10	171.80	681.30
1996	9164.80	3347.60	4908.79	160.57	747.84
1997	10055.48	3584.86	5541.40	155.70	773.52
1998	10636.74	3773.42	5942.81	120.27	800.24
1999	11299.74	4135.94	6199.20	107.30	857.30
2000	12261.05	4532.59	6657.42	100.50	970.54
2001	13155.13	4766.82	7207.08	89.88	1091.35
2002	14125.63	4969.38	7805.77	81.78	1268.70
2003	13810.50	4788.61	7695.60	63.10	1263.19
2004	16309.08	5712.17	8748.38	66.25	1782.28
2005	17466.74	6061.96	9292.08	67.77	2044.93
2006	19197.21	6622.12	10130.85	73.58	2370.66
2007	21592.58	7216.31	11506.77	77.78	2791.73
2008	23196.70	7778.60	12476.11	59.18	2882.80
2009	24834.94	7878.89	13511.44	69.38	3375.24
2010	27894.26	8762.18	15020.81	72.27	4039.00
2011	30984.03	9612.29	16760.25	74.53	4536.96
2012	33383.09	9812.33	18467.55	77.48	5025.74
2013	27571.65	10595.62	11250.94	68.33	5656.76
2014	28647.13	11241.85	10996.75	74.34	6334.19
2015	30058.90	11960.60	10742.66	73.08	7282.55
2016	31258.46	12579.29	10228.71	72.33	8378.13
2017	32812.80	13456.92	9765.18	77.66	9513.04
2018	34218.15	14146.58	9279.68	79.57	10712.32
2019	35349.24	14706.64	8857.08	80.22	11705.30

7-5-8 旅客周转量构成

单位：%

年 份	总计	铁路	公路	水运	民航
1952	100.0	80.9	9.1	9.9	0.1
1957	100.0	72.8	17.7	9.3	0.2
1962	100.0	79.1	13.0	7.7	0.1
1965	100.0	68.7	24.1	6.8	0.4
1970	100.0	69.7	23.3	6.9	0.2
1975	100.0	66.5	26.1	6.3	1.1
1978	100.0	62.7	29.9	5.8	1.6
1980	100.0	60.6	32.0	5.7	1.7
1985	100.0	54.5	38.9	4.0	2.6
1986	100.0	52.8	40.5	3.7	3.0
1987	100.0	52.5	40.4	3.6	3.4
1988	100.0	52.5	40.7	3.3	3.5
1989	100.0	50.0	43.8	3.1	3.1
1990	100.0	46.4	46.6	2.9	4.1
1991	100.0	45.8	46.5	2.9	4.9
1992	100.0	45.4	45.9	2.9	5.8
1993	100.0	44.3	47.1	2.5	6.1
1994	100.0	42.3	49.1	2.1	6.4
1995	100.0	39.4	51.1	1.9	7.6
1996	100.0	36.5	53.6	1.8	8.2
1997	100.0	35.7	55.1	1.5	7.7
1998	100.0	35.5	55.9	1.1	7.5
1999	100.0	36.6	54.9	0.9	7.6
2000	100.0	37.0	54.3	0.8	7.9
2001	100.0	36.2	54.8	0.7	8.3
2002	100.0	35.2	55.3	0.6	9.0
2003	100.0	34.7	55.7	0.5	9.1
2004	100.0	35.0	53.6	0.4	10.9
2005	100.0	34.7	53.2	0.4	11.7
2006	100.0	34.5	52.8	0.4	12.3
2007	100.0	33.4	53.3	0.4	12.9
2008	100.0	33.5	53.8	0.3	12.4
2009	100.0	31.7	54.4	0.3	13.6
2010	100.0	31.4	53.8	0.3	14.5
2011	100.0	31.0	54.1	0.2	14.6
2012	100.0	29.4	55.3	0.2	15.1
2013	100.0	38.4	40.8	0.2	20.5
2014	100.0	39.2	38.4	0.3	22.1
2015	100.0	39.8	35.7	0.2	24.2
2016	100.0	40.2	32.7	0.2	26.8
2017	100.0	41.0	29.8	0.2	29.0
2018	100.0	41.3	27.1	0.2	31.3
2019	100.0	41.6	25.1	0.2	33.1

7-5-9 旅客运输平均运距

单位：公里

年 份	总计	铁路	公路	水运	民航
1952	101	123	50	68	1200
1957	78	116	37	53	1143
1962	89	115	46	51	688
1965	72	116	38	42	919
1970	79	137	39	45	814
1975	74	135	37	43	1107
1978	69	134	35	44	1208
1980	67	150	33	49	1153
1985	72	216	36	58	1563
1986	71	238	36	53	1466
1987	73	253	37	50	1441
1988	77	266	39	58	1501
1989	77	267	41	59	1456
1990	73	273	40	61	1388
1991	77	297	42	68	1383
1992	81	316	44	75	1407
1993	79	330	43	73	1412
1994	79	334	44	70	1366
1995	77	345	44	72	1331
1996	74	353	44	70	1346
1997	76	384	46	69	1374
1998	77	397	47	59	1391
1999	81	413	49	56	1407
2000	83	431	49	52	1444
2001	86	453	51	48	1450
2002	88	471	53	44	1476
2003	87	492	53	37	1442
2004	92	511	54	35	1470
2005	95	524	55	34	1479
2006	95	527	54	33	1485
2007	97	532	56	34	1503
2008	81	532	47	29	1497
2009	83	517	49	31	1464
2010	85	523	49	32	1509
2011	88	516	51	30	1548
2012	88	518	52	30	1574
2013	130	503	61	29	1598
2014	141	488	63	28	1616
2015	155	472	66	27	1670
2016	165	447	66	27	1717
2017	177	436	67	27	1725
2018	191	419	68	28	1751
2019	201	402	68	29	1774

7-5-10 货运量

单位：万吨

年 份	总计	铁路	公路	水运	民航	管道
1952	35605	13217	17247	5141	0.2	
1957	89990	27421	46762	15806	0.8	
1962	92185	35261	38909	18013	1.8	
1965	133253	49100	59995	24155	2.5	
1970	167913	68132	72929	26848	3.7	
1975	251593	88955	117633	38968	4.7	6032
1978	319431	110119	151602	47357	6.4	10347
1980	310841	111279	142195	46833	8.9	10525
1985	745763	130709	538062	63322	19.5	13650
1986	853557	135635	620113	82962	22.4	14825
1987	948229	140653	711424	80979	29.9	15143
1988	982195	144948	732315	89281	32.7	15618
1989	988435	151489	733781	87493	31.0	15641
1990	970602	150681	724040	80094	37.0	15750
1991	985793	152893	733907	83370	45.2	15578
1992	1045899	157627	780941	92490	57.5	14783
1993	1115902	162794	840256	97938	69.4	14845
1994	1180396	163216	894914	107091	82.9	15092
1995	1234938	165982	940387	113194	101.1	15274
1996	1298421	171024	983860	127430	115.0	15992
1997	1278218	172149	976536	113406	124.7	16002
1998	1267427	164309	976004	109555	140.1	17419
1999	1293008	167554	990444	114608	170.4	20232
2000	1358682	178581	1038813	122391	196.7	18700
2001	1401786	193189	1056312	132675	171.0	19439
2002	1483447	204956	1116324	141832	202.1	20133
2003	1564492	224248	1159957	158070	219.0	21998
2004	1706412	249017	1244990	187394	276.7	24734
2005	1862066	269296	1341778	219648	306.7	31037
2006	2037060	288224	1466347	248703	349.4	33436
2007	2275822	314237	1639432	281199	401.8	40552
2008	2585937	330354	1916759	294510	407.6	43906
2009	2825222	333348	2127834	318996	445.5	44598
2010	3241807	364271	2448052	378949	563.0	49972
2011	3696961	393263	2820100	425968	557.5	57073
2012	4099400	390438	3188475	458705	545.0	61238
2013	4098900	396697	3076648	559785	561.3	65209
2014	4167296	381334	3113334	598283	594.1	73752
2015	4175886	335801	3150019	613567	629.3	75870
2016	4386763	333186	3341259	638238	668.0	73411
2017	4804850	368865	3686858	667846	705.9	80576
2018	5152732	402631	3956871	702684	738.5	89807
2019	4713624	438904	3435480	747225	753.1	91261

注：1.从1979年起，公路运输包括社会车辆完成数量；从1984年起，还包括私营运输完成的数量(后相同)，从2008年起公路运输量统计原则上为营运车辆。水路运输量统计范围为在交通运输主管部门审批、备案、从事营业性货物运输生产的船舶。

2.1993年及以后年份，铁路货物运输指标口径有调整，增加了行包运量(后相同)。

3.本资料从2012年开始，将1980年以前的公路、水路货运历史数据按部门口径进行了调整(以下各表同)。

7-5-11 货运量构成

单位：%

年 份	总计	铁路	公路	水运	民航	管道
1952	100.0	37.1	48.4	14.4		
1957	100.0	30.5	52.0	17.6		
1962	100.0	38.3	42.2	19.5		
1965	100.0	36.8	45.0	18.1		
1970	100.0	40.6	43.4	16.0		
1975	100.0	35.4	46.8	15.5		2.4
1978	100.0	34.5	47.5	14.8		3.2
1980	100.0	35.8	45.7	15.1		3.4
1985	100.0	17.5	72.1	8.5		1.6
1986	100.0	15.9	72.7	9.7		1.7
1987	100.0	14.8	75.0	8.5		1.6
1988	100.0	14.7	74.6	9.1		1.6
1989	100.0	15.4	74.2	8.9		1.6
1990	100.0	15.6	74.6	8.3		1.6
1991	100.0	15.5	74.4	8.5		1.6
1992	100.0	15.1	74.7	8.8		1.4
1993	100.0	14.6	75.3	8.8	0.01	1.3
1994	100.0	13.8	75.8	9.1	0.01	1.3
1995	100.0	13.4	76.1	9.2	0.01	1.2
1996	100.0	13.2	75.8	9.8	0.01	1.2
1997	100.0	13.5	76.4	8.9	0.01	1.3
1998	100.0	13.0	77.0	8.6	0.01	1.4
1999	100.0	13.0	76.6	8.9	0.01	1.6
2000	100.0	13.1	76.5	9.0	0.01	1.4
2001	100.0	13.8	75.4	9.5	0.01	1.4
2002	100.0	13.8	75.3	9.6	0.01	1.4
2003	100.0	14.3	74.1	10.1	0.01	1.4
2004	100.0	14.6	73.0	11.0	0.02	1.4
2005	100.0	14.5	72.1	11.8	0.02	1.7
2006	100.0	14.1	72.0	12.2	0.02	1.6
2007	100.0	13.8	72.0	12.4	0.02	1.8
2008	100.0	12.8	74.1	11.4	0.02	1.7
2009	100.0	11.8	75.3	11.3	0.02	1.6
2010	100.0	11.2	75.5	11.7	0.02	1.5
2011	100.0	10.6	76.3	11.5	0.02	1.5
2012	100.0	9.5	77.8	11.2	0.01	1.5
2013	100.0	9.7	75.1	13.7	0.01	1.6
2014	100.0	9.2	74.7	14.4	0.01	1.8
2015	100.0	8.0	75.4	14.7	0.02	1.8
2016	100.0	7.6	76.2	14.5	0.02	1.7
2017	100.0	7.7	76.7	13.9	0.01	1.7
2018	100.0	7.8	76.8	13.6	0.01	1.7
2019	100.0	9.3	72.9	15.9	0.02	1.9

7-5-12 货物周转量

单位：亿吨公里

年 份	总计	铁路	公路	水运	民航	管道
1952	767	601.6	19.6	145.8	0.02	
1957	1826	1345.9	62.4	417.4	0.08	
1962	2252	1721.1	75.1	456.0	0.15	
1965	3485	2698.7	110.0	676.4	0.25	
1970	4590	3496.0	154.0	939.9	0.35	
1975	7594	4255.6	248.1	2827.8	0.60	262
1978	9928	5345.2	350.3	3801.8	0.97	430
1980	11629	5717.5	342.9	5076.5	1.41	491
1985	18365	8125.7	1903.0	7729.3	4.15	603
1986	20147	8764.8	2118.0	8647.9	4.76	612
1987	22229	9471.5	2660.4	9465.1	6.52	625
1988	23826	9877.6	3220.4	10070.4	7.32	650
1989	25592	10394.2	3374.8	11186.8	6.93	629
1990	26208	10622.4	3358.1	11591.9	8.18	627
1991	27987	10972.0	3428.0	12955.4	10.10	621
1992	29218	11575.6	3755.4	13256.2	13.42	617
1993	30647	12090.9	4070.5	13860.8	16.61	608
1994	33435	12632.0	4486.3	15686.6	18.58	612
1995	35909	13049.5	4694.9	17552.2	22.30	590
1996	36590	13106.2	5011.2	17862.5	24.93	585
1997	38385	13269.9	5271.5	19235.0	29.10	579
1998	38089	12560.1	5483.4	19405.8	33.45	606
1999	40568	12910.3	5724.3	21262.8	42.34	628
2000	44321	13770.5	6129.4	23734.2	50.27	636
2001	47710	14694.1	6330.4	25988.9	43.72	653
2002	50686	15658.4	6782.5	27510.6	51.55	683
2003	53859	17246.7	7099.5	28715.8	57.90	739
2004	69445	19288.8	7840.9	41428.7	71.80	815
2005	80258	20726.0	8693.2	49672.3	78.90	1088
2006	88840	21954.4	9754.2	55485.7	94.28	1551
2007	101419	23797.0	11354.7	64284.8	116.39	1866
2008	110300	25106.3	32868.2	50262.7	119.60	1944
2009	122133	25239.2	37188.8	57556.7	126.23	2022
2010	141837	27644.1	43389.7	68427.5	178.90	2197
2011	159324	29465.8	51374.7	75423.8	173.91	2885
2012	173771	29187.1	59534.9	81707.6	163.89	3177
2013	168014	29173.9	55738.1	79435.7	170.29	3496
2014	181668	27530.2	56846.9	92774.6	187.77	4328
2015	178356	23754.3	57955.7	91772.5	208.07	4665
2016	186629	23792.3	61080.1	97338.8	222.45	4196
2017	197373	26962.2	66771.5	98611.2	243.55	4784
2018	204686	28821.0	71249.2	99052.8	262.50	5301
2019	199394	30182.0	59636.4	103963.0	263.20	5350

7-5-13 货物周转量构成

单位：%

年 份	总计	铁路	公路	水运	民航	管道
1952	100.0	78.4	2.6	19.0		
1957	100.0	73.7	3.4	22.9		
1962	100.0	76.4	3.3	20.2	0.01	
1965	100.0	77.4	3.2	19.4	0.01	
1970	100.0	76.2	3.4	20.5	0.01	
1975	100.0	56.0	3.3	37.2	0.01	3.5
1978	100.0	53.8	3.5	38.3	0.01	4.3
1980	100.0	49.2	2.9	43.7	0.01	4.2
1985	100.0	44.2	10.4	42.1	0.02	3.3
1986	100.0	43.5	10.5	42.9	0.02	3.0
1987	100.0	42.6	12.0	42.6	0.03	2.8
1988	100.0	41.5	13.5	42.3	0.03	2.7
1989	100.0	40.6	13.2	43.7	0.03	2.5
1990	100.0	40.5	12.8	44.2	0.03	2.4
1991	100.0	39.2	12.2	46.3	0.04	2.2
1992	100.0	39.6	12.9	45.4	0.05	2.1
1993	100.0	39.5	13.3	45.2	0.05	2.0
1994	100.0	37.8	13.4	46.9	0.06	1.8
1995	100.0	36.3	13.1	48.9	0.06	1.6
1996	100.0	35.8	13.7	48.8	0.07	1.6
1997	100.0	34.6	13.7	50.1	0.08	1.5
1998	100.0	33.0	14.4	50.9	0.09	1.6
1999	100.0	31.8	14.1	52.4	0.10	1.5
2000	100.0	31.1	13.8	53.6	0.11	1.4
2001	100.0	30.8	13.3	54.5	0.09	1.4
2002	100.0	30.9	13.4	54.3	0.10	1.3
2003	100.0	32.0	13.2	53.3	0.11	1.4
2004	100.0	27.8	11.3	59.7	0.10	1.2
2005	100.0	25.8	10.8	61.9	0.10	1.4
2006	100.0	24.7	11.0	62.5	0.11	1.7
2007	100.0	23.5	11.2	63.4	0.11	1.8
2008	100.0	22.8	29.8	45.6	0.11	1.8
2009	100.0	20.7	30.4	47.1	0.10	1.7
2010	100.0	19.5	30.6	48.2	0.13	1.5
2011	100.0	18.5	32.2	47.3	0.11	1.8
2012	100.0	16.8	34.3	47.0	0.09	1.8
2013	100.0	17.4	33.2	47.3	0.10	2.1
2014	100.0	15.2	31.3	51.1	0.10	2.4
2015	100.0	13.3	32.5	51.5	0.12	2.6
2016	100.0	12.7	32.7	52.2	0.12	2.2
2017	100.0	13.7	33.8	50.0	0.12	2.4
2018	100.0	14.1	34.8	48.4	0.13	2.6
2019	100.0	15.1	29.9	52.1	0.13	2.7

7-5-14 货物运输平均运距

单位：公里

年 份	总计	铁路	公路	水运	民航	管道
1952	215	455	11	284	1000	
1957	203	491	13	264	1000	
1962	244	488	19	253	833	
1965	262	550	18	280	1003	
1970	273	513	21	350	951	
1975	302	478	21	726	1280	434
1978	311	485	23	803	1516	416
1980	374	514	24	1084	1580	467
1985	246	622	35	1221	2129	442
1986	236	646	34	1042	2146	413
1987	234	673	37	1169	2182	413
1988	243	681	44	1128	2231	416
1989	259	686	46	1279	2237	402
1990	270	705	46	1447	2211	398
1991	284	718	47	1554	2234	399
1992	279	734	48	1433	2335	417
1993	275	743	48	1415	2394	410
1994	283	774	50	1465	2241	406
1995	291	786	50	1551	2206	386
1996	282	766	51	1402	2168	366
1997	300	771	54	1696	2334	362
1998	301	764	56	1771	2388	348
1999	314	771	58	1855	2485	310
2000	326	771	59	1939	2555	340
2001	340	761	60	1959	2556	336
2002	342	764	61	1940	2551	339
2003	344	769	61	1817	2643	336
2004	407	775	63	2211	2595	329
2005	431	770	65	2261	2572	350
2006	436	762	67	2231	2698	464
2007	446	757	69	2286	2896	460
2008	427	760	171	1707	2934	443
2009	432	757	175	1804	2833	453
2010	438	759	177	1806	3177	440
2011	431	749	182	1771	3120	506
2012	424	748	187	1781	3007	519
2013	410	735	181	1419	3034	536
2014	436	722	183	1551	3161	587
2015	427	707	184	1496	3306	615
2016	425	714	183	1525	3330	572
2017	411	731	181	1477	3450	594
2018	397	716	180	1410	3554	590
2019	423	688	174	1391	3495	586

7-5-15 各地区客运量

单位：万人

地区	总计	铁路	公路	水运
全国	**1760436**	**366002**	**1301173**	**27267**
北京	62977	14825	48151	
天津	17679	5332	12206	141
河北	44733	13013	31719	1
山西	22305	8153	14010	142
内蒙古	12158	5640	6518	
辽宁	70266	15137	54599	530
吉林	31599	8623	22881	94
黑龙江	29751	11223	18212	317
上海	16442	12834	3168	441
江苏	120298	23739	94475	2084
浙江	101893	24309	72799	4785
安徽	59275	13410	45643	222
福建	45761	12741	31199	1821
江西	58069	11938	45933	198
山东	68920	17325	49581	2014
河南	109297	17709	91281	307
湖北	87432	17216	69584	632
湖南	101428	15626	84162	1641
广东	142326	38699	101012	2614
广西	47085	11777	34539	770
海南	14187	3085	9366	1736
重庆	60153	8407	50990	756
四川	91668	17352	72387	1930
贵州	93756	7196	84255	2305
云南	38381	6553	30681	1147
西藏	1365	345	1020	
陕西	70761	11461	59015	285
甘肃	42133	5969	36085	80
青海	6313	1148	5071	94
宁夏	5754	666	4905	183
新疆	20276	4550	15726	
不分地区	65993			

注：不分地区合计数为民航完成客运量。

7-5-16 各地区旅客周转量

单位：亿人公里

地 区	总计	铁路	公路	水运
全 国	**35349.24**	**14706.64**	**8857.08**	**80.22**
北 京	263.68	158.90	104.78	
天 津	287.40	208.52	78.67	0.22
河 北	1311.11	1089.54	221.47	0.09
山 西	395.57	236.69	158.82	0.06
内蒙古	313.25	211.61	101.64	
辽 宁	945.22	656.85	282.36	6.01
吉 林	424.89	276.15	148.59	0.14
黑龙江	429.00	289.37	139.27	0.35
上 海	226.94	117.69	108.49	0.77
江 苏	1565.76	863.90	698.19	3.67
浙 江	1128.60	743.26	378.39	6.95
安 徽	1164.81	824.33	340.17	0.30
福 建	588.89	396.25	189.99	2.66
江 西	984.24	739.72	244.25	0.28
山 东	1337.98	831.04	492.56	14.39
河 南	1798.68	1099.00	699.03	0.66
湖 北	1200.36	803.51	392.09	4.76
湖 南	1442.96	1006.05	433.47	3.45
广 东	2125.72	1023.05	1092.97	9.71
广 西	817.45	481.29	332.66	3.50
海 南	130.36	52.61	73.66	4.08
重 庆	487.95	239.24	242.98	5.73
四 川	872.68	433.20	437.66	1.82
贵 州	832.94	353.97	471.47	7.50
云 南	441.48	187.92	251.27	2.30
西 藏	45.31	18.08	27.23	
陕 西	803.83	523.62	279.71	0.50
甘 肃	647.07	419.11	227.83	0.13
青 海	128.23	78.09	50.05	0.10
宁 夏	87.04	40.93	46.01	0.10
新 疆	414.53	303.15	111.38	
不分地区	11705.30			

注：不分地区合计数为民航完成旅客周转量。

7-5-17 各地区货运量

单位：万吨

地　区	总计	铁路	公路	水运
全　国	**4713624**	**438904**	**3435480**	**747225**
北　京	22808	484	22325	
天　津	50093	9888	31250	8955
河　北	242445	26823	211461	4160
山　西	192192	91321	100847	24
内蒙古	188450	77576	110874	
辽　宁	178253	21199	144556	12498
吉　林	43193	5962	37217	14
黑龙江	50475	12073	37623	780
上　海	121124	487	50656	69981
江　苏	262749	7501	164578	90670
浙　江	289011	4450	177683	106878
安　徽	368248	7997	235269	124982
福　建	134419	4840	87317	42263
江　西	150950	5065	135554	10331
山　东	309533	25650	266124	17758
河　南	219024	10905	190883	17235
湖　北	188133	5480	143549	39105
湖　南	189740	4554	165096	20090
广　东	358397	10282	239744	108371
广　西	183036	8405	142751	31881
海　南	18456	1133	6770	10552
重　庆	112970	1911	89965	21094
四　川	177283	7718	162668	6896
贵　州	83402	5523	76205	1674
云　南	122727	4886	117145	696
西　藏	4025	55	3969	
陕　西	154749	44751	109801	197
甘　肃	63610	5366	58228	16
青　海	15057	3335	11722	
宁　夏	42511	8151	34360	
新　疆	84423	15133	69290	
不分地区	92139			124

7-5-18 各地区货物周转量

单位：亿吨公里

地区	总计	铁路	公路	水运
全国	**199394**	**30182**	**59636**	**103963**
北京	1089	814	276	
天津	2662	517	599	1546
河北	13563	4937	8027	599
山西	5466	2775	2692	
内蒙古	4689	2735	1955	
辽宁	8921	1232	2663	5027
吉林	1803	540	1263	
黑龙江	1615	814	795	6
上海	30325	15	839	29471
江苏	9948	333	3235	6379
浙江	12392	236	2082	10074
安徽	10246	754	3268	6225
福建	8292	194	962	7136
江西	3860	565	3040	255
山东	10166	1525	6746	1896
河南	8659	2146	5300	1212
湖北	6132	939	2268	2926
湖南	2594	855	1317	422
广东	27374	301	2564	24508
广西	3989	753	1471	1765
海南	1648	17	41	1590
重庆	3614	208	953	2453
四川	2711	878	1528	306
贵州	1235	642	548	45
云南	1552	519	1015	17
西藏	154	40	114	
陕西	3482	1750	1731	1
甘肃	2496	1517	980	
青海	398	272	126	
宁夏	651	214	437	
新疆	1948	1146	802	
不分地区	5717			104

7-5-19 全国铁路基本情况

指 标	2009	2010	2011	2012	2013
运输线路里程 （公里）					
营业里程	85517.9	91178.5	93249.6	97625.5	103144.6
#高速铁路	2698.7	5133.4	6601.0	9356.0	11028.0
复线里程	33194.7	37487.2	39499.7	43654.6	48192.3
电气化铁路里程	35653.0	42464.4	46064.0	50867.2	55649.1
正线延展里程	119661.5	129438.8	133839.0	142338.3	152320.8
运输设备					
机车拥有量 （台）	18922	19431	20721	20797	20835
客车拥有量 （辆）	49354	52275	54731	57721	58965
货车拥有量 （辆）	601412	625110	651175	670801	721850
客货运输					
客运量 （万人）	152451	167609	186226	189337	210597
旅客周转量 （亿人公里）	7878.89	8762.18	9612.29	9812.33	10595.62
货运量 （万吨）	333348	364271	393263	390438	396697
货物周转量 （亿吨公里）	25239.17	27644.13	29465.79	29187.09	29173.89

7-5-19 续表

指 标	2014	2015	2016	2017	2018	2019
运输线路里程 （公里）						
营业里程	111821.1	120970.4	123991.9	126969.9	131651.3	139926.4
#高速铁路	16456.0	19838.0	22980.0	25163.8	29903.8	35388.3
复线里程	56725.0	64687.1	68072.6	71760.5	76346.3	83043.9
电气化铁路里程	65055.5	74746.6	80310.0	86553.4	92185.0	100446.5
正线延展里程	169806.7	186521.9	193443.6	200049.2	212986.8	224147.3
运输设备						
机车拥有量 （台）	21096	21366	21453	21420	21482	21733
客车拥有量 （辆）	60629	67706	70872	72262	73199	74848
货车拥有量 （辆）	716578	768516	764783	808736	839213	877134
客货运输						
客运量 （万人）	230460	253484	281405	308379	337495	366002
旅客周转量 （亿人公里）	11241.85	11960.60	12579.29	13456.92	14146.58	14706.64
货运量 （万吨）	381334	335801	333186	368865	402631	438904
货物周转量 （亿吨公里）	27530.19	23754.31	23792.26	26962.20	28820.99	30181.95

7-5-20 各地区铁路线路年末里程

（按地区分） 单位：公里

地区	正线延展里程	营业里程	
			正式营业里程
总计	**224147.3**	**139926.4**	**139926.4**
北京	2318.4	1367.0	1367.0
天津	2266.4	1185.3	1185.3
河北	13461.9	7791.3	7791.3
山西	9843.8	5890.4	5890.4
内蒙古	17558.7	13016.4	13016.4
辽宁	10833.9	6512.1	6512.1
吉林	7128.9	5043.0	5043.0
黑龙江	9863.3	6781.0	6781.0
上海	839.4	466.5	466.5
江苏	6342.0	3586.8	3586.8
浙江	5157.7	2842.2	2842.2
安徽	8430.0	4843.9	4843.9
福建	5446.9	3513.8	3513.8
江西	8333.6	4905.0	4905.0
山东	11328.1	6633.0	6633.0
河南	11991.7	6466.9	6466.9
湖北	9232.1	5164.8	5164.8
湖南	9257.3	5578.8	5578.8
广东	8226.4	4719.7	4719.7
广西	7896.3	5206.4	5206.4
海南	1701.1	1033.4	1033.4
重庆	3626.9	2359.1	2359.1
四川	8082.4	5241.9	5241.9
贵州	5951.1	3753.2	3753.2
云南	5735.4	4053.0	4053.0
西藏	780.3	785.1	785.1
陕西	9454.4	5419.2	5419.2
甘肃	8225.3	4829.7	4829.7
青海	3518.6	2449.3	2449.3
宁夏	2046.7	1552.9	1552.9
新疆	9268.3	6935.4	6935.4

7-5-21 国家铁路货物发送量及到达量

(按地区分)

单位：万吨

地区	2019年		2018年		2019年比2018年增减	
	发送量	到达量	发送量	到达量	发送量	到达量
总 计	**341990**	**341990**	**318958**	**318958**	**23033**	**23033**
北 京	449	1523	569	1364	-119	159
天 津	9887	12274	9248	12554	640	-280
河 北	20488	73875	15457	69670	5032	4205
山 西	85840	10618	81787	8058	4053	2560
内蒙古	40929	15337	41180	14746	-251	591
辽 宁	19323	27369	17800	27407	1524	-38
吉 林	5617	10114	5370	9444	247	670
黑龙江	11472	12009	10657	10846	816	1164
上 海	447	571	468	615	-22	-43
江 苏	6113	7942	5971	7752	141	190
浙 江	3678	4632	3670	4371	8	261
安 徽	7993	10188	8065	9874	-72	315
福 建	4085	3885	3517	3734	568	150
江 西	4961	7951	5044	7439	-83	512
山 东	21033	27380	18898	24321	2136	3059
河 南	9884	16655	9605	14217	279	2438
湖 北	4902	9923	4139	9401	763	522
湖 南	4420	8846	4275	9041	145	-195
广 东	7946	7106	7521	6412	424	694
广 西	8403	8310	7138	7236	1265	1074
海 南	1133	1229	1068	1143	65	86
重 庆	1692	6395	1705	5911	-13	484
四 川	6047	13833	5503	12623	544	1210
贵 州	5522	6263	5511	6374	10	-110
云 南	4666	8529	4658	7881	8	647
西 藏	55	765	70	611	-15	154
陕 西	18095	6855	15670	6271	2426	584
甘 肃	5314	6337	6052	6625	-738	-288
青 海	3223	2201	3220	2234	3	-32
宁 夏	3245	1448	2658	1234	588	214
新 疆	15127	11626	12467	9549	2660	2077

7-5-22 全国铁路机、客、货车拥有量

车类名称	2000	2005	2008	2009	2010	2011	2012	2013	2014	2015	2016	2017	2018	2019
机车 （台）	**15253**	**17473**	**18437**	**18922**	**19431**	**20721**	**20797**	**20835**	**21096**	**21366**	**21453**	**21420**	**21482**	**21733**
内燃机车	10826	12114	12021	11805	10990	11081	10602	9961	9485	9132	8974	8568	8296	8048
电力机车	3516	5166	6298	7010	8369	9625	10180	10859	11596	12219	12464	12837	13166	13665
客车 （辆）	**37249**	**41974**	**45076**	**49354**	**52275**	**54731**	**57721**	**58965**	**60629**	**67706**	**70872**	**72262**	**73199**	**74848**
货车 （辆）	**443902**	**548368**	**591793**	**601412**	**625110**	**651175**	**670801**	**721850**	**716578**	**768516**	**764783**	**808736**	**839213**	**877134**

7-5-23 国家铁路主要工农业产品运输量

指　标	2019年	2018年	2019年比2018年	
			增减数	增减(%)
煤运量 （亿吨）	17.23	16.64	0.58	3.51
石油运量 （万吨）	11761	11508	254	2.20
钢铁运量 （万吨）	20467	18474	1992	10.79
木材运量 （万吨）	1996	2187	-191	-8.72
粮食运量 （万吨）	7836	8451	-615	-7.28

7-5-24 全国铁路客货运输量

（按地区分）

地 区	客运量（万人）	旅客周转量（万人公里）	货运量（万吨）	货物周转量（万吨公里）
总 计	**366002**	**147066413**	**438904**	**301819547**
北 京	14825	1589007	484	8137237
天 津	5332	2085177	9888	5170734
河 北	13013	10895449	26823	49371828
山 西	8153	2366931	91321	27747481
内蒙古	5640	2116089	77576	27349790
辽 宁	15137	6568509	21199	12316215
吉 林	8623	2761519	5962	5398951
黑龙江	11223	2893684	12073	8143756
上 海	12834	1176874	487	145987
江 苏	23739	8639024	7501	3333742
浙 江	24309	7432592	4450	2361139
安 徽	13410	8243333	7997	7535220
福 建	12741	3962490	4840	1940561
江 西	11938	7397188	5065	5645780
山 东	17325	8310408	25650	15246711
河 南	17709	10990000	10905	21464452
湖 北	17216	8035095	5480	9387327
湖 南	15626	10060463	4554	8553789
广 东	38699	10230467	10282	3014459
广 西	11777	4812940	8405	7528395
海 南	3085	526149	1133	167663
重 庆	8407	2392417	1911	2081843
四 川	17352	4332010	7718	8777138
贵 州	7196	3539710	5523	6416417
云 南	6553	1879173	4886	5194146
西 藏	345	180824	55	399148
陕 西	11461	5236168	44751	17501472
甘 肃	5969	4191065	5366	15166943
青 海	1148	780868	3335	2720965
宁 夏	666	409294	8151	2135998
新 疆	4550	3031499	15133	11464261

7-5-25 国家铁路分货类货物运输量

货类品名	2019年			2018年		
	货物发送量（万吨）	货物周转量（百万吨公里）	平均运程（公里）	货物发送量（万吨）	货物周转量（百万吨公里）	平均运程（公里）
总　计	**343905**	**2699281**	**785**	**318958**	**2578494**	**808**
煤	172263	1133499	658	166422	1096365	659
石油	11761	86922	739	11508	86220	749
焦碳	8736	92557	1059	8512	90603	1064
金属矿石	46426	237270	511	41870	225032	537
钢铁及有色金属	20467	179369	876	18474	165611	896
非金属矿石	7824	45341	580	6273	35188	561
磷矿石	1347	10669	792	1633	13359	818
矿物性建筑材料	12022	38987	324	7928	26885	339
水泥	2418	8969	371	2436	8265	339
木材	1996	15374	770	2187	16457	752
粮食	7836	155204	1981	8451	160810	1903
零担	9	111	1204	332	3911	1179
集装箱	33491	393127	1174	25647	345990	1349

7-5-26 公路线路年末里程

单位：万公里

指　标	2006	2007	2008	2009	2010	2011	2012	2013	2014	2015	2016	2017	2018	2019
公路线路里程	**345.70**	**358.37**	**373.02**	**386.08**	**400.82**	**410.64**	**423.75**	**435.62**	**446.39**	**457.73**	**469.63**	**477.35**	**484.65**	**501.25**
按技术等级分														
等级公路	228.29	253.54	277.85	305.63	330.47	345.36	360.96	375.56	390.08	404.6	422.65	433.86	446.59	469.87
高速公路	4.53	5.39	6.03	6.51	7.41	8.49	9.62	10.44	11.19	12.35	13.10	13.64	14.26	14.96
一级公路	4.53	5.01	5.42	5.95	6.44	6.81	7.43	7.95	8.54	9.10	9.92	10.52	11.17	11.71
二级公路	26.27	27.64	28.52	30.07	30.87	32.05	33.15	34.05	34.84	36.04	37.11	38.05	39.35	40.53
三级公路	35.47	36.39	37.42	37.90	38.80	39.36	40.19	40.70	41.42	41.82	42.44	42.90	43.71	44.61
四级公路	157.48	179.10	200.46	225.20	246.95	258.64	270.58	282.41	294.10	305.3	320.09	328.74	338.10	358.06
等外公路	117.41	104.83	95.16	80.46	70.35	65.28	62.79	60.07	56.31	53.10	46.97	43.49	38.07	31.38
按路面类型分														
有铺装路面里程	99.65	125.03	146.48	172.00	191.80	210.34	229.51	246.54	263.62	283.6	313.74	338.52	361.86	394.04
简易铺装路面里程	52.86	52.62	53.08	53.25	52.42	51.23	50.35	49.22	48.13	46.55	42.70	40.96	37.58	34.77
未铺装路面里程	193.19	180.72	173.45	160.83	156.60	149.07	143.89	139.87	134.64	127.5	113.19	97.86	85.21	72.44
按行政等级分														
国道	13.34	13.71	15.53	15.85	16.40	16.94	17.34	17.68	17.92	18.53	35.48	35.84	36.30	36.61
省道	23.96	25.52	26.32	26.60	26.98	30.40	31.21	31.79	32.28	32.97	31.33	33.38	37.22	37.48
县道	50.65	51.44	51.23	51.95	55.40	53.36	53.95	54.68	55.20	55.43	56.21	55.07	54.97	58.03
乡道	98.76	99.84	101.11	101.96	105.48	106.60	107.67	109.05	110.51	111.3	114.72	115.77	117.38	119.82
专用公路	5.80	5.71	6.72	6.72	6.77	6.90	7.37	7.68	8.03	8.17	6.83	7.20	7.17	7.11
村道	153.20	162.15	172.10	183.00	189.77	196.44	206.22	214.74	222.45	231.3	225.05	230.08	231.62	242.20
公路晴雨通车里程	**265.30**	**282.74**	**304.52**	**329.64**	**353.24**									
公路养护里程	**268.21**	**304.00**	**350.59**	**368.83**	**387.59**	**398.04**	**411.68**	**425.14**	**435.38**	**446.56**	**459.00**	**467.46**	**475.78**	**495.31**
公路绿化里程	**123.58**	**142.39**	**167.69**	**177.29**	**194.34**	**204.45**	**220.21**	**230.75**	**238.78**	**248.96**	**259.45**	**267.83**	**275.52**	**295.10**

注：统计指标“公路晴雨通车里程”、“公路养护里程”和“公路绿化里程”2005年及以前年份数据不包括村道上的该类基础设施，因统计范围不同，故2006年及以后年份数据与历史数据不可比；“公路晴雨通车里程”2011年起已不纳入统计。

7-5-27 各地区公路线路年末里程

单位：公里

年 份	总 计	等级公路						等外公路
			高速	一级	二级	三级	四级	
1980	888250	521134		196	12587	108291	400060	367116
1985	942395	606443		422	21194	128541	456286	335952
1990	1028348	741104	522	2617	43376	169756	524833	287244
1995	1157009	910754	2141	9580	84910	207282	606841	246255
1996	1185789	946418	3422	11779	96990	216619	617608	239371
1997	1226405	997496	4771	14637	111564	230787	635737	228909
1998	1278474	1069243	8733	15277	125245	257947	662041	209231
1999	1351691	1156736	11605	17716	139957	269078	718380	194955
2000	1679848	1315931	16285	25219	177787	305435	791206	363916
2001	1698012	1336044	19437	25214	182102	308626	800665	361968
2002	1765222	1382926	25130	27468	197143	315141	818044	382296
2003	1809828	1438738	29745	29903	211929	324788	842373	371090
2004	1870661	1515826	34288	33522	231715	335347	880954	354835
2005	3345187	2139887	41005	41687	248199	347160	1461835	1205299
2006	3456999	2282872	45339	45289	262678	354734	1574833	1174128
2007	3583715	2535383	53913	50093	276413	363922	1791042	1048332
2008	3730164	2778521	60302	54216	285226	374215	2004563	951642
2009	3860823	3056265	65055	59462	300686	379023	2252038	804558
2010	4008229	3304709	74113	64430	308743	387967	2469456	703520
2011	4106387	3453590	84946	68119	320536	393613	2586377	652796
2012	4237508	3609600	96200	74271	331455	401865	2705809	627908
2013	4356218	3755567	104438	79491	340466	407033	2824138	600652
2014	4463913	3900834	111936	85362	348351	414199	2940986	563079
2015	4577296	4046290	123523	90964	360410	418237	3053157	531005
2016	4696263	4226543	130973	99152	371102	424443	3200874	469719
2017	4773469	4338560	136449	105224	380481	429035	3287372	434909
2018	4846532	4465864	142593	111703	393471	437060	3381036	380667
2019	5012496	4698725	149571	117061	405345	446107	3580640	313771

注：以《1949-2010年全国交通运输统计摘要》为准，1996年和2000年的数据有所调整。

7-5-27 续表　　　　单位：公里

年　份	总　计	等级公路						等外公路
			高速	一级	二级	三级	四级	
全　国	**5012496**	**4698725**	**149571**	**117061**	**405345**	**446107**	**3580640**	**313771**
北　京	22366	22366	1168	1494	4024	4059	11621	
天　津	16132	16132	1295	1221	2912	1130	9574	
河　北	196983	193001	7476	6844	21312	21027	136342	3982
山　西	144283	142660	5711	2768	15874	20029	98277	1622
内蒙古	206089	199362	6633	8443	18778	30408	135100	6727
辽　宁	124767	117943	4331	4152	18478	31200	59780	6825
吉　林	106660	101967	3584	2204	9760	9226	77192	4693
黑龙江	168710	144966	4512	3038	12361	34028	91027	23744
上　海	13045	13045	845	553	3664	2623	5359	
江　苏	159937	157954	4865	15260	23878	16286	97665	1983
浙　江	121813	121710	4643	7383	10673	9205	89807	103
安　徽	218295	217791	4877	5377	11676	22111	173750	503
福　建	109785	93753	5347	1477	11148	8814	66968	16032
江　西	209131	195458	6144	2765	11862	15764	158923	13673
山　东	280325	279931	6447	11562	26512	31972	203438	394
河　南	269832	248155	6967	4007	27813	21474	187895	21677
湖　北	289029	281422	6860	6465	23936	11330	232830	7607
湖　南	240566	226590	6802	2232	15298	5953	196306	13976
广　东	220290	214923	9495	11534	19152	19764	154977	5368
广　西	127819	118793	6026	1591	13789	8950	88437	9026
海　南	38107	37878	1163	459	1930	1577	32748	229
重　庆	174284	155186	3233	953	8777	5697	136526	19098
四　川	337095	318092	7523	4310	16652	14653	274954	19003
贵　州	204723	170883	7005	1397	9280	6937	146264	33840
云　南	262409	231741	6003	1546	12770	10265	201158	30668
西　藏	103951	91762	38	582	1055	11704	78384	12189
陕　西	180070	166132	5593	1919	10121	15117	133382	13937
甘　肃	151443	146377	4453	763	10538	13492	117130	5066
青　海	83761	71955	3451	589	8717	4997	54201	11806
宁　夏	36576	36535	1788	1939	4015	5850	22944	41
新　疆	194222	164263	5293	2236	18590	30463	107680	29959

7-5-28 民用汽车拥有量

年份	民用汽车总计（万辆）	载客汽车（万辆）	大型	中型	小型	微型	载货汽车（万辆）
1978	135.84	25.90					100.17
1980	178.29	35.08					129.90
1985	321.12	79.45					223.20
1990	551.36	162.19					368.48
1995	1040.00	417.90					585.43
2000	1608.91	853.73					716.32
2001	1802.04	993.96					765.24
2002	2053.17	1202.37	75.48	104.80	789.74	232.34	812.22
2003	2382.93	1478.81	75.76	115.96	1017.21	269.88	853.51
2004	2693.71	1735.91	78.06	124.54	1248.89	284.42	893.00
2005	3159.66	2132.46	82.13	131.65	1618.35	300.32	955.55
2006	3697.35	2619.57	87.34	137.00	2083.40	311.83	986.30
2007	4358.36	3195.99	93.82	140.52	2646.47	315.18	1054.06
2008	5099.61	3838.92	100.39	143.19	3271.14	324.19	1126.07
2009	6280.61	4845.09	107.95	145.80	4246.90	344.44	1368.60
2010	7801.83	6124.13	116.44	146.07	5498.36	363.25	1597.55
2011	9356.32	7478.37	126.54	147.41	6827.54	376.88	1787.99
2012	10933.09	8943.01	128.13	131.78	8302.63	380.47	1894.75
2013	12670.14	10561.78	131.38	117.06	9951.46	361.87	2010.62
2014	14598.11	12326.70	139.61	112.06	11748.19	326.84	2125.46
2015	16284.45	14095.88	140.07	89.66	13580.48	285.66	2065.62
2016	18574.54	16278.24	146.03	83.82	15813.84	234.55	2171.89
2017	20906.67	18469.54	152.94	78.95	18038.69	198.96	2338.85
2018	23231.23	20555.40	158.33	75.40	20135.22	186.46	2567.82
2019	25376.38	22474.27	160.58	72.08	22069.74	171.88	2782.84

注：1.小轿车包括在载客汽车中（下表同）。
2.从2002年起，载客汽车和载货汽车的分项、其他汽车统计口径有调整，与以前年份不可比（下表同）。

7-5-28 续表

年 份	重型	中型	轻型	微型	其他汽车（万辆）	机动车驾驶员（万人）	#汽车驾驶员
1978							192.45
1980							245.23
1985							462.44
1990						1635.85	790.96
1995						3501.52	1673.39
2000						7655.56	3746.51
2001						8455.04	4462.68
2002	148.28	218.69	360.58	84.66	38.58	9362.03	4827.08
2003	136.79	243.70	390.79	82.22	50.61	10611.04	5368.07
2004	153.90	233.94	425.74	79.43	64.80	11769.04	7101.64
2005	168.07	236.66	484.51	66.31	71.66	13069.52	8017.76
2006	174.01	235.39	532.13	44.76	91.49	14213.87	9317.24
2007	186.74	243.46	587.22	36.63	108.31	15363.88	10567.15
2008	200.84	249.73	644.96	30.54	134.62	17336.56	12276.80
2009	315.08	262.21	765.33	25.97	66.92	19167.58	13740.73
2010	394.80	269.75	911.88	21.12	80.14	20068.47	15129.89
2011	460.58	267.80	1042.07	17.54	89.96	22817.62	17416.76
2012	472.51	229.20	1179.65	13.40	95.33	25250.83	20028.52
2013	501.97	196.40	1300.02	12.23	97.75	26955.93	21742.70
2014	533.67	188.09	1385.77	17.93	145.95	29892.32	24812.07
2015	530.05	148.87	1375.79	10.90	122.95	32853.05	28012.99
2016	569.48	138.69	1455.29	8.43	124.41	35876.98	30328.77
2017	635.41	130.68	1566.30	6.46	98.28	36016.94	31658.20
2018	709.53	124.39	1728.53	5.37	108.00	41030.16	36923.42
2019	761.70	116.27	1900.76	4.11	119.27	43636.74	39752.86

7-5-29 各地区民用汽车拥有量

地区	民用汽车总计（万辆）	载客汽车（万辆）	大型	中型	小型	微型	载货汽车（万辆）
全国	**25376.38**	**22474.27**	**160.58**	**72.08**	**22069.74**	**171.88**	**2782.84**
北京	590.32	536.66	6.31	7.66	521.42	1.28	47.59
天津	308.88	271.27	2.74	1.20	265.24	2.09	35.66
河北	1647.85	1429.81	6.75	2.20	1394.32	26.54	211.00
山西	710.55	631.24	3.61	1.22	613.61	12.80	76.40
内蒙古	576.74	507.31	3.04	1.21	497.75	5.32	66.47
辽宁	861.09	757.81	7.50	4.02	741.29	5.01	99.20
吉林	451.11	402.10	3.61	1.34	393.70	3.45	46.92
黑龙江	516.11	444.77	5.10	2.10	434.61	2.96	68.39
上海	413.82	378.50	4.95	2.44	370.17	0.93	33.07
江苏	1912.66	1777.89	11.52	3.95	1753.72	8.71	126.02
浙江	1661.27	1508.30	7.50	3.20	1487.55	10.05	147.47
安徽	907.83	781.86	5.68	2.47	770.72	2.99	121.52
福建	680.33	598.34	3.56	2.20	589.37	3.21	79.32
江西	601.21	518.60	3.03	1.40	512.14	2.04	79.42
山东	2333.73	2061.35	13.24	4.01	2014.31	29.79	263.04
河南	1612.09	1428.48	7.92	3.65	1404.07	12.84	176.85
湖北	861.06	762.34	6.16	2.77	751.65	1.77	93.48
湖南	870.59	785.14	6.16	4.20	771.91	2.86	81.77
广东	2326.38	2080.96	17.51	5.14	2050.77	7.55	237.50
广西	673.94	587.41	3.92	1.65	577.96	3.89	83.21
海南	137.24	119.56	1.67	0.57	116.83	0.50	16.95
重庆	461.60	416.17	3.12	1.09	411.31	0.66	43.33
四川	1196.95	1077.97	7.70	2.19	1058.75	9.32	114.25
贵州	532.15	463.59	3.11	1.89	456.98	1.61	66.06
云南	742.09	633.44	3.16	2.07	623.42	4.79	105.52
西藏	55.88	36.90	0.43	0.29	35.96	0.22	18.48
陕西	675.96	608.01	4.27	1.72	596.71	5.30	63.33
甘肃	343.30	281.89	2.39	1.08	277.40	1.02	59.21
青海	119.61	99.58	0.93	0.58	97.57	0.50	19.04
宁夏	157.91	123.40	0.99	0.37	121.41	0.63	33.34
新疆	436.13	363.61	3.01	2.22	357.12	1.25	69.02

注：1.小轿车包括在载客汽车中（下表同）。
2.从2002年起，载客汽车和载货汽车的分项、其他汽车统计口径有调整，与以前年份不可比（下表同）。

7-5-29 续表

地 区	重型	中型	轻型	微型	其他汽车（万辆）	机动车驾驶员（万人）	#汽车驾驶员
全 国	**761.70**	**116.27**	**1900.76**	**4.11**	**119.27**	**43636.74**	**39752.86**
北 京	6.30	1.87	39.24	0.16	6.07	1163.09	1145.99
天 津	8.08	1.01	26.41	0.16	1.95	480.78	480.27
河 北	72.02	4.42	134.41	0.15	7.04	2312.98	2273.19
山 西	30.84	1.27	44.17	0.12	2.91	1044.24	1032.25
内蒙古	20.60	1.47	44.34	0.06	2.96	797.12	755.78
辽 宁	32.69	4.44	62.04	0.04	4.08	1370.19	1301.14
吉 林	15.27	1.83	29.80	0.02	2.09	779.17	729.36
黑龙江	20.54	4.19	43.63	0.04	2.95	938.45	905.08
上 海	20.75	4.57	7.74		2.26	790.06	776.87
江 苏	50.23	11.18	64.58	0.03	8.75	2967.47	2801.52
浙 江	25.84	3.90	117.23	0.50	5.49	2328.60	2231.06
安 徽	41.39	3.17	76.92	0.04	4.45	1619.09	1534.93
福 建	14.10	2.01	63.09	0.12	2.66	1342.74	1105.65
江 西	27.08	3.82	48.50	0.01	3.19	1445.82	1182.77
山 东	84.71	7.99	170.15	0.19	9.34	3137.78	3057.57
河 南	57.76	3.97	115.04	0.09	6.76	2964.44	2847.19
湖 北	23.90	5.81	63.75	0.03	5.23	1742.02	1599.79
湖 南	17.70	4.93	59.11	0.03	3.68	1653.88	1423.73
广 东	42.40	11.13	181.95	2.03	7.92	4137.39	3691.01
广 西	20.94	4.97	57.17	0.13	3.32	1517.19	1175.32
海 南	1.83	1.13	13.98	0.01	0.72	259.36	212.00
重 庆	11.77	2.49	29.07		2.10	924.37	796.61
四 川	28.32	6.25	79.65	0.03	4.73	2418.13	2044.61
贵 州	9.26	2.92	53.88		2.49	1039.09	834.69
云 南	16.10	4.98	84.43	0.01	3.13	1484.01	1107.68
西 藏	4.18	1.86	12.42	0.01	0.51	56.57	56.26
陕 西	17.57	1.65	44.08	0.03	4.62	1170.88	1105.01
甘 肃	10.78	2.58	45.82	0.02	2.20	670.43	569.18
青 海	3.46	0.74	14.83	0.01	1.00	176.00	155.47
宁 夏	7.87	0.82	24.63	0.02	1.18	234.33	212.95
新 疆	17.41	2.88	48.69	0.04	3.51	671.09	607.92

7-5-30 私人汽车拥有量

单位：万辆

年 份	私人汽车总 计	载客汽车					载货汽车					其他汽车
			大型	中型	小型	微型		重型	中型	轻型	微型	
1985	28.49	1.93					26.48					
1990	81.62	24.07					57.48					
1995	249.96	114.15					131.83					
2000	625.33	365.09					259.09					
2001	770.78	469.85					298.95					
2002	968.98	623.76	9.89	35.87	408.49	169.51	341.29	48.27	84.40	158.67	49.95	3.94
2003	1219.23	845.87	7.36	42.51	586.90	209.10	367.35	44.47	95.20	176.58	51.09	6.00
2004	1481.66	1069.69	7.20	46.95	786.63	228.91	402.82	53.40	94.69	203.85	50.87	9.15
2005	1848.07	1383.93	7.61	50.88	1079.78	245.66	452.11	62.50	100.34	243.29	45.98	12.04
2006	2333.32	1823.57	11.19	56.20	1491.18	265.00	494.91	64.23	108.64	288.94	33.09	14.84
2007	2876.22	2316.91	7.91	55.73	1984.29	268.98	539.45	68.89	110.44	332.69	27.43	19.86
2008	3501.39	2880.50	8.57	57.97	2533.28	280.68	596.39	73.28	115.68	384.12	23.31	24.50
2009	4574.91	3808.33	8.72	59.96	3436.26	303.39	753.40	108.73	129.59	494.97	20.12	13.17
2010	5938.71	4989.50	9.34	61.00	4593.46	325.70	931.52	141.44	140.52	632.77	16.78	17.69
2011	7326.79	6237.46	9.99	62.34	5823.62	341.52	1067.43	164.28	144.52	744.39	14.24	21.90
2012	8838.60	7637.87	8.26	55.43	7226.48	347.71	1175.63	168.13	128.51	867.64	11.35	25.09
2013	10501.68	9198.23	6.95	46.95	8810.51	333.83	1275.49	174.39	111.85	978.73	10.52	27.95
2014	12339.36	10945.39	7.70	42.10	10590.75	304.83	1352.78	182.68	104.90	1050.60	14.59	41.20
2015	14099.10	12737.23	8.27	28.89	12432.26	267.81	1330.65	173.86	86.62	1060.70	9.47	31.22
2016	16330.22	14896.27	4.99	24.84	14645.61	220.83	1401.16	184.82	79.77	1129.13	7.45	32.79
2017	18515.11	17001.51	4.58	22.17	16788.42	186.35	1478.40	193.98	73.22	1205.66	5.54	35.19
2018	20574.93	18930.29	4.48	20.39	18731.80	173.62	1605.10	208.78	68.59	1323.25	4.48	39.55
2019	22508.99	20710.58	4.21	18.99	20527.27	160.11	1753.66	218.11	63.07	1469.04	3.44	44.76

7-5-31 各地区私人汽车拥有量

单位：万辆

地区	私人汽车总计	载客汽车					载货汽车					其他汽车
			大型	中型	小型	微型		重型	中型	轻型	微型	
全国	**22508.99**	**20710.58**	**4.21**	**18.99**	**20527.27**	**160.11**	**1753.66**	**218.11**	**63.07**	**1469.04**	**3.44**	**44.76**
北京	497.03	471.77	0.42	4.58	465.57	1.20	23.50	0.42	0.19	22.82	0.07	1.76
天津	259.43	240.69	0.12	0.43	238.39	1.75	18.09	1.24	0.30	16.48	0.07	0.65
河北	1518.86	1367.10	0.58	0.72	1340.03	25.78	148.69	32.56	3.19	112.80	0.14	3.08
山西	640.82	592.45	0.06	0.24	579.71	12.44	47.20	11.41	0.64	35.05	0.11	1.17
内蒙古	530.39	480.63	0.13	0.43	474.85	5.22	48.47	10.29	0.80	37.33	0.05	1.30
辽宁	750.63	696.90	0.67	1.67	689.73	4.82	52.44	8.04	2.41	41.97	0.02	1.29
吉林	408.08	373.71	0.40	0.44	369.52	3.35	33.62	7.44	1.35	24.81	0.02	0.75
黑龙江	463.57	413.41	0.51	0.79	409.28	2.84	49.32	9.71	3.09	36.48	0.03	0.83
上海	321.27	320.27	0.10	0.69	318.59	0.89	0.74	0.34	0.18	0.22		0.25
江苏	1639.89	1579.66	0.03	0.74	1571.13	7.77	57.35	17.31	4.63	35.39	0.03	2.87
浙江	1459.21	1368.07	0.07	0.62	1359.17	8.22	89.72	3.29	1.22	84.77	0.45	1.42
安徽	794.26	730.62	0.06	0.44	727.29	2.84	61.85	3.54	1.28	57.00	0.03	1.79
福建	590.51	538.00	0.04	0.36	534.60	3.01	51.69	2.73	1.05	47.80	0.11	0.81
江西	537.77	491.46	0.02	0.14	489.38	1.93	45.36	3.87	2.04	39.43	0.01	0.96
山东	2092.39	1928.17	0.40	1.52	1898.31	27.94	159.95	12.62	4.12	143.11	0.11	4.26
河南	1471.95	1356.43	0.05	0.39	1343.55	12.44	112.38	10.46	2.62	99.22	0.08	3.15
湖北	772.35	708.25	0.04	0.36	706.19	1.67	62.05	8.72	3.80	49.50	0.03	2.05
湖南	807.96	738.18	0.06	0.57	734.90	2.65	67.82	11.36	4.01	52.42	0.03	1.95
广东	2037.15	1900.53	0.21	1.71	1892.26	6.34	133.86	9.36	5.12	117.58	1.79	2.77
广西	613.40	553.04	0.03	0.39	548.80	3.82	58.99	8.49	3.47	46.91	0.12	1.37
海南	117.91	105.08	0.02	0.12	104.61	0.34	12.58	0.86	0.91	10.80	0.01	0.25
重庆	403.30	378.48	0.02	0.12	377.82	0.52	24.17	0.95	0.99	22.23		0.65
四川	1058.68	985.35	0.04	0.27	977.09	7.94	71.41	6.09	3.22	62.08	0.02	1.92
贵州	487.45	432.89	0.02	0.14	431.21	1.51	53.38	4.01	1.93	47.45		1.18
云南	681.57	590.07	0.03	0.19	585.28	4.57	89.99	9.89	3.99	76.12	0.01	1.51
西藏	47.82	31.85	0.01	0.05	31.58	0.20	15.78	3.59	1.71	10.47	0.01	0.19
陕西	609.24	563.28	0.02	0.11	558.01	5.13	44.32	7.81	1.12	35.36	0.03	1.64
甘肃	290.91	248.60	0.01	0.13	247.64	0.81	41.43	4.53	1.73	35.16	0.01	0.88
青海	99.64	85.76	0.01	0.10	85.30	0.35	13.47	1.18	0.51	11.76	0.01	0.41
宁夏	143.17	115.20	0.02	0.11	114.44	0.62	27.37	4.64	0.65	22.06	0.02	0.60
新疆	362.41	324.68	0.03	0.42	323.02	1.20	36.67	1.37	0.82	34.46	0.03	1.06

7-5-32 进口汽车拥有量

单位：辆

年 份	汽车总计	载客汽车	大型	中型	小型	微型
2002	1361750	1025959	24798	69266	897362	34533
2003	1445408	1155590	21686	75699	1034475	23730
2004	1360832	1129985	19009	66065	1029846	15065
2005	1697266	1454215	18754	79698	1337564	18199
2006	1780998	1590420	16159	69930	1487474	16857
2007	1964763	1799331	15628	67223	1701016	15464
2008	2225960	2098630	14896	63790	2005820	14124
2009	2527684	2449870	14700	61961	2357902	15307
2010	3162537	3098870	15062	59691	3005826	18291
2011	3982087	3925188	15799	57520	3825373	26496
2012	4935806	4887568	15152	48960	4783708	39748
2013	5967943	5922756	13616	36486	5820386	52268
2014	7015557	6958216	12004	27554	6852228	66430
2015	7794809	7752665	11965	22023	7643189	75488
2016	8835108	8788953	9567	20049	8670133	89204
2017	9925636	9871584	8753	18171	9742044	102616
2018	11017447	10956140	8293	16933	10815127	115787
2019	12116195	12044208	8129	16185	11897513	122381

7-5-32 续表

单位：辆

年 份	载货汽车	重型	中型	轻型	微型	其他汽车
2002	314172	87422	48797	165326	12627	21619
2003	264075	73361	31510	150120	9084	25743
2004	207798	49963	22836	129021	5978	23049
2005	213621	48905	22078	139741	2897	29430
2006	160552	33594	9808	116610	540	30026
2007	134672	28896	7452	98032	292	30760
2008	96597	20698	5318	70335	246	30733
2009	57515	22788	3534	31009	184	20299
2010	41073	19921	2532	18459	161	22594
2011	34567	18134	1991	14329	113	22332
2012	27090	13660	802	12543	85	21148
2013	26159	12432	838	12858	31	19028
2014	34780	15760	1177	17109	734	22561
2015	30107	12277	512	17290	28	12724
2016	35182	13988	523	20646	25	10973
2017	45844	19173	454	26191	26	8208
2018	53281	22194	453	30612	22	8026
2019	63383	25328	449	37584	22	8604

7-5-33 各地区进口汽车拥有量

单位：辆

地 区	汽车总计	载客汽车					载货汽车					其他汽车
			大型	中型	小型	微型		重型	中型	轻型	微型	
全 国	**12116195**	**12044208**	**8129**	**16185**	**11897513**	**122381**	**63383**	**25328**	**449**	**37584**	**22**	**8604**
北 京	778528	769147	740	822	761896	5689	7379	1	38	7339	1	2002
天 津	178768	177133	134	344	174281	2374	1555	770	10	775		80
河 北	362689	359659	255	333	353531	5540	2792	510	17	2265		238
山 西	204192	203280	396	407	198332	4145	840	30	8	802		72
内蒙古	288903	286749	328	446	283116	2859	2023	58	20	1945		131
辽 宁	481504	477417	633	604	473357	2823	3804	464	80	3259	1	283
吉 林	179122	177957	178	291	176419	1069	1057	80	12	962	3	108
黑龙江	214346	211791	320	444	209974	1053	2338	754	35	1549		217
上 海	512971	508611	416	609	505139	2447	3107	2837	26	244		1253
江 苏	1028904	1025917	503	1529	1004198	19687	2757	1687	9	1060	1	230
浙 江	1293590	1286786	360	1219	1267925	17282	6644	4974	14	1653	3	160
安 徽	253644	252467	130	294	249022	3021	1113	591	4	518		64
福 建	436092	434208	171	634	426714	6689	1811	1274	4	533		73
江 西	172954	171367	137	167	169792	1271	1411	1046	2	363		176
山 东	700499	696803	654	1427	682916	11806	3408	970	25	2409	4	288
河 南	404321	402803	386	683	398695	3039	1403	295	9	1096	3	115
湖 北	324997	323661	202	550	320968	1941	1243	492	6	745		93
湖 南	361407	360044	170	345	356965	2564	1097	408	7	681	1	266
广 东	1631582	1624288	558	1183	1612684	9863	7015	5106	37	1871	1	279
广 西	217015	216328	100	438	213626	2164	526	179	3	344		161
海 南	70430	70159	107	167	69374	511	252	16		236		19
重 庆	245070	243324	54	167	242161	942	866	445	5	416		880
四 川	557872	555412	231	470	550290	4421	2260	699	17	1543	1	200
贵 州	163570	163004	82	203	161525	1194	455	65	7	383		111
云 南	287759	285678	143	585	281037	3913	1907	702	6	1199		174
西 藏	33545	33245	36	112	33072	25	282	2	1	276	3	18
陕 西	315032	313594	161	456	310150	2827	1294	295	6	993		144
甘 肃	105266	104748	141	293	103809	505	367	30	3	334		151
青 海	44275	43819	94	232	43420	73	319	9	4	306		137
宁 夏	71065	70244	88	145	69650	361	749	206	6	537		72
新 疆	196283	194565	221	586	193475	283	1309	333	28	948		409

7-5-34 新注册民用汽车数量

单位：辆

年 份	新注册民用汽车	载客汽车	大型	中型	小型	微型
2002	3371951	2294649	97200	145062	1491479	560908
2003	4337485	3160859	100284	157523	2421951	481101
2004	4511823	3332297	96462	138357	2841668	255810
2005	5286287	4157504	99489	105314	3712056	240645
2006	5730432	4678667	95428	82758	4382206	118275
2007	6079209	5000042	91087	72059	4772468	64428
2008	7631839	6226814	112811	64024	5928095	121884
2009	12459452	10248554	114984	69548	9794452	269570
2010	15288186	12546891	148234	76519	12086273	235865
2011	16242474	13694540	163258	76472	13244774	210036
2012	17725011	15248801	163517	71013	14875884	138387
2013	20309394	17522965	168946	81160	17173792	99067
2014	22051905	19366787	151405	79646	19050695	85041
2015	23317507	21202815	191034	67080	20862002	82699
2016	25665383	23209669	187487	57112	22914036	51034
2017	28003955	24802416	171474	46657	24507374	76911
2018	26521129	23139385	155760	39514	22876458	67653
2019	25445941	21845871	133357	35844	21648138	28532

7-5-34 续表

单位：辆

年 份	载货汽车	重型	中型	轻型	微型	其他汽车
2002	993761	186498	220969	501985	84309	83541
2003	1075692	168363	259173	576073	72083	100934
2004	1029497	228523	194438	564061	42475	150029
2005	1024034	162859	175576	639557	46042	104749
2006	925294	139120	147689	616910	21575	126471
2007	917603	155155	157867	591014	13567	161564
2008	1168226	236749	185338	733343	12796	236799
2009	2148355	500593	242679	1391249	13834	62543
2010	2637605	769644	238595	1614803	14563	103690
2011	2442601	726854	173140	1535590	7017	105333
2012	2386173	560063	139793	1681908	4409	90037
2013	2689898	739027	133402	1814385	3084	96531
2014	2542287	630588	104425	1805471	1803	142831
2015	2043257	454979	72274	1513773	2231	71435
2016	2371909	627015	73429	1670295	1170	83805
2017	3087575	980068	66974	2037906	2627	113964
2018	3238847	967089	49591	2220492	1675	142897
2019	3434877	1041421	55776	2337472	208	165193

7-5-35 各地区新注册民用汽车数量

单位：辆

地　区	新注册民用汽车	载客汽车					载货汽车					其他汽车
			大型	中型	小型	微型		重型	中型	轻型	微型	
全　国	**25445941**	**21845871**	**133357**	**35844**	**21648138**	**28532**	**3434877**	**1041421**	**55776**	**2337472**	**208**	**165193**
北　京	582708	458135	5771	6620	445254	490	119479	9677	2441	107361		5094
天　津	248718	210253	1113	435	207023	1682	35883	10904	470	24509		2582
河　北	1552974	1249172	4395	1430	1236440	6907	292741	111915	2741	178083	2	11061
山　西	638800	516754	2807	796	512778	373	117805	58026	934	58842	3	4241
内蒙古	382731	320919	1863	401	318528	127	59267	13399	522	45332	14	2545
辽　宁	578507	505767	3265	761	501583	158	69930	27878	1375	40677		2810
吉　林	322328	283522	2472	439	280566	45	36828	10828	541	25458	1	1978
黑龙江	371713	320713	3495	479	316679	60	48881	15027	815	33039		2119
上　海	467437	435515	3497	981	430644	393	29539	19662	2824	7053		2383
江　苏	1953759	1773998	8160	1589	1762302	1947	166244	68137	6686	91414	7	13517
浙　江	1696149	1491850	7938	1867	1480408	1637	194305	48916	3452	141927	10	9994
安　徽	1079574	926400	5504	1087	919460	349	145775	51790	1958	92025	2	7399
福　建	686566	599581	2987	1192	595027	375	83149	19008	1121	63020		3836
江　西	715960	621877	3143	583	618014	137	89744	33641	1812	54283	8	4339
山　东	2007068	1635033	8388	1323	1623323	1999	357778	143478	5211	209086	3	14257
河　南	1750881	1497789	7117	2424	1482660	5588	240563	86289	2250	152015	9	12529
湖　北	986056	859580	4707	1152	853532	189	116757	35567	2650	78524	16	9719
湖　南	1003701	906096	7296	1689	896810	301	92385	19231	2243	70897	14	5220
广　东	2553114	2245660	17154	2300	2222762	3444	294836	76629	5006	213088	113	12618
广　西	733484	628569	2569	867	624922	211	101160	23932	1264	75964		3755
海　南	144923	121376	3045	558	117629	144	22737	3361	461	18915		810
重　庆	569971	516998	2356	538	513905	199	50269	15333	1291	33645		2704
四　川	1300174	1137529	6856	1228	1128614	831	155897	39834	2680	113383		6748
贵　州	654726	572095	3481	1185	567301	128	80049	9930	879	69240		2582
云　南	750624	611721	3399	927	606913	482	134685	18178	633	115874		4218
西　藏	5827	3670	7	35	3628		2094	504	73	1517		63
陕　西	774587	658505	4892	963	652399	251	108285	33945	1771	72565	4	7797
甘　肃	299284	239121	1938	577	236566	40	57714	7704	552	49458		2449
青　海	99566	78270	794	212	77255	9	20261	2384	264	17613		1035
宁　夏	122287	89620	557	129	88898	36	31473	8633	222	22618		1194
新　疆	411744	329783	2391	1077	326315		78364	17681	634	60047	2	3597

7-5-36 公路营运汽车拥有量

年份	汽车总计（万辆）	载客汽车		载货汽车			
		辆数（万辆）	客位（万客位）	辆数（万辆）	#普通载货汽车	吨位（万吨）	#普通载货汽车
1990	31.30	10.76	468.92	20.22	19.82	131.61	127.06
1995	27.49	13.73	480.61	13.75	13.12	103.13	94.56
2000	702.82	216.81	2524.45	486.02	475.24	1667.70	1573.73
2001	764.39	255.12	2701.68	509.27	496.65	1733.58	1621.40
2002	826.34	289.55	2972.32	536.78	520.27	1808.45	1674.79
2003	924.64	352.19	3430.64	572.45	553.23	1941.52	1788.86
2004	1067.18	439.09	3872.21	628.09	604.93	2338.61	2119.64
2005	733.22	128.40	1859.28	604.82	580.28	2537.75	2282.15
2006	802.58	161.92	2312.41	640.66	598.43	2822.69	2343.13
2007	849.22	164.73	2428.81	684.49	648.01	3135.69	2643.74
2008	930.61	169.64	2560.36	760.97	720.18	3686.20	3139.76
2009	1087.35	180.79	2799.71	906.56	859.27	4655.23	4002.80
2010	1133.32	83.13	2017.09	1050.19	996.43	5999.82	5223.23
2011	1263.75	84.34	2086.66	1179.41	1116.36	7261.20	6273.51
2012	1339.89	86.71	2166.55	1253.19	1184.58	8062.14	6963.29
2013	1504.73	85.26	2170.26	1419.48	1080.75	9613.91	5008.34
2014	1537.93	84.58	2189.55	1453.36	1091.32	10292.47	5241.45
2015	1473.12	83.93	2148.58	1389.19	1011.87	10366.50	4982.50
2016	1435.77	84.00	2140.26	1351.77	946.03	10826.78	4843.83
2017	1450.22	81.61	2099.18	1368.62	902.90	11774.81	4868.40
2018	1435.48	79.66	2048.11	1355.82	816.76	12872.97	4791.21
2019	1165.49	77.67	2002.53	1087.82	489.77	13587.00	4479.25

注：1.小轿车包括在载客汽车中。
2.1999年以前数据仅为公路部门营运汽车，1999年为全国营运汽车。2000年起为全国运输汽车(含营运和非营运汽车)。2005年起为全国营运汽车（不含非营运汽车)。
3.从2010年起，公路营运载客汽车不包括在公路运输管理部门管理并注册登记的公共汽车和出租汽车。

7-5-37 各地区公路营运汽车拥有量

地区	汽车总计（万辆）	载客汽车		载货汽车			
		辆数（万辆）	客位（万客位）	辆数（万辆）	#普通载货汽车	吨位（万吨）	#普通载货汽车
全　国	**1165.49**	**77.67**	**2002.53**	**1087.82**	**489.77**	**13587.00**	**4479.25**
北　京	16.10	7.54	84.32	8.56	5.12	81.10	46.78
天　津	10.96	0.90	37.68	10.06	2.24	139.32	22.47
河　北	118.18	2.21	67.07	115.97	33.87	1527.28	280.00
山　西	50.29	1.48	36.48	48.81	9.58	775.00	125.56
内蒙古	26.66	1.10	38.36	25.56	11.56	278.00	86.09
辽　宁	49.94	2.79	84.31	47.15	17.16	648.00	170.61
吉　林	21.54	1.33	44.26	20.21	8.21	231.50	84.21
黑龙江	35.65	1.63	52.56	34.01	17.97	409.74	184.43
上　海	26.93	4.51	65.78	22.42	6.98	308.46	72.27
江　苏	80.73	5.06	154.61	75.68	43.59	876.47	364.40
浙　江	30.79	2.08	74.56	28.71	11.97	401.28	142.66
安　徽	66.96	2.26	71.00	64.70	26.47	811.69	248.48
福　建	20.98	1.46	43.49	19.52	7.73	288.95	87.27
江　西	33.19	1.32	40.18	31.87	14.90	407.45	154.51
山　东	107.01	2.01	73.17	105.00	29.47	1473.02	360.25
河　南	82.35	3.56	110.62	78.78	28.59	1013.45	256.13
湖　北	33.23	3.15	78.37	30.09	16.47	379.72	165.62
湖　南	24.15	3.68	92.88	20.47	11.03	276.25	119.21
广　东	52.59	3.80	163.38	48.79	21.64	675.39	231.46
广　西	34.66	2.53	81.14	32.13	20.81	368.71	192.02
海　南	3.26	0.57	19.45	2.69	1.54	32.50	12.70
重　庆	28.34	1.98	45.72	26.35	16.31	276.18	131.31
四　川	53.98	4.83	113.19	49.15	34.62	488.66	256.25
贵　州	12.53	2.71	63.51	9.82	7.85	90.72	66.79
云　南	39.35	4.61	78.58	34.74	29.27	264.65	183.82
西　藏	5.32	0.48	8.79	4.85	3.98	52.80	40.58
陕　西	24.93	1.90	56.36	23.02	9.71	314.71	112.11
甘　肃	25.35	1.89	42.26	23.46	19.12	157.02	93.97
青　海	7.49	0.36	10.88	7.13	5.39	56.53	33.41
宁　夏	10.80	0.47	15.01	10.34	3.22	133.64	33.86
新　疆	31.27	3.48	54.55	27.79	13.40	348.83	120.03

注：1.小轿车包括在载客汽车中。
2.1999年以前数据仅为公路部门营运汽车，1999年为全国营运汽车。2000年起为全国运输汽车(含营运和非营运汽车)。2005年起为全国营运汽车（不含非营运汽车)。
3.从2010年起，公路营运载客汽车不包括在公路运输管理部门管理并注册登记的公共汽车和出租汽车。

7-5-38 内河航道年末里程

单位：公里

地 区	2010	#等级航道	2013	#等级航道	2014	#等级航道	2015	#等级航道
全 国	**124242**	**62290**	**125853**	**64900**	**126280**	**65362**	**127001**	**66257**
北 京								
天 津	88	88	88	88	88	88	88	88
河 北								
山 西	467	139	467	139	467	139	467	139
内蒙古	2403	2380	2403	2380	2403	2380	2403	2380
辽 宁	413	413	413	413	413	413	413	413
吉 林	1456	1381	1456	1381	1456	1381	1456	1381
黑龙江	5098	4723	5098	4723	5098	4723	5098	4723
上 海	2226	845	2268	937	2191	916	2176	983
江 苏	24228	7649	24333	8515	24360	8547	24389	8731
浙 江	9703	4832	9743	4953	9765	4974	9765	4985
安 徽	5596	5006	5642	5060	5642	5060	5641	5064
福 建	3245	1269	3245	1269	3245	1269	3245	1269
江 西	5638	2349	5638	2349	5638	2349	5638	2349
山 东	1150	1035	1117	1030	1117	1030	1117	1030
河 南	1267	1150	1267	1150	1267	1150	1403	1286
湖 北	8260	5792	8271	5803	8433	5980	8433	5980
湖 南	11495	4126	11496	4127	11496	4127	11496	4127
广 东	11844	4306	12097	4668	12151	4668	12151	4668
广 西	5433	3352	5478	3352	5704	3483	5707	3487
海 南	343	76	343	76	343	76	343	76
重 庆	4331	1801	4331	1801	4331	1801	4331	1801
四 川	10720	3825	10720	3848	10720	3848	10818	3945
贵 州	3442	2094	3649	2354	3661	2399	3664	2402
云 南	2877	2206	3551	2816	3551	2816	3939	3203
西 藏								
陕 西	1066	558	1066	558	1066	558	1146	558
甘 肃	914	381	914	381	914	456	914	456
青 海	421	409	629	618	629	618	629	618
宁 夏	117	105	130	115	130	115	130	115
新 疆								

注：1.从2003年起，长江干流通航里程由各省分别统计，不再单列。
2.从2003年起，内河航道里程为内河航道通航里程数。

7-5-38 续表 单位：公里

地 区	2016	#等级航道	2017	#等级航道	2018	#等级航道	2019	#等级航道
全 国	**127099**	**66409**	**127019**	**66160**	**127126**	**66442**	**127298**	**66749**
北 京								
天 津	88	88	88	88	88	88	88	88
河 北								
山 西	467	139	467	139	467	139	467	139
内蒙古	2403	2380	2403	2380	2403	2380	2403	2380
辽 宁	413	413	413	413	413	413	413	413
吉 林	1456	1381	1456	1381	1456	1381	1456	1381
黑龙江	5098	4723	5098	4723	5098	4723	5098	4723
上 海	2176	998	2142	1004	2091	1003	2028	1002
江 苏	24383	8733	24383	8740	24380	8752	24372	8764
浙 江	9765	4985	9761	4981	9761	5023	9767	5029
安 徽	5641	5064	5641	5064	5641	5064	5651	5073
福 建	3245	1269	3245	1269	3245	1269	3245	1269
江 西	5638	2349	5638	2349	5638	2349	5638	2349
山 东	1117	1030	1117	1029	1117	1029	1117	1029
河 南	1403	1286	1403	1286	1403	1286	1403	1334
湖 北	8433	5980	8433	5980	8470	6008	8488	6031
湖 南	11496	4127	11496	4127	11496	4131	11496	4131
广 东	12151	4668	12109	4411	12112	4414	12112	4414
广 西	5707	3487	5707	3487	5707	3487	5707	3487
海 南	343	76	343	76	343	76	343	76
重 庆	4352	1852	4352	1852	4352	1863	4352	1863
四 川	10818	3945	10818	3945	10818	3965	10818	3965
贵 州	3664	2402	3664	2402	3740	2519	3751	2530
云 南	3979	3244	3979	3244	4024	3289	4223	3488
西 藏								
陕 西	1146	558	1146	558	1146	558	1146	558
甘 肃	911	456	911	456	911	456	911	456
青 海	674	663	674	663	674	663	674	663
宁 夏	130	115	130	115	130	115	130	115
新 疆								

7-5-39 民用运输船舶拥有量

年份	机动船					驳船		
	艘数（艘）	净载重量（吨）	载客量（客位）	总功率（千瓦）	#拖船功率	艘数（艘）	净载重量（吨）	载客量（客位）
1995	299717	40940087	979985		1707115	57998	9449652	17722
2000	185018	42640605	1014013	19354496	1439743	44658	8640504	18258
2001	169329	45526726	1048915	20884813	1370221	41457	8968670	27902
2002	165936	48372587	945387	21995838	1433547	37041	8683075	33405
2003	163813	60745234	971514	26156815	1269607	40457	9871079	30631
2004	166854	75114059	961562	30527287	1197191	43846	11058522	34666
2005	165900	90756392	977846	36399287	1480381	41394	11030057	33496
2006	157805	98241489	1025861	39068361	1538957	36555	12015595	33355
2007	157544	106441173	1004546	39366720	1520924	34227	12373412	22316
2008	152247	111047702	994495	43550959	1564439	31943	13121439	14050
2009	149367	133384848	979384	46209122	1120381	27565	12702991	2166
2010	155624	168985654	1001395	53304379	1410719	22783	11422911	2260
2011	157950	202602789	1004622	59496603	1600896	21292	10040453	3768
2012	158309	218793742	1021260	63894591	1531873	20282	9692502	3798
2013	155340	234317614	1031711	64846571	1235661	17214	9692720	1287
2014	154974	247399826	1030973	70598481	1424950	17003	10452402	1334
2015	149659	261434867	1015939	72596807	1424426	16246	11007996	1391
2016	144568	255170820	999008	67018157	1445786	15576	11056320	3124
2017	131746	246750827	964377	66181982	1532698	13178	9765519	3122
2018	125754	242447129	960245	66799892	1465403	11221	8705726	3044
2019	121440	248626381	882764	68491250	1422199	10115	8223366	3044

7-5-40 各地区民用运输船舶拥有量

地区	机动船					驳船		
	艘数（艘）	净载重量（吨）	载客量（客位）	总功率（千瓦）	#拖船功率	艘数（艘）	净载重量（吨）	载客量（客位）
全国	**121440**	**248626381**	**882764**	**68491250**	**1422199**	**10115**	**8223366**	**3044**
北京								
天津	244	2315755	3222	799045	191495	11	184615	
河北	1899	1853967	24142	439961	1940			
山西	263	7241	4317	16820				
内蒙古								
辽宁	447	10539422	33070	1516546	17280	9	29197	
吉林	289	7300	10071	27112	220	16	8686	
黑龙江	1119	98546	23990	136502	33330	284	180565	
上海	1515	24600268	39276	12698164	100382	43	117339	
江苏	27291	36397604	48430	9429171	350574	3124	2639972	
浙江	13912	30800144	89186	7435957	164618	1	10498	
安徽	24145	48013504	12985	10781261	30952	805	418653	
福建	1688	11542080	32805	3222347	13880	2	1180	
江西	2384	2541705	13360	752355	8018	2	1730	
山东	6425	13170015	71810	3440891	328217	4068	3963188	
河南	5153	9503425	14680	2184443	3938	314	302979	
湖北	3270	7076475	34747	1846820	42606	96	201435	
湖南	4484	4265631	59886	1420332	2398	240	34967	1924
广东	7136	22501188	79664	6102984	93131	7	15742	
广西	6532	10518890	28653	2197290				
海南	498	3580487	41306	1039876	2942			
重庆	2783	7511731	42765	1964243	18830	35	58171	
四川	4307	1269653	45878	549535	15143	853	52518	
贵州	2079	144271	55446	168978		2	308	
云南	1239	172886	30171	131962	896	5	371	10
西藏								
陕西	1072	34787	17983	53811	395	198	1252	1110
甘肃	489	1650	9403	54450				
青海	117	1772	2977	19702				
宁夏	657		12541	36480	1014			
新疆								
不分地区	3	155984		24212				

7-5-41 沿海港口码头泊位数(2019年底)

港口	总计			生产用			非生产用	
	码头长度(米)	泊位个数(个)	#万吨级	码头长度(米)	泊位个数(个)	#万吨级	码头长度(米)	泊位个数(个)
总计	**932185**	**6426**	**2076**	**869884**	**5562**	**2076**	**62301**	**864**
#大连	44978	248	104	41101	223	104	3877	25
营口	19709	93	61	18975	86	61	734	7
秦皇岛	17161	92	44	15928	72	44	1233	20
天津	40620	189	118	37157	144	118	3463	45
烟台	36588	213	97	35458	203	97	1130	10
威海	13666	83	37	12796	78	37	870	5
青岛	30489	123	87	29368	117	87	1121	6
日照	21968	83	71	21662	82	71	306	1
上海	107037	1032	185	75818	560	185	31219	472
连云港	16634	73	59	16337	71	59	297	2
宁波-舟山	100152	718	190	95772	627	190	4380	91
台州	14989	195	9	14789	193	9	200	2
温州	17043	202	20	16905	201	20	138	1
福州	29659	207	66	29315	201	66	344	6
厦门	31526	179	80	30502	160	80	1024	19
汕头	10223	91	19	9952	86	19	271	5
深圳	33196	157	75	31471	143	75	1725	14
广州	56055	558	75	51233	490	75	4822	68
湛江	17388	132	36	16353	119	36	1035	13
北海	7672	62	15	7612	61	15	60	1
防城	17326	130	45	17266	125	45	60	5
海口	9867	70	34	9676	69	34	191	1
八所	2488	12	9	2488	12	9		

注：1.从2006年起，宁波－舟山港统计范围包括原宁波港和舟山港。
2.从2007年起，烟台港统计范围包括原烟台港和龙口港。
3.从2011年起，厦门港统计范围包括原厦门港和漳州港。

7-5-42 内河港口码头泊位数(2019年底)

港　口	总　计			生产用			非生产用	
	码头长度(米)	泊位个数(个)	#万吨级	码头长度(米)	泊位个数(个)	#万吨级	码头长度(米)	泊位个数(个)
总　计	**1151479**	**18032**	**444**	**1107654**	**17331**	**444**	**43825**	**701**
#重　庆	81961	968		61659	632		20302	336
宜　昌	23986	194		22685	184		1301	10
武　汉	15834	158		13906	134		1928	24
黄　石	4904	35		4904	35			
九　江	16994	161		15600	141		1394	20
安　庆	6183	68		5289	55		894	13
池　州	8129	77		8129	77			
铜　陵	7414	74	3	7369	73	3	45	1
芜　湖	12515	115	12	12515	115	12		
马鞍山	9393	113	1	9393	113	1		
南　京	26498	201	63	26498	201	63		
镇　江	23546	215	46	23426	213	46	120	2
泰　州	21018	148	62	21018	148	62		
扬　州	7446	42	23	7446	42	23		
江　阴	16871	110	39	16721	108	39	150	2
常　州	4134	32	9	4134	32	9		
南　通	20726	117	59	20171	111	59	555	6
上海(内河)	42005	839		41650	833		355	6

注：从2009年起，重庆港统计范围发生变化，包括原重庆、涪陵、万州、重庆航管处四个港区，与历史数据不可比。

7-5-43 沿海港口货物吞吐量

单位：万吨

港口	1985	1990	1995	2000	2005	2010	2015	2016	2017	2018	2019
总计	**31154**	**48321**	**80166**	**125603**	**292777**	**548358**	**784578**	**810933**	**865464**	**922392**	**918774**
#大连	4381	4952	6417	9084	17085	31399	41482	43660	45517	46784	36641
营口	98	237	1156	2268	7537	22579	33849	35217	36267	37001	23818
秦皇岛	4419	6945	8382	9743	16900	26297	25309	18682	24520	23119	21880
天津	1856	2063	5787	9566	24069	41325	54051	55056	50056	50774	49220
烟台	689	668	1361	1774	4506	15033	25163	26537	28816	44308	38632
威海		100	379	669	1015	2407	4213	4340	4468	5570	3730
青岛	2611	3034	5103	8636	18678	35012	48453	50036	51031	54250	57736
日照		925	1452	2674	8421	22597	33707	35007	36136	43763	46377
上海	11291	13959	16567	20440	44317	56320	64906	64482	70542	68392	66351
连云港	929	1137	1716	2708	6016	12739	19756	20082	20605	21443	23456
宁波-舟山	1040	2554	6853	11547	26881	63300	88929	92209	100933	108439	112009
台州				950	2067	4706	6237	6771	7057	7167	4901
温州		307	601	859	3097	6408	8490	8406	8926	8239	7541
福州		561	1032	2426	7443	7125	13967	14516	14838	17876	21255
厦门		529	1314	1965	4771	12728	21023	20911	21116	21720	21344
汕头	201	279	716	1284	1736	3509	5181	4985	4890	3963	3155
深圳				5697	15351	22098	21706	21410	24136	25127	25785
广州	1772	4163	7299	11128	25036	41095	50053	52254	57003	59396	60616
湛江	1231	1557	1885	2038	4647	13638	22036	25612	28209	30185	21570
北海		82	201	265	437	1251	2468	2750	3169	3387	3496
防城						7650	11504	10688	10355	10448	10141
海口	170	288	468	808	2118	5700	9204	9952	11297	11883	12447
八所	388	431	275	378	486	893	1767	1516	1605	1396	1507

注：1.从2006年起，宁波-舟山港统计范围包括原宁波港和舟山港，以往年度数据为原宁波港数据。
2.从2007年起，烟台港统计范围包括原烟台港和龙口港，以往年度数据为原烟台港数据。
3.从2011年起，厦门港统计范围包括原厦门港和漳州港。

7-5-44 内河港口货物吞吐量

单位：万吨

港　口	2000	2004	2005	2006	2007	2008	2009	2010
总　计	**44452**	**86414**	**101418**	**117510**	**138208**	**159481**	**221678**	**261822**
#上海(内河)	5853	10575	10749	6709	6918	7362	9738	9019
南　京	6679	9589	10686	10091	10859	11125	12146	14719
江　阴	666	2683	4278	5739	7218	8740	10103	12522
常　州	379	540	805	2347	2029	2282	2724	3156
苏　州	364	9059	11919	15085	18377	20348	24634	
南　通	2748	7218	8327	10386	12339	13214	13641	15070
扬　州	419	889	1179	1398	1591	1938	2938	3642
泰　州	187	1285	1581	2787	2128	2592	7467	9890
镇　江	2153	4839	5847	6318	7824	8705	8713	10634
芜　湖	830	1831	1850	3934	4681	5514	5710	6609
马鞍山	626	1713	2011	2393	3684	4697	4191	4826
铜　陵	314	380	352	2405	2860	2872	3157	3914
安　庆	729	1479	1835	2839	2852	2800	2554	2813
池　州	155	1073	1752	1952	2101	2250	2244	2576
九　江	623	842	928	760	733	596	2852	3291
武　汉	1738	4281	4939	5034	5278	5592	5409	6620
黄　石	227	675	1003	1195	962	1032	1520	1605
宜　昌	217	305	226	518	734	715	653	818
重　庆	781	820	950	1073	1317	1470	8612	9668

注：从2009年起,重庆港统计范围发生变化，包括原重庆、涪陵、万州、重庆航管处四个港区，与历史数据不可比。

7-5-44　续表

单位：万吨

港　口	2011	2012	2013	2014	2015	2016	2017	2018	2019
总　计	**295522**	**312228**	**336793**	**349246**	**361804**	**377939**	**401710**	**412107**	**476309**
#上海(内河)	10326	9819	9301	8575	6834	5695	4509	4656	5326
南　京	17333	19197	20201	21001	21454	21973	23637	25199	25689
江　阴	12934	13248	12590	12462	12228	13197	15971	17560	22393
常　州	2769	2667	3067	3314	3619	4031	4714	4863	5353
苏　州					53990	57937	60456	53227	52275
南　通	17331	18526	20494	21599	21827	22614	23572	26702	33620
扬　州	4370	4841	6189	7866	7345	8163	9424	10129	9475
泰　州	12038	13210	15425	15822	16803	17000	19942	24509	28243
镇　江	11806	13460	14098	14061	13010	13137	14203	15331	32916
芜　湖	7473	8260	9313	10847	12009	13101	12806	12016	12778
马鞍山	5306	6809	7489	8101	9205	10571	11014	10355	10093
铜　陵	4729	5507	5905	7045	8011	11004	11095	10008	9621
安　庆	3010	3225	3006	3137	4002	2278	2401	2983	2511
池　州	3137	3488	3914	4279	4137	4548	4783	6723	9751
九　江	3907	4827	6030	8036	10425	11328	11717	11689	11358
武　汉	7602	7632	7701	8150	8455	9000	10018	10318	9166
黄　石	1781	1874	2098	2454	3643	3804	4039	4219	4509
宜　昌	770	682	554	639	719	763	1010	6868	7971
重　庆	11606	12502	13676	14665	15750	17372	19722	20444	17127

7-5-45 沿海港口分货类吞吐量

单位：万吨

货类名称	2016			2017		
	合计	出港	进港	合计	出港	进港
总 计	**810933**	**354066**	**456867**	**865464**	**375730**	**489734**
煤炭	138566	78469	60097	151640	86674	64965
石油、天然气及制品	79954	22993	56961	85994	22989	63005
#原油	48473	8576	39898	52118	8507	43611
金属矿石	140726	25663	115064	145304	25438	119866
钢铁	29584	20184	9400	31768	20768	11000
矿建材料	59932	25131	34801	62825	24435	38390
水泥	6886	2138	4748	7112	2093	5019
木材	5458	715	4743	5649	724	4925
非金属矿石	14007	6012	7995	16679	7302	9378
化肥和农药	2551	1770	781	2374	1494	880
盐	857	149	708	1179	168	1011
粮食	17190	5016	12174	21393	7103	14289
机械、设备、电器	21541	11813	9728	22171	12006	10164
化工原料及制品	14783	5875	8908	15245	6184	9061
有色金属	1157	567	590	1014	312	702
轻工、医药产品	10366	5394	4972	9863	5241	4623
农林牧渔业产品	3826	1172	2654	4102	1295	2807
其他	263549	141007	122542	281151	151504	129647

7-5-45 续表

单位：万吨

货类名称	2018			2019		
	合计	出港	进港	合计	出港	进港
总 计	**922392**	**403883**	**518509**	**918774**	**399808**	**518966**
煤炭	163896	93200	70696	166171	92282	73889
石油、天然气及制品	91356	23538	67817	106444	28934	77510
#原油	54062	7877	46185	61995	9078	52917
金属矿石	149176	26954	122221	154788	26573	128215
钢铁	32167	20911	11256	34206	21062	13144
矿建材料	73480	29005	44475	79243	39893	39351
水泥	8300	2643	5657	10597	3244	7353
木材	6202	725	5476	6149	704	5445
非金属矿石	20353	8563	11791	25028	9280	15748
化肥和农药	2544	1555	989	3243	1943	1300
盐	1162	168	994	1150	221	929
粮食	21138	7090	14048	20035	6415	13620
机械、设备、电器	21816	11770	10046	11824	6866	4958
化工原料及制品	15581	6651	8930	16540	7325	9215
有色金属	778	312	466	1055	487	569
轻工、医药产品	10938	5864	5074	11647	6204	5443
农林牧渔业产品	4393	1675	2718	3908	1181	2727
其他	299112	163259	135853	266745	147194	119551

7-5-46 内河港口分货类吞吐量

单位：万吨

货类名称	2016			2017		
	合 计	出 港	进 港	合 计	出 港	进 港
总 计	**377939**	**159355**	**218584**	**401710**	**165601**	**236109**
煤炭	76577	24478	52099	81739	25057	56681
石油、天然气及制品	13045	4880	8165	14182	5172	9010
#原油	2920	695	2226	2981	633	2348
金属矿石	50538	15174	35364	57477	17899	39578
钢铁	17796	10359	7438	18637	9864	8773
矿建材料	116890	47719	69171	115355	46342	69014
水泥	26214	19910	6304	27284	20891	6393
木材	3580	960	2619	4017	935	3081
非金属矿石	12533	7070	5463	12568	6310	6258
化肥和农药	2471	1280	1190	2492	1339	1153
盐	797	408	389	1093	606	487
粮食	7762	2396	5365	11371	3577	7794
机械、设备、电器	967	745	223	1362	1034	327
化工原料及制品	11173	4308	6865	11683	4518	7165
有色金属	320	195	125	383	183	200
轻工、医药产品	1964	862	1102	2124	879	1245
农林牧渔业产品	1444	628	816	1494	628	865
其他	33868	17984	15884	38449	20365	18084

7-5-46 续表

单位：万吨

货类名称	2018			2019		
	合 计	出 港	进 港	合 计	出 港	进 港
总 计	**412107**	**170756**	**241351**	**476309**	**200679**	**275630**
煤炭	81066	24233	56833	96405	31353	65052
石油、天然气及制品	15231	5642	9589	14970	5276	9694
#原油	3218	610	2608	3255	602	2654
金属矿石	63051	21198	41853	67223	21863	45360
钢铁	20422	10278	10144	23154	10530	12624
矿建材料	112163	44228	67935	140900	58922	81979
水泥	26534	20440	6094	29117	23055	6062
木材	4361	1130	3232	4675	1237	3438
非金属矿石	14804	8296	6508	21433	10930	10503
化肥和农药	2749	1494	1255	3254	1877	1377
盐	1164	482	683	1392	735	657
粮食	10382	3115	7268	10042	2935	7108
机械、设备、电器	1675	1406	269	1625	1355	270
化工原料及制品	12173	4795	7378	13092	4843	8249
有色金属	266	66	200	180	52	128
轻工、医药产品	2243	978	1265	1975	832	1143
农林牧渔业产品	1356	571	785	1673	773	899
其他	42465	22404	20061	45199	24112	21087

7-5-47 民用航空航线及飞机年末数

指　标	2000	2005	2010	2011	2012	2013
定期航班航线条数　（条）	**1165**	**1257**	**1880**	**2290**	**2457**	**2876**
国际航线	133	233	302	443	381	427
国内航线	1032	1024	1578	1847	2076	2449
#港澳台地区航线	42	43	85	91	99	107
定期航班航线里程（公里）	**1502887**	**1998501**	**2765147**	**3490571**	**3280114**	**4106000**
国际航线	508405	855932	1070167	1494387	1284712	1503150
国内航线	994482	1142569	1694980	1996184	1995402	2602850
#港澳台地区航线	55759	61056	121437	135103	133333	168363
定期航班通航机场　（个）	**139**	**135**	**175**	**178**	**180**	**190**
民用飞机期末架数　（架）	**982**	**1386**	**2405**	**3191**	**3589**	**4004**
运输飞机	527	863	1597	1764	1941	2145
大中型飞机	462	785	1453	1601	1769	1985
#B737	186	358	650	700	756	854
B747	19	22	40	40	40	29
B757	48	64	48	51	46	45
B767	16	27	18	15	13	11
A320	60	115	281	357	432	503
小型飞机	65	78	144	163	172	160
通用航空飞机	301	383	606	1124	1320	1519

注：2011年起民用航空航线条数改为定期航班航线条数,民航通航机场改为定期航班通航机场。

7-5-47　续表

指　标	2014	2015	2016	2017	2018	2019
定期航班航线条数　（条）	**3142**	**3326**	**3794**	**4418**	**4945**	**5521**
国际航线	490	660	739	803	849	953
国内航线	2652	2666	3055	3615	4096	4568
#港澳台地区航线	114	109	109	96	100	111
定期航班航线里程（公里）	**4637214**	**5317230**	**6348144**	**7483033**	**8379833**	**9482204**
国际航线	1767210	2394434	2828015	3245859	3598911	4014686
国内航线	2870004	2922796	3520129	4237174	4780922	5467518
#港澳台地区航线	179320	171621	166812	147537	153105	167104
定期航班通航机场　（个）	**200**	**206**	**216**	**228**	**233**	**237**
民用飞机期末架数　（架）	**4168**	**4554**	**5046**	**5593**	**6134**	**6525**
运输飞机	2370	2650	2950	3296	3639	3818
大中型飞机	2218	2499	2789	3120	3452	3626
#B737	958	1104	1216	1357	1513	1509
B747	24	26	26	27	24	25
B757	41	35	33	35	46	49
B767	9	9	13	12	5	8
A320	579	645	728	814	892	996
小型飞机	152	151	161	176	187	192
通用航空飞机	1798	1904	2096	2297	2495	2707

7-5-48 民用航空运输量及通用航空飞行时间

指标	2000	2005	2010	2011	2012	2013
客运量 (万人)	**6722**	**13827**	**26769**	**29317**	**31936**	**35397**
国际航线	690	1225	1931	2118	2336	2655
国内航线	6031	12602	24838	27199	29600	32742
#港澳台地区航线	403	509	672	760	834	904
旅客周转量 (万人公里)	**9705437**	**20449288**	**40389960**	**45369629**	**50257366**	**56567596**
国际航线	2328154	4524063	7589325	8780512	9919798	11457554
国内航线	7377283	15925225	32800635	36589118	40337568	45110042
#港澳台地区航线	502405	709205	981817	1116167	1238849	1317488
货(邮)运量 (吨)	**1967123**	**3067168**	**5630371**	**5574779**	**5450342**	**5612526**
国际航线	492356	771551	1926315	1780427	1565170	1545310
国内航线	1474767	2295618	3704056	3794352	3885173	4067216
#港澳台地区航线	135442	169247	216603	210028	207678	198561
货邮周转量 (万吨公里)	**502683**	**788954**	**1788982**	**1739131**	**1638894**	**1702918**
国际航线	291550	452450	1253028	1187527	1064527	1091742
国内航线	211133	336504	535954	551604	574366	611176
#港澳台地区航线	19495	26263	28700	27607	27120	26156
运输总周转量 (万吨公里)	**1225007**	**2612724**	**5384490**	**5774427**	**6103217**	**6717231**
国际航线	465190	855235	1929689	1968352	1944881	2106757
国内航线	759818	1757488	3454801	3806075	4158336	4610474
#港澳台地区航线	56878	89509	115895	126425	136648	142276
通用航空飞行时间 (小时)	**48707**	**84859**	**391135**	**502731**	**517037**	**590890**
#载客类作业						
作业类作业						
培训类作业						

7-5-48 续表

指标	2014	2015	2016	2017	2018	2019
客运量 （万人）	**39195**	**43618**	**48796**	**55156**	**61174**	**65993**
国际航线	3155	4207	5162	5545	6367	7425
国内航线	36040	39411	43634	49611	54807	58568
#港澳台地区航线	1005	1020	985	1027	1127	1108
旅客周转量 （万人公里）	**63341903**	**72825513**	**83781348**	**95130358**	**107123166**	**117052971**
国际航线	13168010	17168359	21603850	24765095	28226135	31850815
国内航线	50173893	55657154	62177498	70365262	78897031	85202156
#港澳台地区航线	1496639	1517768	1441033	1482485	1650525	1604613
货(邮)运量 （吨）	**5940988**	**6292942**	**6680105**	**7058921**	**7385098**	**7531426**
国际航线	1684272	1868444	1931921	2220776	2427234	2419050
国内航线	4256716	4424498	4748184	4838144	4957864	5112376
#港澳台地区航线	223332	221014	219608	241502	234807	222169
货邮周转量 （万吨公里）	**1877715**	**2080683**	**2224493**	**2435523**	**2624991**	**2631990**
国际航线	1237182	1411425	1503386	1705867	1870290	1846110
国内航线	640533	669258	721108	729656	754701	785881
#港澳台地区航线	29931	28465	27505	30512	30150	28057
运输总周转量（万吨公里）	**7481156**	**8516516**	**9625107**	**10830751**	**12065276**	**12932530**
国际航线	2401117	2926107	3405834	3884753	4350189	4637426
国内航线	5080039	5590410	6219274	6945998	7715087	8295104
#港澳台地区航线	161733	162201	154316	160960	175130	168954
通用航空飞行时间（小时）	**674944**	**778408**	**764685**	**837496**	**937149**	**1065011**
#载客类作业				78480	84692	99537
作业类作业				144657	153938	160523
培训类作业				258508	306515	386627

7-5-49 民用航空主要机型运输生产情况

机 型	期末飞机架数(架)	运输飞行小时(小时)	运输飞行里程(万公里)	平均每可用机年生产飞行小时(小时/架)	平均每可用机日生产飞行小时(小时/架/日)	正班平均载运率(%)
总 计	**3818**	**12311331**	**774692.4**	**3641**	**10.0**	**71.6**
#B737-700	140	443555	25679.1	3311	9.1	76.8
B737-800	1195	4079513	247418.4	3551	9.7	77.0
B737MAX8	97	59959	3761.7	3632	10.0	76.6
B737F	65	77005	4264.0	1577	4.3	58.9
B757-200F	49	57409	3362.4	1723	4.7	59.5
B777-300ER	35	162289	13445.4	5275	14.5	61.0
B777F	26	124281	10131.8	5049	13.8	83.3
B787-9	83	294834	23014.4	4609	12.6	63.3
A319	173	565452	34529.8	3418	9.4	68.2
A320	805	2854700	176040.3	3722	10.2	78.7
A320NEO	191	428926	26821.4	3809	10.4	76.4
A321	332	1160018	69833.9	3629	9.9	71.6
A321NEO	52	137375	8584.7	3732	10.2	68.6
A330-200	105	434341	31509.3	4499	12.3	58.5
A330-300	136	541577	37629.1	4329	11.9	64.5
ARJ21-700	21	14933	847.4	2282	6.3	81.2

注：期末飞机架数不含通用航空飞机数量。

7-5-50 各地区城市公共交通运营线路总长度(2019年底)

单位：公里

地 区	公共汽车、无轨电车	公交专用车道	轨道交通	地铁	轻轨	有轨电车
全 国	**1336177**	**14952**	**6172**	**5481**	**218**	**215**
北 京	27632	952	696	639		9
天 津	25526	194	239	179	52	8
河 北	69842	382	38	38		
山 西	45694	550				
内蒙古	44684	317	22	22		
辽 宁	38656	1164	269	141	104	23
吉 林	20926	244	118	39	62	18
黑龙江	36363	112	30	30		
上 海	24779	396	705	670		
江 苏	87506	1361	739	658		81
浙 江	116335	953	281	222		
安 徽	48818	408	90	90		
福 建	37086	256	125	125		
江 西	36557	375	60	60		
山 东	168437	1426	233	224		9
河 南	43499	952	152	152		
湖 北	28824	449	335	335		
湖 南	39378	533	101	82		
广 东	121998	1447	885	857		28
广 西	32936	233	81	81		
海 南	10501	28				
重 庆	29745	173	329	230		
四 川	54248	771	342	302		39
贵 州	19607	116	35	35		
云 南	46742	157	89	89		
西 藏	2067	46				
陕 西	22444	428	130	130		
甘 肃	18840	15	26	26		
青 海	9987	54				
宁 夏	9897	132				
新 疆	16623	328	27	27		

注：上海市轨道交通合计中包括磁悬浮运营线路总长度56.7公里；含江苏(昆山)境内约6公里。

7-5-51 各地区城市公共交通运营车(船)拥有量(2019年底)

单位：辆

地区	公共汽电车、轨道交通配属车辆合计	公共汽电车	#天然气车	无轨电车	轨道交通	地铁	轻轨	有轨电车	巡游出租汽车	轮渡运营船数(艘)
全国	**734261**	**693263**	**149022**	**2582**	**40998**	**38084**	**897**	**890**	**1391574**	**224**
北京	30134	23685	9290	1276	6449	6294		31	71517	
天津	13990	12746	709		1244	1068	152	24	31775	
河北	30568	30304	7233	35	264	264			72920	
山西	16830	16830	3063	78					42880	
内蒙古	12347	12203	3839		144	144			67819	
辽宁	25870	24702	7165	65	1168	888	208	72	92516	
吉林	13578	12730	4200		848	264	537	47	70846	
黑龙江	20261	20075	1856		186	186			102734	31
上海	23852	17903	111	363	5949	5888			39962	35
江苏	52685	49074	9877		3611	3200		411	57014	12
浙江	44302	42670	7663	85	1632	1500			44912	5
安徽	27997	27403	5381		594	594			55215	
福建	21377	20543	2239		834	834			22860	28
江西	14329	13963	1366		366	366			17665	2
山东	68349	67542	14562	233	807	800		7	72146	3
河南	35979	35133	3149	124	846	846			62552	
湖北	26192	23776	7283	40	2416	2416			43104	30
湖南	32391	31851	1950		540	522			35338	6
广东	73195	67593	5664	283	5602	5484		118	62478	60
广西	15385	14911	1810		474	474			20935	
海南	4818	4818	406						6791	
重庆	16406	14276	8051		2130	1338			24503	12
四川	37096	34332	17395		2764	2584		180	43819	
贵州	10491	10287	3231		204	204			36378	
云南	17418	16926	1348		492	492			30500	
西藏	725	725	395						2675	
陕西	18464	17342	5782		1122	1122			38020	
甘肃	10159	10003	3029		156	156			38104	
青海	3889	3889	1913						13684	
宁夏	4007	4007	2111						16348	
新疆	11177	11021	6951		156	156			53564	

注：1.轨道交通车辆中包括上海磁悬浮车辆17辆。
2.2014年起，公共汽电车、轨道交通车辆数为经过折算后的标准营运台数，与往年数据不可比，下表同。
3.2018年起，不再统计轨道交通标准营运台数。

7-5-52 各地区城市公共交通客运量

单位：万人次

地 区	客运总量	公共汽电车	轨道交通	巡游出租汽车	轮渡
全 国	**12791655**	**6917592**	**2387796**	**3478950**	**7318**
北 京	740420	311896	395414	33110	
天 津	198450	109077	52506	36867	
河 北	336502	192594	9566	134342	
山 西	272514	165404		107110	
内蒙古	272563	119552	20	152992	
辽 宁	693021	376730	57822	258469	
吉 林	366139	161688	21762	182689	
黑龙江	543234	224854	10355	307701	323
上 海	650054	204695	388023	56415	921
江 苏	720485	438095	165925	115998	467
浙 江	510331	334832	80821	94477	202
安 徽	386294	206234	17982	162078	
福 建	294258	216525	16542	58177	3015
江 西	209465	135724	17479	56221	40
山 东	572082	425011	19442	127613	17
河 南	465554	275186	41126	149243	
湖 北	582292	319577	122373	139803	540
湖 南	470890	284948	33789	152095	59
广 东	1294595	612745	538681	141566	1603
广 西	169687	110880	27338	31469	
海 南	47210	32609		14601	
重 庆	470189	257088	104187	108783	132
四 川	721910	409996	140011	171903	
贵 州	352612	177276	5064	170272	
云 南	266672	165361	21400	79912	
西 藏	22305	9687		12617	
陕 西	457904	247326	94368	116210	
甘 肃	258138	159748	3250	95140	
青 海	73715	45230		28485	
宁 夏	79131	40446		38685	
新 疆	293042	146580	2552	143910	

7-5-53 省会城市和计划单列市公共交通运营线路总长度(2019年底)

单位：公里

城市	公共汽车、无轨电车	公交专用车道	轨道交通			
				地铁	轻轨	有轨电车
北京	27632	952	696	639		9
天津	25526	194	239	179	52	8
石家庄	4206	133	38	38		
太原	5525	200				
呼和浩特	3063	227	22	22		
沈阳	5090	506	87	87		
大连	5492	288	181	54	104	23
长春	5090	200	118	39	62	18
哈尔滨	6984	112	30	30		
上海	24779	396	705	670		
南京	12018	260	394	378		17
杭州	16133	158	131	131		
宁波	12688	174	97	91		
合肥	4557	151	90	90		
福州	5236	151	53	53		
厦门	7595	71	72	72		
南昌	6934	165	60	60		
青岛	15940	234	185	176		9
济南	11502	421	48	48		
郑州	5078	444	152	152		
武汉	9461	216	335	335		
长沙	7036	280	101	82		
广州	24586	519	523	515		8
深圳	21606	529	316	304		12
南宁	4633	110	81	81		
海口	4062	28				
重庆	27105	155	329	230		
成都	16833	466	342	302		39
贵阳	5751	57	35	35		
昆明	11166	141	89	89		
拉萨	1020	46				
西安	6217	385	130	130		
兰州	6147	15	26	26		
西宁	1480	54				
银川	2330	132				
乌鲁木齐	3782	203	27	27		

注：上海市轨道交通合计中包括磁悬浮运营线路总长度29公里；广州轨道交通运营线路长度含佛山境内约21公里。

7-5-54 省会城市和计划单列市公共交通运营车(船)拥有量(2019年底)

单位：辆

城市	公共汽电车、轨道交通配属车辆合计	公共汽电车	#天然气车	无轨电车	轨道交通	地铁	轻轨	有轨电车	出租汽车	轮渡运营船数(艘)
北京	30134	23685	9290	1276	6449	6294		31	71517	
天津	13990	12746	709		1244	1068	152	24	31775	
石家庄	4150	3886	1638		264	264			7895	
太原	3174	3174	1225	76					8292	
呼和浩特	3322	3178	1721		144	144			6207	
沈阳	6409	5869	2233		540	540			18931	
大连	6311	5683	1364	65	628	348	208	72	11632	
长春	5366	4518	2464		848	264	537	47	18534	
哈尔滨	7588	7402	1258		186	186			17980	31
上海	23852	17903	111	363	5949	5888			39962	35
南京	10508	8772	1870		1736	1636		100	12083	12
杭州	10185	9153	3302	85	1032	1032			13422	
宁波	6675	6147	1406		528	468			4780	2
合肥	6653	6059	2309		594	594			9402	
福州	5206	4852	458		354	354			6605	
厦门	4830	4350	556		480	480			5621	28
南昌	4361	3995	606		366	366			5453	
青岛	9166	8563	3608	124	603	596		7	10866	3
济南	8280	8076	1705	109	204	204			11019	
郑州	7201	6355	20		846	846			10854	
武汉	12047	9631	3134	40	2416	2416			17797	26
长沙	10136	9596	40		540	522			7795	
广州	18119	15265	1264	283	2854	2826		28	20217	46
深圳	19708	17110			2598	2538		60	21498	
南宁	4235	3761	1350		474	474			6820	
海口	2162	2162	240						2062	
重庆	15356	13226	7835		2130	1338			22385	12
成都	18712	15948	10477		2764	2584		180	13044	
贵阳	3578	3374	2065		204	204			11884	
昆明	6949	6457	922		492	492			8457	
拉萨	548	548	395						1670	
西安	10849	9727	3386		1122	1122			16435	
兰州	4068	3912	1741		156	156			10466	
西宁	1944	1944	1305						5666	
银川	1556	1556	956						4991	
乌鲁木齐	4567	4411	3133		156	156			13138	

注：1.轨道交通车辆中包括上海磁悬浮车辆17辆。
2.公共汽电车、轨道交通车辆合计为两种交通方式车辆数相加。

7-5-55 省会城市和计划单列市公共交通客运量

单位：万人次

城　市	客运总量	公共汽电车	轨道交通	出租汽车	轮渡
北　京	740420	311896	395414	33110	
天　津	198450	109077	52506	36867	
石家庄	62396	37239	9566	15591	
太　原	57997	34070		23927	
呼和浩特	46731	37196	20	9515	
沈　阳	193564	110010	35855	47699	
大　连	147289	92212	21967	33110	
长　春	118772	69132	21762	27878	
哈尔滨	172371	106093	10355	55599	323
上　海	650054	204695	388023	56415	921
南　京	218536	91089	115538	11442	467
杭　州	178360	91038	63313	24009	
宁　波	67778	42376	16732	8550	120
合　肥	94725	56050	17982	20693	
福　州	71392	44620	10734	16038	
厦　门	102118	77359	5808	15936	3015
南　昌	73408	37844	17479	18084	
青　岛	150948	108378	18868	23686	17
济　南	99001	84573	574	13855	
郑　州	151281	93385	41126	16771	
武　汉	298062	141917	122373	33284	488
长　沙	128020	67996	33789	26235	
广　州	615418	222927	330964	60173	1354
深　圳	396304	152756	202200	41348	
南　宁	68481	32000	27338	9142	
海　口	27733	19847		7886	
重　庆	438607	240421	104187	93866	132
成　都	329863	163666	140011	26186	
贵　阳	107745	54818	5064	47864	
昆　明	110237	76647	21400	12191	
拉　萨	13742	8553		5189	
西　安	274203	137805	94368	42031	
兰　州	115371	84230	3250	27891	
西　宁	49445	34010		15436	
银　川	34982	23313		11669	
乌鲁木齐	105857	72012	2552	31293	

7-5-56 邮政主要业务量

指　　标		2010	2011	2012	2013	2014
邮政行业业务总量	(亿元)	1985.3	1607.7	2036.8	2725.1	3696.1
函件	(万件)	740141.0	737840.5	707405.0	634148.8	560955.7
包裹	(万件)	6642.5	6883.0	6875.5	6924.8	6024.2
快递	(万件)	233892.0	367311.1	568548.0	918674.9	1395925.3
汇兑	(万笔)	28043.2	26474.3	22913.4	18520.6	12527.4
订销报纸累计份数	(万份)	1717080.6	1817050.7	1892652.5	1942934.7	1912277.3
订销杂志累计份数	(万份)	104756.3	107701.6	112009.7	113720.0	107618.1
报刊期发数	(万份)	17158.3	15007.7	15401.6	15140.9	14936.8
纪特邮票	(万枚)	114622.5	102857.5	118276.0	118335.3	138990.4

注：1.邮政业务总量、快递的统计口径2006年及以前为中国邮政集团，2007年起为规模以上(年业务收入200万元以上)邮政业法人企业数据，2013年起为全国邮政企业和获得快递业务经营许可的快递服务企业(下表同)。
2.邮政业务总量2010年及以前按2000年不变价格计算；2011年按2010年不变价格计算，按可比价格比上年增长25.0%。

7-5-56　续表

指　　标		2015	2016	2017	2018	2019
邮政行业业务总量	(亿元)	5078.7	7397.2	9763.7	12345.2	16229.6
函件	(万件)	458142.2	361948.3	314841.0	267100.8	216721.5
包裹	(万件)	4243.4	2794.0	2657.2	2407.6	2155.0
快递	(万件)	2066636.8	3128315.1	4005591.9	5071042.8	6352291.0
汇兑	(万笔)	8241.7	5804.4	3743.4	2520.0	1639.7
订销报纸累计份数	(万份)	1880361.3	1786989.7	1766328.4	1727899.1	1680708.2
订销杂志累计份数	(万份)	99977.1	84415.0	79261.4	77496.9	72997.1
报刊期发数	(万份)	15539.5	13617.5	12572.8	12458.2	11429.0
纪特邮票	(万枚)	157000.8	154320.6	140219.4	118076.4	91800.9

7-5-57 各地区邮政主要业务量

地 区	邮政行业业务总量（亿元）	函 件（万件）	包 裹（万件）	汇 兑（万笔）	订销报纸累计份数（万份）	订销杂志累计份数（万份）	报刊期发 数（万份）	纪特邮票（万枚）
全 国	**16229.6**	**21.7**	**2155.0**	**1639.7**	**1680708.2**	**72997.1**	**11429.0**	**91800.9**
北 京	460.1	1.9	187.1	65.4	62662.6	2279.6	400.5	7208.0
天 津	148.8	0.2	26.1	13.5	15870.3	693.1	101.1	1980.4
河 北	557.4	0.4	141.4	24.8	72882.2	3259.2	482.7	3871.8
山 西	116.3	0.1	17.2	26.5	58100.6	1877.0	342.4	2444.8
内蒙古	50.4	0.1	35.1	16.8	32469.1	1132.4	207.2	2279.5
辽 宁	202.7	0.3	48.3	63.0	48999.8	2707.7	394.1	3636.0
吉 林	94.5	0.1	21.7	23.7	27632.6	929.3	157.7	2267.7
黑龙江	114.7	0.2	30.5	11.2	33452.0	2314.8	244.7	4041.4
上 海	770.0	4.6	210.9	177.2	72369.4	1938.1	469.3	4113.5
江 苏	1426.9	2.1	123.0	186.8	137548.6	5136.3	830.2	6350.7
浙 江	3177.7	1.8	145.1	79.5	107552.8	3679.5	662.6	3685.9
安 徽	440.8	0.4	41.1	17.8	61156.6	3240.9	462.2	3129.1
福 建	646.0	0.5	59.6	37.0	68132.1	2351.4	444.0	2803.0
江 西	230.2	0.2	43.6	37.9	50969.1	1981.0	301.1	3087.8
山 东	718.0	0.6	175.1	60.7	111410.7	6146.6	920.6	5121.6
河 南	590.5	1.0	110.2	251.4	108107.3	3717.2	836.2	3882.9
湖 北	458.5	0.7	54.9	28.8	62449.8	2441.7	371.9	3869.4
湖 南	321.8	0.2	24.6	22.0	62946.5	3818.1	481.5	3057.6
广 东	4403.4	4.6	156.1	65.7	67515.6	4920.1	544.1	6672.2
广 西	159.4	0.2	38.4	40.4	32591.9	2318.0	284.8	1469.7
海 南	25.4		13.9	8.3	15141.8	482.7	79.0	418.1
重 庆	166.3	0.1	22.2	14.0	26719.0	2882.6	278.6	1601.2
四 川	447.8	0.3	78.9	67.1	104620.3	3818.7	735.0	3262.7
贵 州	76.0	0.6	5.8	59.1	37814.3	1795.6	200.0	2769.3
云 南	118.3	0.2	23.8	77.8	43187.1	1470.4	240.8	1635.1
西 藏	4.8		38.3	14.6	14272.9	417.0	73.0	305.4
陕 西	193.1	0.1	69.7	29.6	45547.0	1690.2	272.3	2406.3
甘 肃	38.6	0.1	71.0	29.2	30372.2	1116.7	186.7	1367.6
青 海	8.1		40.9	8.2	10761.9	306.0	51.4	541.0
宁 夏	20.0		10.6	14.2	6932.8	383.7	48.5	850.0
新 疆	43.0	0.1	90.2	67.6	50519.3	1751.6	324.9	1671.7

7-5-58 邮政业营业网点及邮路

指 标		2010	2011	2012	2013	2014
邮政业营业网点	(处)	75739	78667	95572	125115	137562
信筒信箱	(个)	171043	148206	150271	147351	142330
邮路总长度(单程)	(公里)	4635569	5140272	5855107	5897229	6305556
#航空邮路	(公里)	2529232	2718292	3160292	3334949	3622873
铁路邮路	(公里)	269700	309027	320144	395809	232976
汽车邮路	(公里)	1753027	2017483	2289077	2070847	2361997
城市投递路线(单程)	(公里)	1461321	1171464	1327674	1282319	1435111
农村投递路线(单程)	(公里)	3690561	3632579	3731657	3744733	3775875

注：营业网点1998年及以前为邮电局所，1999-2006年为邮政局所，统计口径从2002年起为邮政局所和邮政代办点，2007年邮政业营业网点数据包括邮政企业和年业务收入200万元以上快递企业，2013年起为全国邮政企业和获得快递业务经营许可的快递服务企业。

7-5-58 续表

指 标		2015	2016	2017	2018	2019
邮政业营业网点	(处)	188637	216708	278025	274635	318516
信筒信箱	(个)	129572	127678	125409	122060	119234
邮路总长度(单程)	(公里)	6376429	6585049	9384668	9851315	12227021
#航空邮路	(公里)	3558821	3712222	5996105	6544859	8724542
铁路邮路	(公里)	218014	203729	215205	220980	207900
汽车邮路	(公里)	2486461	2644714	3156199	3072496	3282155
城市投递路线(单程)	(公里)	1371041	1474841	1628446	1711862	2209984
农村投递路线(单程)	(公里)	3756043	3767660	3805332	4030582	4198813

7-5-59 分地区邮政营业网点及邮路

地区	邮政业营业网点(处)	信筒信箱(个)	邮路总长度(单程)(公里)	#航空邮路	#铁路邮路	#汽车邮路	城市投递路线(单程)(公里)	农村投递路线(单程)(公里)
全国	**318516**	**119234**	**12227021**	**8724542**	**207900**	**3282155**	**2209984**	**4198813**
北京	4927	4397	581856	480220	20429	80659	80885	26538
天津	3266	2598	148165	95612		49923	30560	26653
河北	12352	2801	149237	33182		115704	91190	211971
山西	7269	1726	115074	56217		58857	55502	107925
内蒙古	5880	1536	150098	62346	3941	83811	82521	157263
辽宁	9076	2523	291361	198843	2837	89596	90261	105752
吉林	5100	1488	186078	146625	15	39438	55528	102426
黑龙江	6638	2312	167886	84721	21159	62006	56469	115492
上海	5503	2651	132147	45866	6474	79157	92643	38526
江苏	21469	13375	490910	233837		257073	151947	280337
浙江	27381	19431	1095967	741562	47350	306812	124161	251448
安徽	13104	2219	214098	51885	1109	161104	77318	143644
福建	8902	7351	683020	585766		96984	75353	116760
江西	8897	2028	135015	45916	2650	86423	49132	93489
山东	19038	3855	442719	273940		168605	119887	282275
河南	16627	3252	591371	434936	4911	151509	104438	182441
湖北	13703	2442	265400	142291		123107	73688	187419
湖南	11474	2777	424023	296081		127921	88728	203940
广东	30019	4399	3417485	3110950	47002	258882	270250	309413
广西	9461	2811	306309	216296		89831	47677	113017
海南	1684	3140	168087	150819		16787	18746	32039
重庆	8834	1964	220003	149857	2250	67896	42049	61223
四川	24583	12311	385936	206863	3621	169897	69555	266446
贵州	10148	1997	150032	91556	1269	57207	50161	125891
云南	10250	1900	335966	186013	10819	139134	47394	192615
西藏	1183	5402	126871	63750	1972	61149	7388	87090
陕西	10109	2086	165021	88599	1550	74332	52194	121392
甘肃	5170	1838	205463	123137	3519	78807	44854	128852
青海	1191	478	92978	54670	2092	36216	9338	42928
宁夏	1558	499	63810	52216		11594	16852	13418
新疆	3720	1647	324636	219970	22931	81735	33315	70190

7-5-60 邮政通信服务水平

指 标		2010	2011	2012	2013	2014
已通邮的行政村比重	(%)	99.0	98.0	99.1	99.2	99.4
城区每日平均投递次数	(次)	2.1	2.1	2.0	2.0	2.1
农村每周平均投递次数	(次)	4.9	5.0	5.0	5.0	4.8
平均每一营业网点服务面积	(平方公里)	126.8	122.0	100.4	76.7	69.8
平均每一营业网点服务人口	(万人)	1.8	1.7	1.4	1.1	1.0
平均每人每年发函件数	(件)	5.5	5.5	5.2	4.7	4.1
平均每百人每年订报刊数	(份)	12.8	11.1	11.4	11.1	10.9

7-5-60 续表

指 标		2015	2016	2017	2018	2019
已通邮的行政村比重	(%)	99.8	99.4	100.0	100.0	100.0
城区每日平均投递次数	(次)	1.9	2.0	2.0	2.0	2.0
农村每周平均投递次数	(次)	4.9	5.0	5.1	5.2	5.0
平均每一营业网点服务面积	(平方公里)	50.9	44.3	34.5	35.0	30.1
平均每一营业网点服务人口	(万人)	0.7	0.6	0.5	0.5	0.4
平均每人每年发函件数	(件)	3.3	2.7	2.3	1.9	1.6
平均每百人每年订报刊数	(份)	11.3	9.9	9.0	8.9	8.2

7-5-61 各地区邮政通信服务水平

地 区	平均每一营业网点服务面积（平方公里）	平均每一营业网点服务人口（万人）	城区每日平均投递次数（次）	农村每周平均投递次数（次）
全 国	**30.14**	**0.44**	**2.0**	**5.0**
北 京	3.41	0.44	2.0	8.0
天 津	3.37	0.48	2.0	7.0
河 北	15.38	0.61	2.0	6.0
山 西	20.64	0.51	2.0	6.0
内蒙古	187.07	0.43	2.0	4.0
辽 宁	16.53	0.48	2.0	4.0
吉 林	35.29	0.53	2.0	4.0
黑龙江	69.30	0.57	2.0	5.0
上 海	1.05	0.44	2.0	11.0
江 苏	4.66	0.38	2.0	8.0
浙 江	3.65	0.21	2.0	8.0
安 徽	9.92	0.48	2.0	6.0
福 建	13.48	0.44	2.0	5.0
江 西	17.98	0.52	2.0	4.0
山 东	7.88	0.53	2.0	6.0
河 南	9.62	0.58	2.0	7.0
湖 北	13.14	0.43	2.0	5.0
湖 南	18.30	0.60	2.0	5.0
广 东	6.00	0.38	2.0	8.0
广 西	24.31	0.52	2.0	4.0
海 南	20.19	0.55	2.0	6.0
重 庆	9.32	0.35	2.0	5.0
四 川	19.53	0.34	2.0	4.0
贵 州	16.75	0.35	2.0	5.0
云 南	37.07	0.47	2.0	4.0
西 藏	1014.37	0.29	2.0	3.0
陕 西	18.80	0.38	2.0	5.0
甘 肃	75.44	0.51	2.0	4.0
青 海	604.53	0.51	2.0	3.0
宁 夏	42.36	0.44	2.0	6.0
新 疆	430.11	0.67	2.0	4.0

7-5-62 快递业务量

年 份	快 递（万件）	快递业务收入（万元）	年 份	快 递（万件）	快递业务收入（万元）
1990	343.3		2005	22880.3	
1991	566.7		2006	26988.0	
1992	959.2		2007	120189.6	3425851.6
1993	2156.2		2008	151329.3	4084274.6
1994	4019.5		2009	185785.8	4790030.7
1995	5562.7		2010	233892.0	5746029.8
1996	7096.6		2011	367311.1	7579878.2
1997	6878.9		2012	568548.0	10553324.2
1998	7667.7		2013	918674.9	14416815.3
1999	9091.3		2014	1395925.3	20453586.2
2000	11031.4		2015	2066636.8	27696465.9
2001	12652.7		2016	3128315.1	39743601.3
2002	14036.2		2017	4005591.9	49571088.8
2003	17237.8		2018	5071042.8	60384253.8
2004	19771.9		2019	6352291.0	74978235.2

注：快递业务量2006年及以前为邮政特快专递，2007年起为规模以上(年业务收入200万元以上)。
快递服务企业业务量，2013年起为获得快递业务经营许可的快递服务企业业务量。

7-5-62 续表

地 区	快 递（万件）	快递业务收入（万元）	地 区	快 递（万件）	快递业务收入（万元）
北 京	228716.4	3391428.2	河 南	211093.2	1886366.5
天 津	69733.0	958419.1	湖 北	168499.8	1738919.9
河 北	230392.7	2423535.3	湖 南	103079.3	1009256.0
山 西	36413.8	494196.7	广 东	1680594.0	18479102.1
内蒙古	14263.2	329491.8	广 西	56386.3	746466.3
			海 南	8143.4	184819.2
辽 宁	79515.7	1038723.1			
吉 林	30662.0	483304.5	重 庆	55322.4	704509.7
黑龙江	35088.9	602671.2	四 川	179104.9	2035863.8
			贵 州	24584.4	461053.6
上 海	313326.1	12888432.8	云 南	43160.8	576432.6
江 苏	574060.4	6189768.3	西 藏	874.3	28924.1
浙 江	1326252.1	9129240.5			
安 徽	154543.0	1383815.0	陕 西	72891.9	833770.8
福 建	261951.3	2591559.7	甘 肃	10371.2	226397.3
江 西	77719.9	843014.5	青 海	1896.1	59825.7
山 东	288856.2	2883528.3	宁 夏	4891.6	94877.4
			新 疆	9902.6	280521.6

注：快递业务量2006年及以前为邮政特快专递，2007年起为规模以上(年业务收入200万元以上)。
快递服务企业业务量，2013年起为获得快递业务经营许可的快递服务企业业务量。

【主要统计指标解释】

铁路营业里程 又称营业长度（包括正式营业里程和临时营业里程），指办理客货运输业务的铁路正线总长度。凡是全线或部分建成双线及以上的线路，以第一线的实际长度计算；复线、站线、段管线、岔线和特殊用途线以及不计算运费的联络线都不计算营业里程。

电气化铁路里程 指在全部铁路营业里程中已安装了供电线路及设备，可以供电力机车牵引列车运行的区段的总里程。

公路里程 指报告期末公路的实际长度。统计范围：包括城间、城乡间、乡（村）间能行驶汽车的公共道路，公路通过城镇街道的里程，公路桥梁长度、隧道长度、渡口宽度。不包括城市街道里程，断头路里程，农（林）业生产用道路里程，工（矿）企业等内部道路里程。统计原则：按已竣工验收或交付使用的实际里程计算；两条或多条公路共同经由同一路段的重复里程，只计算一次。

内河航道里程 指报告期末在江河、湖泊、水库、渠道和运河水域内，船舶、排筏在不同水位期可以通航的实际航道里程数。内河航道里程按主航道中心线实际长度计算。两省以河为界的航道里程，双方均按一半计算。

定期航班航线里程 指定期航班营运里程的总长度，以万公里为计算单位。航线里程的统计分为按重复距离计算和按不重复距离计算两种形式。“按重复距离计算”是指不同航线的相同航段距离可以重复累加；“按不重复距离计算”则不同航线相同航段只统计一次。

输油（气）管道长度 也称输油（气）里程，指油品（或天然气）的实际输送距离，一般按输油（气）管道的单线长度计算。若包括复线和备用线长度则称为输油（气）管道延展长度，是指管道铺设的实际长度。通常使用的是不包括复线的“输油（气）管道里程”。

货（客）运量 指在一定时期内，各种运输工具实际运送的货物（旅客）数量。货运按吨计算，客运按人计算。货物不论运输距离长短、货物类别，均按实际重量统计。旅客不论行程远近或票价多少，均按一人一次客运量统计；半价票、小孩票也按一人统计。

货物（旅客）周转量 指在一定时期内，由各种运输工具运送的货物（旅客）数量与其相应运输距离的乘积之总和。计算货物（旅客）周转量通常按发出站与到达站之间的最短距离，也就是计费距离计算。计算公式：货物（旅客）周转量=Σ（货物（旅客）运输量×运输距离）。

货（客）运密度 指报告期内某种运输方式在营运线路的某一区段平均每公里线路通过的货物（旅客）运输周转量。计算公式：货（客）运密度=货物（旅客）周转量/营业线路长度。

旅客运输平均运距 指报告期内平均每一位旅客的旅行距离。计算公式：旅客运输平均运距=旅客周转量/客运量。

货物运输平均运距 指报告期内平均每一吨货物的运输距离。计算公式：货物运输平均运距=货物周转量/货运量。

民用汽车拥有量 指报告期末，在公安交通管理部门按照《机动车注册登记工作规范》，已注册登记领有民用车辆牌照的全部汽车数量。汽车拥有量统计的主要分类：根据汽车结构分为载客汽车、载货汽车及其他汽车；根据汽车所有者不同分为个人（私人）汽车、单位汽车；根据汽车的使用性质分为营运汽车、非营运汽车；根据汽车大小规格不同，载客汽车分为大型、中型、小型和微型，载货汽车分为重型、中型、轻型和微型。

机动船 又称自航船，指装有各种发动机推进装置，以机械动力行驶的船舶。

驳船 指本身无动力装置，或只设简易动力装置，依靠拖船或推船带动的平底船。

拖船 指专门拖带其它船舶、船队、木排的船舶。

船舶净载重量 指报告期末所拥有船舶的总载重量减去燃（物）料、淡水、粮食及供应品、人员及其行李等的重量及船舶常数后，能够装载货物的实际重量。

沿海港口 指位于海沿岸，具有一定设施和条件，供船舶停靠、旅客上下、货物装卸、生活物料供应等作业的港口。

内河港口 指位于江、河、湖沿岸，具有一定设施和条件，供船舶停靠、旅客上下、货物装卸、生活物料供应等作业的港口。

港口货物吞吐量 指经由水路进出港区范围，并经过装卸的货物数量。按货物流向分为进港吞吐量和出港吞吐量；按货物贸易性质分为内贸货物吞吐量和外贸货物吞吐量；按货物的类别分，可根据现行的交通行业标准《运输货物分类和代码》分类。

定期航班航线条数 指定期航班营运的航线条数。按国内航线（其中：港澳台航线）、国际航线分类统计。

国际航线 指航线中任一航段的起讫点（技术经停点除外）在外国领土上的航线。

国内航线 指航线中各航段的起讫点（技术经停点除外）都在国内的航线。

港澳台地区航线 指航线中任一航段的起讫点在香港、澳门或台湾的航线（经香港、澳门、台湾飞往外国的航线统计为国际航线）。

飞机架数 指报告期末实有在册飞机数量，包括停场待修、在厂检修的飞机和租借飞机。

运输飞机 从事公共航空运输的民用飞机。分为大中型飞机和小型飞机，大中型飞机指100座及以上的运输飞机，小型飞机指100座以下的运输飞机。

正班平均载运率 指报告期内正班飞行所完成的运输总周转量与可提供周转量之比。

城市公共交通 指城市中供公众乘用的、经济方便的各种交通方式的总称。包括公共汽车、电车、轨道交通（地铁、轻轨、有轨电车、磁悬浮、索道、缆车等）、出租汽车、公共轮渡等客运交通设施。

运营线路总长度 指全部运营线路长度之和。计算公式：运营线路长度=Σ各条运营线路长度=Σ〔1/2（上行起点至终点里程+下行起点至终点里程+上下行终点掉头里程〕。

单向行驶的环行线路长度等于起点至终点里程与终点下客站至起点里程之和的一半，不包括折返、试车、联络线等非运营线路。

公交专用车道 指为了调整公共交通车辆与其他社会车辆的路权使用分配关系，提高公共交通车辆运营速度和道路资源利用率，而科学、合理设置的公共交通优先车道、专用车道（路）、路口专用线（道）、专用街道、单向优先专用线（道）等。

运营车数 指城市中用于公共交通运营业务的全部车辆数。地铁和轻轨在统计时一自然节为一辆。出租汽车指已经领取出租汽车专用牌照的运营车辆，包括技术完好的、在修的、长期行驶的以及拟报废尚未经上级机关批准的车辆。

轮渡运营船数 指用于城市客渡运营业务的全部船舶数。不含旅游客轮（长途旅游、市内供游人游览江、河、湖泊的船只）。

城市公共交通客运总量 指报告期内城市公共交通各种运输方式运送乘客的总人次。

邮政行业业务总量 指以货币形式表示的邮政行业企业为社会提供各类邮政服务或其他服务的总数量，是用于观察邮政业务发展变化总趋势的综合性总量指标。邮政业务总量是以各类业务的实物量分别乘以相应的不变单价，求出各类业务的货币量加总求得。

营业网点 指拥有固定地址、直接对外营业，可收寄邮件和快件的营业场所和服务机构数量。

邮政局所 指经邮政部门审批许可，有固定的局所地址、领有上级发给的日戳或戳记，直接对外营业，至少办理出售邮票和收寄挂号信函两种业务的服务机构。按级别可分为邮政支局、自办邮政所、代办邮政所和其他局所。

邮路 指各邮政局所之间，邮政局所与车站、码头、机场、转运站、邮件处理中心、报刊社之间，邮区中心局与邮政局所及各邮区中心局之间由自办或委办人员按固定班期规定路线交换邮件（包括机要文件，下同）、报刊的路线。包括农村地区运邮兼投递的路线，不包括城市、农村地区纯投递路线。按运输方式可分为航空邮路、铁路邮路、汽车邮路、水路邮路和其他邮路等。

农村投递路线 指农村邮政支局所自办或委办人员按固定班期、规定路线至农村乡（镇）、行政村等收件单位投递邮件、报刊所走的路线。

营业网点服务面积 指报告期行政区域平均每一营业网点服务的面积。计算公式：

$$\text{每一营业网点服务面积}=\frac{\text{行政区域土地面积（平方公里）}}{\text{营业网点总数（处）}}$$

营业网点服务人口 指报告期行政区域平均每一营业网点服务的人口数。计算公式：

$$\text{每一营业网点服务人口}=\frac{\text{行政区域总人口数（万人）}}{\text{营业网点总数（处）}}$$

7 第三产业分行业主要指标

7-6 住宿和餐饮业

简要说明

一、主要内容

住宿和餐饮业法人单位财务状况和经营情况。

二、统计范围

限额以上住宿和餐饮业法人单位。

三、统计调查方法

对限额以上住宿和餐饮业法人单位采用全面调查的方法。

四、限额标准

住宿业法人单位，年主营业务收入200万元及以上。

餐饮业法人单位，年主营业务收入200万元及以上。

五、资料来源

本部分统计资料由国家统计局贸易外经统计司根据《住宿和餐饮业统计报表制度》搜集的资料加工整理而得。

7-6-1 限额以上住宿和餐饮业企业年末资产负债

单位：亿元

项　目	资产总计			负债合计	所有者权益合计
		#流动资产合计	#固定资产净额		
总　计	**20361.2**	**8871.0**	**5568.3**	**15198.1**	**5130.2**
一、住宿业	**14771.1**	**6176.4**	**4365.2**	**11265.7**	**3493.2**
#国有控股	3930.5	1207.2	1496.9	2282.4	1639.9
(一)按登记注册类型分					
内资企业	**12023.7**	**4929.5**	**3523.6**	**9237.1**	**2771.7**
国有企业	913.9	275.1	359.5	462.1	450.2
集体企业	63.0	25.5	22.9	47.6	15.8
股份合作企业	12.2	5.3	2.5	10.8	3.1
联营企业	7.4	3.5	2.1	4.2	3.2
国有联营企业	5.3	2.6	1.4	2.6	2.7
集体联营企业	0.8	0.1	0.5	1.0	-0.2
国有与集体联营企业	1.0	0.7	0.3	0.4	0.7
其他联营企业	0.2	0.2		0.2	
有限责任公司	6149.0	2378.3	1905.8	4597.5	1541.9
国有独资公司	831.7	261.2	286.3	459.5	371.6
其他有限责任公司	5317.3	2117.1	1619.5	4138.0	1170.3
股份有限公司	615.7	321.3	163.3	415.9	200.1
私营企业	4262.2	1920.4	1067.5	3698.7	557.3
私营独资企业	97.0	37.3	29.8	51.8	43.6
私营合伙企业	25.6	9.9	5.7	12.2	12.9
私营有限责任公司	4004.2	1808.2	1009.2	3542.6	458.4
私营股份有限公司	135.3	64.9	22.7	92.1	42.4
其他企业	0.4	0.2	0.2	0.3	0.1
港、澳、台商投资企业	**1632.0**	**642.4**	**541.4**	**1206.5**	**428.3**
合资经营企业	736.9	292.3	174.9	636.2	103.4
合作经营企业	90.4	39.0	35.6	45.5	44.9
独资经营企业	795.7	306.9	327.3	517.9	277.8
投资股份有限公司	7.4	3.8	3.4	3.8	3.6
其他港澳台商投资企业	1.7	0.4	0.2	3.1	-1.4
外商投资企业	**1115.4**	**604.4**	**300.2**	**822.1**	**293.2**
中外合资经营企业	362.0	138.3	112.7	221.3	140.7
中外合作经营企业	72.7	27.5	41.8	53.7	19.0
外资企业	635.7	415.0	134.4	523.4	112.3
外商投资股份有限公司	34.1	21.8	6.6	15.1	18.9
其他外商投资企业	10.8	1.8	4.8	8.5	2.2
(二)按国民经济行业分					
旅游饭店	12013.9	4870.2	3758.3	9187.3	2820.3
一般旅馆	2270.0	1035.3	514.1	1720.8	541.8
民宿服务	46.4	30.8	6.6	17.5	28.7
露营地服务	5.6	2.4	1.1	3.2	2.3
其他住宿业	435.3	237.6	85.1	336.8	100.2

7-6-1 续表 单位：亿元

项　目	资产总计	#流动资产合计	#固定资产净额	负债合计	所有者权益合计
二、餐饮业	**5590.1**	**2694.7**	**1203.1**	**3932.4**	**1636.9**
#国有控股	477.4	208.4	134.1	309.2	167.6
(一)按登记注册类型分					
内资企业	**4446.3**	**2190.4**	**981.4**	**3280.5**	**1145.0**
国有企业	67.1	24.7	20.5	46.8	19.9
集体企业	17.7	10.8	2.7	12.1	5.6
股份合作企业	15.0	9.4	3.6	10.8	4.1
联营企业	2.9	1.7	1.0	0.8	2.0
国有联营企业					
集体联营企业	2.8	1.6	1.0	0.8	1.9
国有与集体联营企业					
其他联营企业	0.1				0.1
有限责任公司	1487.3	688.6	394.0	1158.5	323.5
国有独资公司	116.9	37.0	43.9	73.8	42.8
其他有限责任公司	1370.4	651.7	350.1	1084.7	280.7
股份有限公司	228.4	115.0	39.0	104.7	120.5
私营企业	2619.9	1339.0	516.2	1939.2	668.6
私营独资企业	152.5	57.4	37.9	64.9	85.2
私营合伙企业	23.1	10.6	5.6	11.9	10.6
私营有限责任公司	2353.0	1234.3	448.0	1806.6	537.0
私营股份有限公司	91.3	36.8	24.8	55.9	35.8
其他企业	8.0	1.3	4.3	7.5	0.6
港、澳、台商投资企业	**666.2**	**306.3**	**134.9**	**391.4**	**274.8**
合资经营企业	140.5	39.2	54.8	70.1	70.4
合作经营企业	9.5	7.6	0.8	8.6	0.9
独资经营企业	488.1	248.4	69.1	290.5	197.6
投资股份有限公司	27.7	10.8	10.0	21.9	5.8
其他港澳台商投资企业	0.4	0.2		0.3	0.1
外商投资企业	**477.6**	**198.0**	**86.9**	**260.5**	**217.2**
中外合资经营企业	78.8	20.1	16.8	40.6	38.2
中外合作经营企业	1.3	0.8		0.3	1.0
外资企业	361.9	160.4	64.2	197.2	164.7
外商投资股份有限公司	4.0	2.5	0.2	2.3	1.6
其他外商投资企业	31.6	14.1	5.8	20.0	11.6
(二)按国民经济行业分					
正餐服务	4385.3	2074.4	1034.6	3201.8	1163.6
快餐服务	670.1	253.8	123.2	402.3	267.1
饮料及冷饮服务	265.3	189.0	21.0	171.0	94.4
餐饮配送及外卖送餐服务	110.8	86.2	13.6	64.6	46.2
其他餐饮业	158.7	91.4	10.7	92.8	65.7

7-6-2 各地区限额以上住宿和餐饮业企业年末资产负债

单位：亿元

地 区	资产总计			负债合计	所有者权益合计
		#流动资产合计	#固定资产净额		
全 国	**20361.2**	**8871.0**	**5568.3**	**15198.1**	**5130.2**
北 京	2117.7	1041.3	514.3	1568.7	549.0
天 津	321.7	141.7	82.2	284.2	38.2
河 北	500.6	208.8	148.0	448.1	52.3
山 西	265.5	101.5	84.3	243.9	22.5
内蒙古	217.1	86.1	78.0	178.9	38.3
辽 宁	465.8	173.4	143.8	421.4	44.5
吉 林	163.0	66.0	56.4	130.7	31.7
黑龙江	129.1	37.6	53.9	98.1	35.5
上 海	1626.8	819.5	405.2	1068.6	558.4
江 苏	1401.7	505.1	537.0	988.6	413.6
浙 江	1607.5	646.4	494.9	1301.1	303.2
安 徽	479.6	176.9	146.3	348.2	131.5
福 建	742.0	300.7	223.8	467.5	270.4
江 西	366.8	133.4	89.2	251.2	112.4
山 东	782.7	293.2	261.2	632.7	150.3
河 南	540.3	230.5	118.9	361.5	172.6
湖 北	585.4	219.3	143.9	407.0	173.9
湖 南	568.6	224.4	153.4	373.4	190.7
广 东	2749.9	1586.1	532.0	2273.7	476.7
广 西	355.5	150.4	103.7	275.6	78.8
海 南	906.0	339.2	263.1	687.7	223.5
重 庆	414.7	167.9	103.7	300.5	114.3
四 川	959.2	395.5	200.5	692.5	264.6
贵 州	387.6	161.5	114.7	242.5	141.6
云 南	433.3	174.5	130.2	284.4	149.0
西 藏	60.5	14.0	20.4	17.5	42.5
陕 西	619.2	241.9	183.7	457.5	156.5
甘 肃	235.2	95.5	65.2	154.1	73.8
青 海	63.7	28.4	18.5	36.7	26.9
宁 夏	49.8	18.4	21.5	43.1	6.6
新 疆	244.6	92.0	76.4	158.7	86.5

7-6-3 各地区限额以上住宿业企业年末资产负债

单位：亿元

地 区	资产总计	#流动资产合计	#固定资产净额	负债合计	所有者权益合计
全 国	**14771.1**	**6176.4**	**4365.2**	**11265.7**	**3493.2**
北 京	1564.8	682.5	462.3	1143.8	421.0
天 津	209.5	90.3	51.3	201.9	8.3
河 北	388.8	152.4	122.8	356.8	31.9
山 西	164.0	53.8	62.9	152.2	12.9
内蒙古	122.4	51.3	49.8	106.1	16.3
辽 宁	330.8	119.5	113.9	301.8	29.1
吉 林	140.1	54.7	52.2	111.1	28.9
黑龙江	112.7	30.2	50.0	87.0	30.7
上 海	1083.4	479.6	338.6	678.1	405.4
江 苏	847.0	282.2	331.9	597.9	249.9
浙 江	1176.8	463.0	383.9	966.9	209.0
安 徽	284.5	96.5	98.1	229.1	55.5
福 建	615.6	236.9	203.8	397.8	214.9
江 西	276.6	94.7	66.4	191.3	83.0
山 东	456.6	184.3	154.4	368.0	89.0
河 南	422.6	176.2	97.7	296.5	122.6
湖 北	302.1	95.3	81.1	211.3	90.4
湖 南	433.9	173.6	121.7	295.0	136.0
广 东	2083.3	1220.6	422.5	1814.3	269.0
广 西	310.6	126.1	94.2	241.7	68.5
海 南	891.1	331.4	260.5	677.7	218.7
重 庆	294.6	118.4	72.9	240.4	54.3
四 川	604.0	237.1	137.5	465.6	138.3
贵 州	337.2	131.2	108.9	211.5	123.0
云 南	354.1	128.9	114.1	239.0	115.4
西 藏	57.1	12.0	19.3	15.8	40.8
陕 西	450.5	169.6	148.2	365.1	82.7
甘 肃	179.4	74.3	49.3	118.2	54.3
青 海	47.0	20.9	15.2	25.9	21.3
宁 夏	33.3	12.3	15.8	27.9	5.5
新 疆	196.4	76.7	64.0	130.2	66.9

7-6-4 各地区限额以上餐饮业企业年末资产负债

单位：亿元

地区	资产总计	#流动资产合计	#固定资产净额	负债合计	所有者权益合计
全国	**5590.1**	**2694.7**	**1203.1**	**3932.4**	**1636.9**
北京	552.9	358.8	52.0	424.9	128.1
天津	112.2	51.4	30.9	82.3	29.8
河北	111.8	56.4	25.2	91.2	20.4
山西	101.5	47.7	21.4	91.7	9.6
内蒙古	94.7	34.9	28.2	72.8	21.9
辽宁	135.0	53.8	29.9	119.6	15.4
吉林	22.9	11.3	4.2	19.6	2.8
黑龙江	16.4	7.4	4.0	11.1	4.8
上海	543.4	339.8	66.6	390.5	153.0
江苏	554.6	222.9	205.1	390.8	163.7
浙江	430.6	183.4	111.0	334.2	94.2
安徽	195.1	80.3	48.2	119.1	76.0
福建	126.4	63.8	20.1	69.7	55.5
江西	90.2	38.7	22.9	59.9	29.4
山东	326.1	108.9	106.8	264.6	61.3
河南	117.7	54.3	21.2	64.9	50.0
湖北	283.3	124.0	62.8	195.7	83.5
湖南	134.8	50.8	31.6	78.4	54.7
广东	666.6	365.4	109.5	459.4	207.7
广西	44.8	24.4	9.5	33.9	10.4
海南	14.9	7.8	2.5	10.1	4.9
重庆	120.1	49.5	30.8	60.1	60.0
四川	355.1	158.4	63.0	226.9	126.4
贵州	50.4	30.4	5.8	31.1	18.6
云南	79.2	45.6	16.1	45.4	33.6
西藏	3.4	2.0	1.1	1.7	1.7
陕西	168.7	72.4	35.5	92.4	73.8
甘肃	55.8	21.3	15.9	35.9	19.5
青海	16.6	7.5	3.3	10.9	5.6
宁夏	16.5	6.2	5.7	15.2	1.1
新疆	48.2	15.3	12.4	28.6	19.7

7-6-5 限额以上住宿和餐饮业企业损益及分配

单位：亿元

项　　目	营业收入	营业成本	销售费用	管理费用	财务费用	利润总额
总　　计	**10501.7**	**4960.3**	**3148.5**	**1980.5**	**273.1**	**148.9**
一、住宿业	**4257.7**	**1687.4**	**1235.3**	**1238.4**	**207.0**	**-102.3**
#国有控股	1002.9	372.5	306.5	323.4	29.0	-17.4
(一)按登记注册类型分						
内资企业	**3708.2**	**1503.7**	**1093.8**	**1050.9**	**169.2**	**-107.2**
国有企业	294.5	100.5	105.3	101.7	2.0	-7.9
集体企业	32.0	12.0	10.0	7.8	0.5	0.5
股份合作企业	6.8	2.3	1.6	1.4	0.1	0.2
联营企业	3.3	0.8	1.4	0.9	0.1	
国有联营企业	2.2	0.6	1.1	0.5	0.1	
集体联营企业	0.1			0.1		-0.1
国有与集体联营企业	0.6	0.1	0.1	0.4		
其他联营企业	0.4	0.1	0.2	0.1		
有限责任公司	1566.7	607.7	469.8	479.6	83.3	-68.1
国有独资公司	181.9	75.0	49.5	60.9	4.7	-10.1
其他有限责任公司	1384.8	532.7	420.3	418.7	78.6	-58.0
股份有限公司	145.3	65.9	28.2	31.0	5.9	12.0
私营企业	1659.1	714.2	477.2	428.4	77.3	-44.0
私营独资企业	73.8	43.3	11.8	9.9	1.6	5.4
私营合伙企业	19.8	11.5	3.1	3.0	0.3	1.5
私营有限责任公司	1484.3	638.5	414.6	405.4	73.8	-51.2
私营股份有限公司	81.2	20.9	47.7	10.1	1.5	0.4
其他企业	0.4	0.2	0.1	0.1		
港、澳、台商投资企业	**342.4**	**112.2**	**89.3**	**116.8**	**27.3**	**-1.0**
合资经营企业	141.0	44.2	35.8	48.1	14.7	0.6
合作经营企业	29.3	11.1	6.9	7.8	0.1	2.7
独资经营企业	166.6	54.8	45.3	59.1	12.4	-4.6
投资股份有限公司	4.1	1.3	1.1	1.3		0.3
其他港澳台商投资企业	1.5	0.9	0.2	0.5		
外商投资企业	**207.1**	**71.4**	**52.3**	**70.7**	**10.5**	**5.9**
中外合资经营企业	80.3	22.0	19.6	26.8	5.9	3.3
中外合作经营企业	26.0	13.3	5.6	5.9	0.9	0.8
外资企业	80.1	31.3	17.0	34.6	3.7	-0.6
外商投资股份有限公司	17.9	3.8	8.7	2.7	-0.1	2.9
其他外商投资企业	2.8	1.0	1.4	0.7	0.2	-0.5
(二)按国民经济行业分						
旅游饭店	3127.0	1189.5	934.3	944.2	169.8	1869.9
一般旅馆	1012.6	444.0	271.7	262.1	27.1	554.5
民宿服务	10.0	6.2	2.3	2.7	0.1	3.7
露营地服务	1.0	0.5	0.2	0.2	0.1	0.5
其他住宿业	107.1	47.2	26.8	29.2	9.9	56.1

7-6-5 续表

单位：亿元

项　　目	营业收入	营业成本	销售费用	管理费用	财务费用	利润总额
二、餐饮业	**6244.0**	**3272.9**	**1913.2**	**742.1**	**66.1**	**251.2**
#国有控股	252.5	139.1	66.1	46.7	3.2	11.8
(一)按登记注册类型分						
内资企业	**4440.1**	**2490.0**	**1188.7**	**577.9**	**58.2**	**123.7**
国有企业	41.6	22.6	11.0	8.9	0.3	-0.6
集体企业	14.5	8.8	3.2	1.6	0.1	0.8
股份合作企业	14.3	7.4	4.3	1.9	0.1	0.5
联营企业	0.9	0.7	0.1	0.2		-0.1
国有联营企业	0.1	0.1				
集体联营企业	0.7	0.5		0.2		-0.1
国有与集体联营企业						
其他联营企业	0.1	0.1				
有限责任公司	1287.7	675.1	404.1	170.7	19.8	21.8
国有独资公司	48.3	28.6	10.0	11.8	1.1	-1.9
其他有限责任公司	1239.4	646.5	394.1	158.8	18.7	23.7
股份有限公司	128.1	73.0	32.1	14.8	2.0	13.3
私营企业	2950.4	1700.6	733.3	379.0	36.0	88.0
私营独资企业	238.1	161.8	27.6	21.1	2.3	21.0
私营合伙企业	37.5	22.8	7.4	3.9	0.4	2.4
私营有限责任公司	2601.4	1468.5	682.3	346.5	31.9	62.9
私营股份有限公司	73.4	47.5	16.0	7.4	1.3	1.7
其他企业	2.5	1.7	0.5	0.9		
港、澳、台商投资企业	**794.1**	**291.9**	**378.5**	**72.1**	**6.1**	**45.8**
合资经营企业	132.0	54.3	55.8	13.0	1.4	8.0
合作经营企业	11.8	5.5	4.2	1.6		0.4
独资经营企业	624.7	223.2	304.7	54.8	4.2	38.8
投资股份有限公司	24.4	8.4	13.3	2.4	0.5	-1.4
其他港澳台商投资企业	1.2	0.4	0.5	0.3		
外商投资企业	**1009.8**	**491.0**	**346.0**	**92.1**	**1.8**	**81.6**
中外合资经营企业	198.9	95.0	66.0	16.7	0.7	21.1
中外合作经营企业	2.9	2.2	0.3	0.3		0.1
外资企业	738.6	363.1	248.9	70.9	1.0	56.4
外商投资股份有限公司	7.4	5.8	0.6	0.9		0.1
其他外商投资企业	62.1	25.0	30.3	3.2	0.1	3.9
(二)按国民经济行业分						
正餐服务	4079.7	2190.7	1165.6	552.5	58.9	107.2
快餐服务	1379.8	663.9	491.7	124.9	6.0	93.5
饮料及冷饮服务	370.1	144.9	168.8	26.1	0.3	30.8
餐饮配送及外卖送餐服务	232.1	174.7	28.2	21.9	0.4	7.6
其他餐饮业	182.3	98.7	58.9	16.8	0.5	12.1

7-6-6 各地区限额以上住宿和餐饮业企业损益及分配

单位：亿元

地 区	营业收入	营业成本	销售费用	管理费用	财务费用	利润总额
全 国	**10501.7**	**4960.3**	**3148.5**	**1980.5**	**273.1**	**148.9**
北 京	1266.7	497.2	463.4	241.2	19.1	44.7
天 津	166.5	78.6	52.7	35.2	5.2	-0.2
河 北	129.5	56.3	46.0	32.0	10.7	-17.1
山 西	101.5	44.3	36.1	24.4	3.2	-6.6
内蒙古	84.7	41.1	24.7	21.7	2.4	-5.5
辽 宁	176.4	78.8	59.2	39.6	7.8	-5.7
吉 林	44.7	20.7	14.5	13.0	2.8	-6.3
黑龙江	34.1	12.1	13.9	11.8	1.0	-5.5
上 海	1231.3	529.9	452.4	207.8	15.6	37.7
江 苏	725.5	338.4	223.9	146.3	18.1	2.9
浙 江	769.3	341.0	245.4	169.0	26.8	-3.2
安 徽	264.7	138.1	68.3	41.5	6.9	7.6
福 建	548.7	316.4	113.5	84.7	11.1	20.5
江 西	141.8	76.4	29.6	27.2	4.7	6.3
山 东	371.8	166.4	122.5	84.7	7.0	-13.4
河 南	232.8	115.7	53.5	48.0	8.4	5.7
湖 北	410.5	221.9	96.1	52.5	8.5	24.7
湖 南	344.1	200.3	57.4	54.8	10.2	16.4
广 东	1533.5	694.2	498.6	286.5	33.4	22.2
广 西	151.8	66.0	47.6	35.4	6.3	-4.6
海 南	177.0	66.6	43.0	55.0	13.1	-4.9
重 庆	267.5	164.0	42.3	34.7	6.9	14.9
四 川	472.5	244.7	122.6	76.6	16.0	25.3
贵 州	121.6	71.3	19.4	27.0	5.7	-1.8
云 南	155.9	83.9	30.4	33.5	4.0	-0.6
西 藏	11.1	5.0	2.9	3.6	0.1	-0.6
陕 西	357.0	202.6	83.0	55.5	8.0	4.2
甘 肃	72.9	37.1	20.5	13.9	3.7	-2.6
青 海	14.0	7.7	3.9	3.4	0.6	-1.6
宁 夏	15.2	8.0	4.4	3.9	0.5	-1.4
新 疆	107.0	35.9	56.7	16.2	1.4	-2.5

7-6-7 各地区限额以上住宿业企业损益及分配

单位：亿元

地 区	营业收入	营业成本	销售费用	管理费用	财务费用	利润总额
全 国	**4257.7**	**1687.4**	**1235.3**	**1238.4**	**207.0**	**-102.3**
北 京	436.0	124.6	132.2	138.9	15.7	21.5
天 津	42.4	15.0	12.5	19.0	3.9	-4.2
河 北	79.0	30.7	29.7	22.3	8.8	-14.3
山 西	44.1	16.3	15.5	15.3	1.9	-5.4
内蒙古	33.4	12.5	12.1	11.6	1.2	-3.9
辽 宁	68.2	22.7	27.6	26.3	5.3	-10.3
吉 林	27.6	10.4	10.0	10.3	2.4	-5.6
黑龙江	23.7	7.9	9.5	10.2	0.7	-5.1
上 海	323.5	111.9	87.4	106.3	10.6	12.3
江 苏	233.1	84.3	76.1	81.3	11.6	-16.7
浙 江	350.0	121.0	121.7	111.8	20.4	-17.6
安 徽	93.9	40.4	26.8	23.7	5.0	-3.8
福 建	271.7	134.9	63.0	59.3	9.5	5.1
江 西	83.0	40.7	18.4	19.8	3.4	0.4
山 东	165.1	60.1	61.3	48.4	6.0	-10.5
河 南	135.0	61.2	33.3	35.0	6.8	-1.0
湖 北	128.2	57.6	32.6	28.0	4.5	3.7
湖 南	164.4	86.6	29.0	37.4	7.3	2.5
广 东	555.2	210.6	164.3	164.5	27.6	-10.6
广 西	92.1	33.5	29.8	29.2	5.5	-7.0
海 南	163.6	60.4	37.4	53.4	12.9	-4.8
重 庆	91.7	46.4	19.7	21.1	5.0	-1.6
四 川	185.4	88.5	44.9	49.8	12.4	-3.0
贵 州	76.6	40.4	14.0	20.5	4.9	-2.7
云 南	93.8	44.1	19.6	27.6	3.4	-4.9
西 藏	9.1	3.9	2.7	3.3	0.1	-1.0
陕 西	144.6	69.0	38.6	35.3	5.1	-6.3
甘 肃	39.3	18.3	10.4	9.9	3.0	-2.4
青 海	9.2	4.9	2.7	2.7	0.4	-1.5
宁 夏	8.5	4.4	2.3	2.7	0.4	-1.1
新 疆	86.0	24.2	50.5	13.3	1.1	-2.6

7-6-8 各地区限额以上餐饮业企业损益及分配

单位：亿元

地 区	营业收入	营业成本	销售费用	管理费用	财务费用	利润总额
全 国	**6244.0**	**3272.9**	**1913.2**	**742.1**	**66.1**	**251.2**
北 京	830.7	372.6	331.2	102.3	3.4	23.1
天 津	124.1	63.5	40.2	16.3	1.3	4.0
河 北	50.5	25.6	16.3	9.6	1.9	-2.8
山 西	57.4	28.0	20.6	9.0	1.3	-1.2
内蒙古	51.4	28.6	12.6	10.1	1.2	-1.6
辽 宁	108.2	56.0	31.6	13.3	2.5	4.7
吉 林	17.2	10.4	4.5	2.8	0.3	-0.8
黑龙江	10.3	4.2	4.4	1.6	0.3	-0.3
上 海	907.8	418.0	365.0	101.5	4.9	25.4
江 苏	492.4	254.2	147.9	65.0	6.4	19.7
浙 江	419.4	220.1	123.8	57.1	6.4	14.4
安 徽	170.8	97.7	41.5	17.8	1.9	11.4
福 建	277.0	181.5	50.5	25.4	1.6	15.4
江 西	58.8	35.6	11.1	7.4	1.3	6.0
山 东	206.7	106.3	61.2	36.2	5.0	-2.9
河 南	97.7	54.5	20.3	13.0	1.6	6.7
湖 北	282.3	164.3	63.5	24.4	4.0	21.0
湖 南	179.7	113.7	28.4	17.4	2.9	13.9
广 东	978.3	483.5	334.3	121.9	5.8	32.7
广 西	59.6	32.5	17.9	6.2	0.7	2.4
海 南	13.4	6.2	5.6	1.6	0.1	-0.1
重 庆	175.8	117.6	22.7	13.5	1.9	16.5
四 川	287.1	156.1	77.6	26.8	3.6	28.3
贵 州	45.1	30.9	5.4	6.4	0.8	0.9
云 南	62.1	39.8	10.8	5.9	0.6	4.3
西 藏	1.9	1.1	0.2	0.2		0.4
陕 西	212.4	133.6	44.4	20.2	2.9	10.6
甘 肃	33.6	18.8	10.1	4.0	0.7	-0.2
青 海	4.7	2.8	1.2	0.7	0.2	-0.2
宁 夏	6.7	3.5	2.1	1.1	0.2	-0.3
新 疆	20.9	11.7	6.2	2.9	0.3	0.1

7-6-9 限额以上住宿和餐饮业企业经营情况

单位：亿元

项　　目	营业额	#客房收入	#餐费收入
总　　计	**10901.0**	**2638.0**	**7349.5**
一、住宿业	**4343.6**	**2345.6**	**1463.0**
#国有控股	1041.7	472.9	355.1
(一)按登记注册类型分			
内资企业	**3777.8**	**2070.4**	**1277.0**
国有企业	303.1	128.6	114.7
集体企业	33.0	15.5	10.6
股份合作企业	7.2	3.5	2.6
联营企业	3.5	1.9	1.2
国有联营企业	2.3	1.2	0.8
集体联营企业	0.1	0.1	
国有与集体联营企业	0.6	0.4	0.2
其他联营企业	0.4	0.2	0.2
有限责任公司	1632.2	854.8	558.3
国有独资公司	189.0	84.1	66.2
其他有限责任公司	1443.3	770.7	492.1
股份有限公司	116.6	56.9	41.4
私营企业	1681.7	1008.9	548.0
私营独资企业	77.1	43.8	28.0
私营合伙企业	20.4	9.8	9.1
私营有限责任公司	1544.6	933.5	496.4
私营股份有限公司	39.5	21.9	14.6
其他企业	0.4	0.2	0.1
港、澳、台商投资企业	**348.2**	**173.5**	**121.7**
合资经营企业	146.3	72.3	49.3
合作经营企业	30.4	14.9	11.6
独资经营企业	165.9	82.8	58.9
投资股份有限公司	4.1	2.5	1.4
其他港澳台商投资企业	1.6	1.0	0.5
外商投资企业	**217.6**	**101.8**	**64.3**
中外合资经营企业	83.4	36.5	26.8
中外合作经营企业	27.9	13.0	5.7
外资企业	84.5	42.6	24.5
外商投资股份有限公司	18.9	8.1	6.2
其他外商投资企业	3.0	1.6	1.1
(二)按国民经济行业分			
旅游饭店	3169.6	1547.4	1191.4
一般旅馆	1052.0	725.5	237.3
民宿服务	10.5	7.2	2.5
露营地服务	1.0	0.4	0.3
其他住宿业	110.5	65.1	31.5

7-6-9 续表 单位：亿元

项　　目	营业额	#客房收入	#餐费收入
二、餐饮业	**6557.4**	**292.4**	**5886.6**
#国有控股	264.6	28.3	197.4
(一)按登记注册类型分			
内资企业	**4649.9**	**286.1**	**4077.4**
国有企业	43.1	8.6	29.5
集体企业	15.3	1.5	12.0
股份合作企业	15.2	0.6	12.8
联营企业	0.9	0.1	0.8
国有联营企业	0.1	0.1	0.1
集体联营企业	0.7		0.6
国有与集体联营企业			
其他联营企业	0.1		0.1
有限责任公司	1341.1	94.5	1150.2
国有独资公司	50.8	7.3	35.7
其他有限责任公司	1290.3	87.1	1114.5
股份有限公司	140.0	5.1	116.5
私营企业	3091.7	175.5	2753.7
私营独资企业	247.7	14.1	223.0
私营合伙企业	39.0	2.1	36.0
私营有限责任公司	2727.7	153.9	2428.1
私营股份有限公司	77.3	5.4	66.7
其他企业	2.6	0.3	2.0
港、澳、台商投资企业	**845.5**	**4.5**	**786.3**
合资经营企业	139.7	1.9	133.5
合作经营企业	12.6	0.1	12.0
独资经营企业	665.9	2.2	614.1
投资股份有限公司	26.0	0.3	25.5
其他投资企业	1.2		1.2
外商投资企业	**1062.1**	**1.9**	**1022.8**
中外合资经营企业	208.9	0.5	205.5
中外合作经营企业	3.0	0.3	2.7
外资企业	777.4	1.0	747.4
外商投资股份有限公司	7.8		3.3
其他外商投资企业	65.0	0.1	64.0
(二)按国民经济行业分			
正餐服务	4274.2	290.2	3759.4
快餐服务	1461.0	0.6	1396.4
饮料及冷饮服务	386.9	0.1	352.6
餐饮配送及外卖送餐服务	243.0	0.4	203.2
其他餐饮业	192.3	1.2	175.1

7-6-10 各地区限额以上住宿和餐饮业企业经营情况

单位：亿元

地　区	合　计			住宿业			餐饮业		
	营业额	#客房收入	#餐费收入	营业额	#客房收入	#餐费收入	营业额	#客房收入	#餐费收入
全　国	**10901.0**	**2638.0**	**7349.5**	**4343.6**	**2345.6**	**1463.0**	**6557.4**	**292.4**	**5886.6**
北　京	1338.9	269.5	917.4	454.7	263.9	97.8	884.2	5.6	819.6
天　津	172.7	29.5	124.4	43.9	25.2	9.6	128.8	4.4	114.7
河　北	140.2	47.8	77.3	87.9	39.7	37.7	52.3	8.1	39.6
山　西	103.3	31.1	65.4	43.6	22.5	16.7	59.7	8.7	48.7
内蒙古	88.9	25.8	58.8	34.6	18.8	13.4	54.3	7.0	45.4
辽　宁	182.8	39.4	127.3	70.3	35.9	22.3	112.5	3.5	105.0
吉　林	46.4	16.6	24.9	28.7	15.2	10.1	17.8	1.4	14.8
黑龙江	33.8	14.4	15.2	23.5	13.2	6.8	10.3	1.2	8.4
上　海	1295.8	204.4	971.8	337.1	198.7	77.1	958.7	5.7	894.7
江　苏	748.9	160.5	537.7	241.7	118.3	100.5	507.2	42.3	437.2
浙　江	811.1	206.5	543.9	363.3	179.3	145.5	447.7	27.1	398.4
安　徽	275.1	59.1	194.0	98.0	45.2	40.2	177.1	13.9	153.8
福　建	570.5	127.1	409.8	281.6	119.5	139.6	288.9	7.6	270.2
江　西	145.2	52.9	83.0	84.6	45.6	32.1	60.6	7.2	50.9
山　东	385.9	111.8	242.7	171.0	85.3	67.7	215.0	26.5	175.1
河　南	239.0	81.5	138.3	138.8	74.1	51.3	100.2	7.4	87.0
湖　北	435.3	102.2	307.6	135.2	77.4	46.4	300.1	24.8	261.2
湖　南	358.9	106.9	225.8	171.2	91.3	64.0	187.7	15.5	161.8
广　东	1604.9	342.6	1117.6	577.5	322.5	171.7	1027.4	20.2	946.0
广　西	158.6	61.0	83.7	95.6	58.4	28.2	63.0	2.6	55.5
海　南	144.2	80.6	49.7	130.1	80.4	36.5	14.1	0.2	13.2
重　庆	279.5	60.3	200.3	94.9	51.6	34.6	184.6	8.7	165.6
四　川	492.8	117.3	342.1	192.9	101.4	72.1	299.9	15.8	270.0
贵　州	125.7	54.4	61.5	79.7	52.4	20.1	45.9	2.1	41.4
云　南	162.2	64.3	82.1	98.3	62.5	25.1	63.9	1.9	57.0
西　藏	10.9	5.7	3.9	8.9	5.7	2.1	1.9	0.1	1.8
陕　西	376.6	94.9	253.0	151.4	79.3	61.9	225.2	15.6	191.1
甘　肃	75.9	28.7	44.0	40.9	25.1	13.6	35.1	3.6	30.4
青　海	14.3	7.3	6.1	9.5	6.5	2.3	4.8	0.8	3.8
宁　夏	15.9	5.8	8.5	8.9	4.5	3.4	7.0	1.3	5.1
新　疆	66.8	28.0	31.9	45.5	26.3	12.6	21.4	1.7	19.3

【主要统计指标解释】

营业额 指住宿和餐饮业单位在经营活动中，因提供服务或销售商品等取得的全部收入（含增值税），收入主要来源于提供客房、餐费服务、商品销售和其他服务，如商务服务。

客房收入 指住宿和餐饮业单位在经营活动中因提供住宿服务取得的收入（含增值税）。

餐费收入 指本单位为顾客提供就餐服务取得的收入（含增值税）。

7 第三产业分行业主要指标

7-7 信息传输、软件和信息技术服务业

简要说明

一、主要内容

1. 信息传输、软件和信息技术服务业企业法人单位分地区主要指标。

2. 电信主要财务情况，主要包括电信运营企业的资产、营业收入和利润等指标。

3. 软件和信息技术服务业主要经济指标，主要包括软件业务收入等指标。

4. 电信资料主要包括：电信主要电路及设备拥有量、电信主要业务量、电信主要通信能力、电信通信服务水平等。

二、统计范围

1. 电信业包括从事电信运营的中国电信、中国移动、中国联通三家基础电信企业，不含专用网业务资料。

2. 软件和信息技术服务业包括：（1）主营业务收入500万元以上的软件和信息技术服务业等企业。（2）主营业务收入1000万元以上，并有软件研发、系统集成及相关信息技术服务业务收入，且该收入占本企业主营业务30%以上的独立法人单位。（3）主要从事集成电路设计的企业或其集成电路设计和测试的收入占本企业主营业务60%以上，且主营业务收入500万元以上的独立法人单位。

三、资料来源

本篇资料由国家统计局服务业统计司负责整理、编辑，信息传输、软件和信息技术服务业企业法人单位分地区主要指标来源于《规模以上服务业统计报表制度》和《规模以下服务业抽样调查统计报表制度》调查结果。其他资料来源于工业和信息化部。

7-7-1　电信主要财务情况

单位：亿元

指　　标	2010	2011	2012	2013	2014
主营业务收入	9079.14	9880.41	10758.29	11668.67	11907.97
固定通信业务收入	2795.96	2705.79	2802.46	2984.17	3314.00
移动通信业务收入	6283.17	7174.62	7955.83	8684.49	8593.98
主营业务成本	4361.02	4980.15	5240.34	5780.65	6554.85
利润总额	1458.46	1668.26	1797.31	1774.14	1663.06
资产总额	22194.60	23408.52	25177.34	26519.94	28228.35

7-7-1　续表

单位：亿元

指　　标	2015	2016	2017	2018	2019
主营业务收入	11665.16	12001.49	12636.94	13005.66	13096.10
固定通信业务收入	3455.76	3417.95	3545.12	3798.80	4152.10
移动通信业务收入	8209.39	8583.54	9091.82	9206.87	8944.00
主营业务成本	7698.89	8612.91	8632.24	8744.04	8941.28
利润总额	1657.46	1544.86	1658.14	1794.01	1860.96
资产总额	30641.19	31803.87	31654.68	31751.72	33575.28

7-7-2 各地区电信主要财务情况

单位：亿元

地 区	主营业务收入	主营业务成本	利润总额	资产总额
全 国	**13096.10**	**8941.28**	**1860.96**	**33575.28**
北 京	620.89	384.55	161.99	1307.26
天 津	144.34	118.04	2.04	336.31
河 北	468.49	340.59	34.19	1002.65
山 西	243.15	194.78	4.63	523.94
内蒙古	204.60	182.47	-25.07	478.63
辽 宁	360.26	269.06	19.93	777.69
吉 林	167.11	149.90	-19.97	406.08
黑龙江	216.54	190.77	-18.80	533.96
上 海	582.32	368.08	104.28	1447.81
江 苏	980.82	590.17	198.65	1974.94
浙 江	808.78	530.17	154.42	1858.79
安 徽	410.85	259.65	66.24	776.13
福 建	433.82	289.72	71.89	956.05
江 西	298.49	192.69	41.71	542.92
山 东	675.85	450.47	102.21	1301.12
河 南	647.47	435.65	96.68	1197.17
湖 北	440.37	282.87	81.13	847.43
湖 南	451.56	300.32	50.31	800.24
广 东	1673.17	1019.30	488.05	4665.76
广 西	344.81	246.17	32.20	653.07
海 南	104.50	74.29	12.03	204.70
重 庆	259.78	194.26	20.35	499.65
四 川	638.25	449.32	79.07	1197.54
贵 州	297.92	201.90	41.95	511.25
云 南	357.99	239.06	46.23	637.83
西 藏	55.75	53.57	-13.22	168.74
陕 西	342.90	242.75	31.41	630.22
甘 肃	180.48	151.89	-14.25	388.62
青 海	53.44	47.76	-10.52	138.26
宁 夏	59.17	51.39	-10.37	140.97
新 疆	225.38	194.26	-24.43	501.04
不分地区	346.87	245.40	56.02	6168.54

7-7-3 软件和信息技术服务业主要经济指标

年 份 地 区	软件业务收入（万元）	#软件产品收入	#信息技术服务收入	#信息安全收入	#嵌入式系统软件收入	#软件业务出口（万美元）
2010	135885509.6	49305319.5	65296861.8		21283328.4	2673526.0
2011	188489906.0	61921545.6	95830650.1		30737710.2	3461947.0
2012	247937523.5	78572418.6	129448959.2		39916145.7	3942380.0
2013	305874743.1	98768380.6	160305341.0		46801021.5	4691377.0
2014	370264197.3	121984961.7	187110900.5		61168335.2	4867057.8
2015	428479158.8	136561431.9	222109513.9		69808213.0	4948702.5
2016	482322235.0	150278252.4	260904232.5		71139750.1	4994607.7
2017	551031186.6	169835724.7	306037090.4		75158371.5	5411643.3
2018	619087337.7	173785598.1	375630759.6	11629202.6	58041777.4	5106629.0
2019	720718724.7	208572000.8	435803399.9	13017845.8	63325478.2	5693938.1
北 京	119830665.0	35843568.0	79482798.0	4150080.0	354219.0	547818.0
天 津	20261151.1	3475942.8	16219880.7	21778.3	543549.3	22353.9
河 北	3266655.9	472024.5	2700489.2	7624.5	86517.7	4895.4
山 西	489207.1	193969.1	261522.2	4543.2	29172.6	64.7
内蒙古	62636.9	18559.2	41470.1	1910.9	696.7	253.0
辽 宁	17599753.1	7515634.1	8320639.7	1334118.8	429360.5	244313.5
吉 林	3966438.4	518614.7	2498470.9	74521.5	874831.3	7254.5
黑龙江	558999.2	181840.5	295669.5	4999.0	76490.1	1075.6
上 海	59119032.5	16971047.2	41443919.6	685353.8	18711.9	497567.7
江 苏	97793124.3	29920318.8	53605521.1	1352867.8	12914416.6	938530.8
浙 江	61098864.5	18614325.3	37336725.7	214115.8	4933697.8	562269.6
安 徽	6697673.4	2871117.6	2857614.7	31681.7	937259.5	14486.2
福 建	29718718.4	8616218.7	15886188.1	570217.6	4646094.1	92872.6
江 西	1819566.2	1106375.7	676627.7	11010.3	25552.4	8320.8
山 东	54943383.6	20914840.8	23608252.2	1752064.0	8668226.7	140000.5
河 南	3521291.8	953270.1	2295289.9	41532.0	231199.8	162.6
湖 北	20652300.0	8660974.8	10987161.7	746374.7	257788.8	36865.7
湖 南	6106519.5	2254261.2	3096736.9	39748.8	715772.6	10516.4
广 东	118745554.2	24588464.3	73969918.9	530983.5	19656187.4	2303425.7
广 西	4073776.3	377389.5	3641797.1	17054.4	37535.3	1878.0
海 南	2860219.3	508638.2	2330444.6	19895.7	1240.7	5330.2
重 庆	17145664.2	4165750.5	10370312.6	357532.7	2252068.4	18708.6
四 川	36914222.6	12043585.7	21653009.0	944363.8	2273264.1	160611.4
贵 州	2123360.3	239848.4	1828346.2	41143.2	14022.6	2177.4
云 南	1023819.1	259206.7	745264.6	12484.8	6863.1	2.7
西 藏						
陕 西	28693155.2	6879782.8	18478610.6	26639.3	3308122.6	71924.8
甘 肃	609110.3	192147.5	403785.8	8765.3	4411.7	
青 海	21542.9	324.4	20791.5	65.5	361.6	
宁 夏	239325.5	39313.2	172375.3	3884.3	23752.7	258.0
新 疆	762993.9	174646.6	573765.8	10490.7	4090.9	

注：本表统计口径为主营业务收入500万元以上的软件和信息技术服务业等企业。

7-7-4 信息传输、软件和信息技术服务业企业法人单位分地区主要指标

地 区	营业收入（亿元）	资产总计（亿元）	从业人员（万人）
全 国	**81231.2**	**168558.0**	**1045.8**
北 京	15947.1	54371.5	145.6
天 津	1351.8	3168.8	16.3
河 北	1354.2	2167.5	26.0
山 西	427.8	1092.6	12.0
内蒙古	355.8	848.2	7.2
辽 宁	1118.5	2064.0	24.8
吉 林	449.3	901.9	8.4
黑龙江	464.1	1196.4	12.4
上 海	7883.7	15535.2	77.4
江 苏	6653.2	12186.9	86.1
浙 江	9720.7	14720.8	61.3
安 徽	1436.6	2182.8	27.7
福 建	2132.4	3181.8	41.2
江 西	943.6	1312.9	15.9
山 东	3067.9	5394.4	48.4
河 南	2143.3	2909.3	47.9
湖 北	2057.3	3384.4	42.5
湖 南	1333.9	1893.5	25.7
广 东	12902.8	22605.2	167.4
广 西	704.6	1339.8	12.8
海 南	413.7	861.8	4.5
重 庆	1177.2	1771.4	21.5
四 川	2515.9	5021.5	46.1
贵 州	633.7	1265.4	9.6
云 南	742.1	1340.1	12.0
西 藏	233.9	660.7	1.5
陕 西	1571.5	2589.0	26.1
甘 肃	331.1	645.8	6.5
青 海	100.4	221.2	2.0
宁 夏	112.0	336.6	1.7
新 疆	951.0	1386.6	7.3

7-7-5 电信主要业务量

指　　标		2010	2011	2012	2013	2014
电信业务总量	(亿元)	29993.2	11725.8	12982.4	15707.2	18138.3
固定电话用户合计	(万户)	29434.2	28509.8	27815.3	26698.5	24943.0
#住宅电话用户		11973.4	11411.6	11013.2	10474.3	9896.1
移动电话用户合计	(万户)	85900.3	98625.3	111215.5	122911.3	128609.3
#3G移动电话用户		4705.1	12842.4	23280.3	40161.1	48525.5
4G移动电话用户						9728.4
互联网宽带接入用户	(万户)	12629.1	15000.1	17518.3	18890.9	20048.3
固定电话主叫通话时长	(亿分钟)					
移动电话通话时长合计	(亿分钟)	43261.2	50472.6	55444.9	58229.7	59012.7
#去话通话时长		21129.0	25056.0	27603.5	28987.7	29270.1
移动短信业务量	(亿条)	8277.5	8790.0	8973.1	8921.0	7674.2

注：1.电信业务总量2010年及以前按2000年不变价格计算；2011年起按2010年不变价格计算，按可比价格比上年增长15.2%；2016年起按2015年不变价格计算，按可比价格比上年增长30.3%。

2.从2018年起，不再统计“固定本地电话通话时长”和“固定长途电话通话时长”，增设“固定电话主叫通话时长”。

7-7-5　续表

指　　标		2015	2016	2017	2018	2019
电信业务总量	(亿元)	23346.3	15617.0	27596.7	65633.9	106810.7
固定电话用户合计	(万户)	23099.6	20662.4	19375.7	19208.5	19103.3
#住宅电话用户		9240.8	8012.3	7358.8	9901.1	2439.3
移动电话用户合计	(万户)	127139.7	132193.4	141748.7	156609.8	160134.5
#3G移动电话用户		27573.0	17080.5	13463.2	14018.3	5876.3
4G移动电话用户		43038.1	76994.9	99688.9	116546.4	128197.5
互联网宽带接入用户	(万户)	25946.6	29720.7	34854.0	40738.2	44927.9
固定电话主叫通话时长	(亿分钟)				1499.5	1206.5
移动电话通话时长合计	(亿分钟)	57648.9	56599.0	54004.7	51125.2	47826.2
#去话通话时长		28499.9	28072.8	26904.2	25441.5	23929.2
移动短信业务量	(亿条)	6991.8	6670.9	6641.4	11398.6	15066.4

7-7-6 各地区电信主要业务量

地 区	固定电话主叫通话时长（亿分钟）	移动电话通话时长（亿分钟）	移动短信业务量（亿条）	电信业务总量（亿元）	固定电话用户（万户）	住宅电话用户	移动电话用户（万户）
全 国	**1206.5**	**47826.2**	**15066.4**	**106810.7**	**19103.3**	**2439.3**	**160134.5**
北 京	68.5	1081.9	1214.3	2682.0	543.1	54.6	4019.8
天 津	14.8	537.1	123.6	1194.6	349.1	38.0	1704.7
河 北	76.0	2142.7	610.3	4741.9	705.2	133.4	8315.6
山 西	12.2	1292.9	502.3	2375.2	266.2	64.3	3987.2
内蒙古	15.1	971.7	180.4	2075.8	214.4	53.4	3011.7
辽 宁	40.9	1567.9	263.3	2723.2	628.6	202.8	4883.6
吉 林	12.2	870.1	159.0	1769.3	457.4	129.1	2897.6
黑龙江	20.3	1086.6	197.6	1732.4	339.9	168.3	3929.0
上 海	86.6	887.8	758.1	2240.4	643.4	47.3	4007.9
江 苏	96.1	2874.3	1148.9	7545.4	1329.1	96.2	10165.9
浙 江	75.9	2554.1	905.9	6717.0	1309.8	61.0	8736.4
安 徽	36.8	1506.0	601.3	4006.7	570.9	45.8	5844.2
福 建	43.0	1566.2	876.8	3235.5	763.7	45.2	4720.3
江 西	23.4	1201.2	171.3	2838.5	457.5	39.9	4157.1
山 东	80.9	3728.8	875.0	5786.4	1185.2	316.7	10785.5
河 南	43.4	2964.6	1028.9	5999.1	757.8	204.5	9841.1
湖 北	37.8	1591.0	355.1	3370.8	518.9	43.6	5688.0
湖 南	45.4	2005.2	344.6	4248.8	623.1	18.6	6648.1
广 东	138.8	4540.4	1499.4	12046.4	2303.3	333.1	16533.0
广 西	27.8	1306.7	279.8	3587.8	330.7	45.7	5127.5
海 南	6.6	387.1	82.0	874.0	171.1	6.5	1135.6
重 庆	26.2	1205.6	299.5	2603.0	604.2	68.5	3678.8
四 川	73.4	2741.8	948.8	5164.9	1871.8	58.6	9443.5
贵 州	10.9	1473.4	199.2	3874.7	229.7	2.9	4049.7
云 南	23.9	1737.5	352.7	4185.2	287.8	21.9	4863.0
西 藏	0.4	133.5	23.8	301.4	71.7	3.4	321.4
陕 西	31.4	1372.4	578.3	3366.9	641.7	68.1	4640.5
甘 肃	9.0	820.1	175.8	1958.9	331.8	23.4	2751.2
青 海	3.3	189.6	54.1	637.0	125.4	4.9	673.1
宁 夏	2.9	231.3	66.3	743.9	53.9	4.3	828.3
新 疆	22.7	1256.9	189.9	2006.0	416.9	35.3	2745.0
不分地区				177.5			

7-7-7 各地区固定电话用户情况

单位：万户

地 区	2010	2011	2012	2013	2014	2015	2016	2017	2018	2019
全 国	**29434.2**	**28509.8**	**27815.3**	**26698.5**	**24943.0**	**23099.6**	**20662.4**	**19375.7**	**19208.5**	**19103.3**
北 京	885.6	883.9	883.2	867.6	831.3	784.6	695.0	649.4	577.4	543.1
天 津	366.8	333.9	353.7	352.8	360.6	343.8	311.3	295.9	337.1	349.1
河 北	1251.4	1242.7	1207.7	1152.4	1085.1	978.2	850.6	763.8	698.0	705.2
山 西	720.7	682.2	685.2	584.4	554.2	444.6	343.7	302.3	276.6	266.2
内蒙古	414.1	379.5	368.3	377.2	359.1	324.5	268.1	232.3	213.5	214.4
辽 宁	1428.0	1352.1	1285.1	1222.4	1151.2	1036.2	890.6	777.2	690.2	628.6
吉 林	595.2	579.3	578.8	579.0	574.8	572.3	520.3	497.6	477.9	457.4
黑龙江	813.5	793.5	776.1	747.8	640.5	596.0	497.4	430.3	360.2	339.9
上 海	931.8	926.4	902.9	869.2	840.2	797.3	731.6	690.9	663.2	643.4
江 苏	2498.8	2370.9	2387.2	2289.8	2133.6	1973.0	1708.3	1512.1	1418.3	1329.1
浙 江	1985.5	1947.9	1882.5	1781.3	1641.9	1471.0	1287.2	1211.1	1260.9	1309.8
安 徽	1231.0	1243.9	1091.4	976.7	839.8	739.4	613.9	551.4	576.3	570.9
福 建	1045.7	1015.0	1017.3	983.5	933.3	888.5	815.7	776.9	785.4	763.7
江 西	709.6	673.9	644.2	622.4	577.4	568.4	517.5	477.0	465.4	457.5
山 东	1992.2	1896.6	1854.2	1707.6	1418.3	1118.0	970.4	883.5	1031.6	1185.2
河 南	1426.8	1341.4	1288.7	1224.4	1143.0	1009.7	798.6	735.0	777.2	757.8
湖 北	1026.4	1020.3	1003.6	984.0	907.4	872.5	731.7	658.8	602.8	518.9
湖 南	1077.0	1011.6	953.9	914.4	844.1	787.0	682.7	674.4	646.8	623.1
广 东	3169.1	3147.1	3135.8	3099.9	2950.6	2807.1	2609.7	2406.1	2211.4	2303.3
广 西	708.9	650.9	599.3	546.3	499.9	439.7	348.9	307.7	331.1	330.7
海 南	179.8	175.0	173.0	173.6	170.0	171.0	169.2	160.5	171.7	171.1
重 庆	582.7	571.3	575.7	580.3	579.5	559.6	541.6	566.8	593.1	604.2
四 川	1419.1	1382.9	1347.1	1313.7	1294.2	1353.4	1490.1	1636.0	1833.0	1871.8
贵 州	431.2	404.0	380.4	363.0	339.1	312.5	258.7	247.9	244.1	229.7
云 南	562.5	540.1	524.3	485.4	429.8	377.5	335.0	301.1	303.6	287.8
西 藏	43.9	40.5	40.5	40.4	35.9	34.9	38.9	47.3	61.9	71.7
陕 西	781.9	775.5	772.1	769.3	750.8	723.3	679.9	622.8	650.7	641.7
甘 肃	411.9	396.4	377.8	364.3	341.3	326.0	312.3	326.8	332.8	331.8
青 海	103.2	104.2	102.5	101.8	100.2	104.2	102.1	106.7	119.9	125.4
宁 夏	111.9	108.5	105.0	104.7	102.7	84.4	70.5	62.2	56.0	53.9
新 疆	528.0	518.3	517.9	518.7	513.3	501.2	471.0	464.0	440.7	416.9
不分地区										

7-7-8 各地区移动电话用户情况

单位：万户

地 区	2010	2011	2012	2013	2014	2015	2016	2017	2018	2019
全 国	**85900.3**	**98625.3**	**111215.5**	**122911.3**	**128609.3**	**127139.7**	**132193.4**	**141748.7**	**156609.8**	**160134.5**
北 京	2129.8	2576.0	3168.0	3373.8	4076.4	3944.4	3869.0	3752.1	4009.2	4019.8
天 津	1089.8	1235.6	1325.2	1323.2	1351.8	1369.7	1499.8	1580.1	1648.5	1704.7
河 北	4353.6	5094.5	5513.1	6006.2	6229.1	6135.6	7121.0	7581.8	8195.6	8315.6
山 西	2205.2	2446.9	2764.6	3105.5	3332.3	3241.4	3365.7	3647.9	3961.5	3987.2
内蒙古	2034.0	2316.2	2550.1	2690.6	2634.6	2377.1	2470.8	2841.2	3044.4	3011.7
辽 宁	3341.8	3836.5	4291.3	4583.6	4535.6	4289.8	4427.1	4755.7	4880.7	4883.6
吉 林	1805.4	2004.1	2257.0	2372.1	2612.3	2511.5	2654.8	2868.8	3001.1	2897.6
黑龙江	2072.0	2376.6	2663.9	3020.4	3457.8	3329.8	3445.6	3657.1	3833.6	3929.0
上 海	2361.6	2620.6	3008.3	3200.7	3292.7	3132.4	3156.1	3298.7	3722.3	4007.9
江 苏	5923.1	6684.8	7471.4	7942.0	8070.4	7993.1	8198.8	8807.7	9794.0	10165.9
浙 江	5047.4	5756.0	6442.6	7071.8	7370.6	7283.7	7225.9	7590.6	8308.8	8736.4
安 徽	2798.7	3259.4	3609.8	3958.9	4215.9	4188.3	4343.0	4884.3	5535.8	5844.2
福 建	3021.8	3553.2	4049.2	4303.3	4276.7	4154.0	4159.0	4295.0	4553.5	4720.3
江 西	1811.3	2322.1	2573.4	2806.9	2938.5	3030.4	3140.7	3449.2	4043.5	4157.1
山 东	6190.4	7118.1	7588.9	8333.4	8664.1	9088.8	9594.5	9943.9	10569.6	10785.5
河 南	4402.0	5062.0	5787.6	7200.2	7712.9	7537.4	7889.0	8553.4	9354.1	9841.1
湖 北	3454.7	3953.7	4554.1	4416.8	4606.8	4530.5	4683.8	4994.1	5569.8	5688.0
湖 南	3257.0	3749.1	4262.0	4570.0	4726.1	4692.0	4993.6	5683.4	6302.9	6648.1
广 东	9624.6	10792.8	12468.0	14706.1	14943.4	14479.7	14349.0	14796.2	16823.3	16533.0
广 西	2214.5	2532.7	2884.1	3285.6	3553.8	3594.9	3774.2	4385.1	5045.3	5127.5
海 南	594.3	671.6	775.6	858.3	907.4	894.1	942.3	1007.5	1085.3	1135.6
重 庆	1664.4	1801.2	2069.6	2380.8	2589.9	2737.7	2880.1	3274.9	3650.7	3678.8
四 川	4156.4	4817.9	5498.2	6283.3	6608.5	6798.3	7294.5	7693.6	9068.6	9443.5
贵 州	1800.6	2044.3	2321.4	2662.6	2885.3	2941.5	3082.7	3485.6	3940.4	4049.7
云 南	2244.5	2589.5	2895.8	3395.8	3748.5	3740.1	3942.8	4228.4	4659.1	4863.0
西 藏	157.6	196.4	235.5	265.6	291.8	268.7	284.4	290.3	312.3	321.4
陕 西	2518.2	2907.2	3264.8	3512.5	3607.2	3567.1	3813.3	4220.6	4688.6	4640.5
甘 肃	1390.1	1614.7	1763.5	1976.2	2058.6	2105.3	2203.8	2526.4	2736.0	2751.2
青 海	397.8	463.5	537.2	542.4	544.0	517.1	539.8	610.9	686.4	673.1
宁 夏	437.3	520.5	591.0	627.2	688.3	636.6	716.4	792.0	881.0	828.3
新 疆	1359.9	1670.9	2010.6	2133.9	2077.4	2028.4	2132.1	2252.3	2703.8	2745.0
不分地区	40.5	36.7	19.8	1.6		0.5				

7-7-9 电信主要通信能力

指　　标		2010	2011	2012	2013	2014
光缆线路						
光缆线路长度	（公里）	9962467	12119303	14793300	17453709	20612529
#长途光缆线路长度	（公里）	818133	842341	868175	890018	928398
长途通信						
长途电话交换机容量	（万路端）	1641.5	1602.3	1579.7	1280.5	982.9
本地网通信						
局用交换机容量	（万门）	46537.3	43428.8	43749.3	41089.3	40517.1
互联网及其他数据通信						
互联网宽带接入端口	（万个）	18781.1	23239.4	32108.4	35945.3	40546.1
移动通信						
移动电话交换机容量	（万户）	150284.9	171636.0	184023.8	196557.3	205024.9

注：2005-2011年长途电话业务电路采用将固定及移动长途电话业务电路、数据通信网长途电路和长途传输出租电路加总统计。

7-7-9 续表

指　　标		2015	2016	2017	2018	2019
光缆线路						
光缆线路长度	（公里）	24863348	30420755	37801073	43167888	47412442
#长途光缆线路长度	（公里）	965283	994092	1044998	994130	1084937
长途通信						
长途电话交换机容量	（万路端）	811.1	681.1	603.5	392.4	119.4
本地网通信						
局用交换机容量	（万门）	26446.5	22441.6	18398.7	11440.4	7189.7
互联网及其他数据通信						
互联网宽带接入端口	（万个）	57709.4	71276.9	77599.1	86752.3	91578.0
移动通信						
移动电话交换机容量	（万户）	218150.0	218540.0	242185.8	259453.1	272523.7

7-7-10 各地区电信主要通信能力

地 区	固定长途电话交换机容量（万路端）	局用交换机容量（万门）	移动电话交换机容量（万户）	长途光缆线路长度（公里）
全 国	**119.4**	**7189.7**	**272523.7**	**1084937**
北 京	6.7	1129.4	8295.0	4329
天 津		429.8	3036.0	4323
河 北	5.6	855.4	14610.2	37071
山 西	11.6	254.3	7359.2	31079
内蒙古		176.0	6136.3	76429
辽 宁		373.9	6499.2	23256
吉 林	10.3	244.9	5244.0	26395
黑龙江		535.4	9079.4	50184
上 海	35.8	168.0	6548.0	4205
江 苏		65.9	22838.1	39107
浙 江		243.4	15414.3	26585
安 徽		55.3	8224.3	35330
福 建		89.8	8636.8	24733
江 西	15.3	41.9	7285.9	31537
山 东		283.5	12977.4	38049
河 南		610.1	14004.8	35017
湖 北		46.7	8712.3	30805
湖 南		83.1	10165.0	43219
广 东	4.5	413.5	23803.8	58261
广 西	13.2	22.6	11662.0	40335
海 南		18.7	2119.0	3215
重 庆		111.8	4613.0	6078
四 川	16.4	191.9	16869.6	122353
贵 州		28.7	6702.0	34150
云 南		499.0	8610.3	49748
西 藏			2820.0	40623
陕 西		91.0	5105.5	32564
甘 肃			5724.6	37436
青 海		10.0	927.0	41052
宁 夏		2.2	1583.0	9632
新 疆		113.5	6918.0	47836
不分地区				

注：电话交换机容量中不包括用户交换机容量。

7-7-11 电信通信服务水平

指　　标		2010	2011	2012	2013	2014
电话普及率	(部/百人)	86.4	94.8	103.1	109.9	112.3
固定电话普及率	(部/百人)	22.1	21.3	20.6	19.6	18.2
移动电话普及率	(部/百人)	64.4	73.6	82.5	90.3	94.0
互联网普及率	(%)	34.3	38.3	42.1	45.8	47.9
移动电话漫游国家和地区	(个)	239	258	258	258	258
互联网上网人数	(万人)	45730	51310	56400	61758	64875

注：2019年互联网上网人数、互联网普及率数据截止时点(间)为2020年3月30日。

7-7-11　续表

指　　标		2015	2016	2017	2018	2019
电话普及率	(部/百人)	109.3	110.5	115.9	126.0	128.0
固定电话普及率	(部/百人)	16.8	14.9	13.9	13.8	13.6
移动电话普及率	(部/百人)	92.5	95.6	102.0	112.2	114.4
互联网普及率	(%)	50.3	53.2	55.8	59.6	64.5
移动电话漫游国家和地区	(个)	255	258	262	260	261
互联网上网人数	(万人)	68826	73125	77198	82851	90359

7-7-12 各地区电信通信服务水平

地 区	电话普及率（部/百人）	固定电话普及率（部/百人）	移动电话普及率（部/百人）
全 国	**128.02**	**13.64**	**114.38**
北 京	211.87	25.22	186.66
天 津	131.50	22.35	109.15
河 北	118.82	9.29	109.53
山 西	114.06	7.14	106.92
内蒙古	127.03	8.44	118.59
辽 宁	126.67	14.45	112.22
吉 林	124.69	17.00	107.69
黑龙江	113.80	9.06	104.74
上 海	191.56	26.50	165.06
江 苏	142.44	16.47	125.97
浙 江	171.73	22.39	149.34
安 徽	100.77	8.97	91.80
福 建	138.03	19.22	118.81
江 西	98.90	9.80	89.09
山 东	118.87	11.77	107.10
河 南	109.95	7.86	102.09
湖 北	104.72	8.76	95.97
湖 南	105.10	9.01	96.09
广 东	163.50	19.99	143.50
广 西	110.04	6.67	103.38
海 南	138.32	18.11	120.21
重 庆	137.09	19.34	117.75
四 川	135.11	22.35	112.76
贵 州	118.12	6.34	111.78
云 南	106.02	5.92	100.10
西 藏	112.14	20.45	91.69
陕 西	136.27	16.56	119.72
甘 肃	116.45	12.53	103.92
青 海	131.36	20.62	110.73
宁 夏	127.00	7.76	119.24
新 疆	125.31	16.52	108.79

7-7-13 互联网主要指标

年份 地区	域名数 (万个)	网页数 (万个)	互联网宽带接入端口 (万个)	移动互联网用户 (万户)	移动互联网接入流量 (万GB)
1995					
1996					
1997					
1998					
1999					
2000					
2001					
2002					
2003			1802.3		
2004			3578.1		
2005	259.2		4874.7		
2006	410.9	447257.8	6486.4		
2007	1193.1	847108.5	8539.3		
2008	1682.6	1608637.0	10890.4		
2009	1681.8	3360173.2	13835.7		
2010	865.6	6000806.0	18781.1		
2011	774.8	8658229.8	23239.4		
2012	1341.2	12274681.7	32108.4		
2013	1843.6	15004076.3	35945.3		
2014	2059.6	18991864.9	40546.1	87522.1	206193.6
2015	3101.4	21229622.4	57709.4	96447.2	418753.3
2016	4227.6	23599758.4	71276.9	109395.0	937863.5
2017	3848.0	26039903.0	77599.1	127153.7	2459380.3
2018	3792.8	28162240.6	86752.3	127481.5	7090039.3
2019	5094.2	29782991.5	91578.0	131852.6	12199200.6
北京	505.0	11249165.1	2060.1	3289.2	295127.4
天津	33.4	437772.6	1092.6	1450.7	136299.3
河北	138.4	1116138.4	4345.8	6915.2	547784.1
山西	82.1	383103.9	2148.2	3142.3	269032.1
内蒙古	27.9	18453.5	1372.7	2606.2	244419.3
辽宁	96.2	219863.3	3270.7	4062.3	308539.8
吉林	62.7	205284.6	1686.6	2304.8	219168.0
黑龙江	56.0	184494.2	2181.1	2901.8	196893.9
上海	138.9	2117050.1	2028.6	3197.4	231299.8
江苏	242.5	1438429.1	7249.0	8452.6	852333.0
浙江	184.0	3552363.3	6284.4	7047.0	762041.2
安徽	151.4	351206.5	3481.3	4790.8	462271.9
福建	695.1	709222.3	3232.1	3915.8	356052.4
江西	156.7	216170.0	2369.5	3506.4	326224.8
山东	177.3	584439.9	6915.2	8855.1	647314.6
河南	313.5	1478915.2	4752.8	8245.7	685946.4
湖北	206.3	199019.3	3062.3	4635.6	382653.4
湖南	250.1	140563.2	2997.9	5489.7	491368.2
广东	611.8	4058047.0	8538.0	14200.3	1379371.0
广西	125.3	183265.3	3023.0	4450.2	422040.4
海南	64.2	111425.8	794.1	931.5	100444.2
重庆	81.2	56434.8	2318.2	3016.1	300096.6
四川	217.0	426826.7	5864.0	7277.7	584026.2
贵州	119.9	25034.4	1759.9	3520.1	461004.4
云南	99.0	173380.5	2091.1	3829.3	493657.6
西藏	2.0	382.8	209.1	267.3	34381.3
陕西	107.4	123103.6	2322.7	3839.8	393245.7
甘肃	34.3	12530.6	1405.7	2323.1	227042.9
青海	3.9	2565.2	382.3	564.7	76145.7
宁夏	8.2	1618.4	520.0	685.7	87474.6
新疆	15.9	6721.9	1819.0	2138.2	225500.8
不分地区	86.5				

7-7-13 续表

年份 地区	互联网宽带接入用户（万户）	#城市宽带接入用户	#农村宽带接入用户	#家庭宽带接入用户	#政企宽带接入用户
1995					
1996					
1997					
1998					
1999					
2000					
2001					
2002	325.3				
2003	1115.1				
2004	2487.5				
2005	3735.0				
2006	5085.3				
2007	6641.4				
2008	8287.9				
2009	10397.8				
2010	12629.1	9963.5	2475.7		
2011	15000.1	11691.4	3308.8		
2012	17518.3	13442.4	4075.9		
2013	18890.9	14153.6	4737.3		
2014	20048.3	15174.6	4873.7	16333.6	3714.8
2015	25946.6	19547.2	6398.4	21716.4	4230.2
2016	29720.7	22266.6	7454.0	24926.8	4793.9
2017	34854.0	25476.7	9377.3	29552.2	5301.8
2018	40738.2	28996.5	11741.7	35351.6	5386.6
2019	44927.9	31450.5	13477.3	38857.8	6070.1
北京	688.1	626.3	61.8	618.9	69.2
天津	523.6	479.5	44.1	448.0	75.7
河北	2359.7	1407.3	952.4	2112.3	247.4
山西	1126.1	909.2	216.9	1013.6	112.4
内蒙古	682.5	594.8	87.7	606.7	75.8
辽宁	1230.4	1101.9	128.5	1117.2	113.2
吉林	618.3	521.8	96.5	579.6	38.7
黑龙江	848.3	580.6	267.6	772.7	75.6
上海	890.1	888.7	1.4	749.7	140.4
江苏	3585.7	2217.5	1368.3	3047.6	538.1
浙江	2778.9	1856.4	922.5	2281.8	497.1
安徽	1864.7	1158.8	705.9	1499.3	365.4
福建	1779.0	990.5	788.5	1572.8	206.2
江西	1448.8	987.9	460.9	1244.1	204.7
山东	3186.1	2169.1	1017.0	2883.1	303.0
河南	2769.2	1986.1	783.1	2437.9	331.3
湖北	1708.3	1208.6	499.7	1431.1	277.3
湖南	1873.8	1228.3	645.5	1648.6	225.2
广东	3801.6	2871.6	930.1	3156.5	645.2
广西	1447.4	845.9	601.5	1319.7	127.7
海南	323.2	223.5	99.7	282.6	40.6
重庆	1164.0	920.4	243.6	1028.6	135.4
四川	2811.7	1830.7	981.1	2385.9	425.9
贵州	892.9	715.6	177.2	768.6	124.3
云南	1156.1	783.9	372.2	959.4	196.6
西藏	91.4	75.3	16.1	73.3	18.1
陕西	1197.7	878.2	319.5	1065.8	131.8
甘肃	870.7	548.7	321.9	704.5	166.2
青海	174.5	130.3	44.2	142.7	31.9
宁夏	259.1	204.9	54.2	233.5	25.6
新疆	775.9	508.5	267.4	671.7	104.2
不分地区					

【主要统计指标解释】

主营业务收入 指电信企业经营的基础电信业务和增值电信业务所取得的资费收入，以及电信企业之间网间互联电信业务的结算收入。

主营业务成本 指电信企业在通信生产过程中实际发生的与通信生产直接有关的各项费用支出。

利润总额 指电信企业在生产经营过程中，通过销售过程将商品卖给购买方，实现收入，收入扣除当初的投入成本以及其他一系列费用，再加减非经营性质的收支及投资收益。

资产总额 指过去的交易或事项形成并由电信企业拥有或控制的所有资源，该资源预期会给企业带来经济利益，按其流动性分为流动资产和非流动资产。

软件业务收入 指企业在报告期从事软件产品、信息技术服务、信息安全、嵌入式系统软件四项业务收入的合计。

电信业务总量 指以货币形式表示的电信企业为社会提供各类电信服务的总数量，是用于观察电信业务发展变化总趋势的综合性总量指标。电信业务总量是以各类业务的实物量分别乘以相应的不变单价，求出各类业务的货币量加总求得。

移动短信业务量 指移动电话用户通过移动通信网络短信平台使用短信业务的通信量。

移动电话用户 指在电信企业营业网点办理开户登记手续，通过移动电话交换机进入移动电话网，占用移动电话号码的各类电话用户。包括各类签约用户、智能网预付费用户、无线上网卡用户。

固定电话用户 指在电信企业营业网点办理开户登记手续并已接入固定电话网上的全部电话用户。包括普通电话用户、无线市话用户、公共电话用户、窄带综合业务数字网（N-ISDN）用户、智能网专用接入终端用户等。

住宅电话用户 指私人付费或安装在居民住宅并按照私人或住宅电话用户登记注册和收费的各类电话用户。

局用交换机容量 指安装在电信企业内用于接续本地固定电话的电话交换机容量。包括接入网设备容量（安装在电信运营企业用于连接话音用户的远端节点的设备容量）。

移动电话交换机容量 指移动电话交换机根据一定话务模型和交换机处理能力计算出来的最大同时服务用户的数量。按报告期末已割接入网正式投入使用的设备实际容量统计。

互联网宽带接入端口 指用于接入互联网用户的各类实际安装运行的接入端口的数量，包括xDSL用户接入端口、LAN接入端口、其他类型接入端口等，不包括窄带拨号接入端口。

电话普及率 指报告期行政区域总人口中，平均每百人拥有的话机数。计算公式：

$$电话普及率=\frac{电话机总数(包括移动电话)（部）}{行政区域总人口数（人）}\times 100$$

互联网上网人数 指过去半年内使用过互联网的6周岁及以上中国居民人数。

7 第三产业分行业主要指标

7-8 金融业

简要说明

一、主要内容

本篇反映我国金融、证券和保险业发展情况。有以下四个部分：一是金融机构金融活动情况；二是存贷款利率调整情况；三是直接融资情况；四是保险业务情况。

二、资料来源

1. 反映金融机构活动情况的资料包括："金融机构人民币信贷收支表（年底余额）""货币供应量（年底余额）""黄金和外汇储备""外资银行资产负债表（年底余额）""社会融资规模增量及构成""社会融资规模存量及增长率"。金融机构信贷收支表统计范围包括中国人民银行、国家政策性银行、国有商业银行、其他商业银行、城市合作银行、城市信用合作社、农村信用合作社、外资银行、财务公司、信托投资公司、金融租赁公司、邮政储蓄机构。中国人民银行总行根据金融机构的基层单位全面填报、并按各自系统汇总的资料，进行归并和汇总，最后得到金融机构的信贷收支表。

2. 反映存贷款利率调整情况的"金融机构人民币法定存款基准利率""金融机构人民币法定贷款基准利率"，数据来自中国人民银行总行规定的、并对外发布的存贷款利率。

3. 反映直接融资情况的"证券市场基本情况""上市公司数量""上市公司地区分布""证券市场发行情况""股票交易情况""全国期货交易所市场概况""全国交易所上市基金成交概况"，资料由中国证券监督管理委员会提供。

4. 反映保险业务情况的"保险系统机构、人员数""保险公司业务经济技术指标""保险公司资产情况""保险公司资金运用情况""各地区原保险保费收入和赔付支出情况"，数据由中国银行保险监督管理委员会提供。

7-8-1 金融机构人民币信贷收支表(年底余额)

单位：亿元

项　目	2018	2019	项　目	2018	2019
资金来源合计	**2109164**	**2317003**	**资金运用合计**	**2109164**	**2317003**
各项存款	1775226	1928785	各项贷款	1362967	1531123
境内存款	1764398	1917482	境内贷款	1357891	1525755
住户存款	716038	813017	住户贷款	478843	553191
非金融企业存款	562976	595365	非金融企业及机关团体贷款	868289	962737
机关团体存款	285046	296831	非银行业金融机构贷款	10760	9827
财政性存款	40539	40840	境外贷款	5075	5368
非银行业金融机构存款	159798	171429	债券投资	333467	385520
境外存款	10828	11304	股权及其他投资	196190	183730
金融债券	65433	82924	黄金占款	2570	2856
流通中货币	73208	77189	中央银行外汇占款	212557	212317
对国际金融机构负债	7	6	在国际金融机构资产	1414	1457
其他	195290	228098			

注：1.本表机构包括中国人民银行、银行业存款类金融机构、银行业非存款类金融机构(以下相关表同)。
2.银行业存款类金融机构包括银行、信用社和财务公司。银行业非存款类金融机构包括信托投资公司、金融租赁公司、汽车金融公司和贷款公司等银行业非存款类金融机构(以下相关表同)。
3.自2015年起，“各项存款”含非银行业金融机构存放款项，“各项贷款”含拆放给非银行业金融机构款项(以下相关表同)。

7-8-2 货币供应量(年底余额)

单位：亿元

年份	货币和准货币(M_2)	货币(M_1)	流通中货币(M_0)	单位活期存款	准货币	单位定期存款	个人存款	其他存款
1990	15293.4	6950.7	2644.4	4306.3	8342.7			
1991	19349.9	8633.3	3177.8	5455.5	10716.6			
1992	25402.2	11731.5	4336.0	7395.2	13670.7			
1993	34879.8	16280.4	5864.7	10415.7	18599.4	1247.9	15203.5	2148.0
1994	46923.5	20540.7	7288.6	13252.1	26382.8	1943.1	21518.8	2920.9
1995	60750.5	23987.1	7885.3	16101.8	36763.4	3324.2	29662.2	3777.0
1996	76094.9	28514.8	8802.0	19712.8	47580.1	5041.9	38520.8	4017.4
1997	90995.3	34826.3	10177.6	24648.7	56169.1	6738.5	46279.8	3150.7
1998	104498.5	38953.7	11204.2	27749.5	65544.9	8301.9	53407.5	3835.5
1999	119897.9	45837.3	13455.5	32381.8	74060.6	9476.8	59621.8	4962.0
2000	134610.3	53147.2	14652.7	38494.5	81463.1	11261.1	64332.4	5869.7
2001	158301.9	59871.6	15688.8	44182.8	98430.3	14180.1	73762.4	10487.8
2002	185007.0	70881.8	17278.0	53603.8	114125.2	16433.8	86910.7	10780.7
2003	221222.8	84118.6	19745.9	64372.6	137104.3	20940.4	103617.7	12546.2
2004	254107.0	95969.7	21468.3	74501.4	158137.2	25382.2	119555.4	13199.7
2005	298755.7	107278.8	24031.7	83247.1	191476.9	33100.0	141051.0	17325.9
2006	345577.9	126028.1	27072.6	98955.4	219549.9	38715.9	161587.3	19246.7
2007	403442.2	152560.1	30375.2	122184.9	250882.1	46932.5	172534.2	31415.4
2008	475166.6	166217.1	34219.0	131998.2	308949.5	60103.1	217885.4	30961.1
2009	610224.5	221445.8	38247.0	183198.8	388778.7	84819.5	260752.7	43206.5
2010	725851.8	266621.5	44628.2	221993.4	459230.3	105858.7	303302.5	50069.1
2011	851590.9	289847.7	50748.5	239099.2	561743.2	166616.0	352797.5	42329.7
2012	974148.8	308664.2	54659.8	254004.5	665484.6	195940.1	411362.6	58181.9
2013	1106525.0	337291.1	58574.4	278716.6	769233.9	232696.6	467031.1	69506.2
2014	1228374.8	348056.4	60259.5	287796.9	880318.4	264055.7	508878.1	107384.6
2015	1392278.1	400953.4	63216.6	337736.9	991324.7	288240.7	552073.5	151010.5
2016	1550066.7	486557.2	68303.9	418253.4	1063509.4	307989.6	603504.2	152015.6
2017	1690235.3	543790.1	70645.6	473144.5	1146445.2	320196.2	649341.5	176907.4
2018	1826744.2	551685.9	73208.4	478477.5	1275058.3	340178.9	721688.6	213190.8
2019	1986488.8	576009.2	77189.5	498819.7	1410479.7	363486.0	819161.8	227831.8

注：1. 1997年初，中国人民银行对金融统计制度进行了调整，因此自1997年起的数据与历史数据不完全可比。
2. 2001年6月起，将证券公司客户保证金计入货币供应量(M_2)，含在其他存款项内。
3. 2010年金融机构会计科目变动，因此对2009年末数据进行了相应调整。
4. 自2011年10月起，货币供应量已包含住房公积金中心存款和非存款类金融机构在存款类金融机构的存款。
5. 2018年1月，人民银行完善货币供应量中货币市场基金部分的统计方法，用非存款机构部门持有的货币市场基金取代货币市场基金存款(含存单)。表中2017年以来的M_2数据均为统计方法完善后的可比数据。

7-8-3 金融机构人民币法定存款基准利率

单位：年利率%

调整时间	活期	定期					
		三个月	半年	一年	二年	三年	五年
1990.04.15	2.88	6.30	7.74	10.08	10.98	11.88	13.68
1990.08.21	2.16	4.32	6.48	8.64	9.36	10.08	11.52
1991.04.21	1.80	3.24	5.40	7.56	7.92	8.28	9.00
1993.05.15	2.16	4.86	7.20	9.18	9.90	10.80	12.06
1993.07.11	3.15	6.66	9.00	10.98	11.70	12.24	13.86
1996.05.01	2.97	4.86	7.20	9.18	9.90	10.80	12.06
1996.08.23	1.98	3.33	5.40	7.47	7.92	8.28	9.00
1997.10.23	1.71	2.88	4.14	5.67	5.94	6.21	6.66
1998.03.25	1.71	2.88	4.14	5.22	5.58	6.21	6.66
1998.07.01	1.44	2.79	3.96	4.77	4.86	4.95	5.22
1998.12.07	1.44	2.79	3.33	3.78	3.96	4.14	4.50
1999.06.10	0.99	1.98	2.16	2.25	2.43	2.70	2.88
2002.02.21	0.72	1.71	1.89	1.98	2.25	2.52	2.79
2004.10.29	0.72	1.71	2.07	2.25	2.70	3.24	3.60
2006.08.19	0.72	1.80	2.25	2.52	3.06	3.69	4.14
2007.03.18	0.72	1.98	2.43	2.79	3.33	3.96	4.41
2007.05.19	0.72	2.07	2.61	3.06	3.69	4.41	4.95
2007.07.21	0.81	2.34	2.88	3.33	3.96	4.68	5.22
2007.08.22	0.81	2.61	3.15	3.60	4.23	4.95	5.49
2007.09.15	0.81	2.88	3.42	3.87	4.50	5.22	5.76
2007.12.21	0.72	3.33	3.78	4.14	4.68	5.40	5.85
2008.10.09	0.72	3.15	3.51	3.87	4.41	5.13	5.58
2008.10.30	0.72	2.88	3.24	3.60	4.14	4.77	5.13
2008.11.27	0.36	1.98	2.25	2.52	3.06	3.60	3.87
2008.12.23	0.36	1.71	1.98	2.25	2.79	3.33	3.60
2010.10.20	0.36	1.91	2.20	2.50	3.25	3.85	4.20
2010.12.26	0.36	2.25	2.50	2.75	3.55	4.15	4.55
2011.02.09	0.40	2.60	2.80	3.00	3.90	4.50	5.00
2011.04.06	0.50	2.85	3.05	3.25	4.15	4.75	5.25
2011.07.07	0.50	3.10	3.30	3.50	4.40	5.00	5.50
2012.06.08	0.40	2.85	3.05	3.25	4.10	4.65	5.10
2012.07.06	0.35	2.60	2.80	3.00	3.75	4.25	4.75
2014.11.22	0.35	2.35	2.55	2.75	3.35	4.00	
2015.03.01	0.35	2.10	2.30	2.50	3.10	3.75	
2015.05.11	0.35	1.85	2.05	2.25	2.85	3.50	
2015.06.28	0.35	1.60	1.80	2.00	2.60	3.25	
2015.08.26	0.35	1.35	1.55	1.75	2.35	3.00	
2015.10.24	0.35	1.10	1.30	1.50	2.10	2.75	

注：1.2014年11月22日，金融机构存款利率浮动区间由存款基准利率的1.1倍调整为1.2倍。

2.自2014年11月22日起，人民银行不再公布金融机构人民币五年期定期存款基准利率。

7-8-4 金融机构人民币法定贷款基准利率

单位：年利率%

调整时间	短期贷款		中长期贷款		
	六个月以内（含六个月）	六个月至一年（含一年）	一年至三年（含三年）	三年至五年（含五年）	五年以上
1991.04.21	8.10	8.64	9.00	9.54	9.72
1993.05.15	8.82	9.36	10.80	12.06	12.24
1993.07.11	9.00	10.98	12.24	13.86	14.04
1995.01.01	9.00	10.98	12.96	14.58	14.76
1995.07.01	10.08	12.06	13.50	15.12	15.30
1996.05.01	9.72	10.98	13.14	14.94	15.12
1996.08.23	9.18	10.08	10.98	11.70	12.42
1997.10.23	7.65	8.64	9.36	9.90	10.53
1998.03.25	7.02	7.92	9.00	9.72	10.35
1998.07.01	6.57	6.93	7.11	7.65	8.01
1998.12.07	6.12	6.39	6.66	7.20	7.56
1999.06.10	5.58	5.85	5.94	6.03	6.21
2002.02.21	5.04	5.31	5.49	5.58	5.76
2004.10.29	5.22	5.58	5.76	5.85	6.12
2006.04.28	5.40	5.85	6.03	6.12	6.39
2006.08.19	5.58	6.12	6.30	6.48	6.84
2007.03.18	5.67	6.39	6.57	6.75	7.11
2007.05.19	5.85	6.57	6.75	6.93	7.20
2007.07.21	6.03	6.84	7.02	7.20	7.38
2007.08.22	6.21	7.02	7.20	7.38	7.56
2007.09.15	6.48	7.29	7.47	7.65	7.83
2007.12.21	6.57	7.47	7.56	7.74	7.83
2008.09.16	6.21	7.20	7.29	7.56	7.74
2008.10.09	6.12	6.93	7.02	7.29	7.47
2008.10.30	6.03	6.66	6.75	7.02	7.20
2008.11.27	5.04	5.58	5.67	5.94	6.12
2008.12.23	4.86	5.31	5.40	5.76	5.94
2010.10.20	5.10	5.56	5.60	5.96	6.14
2010.12.26	5.35	5.81	5.85	6.22	6.40
2011.02.09	5.60	6.06	6.10	6.45	6.60
2011.04.06	5.85	6.31	6.40	6.65	6.80
2011.07.07	6.10	6.56	6.65	6.90	7.05
2012.06.08	5.85	6.31	6.40	6.65	6.80
2012.07.06	5.60	6.00	6.15	6.40	6.55
2014.11.22	5.60	5.60	6.00	6.00	6.15
2015.03.01	5.35	5.35	5.75	5.75	5.90
2015.05.11	5.10	5.10	5.50	5.50	5.65
2015.06.28	4.85	4.85	5.25	5.25	5.40
2015.08.26	4.60	4.60	5.00	5.00	5.15
2015.10.24	4.35	4.35	4.75	4.75	4.90

7-8-5 黄金和外汇储备

年 份	黄金储备（万盎司）	外汇储备（亿美元）	年 份	黄金储备（万盎司）	外汇储备（亿美元）
1978	1280	1.67	1999	1267	1546.75
1979	1280	8.40	2000	1267	1655.74
1980	1280	-12.96	2001	1608	2121.65
1981	1267	27.08	2002	1929	2864.07
1982	1267	69.86	2003	1929	4032.51
1983	1267	89.01	2004	1929	6099.32
1984	1267	82.20	2005	1929	8188.72
1985	1267	26.44	2006	1929	10663.44
1986	1267	20.72	2007	1929	15282.49
1987	1267	29.23	2008	1929	19460.30
1988	1267	33.72	2009	3389	23991.52
1989	1267	55.50	2010	3389	28473.38
1990	1267	110.93	2011	3389	31811.48
1991	1267	217.12	2012	3389	33115.89
1992	1267	194.43	2013	3389	38213.15
1993	1267	211.99	2014	3389	38430.18
1994	1267	516.20	2015	5666	33303.62
1995	1267	735.97	2016	5924	30105.17
1996	1267	1050.29	2017	5924	31399.49
1997	1267	1398.90	2018	5956	30727.12
1998	1267	1449.59	2019	6264	31079.24

7-8-6 外资银行资产负债表(年底余额)

单位：亿元

项　目	2016	2017	2018	2019
总资产	**31670**	**42483**	**44177**	**45071**
国外资产	2071	2222	2452	2950
储备资产	4060	3766	3287	3252
准备金	4051	3758	3281	3247
库存现金	9	7	6	5
对政府债权	1958	2230	2681	3388
对中央银行债权				
对其他存款性公司债权	5698	6505	5844	5186
对其他金融性公司债权	2738	3694	3745	3662
对非金融性公司债权	10254	11020	11649	12266
对其他居民部门债权	1081	1234	1452	1683
其他资产	3809	11812	13066	12684
总负债	**31670**	**42483**	**44177**	**45071**
对非金融机构及住户负债	17153	18357	18386	19486
纳入广义货币的存款	12731	13802	13700	14390
单位活期存款	4425	4886	4837	5347
单位定期存款	6996	7645	7565	7706
个人存款	1310	1270	1298	1338
不纳入广义货币的存款	3478	3373	3461	3953
可转让存款	1845	1761	1876	1946
其他存款	1633	1612	1586	2007
其他负债	945	1182	1225	1143
对中央银行负债	168	284	144	183
对其他存款性公司负债	2611	2612	2342	2663
对其他金融性公司负债	1241	941	1116	1264
#计入广义货币的存款	1027	772	1004	1140
国外负债	3247	4884	4904	4041
债券发行	184	226	549	859
实收资本	1761	1835	1878	1979
其他负债	5305	13344	14858	14597

7-8-7 社会融资规模增量及构成

单位：亿元

年 份	社会融资规模增量	#人民币贷款	#外币贷款(折合人民币)	#委托贷款	#信托贷款	#未贴现银行承兑汇票	#企业债券	#地方政府专项债券	#非金融企业境内股票融资
2002	20112	18475	731	175		-695	367		628
2003	34113	27652	2285	601		2010	499		559
2004	28629	22673	1381	3118		-290	467		673
2005	30008	23544	1415	1961		24	2010		339
2006	42696	31523	1459	2695	825	1500	2310		1536
2007	59663	36323	3864	3371	1702	6701	2284		4333
2008	69802	49041	1947	4262	3144	1064	5523		3324
2009	139104	95942	9265	6780	4364	4606	12367		3350
2010	140191	79451	4855	8748	3865	23346	11063		5786
2011	128286	74715	5712	12962	2034	10271	13658		4377
2012	157631	82038	9163	12838	12845	10499	22551		2508
2013	173169	88916	5848	25466	18404	7756	18111		2219
2014	158761	97452	1235	21740	5174	-1198	24329		4350
2015	154063	112693	-6427	15911	434	-10567	29388		7590
2016	177999	124372	-5640	21854	8593	-19514	29865		12416
2017	261536	138432	18	7994	22232	5364	6244	19962	8759
2018	224920	156712	-4201	-16062	-6975	-6343	26318	17852	3606
2019	256735	168835	-1275	-9396	-3467	-4757	33384	21602	3479

注：1.社会融资规模增量是指一定时期内实体经济从金融体系获得的资金额。数据来源于中国人民银行、中国银行保险监督管理委员会、中国证券监督管理委员会、中央国债登记结算有限责任公司和银行间市场交易商协会等部门。

2.2019年12月起，人民银行进一步完善社会融资规模统计，将“国债”和“地方政府一般债券”纳入社会融资规模统计，与原有“地方政府专项债券”合并为“政府债券”指标。指标数值为托管机构的托管面值。2019年9月起，人民银行完善“社会融资规模”中的“企业债券”统计，将“交易所企业资产支持证券”纳入“企业债券”指标。2018年9月起，人民银行将“地方政府专项债券”纳入社会融资规模统计。2018年7月起，人民银行完善社会融资规模统计方法，将“存款类金融机构资产支持证券”和“贷款核销”纳入社会融资规模统计，在“其他融资”项下单独列示。2017年起，同比增速为可比口径计算。

7-8-8 社会融资规模存量及增长率

年 份	社会融资规模存量(亿元)	社会融资规模存量同比增速(%)	#人民币贷款(%)	#外币贷款(折合人民币)(%)	#委托贷款(%)	#信托贷款(%)	#未贴现银行承兑汇票(%)	#企业债券(%)	#地方政府专项债券(%)	#非金融企业境内股票融资(%)
2002	148532									
2003	181655	22.3	21.4	26.6	13.3		126.0	132.9		8.0
2004	204143	14.9	14.3	16.8	61.6		-8.0	4.0		8.5
2005	224265	13.5	13.3	11.0	11.8		0.7	129.1		4.2
2006	264500	18.1	16.3	9.0	20.0		44.9	68.7		12.5
2007	321326	21.5	16.4	21.9	29.9	84.0	138.4	41.0		45.8
2008	379765	20.5	18.7	5.1	29.1	84.3	9.2	78.7		17.7
2009	511835	34.8	31.3	55.5	35.8	63.4	36.5	86.2		18.3
2010	649869	27.0	19.9	15.9	44.2	34.4	135.5	42.3		30.9
2011	767791	18.3	16.1	13.1	21.2	13.5	25.6	36.2		17.7
2012	914675	19.1	15.0	27.2	17.1	75.0	21.0	44.4		8.6
2013	1075217	17.6	14.2	7.2	39.7	61.1	12.7	24.2		6.7
2014	1229386	14.3	13.6	4.1	29.2	10.8	-1.1	25.8		11.8
2015	1382824	12.5	13.9	-13.0	18.0	2.0	-14.8	25.1		20.2
2016	1559884	12.8	13.4	-12.9	19.8	15.8	-33.3	22.4		27.6
2017	2059098	14.1	13.2	-5.8	5.9	35.9	13.7	3.9	57.3	15.2
2018	2270356	10.3	13.2	-10.7	-11.5	-8.0	-14.3	9.8	32.6	5.4
2019	2514071	10.7	12.5	-4.6	-7.6	-4.4	-12.5	13.8	29.7	5.0

注：1.社会融资规模存量是指一定时期末(月末、季末或年末)实体经济从金融体系获得的资金余额。
2.2017年起，同比增速为可比口径计算。

7-8-9 证券市场基本情况

项　　目		2015	2016	2017	2018	2019
境内上市公司数（A、B股）	(家)	2827	3052	3485	3584	3777
境内上市外资股公司数(B股)	(家)	101	100	100	99	97
境外上市公司数（H股）	(家)	229	241	252	267	284
股票总发行股本	(亿股)	43024	48750	53747	57581	61720
#流通股本	(亿股)	37043	41136	45045	49048	52488
股票市价总值	(亿元)	531463	507686	567086	434924	592935
#股票流通市值	(亿元)	417881	393402	449298	353794	483461
股票成交量	(亿股)	171039	95525	87781	82037	126624
股票成交金额	(亿元)	2550541	1277680	1124625	901739	1274159
上证综合指数(收盘)		3539.18	3103.64	3307.17	2493.90	3050.12
深证综合指数(收盘)		2308.91	1969.11	1899.34	1267.87	1722.95
期末投资者数	(万个)	9911	11811	13398	14650	15975
静态市盈率(平均市盈率)						
上海		17.6	15.9	16.3	12.5	14.6
深圳		52.8	41.2	36.2	20.0	26.2
年换手率(平均换手率)	(%)					
上海		489.6	158.4	180.5	150.9	157.6
深圳		825.7	541.8	412.9	356.9	456.2
交易所债券发行额	(亿元)		28737	39147	56878	71987
债券成交额	(亿元)	1309219	2387096	2687636	2405454	2473724
债券现货成交金额	(亿元)	33920	51270	55442	63822	83530
债券回购成交金额	(亿元)	1275299	2335826	2632194	2341632	2390194
证券投资基金只数	(只)	2723	3873	4848	5580	6111
证券投资基金规模	(亿份)	76674	88428	110182	128961	136937
证券投资基金成交金额	(亿元)	152685	111444	98052	102705	91679
期货总成交量	(万手)	357791	413777	307102	301056	392136
期货总成交额	(亿元)	5542312	1956316	1878926	2107974	2905739

注：1.交易所债券包含由中国证监会审批或备案的公司债、可转债、可交换债、可分离债、企业资产支持证券，以及交易所招标发行的地方政府债、政策性金融债。
2.期末投资者数量指持有未注销、未休眠的A股、B股、信用账户、衍生品合约账户的一码通账户数量。
3.债券成交数据为交易所债券市场数据。
4.期货成交数据按单边口径统计，包括商品期货和金融期货。

7-8-10 上市公司数量

单位：个

年 份	全国合计	上交所	深交所	发A股公司	发B股公司	同时发A股、B股公司
1990	10	8	2			
1991	13	7	6			
1992	53	29	24	53	18	18
1993	183	106	77	177	41	35
1994	291	171	120	287	58	54
1995	323	188	135	311	70	58
1996	530	293	237	514	85	69
1997	745	383	362	720	101	76
1998	852	438	414	826	106	80
1999	949	484	465	922	108	81
2000	1088	572	516	1060	114	86
2001	1160	646	514	1140	112	92
2002	1224	715	509	1213	111	100
2003	1287	780	507	1277	111	101
2004	1377	837	540	1363	110	96
2005	1381	834	547	1358	109	86
2006	1434	842	592	1411	109	86
2007	1550	860	690	1527	109	86
2008	1625	864	761	1602	109	86
2009	1718	870	848	1696	108	86
2010	2063	894	1169	2041	108	86
2011	2342	931	1411	2320	108	86
2012	2494	954	1540	2472	107	85
2013	2489	953	1536	2468	106	85
2014	2613	995	1618	2592	104	83
2015	2827	1081	1746	2808	101	82
2016	3052	1182	1870	3034	100	82
2017	3485	1396	2089	3467	100	82
2018	3584	1450	2134	3567	99	82
2019	3777	1572	2205	3760	97	80

注：发A股公司包括既发A股又发B股的公司，发B股公司包括既发A股又发B股的公司。

7-8-11 上市公司地区分布(2019年)

单位：个

地　区	上市公司家数	上交所	深交所
全　国	**3777**	**1572**	**2205**
北　京	343	159	184
天　津	53	28	25
河　北	58	22	36
山　西	38	20	18
内蒙古	26	16	10
辽　宁	75	33	42
吉　林	42	17	25
黑龙江	37	26	11
上　海	309	228	81
江　苏	428	194	234
浙　江	457	210	247
安　徽	105	48	57
福　建	138	54	84
江　西	44	17	27
山　东	211	80	131
河　南	82	31	51
湖　北	106	42	64
湖　南	105	30	75
广　东	618	95	523
广　西	38	17	21
海　南	31	11	20
重　庆	55	29	26
四　川	125	43	82
贵　州	29	14	15
云　南	36	14	22
西　藏	19	9	10
陕　西	54	26	28
甘　肃	34	16	18
青　海	12	8	4
宁　夏	14	6	8
新　疆	55	29	26

注：1.上市公司数量按上市日口径统计。
2.上市公司辖区按上市公司注册地划分。

7-8-12 证券市场发行情况

单位：亿元

年 份	境内发行金额			境外股票发行金额	新三板股票发行金额	合计
	小计	股票发行金额	交易所债券发行金额			
1992	68.91	68.91				68.91
1993	245.02	245.02		60.84		305.86
1994	213.63	213.63		188.75		402.38
1995	99.78	99.78		31.53		131.31
1996	308.04	308.04		100.57		408.61
1997	859.98	859.98		387.91		1247.89
1998	787.44	787.44		37.83		825.27
1999	873.63	873.63		47.11		920.74
2000	1515.82	1515.82		562.08		2077.90
2001	1238.14	1238.14		73.00		1311.14
2002	720.05	720.05		192.28		912.33
2003	665.51	665.51		537.32		1202.83
2004	650.53	650.53		647.72		1298.25
2005	339.03	339.03		1666.25		2005.28
2006	2374.50	2374.50		3072.57		5447.07
2007	8222.02	7814.74	407.28	927.46		9149.48
2008	4310.44	3312.39	998.05	311.38		4621.82
2009	5645.85	4834.34	811.51	1067.66		6713.51
2010	11120.10	9799.80	1320.30	2343.11		13463.21
2011	8884.13	7154.43	1729.70	732.41	6.48	9623.02
2012	7313.28	4542.40	2770.88	997.83	8.59	8319.70
2013	8086.40	4131.46	3954.94	1060.24	10.02	9156.66
2014	12671.90	8498.26	4173.64	2253.40	132.09	15057.39
2015	37983.36	16361.62	21621.74	7090.12	1216.17	46289.65
2016	56965.75	20297.39	36668.36	1271.48	1390.89	59628.12
2017	54681.89	15534.98	39146.91	1829.19	1336.25	57847.33
2018	68255.59	11377.88	56877.71	1387.61	604.43	70247.63
2019	84525.53	12538.82	71986.71	781.65	264.63	85571.81

注：1.境内股票发行金额包括首发筹资金额和再筹资金额，均按股份上市日统计，再筹资包含公开增发、定向增发、配股、权证和优先股，其中权证为2008年之后开展的业务，优先股为2014年之后开展的业务。
2.境外股票发行金额指在港交所上市的H股的筹资金额，不含可转债。
3.新三板股票发行金额中不含优先股。

7-8-13 股票交易情况

项　　目	2011	2012	2013	2014	2015	2016	2017	2018	2019
上市公司数　　（家）	**2342**	**2494**	**2489**	**2613**	**2827**	**3052**	**3485**	**3584**	**3777**
上市股票数　　（只）	**2428**	**2579**	**2574**	**2696**	**2909**	**3134**	**3567**	**3666**	**3857**
A股	2320	2472	2468	2592	2808	3034	3467	3567	3760
B股	108	107	106	104	101	100	100	99	97
股票总发行股本（亿股）	**29745**	**31834**	**33822**	**36795**	**43024**	**48750**	**53747**	**57581**	**61720**
A股	29449	31551	33538	36518	42753	48468	53462	57290	61428
B股	297	282	284	277	271	282	285	291	292
#流通股本	22500	24778	29997	32289	37043	41136	45045	49048	52488
A股	22205	24497	29715	32013	36774	40855	44761	48758	52197
B股	295	281	283	276	270	281	283	289	291
股票市价总值　（亿元）	**214758**	**230358**	**239077**	**372547**	**531463**	**507686**	**567086**	**434924**	**592935**
A股	213310	228775	237403	370823	529252	505773	565255	433548	591623
B股	1448	1582	1674	1724	2211	1913	1831	1376	1311
#股票流通市值	164921	181658	199580	315624	417881	393402	449298	353794	483461
A股	163479	180083	197916	313910	415681	391499	447476	352428	482158
B股	1442	1575	1664	1714	2200	1903	1822	1366	1304
股票成交金额　（亿元）	**421645**	**314583**	**468729**	**742385**	**2550541**	**1277680**	**1124625**	**901739**	**1274159**
A股	420339	313715	466632	741378	2546838	1276194	1123648	901103	1273572
B股	1305	868	1439	1007	3704	1486	977	636	587
总成交股数　　（亿股）	**33957**	**32861**	**48373**	**73383**	**171039**	**95525**	**87781**	**82037**	**126624**
A股	33749	32682	47954	73188	170541	94481	87629	81927	126509
B股	208	179	264	195	498	210	152	110	116
上证综合指数									
最高	3067.46	2478.38	2444.80	3239.36	5178.19	3538.69	3450.50	3587.03	3288.45
最低	2134.02	1949.46	1849.65	1974.38	2850.71	2638.30	3016.53	2449.20	2440.91
收盘	2199.42	2269.13	2115.98	3234.68	3539.18	3103.64	3307.17	2493.90	3050.12
深证综合指数									
最高	1316.19	1020.29	1106.27	1504.48	3156.96	2304.49	2054.02	1966.15	1799.10
最低	828.83	724.97	815.89	1004.93	1408.99	1618.12	1753.53	1212.23	1231.83
收盘	866.65	881.17	1057.67	1415.19	2308.91	1969.11	1899.34	1267.87	1722.95

注：1.股票总成交金额中包含约定购回式证券成交金额，故总成交金额大于A股B股成交金额之和。
　　2.指数最高、最低点为盘中最高、最低点。

7-8-14 全国期货交易所市场概况

年 份	全年总成交额（亿元）	全年总成交量（万手）	全年总实物交割额（亿元）	全年总实物交割量（万手）
1993	2761.00	445.35		
1994	15800.71	6055.36		
1995	50282.65	31806.04	181.52	83.09
1996	42059.58	17128.39	174.13	78.33
1997	30585.33	7938.16	93.75	38.18
1998	18483.62	5222.79	48.04	20.56
1999	11171.51	3681.96	109.41	16.12
2000	8041.14	2730.54	65.16	8.40
2001	15071.76	6022.54	59.63	16.34
2002	19745.30	6971.50	100.99	23.32
2003	54194.67	13993.32	130.94	32.10
2004	73465.27	15283.27	183.21	32.70
2005	67224.19	16142.38	213.37	30.71
2006	105023.16	22473.70	225.47	30.66
2007	204861.23	36421.34	283.73	42.76
2008	359570.98	68194.36	339.26	54.94
2009	652553.80	107871.49	284.72	50.34
2010	1134883.54	152089.14	516.89	73.25
2011	937475.68	100367.68	490.15	64.93
2012	952824.54	134540.06	528.04	58.96
2013	1264673.31	186822.39	465.25	56.79
2014	1279712.53	228827.45	451.58	63.50
2015	1364707.05	323704.12	641.76	115.36
2016	1774124.99	411943.25	783.34	129.19
2017	1633003.86	304642.57	881.94	124.51
2018	1846750.81	298334.65	1018.52	136.52
2019	2209541.99	385507.21	1055.55	148.44

注：1.本表数据仅反映商品期货市场情况。
2.表中数据均按单边口径统计。
3.交割金额、交割量中包含期转现。

7-8-15　全国交易所上市基金成交概况

项　　目		2018	2019	增减(%)
交易日数	(天)	243	244	0.41
基金成交金额	(亿元)	102705	91679	-10.73
基金日均成交金额	(亿元)	423	376	-11.10
基金成交股数	(亿份)	17942	25141	40.13
上证基金指数开市		6223	5504	-11.56
上证基金指数最高		6502	6482	-0.31
上证基金指数最低		5465	5455	-0.19
上证基金指数收市		5499	6425	16.83
深证基金指数开市		6036	4639	-23.14
深证基金指数最高		6366	6338	-0.44
深证基金指数最低		4547	4531	-0.36
深证基金指数收市		4632	6335	36.77

注：基金成交数据包括证券投资基金、交易型货币基金、ETF和LOF。ETF是交易所交易基金的简称，LOF是一种可以在交易所挂牌交易的开放式基金。

7-8-16　保险系统机构、人员数(年底数)

项　　目	2018			2019		
	机构数(个)	职工人数(人)	#女职工	机构数(个)	职工人数(人)	#女职工
总　　计	**229**	**1237751**	**647177**	**235**	**1233180**	**641671**
保险集团公司	**12**	**8264**	**4141**	**14**	**6327**	**2815**
中资保险公司	**158**	**1162612**	**605865**	**160**	**1164561**	**603367**
#总公司	158	70501	34953	160	73330	36839
省级分公司	2152	283649	151020	1928	283518	152057
中心支分公司	10474	440988	236029	10033	431238	227939
支公司	28480	273319	138357	29200	283134	142174
营业部	2491	23370	11852	2293	22735	11668
营销服务部	41734	70675	33654	40169	70495	32690
中外合资公司	**59**	**66875**	**37171**	**61**	**62292**	**35489**
总公司	59	16223	8173	61	15722	8837
省级分公司	374	27096	15284	400	24273	14062

7-8-17 保险公司业务经济技术指标(2019年)

单位：亿元

项　目	保　费	赔款及给付
合　计	**42644.8**	**12893.9**
财产保险公司	**13016.3**	**7278.7**
企业财产保险	464.1	237.0
家庭财产保险	91.2	36.7
机动车辆保险	8188.3	4613.4
工程保险	117.8	67.6
责任保险	753.3	341.7
信用保险	200.0	113.4
保证保险	843.7	376.7
船舶保险	55.5	35.2
货物运输保险	130.1	69.7
特殊风险保险	68.9	39.5
农业保险	672.5	527.9
健康险	840.3	623.4
意外伤害保险	526.6	153.6
其他险	64.1	42.9
人寿保险公司	**29628.4**	**5615.1**
寿险	22754.1	3742.9
健康险	6225.7	1728.1
人身意外伤害险	648.6	144.0

注：本表人寿保险公司中包括中华控股寿险业务。

7-8-18 保险公司资产情况

单位：亿元

年 份	总资产	#财产险公司	#寿险公司	#再保险公司	#中资公司	#外资公司
2002	6320.00	948.00	5161.00	211.00		
2003	9088.00	1176.00	7657.00	255.00		
2004	11953.68	1411.38	8352.90	262.37	11540.63	413.05
2005	15286.44	1718.81	13458.27	292.70	14630.97	665.64
2006	19704.19	2340.45	17446.26	311.31	18862.60	862.66
2007	28912.78	3880.51	23249.16	877.26	27656.26	1256.51
2008	33418.83	4687.03	27138.45	994.45	31893.93	1524.91
2009	40634.75	4892.62	33655.05	1162.01	38582.37	2052.39
2010	50481.61	5833.52	42642.66	1151.79	47860.49	2621.12
2011	59828.94	7919.95	49798.19	1579.11	56822.12	3006.83
2012	73545.73	9477.47	60991.22	1845.25	70080.33	3465.40
2013	82886.95	10941.45	68250.07	2103.93	78551.67	4335.28
2014	101591.47	14061.48	82487.20	3513.56	94950.98	6640.49
2015	123597.76	18481.13	99324.83	5187.38	115057.96	6539.80
2016	153764.66	23849.82	126557.51	2765.61	144646.59	9118.07
2017	169377.32	24901.04	131885.05	3150.32	158956.86	10420.46
2018	183305.24	23502.73	146032.48	3633.48	171695.83	11609.41
2019	205644.90	22939.60	169575.17	4261.12	192052.69	13592.21

7-8-19 保险公司资金运用情况

单位：亿元

年 份	资金运用余 额	#银行存款	#国 债	#金融债券	#企业债券	#证券投资基金
2004	10778.62	5071.10	2618.44	1026.25	639.73	666.32
2005	14092.69	5165.55	3590.65	1804.71	1204.55	1107.00
2006	17785.40	5989.11	3647.01	2754.25	2121.56	912.08
2007	26647.81	6503.44	3956.56	4897.84	2799.76	2519.41
2008	30552.83	8087.49	4208.26	8754.06	4598.46	1646.46
2009	37417.12	10519.68	4053.82	8746.10	6074.56	2758.78
2010	46046.62	13909.97	4815.78	10038.75	7935.69	2620.73
2011	55192.98	17692.69	4741.90	12418.80	8755.86	2909.92
2012	68542.58	23446.00	4795.02	14832.57	10899.98	3625.58
2013	76873.41	22640.98	4776.73	14811.84	13727.75	3575.52
2014	93314.43	25310.73	5009.88	15067.12	15465.13	4714.28
2015	111795.49	24349.67	5831.12	15215.31	17307.38	8856.50
2016	133910.67	24844.21	7796.24	16260.35	18627.99	8554.46
2017	149206.21	19274.07	10167.99	19153.05	19436.76	7524.77
2018	164088.38	24363.50	14027.62	20215.82	21011.68	8650.55
2019	185270.58	25227.42	20672.01	20658.19	21462.84	9423.29

7-8-20 各地区原保险保费收入和赔付支出情况(2019年)

单位：亿元

地区	原保险保费收入			赔付支出		
	小计	财产险业务	人身险业务	小计	财产险业务	人身险业务
全国	**42644.8**	**11649.5**	**30995.3**	**12894.0**	**6501.6**	**6392.4**
北京	2076.5	454.8	1621.6	719.0	269.3	449.6
天津	617.9	152.2	465.7	158.2	79.3	78.9
山西	883.3	227.4	656.0	278.6	119.2	159.4
河北	1989.2	572.7	1416.5	549.8	282.2	267.6
内蒙古	729.8	213.0	516.9	200.8	109.0	91.8
辽宁	1290.0	371.6	918.4	406.3	205.9	200.4
吉林	679.4	183.8	495.6	206.8	96.1	110.7
黑龙江	952.2	202.2	750.0	324.0	141.5	182.5
上海	1720.0	524.9	1195.1	654.9	306.1	348.8
江苏	3750.2	940.9	2809.3	998.6	534.5	464.1
浙江	2627.3	900.0	1727.3	877.6	579.6	297.9
安徽	1348.6	452.7	896.0	419.0	240.0	179.0
福建	1174.8	338.4	836.4	364.2	193.9	170.3
江西	835.2	260.4	574.8	280.8	140.8	140.0
山东	3237.9	789.8	2448.1	902.8	439.7	463.1
河南	2430.8	532.2	1898.7	667.9	293.3	374.6
湖北	1728.6	397.8	1330.7	512.3	210.4	301.8
湖南	1396.1	397.8	998.3	423.8	207.4	216.3
广东	5496.7	1433.2	4063.5	1425.2	765.6	659.7
广西	664.9	216.8	448.1	237.9	119.2	118.7
海南	202.7	71.4	131.3	59.8	35.9	23.9
重庆	916.5	220.2	696.2	279.0	115.9	163.0
四川	2148.7	513.3	1635.3	634.8	303.6	331.1
贵州	489.3	223.4	265.9	186.6	120.4	66.1
云南	742.1	297.0	445.1	260.6	143.9	116.7
西藏	36.7	24.8	11.9	22.6	16.2	6.3
陕西	1033.5	217.2	816.2	300.0	130.2	169.8
甘肃	444.3	138.0	306.3	151.6	74.1	77.5
青海	98.4	41.8	56.7	34.8	20.8	14.0
宁夏	197.7	68.2	129.5	63.6	37.1	26.4
新疆	654.0	225.0	429.0	237.6	130.4	107.2
集团、总公司本级	51.8	46.8	5.0	54.6	39.9	14.7

注：1.本表数据为各公司上报中国保险统计信息系统年报数据，未经审计。

2.集团、总公司本级是指集团、总公司直接开展的业务，不计入任何地区。

【主要统计指标解释】

信贷资金 指金融机构以信用方式积聚和分配的货币资金。金融机构信贷资金的来源有各项存款、金融债券、对国际金融机构负债、流通中现金、其他项目等；信贷资金的运用有各项贷款、有价证券及投资、黄金占款、外汇买卖、财政借款及在国际金融机构中的资产等。

存款 指企业、机关、团体或居民把货币资金存入银行或其他信贷机构保管，可随时或按约定时间支取款项，并取得一定利息的一种信用活动形式。根据存款对象或性质的不同可划分为住户存款、非金融企业存款、政府存款、非银行业金融机构存款等科目。它是银行信贷资金的主要来源。

贷款 指银行或其他信贷机构根据资金必须归还的原则，按一定利率，为企业、个人等提供资金的一种信用活动形式。我国银行贷款分为短期贷款、中长期贷款、融资租赁、票据融资、各项垫款、境外贷款等。

保险公司 指在中国境内的、经过保险监督管理部门批准设立，并依法登记注册的各类商业保险公司。

保险金额 指保险人承担赔偿或者给付保险金责任的最高限额。

保费 指投保人为取得保险人在约定范围内所承担赔偿责任而支付给保险人的费用。

赔款 指保险人根据保险合同的规定，向被保险人支付的赔偿保险责任损失的金额。

给付 包括死伤医疗给付和满期给付。死伤医疗给付是指保险人根据人寿保险及长期健康保险合同的规定，因被保险人在保险期内发生保险责任范围内的保险事故支付给被保险人（或受益人）的金额。满期给付是指被保险人生存期满，保险人按人寿保险合同规定支付给被保险人的满期保险金额。

社会融资规模增量 指一定时期内实体经济从金融体系获得的资金总额。主要包括：人民币贷款、外币贷款（折合人民币）、委托贷款、信托贷款、未贴现的银行承兑汇票、企业债券、地方政府专项债券、非金融企业境内股票融资、投资性房地产、保险公司赔偿等。

社会融资规模存量 指一定时期末（月末、季末或年末）实体经济从金融体系获得的资金余额。主要包括：人民币贷款、外币贷款（折合人民币）、委托贷款、信托贷款、未贴现的银行承兑汇票、企业债券、地方政府专项债券、非金融企业境内股票融资、投资性房地产、保险公司赔偿等。

境内上市公司数 指在统计期末其发行的股票在沪、深交易所上市的股份有限公司的数量。以股票上市日进行统计，同时发行A、B股的上市公司，按一家计算。

股票总发行股本 也称上市公司总股本，是指统计期末上市公司在境内发行的全部股份数量合计，包括A股股本、B股股本和其他不流通的境内股本。

股票市价总值 指统计期末根据上市公司股票价格和对应股票数量计算的股权价值合计。具体统计口径和计算方法如下：如当日无交易价格，采用最后交易日的收盘价；暂停上市股票的价格以零计算；未股改公司的非流通股以流通A股价格计算市值；仅发行B股的上市公司，其非流通股不进行股票市值计算；对当日除权股票进行市值计算时需要包含在途股份（已登记未上市）的市值。

交易所债券发行额 指统计期内各类债券发行票面金额合计。按发行首日口径计算。

债券成交额 指统计期内各类债券成交金额合计，包括债券现货成交金额和债券回购成交金额。

证券投资基金只数 指统计期末基金市场上基金产品的只数。自基金合同生效日（基金成立日）纳入统计，自基金合同终止日从统计中剔除。一般根据证监会主代码（基金主合同）口径统计。

7 第三产业分行业主要指标

7-9 房地产业

简要说明

一、主要内容

本篇资料主要包括：房地产开发企业主要财务情况，房屋开竣工情况、商品房销售情况，土地购置情况等。还包括房地产业（不含房地产开发经营）企业法人单位分地区主要指标。

二、统计范围

本篇资料除了包含房地产业中的房地产开发行业资料外，还包括不含房地产开发经营的房地产企业法人单位主要情况。

三、统计调查方法

调查方法为全面调查和抽样调查。

四、统计口径变化

2004年，除财务指标、平均销售价格、住宅竣工与销售套数为经济普查数据外，其他指标均为快报数据。

商品房销售面积和销售额：2004年及以前的销售数据仅包括现房；2005年及以后的销售数据包括期房和现房。

2018年为第四次全国经济普查数据。

五、数据来源

本篇资料由国家统计局固定资产投资司根据联网直报房地产开发企业上报的基层数据整理。房地产企业法人单位分地区主要指标来源于《规模以上服务业统计报表制度》和《规模以下服务业抽样调查统计报表制度》调查结果。

7-9-1 房地产开发企业经营情况

单位：亿元

年份 地区	主营业务收入	土地转让收入	商品房销售收入	房屋出租收入	其他收入	税金及附加	营业利润
1995	1731.66	194.40	1258.28	25.79	253.19		143.41
1996	1968.79	120.34	1533.76	29.99	284.69		17.98
1997	2218.46	103.28	1755.21	38.79	321.18		-10.35
1998	2951.21	132.25	2408.41	49.32	361.23		-10.66
1999	3026.01	103.25	2555.02	62.74	305.00		-35.09
2000	4515.71	129.61	3896.82	95.32	393.96		73.28
2001	5471.66	188.99	4729.42	117.35	435.90		125.47
2002	7077.85	225.13	6145.80	144.57	562.34		252.91
2003	9137.27	279.72	8153.69	164.33	539.53		430.37
2004	13314.46	410.09	11752.20	305.58	846.59		857.97
2005	14769.35	341.43	13316.77	290.29	820.86		1109.19
2006	18046.76	300.65	16621.36	316.79	807.96		1669.89
2007	23397.13	427.92	21604.21	386.81	978.19		2436.61
2008	26696.84	466.85	24394.12	521.47	1314.40		3432.23
2009	34606.23	498.05	32507.83	544.27	1056.08		4728.58
2010	42996.48	519.19	40585.33	742.92	1149.04		6111.48
2011	44491.28	664.66	41697.91	904.28	1224.43	3959.67	5798.58
2012	51028.41	819.39	47463.49	1151.55	1593.98	4731.04	6001.33
2013	70706.67	671.42	66697.99	1364.01	1973.25	6322.76	9562.67
2014	66463.80	571.95	62535.06	1464.10	1892.69	6239.00	6143.13
2015	70174.34	600.54	65861.30	1600.42	2112.08	6412.80	6165.54
2016	90091.51	666.32	85163.32	1786.97	2474.89	6875.67	8673.23
2017	95896.90	838.42	90609.15	1568.32	2881.01	6307.36	11728.11
2018	112924.68	1207.38	106688.38	1484.30	3544.62	7299.72	18543.71
2019	110239.78	874.14	104126.42	1539.29	3699.94	7420.57	15439.35
北京	3425.84	86.52	2609.52	180.17	549.63	301.25	425.77
天津	2126.73	46.79	1946.86	30.85	102.23	162.45	126.57
河北	2313.24	13.96	2237.45	11.55	50.27	210.02	111.21
山西	1227.24	12.57	1110.34	7.94	96.39	56.39	71.05
内蒙古	731.43	6.37	710.64	6.15	8.27	52.47	36.72
辽宁	2492.57	20.96	2387.94	18.49	65.18	137.72	162.88
吉林	986.81	8.08	962.95	6.97	8.81	40.67	122.68
黑龙江	993.99	9.59	960.37	5.84	18.19	60.60	89.67
上海	5031.76	25.05	4236.53	450.47	319.71	492.02	1236.95
江苏	13257.25	123.37	12795.77	78.56	259.55	736.58	1814.58
浙江	9247.50	42.74	8962.31	75.51	166.94	512.49	1320.00
安徽	5124.85	23.91	4959.50	18.35	123.09	201.63	598.66
福建	3377.07	10.87	3152.10	45.82	168.27	250.08	641.56
江西	2529.97	25.81	2450.03	8.40	45.73	122.81	383.34
山东	6895.29	61.18	6615.89	45.51	172.71	417.81	681.08
河南	5458.19	33.13	5181.40	33.52	210.13	258.83	789.05
湖北	4837.02	41.65	4529.65	49.21	216.50	323.06	779.63
湖南	3900.54	38.98	3722.97	20.35	118.24	207.61	361.58
广东	16160.51	47.98	15495.86	236.78	379.89	1656.61	3496.68
广西	2342.83	16.95	2238.37	23.47	64.04	95.14	234.04
海南	1274.87	28.40	1215.01	5.80	25.66	220.15	124.57
重庆	3777.44	44.64	3588.17	45.91	98.72	186.33	812.73
四川	4992.08	21.34	4829.50	50.81	90.42	307.67	514.96
贵州	1718.81	8.97	1609.46	12.01	88.37	106.28	116.10
云南	1820.70	65.75	1641.12	25.86	87.97	115.96	59.88
西藏	50.23	1.27	47.98	0.79	0.20	2.01	13.42
陕西	2038.81	3.71	1906.89	16.17	112.04	93.86	212.58
甘肃	779.19	2.75	751.79	6.53	18.12	29.85	41.96
青海	202.01	0.29	193.10	1.35	7.27	7.29	9.46
宁夏	393.88	0.03	378.26	6.55	9.03	13.43	18.24
新疆	731.13	0.51	698.65	13.59	18.37	41.49	31.75

7-9-2　按登记注册类型分的房地产开发企业资产情况

单位：亿元

地区	总计	内资								
			国有	集体	股份合作	国有联营	集体联营	国有与集体联营	其他联营	国有独资公司
全国	**947935.60**	**867016.32**	**5542.21**	**961.50**	**127.08**	**14.35**	**4.70**	**0.52**	**10.84**	**102090.51**
北京	55227.47	50839.57	588.72	177.84	34.99		0.49			3948.05
天津	32666.19	30534.34	412.10	11.33						5319.72
河北	25290.18	24594.55	22.32							420.11
山西	13676.21	13547.26	181.82	5.00						1394.89
内蒙古	8931.28	8898.33	10.34							441.93
辽宁	21962.63	18623.39	36.53	1.99	0.69					1197.64
吉林	7436.91	7204.91	21.32							677.86
黑龙江	10136.06	9929.55	124.66		1.65					1282.02
上海	63917.07	54384.99	188.38	87.20		4.99				11454.88
江苏	79078.62	69090.03	491.16	75.01	50.90					7779.26
浙江	69193.16	63230.40	126.52	4.97	4.03	9.36				7232.66
安徽	31960.88	31369.45	408.35	0.10						2585.37
福建	38316.23	33069.60	335.50	24.44				0.52		4518.30
江西	17233.02	16504.79	57.90							2194.04
山东	63672.71	60755.39	436.48	272.90	3.82					9264.45
河南	38590.85	37354.45	191.28						0.03	2865.69
湖北	38238.47	36307.83	456.07	17.51						3640.77
湖南	22052.00	21164.36	130.70	2.31						2418.64
广东	125657.00	105396.09	303.55	256.11	27.00		4.20		10.82	8307.85
广西	20229.95	18914.28	114.99	4.26	0.40					3113.34
海南	12532.69	11257.20	56.55	8.53						2420.87
重庆	32324.11	28455.21	97.90		0.88					5938.85
四川	37519.27	35902.22	212.07	0.69	1.30					3450.23
贵州	18214.53	17707.34	38.34							2811.62
云南	23627.72	22477.46	119.33	0.02	0.43					2139.24
西藏	457.85	457.85	1.59							195.07
陕西	20152.78	19835.58	283.56	9.49	0.71					2735.79
甘肃	7113.75	7064.54	83.20	1.67						554.48
青海	1870.57	1868.74								193.05
宁夏	3256.54	3149.20								223.20
新疆	7398.88	7127.41	10.97	0.13	0.28					1370.66

7-9-2 续表 1

单位：亿元

地区	其他有限责任公司	股份有限公司	私营独资	私营合伙	私营有限责任公司	私营股份有限公司	其他内资企业	港澳台商投资	合资经营	合作经营
全国	**473863.92**	**31786.16**	**253.81**	**45.60**	**245866.63**	**6386.93**	**61.55**	**55625.77**	**18823.86**	**3087.37**
北京	38439.24	4324.30			3282.75	28.26	14.92	2931.73	414.99	371.39
天津	17981.06	1051.75			5711.47	46.91		1473.38	483.89	57.69
河北	11025.61	873.83			12172.37	80.31		437.37	260.92	
山西	5741.72	130.42			6002.95	90.46		59.73	18.84	
内蒙古	4523.93	261.68		19.55	3560.10	80.80		17.68	17.68	
辽宁	9993.47	425.80	2.16		6753.37	211.76		2213.64	890.07	
吉林	4242.10	462.64	0.41		1735.01	65.57		167.87	61.15	
黑龙江	6071.96	336.18	2.57		2029.32	81.18		148.69	29.19	2.08
上海	28792.41	2661.90			10175.74	1019.50		6762.72	2786.83	136.61
江苏	34174.19	2390.78	10.91	7.86	23866.59	243.38		6911.81	3069.87	163.78
浙江	23201.08	1088.20			31399.79	163.80		2901.06	999.86	12.57
安徽	20198.32	769.61	52.46		7083.13	246.14	25.98	456.70	125.96	2.72
福建	14447.63	271.00		1.81	13345.14	125.26		3725.50	2478.81	15.91
江西	8312.13	564.02		6.21	4926.05	444.44		624.39	254.37	
山东	32804.83	2239.94			15127.66	605.32		2291.36	1168.02	72.71
河南	25498.45	1258.03	25.04	1.58	7251.47	262.89		1081.83	37.90	148.01
湖北	20914.38	1770.82	0.38		9333.05	174.84		1429.50	573.85	117.53
湖南	11216.41	578.36	7.57	1.64	6525.41	281.71	1.62	670.96	192.32	4.54
广东	60902.68	6260.70	8.77	4.82	29069.43	221.13	19.04	13516.55	2217.38	1583.97
广西	9720.63	160.90			5683.22	116.54		759.01	409.99	13.46
海南	6940.87	310.82			1459.24	60.33		1089.75	73.72	3.48
重庆	12646.76	959.50			8626.23	185.09		3071.83	1437.30	312.63
四川	22858.06	620.17			8514.79	244.91		858.77	234.35	4.45
贵州	10062.98	230.63			4443.12	120.66		488.07	138.31	
云南	13095.16	1110.63	0.10		5520.05	492.50		975.71	64.30	1.77
西藏	151.64	1.53			105.17	2.86				
陕西	11627.63	350.11	142.88		4491.58	193.83		191.28	16.61	62.05
甘肃	3623.97	166.77		2.14	2544.53	87.76		40.86	40.31	
青海	830.81	51.10			752.33	41.45				
宁夏	1032.87	10.55			1633.48	249.10		56.52	56.52	
新疆	2790.96	93.51	0.57		2742.11	118.23		271.48	270.56	

7-9-2 续表 2

单位：亿元

地 区				外商投资					
	独 资	股份有限	其 他		合资经营	合作经营	独 资	股份有限	其 他
全 国	**32133.39**	**1321.28**	**259.87**	**25293.50**	**11180.67**	**1415.09**	**11182.88**	**719.12**	**795.74**
北 京	2145.35			1456.17	728.66	314.66	412.16	0.69	
天 津	893.72	29.79	8.29	658.47	183.75	6.10	237.38	231.24	
河 北	176.45			258.26	60.24		191.21	6.81	
山 西	27.64	13.25		69.22	8.13		61.09		
内蒙古				15.27	15.27				
辽 宁	1314.01	7.04	2.52	1125.60	532.97	3.91	570.16		18.56
吉 林	105.18		1.54	64.13	30.67		12.29		21.17
黑龙江	117.42			57.82	42.49	1.27	14.06		
上 海	3520.46	314.35	4.46	2769.37	1006.05	393.22	1256.91	111.01	2.17
江 苏	3574.64	69.20	34.33	3076.78	1571.95	88.25	1345.41	13.79	57.38
浙 江	1887.24		1.39	3061.70	948.49	44.12	2026.82	24.60	17.66
安 徽	307.14	20.87		134.73	29.41		80.97		24.35
福 建	1206.86	23.92		1521.12	787.25		668.18	50.38	15.31
江 西	369.48	0.54		103.84	56.30		41.94		5.60
山 东	1013.87	2.97	33.79	625.96	429.74	70.50	109.73	4.66	11.33
河 南	867.06	23.96	4.89	154.57	81.41		54.68		18.48
湖 北	631.33	106.17	0.62	501.14	141.31		246.13		113.71
湖 南	432.51	5.16	36.43	216.68	130.60	17.40	49.29		19.40
广 东	9430.66	217.88	66.67	6744.35	3267.60	255.33	2713.27	161.08	347.07
广 西	335.56			556.66	182.00		308.49	23.42	42.75
海 南	609.80	400.29	2.46	185.73	52.63	40.58	28.02		64.49
重 庆	1266.57	45.43	9.90	797.07	248.70	90.29	391.42	51.24	15.41
四 川	612.95	7.02		758.28	392.93	84.20	281.14		
贵 州	349.76			19.12	12.83	5.25	1.04		
云 南	857.60		52.05	174.55	133.98		2.73	37.83	
西 藏									
陕 西	78.65	33.44	0.54	125.91	75.92		46.74	2.36	0.89
甘 肃	0.54			8.35	7.10		1.26		
青 海				1.82	1.82				
宁 夏				50.82	20.46		30.36		
新 疆	0.91								

7-9-3 按资质等级分的房地产开发企业资产情况

单位：亿元

地 区	总 计	一 级	二 级	三 级	四 级	暂 定	其 他
全 国	**947935.60**	**99933.80**	**152401.54**	**123191.03**	**103697.40**	**380365.60**	**88346.23**
北 京	55227.47	11704.72	6954.73	3993.23	18796.87	12086.58	1691.32
天 津	32666.19	4191.14	5673.50	1286.12	16040.07	3587.63	1887.73
河 北	25290.18	2595.19	3328.70	3441.23	6028.58	8975.37	921.11
山 西	13676.21	433.14	1976.13	1307.04	4539.30	4369.36	1051.23
内蒙古	8931.28	621.23	1647.48	1659.37	3445.79	1251.94	305.47
辽 宁	21962.63	1006.86	1880.39	5069.00	698.14	10102.83	3205.40
吉 林	7436.91	198.79	1796.96	1016.57	579.72	3778.56	66.30
黑龙江	10136.06	250.76	2614.24	4303.25	73.25	1633.09	1261.47
上 海	63917.07	13906.30	9810.03	3404.00	29.39	32610.65	4156.70
江 苏	79078.62	4564.36	25205.55	1758.70	9.30	38986.63	8554.07
浙 江	69193.16	5161.71	4797.96	10210.91	3310.00	28935.06	16777.52
安 徽	31960.88	1752.47	3169.74	6041.15	449.70	17261.75	3286.08
福 建	38316.23	6036.72	4898.76	6405.13	3009.44	15378.35	2587.83
江 西	17233.02	487.28	1314.15	2822.28	1503.37	9348.19	1757.75
山 东	63672.71	4496.87	7678.38	8028.23	5654.67	32093.76	5720.81
河 南	38590.85	4152.51	5256.54	3967.47	1098.72	20130.07	3985.54
湖 北	38238.47	3954.66	7142.80	2575.17	1838.79	20869.67	1857.39
湖 南	22052.00	1212.68	2641.81	6498.87	4382.95	6801.24	514.45
广 东	125657.00	19775.26	8123.61	16069.43	16379.37	48552.84	16756.49
广 西	20229.95	898.53	2808.41	2827.71	770.31	11957.29	967.71
海 南	12532.69	378.36	1292.96	1291.68	1048.39	7337.22	1184.07
重 庆	32324.11	4103.74	14811.42	1897.19	46.88	10973.35	491.53
四 川	37519.27	2269.31	10274.06	17642.51	185.95	5490.20	1657.24
贵 州	18214.53	156.43	4451.40	2607.60	1347.30	8296.90	1354.91
云 南	23627.72	2844.10	3943.45	1155.40	4859.36	8434.05	2391.36
西 藏	457.85	2.47	160.61	124.43	38.60	127.56	4.17
陕 西	20152.78	1461.95	3678.29	2264.60	4387.99	4867.79	3492.17
甘 肃	7113.75	299.61	1560.98	1583.78	1613.89	1968.66	86.84
青 海	1870.57	118.38	598.83	363.89	198.10	504.13	87.22
宁 夏	3256.54	358.19	1137.70	561.98	427.06	723.93	47.68
新 疆	7398.88	540.09	1771.95	1013.14	906.15	2930.91	236.66

7-9-4 按登记注册类型分的房地产开发企业负债情况

单位：亿元

地区	总计	内资								
			国有	集体	股份合作	国有联营	集体联营	国有与集体联营	其他联营	国有独资公司
全国	**762035.19**	**705998.70**	**4229.98**	**832.51**	**83.06**	**4.77**	**4.21**	**0.56**	**11.51**	**68116.17**
北京	44826.98	41415.49	418.54	173.24	10.21		0.09			2249.51
天津	26026.31	24511.61	256.05	10.67						3582.41
河北	21853.67	21344.73	15.89							344.48
山西	12239.33	12137.73	163.56	4.97						1024.33
内蒙古	7946.83	7913.41	10.43							425.78
辽宁	17615.67	15589.31	34.52	2.00	0.75					833.90
吉林	6298.21	6131.43	21.02							555.95
黑龙江	7088.66	6913.29	91.27		1.40					873.60
上海	43684.76	38430.16	131.91	47.16		0.60				5987.30
江苏	61393.39	54965.76	434.02	70.98	38.21					5468.81
浙江	56139.19	52225.74	108.78	3.54	1.37	4.17				5379.08
安徽	25891.68	25518.44	261.27	0.11						1601.07
福建	29263.99	25405.14	278.31	22.97				0.56		2588.79
江西	13906.84	13368.96	51.13							1213.37
山东	53586.45	51692.92	376.72	268.66	3.66					6509.64
河南	32547.24	31677.36	137.41							1881.44
湖北	30850.58	29616.20	386.41	13.71						2549.50
湖南	18117.55	17553.12	126.71	2.06						1897.90
广东	100761.26	84909.41	146.20	191.37	25.61		4.12		11.51	5900.37
广西	16242.93	15223.76	77.00	3.72	0.31					1999.18
海南	10255.17	9300.93	51.46	7.95						1702.77
重庆	24562.69	22002.28	67.59		0.26					3435.53
四川	31298.90	30344.00	202.29	0.26	0.64					2559.35
贵州	15073.59	14662.95	31.11							1961.31
云南	19883.46	18986.06	86.45	0.01	0.18					1372.98
西藏	345.83	345.83	1.43							127.05
陕西	17413.40	17196.88	188.95	7.88	0.37					2207.07
甘肃	6163.09	6118.38	63.25	1.14						475.52
青海	1681.63	1680.19								154.40
宁夏	2814.89	2726.48								175.99
新疆	6261.02	6090.75	10.29	0.10	0.09					1077.78

7-9-4 续表 1

单位：亿元

地 区	其他有限责任公司	股份有限公司	私营独资	私营合伙	私营有限责任公司	私营股份有限公司	其他内资企业	港澳台商投资	合资经营	合作经营
全 国	**390334.83**	**24574.78**	**188.11**	**43.90**	**212090.06**	**5427.59**	**56.67**	**37737.25**	**12374.67**	**2271.38**
北 京	32357.33	3249.99			2936.30	9.97	10.30	2318.90	238.76	279.79
天 津	14809.84	862.43			4949.79	40.43		1116.11	362.40	55.62
河 北	9688.90	739.90			10484.36	71.20		297.98	218.26	
山 西	5214.32	111.18			5528.32	91.05		34.79	7.47	
内蒙古	3952.50	241.81		20.18	3187.48	75.22		18.14	18.14	
辽 宁	8276.22	351.36	1.16		5896.79	192.62		1393.07	631.57	
吉 林	3639.43	377.62	0.40		1483.19	53.80		111.74	39.57	
黑龙江	3957.62	301.99	2.54		1621.73	63.14		127.81	25.51	1.23
上 海	21654.46	1832.31			7912.46	863.95		3719.98	1333.69	94.53
江 苏	27205.86	1855.98	8.98	6.81	19696.31	179.80		4303.40	1974.86	108.60
浙 江	18753.68	700.12			27168.65	106.35		1497.18	551.34	3.92
安 徽	16643.86	620.81	47.49		6110.49	207.49	25.86	280.13	86.08	2.21
福 建	11269.09	204.76		1.23	10940.46	98.98		2770.26	1864.91	9.66
江 西	6995.76	421.29		6.24	4321.49	359.69		457.65	183.29	
山 东	28411.04	1846.95			13713.45	562.80		1469.23	760.88	65.57
河 南	22065.56	1050.96	16.57	1.02	6308.04	216.35		732.44	27.24	23.38
湖 北	17228.93	1095.27	0.04		8194.93	147.41		840.62	388.89	78.62
湖 南	9315.84	450.19	6.40	1.62	5530.26	220.64	1.51	388.56	155.86	2.53
广 东	48866.95	4849.85	9.03	4.80	24710.69	169.93	18.99	10403.26	1514.54	1173.13
广 西	7920.36	129.50			4993.11	100.58		561.45	327.85	11.72
海 南	5943.84	222.26			1327.62	45.03		807.88	52.32	3.54
重 庆	10158.86	786.09			7404.82	149.13		2064.81	1013.63	293.37
四 川	19375.81	530.00			7448.80	226.86		489.31	146.17	4.08
贵 州	8255.67	207.72			4111.72	95.41		400.19	136.63	
云 南	11008.47	935.27			5119.23	463.47		763.07	43.81	1.53
西 藏	123.16	1.23			90.58	2.39				
陕 西	10140.16	305.97	95.00		4082.57	168.90		114.20	16.68	58.37
甘 肃	3134.83	151.02		1.99	2208.33	82.29		37.74	37.69	
青 海	753.52	45.67			688.33	38.26				
宁 夏	854.75	9.49			1475.53	210.72		47.05	47.05	
新 疆	2358.22	85.79	0.51		2444.26	113.71		170.27	169.54	

7-9-4 续表 2

单位：亿元

地 区				外商投资					
	独 资	股份有限	其 他		合资经营	合作经营	独 资	股份有限	其 他
全 国	**22015.68**	**886.92**	**188.61**	**18299.24**	**8209.47**	**937.04**	**8012.09**	**478.30**	**662.36**
北 京	1800.35			1092.59	529.66	263.69	298.95	0.29	
天 津	677.73	20.11	0.25	398.58	76.38	5.37	141.86	174.98	
河 北	79.72			210.96	48.74		156.82	5.40	
山 西	18.55	8.77		66.81	5.90		60.91		
内蒙古				15.28	15.28				
辽 宁	755.11	6.29	0.10	633.30	312.16	3.75	305.86		11.52
吉 林	71.58		0.59	55.04	22.66		11.29		21.08
黑龙江	101.06			47.56	38.03	0.03	9.50		
上 海	2066.69	220.27	4.80	1534.62	523.24	263.42	671.03	74.69	2.23
江 苏	2171.07	29.23	19.63	2124.23	1092.96	64.24	914.01	9.59	43.42
浙 江	941.89		0.03	2416.26	783.85	31.08	1566.67	18.54	16.12
安 徽	193.19	-1.35		93.11	11.36		68.29		13.46
福 建	875.45	20.25		1088.58	579.97		478.99	20.21	9.42
江 西	273.98	0.38		80.22	42.25		32.63		5.34
山 东	608.24	2.20	32.34	424.29	285.70	50.50	73.28	4.22	10.58
河 南	660.87	16.40	4.56	137.44	84.64		34.34		18.46
湖 北	317.11	55.58	0.42	393.76	122.22		163.07		108.47
湖 南	206.25	4.83	19.09	175.87	95.04	14.57	49.94		16.32
广 东	7522.56	141.22	51.81	5448.58	2713.70	151.81	2227.12	73.41	282.55
广 西	221.88			457.72	132.57		263.41	21.11	40.63
海 南	439.26	311.42	1.34	146.37	43.29	27.57	18.91		56.59
重 庆	718.95	35.56	3.30	495.60	152.95	40.35	247.63	49.43	5.24
四 川	337.05	2.01		465.60	297.68	17.37	150.55		
贵 州	263.56			10.45	6.37	3.27	0.81		
云 南	667.11		50.62	134.33	109.71		1.14	23.48	
西 藏									
陕 西	25.67	13.76	-0.28	102.32	59.63		38.83	2.94	0.93
甘 肃	0.05			6.98	5.73		1.25		
青 海				1.43	1.43				
宁 夏				41.36	16.36		25.00		
新 疆	0.73								

7-9-5 按资质等级分的房地产开发企业负债情况

单位：亿元

地 区	总 计	一 级	二 级	三 级	四 级	暂 定	其 他
全 国	**762035.19**	**76087.58**	**118557.64**	**97977.92**	**85585.72**	**313642.56**	**70183.78**
北 京	44826.98	8985.31	5073.28	3327.73	15524.42	10575.77	1340.47
天 津	26026.31	3679.75	4023.47	1001.93	13076.67	2746.04	1498.44
河 北	21853.67	2128.98	2722.04	2844.21	5313.99	8047.81	796.64
山 西	12239.33	359.04	1834.78	1201.62	4178.35	3922.98	742.55
内蒙古	7946.83	475.10	1450.82	1489.30	3159.66	1113.35	258.61
辽 宁	17615.67	791.29	1547.47	3867.87	467.37	8239.17	2702.49
吉 林	6298.21	162.37	1523.89	816.96	471.79	3261.66	61.54
黑龙江	7088.66	251.07	1970.04	2804.69	54.69	1209.90	798.28
上 海	43684.76	9441.50	6592.94	2208.93	21.83	22702.39	2717.18
江 苏	61393.39	3492.16	19295.92	1329.48	5.93	30546.34	6723.56
浙 江	56139.19	3698.15	3769.96	8423.81	2602.99	23992.56	13651.73
安 徽	25891.68	1345.43	2540.58	4501.66	354.22	14546.74	2603.05
福 建	29263.99	4541.11	3672.59	4717.60	2165.63	12396.76	1770.30
江 西	13906.84	411.83	882.62	2103.86	1156.31	7965.47	1386.75
山 东	53586.45	3670.21	6198.14	6786.68	4839.49	27121.01	4970.90
河 南	32547.24	3360.08	4310.82	3245.51	940.24	17462.62	3227.97
湖 北	30850.58	2993.16	5255.41	1979.83	1564.75	17523.51	1533.90
湖 南	18117.55	1010.03	2103.44	5249.62	3509.07	5875.83	369.56
广 东	100761.26	15054.49	6518.06	12004.49	12899.77	40987.76	13296.70
广 西	16242.93	727.29	2029.60	1993.97	596.02	10242.87	653.17
海 南	10255.17	250.30	897.88	984.17	850.98	6201.91	1069.93
重 庆	24562.69	2796.38	11323.08	1557.08	35.81	8429.66	420.67
四 川	31298.90	1807.64	8485.55	14970.20	125.88	4540.73	1368.90
贵 州	15073.59	149.86	3430.73	2326.84	1124.67	7067.54	973.96
云 南	19883.46	2213.14	3490.99	1057.70	4127.06	7058.13	1936.44
西 藏	345.83	2.03	119.13	100.39	30.52	91.22	2.53
陕 西	17413.40	1244.39	3275.37	2007.81	3688.61	4275.22	2922.01
甘 肃	6163.09	252.40	1315.56	1386.66	1390.63	1756.66	61.18
青 海	1681.63	114.06	503.84	319.13	179.77	483.59	81.24
宁 夏	2814.89	299.12	993.11	478.38	351.41	649.30	43.56
新 疆	6261.02	379.93	1406.50	889.79	777.20	2608.04	199.55

7-9-6 按登记注册类型分的房地产开发企业所有者权益

单位：亿元

地区	总计	内资								
			国有	集体	股份合作	国有联营	集体联营	国有与集体联营	其他联营	国有独资公司
全国	**185900.41**	**161017.62**	**1312.23**	**128.99**	**44.02**	**9.58**	**0.49**	**-0.04**	**-0.67**	**33974.34**
北京	10400.49	9424.07	170.17	4.60	24.78		0.40			1698.54
天津	6639.89	6022.73	156.06	0.67						1737.31
河北	3436.51	3249.82	6.43							75.63
山西	1436.88	1409.53	18.26	0.03						370.56
内蒙古	984.45	984.92	-0.10							16.16
辽宁	4346.96	3034.08	2.00	-0.01	-0.06					363.74
吉林	1138.70	1073.49	0.30							121.91
黑龙江	3047.40	3016.26	33.39		0.25					408.42
上海	20232.31	15954.83	56.47	40.04		4.39				5467.58
江苏	17685.23	14124.27	57.14	4.03	12.69					2310.45
浙江	13053.97	11004.66	17.74	1.42	2.67	5.19				1853.57
安徽	6069.20	5851.02	147.08	-0.01						984.31
福建	9052.24	7664.46	57.19	1.47				-0.04		1929.51
江西	3326.18	3135.82	6.77							980.66
山东	10086.27	9062.47	59.75	4.24	0.16					2754.81
河南	6043.61	5677.10	53.87						0.02	984.24
湖北	7387.89	6691.63	69.66	3.80						1091.27
湖南	3934.45	3611.24	3.99	0.25						520.74
广东	24895.73	20486.68	157.35	64.73	1.39		0.09		-0.69	2407.48
广西	3987.02	3690.51	38.00	0.54	0.09					1114.16
海南	2277.52	1956.28	5.09	0.58						718.10
重庆	7761.42	6452.93	30.31		0.63					2503.32
四川	6220.37	5558.22	9.79	0.43	0.66					890.88
贵州	3140.94	3044.39	7.23							850.31
云南	3744.26	3491.40	32.88	0.01	0.25					766.26
西藏	112.02	112.02	0.16							68.02
陕西	2739.37	2638.70	94.61	1.60	0.33					528.72
甘肃	950.66	946.16	19.95	0.53						78.97
青海	188.94	188.55								38.65
宁夏	441.65	422.73								47.22
新疆	1137.87	1036.66	0.68	0.03	0.19					292.88

7-9-6 续表 1

单位：亿元

地　区								港澳台商投　资		
	其他有限责任公司	股份有限公　司	私营独资	私营合伙	私营有限责任公司	私营股份有限公司	其他内资企　业		合资经营	合作经营
全　国	**83529.09**	**7211.38**	**65.70**	**1.70**	**33776.57**	**959.35**	**4.89**	**17888.53**	**6449.19**	**816.00**
北　京	6081.91	1074.31			346.45	18.29	4.62	612.84	176.23	91.60
天　津	3171.22	189.32			761.68	6.48		357.27	121.49	2.07
河　北	1336.71	133.93			1688.01	9.11		139.39	42.67	
山　西	527.40	19.23			474.63	-0.59		24.94	11.37	
内蒙古	571.43	19.87		-0.63	372.62	5.58		-0.46	-0.46	
辽　宁	1717.25	74.44	1.00		856.58	19.14		820.58	258.50	
吉　林	602.67	85.02	0.01		251.81	11.77		56.12	21.58	
黑龙江	2114.34	34.19	0.04		407.60	18.04		20.89	3.68	0.85
上　海	7137.95	829.59			2263.28	155.54		3042.73	1453.13	42.08
江　苏	6968.33	534.79	1.93	1.05	4170.28	63.57		2608.42	1095.01	55.18
浙　江	4447.40	388.07			4231.14	57.45		1403.88	448.52	8.65
安　徽	3554.46	148.80	4.97		972.64	38.65	0.12	176.56	39.87	0.51
福　建	3178.54	66.24		0.58	2404.68	26.29		955.24	613.90	6.26
江　西	1316.37	142.73		-0.03	604.56	84.75		166.74	71.08	
山　东	4393.79	392.99			1414.21	42.52		822.13	407.13	7.14
河　南	3432.89	207.07	8.47	0.55	943.44	46.54		349.38	10.65	124.64
湖　北	3685.46	675.56	0.34		1138.12	27.43		588.88	184.96	38.91
湖　南	1900.58	128.17	1.16	0.02	995.15	61.07	0.11	282.40	36.46	2.01
广　东	12035.73	1410.86	-0.26	0.02	4358.74	51.20	0.04	3113.29	702.84	410.84
广　西	1800.27	31.40			690.11	15.96		197.56	82.14	1.74
海　南	997.03	88.55			131.61	15.30		281.87	21.40	-0.05
重　庆	2487.90	173.41			1221.41	35.96		1007.02	423.67	19.27
四　川	3482.25	90.18			1065.99	18.05		369.46	88.18	0.37
贵　州	1807.31	22.90			331.40	25.25		87.88	1.68	
云　南	2086.70	175.36	0.10		400.82	29.03		212.64	20.49	0.24
西　藏	28.48	0.30			14.59	0.47				
陕　西	1487.47	44.14	47.88		409.01	24.93		77.08	-0.07	3.68
甘　肃	489.14	15.75		0.15	336.20	5.47		3.12	2.62	
青　海	77.28	5.43			63.99	3.20				
宁　夏	178.11	1.06			157.95	38.39		9.47	9.47	
新　疆	432.74	7.72	0.06		297.85	4.52		101.20	101.02	

7-9-6 续表 2

单位：亿元

地 区				外商投资					
	独 资	股份有限	其 他		合资经营	合作经营	独 资	股份有限	其 他
全 国	**10117.71**	**434.36**	**71.27**	**6994.26**	**2971.20**	**478.05**	**3170.79**	**240.83**	**133.38**
北 京	345.00			363.58	199.00	50.97	113.21	0.40	
天 津	215.99	9.68	8.04	259.88	107.37	0.73	95.52	56.26	
河 北	96.72			47.30	11.50		34.39	1.41	
山 西	9.08	4.48		2.42	2.24		0.18		
内蒙古				-0.01	-0.01				
辽 宁	558.90	0.76	2.42	492.30	220.81	0.16	264.29		7.04
吉 林	33.60		0.95	9.10	8.01		1.00		0.09
黑龙江	16.36			10.25	4.45	1.24	4.56		
上 海	1453.77	94.09	-0.34	1234.75	482.81	129.80	585.88	36.32	-0.05
江 苏	1403.57	39.97	14.70	952.54	478.98	24.01	431.39	4.20	13.95
浙 江	945.35		1.35	645.43	164.64	13.04	460.16	6.06	1.53
安 徽	113.96	22.22		41.62	18.05		12.68		10.89
福 建	331.42	3.67		432.54	207.28		189.20	30.17	5.89
江 西	95.50	0.16		23.62	14.06		9.30		0.26
山 东	405.63	0.77	1.46	201.66	144.04	20.00	36.45	0.44	0.74
河 南	206.19	7.57	0.34	17.13	-3.23		20.33		0.03
湖 北	314.22	50.59	0.20	107.39	19.09		83.06		5.24
湖 南	226.26	0.34	17.33	40.81	35.56	2.83	-0.65		3.08
广 东	1908.10	76.65	14.86	1295.76	553.90	103.52	486.15	87.67	64.53
广 西	113.68			98.95	49.43		45.08	2.32	2.13
海 南	170.54	88.87	1.13	39.37	9.34	13.01	9.11		7.90
重 庆	547.62	9.87	6.59	301.47	95.75	49.94	143.79	1.81	10.18
四 川	275.90	5.01		292.68	95.25	66.84	130.59		
贵 州	86.20			8.67	6.46	1.97	0.23		
云 南	190.48		1.42	40.22	24.27		1.60	14.35	
西 藏									
陕 西	52.98	19.67	0.82	23.59	16.29		7.92	-0.58	-0.04
甘 肃	0.50			1.38	1.37		0.01		
青 海				0.39	0.39				
宁 夏				9.46	4.09		5.36		
新 疆	0.18								

7-9-7 按资质等级分的房地产开发企业所有者权益

单位：亿元

地 区	总 计	一 级	二 级	三 级	四 级	暂 定	其 他
全 国	**185900.41**	**23846.22**	**33843.90**	**25213.12**	**18111.68**	**66723.04**	**18162.45**
北 京	10400.49	2719.42	1881.45	665.50	3272.45	1510.81	350.85
天 津	6639.89	511.39	1650.03	284.19	2963.39	841.59	389.29
河 北	3436.51	466.21	606.66	597.02	714.59	927.56	124.47
山 西	1436.88	74.10	141.35	105.42	360.95	446.38	308.68
内蒙古	984.45	146.13	196.66	170.06	286.13	138.60	46.87
辽 宁	4346.96	215.57	332.92	1201.12	230.77	1863.67	502.91
吉 林	1138.70	36.42	273.07	199.61	107.93	516.91	4.76
黑龙江	3047.40	-0.31	644.20	1498.56	18.56	423.19	463.20
上 海	20232.31	4464.81	3217.09	1195.07	7.56	9908.26	1439.52
江 苏	17685.23	1072.21	5909.63	429.22	3.37	8440.29	1830.51
浙 江	13053.97	1463.57	1028.00	1787.11	707.01	4942.50	3125.78
安 徽	6069.20	407.04	629.16	1539.49	95.48	2715.01	683.03
福 建	9052.24	1495.61	1226.16	1687.53	843.81	2981.59	817.53
江 西	3326.18	75.45	431.54	718.42	347.06	1382.73	370.99
山 东	10086.27	826.66	1480.23	1241.55	815.18	4972.74	749.91
河 南	6043.61	792.43	945.72	721.96	158.49	2667.45	757.56
湖 北	7387.89	961.49	1887.39	595.33	274.04	3346.16	323.49
湖 南	3934.45	202.65	538.38	1249.25	873.89	925.41	144.88
广 东	24895.73	4720.77	1605.55	4064.94	3479.60	7565.08	3459.79
广 西	3987.02	171.24	778.81	833.73	174.29	1714.42	314.54
海 南	2277.52	128.06	395.09	307.51	197.41	1135.30	114.15
重 庆	7761.42	1307.36	3488.33	340.10	11.07	2543.69	70.86
四 川	6220.37	461.68	1788.51	2672.31	60.07	949.47	288.33
贵 州	3140.94	6.57	1020.67	280.76	222.63	1229.36	380.95
云 南	3744.26	630.96	452.46	97.70	732.30	1375.92	454.91
西 藏	112.02	0.44	41.48	24.04	8.07	36.34	1.64
陕 西	2739.37	217.56	402.92	256.78	699.38	592.57	570.16
甘 肃	950.66	47.21	245.42	197.12	223.26	211.99	25.66
青 海	188.94	4.33	95.00	44.76	18.33	20.55	5.98
宁 夏	441.65	59.06	144.58	83.60	75.65	74.63	4.12
新 疆	1137.87	160.16	365.45	123.34	128.94	322.87	37.11

7-9-8 按登记注册类型分的房地产开发企业营业利润

单位：亿元

地区	总计	内资	国有	集体	股份合作	国有联营	集体联营	国有与集体联营	其他联营	国有独资公司
全国	**15439.35**	**13389.15**	**39.56**	**27.63**	**0.53**	**-0.04**	**-0.08**		**-0.13**	**633.20**
北京	425.77	378.50	1.03	2.00	0.49		-0.07			3.53
天津	126.57	91.08	1.02	-0.35						8.05
河北	111.21	107.41	-0.23							3.26
山西	71.05	72.61	-0.19	-0.03						6.67
内蒙古	36.72	37.18	-0.05							-3.19
辽宁	162.88	128.16	-0.10	-0.01	-0.01					-0.31
吉林	122.68	119.43	0.01							0.07
黑龙江	89.67	90.04	-0.83		-0.04					10.22
上海	1236.95	995.54	10.96	-0.13		0.03				145.66
江苏	1814.58	1521.34	3.29	-0.90	-0.01					35.31
浙江	1320.00	1167.42	1.59	-0.01	0.12	-0.08				22.00
安徽	598.66	573.54	1.20							10.89
福建	641.56	528.15	0.67	0.01						86.57
江西	383.34	361.92	1.08							11.70
山东	681.08	608.61	0.38	0.81	-0.09					73.60
河南	789.05	760.04	0.01							4.25
湖北	779.63	729.15	14.35	0.18						37.62
湖南	361.58	347.03	-0.17	0.01						-2.42
广东	3496.68	3080.61	3.15	25.98	0.04		-0.01		-0.13	101.14
广西	234.04	165.79	1.07	-0.04	-0.01					9.55
海南	124.57	51.32	-0.75	-0.02						19.76
重庆	812.73	542.60	-0.44		-0.01					30.72
四川	514.96	452.71	0.12	0.09	0.08					1.48
贵州	116.10	92.78	-0.04							4.75
云南	59.88	73.83	3.03							2.39
西藏	13.42	13.42	0.76							1.89
陕西	212.58	198.97	-1.85	0.04	-0.01					13.44
甘肃	41.96	42.09	0.60							-3.58
青海	9.46	9.42								2.34
宁夏	18.24	16.54								-7.10
新疆	31.75	31.94	-0.10		-0.01					2.96

7-9-8 续表 1

单位：亿元

地 区	其他有限责任公司	股份有限公司	私营独资	私营合伙	私营有限责任公司	私营股份有限公司	其他内资企业	港澳台商投资	合资经营	合作经营
全 国	**8494.94**	**618.85**	**3.39**	**-0.57**	**3392.06**	**178.04**	**1.78**	**1522.95**	**685.62**	**92.24**
北 京	292.78	93.82			-17.28	-0.11	2.31	23.91	18.16	-0.96
天 津	54.06	2.96			25.70	-0.38		32.92	19.45	-0.09
河 北	59.46	4.79			40.03	0.10		5.54	1.78	
山 西	51.74	5.60			9.43	-0.60		2.60	-0.05	
内蒙古	38.18	2.73		-0.50	-0.13	0.14		-0.46	-0.46	
辽 宁	79.37	-8.90			53.93	4.20		13.50	21.41	
吉 林	71.21	23.67			23.93	0.54		3.22	-0.16	
黑龙江	63.05	-3.23	-0.55		22.54	-1.12		0.67	0.81	-0.21
上 海	650.84	68.41			53.91	65.86		150.02	94.33	4.06
江 苏	831.98	41.51	-0.12	-0.33	601.23	9.38		191.87	70.17	9.80
浙 江	428.76	17.93			696.89	0.22		112.29	23.80	10.16
安 徽	442.98	1.64	-0.37		108.26	9.45	-0.51	21.21	0.27	0.08
福 建	258.52	4.98		-0.01	167.77	9.64		94.52	75.29	0.17
江 西	241.74	26.59			80.37	0.44		20.92	16.67	
山 东	348.25	25.85			147.37	12.43		48.43	17.87	-1.31
河 南	527.10	32.71	-0.08	0.04	179.37	16.64		28.83	4.12	2.49
湖 北	468.46	42.62	0.01		165.57	0.33		38.51	3.17	13.58
湖 南	227.66	18.81	-0.16		98.54	4.78	-0.02	11.62	3.19	2.55
广 东	2209.55	174.45	-0.10	0.17	558.54	7.83	-0.02	297.26	69.43	48.80
广 西	86.10	3.79			60.43	4.88		42.16	8.84	-0.10
海 南	6.83	14.60			10.34	0.56		60.97	2.54	-0.01
重 庆	370.95	22.19			103.07	16.13		275.97	225.58	4.09
四 川	318.49	9.93			118.67	3.86		20.95	4.38	-0.15
贵 州	86.33	2.29			-1.02	0.48		23.55	3.86	
云 南	44.66	-12.82	0.11		34.56	1.89		-10.05	1.95	-0.02
西 藏	12.08	-0.02			-1.31	0.02				
陕 西	145.01	-1.42	4.67		35.38	3.70		12.85	0.02	-0.67
甘 肃	33.36	4.29		0.06	7.83	-0.47		-0.60	-0.60	
青 海	5.52	-0.92			2.73	-0.25				
宁 夏	13.90	0.21			1.44	8.09		-0.04	-0.04	
新 疆	25.99	-0.23	-0.01		3.96	-0.62		-0.19	-0.17	

7-9-8 续表 2

单位：亿元

地 区				外商投资					
	独 资	股份有限	其 他		合资经营	合作经营	独 资	股份有限	其 他
全 国	**662.35**	**75.78**	**6.96**	**527.24**	**233.47**	**41.24**	**200.72**	**32.60**	**19.22**
北 京	6.71			23.36	17.32	4.63	1.50	-0.09	
天 津	5.72	0.96	6.89	2.57	-1.45	0.10	-0.88	4.80	
河 北	3.76			-1.74	-1.00		-0.44	-0.30	
山 西	-0.26	2.91		-4.16	0.01		-4.17		
内蒙古									
辽 宁	-7.83	-0.08		21.22	-0.76		22.09		-0.11
吉 林	3.39		-0.01	0.03	0.14				-0.11
黑龙江	0.07			-1.03	-1.02	0.02	-0.03		
上 海	50.23	1.41		91.39	37.88	2.28	36.65	14.59	
江 苏	111.59	0.44	-0.14	101.37	64.31	3.31	26.46	1.44	5.84
浙 江	78.33		0.01	40.29	3.42	-0.43	37.01	0.34	-0.05
安 徽	22.03	-1.18		3.92	3.27		-0.83		1.48
福 建	19.05			18.89	3.66		14.58	1.29	-0.64
江 西	4.25			0.50	-0.95		1.46		-0.01
山 东	30.41	-0.14	1.60	24.05	18.75	2.09	3.75	-0.15	-0.39
河 南	20.71	1.98	-0.47	0.17	-0.76		0.77		0.16
湖 北	5.29	16.47	0.01	11.97	3.12		8.35		0.51
湖 南	6.20	-0.03	-0.29	2.93	6.47	0.04	-4.30		0.72
广 东	170.91	8.00	0.13	118.81	53.71	7.81	30.18	16.43	10.67
广 西	33.43			26.09	9.15		15.23	-0.22	1.94
海 南	23.16	35.41	-0.13	12.29	-0.33	13.58	-0.25		-0.72
重 庆	44.29	1.25	0.77	-5.85	-0.68	-1.74	-3.34	-0.09	
四 川	16.65	0.06		41.30	16.37	9.80	15.13		
贵 州	19.68			-0.23	0.03	-0.26			
云 南	-10.62		-1.37	-3.90	0.05		-0.14	-3.81	
西 藏									
陕 西	5.21	8.31	-0.03	0.76	2.17		0.26	-1.64	-0.04
甘 肃				0.46	0.43		0.03		
青 海				0.04	0.04				
宁 夏				1.74	0.10		1.64		
新 疆	-0.02								

7-9-9 按资质等级分的房地产开发企业营业利润

单位：亿元

地 区	总 计	一 级	二 级	三 级	四 级	暂 定	其 他
全 国	**15439.35**	**2454.46**	**2076.58**	**1998.48**	**1188.64**	**6284.39**	**1436.80**
北 京	425.77	237.01	2.29	-6.83	116.41	60.27	16.63
天 津	126.57	-38.33	17.91	8.14	94.39	45.75	-1.30
河 北	111.21	17.22	27.67	34.02	29.74	-3.31	5.87
山 西	71.05	17.48	-1.09	13.29	12.58	26.65	2.15
内蒙古	36.72	4.27	3.52	-4.58	17.46	9.37	6.68
辽 宁	162.88	-15.94	16.80	22.94	1.44	94.09	43.56
吉 林	122.68	7.40	24.39	11.84	3.61	76.38	-0.94
黑龙江	89.67	-4.41	15.17	27.10	-0.53	43.60	8.74
上 海	1236.95	189.15	187.10	71.97	3.97	730.22	54.54
江 苏	1814.58	134.95	512.99	51.43	0.02	934.27	180.91
浙 江	1320.00	153.98	38.82	223.94	67.17	571.22	264.87
安 徽	598.66	26.44	79.19	114.86	9.21	328.96	40.01
福 建	641.56	102.39	97.92	142.23	38.93	196.86	63.23
江 西	383.34	8.26	37.91	69.62	16.18	199.90	51.46
山 东	681.08	91.59	41.81	92.75	66.34	353.89	34.70
河 南	789.05	96.15	68.55	56.72	34.76	462.69	70.19
湖 北	779.63	101.39	179.04	46.76	23.67	406.20	22.57
湖 南	361.58	40.05	62.96	124.73	55.19	66.75	11.91
广 东	3496.68	773.02	176.03	524.62	567.58	992.87	462.56
广 西	234.04	32.74	37.93	25.35	8.67	124.44	4.91
海 南	124.57	26.48	1.11	15.09	-4.37	80.02	6.24
重 庆	812.73	371.24	213.08	18.22	7.40	194.78	8.00
四 川	514.96	54.51	112.99	247.78	0.11	84.95	14.61
贵 州	116.10	-0.22	47.10	0.97	-7.82	58.97	17.10
云 南	59.88	-12.17	20.87	-3.89	10.52	32.30	12.26
西 藏	13.42	-0.01	7.86	4.60	-0.21	0.48	0.69
陕 西	212.58	19.15	23.55	28.29	15.28	89.22	37.08
甘 肃	41.96	6.67	17.74	15.25	-5.62	7.85	0.07
青 海	9.46	1.50	3.80	7.00	-0.45	-0.63	-1.75
宁 夏	18.24	9.69	-1.55	5.74	3.00	1.80	-0.43
新 疆	31.75	2.82	3.13	8.53	4.01	13.59	-0.33

7-9-10 按登记注册类型分的房地产开发企业主营业务收入

单位：亿元

地区	总计	内资	国有	集体	股份合作	国有联营	集体联营	国有与集体联营	其他联营	国有独资公司
全国	**110239.78**	**101856.91**	**357.28**	**149.55**	**7.04**	**0.13**			**0.08**	**4505.99**
北京	3425.84	3213.46	18.52	2.82	1.17					172.77
天津	2126.73	1971.51	5.51	0.10						127.70
河北	2313.24	2258.01								33.32
山西	1227.24	1212.52	4.63	0.01						71.36
内蒙古	731.43	731.43	0.38							29.07
辽宁	2492.57	2119.51	0.38		0.06					28.02
吉林	986.81	959.30	0.14							17.41
黑龙江	993.99	978.47	3.43							47.12
上海	5031.76	4110.29	12.09	10.17		0.13				420.05
江苏	13257.25	11706.90	24.80	4.11	0.64					508.47
浙江	9247.50	8584.06	5.87	0.52	0.70	0.01				334.37
安徽	5124.85	5034.07	16.59	0.05						140.08
福建	3377.07	3056.83	11.14	0.14						245.81
江西	2529.97	2427.43	9.22							68.71
山东	6895.29	6535.98	44.15	23.72	0.09					285.55
河南	5458.19	5358.13	14.24						0.01	117.80
湖北	4837.02	4657.55	120.72	3.41						209.00
湖南	3900.54	3736.26	17.23	1.83						144.83
广东	16160.51	14356.25	8.52	94.38	3.32				0.07	397.89
广西	2342.83	2142.15	4.50	0.40	0.02					100.47
海南	1274.87	1027.19	0.47	0.45						78.43
重庆	3777.44	3405.02	4.30		0.02					253.65
四川	4992.08	4771.70	5.35	6.03	0.99					202.43
贵州	1718.81	1630.26	2.27							65.89
云南	1820.70	1763.65	5.29	0.01	0.01					107.52
西藏	50.23	50.23	1.43							8.91
陕西	2038.81	1982.36	6.72	0.47	0.02					173.22
甘肃	779.19	772.83	8.40	0.94						36.18
青海	202.01	201.93								15.33
宁夏	393.88	374.45								23.73
新疆	731.13	727.19	1.01							40.88

7-9-10 续表 1

单位：亿元

地　区	其他有限责任公司	股份有限公司	私营独资	私营合伙	私营有限责任公司	私营股份有限公司	其他内资企业	港澳台商投资	合资经营	合作经营
全　国	**57436.99**	**2805.06**	**4.27**	**2.99**	**35590.78**	**973.92**	**22.84**	**5745.38**	**2253.93**	**364.47**
北　京	2779.02	79.42			135.07	1.85	22.82	105.57	44.10	13.03
天　津	1225.32	119.70			493.18	0.01		100.05	33.19	1.63
河　北	965.72	27.28			1223.82	7.88		34.89	8.14	
山　西	592.19	31.26			505.41	7.67		14.27	0.06	
内蒙古	422.77	21.77			250.77	6.67				
辽　宁	1201.29	29.65			835.60	24.52		231.15	113.91	
吉　林	576.21	88.15			264.31	13.08		26.60	1.61	
黑龙江	562.83	31.49	0.03		315.21	18.36		10.76	4.57	0.99
上　海	2602.03	113.16			867.19	85.48		632.94	373.13	17.26
江　苏	5643.48	371.76	0.08		5091.93	61.63		1011.26	453.79	27.20
浙　江	2584.31	63.85			5587.59	6.85		497.75	222.84	27.29
安　徽	3424.36	73.19			1319.32	60.47		74.70	27.78	0.42
福　建	1307.57	26.50			1451.71	13.96		231.83	166.65	2.77
江　西	1382.61	97.19			815.39	54.32		95.93	56.96	
山　东	3809.80	289.69			2008.78	74.20		265.77	101.36	3.24
河　南	3599.51	180.48	2.57		1350.36	93.15		96.47	20.00	6.50
湖　北	2692.78	127.33	0.44		1477.58	26.31		116.80	27.86	16.42
湖　南	1967.29	159.60	0.60		1381.15	63.72	0.01	109.96	39.96	9.58
广　东	9387.31	394.11		1.14	4010.88	58.62		1176.13	301.40	226.74
广　西	1164.26	29.11			808.82	34.57		121.62	41.16	0.25
海　南	626.86	56.53			255.99	8.45		203.39	12.92	
重　庆	1736.72	142.18			1192.07	76.09		311.23	115.70	9.56
四　川	2870.00	104.38			1523.10	59.41		89.47	43.89	0.22
贵　州	1009.52	36.43			500.51	15.63		87.28	22.29	
云　南	1014.56	49.38	0.01		547.57	39.30		43.34	7.25	0.03
西　藏	31.78				7.58	0.53				
陕　西	1259.82	16.47			514.95	10.70		43.40	0.59	1.33
甘　肃	415.28	25.73		1.85	278.00	6.44		3.35	3.35	
青　海	86.69	5.34			93.08	1.49				
宁　夏	144.24	1.86			167.41	37.22		5.52	5.52	
新　疆	350.87	12.10	0.54		316.45	5.33		3.94	3.94	

7-9-10 续表 2

单位：亿元

地　区				外商投资					
	独　资	股份有限	其　他		合资经营	合作经营	独　资	股份有限	其　他
全　国	**2849.32**	**226.90**	**50.76**	**2637.50**	**1089.76**	**164.80**	**1158.81**	**128.91**	**95.21**
北　京	48.44			106.81	64.38	28.06	13.82	0.55	
天　津	39.87	2.15	23.20	55.17	0.59	0.04	17.81	36.73	
河　北	26.75			20.33	2.46		17.48	0.39	
山　西	0.60	13.62		0.45			0.45		
内蒙古									
辽　宁	116.93	0.12	0.19	141.91	34.97	0.02	106.21		0.71
吉　林	24.99			0.91	0.91				
黑龙江	5.19			4.77	4.51	0.08	0.18		
上　海	241.18	1.37		288.53	120.78	7.56	133.24	26.95	
江　苏	519.41	9.88	0.98	539.10	264.69	25.66	221.58	4.11	23.07
浙　江	247.55		0.07	165.69	50.49	0.42	113.74	0.68	0.36
安　徽	45.19	1.31		16.08	6.70		4.99		4.40
福　建	62.41			88.40	24.84		52.69	9.92	0.96
江　西	38.97			6.61	1.41		5.19		0.01
山　东	149.82	0.03	11.32	93.55	63.52	12.08	16.14		1.80
河　南	58.10	11.83	0.04	3.60	0.61		2.39		0.59
湖　北	39.40	32.89	0.24	62.67	23.75		19.45		19.46
湖　南	51.45		8.97	54.32	37.36		10.16		6.79
广　东	619.41	24.42	4.16	628.12	286.62	25.06	248.25	42.86	25.33
广　西	80.21			79.06	18.86		49.54	0.01	10.65
海　南	83.86	106.61		44.29	0.93	36.75	5.62		0.99
重　庆	183.62	0.82	1.52	61.20	21.87	1.42	35.43	2.39	0.08
四　川	45.14	0.21		130.91	36.34	27.65	66.92		
贵　州	64.99			1.27	1.26		0.01		
云　南	35.99		0.07	13.71	10.16		0.08	3.47	
西　藏									
陕　西	19.84	21.64		13.05	8.23		3.95	0.87	
甘　肃				3.02	2.62		0.40		
青　海				0.08	0.08				
宁　夏				13.91	0.78		13.12		
新　疆									

7-9-11 按资质等级分的房地产开发企业主营业务收入

单位：亿元

地 区	总 计	一 级	二 级	三 级	四 级	暂 定	其 他
全 国	**110239.78**	**5986.39**	**15797.15**	**16012.52**	**11757.67**	**50665.03**	**10021.02**
北 京	3425.84	437.70	359.97	179.24	1285.43	1067.10	96.40
天 津	2126.73	117.81	210.65	114.88	1233.41	384.21	65.78
河 北	2313.24	186.58	345.31	430.75	547.80	667.91	134.90
山 西	1227.24	114.94	128.77	143.19	405.25	404.09	31.00
内蒙古	731.43	29.33	100.64	81.44	368.14	94.19	57.69
辽 宁	2492.57	70.26	241.52	466.90	27.19	1293.63	393.08
吉 林	986.81	34.58	189.45	124.71	80.45	550.56	7.07
黑龙江	993.99	14.04	206.58	440.82	15.84	254.53	62.18
上 海	5031.76	258.61	482.36	258.38	11.52	3765.97	254.92
江 苏	13257.25	633.07	3711.02	320.26	1.79	7097.01	1494.11
浙 江	9247.50	272.58	448.26	1526.12	517.68	4447.79	2035.08
安 徽	5124.85	133.74	494.55	850.29	107.56	3069.93	468.78
福 建	3377.07	260.28	307.50	728.17	272.98	1645.22	162.92
江 西	2529.97	50.52	163.74	352.89	191.58	1467.67	303.57
山 东	6895.29	497.00	779.06	953.06	850.50	3402.18	413.50
河 南	5458.19	279.18	677.82	518.01	228.81	3151.42	602.96
湖 北	4837.02	298.08	821.08	358.65	301.60	2820.49	237.12
湖 南	3900.54	249.50	493.82	1180.75	763.02	1100.03	113.43
广 东	16160.51	889.40	813.58	2509.85	3010.67	6801.83	2135.18
广 西	2342.83	113.50	246.98	303.71	98.26	1529.72	50.67
海 南	1274.87	75.16	45.13	161.38	74.08	833.44	85.68
重 庆	3777.44	337.51	1632.30	257.01	17.02	1475.22	58.38
四 川	4992.08	243.63	1125.72	2547.73	17.88	824.90	232.21
贵 州	1718.81	11.20	467.86	255.52	141.33	751.85	91.05
云 南	1820.70	81.82	380.37	128.39	442.27	643.66	144.19
西 藏	50.23	0.18	22.87	13.09	7.37	6.73	0.00
陕 西	2038.81	131.53	362.35	351.27	427.68	505.72	260.27
甘 肃	779.19	49.29	201.76	199.67	148.01	178.47	1.99
青 海	202.01	12.01	87.02	59.86	9.66	29.17	4.30
宁 夏	393.88	57.09	136.27	77.72	53.96	68.24	0.59
新 疆	731.13	46.27	112.85	118.83	98.96	332.15	22.07

7-9-12 房地产开发企业土地开发及购置

年 份 地 区	待开发土地面积 (万平方米)	本年土地购置面积 (万平方米)	土地成交价款 (亿元)
1997	17670.10	6641.70	
1998	13530.70	10109.32	
1999	13505.17	11958.90	
2000	14754.77	16905.24	
2001	14582.13	23408.99	
2002	19178.65	31356.78	
2003	21782.58	35696.48	
2004	39635.30	39784.66	2888.57
2005	27522.00	38253.73	3269.32
2006	37523.65	36573.57	3318.04
2007	41483.97	40245.85	4573.18
2008	48161.07	39353.43	4831.68
2009	32816.54	31909.45	5150.14
2010	31457.95	39953.10	8206.71
2011	40220.76	44327.44	8894.03
2012	40195.99	35666.80	7409.64
2013	42280.47	38814.38	9918.29
2014	42136.28	33383.03	10019.88
2015	36638.48	22810.79	7621.61
2016	35121.01	22025.25	9129.31
2017	35747.29	25508.29	13643.39
2018	45804.02	29320.65	16154.08
2019	48976.94	25822.29	14709.28
北 京	764.00	144.03	427.10
天 津	785.23	548.94	503.29
河 北	1881.93	1047.34	349.15
山 西	838.05	566.36	270.78
内蒙古	622.81	447.48	117.56
辽 宁	1875.32	825.51	347.03
吉 林	675.24	494.92	130.01
黑龙江	236.09	311.92	116.51
上 海	393.15	144.81	243.26
江 苏	2966.92	1734.60	1695.02
浙 江	1804.31	1686.48	1860.46
安 徽	2448.80	3094.54	1350.30
福 建	1263.99	1031.70	779.28
江 西	1393.77	562.62	220.57
山 东	4123.58	2813.01	1221.39
河 南	2731.03	858.15	458.20
湖 北	2252.60	784.90	419.46
湖 南	2897.68	1475.97	435.81
广 东	4829.09	1240.33	1427.00
广 西	1548.28	1186.93	507.74
海 南	643.05	44.41	16.03
重 庆	2541.10	641.58	342.38
四 川	2320.03	1056.69	553.07
贵 州	1892.49	534.26	207.81
云 南	2000.95	869.23	348.19
西 藏	35.31	37.71	10.23
陕 西	1285.45	485.11	156.98
甘 肃	360.08	144.45	43.21
青 海	170.02	165.72	28.65
宁 夏	314.42	220.84	30.91
新 疆	1082.13	621.74	91.93

7-9-13 按资质等级分房地产开发企业土地购置面积

单位：万平方米

地 区	总 计	一 级	二 级	三 级	四 级	暂 定	其 他
全 国	**25822.29**	**526.90**	**1588.76**	**2107.98**	**1598.93**	**16690.77**	**3308.94**
北 京	144.03	3.48	21.69	9.02	1.10	77.93	30.81
天 津	548.94				175.31	240.87	132.77
河 北	1047.34	24.41	33.56	125.86	140.71	654.45	68.35
山 西	566.36	9.50	6.97	27.01	158.44	360.47	3.97
内蒙古	447.48	3.56	9.28	47.40	202.22	141.61	43.42
辽 宁	825.51	16.75	30.07	49.17	6.25	460.87	262.40
吉 林	494.92		79.93	32.81	26.21	341.43	14.54
黑龙江	311.92	4.21	20.91	82.54	6.96	114.96	82.34
上 海	144.81	4.10	10.02	2.73		123.17	4.80
江 苏	1734.60	21.80	208.18	38.29		1175.41	290.92
浙 江	1686.48	38.79	54.63	120.53	55.70	991.14	425.68
安 徽	3094.54	76.46	52.66	193.56	30.72	2272.59	468.56
福 建	1031.70	1.43	67.06	27.34	5.68	807.30	122.90
江 西	562.62	12.88	19.28	50.97	15.00	398.96	65.54
山 东	2813.01	89.75	164.13	226.91	163.58	1746.45	422.19
河 南	858.15	25.38	30.58	29.99	8.42	648.02	115.75
湖 北	784.90	18.67	48.98	41.58	52.37	573.17	50.14
湖 南	1475.97	2.31	101.64	276.91	167.46	884.13	43.52
广 东	1240.33	4.09		38.24	94.39	792.83	310.79
广 西	1186.93	33.75	17.04	44.72	6.98	1084.45	
海 南	44.41		0.48	0.44	3.73	32.28	7.47
重 庆	641.58	16.16	172.63	41.21		411.58	
四 川	1056.69	14.72	280.84	428.26	3.56	199.72	129.58
贵 州	534.26	2.86	6.18	32.95	22.59	459.44	10.25
云 南	869.23	14.56	59.54	18.79	88.36	590.32	97.66
西 藏	37.71	5.70		6.00	6.02	17.89	2.10
陕 西	485.11	6.87	12.65	26.95	36.09	333.15	69.40
甘 肃	144.45		5.22	8.73	25.98	104.52	
青 海	165.72	1.05		10.47	5.93	143.88	4.39
宁 夏	220.84	8.82	52.30	25.09	2.56	126.46	5.62
新 疆	621.74	64.85	22.32	43.51	86.63	381.32	23.10

7-9-14 房地产开发企业房屋建筑面积和造价

年份 地区	房屋施工面积（万平方米）	房屋竣工面积（万平方米）	房屋竣工价值（亿元）	房屋竣工造价（元/平方米）
1997	44985.46	15819.70	1859.25	1175
1998	50770.14	17566.60	2139.19	1218
1999	56857.63	21410.83	2467.58	1152
2000	65896.92	25104.86	2859.35	1139
2001	79411.68	29867.36	3369.45	1128
2002	94104.01	34975.75	4141.69	1184
2003	117525.99	41464.06	5279.95	1273
2004	140451.39	42464.87	5952.48	1402
2005	166053.26	53417.04	7752.24	1451
2006	194786.42	55830.92	8729.35	1564
2007	236318.24	60606.68	10039.89	1657
2008	283266.18	66544.77	11947.57	1795
2009	320368.16	72677.43	14689.37	2021
2010	405356.40	78743.88	17542.73	2228
2011	506775.48	92619.94	21975.91	2373
2012	573417.52	99424.96	24836.62	2498
2013	665571.89	101434.99	26805.38	2643
2014	726482.34	107459.05	30261.99	2816
2015	735693.37	100039.10	30552.38	3054
2016	758974.80	106127.71	32252.13	3039
2017	781483.73	101486.41	31512.46	3105
2018	822299.56	94421.15	30309.07	3210
2019	893820.89	95941.53	34045.90	3549
北京	12514.99	1343.28	669.31	4983
天津	11453.43	1655.50	750.94	4536
河北	29852.97	2679.96	690.52	2577
山西	19548.55	2739.22	859.37	3137
内蒙古	15889.08	950.56	253.60	2668
辽宁	23787.49	1817.63	622.98	3427
吉林	12403.73	1222.17	335.30	2743
黑龙江	11441.20	1204.08	294.50	2446
上海	14802.97	2669.67	1833.65	6868
江苏	65686.75	9369.08	3928.28	4193
浙江	49604.61	5738.82	2518.32	4388
安徽	43591.15	5673.90	1721.35	3034
福建	34140.18	2882.29	905.27	3141
江西	23556.98	2230.76	634.94	2846
山东	75767.42	10179.25	2717.07	2669
河南	57567.10	6571.21	1583.17	2409
湖北	33825.07	2558.60	961.61	3758
湖南	40045.12	3975.24	1154.03	2903
广东	86824.87	9955.54	4569.93	4590
广西	29807.03	2037.85	582.45	2858
海南	9221.56	1302.26	548.96	4215
重庆	27986.64	5069.17	2202.55	4345
四川	49113.75	4580.04	1461.74	3192
贵州	27775.07	954.85	230.25	2411
云南	26314.05	1844.49	637.20	3455
西藏	764.16	18.87	3.93	2085
陕西	27728.39	1782.13	554.54	3112
甘肃	10977.33	674.14	197.70	2933
青海	2922.38	133.27	31.66	2376
宁夏	5936.59	1011.05	268.67	2657
新疆	12970.30	1116.66	322.07	2884

7-9-15 房地产开发企业住宅建筑面积和造价

年份 地区	住宅施工面积（万平方米）	住宅竣工面积（万平方米）	住宅竣工价值（亿元）	住宅竣工造价（元/平方米）
1997	30374.66	12464.70	1269.91	1019
1998	36223.04	14125.73	1484.13	1051
1999	42590.34	17640.67	1831.35	1038
2000	50498.25	20603.32	2173.60	1055
2001	61582.99	24625.40	2622.41	1065
2002	73208.65	28524.70	3190.99	1119
2003	91390.49	33374.61	4128.94	1222
2004	108196.54	34677.18	4688.36	1352
2005	129078.38	43682.85	6060.13	1387
2006	151742.72	45471.75	6717.23	1477
2007	186788.43	49831.35	7853.07	1576
2008	222891.80	54334.10	9295.26	1711
2009	251328.78	59628.71	11500.24	1929
2010	314760.12	63443.10	13527.53	2132
2011	387705.98	74319.05	16947.74	2280
2012	428964.05	79043.20	19147.45	2422
2013	486347.33	78740.62	20039.42	2545
2014	515096.45	80868.26	22079.17	2730
2015	511569.52	73777.36	21569.13	2924
2016	521310.22	77185.19	22827.22	2957
2017	536443.96	71815.12	21402.64	2980
2018	569879.39	66556.68	20764.09	3120
2019	627673.42	68011.11	23579.22	3467
北 京	5640.11	583.20	230.45	3951
天 津	8156.94	1186.69	462.85	3900
河 北	23023.40	2042.67	549.62	2691
山 西	14323.76	1985.29	564.34	2843
内蒙古	10808.28	689.74	172.49	2501
辽 宁	17429.59	1374.26	460.12	3348
吉 林	8614.03	893.27	241.74	2706
黑龙江	8216.36	940.93	214.15	2276
上 海	7446.43	1453.28	965.31	6642
江 苏	49010.85	6968.89	2982.75	4280
浙 江	31175.94	3551.11	1650.27	4647
安 徽	31953.75	4250.81	1298.72	3055
福 建	22456.97	1813.90	579.32	3194
江 西	17661.43	1670.19	475.35	2846
山 东	55941.98	7734.65	2076.72	2685
河 南	43971.26	5162.69	1226.26	2375
湖 北	25540.84	2019.29	734.51	3637
湖 南	29252.68	2969.35	841.77	2835
广 东	59664.36	6578.17	3042.55	4625
广 西	22061.19	1515.99	426.86	2816
海 南	6686.50	1099.94	455.93	4145
重 庆	18466.12	3400.08	1526.75	4490
四 川	32151.96	2940.11	949.07	3228
贵 州	18426.52	634.50	149.53	2357
云 南	17531.69	1225.40	392.19	3201
西 藏	549.81	8.12	1.47	1807
陕 西	20154.62	1281.67	362.09	2825
甘 肃	7473.29	470.51	138.58	2945
青 海	1931.17	86.28	19.91	2307
宁 夏	3789.29	718.11	179.67	2502
新 疆	8162.30	762.03	207.89	2728

7-9-16 按用途分房地产开发企业房屋施工面积

单位：万平方米

年份 地区	房屋施工面积	住宅	#别墅、高档公寓	办公楼	商业营业用房	其他
1997	44985.46	30374.66	1759.19	5335.15	6507.95	2767.34
1998	50770.10	36223.00	2032.10	5072.70	6551.30	2923.10
1999	56857.63	42590.34	1982.21	4383.17	6812.69	3071.43
2000	65896.92	50498.25	2986.69	4058.51	7825.67	3514.48
2001	79411.68	61582.99	3734.88	4120.00	9573.81	4134.88
2002	94104.01	73208.65	5009.23	4392.30	11501.45	5001.61
2003	117525.99	91390.49	5796.55	5088.41	14708.90	6338.19
2004	140451.39	108196.54	6598.11	5982.43	18293.23	7979.20
2005	166053.26	129078.38	8556.24	6618.80	20926.59	9429.49
2006	194786.42	151742.72	11471.45	7395.39	23712.76	11935.55
2007	236318.24	186788.43	14150.10	8321.51	25941.12	15267.18
2008	283266.18	222891.80	14608.82	9582.06	30465.05	20329.71
2009	320368.16	251328.78	14313.93	9996.19	34543.72	24499.46
2010	405356.40	314760.12	16579.52	12144.40	44631.92	33819.96
2011	506775.48	387705.98	18679.25	15991.01	55949.59	47128.90
2012	573417.52	428964.05	18579.98	19434.17	65813.91	59205.39
2013	665571.89	486347.33	19426.87	24577.41	80626.76	74020.40
2014	726482.34	515096.45	21266.37	29927.54	94320.05	87138.30
2015	735693.37	511569.52	20987.64	33044.37	100111.38	90968.10
2016	758974.80	521310.22	20860.01	35029.37	104571.86	98063.36
2017	781483.73	536443.96	21353.68	36014.62	105232.50	103792.65
2018	822299.56	569879.39	22812.93	35839.17	102539.37	114041.63
2019	893820.89	627673.42	22937.52	37251.82	100389.49	128506.16
北京	12514.99	5640.11	438.84	1951.02	1051.99	3871.88
天津	11453.43	8156.94	425.62	562.40	1057.83	1676.25
河北	29852.97	23023.40	250.02	684.94	2528.83	3615.79
山西	19548.55	14323.76	177.45	554.04	1993.94	2676.80
内蒙古	15889.08	10808.28	215.50	387.59	2647.65	2045.57
辽宁	23787.49	17429.59	553.38	526.03	3568.52	2263.34
吉林	12403.73	8614.03	279.24	549.75	1767.04	1472.91
黑龙江	11441.20	8216.36	176.14	214.33	1729.01	1281.49
上海	14802.97	7446.43	1383.32	2130.54	1775.50	3450.50
江苏	65686.75	49010.85	2654.96	2456.54	6401.33	7818.03
浙江	49604.61	31175.94	1945.38	2864.84	4693.46	10870.36
安徽	43591.15	31953.75	594.50	1268.31	5516.10	4853.00
福建	34140.18	22456.97	749.18	2030.75	3253.89	6398.57
江西	23556.98	17661.43	549.23	598.24	3029.94	2267.37
山东	75767.42	55941.98	1385.24	3018.86	7095.24	9711.35
河南	57567.10	43971.26	438.03	1856.95	6130.07	5608.82
湖北	33825.07	25540.84	678.92	1173.24	3323.36	3787.63
湖南	40045.12	29252.68	724.56	1036.96	4951.54	4803.94
广东	86824.87	59664.36	3009.41	5159.27	7846.26	14154.98
广西	29807.03	22061.19	404.34	835.57	2831.24	4079.03
海南	9221.56	6686.50	768.36	258.89	1149.84	1126.33
重庆	27986.64	18466.12	1097.81	727.73	3474.74	5318.04
四川	49113.75	32151.96	1065.10	2029.80	5704.08	9227.91
贵州	27775.07	18426.52	497.34	824.39	4253.08	4271.09
云南	26314.05	17531.69	1478.41	929.18	3611.36	4241.83
西藏	764.16	549.81	20.29	20.05	106.40	87.90
陕西	27728.39	20154.62	434.15	1420.03	3112.35	3041.39
甘肃	10977.33	7473.29	84.14	278.90	1563.49	1661.66
青海	2922.38	1931.17	9.67	87.56	500.32	403.32
宁夏	5936.59	3789.29	108.95	264.58	972.72	910.01
新疆	12970.30	8162.30	340.04	550.53	2748.38	1509.09

7-9-17 按用途分房地产开发企业房屋新开工面积

单位：万平方米

年份 地区	本年房屋新开工面积	住宅	#别墅、高档公寓	办公楼	商业营业用房	其他
1997	14026.98	10996.64	469.72	872.44	1462.45	695.44
1998	20387.90	16637.50	638.60	871.50	1938.65	940.25
1999	22579.41	18797.94	594.06	690.29	2198.56	892.62
2000	29582.64	24401.15	1169.09	898.81	3034.77	1247.91
2001	37394.18	30532.72	1456.69	1072.98	4105.40	1683.08
2002	42800.52	34719.35	2278.17	1254.24	4926.48	1900.45
2003	54707.53	43853.88	2349.29	1466.89	6706.80	2679.96
2004	60413.86	47949.01	2975.69	1704.19	7790.81	2969.85
2005	68064.44	55185.07	2834.97	1671.10	7675.47	3532.79
2006	79252.83	64403.80	4058.32	2134.94	8473.23	4240.86
2007	95401.53	78795.51	4914.41	2141.44	9093.89	5370.70
2008	102553.37	83642.12	4336.97	2471.95	10040.69	6398.62
2009	116422.05	93298.41	3649.80	2860.76	12415.03	7847.84
2010	163646.87	129359.31	5080.05	3668.07	17472.58	13146.91
2011	191236.87	147163.11	5653.01	5399.20	20730.78	17943.77
2012	177333.62	130695.42	4228.31	5986.46	22006.85	18644.89
2013	201207.84	145844.80	4454.59	6887.24	25902.00	22573.80
2014	179592.49	124877.00	4275.01	7349.10	25047.73	22318.66
2015	154453.68	106651.30	3318.41	6569.12	22530.29	18702.96
2016	166928.13	115910.60	3662.14	6415.29	22316.63	22285.61
2017	178653.77	128097.78	4282.68	6139.66	20483.93	23932.41
2018	209537.16	153485.36	5469.96	6101.51	19995.39	29954.91
2019	227153.58	167463.43	4227.34	7083.59	18936.28	33670.29
北京	2073.21	1003.72	49.29	170.50	139.55	759.44
天津	2544.84	1973.81	67.93	44.00	215.14	311.88
河北	9452.68	7404.40	57.50	209.36	602.31	1236.61
山西	4879.09	3771.70	28.67	73.87	360.38	673.14
内蒙古	3706.06	2783.87	58.19	36.75	324.00	561.44
辽宁	4142.51	3190.97	134.15	80.70	404.58	466.27
吉林	2947.01	2169.83	34.32	115.44	280.84	380.89
黑龙江	2446.11	1775.59	21.13	37.79	340.85	291.88
上海	3063.44	1572.90	176.38	388.87	286.83	814.84
江苏	16227.47	12478.43	443.66	397.26	1237.21	2114.57
浙江	12730.92	8345.91	378.89	506.87	911.42	2966.73
安徽	11117.46	8704.45	96.58	265.68	903.23	1244.09
福建	6398.36	4615.00	75.99	201.67	331.54	1250.16
江西	5862.57	4666.64	120.05	104.11	581.76	510.06
山东	22658.90	17096.90	286.67	765.91	1603.25	3192.85
河南	15836.53	12607.65	45.46	428.14	1298.68	1502.07
湖北	8708.85	6849.43	116.98	203.42	690.78	965.23
湖南	11933.23	9052.83	183.59	313.04	1200.38	1366.98
广东	18437.38	12904.92	441.30	1063.16	1283.32	3185.97
广西	8218.52	6533.95	90.64	81.07	566.65	1036.85
海南	1219.56	828.44	56.51	53.04	171.50	166.58
重庆	6725.40	4593.17	242.09	126.42	579.82	1425.99
四川	15325.50	10294.70	191.12	657.40	1534.99	2838.41
贵州	7239.89	5235.85	110.56	122.33	774.32	1107.38
云南	8018.51	5695.45	537.43	258.56	754.86	1309.64
西藏	416.89	333.99	10.68	14.21	37.63	31.06
陕西	6431.21	4873.52	102.87	268.85	553.06	735.78
甘肃	3307.26	2406.64	12.12	31.86	314.31	554.46
青海	865.90	640.42	8.61	7.99	109.18	108.31
宁夏	1185.67	883.85	7.52	5.18	109.08	187.56
新疆	3032.66	2174.49	40.44	50.14	434.87	373.16

7-9-18 按用途分房地产开发企业房屋竣工面积

单位：万平方米

年份 地区	本年房屋竣工面积	住宅	#别墅、高档公寓	办公楼	商业营业用房	其他
1997	15819.70	12464.70	554.22	1057.66	1628.44	668.89
1998	17566.60	14125.70	609.00	996.40	1791.50	652.90
1999	21410.83	17640.67	646.03	979.19	2011.84	779.13
2000	25104.86	20603.32	959.34	952.01	2561.97	987.57
2001	29867.36	24625.40	1183.56	974.03	3111.66	1156.27
2002	34975.75	28524.70	1625.58	1013.65	3939.75	1497.65
2003	41464.06	33774.61	1735.87	1077.14	4825.06	1787.25
2004	42464.87	34677.18	2115.31	1034.60	4945.95	1807.14
2005	53417.04	43682.85	2538.79	1416.70	5888.03	2429.46
2006	55830.92	45471.75	2652.85	1393.71	6285.75	2679.72
2007	60606.68	49831.35	3033.34	1545.02	6096.49	3133.82
2008	66544.77	54334.10	2988.71	1824.64	6410.65	3975.38
2009	72677.43	59628.71	3020.47	1652.55	6823.72	4572.46
2010	78743.88	63443.10	3266.37	1815.85	8282.63	5202.30
2011	92619.94	74319.05	3335.27	2266.79	9472.65	6561.45
2012	99424.96	79043.20	3167.91	2315.36	10226.45	7839.94
2013	101434.99	78740.62	2856.04	2789.40	10852.42	9052.56
2014	107459.05	80868.26	2830.20	3144.18	12084.08	11362.54
2015	100039.10	73777.36	2634.04	3419.49	12026.67	10815.59
2016	106127.71	77185.19	2917.42	3629.27	12518.08	12795.18
2017	101486.41	71815.12	2630.01	4006.54	12670.26	12994.49
2018	94421.15	66556.68	2559.57	3928.18	11335.09	12601.20
2019	95941.53	68011.11	2450.14	3923.39	10814.18	13192.86
北京	1343.28	583.20	60.41	290.28	98.60	371.21
天津	1655.50	1186.69	72.41	41.99	147.51	279.32
河北	2679.96	2042.67	21.65	76.54	275.30	285.44
山西	2739.22	1985.29	10.39	83.51	358.07	312.35
内蒙古	950.56	689.74	8.39	21.46	125.25	114.11
辽宁	1817.63	1374.26	37.16	39.60	254.61	149.16
吉林	1222.17	893.27	8.32	35.82	143.71	149.36
黑龙江	1204.08	940.93		17.15	128.81	117.19
上海	2669.67	1453.28	319.84	259.36	324.55	632.48
江苏	9369.08	6968.89	381.07	357.66	937.56	1104.98
浙江	5738.82	3551.11	224.36	332.85	576.56	1278.30
安徽	5673.90	4250.81	73.35	160.05	628.09	634.95
福建	2882.29	1813.90	28.47	177.59	367.91	522.88
江西	2230.76	1670.19	52.18	54.60	358.71	147.25
山东	10179.25	7734.65	181.67	381.42	1022.04	1041.13
河南	6571.21	5162.69	10.58	240.06	694.09	474.37
湖北	2558.60	2019.29	75.59	70.04	247.42	221.86
湖南	3975.24	2969.35	85.93	84.67	446.39	474.84
广东	9955.54	6578.17	148.82	640.10	939.51	1797.76
广西	2037.85	1515.99	11.73	59.21	198.02	264.63
海南	1302.26	1099.94	119.95	7.54	84.19	110.59
重庆	5069.17	3400.08	202.51	99.11	613.18	956.81
四川	4580.04	2940.11	81.62	131.98	612.25	895.70
贵州	954.85	634.50	36.28	26.61	164.00	129.74
云南	1844.49	1225.40	145.42	53.89	296.86	268.34
西藏	18.87	8.12			7.16	3.59
陕西	1782.13	1281.67	32.81	89.51	257.73	153.22
甘肃	674.14	470.51	3.76	12.49	124.22	66.93
青海	133.27	86.28		10.02	20.63	16.34
宁夏	1011.05	718.11	5.51	31.35	152.69	108.90
新疆	1116.66	762.03	9.96	36.92	208.56	109.15

7-9-19 按用途分房地产开发企业房屋竣工价值

单位：亿元

年份 地区	房屋 竣工价值	住宅	#别墅、高档公寓	办公楼	商业营业用房	其他
1998	2139.19	1484.13	179.72	269.62	290.81	94.63
1999	2467.58	1831.35	324.31	230.75	282.18	123.30
2000	2859.35	2173.60	416.77	188.75	343.56	153.43
2001	3369.45	2622.41	465.37	179.47	397.29	170.28
2002	4141.69	3190.99	460.39	182.11	542.18	226.42
2003	5279.95	4128.94	386.10	217.98	670.79	262.24
2004	5952.48	4688.37	335.52	233.41	744.32	286.38
2005	7752.24	6060.13	658.60	333.07	944.22	414.81
2006	8729.35	6717.23	706.71	381.28	1152.33	478.51
2007	10039.89	7853.07	795.64	411.75	1199.65	575.43
2008	11947.57	9295.26	784.51	499.63	1365.19	787.49
2009	14689.37	11500.24	876.99	523.32	1669.02	996.79
2010	17542.73	13527.53	1097.11	603.91	2243.35	1167.95
2011	21975.91	16947.74	1262.11	831.90	2617.65	1578.63
2012	24836.62	19147.45	1228.29	855.46	2899.27	1934.44
2013	26805.38	20039.42	1196.78	1095.72	3275.66	2394.58
2014	30261.99	22079.17	1319.75	1187.41	3927.74	3067.67
2015	30552.38	21569.13	1341.65	1554.10	4414.16	3014.98
2016	32252.13	22827.22	1411.09	1463.76	4336.63	3624.53
2017	31512.46	21402.64	1280.16	1866.01	4502.72	3741.08
2018	30309.07	20764.09	1286.95	1826.17	4142.51	3576.31
2019	34045.90	23579.22	1416.73	2106.12	4380.68	3979.88
北京	669.31	230.45	20.70	225.32	55.97	157.59
天津	750.94	462.85	38.23	66.19	123.66	98.24
河北	690.52	549.62	9.01	14.71	67.29	58.91
山西	859.37	564.34	4.31	64.43	164.29	66.31
内蒙古	253.60	172.49	2.06	5.41	44.31	31.39
辽宁	622.98	460.12	17.88	22.07	103.77	37.02
吉林	335.30	241.74	1.86	18.47	41.59	33.50
黑龙江	294.50	214.15		7.86	44.02	28.47
上海	1833.65	965.31	265.81	252.64	252.76	362.94
江苏	3928.28	2982.75	258.90	180.77	448.71	316.05
浙江	2518.32	1650.27	159.70	172.85	273.57	421.63
安徽	1721.35	1298.72	25.54	55.57	212.17	154.90
福建	905.27	579.32	8.92	57.21	119.89	148.86
江西	634.94	475.35	19.18	15.49	103.22	40.88
山东	2717.07	2076.72	56.51	119.44	273.06	247.86
河南	1583.17	1226.26	2.54	65.24	175.17	116.50
湖北	961.61	734.51	35.26	46.55	121.65	58.90
湖南	1154.03	841.77	36.19	31.92	161.76	118.58
广东	4569.93	3042.55	148.09	374.61	518.93	633.83
广西	582.45	426.86	2.78	30.37	61.71	63.50
海南	548.96	455.93	78.23	4.52	43.24	45.28
重庆	2202.55	1526.75	119.18	86.52	303.52	285.76
四川	1461.74	949.07	34.96	60.29	229.29	223.09
贵州	230.25	149.53	11.82	6.52	44.73	29.46
云南	637.20	392.19	41.03	47.62	131.19	66.20
西藏	3.93	1.47			1.92	0.55
陕西	554.54	362.09	7.63	38.72	97.07	56.67
甘肃	197.70	138.58	2.56	6.02	37.92	15.18
青海	31.66	19.91		2.24	5.36	4.15
宁夏	268.67	179.67	1.64	12.17	47.44	29.40
新疆	322.07	207.89	6.22	14.39	71.52	28.27

7-9-20 房地产开发企业商品房销售情况

年份 地区	商品房销售面积 (万平方米)	#住宅	商品房销售额 (亿元)	#住宅
1991	3025.46	2745.17	237.86	207.60
1992	4288.86	3812.21	426.59	379.85
1993	6687.91	6035.19	863.71	729.19
1994	7230.35	6118.03	1018.50	730.52
1995	7905.94	6787.03	1257.73	1024.07
1996	7900.41	6898.46	1427.13	1106.90
1997	9010.17	7864.30	1799.48	1407.56
1998	12185.30	10827.10	2513.30	2006.87
1999	14556.53	12997.87	2987.87	2413.73
2000	18637.13	16570.28	3935.44	3228.60
2001	22411.90	19938.75	4862.75	4021.15
2002	26808.29	23702.31	6032.34	4957.85
2003	33717.63	29778.85	7955.66	6543.45
2004	38231.64	33819.89	10375.71	8619.37
2005	55486.22	49587.83	17576.13	14563.76
2006	61857.07	55422.95	20825.96	17287.81
2007	77354.72	70135.88	29889.12	25565.81
2008	65969.83	59280.35	25068.18	21196.00
2009	94755.00	86184.89	44355.17	38432.90
2010	104764.65	93376.60	52721.24	44120.65
2011	109366.75	96528.41	58588.86	48198.32
2012	111303.65	98467.51	64455.79	53467.18
2013	130550.59	115722.69	81428.28	67694.94
2014	120648.54	105187.79	76292.41	62410.95
2015	128494.97	112412.29	87280.84	72769.82
2016	157348.53	137539.93	117627.05	99064.17
2017	169407.82	144788.77	133701.31	110239.51
2018	171464.60	147759.59	149614.42	126374.08
2019	171557.87	150144.32	159725.12	139439.97
北京	938.86	789.02	3370.98	3032.40
天津	1478.68	1382.63	2274.14	2132.48
河北	5282.70	4770.38	4138.57	3714.57
山西	2366.11	2169.33	1631.76	1452.40
内蒙古	2008.19	1803.55	1243.91	1104.10
辽宁	3696.27	3412.52	3049.06	2814.86
吉林	2122.34	1873.99	1581.47	1373.54
黑龙江	1684.50	1461.12	1268.18	1069.97
上海	1696.34	1353.70	5203.82	4457.16
江苏	13972.85	12545.04	16259.61	14894.77
浙江	9378.31	7803.99	14352.11	12723.10
安徽	9229.38	8323.89	6823.52	6126.69
福建	6456.13	5073.73	6938.79	5685.25
江西	6458.86	5678.98	4710.42	4038.02
山东	12727.25	11429.01	10271.15	9287.11
河南	14277.55	12981.63	9009.98	8016.93
湖北	8602.04	7967.09	7751.79	6903.70
湖南	9103.50	8073.25	5577.99	4721.43
广东	13846.54	11872.61	19748.21	16758.01
广西	6711.77	6076.88	4366.24	3913.40
海南	829.34	721.57	1275.76	1090.56
重庆	6104.68	5149.08	5129.42	4457.78
四川	12978.61	10451.05	9666.73	7869.04
贵州	5323.31	4612.13	3183.57	2527.41
云南	4835.41	4064.52	3846.19	3255.84
西藏	127.71	110.49	96.78	81.21
陕西	4401.06	3818.25	3960.21	3359.17
甘肃	1705.31	1569.16	1019.28	907.07
青海	480.52	406.66	367.28	295.59
宁夏	1009.55	887.35	573.90	498.51
新疆	1724.18	1511.75	1034.30	877.89

7-9-21 房地产开发企业成套住宅竣工与销售情况

单位：套

年 份 地 区	住宅竣工套数 合 计	#别墅、高档公寓	住宅销售套数 合 计	#别墅、高档公寓
1999	1946358	44025		
2000	2139702	59880		
2001	2414392	72207		
2002	2629616	97751		
2003	3021134	108525		
2004	4042219	144949		
2005	3682523	135276	4235372	152339
2006	4005305	139632	5049094	219982
2007	4401203	159423	6251263	257776
2008	4939189	144618	5565827	157455
2009	5548897	143621	8040470	240129
2010	6019767	163207	8817526	223596
2011	7219163	155923	9139672	191881
2012	7642379	161899	9446424	184001
2013	7493133	126444	11046279	202081
2014	7659418	145182	10104351	167469
2015	7050109	126972	10578898	191594
2016	7455409	218297	12822565	258582
2017	6770598	153900	13361411	294616
2018	6229216	138880	13285469	281919
2019	6452838	141022	13216466	260475
北 京	62367	1481	75557	2103
天 津	131137	5142	129196	4749
河 北	186404	1303	436573	2522
山 西	173581	865	182563	2545
内蒙古	62638	289	153962	2516
辽 宁	140321	1936	345715	5511
吉 林	98228	224	181291	1783
黑龙江	102690		149471	1665
上 海	142001	21800	138412	16836
江 苏	592808	18929	1064427	27970
浙 江	292944	8701	661470	22822
安 徽	707369	3641	733434	7256
福 建	164317	1644	471476	7131
江 西	149213	3108	482939	8751
山 东	634381	10258	930841	8664
河 南	451982	451	1130247	6201
湖 北	174301	3612	678139	6937
湖 南	238493	5340	654565	10172
广 东	586849	9462	1106045	39883
广 西	130016	448	542579	5303
海 南	143822	12014	77954	1991
重 庆	322022	10485	484681	19300
四 川	296444	8294	979682	13108
贵 州	56685	2595	395143	9460
云 南	95110	6241	323079	17315
西 藏	328		9173	854
陕 西	115123	1752	323359	3395
甘 肃	43568	158	139465	540
青 海	7644		34908	19
宁 夏	63710	308	71521	1532
新 疆	86342	541	128599	1641

7-9-22 按用途分房地产开发企业商品房销售面积

单位：万平方米

年份 地区	商品房销售面积	住宅	#别墅、高档公寓	办公楼	商业营业用房	其他
1997	9010.17	7864.30	254.25	341.43	634.06	170.38
1998	12185.30	10827.10	345.30	400.60	810.80	146.80
1999	14556.53	12997.87	435.74	403.43	1003.17	152.06
2000	18637.13	16570.28	640.72	436.98	1399.31	230.56
2001	22411.90	19938.75	878.19	502.57	1696.15	274.44
2002	26808.29	23702.31	1241.26	538.92	2218.58	348.47
2003	33717.63	29778.85	1449.87	630.49	2833.10	475.19
2004	38231.64	33819.89	2323.05	692.84	3100.29	618.62
2005	55486.22	49587.83	2818.44	1096.23	4081.38	720.78
2006	61857.07	55422.95	3672.44	1231.04	4337.79	865.29
2007	77354.72	70135.88	4581.31	1465.23	4644.61	1109.01
2008	65969.83	59280.35	2865.25	1157.05	4206.06	1326.37
2009	94755.00	86184.89	4626.05	1544.43	5328.03	1697.65
2010	104764.65	93376.60	4219.10	1889.97	6994.84	2503.24
2011	109366.75	96528.41	3729.93	2004.97	7868.65	2964.71
2012	111303.65	98467.51	3476.00	2253.65	7759.28	2823.21
2013	130550.59	115722.69	3632.03	2883.35	8469.22	3475.33
2014	120648.54	105187.79	3047.35	2505.45	9076.93	3878.37
2015	128494.97	112412.29	3487.40	2912.59	9254.79	3915.29
2016	157348.53	137539.93	4470.00	3826.22	10811.96	5170.43
2017	169407.82	144788.77	4743.44	4756.21	12838.14	7024.70
2018	171464.60	147759.59	4417.77	4365.95	11932.95	7406.11
2019	171557.87	150144.32	3909.73	3722.76	10172.87	7517.92
北京	938.86	789.02	72.91	53.38	32.77	63.69
天津	1478.68	1382.63	66.59	23.99	55.99	16.07
河北	5282.70	4770.38	35.53	112.68	222.30	177.34
山西	2366.11	2169.33	26.76	43.49	90.70	62.60
内蒙古	2008.19	1803.55	32.89	12.02	106.20	86.42
辽宁	3696.27	3412.52	72.30	16.21	191.35	76.19
吉林	2122.34	1873.99	38.30	35.67	150.15	62.53
黑龙江	1684.50	1461.12	24.28	10.61	161.74	51.02
上海	1696.34	1353.70	234.62	100.83	88.48	153.33
江苏	13972.85	12545.04	522.43	246.08	750.33	431.40
浙江	9378.31	7803.99	423.29	347.83	514.66	711.83
安徽	9229.38	8323.89	109.60	130.94	599.40	175.16
福建	6456.13	5073.73	126.03	331.17	425.93	625.30
江西	6458.86	5678.98	130.07	105.17	541.65	133.06
山东	12727.25	11429.01	147.23	201.67	582.13	514.45
河南	14277.55	12981.63	53.43	217.12	881.89	196.92
湖北	8602.04	7967.09	103.43	135.25	372.76	126.95
湖南	9103.50	8073.25	128.24	114.21	613.60	302.44
广东	13846.54	11872.61	422.48	511.54	654.53	807.86
广西	6711.77	6076.88	89.00	64.81	306.86	263.22
海南	829.34	721.57	29.63	28.78	46.60	32.38
重庆	6104.68	5149.08	240.45	83.64	417.88	454.08
四川	12978.61	10451.05	182.74	367.66	1021.95	1137.94
贵州	5323.31	4612.13	127.39	101.74	494.23	115.22
云南	4835.41	4064.52	365.13	78.20	303.11	389.57
西藏	127.71	110.49	10.98	0.67	11.06	5.49
陕西	4401.06	3818.25	37.93	184.69	195.04	203.08
甘肃	1705.31	1569.16	5.35	12.58	96.62	26.96
青海	480.52	406.66	0.23	8.05	41.70	24.12
宁夏	1009.55	887.35	21.97	12.74	73.60	35.85
新疆	1724.18	1511.75	28.53	29.34	127.66	55.43

7-9-23 按用途分房地产开发企业商品房平均销售价格

单位：元/平方米

年份 地区	商品房平均销售价格	住宅	#别墅、高档公寓	办公楼	商业营业用房	其他
1997	1997	1790	5382	4677	3090	2129
1998	2063	1854	4596	5552	3170	1837
1999	2053	1857	4503	5265	3333	1804
2000	2112	1948	4288	4751	3260	1864
2001	2170	2017	4348	4588	3274	2033
2002	2250	2092	4154	4336	3489	1919
2003	2359	2197	4145	4196	3675	2241
2004	2778	2608	5576	5744	3884	2235
2005	3168	2937	5834	6923	5022	2829
2006	3367	3119	6585	8053	5247	3131
2007	3864	3645	7471	8667	5774	3351
2008	3800	3576	7801	8378	5886	3219
2009	4681	4459	9662	10608	6871	3671
2010	5032	4725	10934	11406	7747	4099
2011	5357	4993	10994	12327	8488	4182
2012	5791	5430	11460	12306	9021	4306
2013	6237	5850	12591	12997	9777	4907
2014	6324	5933	12965	11826	9817	5177
2015	6793	6473	15157	12914	9566	4845
2016	7476	7203	15911	14332	9786	4832
2017	7892	7614	14965	13543	10323	5364
2018	8726	8553	16252	14379	10903	5336
2019	9310	9287	17886	14315	10952	5074
北 京	35905	38433	57225	31335	31017	10937
天 津	15380	15423	16382	14256	16923	7906
河 北	7834	7787	11970	9911	9710	5440
山 西	6896	6695	10686	9773	11618	5029
内蒙古	6194	6122	7729	9218	8422	4545
辽 宁	8249	8249	14710	9202	9376	5233
吉 林	7452	7329	11211	8396	8876	7151
黑龙江	7529	7323	13630	12671	9428	6327
上 海	30677	32926	64003	37890	29003	7041
江 苏	11637	11873	17547	11084	11524	5272
浙 江	15304	16303	19735	14795	14731	5005
安 徽	7393	7360	9154	7908	8858	3557
福 建	10748	11205	15031	12847	11099	5683
江 西	7293	7110	8802	8453	9324	5898
山 东	8070	8126	12261	10568	9688	4022
河 南	6311	6176	10262	10444	7525	5215
湖 北	9012	8665	11932	19923	12745	8157
湖 南	6127	5848	9191	12025	9808	3882
广 东	14262	14115	21832	25026	16922	7457
广 西	6505	6440	7188	10621	8975	4125
海 南	15383	15114	22140	19398	19420	12004
重 庆	8402	8657	11325	12230	10113	3232
四 川	7448	7529	12669	9381	10606	3242
贵 州	5980	5480	9748	7358	10877	3794
云 南	7954	8010	7268	8423	9795	5842
西 藏	7578	7350	10107	9137	11165	4750
陕 西	8998	8798	13188	12117	12175	6884
甘 肃	5977	5781	11289	11169	8733	5113
青 海	7643	7269	5037	9227	13391	3491
宁 夏	5685	5618	8504	6344	7560	3252
新 疆	5999	5807	7687	7888	9120	3038

7-9-24 房地产业(不含房地产开发经营)企业法人单位分地区主要指标

地　区	营业收入 (亿元)	资产总计 (亿元)	从业人员 (万人)
全　国	**20215.4**	**187987.2**	**924.7**
北　京	3069.9	32683.2	68.3
天　津	361.9	9438.9	19.7
河　北	330.2	1978.7	29.2
山　西	156.9	1334.9	16.2
内蒙古	111.3	938.5	11.4
辽　宁	412.0	4756.4	24.5
吉　林	88.6	388.1	7.0
黑龙江	124.3	639.9	8.6
上　海	1905.2	15369.4	51.1
江　苏	1449.4	14986.9	75.3
浙　江	1285.6	14677.7	53.7
安　徽	407.4	1688.8	26.6
福　建	515.5	3449.2	26.3
江　西	276.8	2655.5	14.0
山　东	828.2	5121.9	49.8
河　南	860.8	2381.8	40.8
湖　北	725.4	3934.8	36.1
湖　南	423.5	2074.6	25.2
广　东	4069.0	40777.7	154.2
广　西	228.4	3204.0	19.2
海　南	175.4	2087.4	10.3
重　庆	524.3	3000.3	31.0
四　川	745.0	9936.1	43.6
贵　州	145.8	2875.0	11.3
云　南	221.9	1362.0	16.5
西　藏	49.3	206.1	1.2
陕　西	368.7	3055.0	24.3
甘　肃	107.1	839.8	10.1
青　海	36.2	229.5	3.6
宁　夏	35.3	269.6	3.8
新　疆	176.0	1645.5	12.1

【主要统计指标解释】

主营业务收入 指企业经营主要业务所实现的收入。如果会计“利润表”列示“主营业务收入”项目，则根据其本年累计数填报；或者，根据会计“主营业务收入”科目的本年各月贷方余额（结转前）之和填报，如未设置该科目，以“营业收入”代替填报。

土地转让收入 指房地产开发企业按国家规定在报告期转让已经开发的土地和未经开发的土地所得到的收入。根据会计“利润表”和相关核算资料计算填报。

商品房销售收入 指房地产开发企业在报告期售出商品房屋的收入，一次收款的，一次性全部计入销售收入，按合同规定分期收款的，可按合同规定的时间分次计入收入。根据会计“利润表”和相关核算资料计算填报。

房屋出租收入 指房地产开发企业在报告期内，在不改变现有财产所有权关系的条件下，将企业的全部或部分房屋出租给其他单位或个人使用所得到的租金收入。根据会计“利润表”和相关核算资料计算填报。

其他（主营业务）收入 指房地产开发企业在报告期内从事除以上收入外的其他业务活动所得到的收入，包括配套设施销售收入、代建工程结算收入等。根据会计“利润表”和相关核算资料计算填报。

营业利润 指企业从事生产经营活动所取得的利润。执行企业会计准则或《小企业会计准则》的企业，根据会计“利润表”中“营业利润”项目的本年累计数填报；执行其他企业会计制度的企业，根据会计“损益表”中“营业利润”项目、“投资收益”项目的本年累计数之和填报。

房屋施工面积 指报告期内施工的全部房屋建筑面积。包括本期新开工的房屋建筑面积、上期跨入本期继续施工的房屋建筑面积、上期停缓建在本期恢复施工的房屋建筑面积、本期竣工的房屋建筑面积以及本期施工后又停缓建的房屋建筑面积。多层建筑应填各层建筑面积之和。

房屋新开工面积 指报告期内新开工建设的房屋面积，以单位工程为核算对象，即整栋房屋的全部建筑面积，不能分割计算。不包括在上期开工跨入报告期继续施工的房屋建筑面积和上期停缓建而在本期复工的建筑面积。房屋的开工应以房屋正式开始破土刨槽（地基处理或打永久桩）的日期为准。

房屋竣工面积 指报告期内房屋建筑按照设计要求已全部完工，达到住人和使用条件，经验收鉴定合格或达到竣工验收标准，可正式移交使用的各栋房屋建筑面积的总和。竣工面积以房屋单位工程（栋）为核算对象，在整栋房屋符合竣工条件后按其全部建筑面积一次性计算，而不是按各栋施工房屋中已完成的部分或层次分割计算。

商品房销售面积 指报告期内出售商品房屋的合同总面积（即双方签署的正式买卖合同中所确定的建筑面积）。商品房销售面积由现房销售面积和期房销售面积两部分组成。

商品房销售额 指报告期内出售商品房屋的合同总价款（即双方签署的正式买卖合同中所确定的合同总价）。该指标与商品房销售面积同口径，由现房销售额和期房销售额两部分组成。

住宅竣工套数　指报告期内按照设计要求已全部完工，经验收合格，达到住人或使用条件的正式交给开发公司的成套住宅数量（以设计图纸为准）。

商品住宅销售套数　指报告期内出售商品房屋合同中总的成套住宅数量（即双方签署的正式买卖合同中所确定的成套住宅数量）。由现房销售套数和期房销售套数两部分组成。

房屋竣工价值　指报告期内按规定已经上报竣工的房屋本身的建造价值。一般按房屋设计和预算规定的内容计算。包括竣工房屋本身的基础、结构、屋面、装修以及水、电、卫等附属工程的建筑价值；也包括作为房屋建筑组成部分而列入房屋建筑工程预算内的设备（如电梯、通风设备等）的购置和安装费用。不包括厂房内的工艺设备、工艺管线的购置和安装，工艺设备基础的建造；室外的水、暖、电、卫、道路工程、挡土墙等环境工程的费用；办公和生活用家具的购置等费用；购置土地的费用；迁移补偿费和场地平整的费用及城市建设配套投资。

房屋竣工价值不仅包括该竣工房屋在报告期内完成的价值，也包括跨年施工的房屋在本期以前完成的价值。未竣工而转让给其他单位的房屋建筑工程，出让单位不计算竣工价值，待接受单位继续施工并符合竣工条件后，由接受单位计算其竣工价值，包括出让单位在出让前所完成的价值。房屋竣工价值一般按结算价格（或中标价）计算。

待开发土地面积　指经有关部门批准，通过各种方式获得土地使用权，但尚未开工建设的土地面积。

本年土地购置面积　指在本年内通过各种方式获得土地使用权的土地面积。

7 第三产业分行业主要指标

7-10　租赁和商务服务业

简要说明

一、主要内容

本篇资料主要包括租赁和商务服务业企业法人单位分地区主要指标和律师、公证、调解等情况。

二、资料来源

租赁和商务服务业企业法人单位分地区主要指标来源于《规模以上服务业统计报表制度》和《规模以下服务业抽样调查统计报表制度》调查结果。

律师、公证、调解等情况资料由司法部提供。

7-10-1 租赁和商务服务业企业法人单位分地区主要指标

地 区	营业收入(亿元)	资产总计(亿元)	从业人员(万人)
全 国	**95121.6**	**1215877.5**	**2331.1**
北 京	13547.3	190820.8	192.8
天 津	1836.8	36311.2	47.5
河 北	2421.0	29112.7	65.2
山 西	773.9	20283.2	34.1
内蒙古	559.0	19959.6	22.8
辽 宁	1199.8	24097.1	49.7
吉 林	385.4	11490.8	12.4
黑龙江	468.0	5861.0	19.2
上 海	14054.4	85204.5	145.0
江 苏	8413.6	121148.0	215.0
浙 江	6529.2	100749.2	157.3
安 徽	2820.1	46925.1	80.9
福 建	2540.0	23714.1	84.2
江 西	1408.2	11962.0	46.1
山 东	3932.5	48093.5	116.7
河 南	3279.7	20893.5	110.5
湖 北	3131.5	25471.0	89.0
湖 南	2475.9	30605.3	69.1
广 东	11499.8	125093.5	334.1
广 西	1259.7	17502.3	49.7
海 南	361.2	12081.8	9.4
重 庆	2431.6	20997.8	69.4
四 川	3725.8	55357.6	115.6
贵 州	1210.5	42361.3	37.0
云 南	1252.2	27314.0	43.4
西 藏	356.4	8366.8	6.5
陕 西	1394.3	18526.7	50.0
甘 肃	419.6	7359.1	15.9
青 海	180.2	4013.6	8.2
宁 夏	155.1	2989.0	7.7
新 疆	1099.0	21211.4	26.9

7-10-2 律师、公证和调解工作基本情况

项目		2010	2011	2012	2013	2014	2015	2016	2017	2018	2019
律师工作											
律师事务所	(个)	17230	18235	19361	20609	22166	24425	26150	28382	30647	32621
律师人数	(人)	195170	214968	232384	248623	271452	297175	325540	357193	423758	473036
#专职律师		176000	192546	208356	225000	244000	267536	293586	316771	364345	397329
兼职律师		9294	9740	10108	10550	10545	11199	11567	12369	12002	12589
担任法律顾问	(家)	369129	392456	447993	456847	507289	548260	579360	629742	700027	736917
民事案件代理	(件)	1569043	1693635	1779118	1887156	2100102	2476112	2744896	3872852	3969240	4792176
刑事案件辩护及代理	(件)	530800	569330	576050	592486	667391	717283	704447	705213	814570	1094423
行政案件代理	(件)	51011	52136	43312	57659	64545	86455	98989	156971	165840	189342
非诉讼法律事务	(件)	549453	625229	585358	817703	673080	784264	844414	848806	1058594	1336860
咨询和代书	(万人次)	474.5	513.6	436.9	452.3	464.3	508.2	530.2	452.4	322.6	309.8
公证工作											
公证机构	(家)	3026	3006	3007	2987	3006	3001	3002	2952	2956	2956
公证员	(人)	11000	12163	12333	12725	12960	13147	13175	13231	13335	13428
办理公证(出证)总数	(万件)	1104.8	1076.6	1120.8	1258.9	1221.6	1246.8	1399.7	1448.7	1337.3	1374.3
人民调解工作											
人民调解委员会	(万个)	81.8	81.1	81.7	82.0	80.3	79.8	78.4	75.9	75.2	73.5
调解人员	(万人)	466.9	433.6	428.1	422.9	394.1	391.1	385.2	362.9	349.7	337.8
调解案件总数	(万件)	841.8	893.5	926.6	943.9	933.0	933.1	901.9	874.1	953.2	931.5

7-10-3 公证业务分类情况

分　类	办证件数 (件)	比 重 (%)
合　计	**13743143**	**100.00**
合同(协议)	936257	6.81
继承	1632247	11.88
其中：小额继承	469102	3.41
委托	3120209	22.70
声明	1109186	8.07
赠与	49128	0.36
遗嘱	205970	1.50
现场监督	174372	1.27
婚姻状况、亲属关系、收养关系	624478	4.54
出生、生存、死亡	419066	3.05
身份、经历、学历、学位、职务、职称	186861	1.36
有无违法犯罪记录	445774	3.24
公司章程	2709	0.02
保全证据	503225	3.66
证书、执照	941513	6.85
签名、印鉴	371614	2.70
文本相符	945439	6.88
赋予强制执行效力	1348058	9.81
执行证书	30375	0.22
抵押登记	41623	0.30
提存	6717	0.05
保管	4431	0.03
其他	643891	4.69

7-10-4 调解民间纠纷分类

项　目	调解纠纷 (万件)		各类纠纷所占比重 (%)	
	2018	2019	2018	2019
合　计	**953.2**	**931.5**	**100.0**	**100.0**
#婚姻家庭	167.4	153.1	17.6	16.4
房屋、宅基地	54.6	48.8	5.7	5.2
邻　里	249.5	231.3	26.2	24.8
损害赔偿	72.7	73.9	7.6	7.9
医　疗		8.2		0.9
道路交通事故		78.3		8.4

【主要统计指标解释】

公证（出证） 指公证处根据当事人申请，依照事实和法律，按照法定程序制作的，具有法律效力的司法证明文书。

调解人员 指在人民调解委员会担负调解民间纠纷工作的人员，包括调解委员会的委员和调解小组的调解员。

调解民间纠纷 指调解委员会按照法律规定，根据自愿原则，用说服教育的方法调解民间发生的有关民事权利和义务争执的件数，包括调解成功数和调解未成功数。

7 第三产业分行业主要指标

7-11 科学研究和技术服务业

简要说明

一、主要内容

科技活动基本情况，包括 R&D 人员、R&D 经费、科技成果和专利情况；气象、地震、测绘、质量监督等综合技术服务部门业务活动情况；全国技术市场成交合同额情况以及科学研究与技术服务业企业法人单位分地区主要指标等。

二、统计范围

科技活动统计资料范围为全社会有研究与试验发展（R&D）活动的企事业单位和从事综合技术服务活动的单位，具体包括工业企业法人单位、地级及以上独立核算的政府属科学研究与技术开发机构及科技信息与文献机构、全日制普通高等学校及附属医院以及研究与试验发展（R&D）活动相对密集行业（包括农、林、牧、渔业，建筑业，交通运输、仓储和邮政业，信息传输、软件和信息技术服务业，金融业，租赁和商务服务业，科学研究和技术服务业，水利、环境和公共设施管理业，卫生和社会工作，文化、体育和娱乐业等）中从事研究与试验发展（R&D）活动的企事业单位。

三、资料来源

科技活动基本情况资料由国家统计局、科技部、国防科工局、教育部、国家知识产权局等部门提供；高校研究与试验发展（R&D）课题学科分组情况由教育部提供；气象、地震、测绘、产品质量监督等资料，分别由中国气象局、中国地震局、国家市场监督管理总局等部门提供；技术市场资料由科技部提供。

科学研究和技术服务业企业法人单位分地区主要指标来源于《规模以上服务业统计报表制度》和《规模以下服务业抽样调查统计报表制度》调查结果。

四、统计调查方法

研究与试验发展（R&D）活动情况采用全面调查和抽样调查等方法取得；科协、测绘、气象、地震、产品质量监督和专利资料采用抽样等多种调查方法取得。

五、科技活动统计资料口径变动说明

2000 年以前研究与试验发展（R&D）活动统计资料只包括大中型工业企业、政府属研究机构、普通高等学校，2000 年及以后年份扩大到了全社会范围。

7-11-1 科技活动基本情况

指 标	2005	2006	2007	2008	2009	2010	2011
研究与试验发展(R&D)投入情况							
R&D人员全时当量 (万人年)	136.5	150.2	173.6	196.5	229.1	255.4	288.3
#基础研究	11.5	13.1	13.8	15.4	16.5	17.4	19.3
应用研究	29.7	30.0	28.6	28.9	31.5	33.6	35.3
试验发展	95.2	107.1	131.2	152.2	181.1	204.5	233.7
R&D经费内部支出 (亿元)	2450.0	3003.1	3710.2	4616.0	5802.1	7062.6	8687.0
#基础研究	131.2	155.8	174.5	220.8	270.3	324.5	411.8
应用研究	433.5	489.0	492.9	575.2	730.8	893.8	1028.4
试验发展	1885.2	2358.4	3042.8	3820.0	4801.0	5844.3	7246.8
#政府资金	645.4	742.1	913.5	1088.9	1358.3	1696.3	1883.0
企业资金	1642.5	2073.7	2611.0	3311.5	4162.7	5063.1	6420.6
R&D经费内部支出与国内生产总值之比 (%)	1.31	1.37	1.37	1.45	1.66	1.71	1.78
科技成果及获奖数 (项)							
科技成果登记数	32359	33644	34170	35971	38688	42108	44208
国家技术发明奖	40	56	51	55	55	46	55
国家科学技术进步奖	236	241	255	254	282	273	283
技术市场成交额 (亿元)	1551	1818	2227	2665	3039	3907	4764
专利申请数 (件)	476264	573178	693917	828328	976686	1222286	1633347
#发明	173327	210490	245161	289838	314573	391177	526412
实用新型	139566	161366	181324	225586	310771	409836	585467
外观设计	163371	201322	267432	312904	351342	421273	521468
专利授权数 (件)	214003	268002	351782	411982	581992	814825	960513
#发明	53305	57786	67948	93706	128489	135110	172113
实用新型	79349	107655	150036	176675	203802	344472	408110
外观设计	81349	102561	133798	141601	249701	335243	380290

注：1.2017年起专利申请受理数改为专利申请数(以下相关表同)。
2.2014-2019年R&D经费内部支出与国内生产总值之比已根据第四次全国经济普查结果进行了修订。下同。

7-11-1 续表

指 标	2012	2013	2014	2015	2016	2017	2018	2019
研究与试验发展(R&D)投入情况								
R&D人员全时当量 (万人年)	324.7	353.3	371.1	375.9	387.8	403.4	438.1	480.1
#基础研究	21.2	22.3	23.5	25.3	27.5	29.0	30.5	39.2
应用研究	38.4	39.6	40.7	43.0	43.9	49.0	53.9	61.5
试验发展	265.1	291.4	306.8	307.5	316.4	325.4	353.8	379.4
R&D经费内部支出 (亿元)	10298.4	11846.6	13015.6	14169.9	15676.7	17606.1	19677.9	22143.6
#基础研究	498.8	555.0	613.5	716.1	822.9	975.5	1090.4	1335.6
应用研究	1162.0	1269.1	1398.5	1528.6	1610.5	1849.2	2190.9	2498.5
试验发展	8637.6	10022.5	11003.6	11925.1	13243.4	14781.4	16396.7	18309.5
#政府资金	2221.4	2500.6	2636.1	3013.2	3140.8	3487.4	3978.6	4537.3
企业资金	7625.0	8837.7	9816.5	10588.6	11923.5	13464.9	15079.3	16887.2
R&D经费内部支出与国内生产总值之比 (%)	1.91	2.00	2.02	2.06	2.10	2.12	2.14	2.23
科技成果及获奖数 (项)								
科技成果登记数	51723	52477	53140	55284	58779	59792	65720	68562
国家技术发明奖	77	71	70	66	66	66	67	65
国家科学技术进步奖	212	188	202	187	171	170	173	185
技术市场成交额 (亿元)	6437	7469	8577	9836	11407	13424	17697	22398
专利申请数 (件)	2050649	2377061	2361243	2798500	3464824	3697845	4323112	4380468
#发明	652777	825136	928177	1101864	1338503	1381594	1542002	1400661
实用新型	740290	892362	868511	1127577	1475977	1687593	2072311	2268190
外观设计	657582	659563	564555	569059	650344	628658	708799	711617
专利授权数 (件)	1255138	1313000	1302687	1718192	1753763	1836434	2447460	2591607
#发明	217105	207688	233228	359316	404208	420144	432147	452804
实用新型	571175	692845	707883	876217	903420	973294	1479062	1582274
外观设计	466858	412467	361576	482659	446135	442996	536251	556529

7-11-2 全国研究与试验发展(R&D)经费内部支出

单位：亿元，%

年份	R&D经费内部支出	基础研究	应用研究	试验发展	与国内生产总值之比	R&D经费内部支出现价增长
1995	348.7	18.1	92.0	238.6	0.57	
1996	404.5	20.2	99.1	285.1	0.56	16.0
1997	509.2	27.4	132.5	349.3	0.64	25.9
1998	551.1	29.0	124.6	397.5	0.65	8.2
1999	678.9	33.9	151.6	493.5	0.75	23.2
2000	895.7	46.7	151.9	697.0	0.89	31.9
2001	1042.5	55.6	184.9	802.0	0.94	16.4
2002	1287.6	73.8	246.7	967.2	1.06	23.5
2003	1539.6	87.7	311.4	1140.5	1.12	19.6
2004	1966.3	117.2	400.5	1448.7	1.21	27.7
2005	2450.0	131.2	433.5	1885.2	1.31	24.6
2006	3003.1	155.8	489.0	2358.4	1.37	22.6
2007	3710.2	174.5	492.9	3042.8	1.37	23.5
2008	4616.0	220.8	575.2	3820.0	1.45	24.4
2009	5802.1	270.3	730.8	4801.0	1.66	25.7
2010	7062.6	324.5	893.8	5844.3	1.71	21.7
2011	8687.0	411.8	1028.4	7246.8	1.78	23.0
2012	10298.4	498.8	1162.0	8637.6	1.91	18.5
2013	11846.6	555.0	1269.1	10022.5	2.00	15.0
2014	13015.6	613.5	1398.5	11003.6	2.02	9.9
2015	14169.9	716.1	1528.6	11925.1	2.06	8.9
2016	15676.7	822.9	1610.5	13243.4	2.10	10.6
2017	17606.1	975.5	1849.2	14781.4	2.12	12.3
2018	19677.9	1090.4	2190.9	16396.7	2.14	11.8
2019	22143.6	1335.6	2498.5	18309.5	2.23	12.5

7-11-3 全国研究与试验发展(R&D)人员全时当量

单位：万人年，%

年 份	R&D人员全时当量	基础研究	比重	应用研究	比重	试验发展	比重
1992	67.43	5.84	8.66	20.90	30.99	40.70	60.36
1993	69.78	6.33	9.07	21.49	30.80	41.96	60.13
1994	78.32	7.64	9.76	24.20	30.90	46.48	59.35
1995	75.17	6.66	8.87	22.79	30.32	45.71	60.81
1996	80.40	6.96	8.65	23.65	29.42	49.79	61.93
1997	83.12	7.17	8.63	25.27	30.40	50.68	60.97
1998	75.52	7.87	10.42	24.97	33.06	42.68	56.51
1999	82.17	7.60	9.25	24.15	29.39	50.42	61.36
2000	92.21	7.96	8.63	21.96	23.82	62.28	67.54
2001	95.65	7.88	8.24	22.60	23.63	65.17	68.13
2002	103.51	8.40	8.12	24.73	23.89	70.39	68.00
2003	109.48	8.97	8.19	26.03	23.77	74.49	68.03
2004	115.26	11.07	9.61	27.86	24.17	76.33	66.22
2005	136.48	11.54	8.46	29.71	21.77	95.23	69.78
2006	150.25	13.13	8.74	29.97	19.95	107.14	71.31
2007	173.62	13.81	7.95	28.60	16.47	131.21	75.57
2008	196.54	15.40	7.83	28.94	14.72	152.20	77.44
2009	229.13	16.46	7.18	31.53	13.76	181.14	79.06
2010	255.38	17.37	6.80	33.56	13.14	204.46	80.06
2011	288.29	19.32	6.70	35.28	12.24	233.73	81.07
2012	324.68	21.22	6.53	38.38	11.82	265.09	81.65
2013	353.28	22.32	6.32	39.56	11.20	291.40	82.49
2014	371.06	23.54	6.34	40.70	10.97	306.82	82.69
2015	375.88	25.32	6.73	43.04	11.45	307.53	81.81
2016	387.81	27.47	7.08	43.89	11.32	316.44	81.60
2017	403.36	29.01	7.19	48.96	12.14	325.39	80.67
2018	438.14	30.50	6.96	53.88	12.30	353.77	80.74
2019	480.08	39.20	8.16	61.54	12.82	379.37	79.02

7-11-4 各地区研究与试验发展(R&D)经费内部支出

单位：万元，%

地　区	R&D经费内部支出	基础研究	应用研究	试验发展	R&D经费内部支出与国内(地区)生产总值之比
全　国	**221435774**	**13355711**	**24984607**	**183095455**	**2.23**
北　京	22335870	3554523	5638952	13142395	6.31
天　津	4629716	246724	491638	3891353	3.28
河　北	5667279	148850	580123	4938307	1.61
山　西	1912215	104432	194753	1613030	1.12
内蒙古	1478092	45095	164885	1268112	0.86
辽　宁	5084604	320891	975154	3788560	2.04
吉　林	1483828	202196	314869	966762	1.27
黑龙江	1465528	256620	335764	873144	1.08
上　海	15245534	1353100	1990277	11902157	4.00
江　苏	27795165	762027	1880429	25152708	2.79
浙　江	16697956	478348	915833	15303775	2.68
安　徽	7540286	395540	607936	6536810	2.03
福　建	7537466	361301	508665	6667500	1.78
江　西	3843094	153456	214068	3475571	1.55
山　东	14947162	573401	993446	13380315	2.10
河　南	7930369	191391	722441	7016537	1.46
湖　北	9578823	432337	1193805	7952681	2.09
湖　南	7871638	315091	869699	6686848	1.98
广　东	30984890	1418552	2472767	27093570	2.88
广　西	1671326	149890	168625	1352811	0.79
海　南	299096	57121	73592	168383	0.56
重　庆	4695714	281486	459125	3955103	1.99
四　川	8709515	511526	1283985	6914003	1.87
贵　州	1446849	139705	203493	1103650	0.86
云　南	2200452	216527	237144	1746781	0.95
西　藏	43345	8573	13296	21476	0.26
陕　西	5845754	360598	1053954	4431202	2.27
甘　肃	1102446	185634	239600	677212	1.26
青　海	205680	22922	43576	139182	0.69
宁　夏	545051	39501	58445	447105	1.45
新　疆	641033	68353	84268	488412	0.47

7-11-5 各地区研究与试验发展(R&D)人员全时当量

单位：人年

地 区	R&D人员全时当量	#研究人员	基础研究	应用研究	试验发展
全 国	**4800768**	**2109460**	**391972**	**615395**	**3793700**
北 京	313986	207995	63478	92521	158059
天 津	92502	48280	9518	14509	68481
河 北	111799	50456	7061	22415	82327
山 西	46853	23897	6174	9366	31322
内蒙古	24897	12876	2302	5305	17289
辽 宁	99880	56605	13583	20793	65505
吉 林	42323	28543	14486	11658	16181
黑龙江	44394	32070	14797	10888	18709
上 海	198646	110610	29252	34104	135333
江 苏	635279	245470	24530	41329	569431
浙 江	534724	153123	13595	28618	492517
安 徽	175318	76363	16135	20164	139017
福 建	171452	68051	7666	18242	145545
江 西	105593	39152	5334	7250	93009
山 东	278787	122797	21374	32796	224622
河 南	191570	76108	7421	22196	161967
湖 北	178330	82325	13131	25393	139823
湖 南	157277	74126	13342	21670	122285
广 东	803208	280061	30104	58978	714161
广 西	47420	26068	8436	10923	28061
海 南	8903	4935	1779	2398	4728
重 庆	97602	44130	7955	15603	74049
四 川	170777	91965	16127	33042	121625
贵 州	37757	17106	5282	6689	25791
云 南	57157	27502	9705	8940	38520
西 藏	1751	1225	492	603	656
陕 西	115319	73048	16931	25077	73329
甘 肃	25956	17586	6270	7008	12678
青 海	5476	2872	788	1304	3386
宁 夏	12016	5106	1559	1755	8704
新 疆	13820	9010	3366	3861	6594

7-11-6 国家财政科技支出

单位：亿元，%

年 份	国家财政总支出	国家财政科技拨款	中 央	地 方	科技拨款与财政总支出之比
1980	1228.8	64.6			5.26
1981	1138.4	61.6			5.41
1982	1230.0	65.3			5.31
1983	1409.5	79.0			5.61
1984	1701.0	94.7			5.57
1985	2004.3	102.6			5.12
1986	2204.9	112.6			5.11
1987	2262.2	113.8			5.03
1988	2491.2	121.1			4.86
1989	2823.8	127.9			4.53
1990	3083.6	139.1	97.6	41.6	4.51
1991	3386.6	160.7	115.4	45.3	4.74
1992	3742.2	189.3	133.6	55.7	5.06
1993	4642.3	225.6	167.6	58.0	4.86
1994	5792.6	268.3	199.0	69.3	4.63
1995	6823.7	302.4	215.6	86.8	4.43
1996	7937.6	348.6	242.8	105.8	4.39
1997	9233.6	408.9	273.9	134.0	4.43
1998	10798.2	438.6	289.7	148.9	4.06
1999	13187.7	543.9	355.6	188.3	4.12
2000	15886.5	575.6	349.6	226.0	3.62
2001	18902.6	703.3	444.3	258.9	3.72
2002	22053.2	816.2	511.2	305.0	3.70
2003	24650.0	944.6	609.9	335.6	3.83
2004	28486.9	1095.3	692.4	402.9	3.84
2005	33930.3	1334.9	807.8	527.1	3.93
2006	40422.7	1688.5	1009.7	678.8	4.18
2007	49781.4	2135.7	1044.1	1091.6	4.29
2008	62592.7	2611.0	1287.2	1323.8	4.17
2009	76299.9	3276.8	1653.3	1623.5	4.29
2010	89874.2	4196.7	2052.5	2144.2	4.67
2011	109247.8	4797.0	2343.3	2453.7	4.39
2012	125953.0	5600.1	2613.6	2986.5	4.45
2013	140212.1	6184.9	2728.5	3456.4	4.41
2014	151785.6	6454.5	2899.2	3555.4	4.25
2015	175877.8	7005.8	3012.1	3993.7	3.98
2016	187755.2	7760.7	3269.3	4491.4	4.13
2017	203085.5	8383.6	3421.4	4962.1	4.13
2018	220904.1	9518.2	3738.5	5779.7	4.31
2019	238874.0	10717.4	4173.2	6544.2	4.49

7-11-7 科学研究和技术服务业企业法人单位分地区主要指标

地 区	营业收入 (亿元)	资产总计 (亿元)	从业人员 (万人)
全 国	**50734.8**	**166210.7**	**1088.7**
北 京	9753.3	38328.7	129.6
天 津	1502.9	5320.5	22.5
河 北	1138.2	2986.4	39.2
山 西	389.2	1782.3	14.9
内蒙古	231.4	1811.4	9.2
辽 宁	698.6	2170.4	19.4
吉 林	249.0	699.8	7.0
黑龙江	372.5	1064.5	7.7
上 海	4731.9	12529.4	60.1
江 苏	5154.6	16470.2	110.3
浙 江	2709.7	8010.8	55.6
安 徽	1149.8	2674.5	32.4
福 建	919.1	2289.5	29.9
江 西	647.8	6309.0	15.6
山 东	2575.3	8394.6	66.2
河 南	2301.2	3371.3	68.8
湖 北	2250.5	5321.2	50.2
湖 南	1500.3	3465.7	41.2
广 东	5565.4	13702.0	144.0
广 西	382.9	1839.1	16.2
海 南	148.0	1879.0	4.1
重 庆	871.7	2066.7	20.9
四 川	2370.1	8657.7	44.4
贵 州	395.2	3094.4	10.2
云 南	549.1	2591.3	15.9
西 藏	68.1	1730.5	1.7
陕 西	1232.6	3741.3	26.4
甘 肃	294.0	1212.6	9.5
青 海	81.5	695.3	3.0
宁 夏	80.4	351.5	2.8
新 疆	420.5	1649.2	9.7

7-11-8 研究与开发机构科技活动情况

指　　标	2005	2006	2007	2008	2009	2010	2011
机构基本情况							
机构数　（个）	3901	3803	3775	3727	3707	3696	3673
#中央属	679	673	674	678	691	686	686
地方属	3222	3130	3101	3049	3016	3010	2987
研究与试验发展(R&D)							
投入情况							
R&D人员　（万人）	24.1	25.7	29.0	30.4	32.3	34.2	36.2
R&D人员全时当量　（万人年）	21.5	23.1	25.5	26.0	27.7	29.3	31.6
#基础研究	2.8	3.2	3.6	3.8	4.1	4.2	5.0
应用研究	8.3	8.9	9.3	9.7	10.3	10.9	11.3
试验发展	10.4	11.0	12.6	12.5	13.4	14.2	15.2
R&D经费内部支出　（亿元）	513.1	567.3	687.9	811.3	996.0	1186.4	1306.7
#基础研究	58.0	67.9	74.7	92.7	110.6	129.9	160.2
应用研究	176.3	196.2	227.1	271.3	350.9	387.6	417.2
试验发展	278.7	303.2	386.1	447.2	534.4	668.9	729.3
#政府资金	424.7	481.2	592.9	699.7	849.5	1036.5	1106.1
企业资金	17.6	17.3	26.2	28.2	29.8	34.2	39.9
国外资金	1.8	2.6	3.4	4.0	4.2	3.4	4.9
其他资金	68.1	66.1	65.3	79.3	112.4	112.2	155.8
研究与试验发展(R&D)							
项目(课题)情况							
R&D项目(课题)数　（项）	39072	42262	49453	54900	61135	67050	70967
R&D项目(课题)人员全时当量（万人年）	17.6	20.2	22.2	22.9	23.7	25.4	27.3
R&D项目(课题)经费内部支出（亿元）	353.5	365.4	451.7	537.7	579.8	681.5	807.1
科技产出及成果情况							
发表科技论文　（篇）	109995	118211	126527	132072	138119	140818	148039
#国外发表	15638	17597	19596	21498	25882	26862	31598
出版科技著作　（种）	3578	3791	4134	4691	4788	3922	4292
专利申请数　（件）	6814	8026	9802	12536	15773	19192	24059
#发明专利	5064	6200	7782	9864	12361	14979	18227
专利授权数　（件）	3234	3499	4036	5048	6391	8698	12126
#发明专利	2088	2191	2467	3102	4077	5249	7862

7-11-8 续表

指　　标	2012	2013	2014	2015	2016	2017	2018	2019
机构基本情况								
机构数 （个）	3674	3651	3677	3650	3611	3547	3306	3217
#中央属	710	711	720	715	734	728	717	726
地方属	2964	2940	2957	2935	2877	2819	2589	2491
研究与试验发展(R&D)投入情况								
R&D人员 （万人）	38.8	40.9	42.3	43.6	45.0	46.2	46.4	48.5
R&D人员全时当量 （万人年）	34.4	36.4	37.4	38.4	39.0	40.6	41.3	42.5
#基础研究	5.7	6.1	6.6	7.1	8.4	8.4	8.5	9.2
应用研究	12.1	13.0	12.8	13.1	12.7	14.3	14.8	14.8
试验发展	16.5	17.3	18.0	18.1	17.9	17.8	18.0	18.4
R&D经费内部支出 （亿元）	1548.9	1781.4	1926.2	2136.5	2260.2	2435.7	2698.4	3080.8
#基础研究	197.9	221.6	258.9	295.3	337.4	384.4	423.8	510.3
应用研究	469.3	525.8	552.9	618.4	642.1	699.4	797.6	933.6
试验发展	881.7	1034.0	1114.4	1222.8	1280.7	1351.9	1476.9	1636.9
#政府资金	1292.7	1481.2	1581.0	1802.7	1851.6	2025.9	2284.9	2582.4
企业资金	47.4	60.9	62.9	65.4	90.4	91.9	102.6	118.7
国外资金	5.1	5.7	9.1	5.0	3.9	4.4	5.2	5.0
其他资金	203.8	233.5	273.8	263.4	314.2	313.6	305.6	374.7
研究与试验发展(R&D)项目(课题)情况								
R&D项目(课题)数 （项）	79343	85069	91465	99559	100925	112472	117872	125642
R&D项目(课题)人员全时当量 （万人年）	31.1	32.7	34.0	34.9	34.4	35.9	36.8	37.8
R&D项目(课题)经费内部支出 （亿元）	1078.3	1221.7	1272.7	1513.8	1592.5	1720.8	1930.2	2119.5
科技产出及成果情况								
发表科技论文 （篇）	158647	164440	171928	169989	175169	177572	176003	185978
#国外发表	35173	41072	47032	47301	50010	54500	58440	68776
出版科技著作 （种）	4458	4619	5023	5662	5714	5459	5722	5469
专利申请数 （件）	30418	37040	41966	46559	52331	56267	61404	67302
#发明专利	23406	28628	32265	35092	39854	43426	47740	52185
专利授权数 （件）	16551	20095	24870	30104	32442	35350	36778	38476
#发明专利	10935	12542	15786	19720	21816	24283	23098	24486

7-11-9 高等学校科技活动情况

指　　标		2005	2006	2007	2008	2009	2010	2011
高等学校基本情况								
学校数	（个）	1792	1867	1908	2263	2305	2358	2409
#理工农医		786	800	786	827	1003	970	975
人文社科		815	843	840	869	954	963	997
R&D机构	（个）	3936	4154	4502	5159	5784	7833	8630
研究与试验发展(R&D）投入情况								
R&D人员	（万人）	38.7	42.1	44.8	47.8	50.9	59.4	63.2
R&D人员全时当量	（万人年）	22.7	24.2	25.4	26.6	27.5	29.0	29.9
#基础研究		7.8	9.0	9.4	10.9	11.3	12.0	12.9
应用研究		11.1	11.3	12.0	13.7	14.1	14.8	15.0
试验发展		3.9	3.9	4.0	2.0	2.1	2.1	2.0
R&D经费内部支出	（亿元）	242.3	276.8	314.7	390.2	468.2	597.3	688.8
#基础研究		56.7	71.4	86.8	114.8	145.5	179.9	226.7
应用研究		125.0	137.3	161.8	208.9	250.0	337.0	372.4
试验发展		60.6	68.2	66.1	66.5	72.6	80.3	89.8
#政府资金		133.1	151.5	177.7	225.5	262.2	358.8	405.1
企业资金		88.9	101.2	110.3	134.9	171.7	198.5	242.9
研究与试验发展(R&D)项目(课题)情况								
R&D项目(课题)数	（项）	280327	365294	375425	429096	476708	547717	604107
R&D项目(课题)人员全时当量	（万人年）	22.5	26.8	25.2	26.6	27.4	28.9	29.9
R&D项目(课题)经费内部支出	（亿元）	193.5	287.0	258.2	323.2	363.5	467.0	535.3
科技产出及成果情况								
发表科技论文	（篇）	728082	830948	905985	964877	1016354	1062512	1109965
#国外发表		69857	90722	108727	134058	156750	182247	218301
出版科技著作	（种）	33064	34633	35733	37541	40919	38101	37472
专利申请数	（件）	20094	24490	29860	40610	56641	72744	95592
#发明专利		14673	18059	21864	29337	36241	44132	54362
专利授权数	（件）	8843	12043	14111	19248	25570	37490	53055
#发明专利		4715	6650	8251	10216	14408	18055	25064

7-11-9 续表

指　　标	2012	2013	2014	2015	2016	2017	2018	2019
高等学校基本情况								
学校数 (个)	2442	2491	2529	2560	2596	2631	2663	2688
#理工农医	1039	1070	1356	1713	2021	2162	2211	2294
人文社科	1090	1150	1540	1814	2199	2325	2346	2376
R&D机构 (个)	9225	9842	10632	11732	13062	14971	16280	18379
研究与试验发展(R&D) 投入情况								
R&D人员 (万人)	67.8	71.5	76.3	83.9	85.2	91.4	98.4	123.3
R&D人员全时当量 (万人年)	31.4	32.5	33.5	35.5	36.0	38.2	41.1	56.5
#基础研究	14.0	14.7	15.5	16.4	16.7	18.1	19.1	26.7
应用研究	15.4	15.9	16.1	17.2	17.3	18.3	19.7	25.8
试验发展	1.9	1.9	1.9	1.9	2.0	1.9	2.3	4.1
R&D经费内部支出 (亿元)	780.6	856.7	898.1	998.6	1072.2	1266.0	1457.9	1796.6
#基础研究	275.7	307.6	328.6	391.0	432.5	531.1	589.9	722.2
应用研究	402.7	441.3	476.4	516.3	528.4	623.1	711.5	879.3
试验发展	102.2	107.8	93.1	91.3	111.4	111.8	156.5	195.1
#政府资金	474.1	516.9	536.5	637.3	687.8	804.5	972.3	1048.5
企业资金	260.5	289.3	302.7	301.5	310.5	360.4	387.2	471.0
研究与试验发展(R&D)项目(课题)情况								
R&D项目(课题)数 (项)	657027	711010	766731	841520	894279	966780	1076903	1188769
R&D项目(课题)人员全时当量 (万人年)	31.3	32.4	33.5	35.4	36.0	38.2	41.1	56.5
R&D项目(课题)经费内部支出 (亿元)	607.3	662.7	701.8	765.6	777.2	877.0	988.8	1154.0
科技产出及成果情况								
发表科技论文 (篇)	1117742	1127210	1152147	1220467	1267881	1308110	1389912	1447336
#国外发表	226097	249637	278599	313698	355483	390235	459492	542557
出版科技著作 (种)	38760	37866	39326	43136	44518	45591	44794	43331
专利申请数 (件)	113430	133865	149961	190351	236665	277524	320790	340685
#发明专利	66755	81251	93415	109911	137755	157131	191964	210885
专利授权数 (件)	74550	84930	85006	127329	149524	169679	193027	213163
#发明专利	34441	35873	39468	55021	66419	78254	79773	92394

7-11-10 高等学校研究与试验发展(R&D)课题学科分组情况

学 科	R&D课题数(个)	R&D课题参加人员全时当量(人年)	R&D项目(课题)经费内部支出(万元)
全 国	**1188769**	**565362**	**11539736**
数 学	15058	9165	129328
信息科学与系统科学	12891	7561	212099
力 学	4789	3707	95416
物理学	19628	14424	485941
化 学	26872	17909	401898
天文学	663	483	11819
地球科学	20326	12931	380139
生物学	29771	20240	552009
心理学	7050	2192	29549
农 学	25124	14684	415028
林 学	5532	3656	73784
畜牧、兽医科学	9247	5085	124917
水产学	3567	1570	53415
基础医学	29898	23072	347417
临床医学	78155	69327	752754
预防医学与公共卫生学	5386	4866	124792
军事医学与特种医学	251	159	4682
药 学	9778	7377	136523
中医学与中药学	22776	18965	178039
工程与技术科学基础学科	7347	4681	174350
信息与系统科学相关工程与技术	10795	6931	198087
自然科学相关工程与技术	6771	4268	183614
测绘科学技术	3046	2264	65520
材料科学	34284	23505	652914
矿山工程技术	9456	4934	131353
冶金工程技术	3031	2182	103913
机械工程	35777	23037	642829
动力与电气工程	19464	13548	385320
能源科学技术	7002	4493	172155
核科学技术	1462	1269	42150
电子与通信技术	34533	23435	683258
计算机科学技术	36251	22875	570194
化学工程	14952	8764	207249
产品应用相关工程与技术	2847	1965	51160
纺织科学技术	2665	1527	34855
食品科学技术	9720	5847	127214
土木建筑工程	26650	16056	412724
水利工程	4714	3597	82021
交通运输工程	14162	8847	278024
航空、航天科学技术	5277	3929	227518
环境科学技术及资源科学技术	20202	13157	355213
安全科学技术	3261	2065	56460
管理学	118085	29450	390842
马克思主义	27606	6381	34438
哲 学	7655	1686	14657
宗教学	1188	278	2610
语言学	30721	7302	42313
文 学	24539	5603	40293
艺术学	49945	11275	117970
历史学	13160	2910	32005
考古学	2903	458	26296
经济学	65040	14105	154656
政治学	12068	2572	23082
法 学	31280	6000	58385
军事学			
社会学	27730	6052	55191
民族学与文化学	8749	2135	18249
新闻学与传播学	15236	2635	26706
图书馆、情报与文献学	7645	1813	11787
教育学	82309	18637	99820
体育科学	18269	4573	30012
统计学	4210	948	12783
其 他			

7-11-11 全国气象部门基本情况

项目		2000	2005	2007	2008	2009	2010	2011
气象观测业务台站	**(个)**							
地面观测		2819	2405	2431	2438	2416	2418	2419
高空探测		156	120	123	121	118	120	120
自动气象站		550	7813	23130	28235	31553	30693	33259
天气雷达观测		238	253	304	313	330	342	259
大气成分观测			21	31	35	35	28	28
太阳辐射观测		99	105	103	142	157	100	100
农业气象观测		1125	769	739	635	653	653	653
生态与农业气象观测试验		68	67	69	67	68	68	68
卫星云图接收		319	435	496	621	311	361	363
大气本底站		4	6	7	7	7	7	7
闪电定位监测			234	354	387	417	425	319
沙尘暴监测			85	31	194	182	29	29
紫外线观测			178	174	203	149	164	160
风廓线雷达观测								
空间天气观测								
酸雨观测		82	299	334	330	337	342	342
臭氧观测		3	14	4	20	17	22	36
气象科学数据共享服务数据量	**(GB)**		**2089**	**11250858**	**5198905**	**245739555**	**3583171**	**398134**
装备								
拥有计算机数	(台)	27724	50683	63350	72133	79349	90040	98101
#高性能计算机			62	65	61	72	106	108
服务器及工作站			768	1046	1196	1751	2428	3124
个人计算机(含个人服务器)			47950	59610	67853	73750	82744	89530
云图接收机数	(台)	354	506	438	453	407	421	453
电视会商系统设备	(套)		729	1041	1296	1805	1895	2071
人工影响天气作业								
设备高炮	(门)		6393	6969	6311	6973	6902	6636
火箭发射系统	(部)		4129	5039	4862	6355	7034	7109
人员	**(人)**							
全国气象部门职工总数		59113	53214	53321	53265	53180	53606	53665

注：1.2006年起气象科学数据共享服务数据量是全国气象部门利用网络向社会提供气象资料的数据量，2005年以前是国家气象信息中心气象科学数据共享服务网的数据量。

2.2018年地面观测站变动较大，系将部分省级气象观测站纳入国家级气象观测站统计范围所致，下同。

7-11-11 续表

项目		2012	2013	2014	2015	2016	2017	2018	2019
气象观测业务台站	**（个）**								
地面观测		2423	2424	2423	2422	2423	2425	10602	10701
高空探测		120	120	120	120	120	120	120	123
自动气象站		45926	53184	55488	57405	57435	57435	53395	54534
天气雷达观测		230	212	224	233	242	242	275	294
大气成分观测		28	28	28	28	28	28	166	261
太阳辐射观测		100	100	100	100	100	100	103	137
农业气象观测		653	653	653	653	653	653	653	653
生态与农业气象观测试验		68	68	68	70	70	70	69	69
卫星云图接收		363	364	364	364	380	380	329	330
大气本底站		7	7	7	7	7	7	7	7
闪电定位监测		334	334	391	490	490	490	476	489
沙尘暴监测		29	29	29	29	29	29	29	29
紫外线观测		153	157	168	158	164	155	111	108
风廓线雷达观测				61	31	31	69	123	145
空间天气观测				17	44	84	87	56	56
酸雨观测		365	365	365	376	376	376	398	399
臭氧观测		36	41	48	71	53	68	53	60
气象科学数据共享服务数据量	**（GB）**	**4409824**	**505077**	**348736**	**901068**	**274157**	**339876**	**1213193**	**545609**
装备									
拥有计算机数	（台）	108370	113208	108521	126982	136952	143876	144715	148640
#高性能计算机		143	96	100	233	341	274	251	276
服务器及工作站		4249	5005	6169	7584	15862	16945	18270	18816
个人计算机（含个人服务器）		97250	100368	102252	119165	120749	126657	126194	129548
云图接收机数	（台）	453	542	698	812	747	840	1000	984
电视会商系统设备	（套）	2208	2529						
人工影响天气作业									
设备高炮	（门）	6654	6761	6593	6542	6320	6183	5909	5858
火箭发射系统	（部）	7213	7632	7507	8209	7950	8311	7358	7411
人员	**（人）**								
全国气象部门职工总数		53956	54426	54155	53587	53153	52495	65460	64657

7-11-12 各地区气象业务站点及观测项目情况

单位：个

地区和单位	地面观测业务	高空探测业务	自动气象站	天气雷达观测业务	农业气象观测站	环境气象观测站	闪电定位监测业务	卫星云图接收业务
全国	**10701**	**123**	**54534**	**294**	**722**	**1195**	**489**	**330**
北京	54	1	489	6	7	44	1	1
天津	54		257	3	5	23	4	2
河北	411	3	2761	12	30	58	11	8
山西	262	1	1570	7	31	52	7	17
内蒙古	708	12	1658	10	35	31	52	10
辽宁	299	2	1306	7	28	81	9	
吉林	388	3	1061	6	25	35	7	7
黑龙江	485	4	910	9	39	29	29	8
上海	43	1	235	2	1	24	4	8
江苏	264	3	1446	12	22	100	25	6
浙江	260	3	2895	17	14	39	11	20
安徽	295	2	2743	10	25	14	7	2
福建	301	3	1922	10	26	35	9	10
江西	380	2	2167	11	19	33	12	11
山东	431	3	1196	11	20	49	13	10
河南	370	3	2292	10	39	72	19	22
湖北	327	3	2184	10	32	63	32	18
湖南	422	3	3125	11	26	11	10	10
广东	436	4	2808	30	28	84	9	11
广西	518	6	2303	13	29	21	11	12
海南	127	3	442	6	7	39	6	5
重庆	159	1	1805	6	14	52	5	5
四川	505	7	5079	12	47	34	24	15
贵州	364	2	3026	11	19	13	12	14
云南	570	5	2583	9	26	11	22	10
西藏	192	8	564	4	5	18	27	11
陕西	393	4	1575	8	22	31	11	21
甘肃	345	9	1480	9	27	21	19	11
青海	232	7	527	3	19	14	33	17
宁夏	114	1	866	3	10	12	5	7
新疆	712	14	1259	9	44	32	43	15
其他	280			7				6

注：农业气象观测站包括生态与农业气象观测试验站；环境气象站包括大气成分观测站、大气本底站、沙尘暴监测站、紫外线观测站、酸雨观测站和臭氧观测站。

7-11-13 地震台、网基本情况

单位：个

地区	国家地震观测台、网			国家地震遥测台、网	市、县地震台		
	国家级台	省级台	强震观测点		市、县级台	企业台	宏观观测点
全国	**225**	**282**	**2926**	**1426**	**1481**	**292**	**49644**
北京	8	2	266	30	18	1	300
天津	5	5	120	36			1059
河北	7	35	164	79	74	5	11407
山西	7	4	3	87	105	11	1611
内蒙古	14	19	45	49	34		1483
辽宁	7	11	95	41	28	2	1141
吉林	5	6	15	39	28		1191
黑龙江	9	2	19	6	43	11	4869
上海	2		130	31	7		57
江苏	8	7	58	29	97	1	1009
浙江	5	1	46	31	58	7	491
安徽	3	9	24	28	88		762
福建	4	10	144	162	28	8	371
江西	2	6	6	28			1317
山东	6	20	157	144	191	5	1737
河南	3	10	22	10	89	17	1717
湖北	6	8	41	40	12	25	2927
湖南	6	3	6	26	29	10	549
广东	6	7	572	75	40	5	249
广西	5	4	6	31	42	32	751
海南	2	3	13	24	19		371
重庆	1	39	7	30	1	7	3414
四川	14	14	21	65	80	5	2841
贵州	4	15	7	20	2		1356
云南	13	5	323	14	134	110	2814
西藏	15	10	2	26			42
陕西	6	6	84	57	86		1681
甘肃	9	12	254	55	73	7	1087
青海	5	2	55	42	12	20	86
宁夏	4	3	59	15	8		322
新疆	34	4	162	76	55	3	632

7-11-14 各地区测绘生产完成和资料提供情况

地 区 和单位	大地测量		地形图 提供合计 (张)			提供测绘 基准成果 (点)	提供航摄 成果 (平方千米)
	GNSS大地 控制点测量 (点)	水准测量 (公里)		1:10000	1:50000		
全 国	**12143**	**92726**	**273252**	**37528**	**20899**	**190874**	**661531**
北 京		3245	4134	113		5225	
天 津						176	
河 北	145	997	2832	2396	436	1646	15853
山 西	341	2036	577	324	253	592	
内蒙古	376	6260	2232	338	1400	25659	43827
辽 宁	85	315	623			2043	
吉 林	15		506		506	3807	29702
黑龙江	10		12124	11474	557	2778	
上 海			195544	1		12533	
江 苏	537	8175	1245	1143	102	13730	100000
浙 江	2372	3178	210	118	92	1101	94612
安 徽	348		1163	138	1025	1085	2626
福 建	1371	3855	15	15		913	18615
江 西	397	1278	2443	2291	126	4533	
山 东	23	3354	542	151	391	1263	
河 南	400	500	250	118	128	2606	13770
湖 北	517	2866	85		85	348	1300
湖 南			598	558	40	1363	
广 东	550	3091	4010	3031	806	8662	786
广 西	163		465	213	252	14764	5
海 南	112	895	362		353	18296	
重 庆	383	1057	4063	1195	101	405	
四 川	506	1317	571	192	379	1161	448
贵 州	410	554	64	15	49	12939	811
云 南	1428	23648	4388	3928	371	2991	261
西 藏			1898	492	1406	2470	
陕 西	507	1370	1119	6	1113	5281	50727
甘 肃	107	38	9415	8393	1008	5535	172769
青 海	20	3595	3991	2	3989	4546	28800
宁 夏		20	699	569	130	161	7916
新 疆	936	20827	1906	314	1592	5043	2305
青 岛	84	253					
大 连							
宁 波			2				
深 圳			1920			441	1886
厦 门			2327			107	
国家基础地理信息中心			4515		4209	26653	74512

7-11-15　产品质量国家监督抽查情况

项　目	抽查企业（家）	抽查产品（批）	不合格产品（批）
合　计	**25748**	**27495**	**2942**
食　品	3091	3104	152
日用消费品	4195	4375	479
建筑与装饰装修材料	5172	5232	669
农业生产资料	1491	1552	149
轻工产品	2527	3229	403
机械及安防产品	2556	2695	238
电子电器	2566	2719	416
电工及材料	4150	4589	436

7-11-16　各地区产品质量情况

单位：%

地　区	产品质量等级优等品率	质量损失率	产品质量合格率
全　国			**93.86**
北　京			96.54
天　津			94.05
河　北			90.70
山　西			91.08
内蒙古			92.27
辽　宁			92.71
吉　林			89.20
黑龙江			90.61
上　海			95.69
江　苏			94.09
浙　江			93.93
安　徽			93.21
福　建			93.79
江　西			93.80
山　东			93.89
河　南			91.99
湖　北			91.97
湖　南			93.61
广　东			93.86
广　西			91.11
海　南			92.52
重　庆			94.36
四　川			93.52
贵　州			90.72
云　南			92.05
西　藏			92.54
陕　西			92.85
甘　肃			92.05
青　海			88.64
宁　夏			89.05
新　疆			92.02

注：本资料由75个重点工业城市抽样数据汇总而成。

7-11-17 产品质量省级监督抽查情况

地 区	抽查企业 (家)	抽查产品 (批)	不合格产品 (批)
全 国	**132660**	**192171**	**18409**
北 京	3952	7261	841
天 津	2245	6424	176
河 北	5995	8452	650
山 西	8039	11480	716
内蒙古	4086	6119	692
辽 宁	3234	4273	381
吉 林	628	670	14
黑龙江	2259	3202	345
上 海	7595	8433	1238
江 苏	7306	7306	472
浙 江	17048	18127	839
安 徽	4036	4563	499
福 建	3762	5644	232
江 西	13	458	10
山 东	4588	5985	432
河 南	6813	7555	493
湖 北	436	755	30
湖 南	7107	15326	2155
广 东	11905	16179	2733
广 西	3412	3994	398
海 南	746	1307	219
重 庆	5877	15610	1486
四 川	9554	14198	1271
贵 州	3931	5402	662
云 南	2305	3864	698
西 藏			
陕 西	2165	3091	241
甘 肃	2523	4527	236
青 海	215	378	24
宁 夏	51	68	14
新 疆	834	1520	212

7-11-18 各地区技术市场成交额

单位：万元

地区	2000	2005	2008	2009	2010	2011	2012
全国	**6507519**	**15513694**	**26652288**	**30390024**	**39065753**	**47635589**	**64370683**
北京	1402871	4895922	10272173	12362450	15795367	18902752	24585034
天津	262581	507093	866122	1054611	1193390	1693819	2323275
河北	94143	103827	165906	172112	192931	262471	378178
山西	5258	47980	128425	162068	184911	224825	306088
内蒙古	60287	109939	94423	147651	271464	226719	1060962
辽宁	347817	865167	997290	1197095	1306811	1596633	2306648
吉林	71390	122261	196066	197598	188090	262614	251180
黑龙江	152382	142585	412565	488550	529123	620682	1004473
上海	738952	2317328	3861695	4354108	4314374	4807491	5187473
江苏	449568	1008296	940246	1082184	2493406	3334316	4009141
浙江	276275	386954	589189	564581	603478	718968	813079
安徽	61012	142553	324865	356174	461470	650337	861592
福建	172601	171959	179690	232594	356569	345712	500920
江西	69299	111227	77641	97893	230479	341861	397796
山东	288135	983614	660126	719391	1006769	1263778	1400153
河南	211621	263737	254425	263046	272002	387602	399435
湖北	276000	501823	628971	770329	907218	1256876	1963922
湖南	286833	417394	477024	440432	400940	353901	422420
广东	482104	1124740	2016319	1709850	2358949	2750647	3649384
广西	17741	94059	26996	17662	41362	56377	25238
海南		10007	35602	5556	32651	34584	5666
重庆	296594	357059	621884	383158	794410	681453	540188
四川	104150	190823	435313	545977	547393	678330	1112438
贵州	620	10488	20356	17806	77191	136483	96743
云南	187742	159175	50547	102469	108827	117144	454779
西藏							
陕西	92560	188977	438300	698074	1024140	2153664	3348153
甘肃	26413	172736	297560	356287	430845	526386	730619
青海		11812	77033	84967	114051	168443	192989
宁夏	6402	14131	8898	8982	9972	39447	29135
新疆	66168	80029	73963	12078	45188	43783	53853
港澳台			49309	124063	126750	249756	353197
国外			1373366	1660227	2645234	2747738	5606534

7-11-18 续表 单位：万元

地 区	2013	2014	2015	2016	2017	2018	2019
全 国	**74691254**	**85771790**	**98357896**	**114069816**	**134242245**	**176974213**	**223983882**
北 京	28517239	31371854	34538855	39409752	44868872	49578246	56952843
天 津	2761575	3885631	5034369	5526361	5514411	6855875	9092549
河 北	315581	292228	395438	589959	889245	2759840	3811904
山 西	527681	484595	512007	425622	941471	1507567	1095227
内蒙古	387390	139393	153872	120492	196087	198398	224793
辽 宁	1733775	2174648	2674927	3232180	3858317	4744910	5575904
吉 林	347167	285756	264697	1164198	2199199	3419460	4741327
黑龙江	1017747	1202776	1272637	1258091	1467121	1659200	2328823
上 海	5316804	5924481	6637838	7809858	8106177	12251857	14223539
江 苏	5275020	5431585	5729178	6356425	7784223	9914475	14715193
浙 江	814958	872527	980966	1983716	3247310	5906641	8880078
安 徽	1308253	1698313	1904669	2173748	2495697	3213131	4496068
福 建	446885	391913	521448	432204	754634	845235	1395883
江 西	430552	507593	648484	790077	962096	1158231	1486137
山 东	1793981	2492942	3075545	3959453	5116448	8199520	11100178
河 南	402406	407919	450442	587075	768528	1492840	2318885
湖 北	3976158	5806801	7893407	9038371	10330773	12040937	14298358
湖 南	772098	979342	1050578	1056287	2031915	2816126	4906932
广 东	5293936	4132478	6625775	7581650	9370755	13654186	22230844
广 西	73449	115833	73132	339922	394228	614077	775572
海 南	38693	6525	21861	34431	41079	69407	91077
重 庆	902760	1562007	572366	1471870	513581	1883529	566518
四 川	1485752	1990506	2823202	2993006	4058307	9967010	12119539
贵 州	183972	200392	259626	204437	807409	1710975	2271758
云 南	420003	479233	518364	582559	847625	894879	827040
西 藏					440	394	9577
陕 西	5332787	6400198	7218211	8027887	9209395	11252908	14673473
甘 肃	999936	1145162	1296958	1506615	1629587	1808778	1964171
青 海	268863	291001	468849	569190	677186	793553	90969
宁 夏	14289	31823	35202	40526	66679	121058	149033
新 疆	29953	28223	30322	42755	57554	39215	78214
港澳台	67307	91608	158797	678396	604530	174241	864897
国 外	3434284	4946503	4515877	4082703	4431367	5427512	5626577

【主要统计指标解释】

研究与试验发展（R&D） 指为增加知识存量（也包括有关人类、文化和社会的知识）以及设计已有知识的新应用而进行的创造性、系统性工作，包括基础研究、应用研究和试验发展三种类型。基础研究和应用研究统称为科学研究。R&D活动应当满足五个条件：新颖性、创造性、不确定性、系统性、可转移性（可复制性）。国际上通常采用R&D活动的规模和强度指标反映一国的科技实力和核心竞争力。

基础研究 指一种不预设任何特定应用或使用目的的实验性或理论性工作，其主要目的是为获得（已发生）现象和可观察事实的基本原理、规律和新知识。其成果通常表现为提出一般原理、理论或规律，并以论文、著作、研究报告等形式为主。包括纯基础研究和定向基础研究。

应用研究 指为获取新知识，达到某一特定的实际目的或目标而开展的初始性研究。应用研究是为了确定基础研究成果的可能用途，或确定实现特定和预定目标的新方法。其研究成果以论文、著作、研究报告、原理性模型或发明专利等形式为主。

试验发展 指利用从科学研究、实际经验中获取的知识和研究过程中产生的其他知识，开发新的产品、工艺或改进现有产品、工艺而进行的系统性研究。其研究成果以专利、专有技术，以及具有新颖性的产品原型、原始样机及装置等形式为主。

研究与试验发展人员全时当量 指全时人员数加非全时人员按工作量折算为全时人员数的总和。例如：有两个全时人员和三个非全时人员(工作时间分别为20%、30%和70%)，则全时当量为2+0.2+0.3+0.7=3.2人年。为国际上比较科技人力投入而制定的可比指标。

政府资金 指R&D经费内部支出中来自各级政府部门的各类资金，包括财政科学技术拨款、科学基金、教育等部门事业费以及政府部门预算外资金的实际支出。

企业资金 指R&D经费内部支出中来自本企业的自有资金和接受其他企业委托而获得的经费，以及科研院所、高校等事业单位从企业获得的资金的实际支出。

专利 是专利权的简称，是对发明人的发明创造经审查合格后，由专利局依据专利法授予发明人和设计人对该项发明创造享有的专有权。包括发明、实用新型和外观设计。反映拥有自主知识产权的科技和设计成果情况。

发明专利 指对产品、方法或者其改进所提出的新的技术方案。是国际通行的反映拥有自主知识产权技术的核心指标。

实用新型专利 指对产品的形状、构造或者其结合所提出的适于实用的新的技术方案。反映具有一定技术含量的技术成果情况。

外观设计专利 指对产品的形状、图案、色彩或者其结合所作出的富有美感并适于工业上应用的新设计。反映拥有自主知识产权的外观设计成果情况。

7 第三产业分行业主要指标

7-12 水利、环境和公共设施管理业

简要说明

一、主要内容

本篇主要反映我国水环境、大气环境、工业固体废物、生态环境、自然灾害和突发环境事件、环境污染治理投资、城市环境、农村环境等情况。水利、环境和公共设施管理业企业法人单位分地区主要指标。

二、资料来源

水资源、供水和用水情况由水利部提供；“三废”排放及处理、空气质量、噪声监测、海水水质和突发环境事件等情况由生态环境部提供；地质灾害和海洋灾害情况由自然资源部提供；自然保护区、湿地和森林有害生物防治情况由国家林业和草原局提供；森林火灾情况由应急管理部提供；城市市政设施、垃圾、污水、园林绿地情况由住房和城乡建设部提供；地震灾害情况由中国地震局提供。

水利、环境和公共设施管理业企业法人单位分地区主要指标来源于《规模以上服务业统计报表制度》和《规模以下服务业抽样调查统计报表制度》调查结果。

7-12-1 水利、环境和公共设施管理业企业法人单位分地区主要指标

地　区	营业收入（亿元）	资产总计（亿元）	从业人员（万人）
全　国	**12506.4**	**185609.4**	**258.8**
北　京	957.8	5457.9	13.8
天　津	264.5	8555.5	3.0
河　北	231.6	4087.7	12.6
山　西	93.5	1682.1	6.2
内蒙古	83.1	1451.5	3.8
辽　宁	133.5	4096.5	7.4
吉　林	40.4	954.8	1.8
黑龙江	33.7	880.7	2.0
上　海	722.1	6494.4	11.9
江　苏	1448.3	24312.4	19.7
浙　江	1254.0	19752.4	16.5
安　徽	382.4	4621.4	9.2
福　建	270.9	3297.8	9.4
江　西	222.7	5602.0	5.9
山　东	748.0	8279.6	22.3
河　南	575.7	4595.6	18.6
湖　北	638.2	10229.2	9.9
湖　南	802.9	12714.5	7.4
广　东	781.0	6668.4	20.8
广　西	155.5	3206.6	3.5
海　南	94.1	1335.6	4.5
重　庆	877.5	17972.1	7.9
四　川	706.5	10850.9	12.0
贵　州	239.9	6166.5	5.8
云　南	167.7	3470.2	6.2
西　藏	16.5	51.4	0.8
陕　西	378.0	4531.7	8.1
甘　肃	49.8	2328.1	2.6
青　海	22.0	745.9	1.1
宁　夏	22.0	288.5	0.8
新　疆	92.6	927.7	3.4

7-12-2 环境保护基本情况

指标		2005	2006	2007	2008	2009	2010	2011
水环境								
水资源总量	(亿立方米)	28053	25330	25255	27434	24180	30906	23257
地表水		26982	24358	24242	26377	23125	29798	22214
地下水		8091	7643	7617	8122	7267	8417	7215
地表水与地下水资源重复量		7020	6671	6604	7065	6212	7308	6171
人均水资源量	(立方米/人)	2152	1932	1916	2071	1816	2310	1730
供水总量	(亿立方米)	5633	5795	5819	5910	5965	6022	6107
#地表水		4572	4707	4724	4796	4839	4882	4953
地下水		1039	1066	1069	1085	1095	1107	1109
用水总量	(亿立方米)	5633	5795	5819	5910	5965	6022	6107
#农业		3580	3664	3600	3663	3723	3689	3744
工业		1285	1344	1403	1397	1391	1447	1462
生活		675	694	710	729	748	766	790
废水排放总量	(亿吨)	525	537	557	572	589	617	659
#工业废水排放量		243	240	247	242	234	237	231
生活污水排放量		281	297	310	330	355	380	428
化学需氧量排放量	(万吨)	1414	1428	1382	1321	1278	1238	2500
#工业		555	542	511	458	440	435	355
生活		859	887	871	863	838	803	939
农业								1186
氨氮排放量	(万吨)	150	141	132	127	123	120	260
#工业		53	42	34	30	27	27	28
生活		97	99	98	97	95	93	148
农业								83
大气环境								
工业废气排放量	(亿立方米)	268988	330990	388169	403866	436064	519168	674509
二氧化硫排放量	(万吨)	2549	2589	2468	2321	2214	2185	2218
#工业		2168	2235	2140	1991	1866	1864	2017
生活		381	354	328	330	348	321	200
氮氧化物排放量	(万吨)							2404
#工业								1730
生活								37
机动车								638
烟(粉)尘排放总量	(万吨)							1279
#工业								1101
生活								115
机动车								63
固体废物								
一般工业固体废物产生量	(万吨)							322772
危险废物产生量	(万吨)							3431

7-12-2 续表 1

指　　标		2005	2006	2007	2008	2009	2010	2011
一般工业固体废物综合利用量	(万吨)							195215
危险废物综合利用量	(万吨)							1773
一般工业固体废物综合利用率	(%)							60.5
危险废物综合利用率	(%)							51.7
一般工业固体废物处置量	(万吨)							70465
危险废物处置量	(万吨)							916
一般工业固体废物贮存量	(万吨)							60424
危险废物贮存量	(万吨)							824
一般工业固体废物倾倒丢弃量	(万吨)							433
生态环境								
森林面积	(万公顷)	19545	19545	19545	19545	20769	20769	20769
森林覆盖率	(%)	20.36	20.36	20.36	20.36	21.63	21.63	21.63
当年造林面积	(万公顷)	540	384	391	535	626	591	600
自然保护区数	(个)	2349	2395	2531	2538	2541	2588	2640
#国家级		243	265	303	303	319	319	335
自然保护区面积	(万公顷)	14995	15154	15188	14894	14775	14944	14971
湿地面积	(万公顷)	3848.6	3848.6	3848.6	3848.6	5360.3	5360.3	5360.3
湿地面积占国土面积比重	(%)	4.0	4.0	4.0	4.0	5.6	5.6	5.6
自然灾害								
发生地质灾害次数	(处)	17751	102804	25364	26580	10580	30670	15804
#滑坡		9367	88523	15478	13450	6310	22250	11504
崩塌		7654	13160	7722	8080	2378	5688	2445
泥石流		566	417	1215	843	1442	1981	1358
发生地震灾害次数	(次)	13	10	3	17	8	12	18
#5.0级以上		11	9	2	12	7	5	14
森林火灾次数	(次)	11542	8170	9260	14144	8859	7723	5550
#重大		16	7	4	13	35	22	9
特大		3	5			1	4	
森林火灾受害森林面积	(万公顷)	7.4	40.8	2.9	5.3	4.6	4.6	2.7
森林有害生物发生面积	(万公顷)	961.0	1100.7	1209.7	1141.8	1142.0	1164.2	1168.1
森林有害生物防治面积	(万公顷)	640.7	735.5	801.2	784.0	819.4	812.4	728.5
森林有害生物防治率	(%)	66.7	66.8	66.2	68.7	71.8	69.8	62.4
环境污染								
突发环境事件次数	(次)	1406	842	462	474	418	420	542
环境污染治理投资								
环境污染治理投资	(亿元)	2565.2	2779.5	3668.8	4937.0	5258.4	7612.2	7114.0
环境污染治理投资占国内生产总值比重	(%)	1.37	1.27	1.36	1.55	1.51	1.85	1.46
城镇环境基础设施建设投资	(亿元)	1466.9	1528.4	1749.0	2247.7	3245.1	5182.2	4557.2
#燃气		164.3	179.2	187.0	199.2	219.2	357.9	444.1

7-12-2 续表 2

指　　标	2005	2006	2007	2008	2009	2010	2011
集中供热	250.0	252.5	272.4	328.2	441.5	557.5	593.3
排水	431.5	403.6	517.1	637.2	1035.5	1172.7	971.6
园林绿化	456.3	475.2	601.6	823.9	1137.6	2670.6	1991.9
市容环境卫生	164.8	217.9	171.0	259.2	411.2	423.5	556.2
工业污染治理投资 (亿元)	458.2	483.9	552.4	542.6	442.6	397.0	444.4
#治理废水	133.7	151.1	196.1	194.6	149.5	129.6	157.7
治理废气	213.0	233.3	275.3	265.7	232.5	188.2	211.7
治理固体废物	27.4	18.3	18.3	19.7	21.9	14.3	31.4
治理噪声	3.1	3.0	1.8	2.8	1.4	1.4	2.2
治理其他	81.0	78.3	60.7	59.8	37.4	62.0	41.4
当年完成环保验收项目环保投资 (亿元)	640.1	767.2	1367.4	2146.7	1570.7	2033.0	2112.4
城市环境情况							
城区面积 (万平方公里)	41.3	16.7	17.6	17.8	17.5	17.9	18.4
城市污水处理率 (%)	52.0	55.7	62.9	70.2	75.3	82.3	83.6
城市燃气普及率 (%)	82.1	79.1	87.4	89.6	91.4	92.0	92.4
城市生活垃圾清运量 (万吨)	15577	14841	15215	15438	15734	15805	16395
城市生活垃圾无害化处理率 (%)	51.7	52.2	62.0	66.8	71.4	77.9	79.7
城市人均公园绿地面积 (平方米)	7.89	8.30	8.98	9.71	10.66	11.18	11.80
城市公园个数 (个)	7077	6908	7913	8557	9050	9955	10780
农村环境情况							
农村累计使用卫生厕所户数(万户)	13740	13873	14442	15166	16056	17138	18019
农村卫生厕所普及率 (%)	55.3	55.0	57.0	59.7	63.2	67.4	69.2
农村累计使用卫生公厕户数(万户)	1034.1	2126.3	2049.0	2739.5	2970.7	2827.7	2972.8
农村沼气池产气量 (亿立方米)	72.9	83.6	101.7	118.4	130.8	139.6	152.8
农村太阳能热水器 (万平方米)	3205.6	3941.0	4286.4	4758.7	4997.1	5488.9	6231.9
农村太阳灶数 (万台)	68.6	86.5	111.9	135.7	148.4	161.7	213.9

7-12-2 续表 3

指　　标	2012	2013	2014	2015	2016	2017	2018	2019
水环境								
水资源总量 （亿立方米）	29529	27958	27267	27963	32466	28761	27463	29041
地表水	28373	26839	26264	26901	31274	27746	26323	27993
地下水	8296	8081	7745	7797	8855	8310	8247	8192
地表水与地下水资源重复量	7141	6963	6742	6735	7662	7295	7107	7144
人均水资源量 （立方米/人）	2186	2060	1999	2039	2355	2075	1972	2078
供水总量 （亿立方米）	6131	6183	6095	6103	6040	6043	6016	6021
#地表水	4953	5007	4920	4970	4912	4946	4953	4983
地下水	1134	1126	1117	1069	1057	1017	976	934
用水总量 （亿立方米）	6131	6183	6095	6103	6040	6043	6016	6021
#农业	3903	3922	3869	3852	3768	3766	3693	3682
工业	1381	1406	1356	1335	1308	1277	1262	1218
生活	740	750	767	794	822	838	860	872
废水排放总量 （亿吨）	685	695	716	735				
#工业废水排放量	222	210	205	199				
生活污水排放量	463	485	510	535				
化学需氧量排放量 （万吨）	2424	2353	2295	2224	658	609	584	567
#工业	338	319	311	293	123	91	81	77
生活	913	890	864	847	474	484	477	470
农业	1154	1126	1102	1069	57	32	25	19
氨氮排放量 （万吨）	254	246	239	230	57	51	49	46
#工业	26	25	23	22	6	4	4	3
生活	145	141	138	134	48	45	45	42
农业	81	78	76	73	1	1		
大气环境								
工业废气排放量 （亿立方米）	635519	669361	694190	685190				
二氧化硫排放量 （万吨）	2118	2044	1974	1859	855	611	516	457
#工业	1912	1835	1740	1557	770	530	447	395
生活	206	209	234	297	84	81	69	61
氮氧化物排放量 （万吨）	2338	2227	2078	1851	1503	1348	1288	1234
#工业	1658	1546	1405	1181	809	646	589	548
生活	39	41	45	65	62	59	53	50
机动车	640	641	628	585	632	641	645	634
烟(粉)尘排放总量 （万吨）	1236	1278	1741	1538	1608	1285	1132	1088
#工业	1029	1095	1456	1233	1376	1067	949	926
生活	143	124	227	250	219	206	173	155
机动车	64	59	57	56	12	11	10	7
固体废物								
一般工业固体废物产生量 （万吨）	329044	327702	325620	327079	371237	386707	407799	440810
危险废物产生量 （万吨）	3465	3157	3634	3976	5220	6581	7470	8126

7-12-2 续表 4

指　　标	2012	2013	2014	2015	2016	2017	2018	2019
一般工业固体废物综合利用量（万吨）	202462	205916	204330	198807	210995	206159	216860	232079
危险废物综合利用量（万吨）	2005	1700	2062	2050	4317	5973	6788	7539
一般工业固体废物综合利用率（%）	61.5	62.8	62.1	60.3				
危险废物综合利用率（%）	57.8	53.9	56.4	51.2				
一般工业固体废物处置量（万吨）	70745	82969	80388	73034	85232	94314	103283	110359
危险废物处置量（万吨）	698	701	929	1174				
一般工业固体废物贮存量（万吨）	59786	42634	45033	58365				
危险废物贮存量（万吨）	847	811	691	810				
一般工业固体废物倾倒丢弃量（万吨）	144	129	59	56				
生态环境								
森林面积（万公顷）	20769	20769	22045	22045	22045	22045	22045	22045
森林覆盖率（%）	21.63	21.63	22.96	22.96	22.96	22.96	22.96	22.96
当年造林面积（万公顷）	560	610	555	768	720	768	730	739
自然保护区数（个）	2669	2697	2729	2740	2750	2750		
#国家级	363	407	428	428			474	474
自然保护区面积（万公顷）	14979	14631	14699	14703	14733	14717		
湿地面积（万公顷）	5360.3	5360.3	5360.3	5360.3	5360.3	5360.3	5360.3	5360.3
湿地面积占国土面积比重（%）	5.6	5.6	5.6	5.6	5.6	5.6	5.6	5.6
自然灾害								
发生地质灾害次数（处）	14675	15374	10937	8355	10997	7521	2966	6181
#滑坡	11112	9832	8149	5668	8194	5524	1631	4220
崩塌	2152	3288	1860	1870	1905	1356	858	1238
泥石流	952	1547	554	483	652	387	339	599
发生地震灾害次数（次）	12	14	20	14	16	12	11	13
#5.0级以上	11	14	19	14	12	8	7	10
森林火灾次数（次）	3966	3929	3703	2936	2034	3223	2478	2345
#重大	1		2	6	1	4	3	8
特大			1			3	2	1
森林火灾受害森林面积（万公顷）	1.4	1.4	1.9	1.3	0.6	2.5	1.6	1.4
森林有害生物发生面积（万公顷）	1176.9	1223.0	1206.4	1218.4	1211.3	1253.1	1219.5	1236.8
森林有害生物防治面积（万公顷）	782.6	766.8	787.4	877.8	833.8	962.2	948.9	1015.3
森林有害生物防治率（%）	66.5	62.7	65.3	72.0	68.8	76.8	77.8	82.1
环境污染								
突发环境事件次数（次）	542	712	471	334	304	302	286	261
环境污染治理投资								
环境污染治理投资（亿元）	8253.5	9037.2	9575.5	8806.3	9219.8	9539.0		
环境污染治理投资占国内生产总值比重（%）	1.53	1.52	1.49	1.28	1.24	1.15		
城镇环境基础设施建设投资（亿元）	5062.7	5223.0	5463.9	4946.8	5412.0	6085.7	5893.2	6017.8
#燃气	551.8	607.9	574.0	463.1	532.0	566.7	398.6	376.5

7-12-2 续表 5

指标	2012	2013	2014	2015	2016	2017	2018	2019
集中供热	798.1	819.5	763.0	687.8	662.5	778.3	578.6	699.6
排水	934.1	1055.0	1196.1	1248.5	1485.5	1727.5	1897.5	1930.0
园林绿化	2380.0	2234.9	2338.5	2075.4	2170.9	2390.2	2413.4	2327.3
市容环境卫生	398.6	505.7	592.2	472.0	561.1	623.0	605.1	684.4
工业污染治理投资 (亿元)	500.5	849.7	997.7	773.7	819.0	681.5	621.3	615.2
#治理废水	140.3	124.9	115.2	118.4	108.2	76.4	64.0	69.9
治理废气	257.7	640.9	789.4	521.8	561.5	446.3	393.1	367.7
治理固体废物	24.7	14.0	15.1	16.1	46.7	12.7	18.4	17.1
治理噪声	1.2	1.8	1.1	2.8	0.6	1.3	1.5	1.4
治理其他	76.5	68.1	76.9	114.5	102.0	144.9	144.2	159.1
当年完成环保验收项目环保投资 (亿元)	2690.4	2964.5	3113.9	3085.8	2988.8	2771.7		
城市环境情况								
城区面积 (万平方公里)	18.3	18.3	18.4	19.2	19.8	19.8	20.1	20.1
城市污水处理率 (%)	87.3	89.3	90.2	91.9	93.4	94.5	95.5	96.8
城市燃气普及率 (%)	93.2	94.3	94.6	95.3	95.8	96.3	96.7	97.3
城市生活垃圾清运量 (万吨)	17081	17239	17860	19142	20362	21521	22802	24206
城市生活垃圾无害化处理率 (%)	84.8	89.3	91.8	94.1	96.6	97.7	99.0	99.2
城市人均公园绿地面积 (平方米)	12.26	12.64	13.08	13.35	13.70	14.01	14.11	14.36
城市公园个数 (个)	11604	12401	13037	13834	15370	15633	16735	18038
农村环境情况								
农村累计使用卫生厕所户数(万户)	18628	19401	19939	20684	21460	21701		
农村卫生厕所普及率 (%)	71.7	74.1	76.1	78.4	80.3	81.7		
农村累计使用卫生公厕户数(万户)	2896.6	3165.1	3990.9	3879.5	3502.6	2997.7		
农村沼气池产气量 (亿立方米)	157.6	157.8	155.0	153.9	144.9	123.8	112.2	
农村太阳能热水器 (万平方米)	6801.8	7294.6	7782.9	8232.6	8623.7	8723.5	8805.4	8476.7
农村太阳灶数 (万台)	220.7	226.4	230.0	232.6	227.9	222.3	213.6	183.6

注：1. 2011年生态环境部对统计制度中的指标体系、调查方法及相关技术规定等进行了修订，统计范围扩展为工业源、农业源、城镇生活源、机动车、集中式污染治理设施5个部分。

2. 以第二次全国污染源普查成果为基准，生态环境部依法组织对2016-2019年污染源统计初步数据进行了更新，2016年之后数据与以前年份不可比。统计调查对象为全国排放污染物的工业源、农业源、生活源、集中式污染治理设施、机动车。其中，农业源包括大型畜禽养殖场，生活源包括第三产业以及城镇居民生活源；此外，生活源废气污染物排放还包括农村生活源；危险废物综合利用量和处置量指标合并为危险废物综合利用处置量；烟(粉)尘指标改为颗粒物。

3. 2012年起，生活用水量中的牲畜用水量调整至农业用水量中。

4. 森林面积和森林覆盖率2014-2018年为第九次全国森林资源清查数(2014-2018年)；2009-2013年为第八次全国森林资源清查数(2009-2013年)；2005-2008年为第七次清查数(2004-2008年)。包括香港、澳门特别行政区和台湾省数据。

5. 2007年起，造林总面积中增加无林地和疏林地新封山育林面积；2015年起，造林面积包括人工造林、飞播造林、新封山育林、退化林修复和人工更新。

6. 湿地面积和湿地面积占国土面积比重2009-2014年为第二次全国湿地资源调查(2009-2013)资料，包括台湾省和香港、澳门特别行政区数据；2005-2008年为全国首次湿地调查(1995-2003)资料，不包括台湾省和香港、澳门特别行政区数据。

7-12-3 水资源情况

地 区	水资源总量（亿立方米）				人均水资源量（立方米/人）
		地表水资源量	地下水资源量	地表水与地下水资源重复量	
全 国	**29041.0**	**27993.3**	**8191.5**	**7143.8**	**2077.7**
北 京	24.6	8.6	24.7	8.8	114.2
天 津	8.1	5.1	4.2	1.2	51.9
河 北	113.5	51.4	97.8	35.7	149.9
山 西	97.3	58.5	82.5	43.7	261.3
内蒙古	447.9	305.8	233.8	91.7	1765.5
辽 宁	256.0	211.5	106.8	62.4	587.8
吉 林	506.1	437.4	156.1	87.4	1876.2
黑龙江	1511.4	1305.7	413.6	207.8	4017.5
上 海	48.3	40.9	10.4	3.0	199.1
江 苏	231.7	163.0	77.5	8.9	287.5
浙 江	1321.5	1303.0	253.7	235.3	2281.0
安 徽	539.9	482.1	144.8	87.1	850.9
福 建	1363.9	1362.5	339.0	337.7	3446.8
江 西	2051.6	2032.7	482.4	463.5	4405.4
山 东	195.2	119.7	128.4	52.9	194.1
河 南	168.6	105.8	119.1	56.3	175.2
湖 北	613.7	583.4	217.3	187.0	1036.3
湖 南	2098.3	2091.2	472.3	465.2	3037.3
广 东	2068.2	2058.3	508.2	498.2	1808.9
广 西	2105.1	2103.8	445.0	443.7	4258.7
海 南	252.3	249.3	73.0	70.0	2685.5
重 庆	498.1	498.1	98.5	98.5	1600.1
四 川	2748.9	2747.7	616.2	615.1	3288.9
贵 州	1117.0	1117.0	267.0	267.0	3092.9
云 南	1533.8	1533.8	554.6	554.6	3166.4
西 藏	4496.9	4496.9	1037.0	1037.0	129407.2
陕 西	495.3	469.7	139.4	113.8	1279.8
甘 肃	325.9	312.2	148.7	134.9	1233.5
青 海	919.3	898.2	412.7	391.6	15182.5
宁 夏	12.6	10.3	18.4	16.1	182.2
新 疆	870.1	829.7	508.5	468.0	3473.5

7-12-4 供水用水情况

地 区	供水总量(亿立方米)	地表水	地下水	其 他	用水总量(亿立方米)	农 业	工 业	生 活	生 态	人均用水量(立方米/人)
全 国	**6021.2**	**4982.5**	**934.2**	**104.5**	**6021.2**	**3682.3**	**1217.6**	**871.7**	**249.6**	**430.8**
北 京	41.7	15.1	15.1	11.5	41.7	3.7	3.3	18.7	16.0	193.6
天 津	28.4	19.2	3.9	5.4	28.4	9.2	5.5	7.5	6.2	181.9
河 北	182.3	78.3	96.4	7.5	182.3	114.3	18.8	27.0	22.1	240.7
山 西	76.0	42.3	29.2	4.5	76.0	43.8	13.5	13.8	4.9	204.1
内蒙古	190.9	100.0	84.3	6.6	190.9	139.6	14.6	11.7	25.0	752.5
辽 宁	130.3	72.6	52.7	5.0	130.3	80.7	18.3	25.3	6.0	299.2
吉 林	115.4	75.0	39.0	1.4	115.4	81.5	14.1	13.4	6.5	427.8
黑龙江	310.4	173.5	135.4	1.5	310.4	274.2	19.5	15.6	1.2	825.1
上 海	100.9	100.9			100.9	16.9	58.9	24.2	0.9	415.9
江 苏	619.1	602.3	6.3	10.5	619.1	303.1	248.3	64.0	3.7	768.1
浙 江	165.8	162.4	0.7	2.7	165.8	72.4	40.8	47.2	5.4	286.2
安 徽	277.7	244.1	29.1	4.6	277.7	150.2	85.2	34.7	7.7	437.7
福 建	177.5	171.3	4.7	1.5	177.5	83.7	56.0	34.2	3.6	448.6
江 西	253.3	243.2	8.0	2.2	253.3	162.5	59.4	29.1	2.4	543.9
山 东	225.3	137.0	78.7	9.5	225.3	138.2	31.9	37.3	17.9	224.0
河 南	237.8	117.4	112.5	7.9	237.8	121.8	45.2	41.6	29.2	247.1
湖 北	303.2	297.3	5.6	0.3	303.2	155.6	91.3	54.6	1.7	512.0
湖 南	333.0	319.0	13.3	0.6	333.0	191.7	90.8	46.7	3.8	482.0
广 东	412.3	397.6	11.8	3.0	412.3	208.5	94.6	103.6	5.7	360.6
广 西	283.4	272.1	9.3	2.1	283.4	189.9	49.0	41.2	3.3	573.3
海 南	46.4	42.9	3.0	0.4	46.4	34.2	2.8	8.5	0.9	493.9
重 庆	76.5	75.1	1.0	0.4	76.5	25.2	28.1	21.9	1.3	245.7
四 川	252.4	241.8	9.8	0.8	252.4	154.5	37.9	54.1	5.9	302.0
贵 州	108.1	103.4	3.5	1.2	108.1	61.7	25.4	20.0	1.0	299.3
云 南	154.9	148.4	3.5	3.0	154.9	106.4	20.8	23.3	4.4	319.8
西 藏	32.0	28.2	3.7	0.1	32.0	27.2	1.5	3.0	0.3	920.9
陕 西	92.6	58.5	31.1	3.0	92.6	55.1	14.8	18.1	4.5	239.3
甘 肃	110.0	81.2	24.6	4.2	110.0	86.5	8.7	9.6	5.2	416.4
青 海	26.2	20.7	5.0	0.6	26.2	18.9	2.8	3.2	1.4	432.7
宁 夏	69.9	62.7	6.8	0.4	69.9	59.6	4.4	3.0	2.8	1010.8
新 疆	587.7	479.1	106.4	2.2	587.7	511.4	11.5	15.7	49.0	2346.1

注：1.生态用水仅包括部分河湖、湿地人工补水和城市环境用水。
2.2012年起，生活用水量中的牲畜用水量调整至农业用水量中。

7-12-5 各地区废水中主要污染物排放情况

地 区	废水中主要污染物排放量							
	COD (万吨)	氨氮 (万吨)	总氮 (万吨)	总磷 (万吨)	石油类 (吨)	挥发酚 (吨)	氰化物 (吨)	重金属 (吨)
全 国	**567.1**	**46.3**	**117.6**	**5.9**	**6293.0**	**147.1**	**38.3**	**120.7**
北 京	4.3	0.3	1.3	0.1	1.6			0.1
天 津	3.8	0.2	1.1		107.2	2.7	0.1	0.4
河 北	22.4	1.8	4.6	0.2	192.6	14.1	4.5	13.7
山 西	10.9	1.1	2.6	0.1	64.4	1.4	2.3	2.3
内蒙古	5.9	0.3	1.3		43.6	1.9	0.1	1.9
辽 宁	13.1	1.0	3.9	0.2	350.7	13.8	2.7	1.4
吉 林	7.7	0.5	1.7	0.1	647.5	4.2	0.9	0.4
黑龙江	15.9	1.4	3.3	0.1	162.0	3.1	0.8	0.3
上 海	5.6	0.7	2.3	0.1	115.1	0.7	0.3	0.4
江 苏	47.4	3.3	8.8	0.4	788.0	3.6	2.1	8.0
浙 江	20.6	1.3	5.4	0.2	388.1	2.4	2.5	9.0
安 徽	34.2	2.0	4.8	0.3	343.9	5.1	3.4	5.4
福 建	25.2	1.6	3.9	0.2	390.2	0.6	1.1	6.8
江 西	32.2	2.8	4.9	0.5	194.6	3.7	1.5	15.0
山 东	27.6	2.3	6.9	0.3	362.6	34.1	3.7	3.5
河 南	25.2	2.1	6.4	0.2	96.8	1.4	1.4	3.9
湖 北	26.8	2.3	5.3	0.3	248.9	2.0	2.8	2.6
湖 南	31.2	3.0	5.5	0.5	132.9	26.2	0.4	6.5
广 东	63.5	4.5	13.2	0.7	769.5	1.3	2.2	6.2
广 西	32.7	2.5	4.7	0.4	108.6	0.6		6.0
海 南	4.5	0.5	0.9	0.1	10.1	11.6		0.1
重 庆	5.2	0.5	2.0	0.1	209.4	0.8	0.1	0.8
四 川	32.9	3.4	7.3	0.4	242.1	1.4	0.7	3.2
贵 州	12.4	1.6	3.0	0.2	23.0	0.7	0.2	0.7
云 南	11.1	1.3	2.4	0.1	45.0	2.4		4.1
西 藏	1.8	0.2	0.3					
陕 西	9.8	0.9	2.9	0.1	90.0	0.6	1.0	6.9
甘 肃	6.0	0.5	1.3	0.1	44.7	0.5	0.5	8.5
青 海	2.0	0.3	0.8		4.4	1.0	0.3	0.1
宁 夏	9.0	0.3	1.3	0.1	65.7	2.4	0.7	1.0
新 疆	16.5	1.9	3.4	0.2	49.9	2.9	2.0	1.6

注：1.以第二次全国污染源普查成果为基准，对2019年污染源统计初步数据进行了更新(以下相关表同)。
2.废水中重金属为铅、汞、镉、铬和类金属砷合计。

7-12-6 管辖海域未达到第一类海水水质标准的海域面积

单位：平方公里

海 区	第二类水质海域面积	第三类水质海域面积	第四类水质海域面积	劣于第四类水质海域面积
全 国	**34330**	**18440**	**8560**	**28340**
渤 海	8770	2210	750	1010
黄 海	4890	5410	490	760
东 海	15820	8270	6280	22240
南 海	4850	2550	1040	4330

7-12-7 主要城市空气质量情况

单位：微克/立方米

城市	二氧化硫年平均浓度	二氧化氮年平均浓度	可吸入颗粒物(PM_{10})年平均浓度	一氧化碳日均值第95百分位浓度(毫克/立方米)	臭氧日最大8小时第90百分位浓度	细颗粒物($PM_{2.5}$)年平均浓度	空气质量达到及好于二级的天数(天)
北京	4	37	68	1.4	191	42	240
天津	11	42	76	1.8	200	51	219
石家庄	16	46	118	2.4	206	63	174
太原	22	50	107	1.9	186	56	200
呼和浩特	15	39	71	2.2	146	37	292
沈阳	21	36	77	1.9	155	43	284
长春	11	34	64	1.3	134	38	306
哈尔滨	17	32	67	1.4	116	42	304
上海	7	42	45	1.1	151	35	309
南京	10	42	69	1.3	181	40	255
杭州	7	41	66	1.1	181	38	287
合肥	6	42	68	1.2	168	44	257
福州	5	22	42	0.9	138	24	360
南昌	9	34	68	1.4	151	35	322
济南	15	45	106	1.6	201	55	182
郑州	9	45	99	1.6	194	58	177
武汉	9	44	71	1.5	183	45	245
长沙	7	33	57	1.3	171	47	275
广州	7	45	53	1.2	178	30	293
南宁	9	29	53	1.3	126	30	346
海口	5	13	32	0.9	144	17	342
重庆	7	40	60	1.2	157	38	309
成都	6	42	68	1.1	160	43	287
贵阳	10	21	47	0.9	125	27	358
昆明	11	31	45	1.0	134	26	356
拉萨	6	19	31	0.9	129	12	364
西安	9	48	96	1.7	166	57	225
兰州	18	50	79	2.5	151	36	296
西宁	17	37	59	2.3	129	34	346
银川	15	37	68	2.0	147	31	324
乌鲁木齐	8	42	84	2.5	127	50	277

7-12-8 各地区废气中主要污染物排放情况

地 区	废气中主要污染物排放量		
	二氧化硫（万吨）	氮氧化物（万吨）	颗粒物（万吨）
全 国	**457.29**	**1233.85**	**1088.48**
北 京	0.19	9.86	1.68
天 津	1.78	11.42	2.92
河 北	28.69	101.65	48.22
山 西	22.86	57.63	39.35
内蒙古	35.24	58.97	95.76
辽 宁	26.31	70.30	78.84
吉 林	9.84	24.52	23.19
黑龙江	13.49	36.84	51.62
上 海	0.75	15.16	1.54
江 苏	28.46	87.56	40.87
浙 江	7.78	38.04	24.07
安 徽	15.10	57.34	55.97
福 建	12.54	30.58	49.09
江 西	22.71	40.68	39.98
山 东	28.15	109.33	37.16
河 南	10.44	60.77	17.53
湖 北	11.68	35.63	31.87
湖 南	19.13	37.07	50.04
广 东	12.04	69.97	58.67
广 西	9.51	36.52	38.37
海 南	0.69	4.87	2.31
重 庆	7.50	17.52	15.70
四 川	18.82	48.40	34.57
贵 州	23.37	23.15	18.93
云 南	23.58	32.88	52.20
西 藏	0.34	4.09	13.52
陕 西	14.33	32.89	29.93
甘 肃	11.29	21.97	51.63
青 海	4.32	7.62	10.03
宁 夏	12.50	15.49	19.78
新 疆	23.86	35.14	53.14

7-12-9 各地区工业固体废物产生及利用情况

单位：万吨

地区	一般工业固体废物产生量	一般工业固体废物综合利用量	一般工业固体废物处置量	危险废物产生量	危险废物综合利用处置量
全国	**440810**	**232079**	**110359**	**8125.95**	**7539.28**
北京	690	427	260	24.59	24.14
天津	1968	1939	25	62.40	62.30
河北	32744	17661	5040	284.19	269.22
山西	52037	18440	27402	360.67	352.91
内蒙古	42671	11469	19418	733.86	643.54
辽宁	22621	10527	8509	282.65	246.91
吉林	5362	2885	1560	269.86	149.69
黑龙江	9799	4560	1389	86.90	75.12
上海	1826	1676	149	124.84	125.18
江苏	13610	11822	992	651.57	623.19
浙江	5722	5355	336	501.98	508.53
安徽	16571	13230	1572	156.24	147.65
福建	9418	6380	1843	148.13	131.40
江西	13049	6968	1391	210.03	188.66
山东	32129	25230	2299	985.61	1046.11
河南	24965	11976	5457	230.07	212.88
湖北	13368	10060	2467	120.66	110.37
湖南	7510	5206	975	416.32	408.35
广东	10111	7331	925	466.45	433.50
广西	10278	5408	1338	279.47	265.62
海南	609	398	200	4.93	5.87
重庆	2730	1935	506	72.03	68.26
四川	18722	7632	2231	364.92	349.19
贵州	12734	7078	1831	73.92	62.63
云南	20797	10694	7411	368.19	334.72
西藏	3238	129	222	0.48	0.45
陕西	14846	5411	6707	187.16	168.93
甘肃	6485	2550	1824	177.89	139.69
青海	15603	8685	318	119.92	49.91
宁夏	6423	2552	2971	89.57	82.34
新疆	12176	6465	2789	270.45	252.06

7-12-10 各地区城市生活垃圾清运和处理情况

地 区	生活垃圾清运量（万吨）	无害化处理厂数（座）				无害化处理能力（吨/日）	
			卫生填埋	焚烧	其他		卫生填埋
全 国	**24206.2**	**1183**	**652**	**390**	**141**	**869875**	**367013**
北 京	1011.2	43	9	11	23	32711	7491
天 津	300.2	13	4	7	2	13500	5100
河 北	802.2	49	35	10	4	23917	11357
山 西	500.4	28	20	6	2	14924	10442
内蒙古	394.5	28	25	3		12283	8933
辽 宁	985.4	40	32	6	2	32960	23732
吉 林	483.1	30	21	7	2	17130	8900
黑龙江	523.6	40	31	7	2	19113	12650
上 海	750.6	17	5	10	2	36600	15350
江 苏	1809.6	72	27	35	10	63951	15155
浙 江	1530.2	77	18	39	20	67067	12818
安 徽	646.1	45	16	22	7	29749	7889
福 建	967.1	33	11	15	7	25516	5866
江 西	542.6	28	17	10	1	23259	15259
山 东	1786.8	98	34	46	18	68964	18214
河 南	1134.6	47	36	10	1	32810	18560
湖 北	980.0	54	34	12	8	33368	14768
湖 南	775.4	40	29	7	4	29677	17186
广 东	3347.3	111	54	48	9	134543	56367
广 西	497.7	29	18	11		16546	7296
海 南	256.5	12	6	4	2	6660	2260
重 庆	601.8	22	15	6	1	17099	6449
四 川	1168.6	53	26	24	3	32080	9289
贵 州	364.6	28	12	13	3	15420	5755
云 南	455.9	32	21	10	1	13567	5537
西 藏	64.7	8	7	1		2123	1420
陕 西	634.0	31	28	2	1	20585	18139
甘 肃	279.7	24	19	4	1	9659	5609
青 海	109.4	10	8		2	1865	1695
宁 夏	130.5	12	8	2	2	5193	2593
新 疆	371.9	29	26	2	1	17036	14936

7-12-10 续表

地区			无害化处理量（万吨）				生活垃圾无害化处理率(%)
	焚烧	其他		卫生填埋	焚烧	其他	
全　国	**457639**	**45222**	**24012.8**	**10948.0**	**12174.2**	**890.6**	**99.2**
北　京	17090	8130	1010.9	292.0	548.9	170.0	100.0
天　津	7000	1400	300.2	79.7	191.3	29.2	100.0
河　北	11670	890	797.7	387.0	380.0	30.7	99.4
山　西	4103	379	500.4	378.5	108.6	13.3	100.0
内蒙古	3350		393.8	290.9	102.9		99.8
辽　宁	8428	800	979.6	815.3	143.9	20.4	99.4
吉　林	7650	580	436.0	223.6	201.9	10.5	90.2
黑龙江	5900	563	500.0	360.6	124.4	14.9	95.5
上　海	19300	1950	750.6	215.3	492.6	42.8	100.0
江　苏	46810	1986	1809.6	354.0	1395.2	60.4	100.0
浙　江	49685	4565	1530.2	347.7	1117.9	64.6	100.0
安　徽	19110	2750	646.1	157.5	460.5	28.1	100.0
福　建	16950	2700	966.5	302.1	626.4	38.1	99.9
江　西	7800	200	542.6	349.0	189.1	4.5	100.0
山　东	46890	3860	1785.8	400.5	1295.0	90.3	99.9
河　南	14200	50	1130.7	833.5	295.4	1.7	99.7
湖　北	13500	5100	979.8	473.8	427.3	78.6	100.0
湖　南	11306	1185	775.3	403.5	337.2	34.6	100.0
广　东	73376	4800	3345.7	1545.0	1736.3	64.4	100.0
广　西	9250		497.7	271.2	226.5		100.0
海　南	3900	500	256.5	98.0	140.4	18.1	100.0
重　庆	10500	150	534.5	225.8	304.4	4.3	88.8
四　川	21892	900	1166.5	446.7	706.6	13.2	99.8
贵　州	9100	565	352.1	179.0	160.9	12.3	96.6
云　南	7930	100	454.9	226.5	224.4	3.9	99.8
西　藏	703		63.6	38.0	25.7		98.3
陕　西	2346	100	632.1	616.5	14.1	1.5	99.7
甘　肃	3600	450	279.7	140.3	124.3	15.1	100.0
青　海		170	105.3	89.8		15.6	96.3
宁　夏	2500	100	130.4	66.5	60.6	3.3	99.9
新　疆	1800	300	358.0	340.3	11.5	6.2	96.3

7-12-11 主要城市噪声监测情况

城　市	道路交通噪声 等效声级 dB(A)	区域环境噪声 等效声级 dB(A)
北　京	69.6	53.7
天　津	67.6	53.8
石家庄	66.9	54.9
太　原	68.7	55.1
呼和浩特	68.3	53.8
沈　阳	70.0	56.0
长　春	69.4	55.6
哈尔滨	71.8	59.7
上　海	68.2	54.9
南　京	67.5	53.4
杭　州	68.6	56.4
合　肥	68.6	54.6
福　州	68.7	57.2
南　昌	66.7	54.4
济　南	69.6	54.9
郑　州	67.0	56.0
武　汉	69.3	55.1
长　沙	69.4	54.4
广　州	69.3	55.6
南　宁	69.0	54.0
海　口	68.9	55.4
重　庆	65.6	52.0
成　都	69.2	54.5
贵　阳	69.8	56.1
昆　明	67.4	53.1
拉　萨	67.8	53.8
西　安	70.5	55.8
兰　州	68.8	54.5
西　宁	69.9	54.3
银　川	65.9	53.1
乌鲁木齐	64.9	55.0

7-12-12 各地区湿地面积

地区	湿地面积(千公顷)	自然湿地	近海与海岸	河流	湖泊	沼泽	人工湿地	湿地面积占辖区面积比重(%)
全国	**53602.6**	**46674.7**	**5795.9**	**10552.1**	**8593.8**	**21732.9**	**6745.9**	**5.58**
北京	48.1	24.2		22.7	0.2	1.3	23.9	2.86
天津	295.6	151.1	104.3	32.3	3.6	10.9	144.5	23.94
河北	941.9	694.6	231.9	212.5	26.6	223.6	247.3	5.04
山西	151.9	108.1		96.9	3.1	8.1	43.8	0.97
内蒙古	6010.6	5878.8		463.7	566.2	4848.9	131.8	5.08
辽宁	1394.8	1077.7	713.2	251.5	2.9	110.1	317.1	9.42
吉林	997.6	862.9		223.5	112.0	527.4	134.7	5.32
黑龙江	5143.3	4953.8		733.5	356.0	3864.3	189.5	11.31
上海	464.6	409.0	386.6	7.3	5.8	9.3	55.6	73.27
江苏	2822.8	1948.8	1087.5	296.6	536.7	28.0	874.0	27.51
浙江	1110.1	843.3	692.5	141.2	8.9	0.7	266.8	10.91
安徽	1041.8	713.6		309.6	361.1	42.9	328.2	7.46
福建	871.0	711.2	575.6	135.1	0.3	0.2	159.8	7.18
江西	910.1	710.7		310.8	374.1	25.8	199.4	5.45
山东	1737.5	1103.0	728.5	257.8	62.6	54.1	634.5	11.07
河南	627.9	380.7		368.9	6.9	4.9	247.2	3.76
湖北	1445.0	764.2		450.4	276.9	36.9	680.8	7.77
湖南	1019.7	813.5		398.4	385.8	29.3	206.2	4.81
广东	1753.4	1158.1	815.1	337.9	1.5	3.6	595.3	9.76
广西	754.3	536.6	259.0	268.9	6.3	2.4	217.7	3.20
海南	320.0	242.0	201.7	39.7	0.6		78.0	9.14
重庆	207.2	87.7		87.3	0.3	0.1	119.5	2.51
四川	1747.8	1665.6		452.3	37.4	1175.9	82.2	3.61
贵州	209.7	151.6		138.1	2.5	11.0	58.1	1.19
云南	563.5	392.5		241.8	118.5	32.2	171.0	1.43
西藏	6529.0	6524.0		1434.5	3035.2	2054.3	5.0	5.35
陕西	308.5	276.2		257.6	7.6	11.0	32.3	1.50
甘肃	1693.9	1642.4		381.7	15.9	1244.8	51.5	3.73
青海	8143.6	8001.0		885.3	1470.3	5645.4	142.6	11.27
宁夏	207.2	169.5		97.9	33.5	38.1	37.7	4.00
新疆	3948.2	3678.3		1216.4	774.5	1687.4	269.9	2.38

注：本表为中国第二次湿地调查（2009-2013）资料，按类型分面积数据不包括台湾省、香港特别行政区和澳门特别行政区；湿地面积不包括水稻田湿地。

7-12-13 各地区自然保护基本情况

地 区	国家级自然保护区数 (个)	国家级自然保护区 面积 (万公顷)
全 国	**474**	**9811.4**
北 京	2	2.8
天 津	3	3.8
河 北	13	26.1
山 西	8	14.1
内蒙古	29	444.8
辽 宁	19	89.1
吉 林	24	118.5
黑龙江	49	389.3
上 海	2	6.6
江 苏	3	30.0
浙 江	11	14.9
安 徽	8	14.7
福 建	17	22.7
江 西	16	25.5
山 东	7	22.0
河 南	13	44.8
湖 北	22	54.7
湖 南	23	60.8
广 东	15	33.7
广 西	23	39.1
海 南	10	15.7
重 庆	6	25.4
四 川	32	305.8
贵 州	10	29.1
云 南	20	151.0
西 藏	11	3720.5
陕 西	26	63.3
甘 肃	21	692.8
青 海	7	2073.8
宁 夏	9	46.0
新 疆	15	1230.2

7-12-14 地质灾害及防治情况

地 区	发生地质灾害数量（处）	#滑坡	#崩塌	#泥石流	#地面塌陷	人员伤亡（人）	#死亡人数	直接经济损失（万元）
全 国	**6181**	**4220**	**1238**	**599**	**121**	**299**	**211**	**276868**
北 京	20	1	19					35
天 津								
河 北	2		1	1				11
山 西	2	1	1			35	22	793
内蒙古	1	1						1
辽 宁	2	1	1					55
吉 林	21	4	15	1	1			122
黑龙江	11	3	7	1				246
上 海								
江 苏	6	2	1		3			22
浙 江	488	240	130	118		8	6	9044
安 徽	182	104	66	11	1			2044
福 建	163	91	70	2		1	1	4292
江 西	738	632	82	11	13	9	7	5825
山 东	63	28	24		11			1108
河 南	6	4	2					335
湖 北	84	65	11	1	7	4	1	1393
湖 南	2449	2116	248	57	27	5	4	26249
广 东	327	141	176	1	8	24	22	7558
广 西	386	195	133	18	40	42	27	13255
海 南	2	1	1					120
重 庆	117	62	44	2	9	16	15	3377
四 川	725	302	136	287		7	2	136003
贵 州	29	23	6			66	44	20607
云 南	117	81	14	20	1	35	28	8944
西 藏	58	20	8	30				1084
陕 西	64	37	11	16		10	6	3558
甘 肃	33	19	13	1		25	19	28679
青 海	51	42	6	3		3	1	1672
宁 夏	8	3	5			3	2	103
新 疆	26	1	7	18		6	4	334

7-12-15 各地区森林火灾情况

地 区	森林火灾次数（次）					火场总面积（公顷）	受害森林面积（公顷）			伤亡人数（人）		其他损失折款（万元）
		一般火灾	较大火灾	重大火灾	特别重大火灾			公益林	商品林		#死亡人数	
全 国	**2345**	**1534**	**802**	**8**	**1**	**39705**	**13506**	**8926**	**4579**	**76**	**64**	**16220**
北 京	8	2	6			68	6	6				
天 津												
河 北	41	36	5			556	110	26	84			66
山 西	34	16	17	1		14082	1897	1854	43	7	6	3687
内蒙古	230	92	135	3		4181	3292	2369	922	1	1	260
辽 宁	63	35	26	2		2023	1441	1344	98			6369
吉 林	46	36	10			139	63	43	20	2	2	115
黑龙江	10	9	1			11	5	4	1			
上 海												
江 苏	7	7				11	1	1				
浙 江	30	12	18			218	116	63	53			166
安 徽	43	34	9			178	42	3	39			15
福 建	26	6	20			328	217	44	173	2	1	217
江 西	60	35	25			1199	489	256	233			171
山 东	6	6				5	3	3				23
河 南	156	144	12			596	60	47	13	2	2	241
湖 北	200	169	31			1489	387	132	254	3	3	262
湖 南	272	171	101			1816	865	196	669			559
广 东	126	72	53	1		2050	1119	373	745	1	1	270
广 西	387	273	114			2614	918	250	668	10	9	481
海 南	32	12	20			79	54	9	45			27
重 庆	8	4	4			47	35	15	21			3
四 川	138	105	31	1	1	2477	661	576	85	31	31	1661
贵 州	10	8	2			140	19	11	7			9
云 南	104	50	54			2900	1024	649	374	1	1	1376
西 藏	2	2										
陕 西	202	115	87			1908	444	423	21	14	5	80
甘 肃	15	10	5			73	67	57	10	2	2	19
青 海	18	9	9			163	80	80				84
宁 夏	48	43	5			341	80	80				33
新 疆	23	21	2			14	11	11				27

7-12-16 森林有害生物防治情况

地 区	合 计			森林病害		森林虫害		森林鼠（兔）害		有害植物	
	发生面积（公顷）	防治面积（公顷）	防治率（%）	发生面积（公顷）	防治面积（公顷）	发生面积（公顷）	防治面积（公顷）	发生面积（公顷）	防治面积（公顷）	发生面积（公顷）	防治面积（公顷）
全 国	**12367658**	**10153145**	**82.1**	**2295391**	**1651800**	**8114644**	**7013153**	**1780251**	**1385210**	**177372**	**102982**
北 京	35793	35792	100.0	1445	1445	34348	34347				
天 津	51239	51238	100.0	6691	6691	44548	44547				
河 北	482171	445464	92.4	18255	17792	427709	397407	36207	30265		
山 西	230585	180961	78.5	15545	7961	155054	126965	57926	44182	2060	1853
内蒙古	1062051	973265	91.6	157251	104390	716762	709890	188038	158985		
辽 宁	566643	519673	91.7	46285	39620	512153	473235	8205	6818		
吉 林	335983	320623	95.4	21563	18779	274564	263188	39856	38656		
黑龙江	447119	345559	77.3	28848	15669	262813	198441	155458	131449		
上 海	13438	12597	93.7	1255	1254	12183	11343				
江 苏	120737	120735	100.0	10771	10771	108976	108976			990	988
浙 江	413642	274158	66.3	374813	236365	38829	37793				
安 徽	388775	339669	87.4	72455	46293	316320	293376				
福 建	177081	164523	92.9	11536	7715	165545	156808				
江 西	357162	266285	74.6	165283	109629	191878	156655			1	1
山 东	518945	502559	96.8	146229	140179	372716	362380				
河 南	542510	488885	90.1	105166	92978	437344	395907				
湖 北	525320	419102	79.8	118436	103788	325163	268649	3855	3580	77866	43085
湖 南	363746	198824	54.7	53522	25493	310224	173331				
广 东	342036	244571	71.5	128670	118568	171667	97977			41699	28026
广 西	338458	293674	86.8	58657	18370	268648	268647	128	128	11025	6529
海 南	25682	5937	23.1	54	9	9165	4811			16463	1117
重 庆	401115	401114	100.0	147742	147742	235654	235653	17493	17493	226	226
四 川	681378	469906	69.0	124245	84069	522992	358066	34125	27755	16	16
贵 州	186434	175015	93.9	19497	16172	159412	153338	2861	2473	4664	3032
云 南	405032	400140	98.8	72642	71040	309740	306741	6359	6286	16291	16073
西 藏	225746	74501	33.0	62526	20634	114360	37739	48200	15906	660	222
陕 西	380634	288262	75.7	67941	39161	237160	200585	75533	48516		
甘 肃	402600	289786	72.0	75269	48823	179713	126686	147618	114277		
青 海	262991	213975	81.4	26955	20856	111737	92483	118888	98822	5411	1814
宁 夏	281975	129258	45.8	1289	877	112398	42534	168288	85847		
新 疆	1661605	1485267	89.4	133202	76827	945689	868945	582714	539495		
大兴安岭	139032	21827	15.7	21353	1840	29180	5710	88499	14277		

7-12-17 地震灾害情况

年 份 地 区	地震灾害次数 (次)	5.0-5.9级	6.0-6.9级	7.0级以上	人员伤亡 (人)	#死亡人数	直接经济损失 (万元)
2000	10	7	2		2987	10	146792
2001	12	8	2	1	750	9	148449
2002	5	4			362	2	14774
2003	21	10	6	1	7465	319	466040
2004	11	8	1		696	8	94959
2005	13	9	2		882	15	262811
2006	10	9			229	25	79962
2007	3	1	1		422	3	201922
2008	17	6	4	2	446293	69283	85949594
2009	8	5	2		407	3	273782
2010	12	4		1	13795	2705	2361077
2011	18	11	2	1	540	32	6020873
2012	12	8	3		1279	86	828757
2013	14	10	3	1	15965	294	9953631
2014	20	14	4	1	3666	623	3326078
2015	14	13	1		1192	30	1791918
2016	16	8	4		104	1	668693
2017	12	4	3	1	676	38	1476600
2018	11	7			85		302716
2019	13	8	2		428	17	59125
吉 林	1	1					496
湖 北	1						228
广 西	2	2			6	1	50
四 川	5	3	1		415	16	58308
贵 州	1						
西 藏	1		1				
甘 肃	2	2			7		43

7-12-18 主要海洋灾害情况

灾　种	发生次数 (次)	人员死亡、失踪 (人)	直接经济损失 (亿元)
合　计	**17**	**22**	**117.03**
风暴潮	5		116.38
赤　潮	2		0.31
海　浪	10	22	0.34
海　冰			

7-12-19 各地区突发环境事件情况

地　区	突发环境事件次数(次)	特别重大环境事件	重大环境事件	较大环境事件	一般环境事件
全　国	**261**			**3**	**258**
北　京	17				17
天　津	2				2
河　北	4				4
山　西	15				15
内蒙古	2				2
辽　宁	10				10
吉　林					
黑龙江					
上　海					
江　苏	9			1	8
浙　江	10				10
安　徽	6				6
福　建	9				9
江　西	8				8
山　东	8				8
河　南	10				10
湖　北	19			1	18
湖　南	25				25
广　东	26				26
广　西	4				4
海　南					
重　庆	3				3
四　川	25				25
贵　州	8				8
云　南					
西　藏					
陕　西	26			1	25
甘　肃	4				4
青　海	2				2
宁　夏	5				5
新　疆	4				4

7-12-20 各地区城市市政设施情况

地 区	道路长度（公里）	道路面积（万平方米）	城市桥梁（座）	城市道路照明灯（千盏）	排水管道长度（公里）
全 国	**459245**	**909678**	**76157**	**28656**	**743982**
北 京	8307	14318	2350	309	17992
天 津	8927	16918	1151	377	22069
河 北	17771	38546	1716	1048	19586
山 西	9188	20736	572	530	11023
内蒙古	10094	21571	483	577	13827
辽 宁	19461	35090	1855	1309	22745
吉 林	9467	17270	949	471	12378
黑龙江	13422	21160	1157	690	12422
上 海	5494	11459	2836	635	21754
江 苏	49056	87687	16519	3621	83943
浙 江	25307	48780	11878	1709	51185
安 徽	16329	40095	1890	1054	33302
福 建	13859	28236	1724	838	18112
江 西	11909	24771	1012	795	17590
山 东	48149	97663	5855	2062	67710
河 南	15767	39506	1563	1039	27933
湖 北	21802	40650	2289	903	30751
湖 南	13076	29474	1187	817	19601
广 东	49269	84371	8090	3144	98633
广 西	12823	26726	1493	654	17571
海 南	4571	6344	217	194	5660
重 庆	10105	22160	2020	775	20839
四 川	20402	42936	3247	1550	38276
贵 州	5347	11786	715	626	10035
云 南	7793	15050	827	624	15357
西 藏	827	1664	41	28	831
陕 西	9114	21039	799	825	11017
甘 肃	5585	12450	674	354	7280
青 海	1485	3797	212	146	3269
宁 夏	2663	7625	213	238	2207
新 疆	11873	19803	623	712	9084

7-12-21 各地区城市污水处理情况

地区	污水处理厂(座)	污水处理厂污水处理能力(万立方米/日)	污水处理厂污水处理量(万立方米)	污水处理装置处理能力(万立方米/日)	污水处理装置处理量(万立方米)	市政再生水利用量(万立方米)	城市污水处理率(%)	
								#污水处理厂集中处理率
全国	**2471**	**17863.2**	**5258499**	**1307.8**	**110783**	**1160784**	**96.8**	**94.8**
北京	67	679.2	193356	24.4	4598	115152	99.3	97.0
天津	41	315.5	104964	3.4	743	26023	96.0	95.3
河北	93	659.1	176073	4.8	103	58355	98.3	98.3
山西	44	299.8	82816	1.5		19597	95.8	95.8
内蒙古	44	243.9	67443			23948	97.4	97.4
辽宁	117	935.7	282144	5.6	580	26829	96.2	96.0
吉林	51	419.6	124109			18666	95.2	95.2
黑龙江	68	406.3	107352	21.2	2896	16267	92.8	90.3
上海	42	834.3	209388		5845		96.3	93.7
江苏	206	1420.2	423201	521.9	31218	98411	96.1	89.5
浙江	99	1130.3	318917	54.8	11767	31845	97.0	93.5
安徽	84	627.2	177204	77.6	6938	23255	97.1	93.4
福建	53	402.0	128708	38.3	3333	23734	95.2	92.8
江西	62	327.9	97724	4.9	1155		95.4	94.3
山东	217	1274.1	345420	5.8	1799	152464	98.0	97.5
河南	105	844.8	202547	4.5	36	54254	97.7	97.7
湖北	98	754.9	248826	54.5	11938	34376	100.3	95.7
湖南	83	660.3	216352	31.5	4134	18981	97.1	95.3
广东	301	2411.7	780295	41.4	1733	318071	96.7	96.5
广西	56	391.8	121672	331.5	12119		97.5	88.6
海南	23	113.0	33294	4.3	302	2171	93.7	92.9
重庆	69	392.8	130520	1.3	239	1300	97.2	97.0
四川	141	704.8	216531	51.0	8447	24323	95.3	91.7
贵州	82	280.1	72643			2433	96.8	96.8
云南	57	293.5	102259	5.5	720	44922	95.7	95.1
西藏	9	29.9	9130				94.9	94.9
陕西	52	397.2	120815			7020	95.5	95.5
甘肃	27	160.4	44935			4534	97.1	97.1
青海	12	60.7	17553			784	95.1	95.1
宁夏	23	108.6	26467			3784	95.9	95.9
新疆	45	284.0	75842	18.1	140	9284	97.9	97.7

7-12-22 各地区城市绿地和园林

地 区	城市绿地面积（公顷）	#公园绿地	公 园（个）	公园面积（公顷）	建成区绿化覆盖率（%）
全 国	**3152889**	**756441**	**18038**	**502360**	**41.5**
北 京	88704	35157	344	35157	48.5
天 津	42921	12002	131	2845	37.5
河 北	93701	27616	723	21709	42.3
山 西	51446	15204	262	11422	42.3
内蒙古	69069	17310	330	13753	40.5
辽 宁	128137	27883	503	18335	40.8
吉 林	90003	15324	356	12687	39.2
黑龙江	68732	17275	373	11078	36.4
上 海	157785	21206	319	2975	36.8
江 苏	298531	51683	1168	31423	43.4
浙 江	172280	35977	1401	21269	41.5
安 徽	114267	25041	529	17251	42.7
福 建	73903	19864	690	15851	44.5
江 西	71933	18055	614	13662	45.5
山 东	252338	67884	1200	41450	41.8
河 南	115269	35362	523	16970	41.0
湖 北	96910	27871	486	16260	38.9
湖 南	74359	19672	395	14197	41.2
广 东	502353	112519	3912	81100	43.3
广 西	72409	16479	320	14205	40.8
海 南	17661	3678	106	2617	41.7
重 庆	67694	25589	479	15503	41.8
四 川	124158	36786	693	20696	41.8
贵 州	54433	13290	217	12361	39.4
云 南	48586	11926	901	9796	39.7
西 藏	6049	1035	105	800	37.6
陕 西	59616	14516	314	8528	39.3
甘 肃	29186	9208	178	5706	36.0
青 海	7309	2456	54	1694	35.2
宁 夏	26216	6127	100	3474	41.3
新 疆	76931	12445	312	7584	39.9

7-12-23 各地区城市设施水平

地区	城市供水普及率(%)	城市燃气普及率(%)	每万人拥有公共汽电车数(标台)	人均城市道路面积(平方米)	人均公园绿地面积(平方米)	每万人拥有公共厕所(座)
全国	**98.78**	**97.29**	**13.13**	**17.36**	**14.36**	**2.93**
北京	99.06	100.00	17.41	7.68	16.40	3.24
天津	100.00	100.00	10.93	12.98	9.21	1.16
河北	99.98	99.46	13.18	19.95	14.29	3.04
山西	99.28	96.43	11.30	17.22	12.63	2.19
内蒙古	99.27	95.80	11.53	23.32	18.71	7.82
辽宁	99.16	97.95	12.14	15.06	11.97	2.02
吉林	94.70	91.80	10.22	14.13	12.54	3.62
黑龙江	98.79	91.09	14.81	15.22	12.43	4.29
上海	100.00	100.00	9.29	4.72	8.73	2.56
江苏	100.00	99.77	15.52	25.41	14.98	4.14
浙江	100.00	100.00	16.42	19.02	14.03	3.02
安徽	99.36	98.70	13.23	23.69	14.80	2.60
福建	99.86	98.42	14.85	21.37	15.03	4.18
江西	98.45	97.87	9.63	19.93	14.53	3.02
山东	99.73	99.14	16.08	25.28	17.57	1.93
河南	97.38	97.05	12.29	15.19	13.59	4.10
湖北	99.16	97.92	10.82	17.45	11.96	2.50
湖南	97.71	96.65	17.94	17.69	11.81	2.41
广东	99.06	97.94	11.93	13.60	18.13	1.85
广西	98.88	98.84	10.10	21.92	13.52	1.46
海南	98.47	97.73	13.38	18.24	10.57	3.01
重庆	97.89	97.36	10.10	14.38	16.61	2.99
四川	95.89	94.95	13.25	16.38	14.03	2.53
贵州	98.33	91.80	11.16	14.53	16.38	2.80
云南	97.08	77.92	12.97	15.00	11.88	4.59
西藏	95.03	60.11	7.62	15.75	9.80	6.34
陕西	96.84	97.80	14.73	16.84	11.62	4.90
甘肃	98.04	92.66	13.29	19.31	14.28	3.05
青海	99.24	93.83	14.09	18.44	11.93	3.65
宁夏	98.39	96.65	12.85	26.20	21.05	2.99
新疆	98.55	98.52	13.39	23.67	14.88	2.74

【主要统计指标解释】

水资源总量 指当地降水形成的地表和地下产水量，即地表径流量与降水入渗补给量之和，不包括过境水量。

地表水资源量 指河流、湖泊、冰川等地表水体中由当地降水形成的、可以逐年更新的动态水量，即天然河川径流量。

地下水资源量 指当地降水和地表水对饱水岩土层的补给量。

地表水与地下水资源重复量 指地表水和地下水相互转化的部分，即在河川径流量中包括一部分地下水排泄量，地下水补给量中包括一部分来源于地表水的入渗量。

供水总量 指各种水源工程为用户提供的包括输水损失在内的毛供水量。

地表水源供水量 指地表水体工程的取水量，按蓄、引、提、调四种形式统计。从水库、塘坝中引水或提水，均属蓄水工程供水量；从河道或湖泊中自流引水的，无论有闸或无闸，均属引水工程供水量；利用扬水站从河道或湖泊中直接取水的，属提水工程供水量；跨流域调水指水资源一级区或独立流域之间的跨流域调配水量，不包括在蓄、引、提水量中。

地下水源供水量 指水井工程的开采量，按浅层淡水、深层承压水和微咸水分别统计。城市地下水源供水量包括自来水厂的开采量和工矿企业自备井的开采量。

其他水源供水量 包括污水处理再利用、集雨工程、海水淡化等水源工程的供水量。

用水总量 指分配给用户的包括输水损失在内的毛用水量。按用户特性分为农业、工业、生活和生态用水四大类。

农业用水 包括农田灌溉用水、林果地灌溉用水、草地灌溉用水、鱼塘补水和畜禽用水。

工业用水 按新水取用量计，不包括企业内部的重复利用水量。

生活用水 包括城镇生活用水和农村生活用水。城镇生活用水由居民用水和公共用水（含第三产业及建筑业等用水）组成；农村生活用水指居民生活用水。

生态环境补水 仅包括人为措施供给的城镇环境用水和部分河湖、湿地补水。

一般工业固体废物产生量 指当年全年调查对象实际产生的一般工业固体废物的量。一般工业固体废物系指未被列入《国家危险废物名录》（2016版）或者根据国家规定的《危险废物鉴别标准》（GB5085）、《固体废物浸出毒性浸出方法》（GB5086）及《固体废物浸出毒性测定方法》（GB/T 15555）鉴别方法判定不具有危险特性的工业固体废物。

一般工业固体废物综合利用量 指当年全年调查对象通过回收、加工、循环、交换等方式，从固体废物中提取或者使其转化为可以利用的资源、能源和其他原材料的固体废物量（包括当年利用的往年工业固体废物累计贮存量）。如用作农业肥料、生产建筑材料、筑路等。综合利用量由原产生固体废物的单位统计。

一般工业固体废物处置量 指当年全年调查对象将工业固体废物焚烧和用其他改变工业固体废物的物理、化学、生物特性的方法，达到减少或者消除其危险成分的活动，或者将工业固体废物最终置于符合环境保护规定要求的填埋场的活动中，所消纳固体废物的量（包括当年处置的往年工业固体废物累计贮存量）。

一般工业固体废物贮存量 指当年全年调查对象以综合利用或处置为目的，将固体废物暂时贮存或堆存在专设的贮存设施或专设的集中堆存场所内的量。专设的固体废物贮存场所或贮存设施必须有防扩散、防流失、防渗漏、防止污染大气、水体的措施。

一般工业固体废物倾倒丢弃量 指当年全年调查对象将所产生的固体废物倾倒或者丢弃到固体废物污染防治设施、场所以外的量。

危险废物产生量 指当年全年调查对象实际产生的危险废物的量。危险废物指列入国家危险废物名录或者根据国家规定的危险废物鉴别标准和鉴别方法认定的，具有爆炸性、易燃性、易氧化性、毒性、腐蚀性、易传染性疾病等危险特性之一的废物。包括利用处置危险废物过程中二次产生的危险废物的量。按《国家危险废物名录》（2016）填报。

危险废物综合利用量 指当年全年调查对象从危险废物中提取物质作为原材料或者燃料的活动中消纳危险废物的量。包括本单位利用或委托、提供给外单位利用的量。

危险废物处置量 指当年全年调查对象将危险废物焚烧和用其他改变工业固体废物的物理、化学、生物特性的方法，达到减少或者消除其危险成分的活动，或者将危险废物最终置于符合环境保护规定要求的填埋场的活动中，所消纳危险废物的量。处置量包括处置本单位或委托给外单位处置的量。

危险废物贮存量 指将危险废物以一定包装方式暂时存放在专设的贮存设施内的量。专设的贮存设施指对危险废物的包装、选址、设计、安全防护、监测和关闭等符合《危险废物贮存污染控制标准》（GB18597-2001）等相关环保法律法规要求，具有防扩散、防流失、防渗漏、防止污染大气和水体措施的设施。

自然保护区 指对有代表性的自然生态系统、珍稀濒危野生动植物物种的天然分布区、水源涵养区、有特殊意义的自然历史遗迹等保护对象所在的陆地、陆地水体或海域，依法划出一定面积进行特殊保护和管理的区域。以县及县以上各级人民政府正式批准建立的自然保护区为准。风景名胜区、文物保护区不计在内。

湿地 指天然或人工、长久或暂时性的沼泽地、泥炭地或水域地带，包括静止或流动、淡水、半咸水、咸水体，低潮时水深不超过6米的水域以及海岸地带地区的珊瑚滩和海草床、滩涂、红树林、河口、河流、淡水沼泽、沼泽森林、湖泊、盐沼及盐湖。

突发环境事件 指突然发生，造成或者可能造成重大人员伤亡、重大财产损失和对全国或者某一地区的经济社会稳定、政治安定构成重大威胁和损害，有重大社会影响的涉及公共安全的环境事件。

环境污染治理投资 指在工业污染源治理和城市环境基础设施建设的资金投入中，用于形成固定资产的资金。包括工业污染源治理工程投资、建设项目“三同时”环保投资，以及城市环境基础设施建设所投入的资金。

燃气普及率 指报告期末使用燃气的城市人口数与城市人口总数的比率。计算公式为：

$$\text{燃气普及率}=\frac{\text{城市用气人口数}}{\text{城市人口总数}}\times 100\%$$

生活垃圾清运量 指报告期内收集和运送到垃圾处理厂(场)的生活垃圾数量。生活垃圾指城市日常生活或为城市日常生活提供服务的活动中产生的固体废物以及法律行政规定的视为城市生活垃圾的固体废物。包括：居民生活垃圾、商业垃圾、集市贸易市场垃圾、街道清扫垃圾、公共场所垃圾和机关、学校、厂矿等单位的生活垃圾。

生活垃圾无害化处理率 指报告期生活垃圾无害化处理量与生活垃圾产生量比率。在统

计上，由于生活垃圾产生量不易取得，可用清运量代替。计算公式为:

$$生活垃圾无害化处理率=\frac{生活垃圾无害化处理量}{生活垃圾产生量}\times 100\%$$

公园绿地 指城市中向公众开放的，以游憩为主要功能，有一定的游憩设施和服务设施，同时兼有健全生态、美化景观、防灾减灾等综合作用的绿化用地。

7 第三产业分行业主要指标

7-13 居民服务、修理和其他服务业

简要说明

一、主要内容

本篇资料主要包括居民服务、修理和其他服务业企业法人单位分地区主要指标和婚姻登记情况等。

二、资料来源

婚姻登记情况资料由民政部提供。

居民服务、修理和其他服务业企业法人单位分地区主要指标来源于国家统计局服务业司《规模以上服务业统计报表制度》和《规模以下服务业抽样调查统计报表制度》调查结果。

7-13-1 居民服务、修理和其他服务业企业法人单位分地区主要指标

地 区	营业收入（亿元）	资产总计（亿元）	从业人员（万人）
全 国	**7790.7**	**11707.5**	**448.8**
北 京	589.3	1068.1	32.8
天 津	168.3	342.5	10.7
河 北	149.2	250.3	13.4
山 西	79.1	193.5	6.7
内蒙古	51.3	100.7	4.6
辽 宁	131.7	432.0	8.9
吉 林	47.7	104.0	3.2
黑龙江	58.5	112.2	2.7
上 海	620.4	807.8	25.9
江 苏	616.6	872.3	31.2
浙 江	497.3	560.4	23.8
安 徽	266.9	382.4	14.9
福 建	379.0	407.3	22.1
江 西	156.9	224.9	8.3
山 东	443.8	619.2	24.3
河 南	548.6	532.8	25.6
湖 北	373.5	402.5	17.9
湖 南	303.7	340.5	15.8
广 东	937.2	958.3	64.9
广 西	102.9	685.0	7.8
海 南	22.9	97.1	2.0
重 庆	284.5	297.0	15.8
四 川	323.1	520.0	20.8
贵 州	154.7	349.5	10.5
云 南	184.5	468.6	12.7
西 藏	18.8	36.5	1.1
陕 西	146.6	276.3	10.6
甘 肃	41.0	95.3	3.9
青 海	10.6	30.8	1.4
宁 夏	17.7	37.1	1.3
新 疆	64.5	102.5	3.1

7-13-2 婚姻登记情况

年份 地区	结婚登记 （万对）	内地居民 登记结婚	涉外及港澳台 居民登记结婚	初婚 （万人）	再婚 （万人）	离婚 （万对）	离婚率 （‰）
1985	831.30	829.06	2.22	1607.63	50.48	45.79	0.44
1990	951.10	948.69	2.38	1819.13	78.24	80.00	0.69
1995	934.10	929.71	4.40	1776.07	83.35	105.60	0.88
2000	848.50	842.00	6.49	1581.39	102.62	121.29	0.96
2005	823.10	816.60	6.43	1483.00	163.10	178.50	1.37
2006	945.00	938.20	6.82	1705.60	184.40	191.30	1.46
2007	991.40	986.30	5.11	1779.70	203.10	209.80	1.59
2008	1098.30	1093.20	5.10	1972.50	224.10	226.90	1.71
2009	1212.40	1207.50	4.92	2168.80	256.00	246.80	1.85
2010	1241.00	1236.10	4.90	2200.90	281.10	267.80	2.00
2011	1302.36	1297.48	4.88	2309.88	294.85	287.40	2.13
2012	1323.59	1318.27	5.33	2361.17	286.02	310.38	2.29
2013	1346.93	1341.43	5.50	2385.96	307.89	350.01	2.57
2014	1306.74	1302.04	4.70	2286.81	326.68	363.68	2.67
2015	1224.71	1220.59	4.12	2108.97	340.44	384.14	2.79
2016	1142.82	1138.61	4.22	1913.26	372.39	415.82	3.02
2017	1063.10	1059.04	4.05	1746.33	379.86	437.40	3.15
2018	1013.94	1009.11	4.84	1598.67	429.22	446.08	3.20
2019	927.33	922.39	4.94	1398.71	455.94	470.06	3.36
北　京	12.90	12.82	0.08	14.15	11.64	8.38	3.89
天　津	9.64	9.61	0.03	14.11	5.18	7.47	4.78
河　北	42.13	42.00	0.13	55.14	29.13	25.57	3.37
山　西	25.50	25.49	0.01	42.63	8.38	9.12	2.45
内蒙古	16.18	16.15	0.02	20.70	11.65	9.98	3.93
辽　宁	25.56	25.43	0.13	32.23	18.88	17.68	4.06
吉　林	18.08	18.01	0.07	21.32	14.84	12.98	4.83
黑龙江	24.44	24.31	0.12	39.97	8.90	18.68	4.98
上　海	9.87	9.74	0.13	12.01	7.72	6.17	2.54
江　苏	56.94	56.81	0.14	83.85	30.04	29.95	3.71
浙　江	29.36	29.08	0.28	43.55	15.18	15.44	2.64
安　徽	54.16	53.92	0.23	83.30	25.01	25.01	3.93
福　建	24.03	23.52	0.51	39.15	8.92	11.24	2.83
江　西	28.87	28.68	0.19	46.34	11.39	13.19	2.83
山　东	53.30	53.14	0.16	72.35	34.24	28.46	2.83
河　南	76.45	76.25	0.19	120.45	32.44	35.65	3.70
湖　北	38.93	38.79	0.14	63.15	14.72	21.21	3.58
湖　南	38.03	37.82	0.22	54.77	21.30	22.04	3.19
广　东	67.45	66.51	0.94	114.35	20.56	24.81	2.15
广　西	33.03	32.63	0.40	53.27	12.80	14.27	2.88
海　南	6.56	6.52	0.04	11.28	1.83	2.15	2.27
重　庆	23.83	23.76	0.08	30.37	17.30	15.62	5.00
四　川	61.32	61.17	0.16	88.53	34.12	31.94	3.81
贵　州	36.24	36.19	0.05	57.71	14.77	16.61	4.59
云　南	35.92	35.53	0.39	54.11	17.72	14.45	2.97
西　藏	3.12	3.12		6.06	0.18	0.53	1.50
陕　西	27.19	27.13	0.06	40.98	13.39	13.67	3.53
甘　肃	19.85	19.83	0.02	32.38	7.33	6.22	2.35
青　海	5.77	5.77		9.66	1.88	1.85	3.04
宁　夏	6.09	6.08		9.86	2.32	2.44	3.51
新　疆	16.59	16.58	0.01	30.99	2.20	7.31	2.90

【主要统计指标解释】

离婚率 指当年离婚对数占年平均人口的比重，计算公式为:

$$离婚率=\frac{当年离婚对数}{年平均人口数}\times 1000‰$$

7 第三产业分行业主要指标

7-14 教育

简要说明

一、主要内容

教育事业统计资料包括高等教育(研究生教育、普通高等教育和成人高等教育)、中等教育(高中阶段教育和初中阶段教育)、初等教育(小学)、学前教育、特殊教育等资料。主要指标包括学校数、在校学生数、招生数、毕业生数、教职工数和专任教师数等。

教育经费资料主要反映国家教育经费投入情况，主要指标包括教育经费总投入及国家财政性教育经费。

教育企业法人单位分地区主要指标、15 岁及以上人口受教育程度分地区、分性别主要指标。

二、资料来源

教育事业统计资料由教育部提供，详细资料见《中国教育统计年鉴》(教育部发展规划司编)；技工学校资料由人力资源和社会保障部提供。

教育经费资料由教育部提供，详细资料见《中国教育经费统计年鉴》(教育部财务司编)。

教育企业法人单位分地区数据来源于国家统计局服务业司《规模以上服务业统计报表制度》和《规模以下服务业抽样调查统计报表制度》调查结果。

15 岁及以上人口受教育程度数据由国家统计局人口和就业统计司提供。

7-14-1 教育经费情况

单位：万元

年份 地区	合计	国家财政性教育经费	#一般公共预算教育经费	民办学校中举办者投入	社会捐赠经费	事业收入	#学杂费	其他教育经费
1992	8670491	7287506	5649364		696285		439319	
1995	18779501	14115233	10929473	203672	1628414		2012423	
2000	38490806	25626056	21917652	858537	1139557	9382717	5948304	1483939
2001	46376626	30570100	27056548	1280895	1128852	11575137	7456014	1821643
2002	54800278	34914048	32549425	1725549	1272791	14609169	9227792	2278722
2003	62082653	38506237	36190977	2590148	1045927	17218399	11214985	2721943
2004	72425989	44658575	42444209	3478529	934204	20114268	13465517	3240414
2005	84188391	51610759	49460379	4522185	931613	23399991	15530545	3723842
2006	98153087	63483648	61353481	5490583	899078	24073042	15523301	4206736
2007	121480663	82802142	80943369	809337	930584	31772357	21309082	5166242
2008	145007374	104496296	102129675	698479	1026663	33670711	23492983	5115225
2009	165027065	122310935	119749753	749829	1254991	35275939	25155983	5435371
2010	195618471	146700670	141639029	1054254	1078839	41060664	30155593	5724045
2011	238692936	185867009	178217380	1119320	1118675	44246927	33169742	6341005
2012	286553052	231475698	203141685	1281753	956919	46198404	35048301	6640278
2013	303647182	244882177	214056715	1474089	855445	49262087	37376869	7173384
2014	328064609	264205820	225760099	1313476	796700	54271581	40530393	7477031
2015	361291927	292214511	258618740	1876620	869960	58097239	43173611	8233597
2016	388883850	313962519	277006325	2032733	810447	62768292	47709339	9309860
2017	425620069	342077546	299197838	2250061	849974	69575734	52932815	10866754
2018	461429980	369957704	319927298	2406210	947574	77382499	58958343	10735993
中央	41687330	29186305	17067119		357367	9715155	3309404	2428503
地方	419742649	340771399	302860179	2406210	590207	67667344	55648939	8307489
北京	13525400	11661674	10207229	8711	6503	1651516	1331358	196996
天津	6351712	5343469	4480408	6099	3714	851291	725140	147139
河北	17389625	14428248	13545006	57290	10934	2824628	2382262	68525
山西	9134205	7521089	6689554	44781	2552	1498491	1216078	67291
内蒙古	7759014	6887931	5666544	17537	7709	703072	578125	142766
辽宁	9759379	7812616	6536980	16567	2588	1855909	1520447	71699
吉林	6866495	5640463	5085962	20894	10975	1062666	921951	131496
黑龙江	7612173	6611325	5877244	9538	1495	943063	813805	46752
上海	13412840	10908087	8899584	10211	12579	2079311	1726780	402652
江苏	28276374	22542111	20404718	152800	73661	4629786	3681723	878016
浙江	24009012	17760986	15674067	316494	62526	4526711	3670506	1342294
安徽	15011779	12315191	11114857	95945	21812	2298569	1857266	280263
福建	12547951	10105436	9238399	64990	59247	2046822	1687074	271456
江西	13152969	11020286	10485052	64229	9789	1924377	1542996	134288
山东	26349273	21698736	20012133	114784	18151	4171539	3579732	346064
河南	24293502	19021942	16210164	215613	10189	4704225	3993616	341535
湖北	14578340	11474878	10509608	69935	18430	2773386	2291112	241710
湖南	16300603	12518875	11777735	254659	13617	3192406	2582666	321046
广东	42684258	31891816	28053051	293636	101530	9856425	8468451	540851
广西	12836618	10503052	9278208	44383	13862	2066793	1568413	208527
海南	3777479	3059503	2489762	65922	2359	565531	447131	84163
重庆	10216274	8284585	6788334	36692	14077	1626725	1292499	254195
四川	20767987	16850603	14700016	223775	42992	3417315	2777662	233303
贵州	12732768	10712431	9838642	49579	7165	1394988	1063664	568606
云南	14543783	12693973	10694938	65375	27572	1556926	1272340	199937
西藏	2562958	2528491	2290157		5503	25365	14344	3599
陕西	11375081	9060521	8556780	47062	8288	2065409	1584942	193802
甘肃	7404892	6662368	5929612	22592	4034	615537	500381	100360
青海	2640309	2411587	1989373	5365	1966	137924	92943	83466
宁夏	2346978	2024558	1679690	6684	2011	233966	194901	79759
新疆	9522617	8814570	8156372	4068	12375	366670	268631	324934

注：1.“民办学校中举办者投入”数据1992-2006年为社会团体和公民个人办学总经费。

2.从2017年起，“公共财政教育经费”改为“一般公共预算教育经费”。“一般公共预算教育经费”数据1992-2012年包括教育事业费、基建经费、教育费附加、科研经费和其他经费，2012年起包括教育事业费、基建经费和教育费附加。

7-14-2 教育企业法人单位分地区主要指标

地 区	营业收入 (亿元)	资产总计 (亿元)	从业人员 (万人)
全 国	**5842.9**	**11240.6**	**395.6**
北 京	666.2	1163.0	24.4
天 津	40.1	112.1	2.8
河 北	84.9	269.7	11.5
山 西	42.1	166.1	6.9
内蒙古	19.9	51.5	3.2
辽 宁	76.4	232.2	7.5
吉 林	31.8	90.2	2.8
黑龙江	28.3	75.6	3.6
上 海	297.4	507.5	10.2
江 苏	407.9	635.9	23.0
浙 江	298.7	478.5	21.8
安 徽	224.3	373.5	17.1
福 建	227.0	279.9	14.6
江 西	164.6	274.7	11.9
山 东	276.3	606.9	19.9
河 南	573.3	760.3	34.8
湖 北	270.8	459.3	17.1
湖 南	326.9	591.3	22.7
广 东	815.3	1390.6	56.2
广 西	66.9	131.1	9.8
海 南	23.5	149.6	2.4
重 庆	189.6	390.5	12.1
四 川	303.4	965.9	22.8
贵 州	104.1	330.1	9.5
云 南	117.1	338.9	8.6
西 藏	3.7	26.5	0.2
陕 西	89.4	176.8	8.6
甘 肃	28.7	92.9	4.1
青 海	4.9	18.2	0.8
宁 夏	12.6	34.4	1.9
新 疆	26.7	66.8	2.9

7-14-3 各级各类学校、教职工和专任教师情况

项　　目	学校数(所)	教职工数(人)	专任教师(人)
高等教育			
研究生培养机构	(828)		
普通高校	(593)		
科研机构	(235)		
普通高等学校	2688	2566705	1740145
本科院校	1265	1866619	1225310
#独立学院	257	159432	120617
高职(专科)院校	1423	699400	514436
其他普通高教机构	(21)	686	399
成人高等学校	268	36088	20641
民办的其他高等教育机构	(784)	18782	8580
中等教育	**77270**	**8261864**	**6453302**
高中阶段教育	24375	3909459	2704109
高中	14297	2836167	1861175
普通高中	13964	2833658	1859242
完全中学	5392	1084014	544134
高级中学	7003	1381078	1228091
十二年一贯制学校	1569	368566	87017
成人高中	333	2509	1933
中等职业教育	10078	1073292	842934
普通中专	3339	398632	309536
成人中专	1032	50038	37973
职业高中	3315	339764	284754
技工学校	2392	271810	200737
其他中职机构	(286)	13048	9934
初中阶段教育	52895	4352405	3749193
初中	52415	4350422	3747429
初级中学	35038	2816689	2586066
九年一贯制学校	17366	1533323	638380
十二年一贯制学校			99941
完全中学			422685
职业初中	11	410	357
成人初中	480	1983	1764
初等教育	**166389**	**5868947**	**6278607**
普通小学	160148	5852646	6269084
小学	160148	5852646	5486258
九年一贯制学校			694041
十二年一贯制学校			88785
成人小学	6241	16301	9523
#扫盲班	3828	12330	7298
工读学校	**94**	**2822**	**2157**
特殊教育	**2192**	**72108**	**62358**
学前教育	**281174**	**4915735**	**2763104**

注：1.完全中学的学校数和教职工数计入高中阶段教育，九年一贯制学校的校数和教职工数计入初中阶段教育，十二年一贯制学校的校数和教职工数计入高中阶段教育。专任教师按照教育层次划分归类。
2.“()”内数据为不计校数。

7-14-4 各级各类学历教育学生情况

单位：人

项　目	毕业生数	招生数	在校生数
高等教育			
研究生	639666	916503	2863712
博　士	62578	105169	424182
硕　士	577088	811334	2439530
普通本专科	7585298	9149026	30315262
本　科	3947157	4312880	17508204
专　科	3638141	4836146	12807058
成人本专科	2131369	3022088	6685603
本　科	1016733	1505520	3413174
专　科	1114636	1516568	3272429
网络本专科生	2323128	2885458	8578345
本　科	801508	1006897	2941610
专　科	1521620	1878561	5636735
中等教育	**27509216**	**30787093**	**88323364**
高中阶段教育	12861417	14398606	39949000
高中	7926743	8394949	24184287
普通高中	7892494	8394949	24143050
完全中学	2409074	2559319	7335411
高级中学	5150544	5375734	15608338
十二年一贯制学校	332876	459896	1199301
成人高中	34249		41237
中等职业教育	4934674	6003657	15764713
普通中专	2199648	2555022	7035872
成人中专	481851	497336	1068475
职业高中	1268928	1521763	4057316
技工学校	984247	1429536	3603050
初中阶段教育	14647799	16388487	48374364
初中	14540936	16388487	48271362
初级中学	10186259	11055730	33007690
九年一贯制学校	2175281	2777295	7893721
十二年一贯制学校	387692	513312	1447591
完全中学	1791018	2041308	5917913
职业初中	686	842	4447
成人初中	106863		103002
初等教育	**16930561**	**18690411**	**106034691**
普通小学	16479006	18690411	105612358
小学	14354811	16341631	92258887
九年一贯制学校	1892686	2095409	11919389
十二年一贯制学校	231509	253371	1434082
成人小学	451555		422333
#扫盲班	160851		168640
工读学校	**3449**	**3792**	**6488**
特殊教育	**97587**	**144211**	**794612**
学前教育	**17651692**	**16882293**	**47138810**

注：1.完全中学、九年一贯制学校和十二年一贯制学校的学生数按教育层次分别计入对应教育阶段的学生数中。
2.特殊教育学生数中包括义务教育阶段随班就读的学生、其他学校附设特教班和送教上门的学生。
3.2019年起，学前教育招生数仅包括首次入园的适龄儿童，不再包括复学、转入等情况(以下相关表同)。

7-14-5 各级各类民办教育学生情况

项　　目	毕业生数(人)	招生数(人)	在校生数(人)
高等教育			
研究生	483	876	1865
博士			
硕士	483	876	1865
普通本专科	1696222	2196909	7088280
本科	970675	1108415	4390307
专科	725547	1088494	2697973
成人本专科	99959	214672	398801
本科	14125	35137	64873
专科	85834	179535	333928
另有其他学生数			
民办高校			24794
民办的其他高等教育机构			90103
中等教育			
高中阶段教育			
高中			
普通高中	1014841	1358581	3596765
完全中学	368745	457527	1257762
高级中学	382150	517787	1360456
十二年一贯制学校	263946	383267	978547
成人高中			
中等职业教育			
普通中专	335174	527897	1321824
成人中专	83164	81260	161954
职业高中	216164	290789	759904
技工学校			
初中阶段教育			
初中	1894224	2431074	6874005
初级中学	519148	605839	1743738
九年一贯制学校	678010	960820	2637078
十二年一贯制学校	322277	424435	1204358
完全中学	374767	439972	1288740
职业初中	22	8	91
成人初中			
初等教育			
普通小学	1498354	1590448	9449051
小学	685807	753787	4438092
九年一贯制学校	623116	646651	3888844
十二年一贯制学校	189431	190010	1122115
成人小学			
其中：扫盲班			
工读学校	**297**	**361**	**640**
特殊教育	**1665**	**3620**	**18634**
学前教育	**9451393**	**9046843**	**26494401**
另有：民办培训机构			**10754715**

注：1.完全中学、九年一贯制学校和十二年一贯制学校的学生数按教育层次分别计入对应教育阶段的学生数中。
2.特殊教育学生数中包括义务教育阶段随班就读的学生、其他学校附设特教班。
3."另有其他学生数"包括：自考助学班学生、预科生、进修及培训学生数。

7-14-6 各级各类学校情况

单位：所

年 份	普通高等学校	#高职(专科)院校	普通高中	中等职业教育	初中	#职业初中	普通小学	特殊教育	学前教育
1978	598		49215	2760	113130		949323	292	163952
1980	675		31300	3459	87077		917316	292	170419
1985	1016		17318	14190	77529	1626	832309	375	172262
1990	1075		15678	20763	73462	1509	766072	746	172322
1995	1054		13991	22072	68564	1535	668685	1379	180438
2000	1041	442	14564	19727	63898	1194	553622	1539	175836
2001	1225	628	14907	17580	66590	1065	491273	1531	111706
2002	1396	767	15406	15919	65645	984	456903	1540	111752
2003	1552	908	15779	14682	64730	1019	425846	1551	116390
2004	1731	1047	15998	14454	63757	697	394183	1560	117899
2005	1792	1091	16092	14466	62486	601	366213	1593	124402
2006	1867	1147	16153	14693	60885	335	341639	1605	130495
2007	1908	1168	15681	14832	59384	275	320061	1618	129086
2008	2263	1184	15206	14847	57914	213	300854	1640	133722
2009	2305	1215	14607	14388	56320	153	280184	1672	138209
2010	2358	1246	14058	13862	54890	67	257410	1706	150420
2011	2409	1280	13688	13083	54117	54	241249	1767	166750
2012	2442	1297	13509	12654	53216	49	228585	1853	181251
2013	2491	1321	13352	12262	52804	40	213529	1933	198553
2014	2529	1327	13253	11878	52623	26	201377	2000	209881
2015	2560	1341	13240	11202	52405	22	190525	2053	223683
2016	2596	1359	13383	10893	52118	16	177633	2080	239812
2017	2631	1388	13555	10671	51894	15	167009	2107	254950
2018	2663	1418	13737	10229	51982	11	161811	2152	266677
2019	2688	1423	13964	10078	52415	11	160148	2192	281174

7-14-7 各级各类学校专任教师情况

单位：万人

年份	普通高等学校	#高职(专科)院校	普通高中	中等职业教育	初中	#职业初中	普通小学	特殊教育	学前教育
1978	20.6		74.1	9.9	244.1		522.6	0.4	27.8
1980	24.7		57.1	13.3	244.9		549.9	0.5	41.1
1985	34.4		49.2	35.5	216.0		537.7	0.7	55.0
1990	39.5		56.2	66.3	249.9	2.9	558.2	1.4	75.0
1995	40.1		55.1	74.0	282.1	3.7	566.4	2.5	87.5
2000	46.3	8.7	75.7	79.7	328.7	3.8	586.0	3.2	85.6
2001	53.2	12.4	84.0	73.8	338.6	3.7	579.8	2.9	54.6
2002	61.8	15.6	94.6	69.1	346.8	3.7	577.9	3.0	57.1
2003	72.5	19.7	107.1	71.3	349.8	3.1	570.3	3.0	61.3
2004	85.8	23.8	119.1	73.6	350.0	2.4	562.9	3.1	65.6
2005	96.6	26.8	129.9	75.0	349.2	2.0	559.2	3.2	72.2
2006	107.6	31.6	138.7	79.9	347.5	1.2	558.8	3.3	77.6
2007	116.8	35.5	144.3	85.9	347.3	0.9	561.3	3.5	82.7
2008	123.7	37.7	147.6	89.5	347.6	0.7	562.2	3.6	89.9
2009	129.5	39.5	149.3	86.7	351.8	0.5	563.3	3.8	98.6
2010	134.3	40.4	151.8	87.1	352.5	0.2	561.7	4.0	114.4
2011	139.3	41.3	155.7	88.1	352.5	0.2	560.5	4.1	131.6
2012	144.0	41.3	159.5	88.0	350.4	0.2	558.5	4.4	147.9
2013	149.7	43.7	162.9	86.8	348.1	0.1	558.5	4.6	166.3
2014	153.5	43.8	166.3	85.8	348.8	0.1	563.4	4.8	184.4
2015	157.3	45.5	169.5	84.4	347.6	0.1	568.5	5.0	205.1
2016	160.2	46.7	173.3	84.0	348.8		578.9	5.3	223.2
2017	163.3	48.2	177.4	83.9	354.9		594.5	5.6	243.2
2018	167.3	49.8	181.3	83.4	363.9		609.2	5.9	258.1
2019	174.0	51.4	185.9	84.3	374.7		626.9	6.2	276.3

7-14-8 各级各类学校招生情况

单位：万人

年 份	普 通本专科	#专科	普通高中	中等职业教 育	初中	#职业初中	普通小学	特殊教育	学前教育
1978	40.2	12.4	692.9	44.7	2006.0		3315.4	0.6	
1980	28.1	7.7	383.4	58.3	1557.6	6.7	2942.3	0.6	
1985	61.9	30.2	257.5	234.2	1367.0	17.6	2298.2	0.9	
1990	60.9	29.2	249.8	286.1	1389.3	19.4	2064.0	1.6	
1995	92.6	47.8	273.6	498.6	1781.1	28.8	2531.8	5.6	1972.4
2000	220.6	48.7	472.7	408.3	2295.6	32.3	1946.5	5.3	1531.1
2001	268.3	66.6	558.0	399.9	2287.9	30.0	1944.2	5.6	1398.2
2002	320.5	89.1	676.7	473.6	2281.8	29.5	1952.8	5.3	1373.6
2003	382.2	199.6	752.1	515.8	2220.1	24.8	1829.4	4.9	1316.8
2004	447.3	237.4	821.5	566.2	2094.6	16.4	1747.0	5.1	1350.3
2005	504.5	268.1	877.7	655.7	1987.6	11.1	1671.7	4.9	1356.2
2006	546.1	293.0	871.2	747.8	1929.5	5.9	1729.4	5.0	1391.3
2007	565.9	283.8	840.2	810.0	1868.5	4.8	1736.1	6.3	1433.6
2008	607.7	310.6	837.0	812.1	1859.6	3.4	1695.7	6.2	1482.7
2009	639.5	313.4	830.3	868.2	1788.5	2.1	1637.8	6.4	1546.9
2010	661.8	310.5	836.2	870.4	1716.6	1.1	1691.7	6.5	1700.4
2011	681.5	324.9	850.8	813.9	1634.7	0.7	1736.8	6.4	1827.3
2012	688.8	314.8	844.6	754.1	1570.8	0.5	1714.7	6.6	1911.9
2013	699.8	318.4	822.7	674.8	1496.1	0.4	1695.4	6.6	1970.0
2014	721.4	338.0	796.6	619.8	1447.8	0.2	1658.4	7.1	1987.8
2015	737.8	348.4	796.6	601.2	1411.0	0.2	1729.0	8.3	2008.8
2016	748.6	343.2	802.9	593.3	1487.2	0.1	1752.5	9.2	1922.1
2017	761.5	350.7	800.1	582.4	1547.2	0.1	1766.6	11.1	1938.0
2018	791.0	368.8	792.7	557.0	1602.6	0.1	1867.3	12.4	1863.9
2019	914.9	483.6	839.5	600.4	1638.8	0.1	1869.0	14.4	1688.2

7-14-9 各级各类学校在校学生情况

单位：万人

年份	普通本专科	#专科	普通高中	中等职业教育	初中	#职业初中	普通小学	特殊教育	学前教育
1978	85.6	38.0	1553.1	212.8	4995.2		14624.0	3.1	787.7
1980	114.4	28.2	969.8	586.3	4551.8	13.5	14627.0	3.3	1150.8
1985	170.3	58.0	741.1	476.1	4010.1	45.2	13370.2	4.2	1479.7
1990	206.3	74.3	717.3	763.5	3916.6	47.9	12241.4	7.2	1972.2
1995	290.6	126.8	713.2	1230.2	4727.5	69.7	13195.2	29.6	2711.2
2000	556.1	100.9	1201.3	1284.5	6256.3	88.6	13013.3	37.8	2244.2
2001	719.1	146.8	1405.0	1164.9	6514.4	83.3	12543.5	38.6	2021.8
2002	903.4	193.4	1683.8	1190.8	6687.4	83.4	12156.7	37.5	2036.0
2003	1108.6	479.4	1964.8	1256.7	6690.8	72.4	11689.7	36.5	2003.9
2004	1333.5	595.7	2220.4	1409.2	6527.5	52.5	11246.2	37.2	2089.4
2005	1561.8	713.0	2409.1	1600.0	6214.9	43.1	10864.1	36.4	2179.0
2006	1738.8	795.5	2514.5	1809.9	5957.9	20.6	10711.5	36.3	2263.9
2007	1884.9	860.6	2522.4	1987.0	5736.2	15.3	10564.0	41.9	2348.8
2008	2021.0	916.8	2476.3	2087.1	5585.0	10.8	10331.5	41.7	2475.0
2009	2144.7	964.8	2434.3	2195.2	5440.9	7.3	10071.5	42.8	2657.8
2010	2231.8	966.2	2427.3	2238.5	5279.3	3.4	9940.7	42.6	2976.7
2011	2308.5	958.9	2454.8	2205.3	5066.8	2.6	9926.4	39.9	3424.5
2012	2391.3	964.2	2467.2	2213.7	4763.1	1.9	9695.9	37.9	3685.8
2013	2468.1	973.6	2435.9	1923.0	4440.1	1.1	9360.5	36.8	3894.7
2014	2547.7	1006.6	2400.5	1755.3	4384.6	0.8	9451.1	39.5	4050.7
2015	2625.3	1048.6	2374.4	1656.7	4312.0	0.5	9692.2	44.2	4264.8
2016	2695.8	1082.9	2366.6	1599.0	4329.4	0.4	9913.0	49.2	4413.9
2017	2753.6	1105.0	2374.5	1592.5	4442.1	0.3	10093.7	57.9	4600.1
2018	2831.0	1133.7	2375.4	1555.3	4652.6	0.2	10339.3	66.6	4656.4
2019	3031.5	1280.7	2414.3	1576.5	4827.1	0.4	10561.2	79.5	4713.9

7-14-10 各级各类学校毕业生情况

单位：万人

年 份	普 通本专科	#专科	普通高中	中等职业教 育	初中	#职业初中	普通小学	特殊教育	学前教育
1978	16.5	0.8	682.7	40.3	1692.6		2287.9	0.3	
1980	14.7		616.2	73.3	964.8	7.9	2053.3	0.4	
1985	31.6	14.4	196.6	92.5	1007.2	8.9	1999.9	0.4	
1990	61.4	30.6	233.0	240.6	1123.0	13.9	1863.1	0.5	
1995	80.5	48.0	201.6	348.4	1244.4	17.0	1961.5	1.9	
2000	95.0	17.9	301.5	476.7	1633.5	26.4	2419.2	4.3	
2001	103.6	19.3	340.5	430.6	1731.5	24.5	2396.9	4.6	1160.2
2002	133.7	27.7	383.8	380.1	1903.7	23.8	2351.9	4.4	1152.7
2003	187.7	94.8	458.1	346.4	2018.5	22.9	2267.9	4.5	1072.0
2004	239.1	119.5	546.9	359.2	2087.3	16.9	2135.2	4.7	1059.7
2005	306.8	160.2	661.6	418.2	2123.4	16.9	2019.5	4.3	1025.4
2006	377.5	204.8	727.1	479.1	2071.6	9.2	1928.5	4.5	1045.1
2007	447.8	248.2	788.3	530.9	1963.7	6.9	1870.2	5.0	1049.1
2008	511.9	286.3	836.1	580.7	1868.0	5.1	1865.0	5.2	1040.5
2009	531.1	285.6	823.7	624.9	1797.7	3.0	1805.2	5.7	1040.6
2010	575.4	316.4	794.4	665.0	1750.4	1.8	1739.6	5.9	1057.6
2011	608.2	328.5	787.7	660.0	1736.7	1.2	1662.8	4.4	1184.7
2012	624.7	320.9	791.5	674.6	1660.8	0.9	1641.6	4.9	1433.6
2013	638.7	318.7	799.0	674.4	1561.5	0.7	1581.1	5.1	1491.7
2014	659.4	318.0	799.6	622.9	1413.5	0.3	1476.6	4.9	1527.2
2015	680.9	322.3	797.7	567.9	1417.6	0.2	1437.3	5.3	1590.3
2016	704.2	329.8	792.4	533.6	1423.9	0.2	1507.4	5.9	1623.2
2017	735.8	351.6	775.7	496.9	1397.5	0.1	1565.9	6.9	1652.7
2018	753.3	366.5	779.2	487.3	1367.8	0.1	1616.5	8.1	1790.6
2019	758.5	363.8	789.2	493.5	1454.1	0.1	1647.9	9.8	1765.2

7-14-11 研究生和留学人员情况

单位：人

年份	研究生数			出国留学人员	学成回国留学人员
	毕业生数	招生数	在校学生数		
1978	9	10708	10934	860	248
1980	476	3616	21604	2124	162
1985	17004	46871	87331	4888	1424
1990	35440	29649	93018	2950	1593
1995	31877	51053	145443	20381	5750
2000	58767	128484	301239	38989	9121
2001	67809	165197	393256	83973	12243
2002	80841	202611	500980	125179	17945
2003	111091	268925	651260	117307	20152
2004	150777	326286	819896	114682	24726
2005	189728	364831	978610	118515	34987
2006	255902	397925	1104653	134000	42000
2007	311839	418612	1195047	144000	44000
2008	344825	446422	1283046	179800	69300
2009	371273	510953	1404942	229300	108300
2010	383600	538177	1538416	284700	134800
2011	429994	560168	1645845	339700	186200
2012	486455	589673	1719818	399600	272900
2013	513626	611381	1793953	413900	353500
2014	535863	621323	1847689	459800	364800
2015	551522	645055	1911406	523700	409100
2016	563938	667064	1981051	544500	432500
2017	578045	806103	2639561	608400	480900
2018	604368	857966	2731257	662100	519400
2019	639666	916503	2863712		

注：2017年起，研究生招生数包含全日制和非全日制研究生，在校生数包含全日制、非全日制研究生和在职人员攻读硕士学位学生。

7-14-12 技工学校情况

年份	学校数（所）	教职工数（万人）	毕业生数（万人）	招生数（万人）	在校学生数（万人）
1985	3548	21.5	22.6	35.5	74.2
1986	3765	24.4	23.3	39.4	89.2
1987	3952	26.2	26.5	42.3	103.1
1988	3996	28.0	31.1	46.1	116.1
1989	4102	29.6	36.8	47.0	125.8
1990	4184	30.8	41.3	50.6	133.2
1991	4269	32.5	45.4	54.4	142.2
1992	4392	33.6	45.7	60.2	155.6
1993	4477	33.5	49.7	66.4	171.7
1994	4430	34.0	55.7	71.4	187.1
1995	4521	33.7	68.5	74.6	189.0
1996	4467	33.5	68.1	72.7	191.8
1997	4395	31.0	69.9	73.4	193.1
1998	4362	31.0	68.2	59.4	181.3
1999	4098	26.9	66.2	51.5	156.0
2000	3792	24.0	64.6	50.4	140.1
2001	3470	22.0	47.7	55.1	134.7
2002	3075	20.3	45.4	73.3	153.0
2003	2970	20.2	45.3	91.6	193.1
2004	2884	20.4	53.5	109.7	234.4
2005	2855	20.4	69.0	118.4	275.3
2006	2880	21.5	86.4	134.8	320.8
2007	2995	24.0	99.7	158.5	367.1
2008	3075	24.7	109.0	161.4	397.5
2009	3064	25.8	115.2	156.4	414.3
2010	2998	26.5	121.3	158.6	421.0
2011	2914	26.5	118.9	163.5	429.4
2012	2892	26.7	120.2	156.8	422.8
2013	2882	26.9	116.9	133.5	386.6
2014	2818	26.5	106.8	124.4	339.0
2015	2545	26.0	94.6	121.4	321.5
2016	2526	26.5	93.1	127.2	323.2
2017	2490	26.9	90.5	130.9	338.2
2018	2379	26.7	90.3	128.5	341.6
2019	2392	27.2	98.4	143.0	360.3

7-14-13 进城务工子女在校情况

单位：人

项　目	进城务工人员随迁子女	外省迁入	本省外县迁入
普通小学			
毕业生数	1491530	660983	830547
招生数	1797802	784815	1012987
#受过学前教育	1791783	782409	1009374
在校学生数	10420286	4556461	5863825
#女	4660822	2022356	2638466
初中			
毕业生数	1013005	384241	628764
招生数	1334336	553971	780365
在校学生数	3849321	1559031	2290290
#女	1706931	679505	1027426

7-14-14 小学学龄儿童净入学率和各级普通学校毕业生升学率

单位：%

年　份	小学学龄儿童净入学率	小学升学率	初中升学率
1990	97.8	74.6	40.6
1991	97.9	77.7	42.6
1992	97.2	79.7	43.6
1993	97.7	81.8	44.1
1994	98.4	86.6	47.8
1995	98.5	90.8	50.3
1996	98.8	92.6	49.8
1997	98.9	93.7	51.5
1998	98.9	94.3	50.7
1999	99.1	94.4	50.0
2000	99.1	94.9	51.2
2001	99.1	95.5	52.9
2002	98.6	97.0	58.3
2003	98.7	97.9	59.6
2004	98.9	98.1	63.8
2005	99.2	98.4	69.7
2006	99.3	100.0	75.7
2007	99.5	99.9	80.5
2008	99.5	99.7	82.1
2009	99.4	99.1	85.6
2010	99.7	98.7	87.5
2011	99.8	98.3	88.9
2012	99.9	98.3	88.4
2013	99.7	98.3	91.2
2014	99.8	98.0	95.1
2015	99.9	98.2	94.1
2016	99.9	98.7	93.7
2017	99.9	98.8	94.9
2018	100.0	99.1	95.2
2019	99.9	99.5	94.5

注：1991年以前的小学学龄儿童入学率是按7-11周岁统一计算的；从1991年起是按各地不同入学年龄和学制分别计算的。

7-14-15 各地区普通本专科学生情况

单位：人

地 区	招生数	本 科	专 科	在 校 学生数	本 科	专 科	毕业生数
全 国	**9149026**	**4312880**	**4836146**	**30315262**	**17508204**	**12807058**	**7585298**
北 京	152239	130851	21388	601545	527417	74128	147074
天 津	148877	90245	58632	539366	359897	179469	137063
河 北	460879	212885	247994	1473971	822919	651052	357831
山 西	229402	122810	106592	802005	515842	286163	211772
内蒙古	132428	63245	69183	472033	264901	207132	124677
辽 宁	331129	169450	161679	1041144	696797	344347	257106
吉 林	203888	120651	83237	700145	493437	206708	171814
黑龙江	238738	135686	103052	778160	542083	236077	194809
上 海	139847	95721	44126	526585	391302	135283	131694
江 苏	522849	274259	248590	1874084	1139878	734206	488498
浙 江	300579	151634	148945	1074688	636152	438536	283396
安 徽	400798	166050	234748	1241151	679883	561268	321623
福 建	281180	128447	152733	861231	518096	343135	200169
江 西	359431	145706	213725	1134950	568044	566906	303308
山 东	663148	264636	398512	2183944	1101805	1082139	577980
河 南	696654	287338	409316	2319653	1197185	1122468	593363
湖 北	435431	217367	218064	1500819	893499	607320	383673
湖 南	423249	188797	234452	1407108	748384	658724	361908
广 东	616331	288197	328134	2053977	1159808	894169	522094
广 西	359824	130049	229775	1076408	522722	553686	233144
海 南	68629	31249	37380	207424	118741	88683	50393
重 庆	271415	117696	153719	834864	470302	364562	200819
四 川	494840	235226	259614	1661737	944177	717560	402922
贵 州	250966	94667	156299	765745	371133	394612	169655
云 南	243379	108203	135176	864035	470776	393259	196463
西 藏	10576	6824	3752	36226	25533	10693	9935
陕 西	350990	172015	178975	1121990	693238	428752	293496
甘 肃	157239	73042	84197	524948	296982	227966	123314
青 海	21419	11107	10312	73182	42130	31052	18958
宁 夏	43039	22004	21035	135178	84360	50818	31988
新 疆	139633	56823	82810	426966	210781	216185	84359

7-14-15 续表

单位：人

地 区			授 予 学位数	预 计 毕业生数		
	本 科	专 科			本 科	专 科
全 国	**3947157**	**3638141**	**3891750**	**8199075**	**4343591**	**3855484**
北 京	121066	26008	120190	157743	130719	27024
天 津	79655	57408	77974	147852	88215	59637
河 北	174547	183284	173460	390663	195352	195311
山 西	121113	90659	119349	221293	130328	90965
内蒙古	60353	64324	58676	135372	67110	68262
辽 宁	165262	91844	164001	263953	175373	88580
吉 林	116628	55186	115062	181967	123615	58352
黑龙江	122745	72064	121758	195125	129204	65921
上 海	85641	46053	84422	146443	100282	46161
江 苏	266596	221902	260542	532288	292128	240160
浙 江	151734	131662	150481	296714	160277	136437
安 徽	157643	163980	156221	333023	169938	163085
福 建	121645	78524	121306	214104	128545	85559
江 西	122933	180375	122166	312027	136353	175674
山 东	244719	333261	242749	617503	282908	334595
河 南	276666	316697	273111	650451	308388	342063
湖 北	207828	175845	203713	409895	223087	186808
湖 南	166655	195253	163476	381609	179174	202435
广 东	267550	254544	265074	569880	285306	284574
广 西	108080	125064	105508	279870	129526	150344
海 南	25748	24645	24924	52843	28429	24414
重 庆	108837	91982	106851	217972	116503	101469
四 川	206829	196093	202911	450888	232333	218555
贵 州	67065	102590	64881	201355	86850	114505
云 南	101738	94725	99998	240299	119806	120493
西 藏	5968	3967	5642	9832	5993	3839
陕 西	160501	132995	158835	299450	172024	127426
甘 肃	68928	54386	67993	136319	73433	62886
青 海	8570	10388	8440	20013	9662	10351
宁 夏	17975	14013	17272	35147	19446	15701
新 疆	35939	48420	34764	97182	43284	53898

7-14-16 各地区普通高等学校(机构)情况

单位：人

地　区	学校数(所)	教职工数	#校本部教职工	专任教师						行政人员	教辅人员	工勤人员
					正高级	副高级	中级	初级	无职称			
全　国	**2688**	**2566705**	**2462764**	**1740145**	**229157**	**525371**	**673857**	**180196**	**131564**	**366678**	**226914**	**129027**
北　京	93	145308	128965	71997	21112	25757	21043	1969	2116	26125	17689	13154
天　津	56	48319	47671	32651	5053	10573	13062	2293	1670	8820	4590	1610
河　北	122	111965	110173	79147	10779	23926	31323	6594	6525	15217	9581	6228
山　西	82	60061	58574	42798	3019	11627	17872	6918	3362	7450	5087	3239
内蒙古	53	41270	40802	27382	3215	9069	10735	2556	1807	6855	4378	2187
辽　宁	115	98099	96315	63149	9644	21063	26627	3964	1851	17511	9946	5709
吉　林	62	62611	61046	40298	6769	13261	14679	4578	1011	9491	6704	4553
黑龙江	81	74233	72220	47245	8101	16463	17829	3112	1740	12082	7246	5647
上　海	64	77224	73028	46278	8999	14943	17556	2832	1948	14389	9500	2861
江　苏	167	175222	167899	120599	17543	42153	47603	8596	4704	25516	14163	7621
浙　江	108	99551	94505	66734	10105	20123	27793	4191	4522	16815	8675	2281
安　徽	120	83403	81172	62374	6140	17362	24875	9956	4041	9398	5798	3602
福　建	90	73920	70413	49116	6324	15618	19645	5297	2232	12398	6767	2132
江　西	103	84928	82281	60224	5614	15398	24191	8396	6625	8226	10705	3126
山　东	146	164932	157850	117609	12854	35167	48889	13140	7559	20589	13657	5995
河　南	141	162050	156846	123977	9722	31355	50145	21995	10760	15480	9304	8085
湖　北	128	131228	126087	85276	11847	28892	30727	7977	5833	20076	12765	7970
湖　南	125	108434	104933	76527	8559	22233	30291	7580	7864	14058	9476	4872
广　东	154	168225	160253	114700	15537	31203	44907	7699	15354	24493	14521	6539
广　西	78	76137	68675	48726	5350	12930	18559	3078	8809	10001	4932	5016
海　南	20	16715	16616	11076	1635	3051	3920	1087	1383	2718	1618	1204
重　庆	65	61954	60275	45537	5516	12891	18454	4842	3834	8388	3965	2385
四　川	126	128111	122648	89796	10090	24350	33911	15210	6235	16816	9621	6415
贵　州	72	51928	51272	37753	3752	11824	10947	5672	5558	7247	4216	2056
云　南	81	56594	55850	41506	4238	11721	15616	6018	3913	7326	4221	2797
西　藏	7	3813	3749	2610	291	784	1069	325	141	626	329	184
陕　西	95	107917	102760	70318	9752	22243	28062	6813	3448	16492	10357	5593
甘　肃	49	41221	39463	29755	3925	9832	11443	2920	1635	4864	2738	2106
青　海	12	7005	6766	4767	752	1514	1375	744	382	871	764	364
宁　夏	19	11756	11397	8422	1448	2432	2421	1323	798	1547	871	557
新　疆	54	32571	32260	21798	1472	5613	8288	2521	3904	4793	2730	2939

7-14-17 各地区普通高中情况

单位：人

地区	学校数（所）	教职工数	#专任教师	毕业生数	招生数	在校学生数
全国	**13964**	**2833658**	**1859242**	**7892494**	**8394949**	**24143050**
北京	318	61487	20633	50390	51403	152857
天津	187	30815	16596	54368	52243	158561
河北	679	164923	107059	427550	506728	1411999
山西	522	103168	64157	244365	224654	660092
内蒙古	303	56878	36966	144760	130362	406205
辽宁	420	66826	52378	206749	203043	601543
吉林	251	45300	31691	137352	149522	418443
黑龙江	368	59128	42909	185865	190255	551656
上海	258	33601	18609	51624	54236	159445
江苏	580	130241	99291	313885	387603	1050290
浙江	601	96119	71952	254026	273060	784233
安徽	667	121875	80367	363296	378830	1088028
福建	544	105314	51952	210157	221862	639259
江西	496	95558	60479	326947	377216	1055368
山东	640	177913	142963	551604	587874	1672070
河南	889	185744	138269	679853	749785	2158790
湖北	532	93470	66902	274071	301376	852203
湖南	642	125299	84365	379575	437339	1221359
广东	1008	262871	148775	628523	639413	1837399
广西	490	91949	63091	326975	394233	1091029
海南	124	28889	13589	57354	60586	172528
重庆	260	70900	39882	206590	209829	616561
四川	779	180692	101167	470039	484081	1398064
贵州	468	91008	68099	333356	325020	992072
云南	547	97748	62489	272366	330490	909138
西藏	35	6719	5748	19159	23238	65500
陕西	471	87873	57473	252235	212712	683891
甘肃	376	61429	45813	193621	172017	526270
青海	108	14590	9994	41582	42236	126349
宁夏	65	14113	11322	47318	53619	153403
新疆	336	71218	44262	186939	170084	528445

7-14-18 各地区中等职业学校情况

单位：人

地区	学校数(所)	教职工数	#专任教师	毕业生数	#获得职业资格证书	招生数	在校学生数	预计毕业生数
全国	**7686**	**801482**	**642197**	**3950427**	**2839511**	**4574121**	**12161663**	**3919994**
北京	84	9322	6019	22939	9377	12578	49356	18586
天津	69	7972	5782	30005	22937	24971	80942	31300
河北	601	60704	48484	244988	184967	315647	774629	270900
山西	343	29157	23248	107153	91546	106945	296674	101186
内蒙古	237	18195	13632	59815	31533	57572	168536	57851
辽宁	269	25604	19153	99924	50529	86152	265089	99319
吉林	255	18289	13921	43181	17636	43755	117863	41096
黑龙江	219	17054	12604	61511	18249	55174	167688	62918
上海	90	11722	8160	33778	26911	34291	99979	33192
江苏	206	50609	43161	201787	175617	212812	621530	210132
浙江	245	39836	35613	172310	161622	199421	542066	171549
安徽	328	32768	27884	267892	207708	302038	750713	260051
福建	180	19928	16778	110432	97549	130126	334826	101379
江西	327	19701	14225	112129	105329	149327	385493	107638
山东	391	58249	48099	259891	164970	267223	730464	235070
河南	574	58995	47710	343875	219728	420862	1110637	335370
湖北	272	25951	20452	116755	83438	144955	391910	118975
湖南	487	39075	31027	209896	161591	253467	669992	209296
广东	426	56252	44034	279317	185207	314820	859668	270226
广西	248	27023	20430	196423	113794	259391	680286	210574
海南	73	6034	4286	34764	10802	42818	117313	35840
重庆	129	18190	15114	92141	71461	123645	317203	92972
四川	408	47098	37463	307889	269076	323855	796091	285895
贵州	185	20976	17470	142170	94041	154707	438121	146221
云南	370	23948	20128	148998	101414	194839	513232	155543
西藏	11	1905	1784	6601	873	10537	25402	6225
陕西	230	18900	14347	73018	51756	109191	257529	75071
甘肃	205	16153	13680	59734	47652	76052	186733	54661
青海	36	2920	2362	20184	11143	31917	81621	21354
宁夏	30	3702	3063	22966	13766	27933	74640	22759
新疆	158	15250	12084	67961	37289	87100	255437	76845

7-14-19 各地区初中情况

单位：人

地区	学校数（所）	专任教师	城区	镇区	乡村	在校学生数	城区	镇区	乡村
全国	**52415**	**3747429**	**1376624**	**1812525**	**558280**	**48271362**	**18068184**	**23698943**	**6504235**
北京	336	37057	30556	3601	2900	308722	266024	25369	17329
天津	340	28333	19858	5724	2751	303432	211206	63081	29145
河北	2405	210644	64885	110358	35401	2973099	909970	1594763	468366
山西	1762	109271	40195	50981	18095	1141923	472329	523895	145699
内蒙古	701	59558	23643	32120	3795	663303	287448	341627	34228
辽宁	1518	99648	53425	35017	11206	1014597	579036	336012	99549
吉林	1177	66275	26743	26245	13287	654524	302738	249906	101880
黑龙江	1420	88058	38972	37171	11915	913966	426151	389969	97846
上海	584	43073	36881	4666	1526	450954	396858	40823	13273
江苏	2224	200995	96818	95266	8911	2424561	1152391	1172768	99402
浙江	1744	130566	69619	48993	11954	1636986	872550	624911	139525
安徽	2846	162358	39323	89703	33332	2188323	547932	1247836	392555
福建	1249	104637	38140	49154	17343	1364564	577367	606684	180513
江西	2177	136570	38113	71639	26818	2200671	629869	1183091	387711
山东	3151	292845	121577	143515	27753	3609195	1541375	1732861	334959
河南	4603	327211	80718	178636	67857	4684765	1197988	2628249	858528
湖北	2080	133135	54226	60927	17982	1653660	699973	750020	203667
湖南	3368	181836	48803	97550	35483	2482512	702858	1358254	421400
广东	3712	291619	162378	102434	26807	3890283	2247831	1321059	321393
广西	1753	142404	36180	88079	18145	2204864	549488	1376919	278457
海南	404	26987	10507	12768	3712	369015	156440	167425	45150
重庆	867	81196	35133	39513	6550	1115764	505239	526614	83911
四川	3734	211700	60634	118090	32976	2737192	825506	1546924	364762
贵州	2008	128224	29625	79148	19451	1792803	411369	1121485	259949
云南	1689	133786	27825	67814	38147	1845363	387312	953535	504516
西藏	101	11934	3116	6218	2600	139808	35185	71002	33621
陕西	1612	99923	34997	55225	9701	1123519	469553	576723	77243
甘肃	1465	81037	18370	45467	17200	881781	230773	498720	152288
青海	263	16703	4667	8604	3432	225270	64083	118041	43146
宁夏	252	20659	7604	9653	3402	298799	121426	137589	39784
新疆	870	89187	23093	38246	27848	977144	289916	412788	274440

7-14-20 各地区普通小学情况

单位：人

地区	学校数(所)	专任教师数	城区	镇区	乡村	在校学生数	城区	镇区	乡村
全国	**160148**	**6269084**	**2152428**	**2290899**	**1825757**	**105612358**	**39641412**	**40395871**	**25575075**
北京	941	69339	57430	5275	6634	941614	817064	61326	63224
天津	877	46497	34079	5228	7190	702004	527262	79674	95068
河北	11604	395305	95718	151884	147703	6791054	1825701	2744704	2220649
山西	5312	167801	56052	62789	48960	2293318	981531	914740	397047
内蒙古	1662	102876	34688	49516	18672	1363093	577477	632840	152776
辽宁	2976	137349	70582	40035	26732	1950513	1225934	472038	252541
吉林	3740	104977	36954	35817	32206	1185695	551703	427477	206515
黑龙江	1431	107089	42713	43719	20657	1278727	623928	523491	131308
上海	698	59451	50972	6428	2051	826347	716476	82877	26994
江苏	4151	332052	159051	137714	35287	5726376	2724764	2431018	570594
浙江	3310	216107	114689	69936	31482	3671067	1999713	1201954	469400
安徽	7792	255415	58151	108930	88334	4621048	1141049	2158113	1321886
福建	5160	177930	68334	68610	40986	3343976	1403598	1331813	608565
江西	7330	238475	60954	100419	77102	4114416	1195418	1904623	1014375
山东	9646	442729	164172	165791	112766	7385622	2888695	2824020	1672907
河南	18117	565248	119904	217759	227585	10124818	2464486	4263678	3396654
湖北	5405	208322	78800	76379	53143	3764794	1590927	1420425	753442
湖南	7245	287097	80265	130629	76203	5287730	1574357	2542892	1170481
广东	10565	553241	310643	133962	108636	10334303	6060194	2614438	1659671
广西	8036	267128	64000	93969	109159	4950349	1275749	1836803	1837797
海南	1376	52466	17304	18350	16812	853075	344253	313846	194976
重庆	2860	128777	52503	49956	26318	2062948	994950	795309	272689
四川	5725	337840	92684	152110	93046	5557731	1733603	2587689	1236439
贵州	6943	212485	45598	90744	76143	3882991	914058	1798936	1169997
云南	10789	230762	41710	63270	125782	3851042	803245	1109884	1937913
西藏	821	23164	4481	5752	12931	340952	68246	82659	190047
陕西	4640	170709	61738	76295	32676	2775874	1192964	1226893	356017
甘肃	5444	148408	27979	56066	64363	1941406	497800	835421	608185
青海	724	28318	6923	11021	10374	498501	126445	205196	166860
宁夏	1188	34279	11013	11329	11937	584149	223056	204508	156585
新疆	3640	167448	32344	51217	83887	2606825	576766	766586	1263473

7-14-21 各地区特殊教育情况

单位：人

地 区	学校数（所）	专任教师数	毕业生数	招生数	在校学生数	#女
全 国	**2192**	**62358**	**97587**	**144211**	**794612**	**291367**
北 京	20	993	1386	1026	6962	2382
天 津	21	662	510	878	4923	1738
河 北	163	3530	3010	5733	29459	11024
山 西	80	1924	2278	4046	18336	7296
内蒙古	51	1662	1712	2209	13215	5166
辽 宁	83	2201	1771	1979	13264	4542
吉 林	49	1649	1410	2095	11313	3991
黑龙江	72	1997	1436	2568	15812	5738
上 海	31	1385	1440	1322	8122	2852
江 苏	104	3654	4235	5182	33083	11558
浙 江	86	2852	2909	3521	20913	7462
安 徽	73	1873	2759	5395	36941	13241
福 建	73	2216	4077	4962	26798	8994
江 西	95	1767	7058	6930	37644	13563
山 东	150	5517	4618	6333	38986	13811
河 南	150	4156	3007	10472	54849	19998
湖 北	85	1889	1724	5549	28774	9816
湖 南	86	2423	5550	8262	47085	17016
广 东	141	5326	5179	10149	52869	16953
广 西	82	1823	4701	7077	37730	13098
海 南	13	404	387	860	4291	1415
重 庆	39	1050	3203	4492	25362	9674
四 川	129	3094	11408	10914	61072	23553
贵 州	77	1922	4297	7876	38942	14878
云 南	65	1740	7642	7798	42207	17023
西 藏	6	286	738	1350	6766	3112
陕 西	66	1519	2412	3198	18359	6983
甘 肃	44	1083	1997	3771	19294	7368
青 海	16	216	803	1356	7700	3216
宁 夏	14	427	793	1212	6976	2787
新 疆	28	1118	3137	5696	26565	11119

7-14-22 各地区各级学校生师比

(教师人数=1)

年 份 地 区	普通小学	初 中	普通高中	中等职业学校	普通高校
2005	19.43	17.80	18.54	21.34	16.85
2006	19.17	17.15	18.13	22.65	17.93
2007	18.82	16.52	17.48	23.13	17.28
2008	18.38	16.07	16.78	23.32	17.23
2009	17.88	15.47	16.30	25.27	17.27
2010	17.70	14.98	15.99	25.69	17.33
2011	17.71	14.38	15.77	24.97	17.42
2012	17.36	13.59	15.47	24.19	17.52
2013	16.76	12.76	14.95	22.97	17.53
2014	16.78	12.57	14.44	21.34	17.68
2015	17.05	12.41	14.01	20.47	17.73
2016	17.12	12.41	13.65	19.84	17.07
2017	16.98	12.52	13.39	18.98	17.52
2018	16.97	12.79	13.10	19.10	17.56
2019	16.85	12.88	12.99	18.94	17.95
北 京	13.58	8.33	7.41	8.20	16.90
天 津	15.10	10.71	9.55	14.00	18.51
河 北	17.18	14.11	13.19	15.98	18.00
山 西	13.67	10.45	10.29	12.76	17.90
内蒙古	13.25	11.14	10.99	12.36	17.64
辽 宁	14.20	10.18	11.48	13.84	18.46
吉 林	11.29	9.88	13.20	8.47	18.96
黑龙江	11.94	10.38	12.86	13.30	15.97
上 海	13.90	10.47	8.57	12.25	15.94
江 苏	17.25	12.06	10.58	14.40	15.80
浙 江	16.99	12.54	10.90	15.22	15.75
安 徽	18.09	13.48	13.54	26.92	19.16
福 建	18.79	13.04	12.30	19.96	16.66
江 西	17.25	16.11	17.45	27.10	18.41
山 东	16.68	12.32	11.70	15.19	18.52
河 南	17.91	14.32	15.61	23.28	18.30
湖 北	18.07	12.42	12.74	19.16	18.08
湖 南	18.42	13.65	14.48	21.59	18.01
广 东	18.68	13.34	12.35	19.52	17.37
广 西	18.53	15.48	17.29	33.30	19.56
海 南	16.26	13.67	12.70	27.37	17.92
重 庆	16.02	13.74	15.46	20.99	18.64
四 川	16.45	12.93	13.82	21.25	19.56
贵 州	18.27	13.98	14.57	25.08	19.34
云 南	16.69	13.79	14.55	25.50	21.34
西 藏	14.72	11.72	11.40	14.24	15.48
陕 西	16.26	11.24	11.90	17.95	18.42
甘 肃	13.08	10.88	11.49	13.65	17.94
青 海	17.60	13.49	12.64	34.56	16.54
宁 夏	17.04	14.46	13.55	24.37	17.96
新 疆	15.57	10.96	11.94	21.14	19.62

7-14-23 每十万人口各级学校平均在校生数

单位：人

年份 地区	学前教育	小学	初中阶段	高中阶段	高等教育
1991	1907	10502	3465	1355	304
1992	2072	10413	3518	1365	313
1993	2190	10656	3599	1448	376
1994	2219	10819	3681	1293	433
1995	2262	11010	3945	1610	457
1996	2208	11273	4180	1780	470
1997	2058	11435	4289	1905	482
1998	1944	11287	4408	1978	519
1999	1864	10855	4656	2032	594
2000	1782	10335	4969	2000	723
2001	1602	9937	5161	2021	931
2002	1595	9525	5240	2283	1146
2003	1560	9100	5209	2523	1298
2004	1617	8725	5058	2824	1420
2005	1676	8358	4781	3070	1613
2006	1731	8192	4557	3321	1816
2007	1787	8037	4364	3409	1924
2008	1873	7819	4227	3463	2042
2009	2001	7584	4097	3495	2128
2010	2230	7448	3955	3504	2189
2011	2554	7403	3779	3495	2253
2012	2736	7196	3535	3411	2335
2013	2876	6913	3279	3227	2418
2014	2977	6946	3222	3100	2488
2015	3118	7086	3152	2965	2524
2016	3211	7211	3150	2887	2530
2017	3327	7300	3213	2861	2576
2018	3350	7438	3347	2828	2658
2019	3378	7569	3459	2850	2857
北京	2171	4371	1433	1078	5320
天津	1768	4500	1945	1673	4214
河北	3164	8988	3935	3053	2596
山西	2681	6168	3071	2815	2515
内蒙古	2395	5379	2618	2330	2053
辽宁	2099	4475	2328	2135	3136
吉林	1522	4385	2421	2134	3373
黑龙江	1351	3389	2422	2054	2531
上海	2357	3409	1860	1070	3582
江苏	3154	7113	3012	2410	3311
浙江	3377	6399	2853	2626	2509
安徽	3343	7307	3460	3109	2447
福建	4303	8485	3462	2677	2577
江西	3567	8852	4735	3400	3010
山东	3365	7351	3592	2720	2855
河南	4486	10541	4877	3685	2913
湖北	3005	6363	2795	2239	3248
湖南	3299	7664	3598	2930	2873
广东	4094	9108	3429	2855	2751
广西	4401	10049	4476	3843	2887
海南	4017	9134	3951	3361	2497
重庆	3167	6650	3597	3298	3258
四川	3170	6663	3282	2776	2546
贵州	4292	10786	4980	4170	2453
云南	3103	7973	3821	3244	2401
西藏	4118	9911	4064	2643	1588
陕西	3596	7184	2908	2868	3812
甘肃	3537	7362	3344	2831	2396
青海	3564	8267	3736	3490	1486
宁夏	3602	8491	4343	3422	2581
新疆	6110	10482	3929	3496	2106

注：1.高等教育包括普通高等学校和成人高等学校。
2.高中阶段包括普通高中、成人高中、普通中专、职业高中、技工学校和成人中专。
3.初中阶段包括普通初中和职业初中。

【主要统计指标解释】

国家财政性教育经费 包括一般公共预算安排的教育经费，政府性基金预算安排的教育经费，企业办学中的企业拨款，校办产业和社会服务收入用于教育的经费，其他属于国家财政性教育经费。

一般公共预算教育经费 指学校（单位）以同级财政部门取得的一般公共预算拨款。包括教育事业费、基建经费和教育费附加。

普通高等学校 指通过国家普通高等教育招生考试，招收高中毕业生为主要培养对象，实施高等学历教育的全日制大学、独立设置的学院、独立学院和高等专科学校、高等职业学校及其他普通高教机构。

大学、独立设置的学院主要实施本科及本科层次以上的教育。独立学院主要实施本科层次的教育。高等专科学校、高等职业学校实施专科层次的教育。

其他普通高教机构是指承担国家普通招生计划任务不计校数的机构，包括普通高等学校分校、大专班等。

成人高等学校 指通过国家成人高等教育招生考试，招收具有高中毕业或同等学力的人员为主要培养对象，利用函授、业余、脱产等多种形式，对其实施高等学历教育的学校。包括：职工高等学校、农民高等学校、管理干部学院、教育学院、独立函授学院、广播电视大学、其他成人高教机构。其他成人高教机构是指承担国家成人招生计划任务不计校数的机构。

小学学龄儿童净入学率 指调查范围内已入小学学习的学龄儿童占校内外学龄儿童总数的比重。计算公式为：

$$小学学龄儿童净入学率=\frac{已入学的小学学龄儿童数}{校内外小学学龄儿童总数}\times 100\%$$

7 第三产业分行业主要指标

7-15 卫生和社会工作

简要说明

一、主要内容

本篇资料主要包括卫生事业、民政事业等内容。

卫生经费资料包括卫生总费用、政府卫生支出等。

民政事业费资料包括民政事业费总支出、社会福利支出、社会救助支出等。

卫生事业统计资料主要包括医疗卫生机构、卫生人员、卫生设施以及各级各类医疗卫生机构服务、妇幼保健、疾病控制、居民病伤死亡原因等情况。

社会服务统计资料主要包括民政机构床位数、社会救助、医疗救助、社区服务机构、社会工作师等情况。

卫生和社会工作企业法人单位分地区主要指标。

二、资料来源

卫生统计资料由国家卫生健康委员会提供。社会服务统计资料由民政部和国家医疗保障局提供。

详细资料分别见《中国卫生健康统计年鉴》(国家卫生健康委员会编)、《中国民政统计年鉴》(中华人民共和国民政部编)。

卫生和社会工作企业法人单位分地区主要指标来源于国家统计局服务业司《规模以上服务业统计报表制度》和《规模以下服务业抽样调查统计报表制度》调查结果。

7-15-1 卫生总费用

年份	卫生总费用(亿元)				卫生总费用构成(%)			人均卫生费用(元)			卫生总费用与GDP之比(%)
	合计	政府卫生支出	社会卫生支出	个人现金卫生支出	政府卫生支出	社会卫生支出	个人现金卫生支出	合计	城市	农村	
1978	110.21	35.44	52.25	22.52	32.16	47.41	20.43	11.45			3.00
1979	126.19	40.64	59.88	25.67	32.21	47.45	20.34	12.94			3.08
1980	143.23	51.91	60.97	30.35	36.24	42.57	21.19	14.51			3.12
1981	160.12	59.67	62.43	38.02	37.27	38.99	23.74	16.00			3.24
1982	177.53	68.99	70.11	38.43	38.86	39.49	21.65	17.46			3.30
1983	207.42	77.63	64.55	65.24	37.43	31.12	31.45	20.14			3.44
1984	242.07	89.46	73.61	79.00	36.96	30.41	32.64	23.20			3.33
1985	279.00	107.65	91.96	79.39	38.58	32.96	28.46	26.36			3.07
1986	315.90	122.23	110.35	83.32	38.69	34.93	26.38	29.38			3.04
1987	379.58	127.28	137.25	115.05	33.53	36.16	30.31	34.73			3.12
1988	488.04	145.39	189.99	152.66	29.79	38.93	31.28	43.96			3.21
1989	615.50	167.83	237.84	209.83	27.27	38.64	34.09	54.61			3.58
1990	747.39	187.28	293.10	267.01	25.06	39.22	35.73	65.37	158.82	39.31	3.96
1991	893.49	204.05	354.41	335.03	22.84	39.67	37.50	77.14	187.56	45.61	4.06
1992	1096.86	228.61	431.55	436.70	20.84	39.34	39.81	93.61	222.01	55.34	4.03
1993	1377.78	272.06	524.75	580.97	19.75	38.09	42.17	116.25	268.58	68.45	3.86
1994	1761.24	342.28	644.91	774.05	19.43	36.62	43.95	146.95	332.56	85.49	3.62
1995	2155.13	387.34	767.81	999.98	17.97	35.63	46.40	177.93	401.28	101.48	3.51
1996	2709.42	461.61	875.66	1372.15	17.04	32.32	50.64	221.38	467.43	134.34	3.77
1997	3196.71	523.56	984.06	1689.09	16.38	30.78	52.84	258.58	537.85	157.16	4.01
1998	3678.72	590.06	1071.03	2017.63	16.04	29.11	54.85	294.86	625.94	194.63	4.32
1999	4047.50	640.96	1145.99	2260.55	15.84	28.31	55.85	321.78	701.98	203.22	4.47
2000	4586.63	709.52	1171.94	2705.17	15.47	25.55	58.98	361.88	812.95	214.93	4.57
2001	5025.93	800.61	1211.43	3013.88	15.93	24.10	59.97	393.80	841.20	244.77	4.53
2002	5790.03	908.51	1539.38	3342.14	15.69	26.59	57.72	450.75	987.07	259.33	4.76
2003	6584.10	1116.94	1788.50	3678.67	16.96	27.16	55.87	509.50	1108.91	274.67	4.79
2004	7590.29	1293.58	2225.35	4071.35	17.04	29.32	53.64	583.92	1261.93	301.61	4.69
2005	8659.91	1552.53	2586.40	4520.98	17.93	29.87	52.21	662.30	1126.36	315.83	4.62
2006	9843.34	1778.86	3210.92	4853.56	18.07	32.62	49.31	748.84	1248.30	361.89	4.49
2007	11573.97	2581.58	3893.72	5098.66	22.31	33.64	44.05	875.96	1516.29	358.11	4.28
2008	14535.40	3593.94	5065.60	5875.86	24.73	34.85	40.42	1094.52	1861.76	455.19	4.55
2009	17541.92	4816.26	6154.49	6571.16	27.46	35.08	37.46	1314.26	2176.63	561.99	5.03
2010	19980.39	5732.49	7196.61	7051.29	28.69	36.02	35.29	1490.06	2315.48	666.30	4.84
2011	24345.91	7464.18	8416.45	8465.28	30.66	34.57	34.77	1806.95	2697.48	879.44	4.98
2012	28119.00	8431.98	10030.70	9656.32	29.99	35.67	34.34	2076.67	2999.28	1064.83	5.20
2013	31668.95	9545.81	11393.79	10729.34	30.14	35.98	33.88	2327.37	3234.12	1274.44	5.32
2014	35312.40	10579.23	13437.75	11295.41	29.96	38.05	31.99	2581.66	3558.31	1412.21	5.48
2015	40974.64	12475.28	16506.71	11992.65	30.45	40.29	29.27	2980.80	4058.50	1603.60	5.95
2016	46344.88	13910.31	19096.68	13337.90	30.01	41.21	28.78	3351.74			6.23
2017	52598.28	15205.87	22258.81	15133.60	28.91	42.32	28.77	3783.83			6.36
2018	59121.90	16399.13	25810.78	16911.99	27.74	43.66	28.61	4236.98			6.43
2019	65841.39	18016.95	29150.57	18673.87	27.36	44.27	28.36	4702.79			6.64

注：1.本表系按当年价格核算数，2019年为初步测算数。

2.2001年起卫生总费用不含高等医学教育经费，2006年起包括城乡医疗救助经费。

7-15-2 各地区卫生总费用(2018年)

地区	卫生总费用构成(%)			卫生总费用与GDP之比(%)	人均卫生费用(元)
	政府卫生支出	社会卫生支出	个人现金卫生支出		
全国	**27.74**	**43.66**	**28.61**	**6.43**	**4236.98**
北京	23.19	61.18	15.63	7.55	11609.06
天津	24.34	45.62	30.04	6.65	5698.41
河北	26.24	39.80	33.96	8.28	3561.06
山西	29.90	38.79	31.31	7.65	3282.00
内蒙古	29.98	39.23	30.79	6.71	4272.88
辽宁	20.65	45.39	33.96	7.35	3966.09
吉林	27.17	40.25	32.59	9.79	4072.93
黑龙江	21.92	45.68	32.40	10.95	3728.40
上海	22.07	57.63	20.30	6.39	9495.89
江苏	21.54	54.77	23.70	4.33	5012.01
浙江	20.53	52.83	26.64	5.37	5433.29
安徽	31.76	39.02	29.22	5.87	3159.72
福建	28.86	46.91	24.22	4.02	3941.89
江西	40.09	34.17	25.74	6.49	3170.63
山东	22.15	47.88	29.97	6.21	4121.35
河南	30.18	37.75	32.07	6.21	3227.66
湖北	25.10	41.52	33.38	5.56	3951.21
湖南	28.11	39.04	32.85	6.84	3601.22
广东	27.62	46.69	25.69	5.20	4581.96
广西	34.31	37.38	28.31	8.23	3278.54
海南	36.67	42.69	20.64	8.20	4307.91
重庆	27.70	43.61	28.70	6.37	4430.65
四川	27.47	44.60	27.94	7.58	3900.12
贵州	40.24	35.47	24.29	7.86	3352.12
云南	35.28	37.17	27.55	7.92	3425.52
西藏	66.30	28.08	5.62	10.84	4881.82
陕西	26.58	43.42	30.01	7.28	4508.42
甘肃	36.50	34.53	28.97	10.75	3303.72
青海	45.96	28.64	25.40	11.21	5107.20
宁夏	31.55	40.22	28.23	9.79	4992.64
新疆	28.46	45.98	25.56	9.40	4843.23

7-15-3 民政事业费支出情况

单位：亿元

年份 地区	民政事业费总支出	社会福利	社会救助	民政管理事务支出	行政事业单位离退休	其他
2003	498.9	39.8	192.2		13.1	54.0
2004	577.4	52.1	223.6		13.9	58.5
2005	718.4	55.6	279.6		13.7	74.4
2006	915.4	65.3	372.0		14.0	90.6
2007	1215.5	87.6	509.7		24.8	137.8
2008	2146.5	103.1	806.7		26.5	166.2
2009	2181.9	124.1	1098.1		30.0	194.5
2010	2697.5	109.9	1302.0		30.4	386.3
2011	3229.1	232.2	1766.3	220.8	35.3	115.3
2012	3683.7	319.5	1866.1	248.5	39.0	158.2
2013	4276.5	397.6	2172.4	296.7	43.6	133.8
2014	4404.1	480.9	2197.5	330.5	44.2	133.1
2015	4926.4	562.8	2347.4	399.6	50.1	148.5
2016	5440.2	753.4	2492.8	441.7	48.4	152.2
2017	5932.7	920.5	2609.8	501.0	47.9	175.0
2018	4076.9	1064.8	2224.0	500.3	38.2	249.6
2019	4279.2	1228.8	2281.4	497.7	46.1	225.2
中央级	12.1			6.0	0.8	5.4
北京	163.8	57.9	19.9	37.9	17.4	30.7
天津	69.7	18.0	22.7	25.3	0.7	3.0
河北	145.1	39.5	81.3	18.6	1.7	4.1
山西	106.8	20.9	69.9	9.4	0.5	6.1
内蒙古	124.3	29.2	80.8	8.7	0.9	4.7
辽宁	113.6	20.5	61.5	26.3	0.9	4.5
吉林	86.5	17.1	56.0	8.1	0.4	4.9
黑龙江	94.0	19.9	64.3	7.0	0.9	1.9
上海	163.9	100.9	46.3	12.9	0.5	3.3
江苏	251.2	119.8	81.5	27.0	2.0	20.9
浙江	161.1	60.5	62.7	29.2	1.7	7.0
安徽	190.7	42.5	130.9	11.5	0.8	4.9
福建	89.6	34.2	35.6	11.8	1.6	6.4
江西	143.4	35.3	94.9	9.9	0.5	2.8
山东	169.1	61.1	74.9	24.8	1.1	7.2
河南	197.9	56.5	114.0	14.9	1.5	11.0
湖北	185.0	45.5	112.5	22.5	1.0	3.5
湖南	173.1	41.2	102.3	20.3	0.5	8.7
广东	282.6	109.5	103.3	44.7	4.2	21.0
广西	143.7	31.6	88.5	11.4	1.0	11.3
海南	25.9	7.4	11.3	3.9	0.1	3.2
重庆	107.2	22.7	70.6	11.5	0.9	1.4
四川	251.2	72.7	151.9	17.8	1.8	7.1
贵州	144.5	20.9	107.4	12.8	0.3	3.1
云南	186.6	29.9	123.6	20.5	1.0	11.6
西藏	20.1	5.1	9.4	5.3		0.3
陕西	148.4	49.4	75.0	17.6	0.2	6.2
甘肃	128.4	18.4	97.0	4.9	0.3	7.7
青海	45.9	10.9	25.2	4.8	0.2	4.9
宁夏	38.7	7.2	22.5	4.2	0.2	4.6
新疆	115.0	22.7	83.8	6.2	0.4	1.9

注：1.2010年起，其他民政事业费支出不包含民政管理事务支出。
2.2018年起，民政事业费支出不包含抚恤支出、退役安置支出、医疗救助支出、自然灾害生活救助支出；社会救助支出不包含医疗救助支出。
3.2018年民政系统机构改革，优抚安置、防灾减灾、医疗救助等职能转隶，民政事业费支出、社会救助支出等较以前年度出现较大减幅。

7-15-4 卫生和社会工作企业法人单位分地区主要指标

地　区	营业收入(亿元)	资产总计(亿元)	从业人员(万人)
全　国	**6354.7**	**12059.4**	**259.3**
北　京	431.3	713.0	10.8
天　津	75.3	162.8	3.4
河　北	169.3	286.1	8.4
山　西	105.4	243.8	6.2
内蒙古	56.4	145.5	3.1
辽　宁	252.2	582.0	11.5
吉　林	72.5	188.6	4.0
黑龙江	132.9	232.8	5.8
上　海	332.2	577.9	7.9
江　苏	470.1	834.5	17.2
浙　江	404.6	700.1	13.6
安　徽	232.3	434.8	10.5
福　建	152.2	280.4	6.2
江　西	234.6	414.3	9.3
山　东	350.7	784.1	14.5
河　南	454.8	802.1	17.8
湖　北	267.5	517.3	11.4
湖　南	267.1	547.3	11.5
广　东	560.2	887.4	20.8
广　西	65.9	143.9	3.7
海　南	29.1	194.8	1.7
重　庆	218.6	281.0	8.7
四　川	409.3	739.4	18.7
贵　州	152.1	334.1	7.7
云　南	151.4	286.8	7.5
西　藏	11.4	23.5	0.5
陕　西	170.7	412.4	8.7
甘　肃	51.2	103.5	3.5
青　海	14.6	32.1	1.0
宁　夏	18.3	91.6	1.2
新　疆	40.3	81.5	2.5

7-15-5 医疗卫生机构情况

单位：个

年 份	合计	#医院				#基层医疗卫生机构	#社区卫生服务中心(站)	#乡 镇卫生院
			#综合医院	#中医医院	#专科医院			
1949	3670	2600						
1950	8915	2803	2692	4	85			
1955	67725	3648	3351	67	188			
1960	261195	6020	5173	330	401			24849
1965	224266	5330	4747	131	339			36965
1970	149823	5964	5353	117	385			56568
1975	151733	7654	6817	160	543			54026
1978	169732	9293	7539	447	643			55018
1980	180553	9902	7859	678	694			55413
1981	800205	10252	8044	781	718			55500
1982	801869	10471	8146	878	731			55496
1983	870686	10901	8370	1009	772			55559
1984	905424	11381	8545	1218	810			55549
1985	978540	11955	9197	1485	938			47387
1986	999102	12442	9363	1646	1030			46967
1987	1012804	12962	9657	1790	1097			47177
1988	1012485	13544	9916	1932	1190			47529
1989	1027522	14090	10242	2046	1265			47523
1990	1012690	14377	10424	2115	1362			47749
1991	1003769	14628	10562	2195	1345			48140
1992	1001310	14889	10774	2269	1376			46117
1993	1000531	15436	11426	2298	1438			45024
1994	1005271	15595	11549	2336	1440			51929
1995	994409	15663	11586	2361	1445			51797
1996	1078131	15833	11696	2405	1473			51277
1997	1048657	15944	11771	2413	1488			50981
1998	1042885	16001	11779	2443	1495			50071
1999	1017673	16678	11868	2441	1533			49694
2000	1034229	16318	11872	2453	1543	1000169		49229
2001	1029314	16197	11834	2478	1576	995670		48090
2002	1005004	17844	12716	2492	2237	973098	8211	44992
2003	806243	17764	12599	2518	2271	774693	10101	44279
2004	849140	18393	12900	2611	2492	817018	14153	41626
2005	882206	18703	12982	2620	2682	849488	17128	40907
2006	918097	19246	13120	2665	3022	884818	22656	39975
2007	912263	19852	13372	2720	3282	878686	27069	39876
2008	891480	19712	13119	2688	3437	858015	24260	39080
2009	916571	20291	13364	2728	3716	882153	27308	38475
2010	936927	20918	13681	2778	3956	901709	32739	37836
2011	954389	21979	14328	2831	4283	918003	32860	37295
2012	950297	23170	15021	2889	4665	912620	33562	37097
2013	974398	24709	15887	3015	5127	915368	33965	37015
2014	981432	25860	16524	3115	5478	917335	34238	36902
2015	983528	27587	17430	3267	6023	920770	34321	36817
2016	983394	29140	18020	3462	6642	926518	34327	36795
2017	986649	31056	18921	3695	7220	933024	34652	36551
2018	997433	33009	19693	3977	7900	943639	34997	36461
2019	1007579	34354	19963	4221	8531	954390	35013	36112

7-15-5 续表　　　　　　　　　　　　　　　　　　　　　　　　单位：个

年份	#村卫生室	#门诊部(所)	#专业公共卫生机构	#疾病预防控制中心	#专科疾病防治院(所/站)	#妇幼保健院(所/站)	#卫生监督所(中心)
1949		769			11	9	
1950		3356		61	30	426	
1955		51600		315	287	3944	
1960		213823		1866	683	4213	
1965		170430		2499	822	2910	
1970		79600		1714	607	1124	
1975		80739		2912	683	2128	
1978		94395		2989	887	2571	
1980		102474		3105	1138	2745	
1981	610079	111189		3202	1197	2789	
1982	608431	113916		3271	1272	2827	
1983	674669	115826		3274	1326	2851	
1984	707168	117028		3339	1458	2955	
1985	777674	126604		3410	1566	2996	
1986	795963	127575		3475	1635	3059	
1987	807844	128459		3512	1697	3082	
1988	806497	128422		3532	1727	3103	
1989	820798	128112		3591	1747	3112	
1990	803956	129332		3618	1781	3148	
1991	794733	128665		3652	1818	3187	
1992	796523	125873		3673	1845	3187	
1993	806945	115161		3729	1872	3115	
1994	813529	105984		3711	1905	3190	
1995	804352	104406		3729	1895	3179	
1996	755565	237153		3737	1887	3172	
1997	733624	229474		3747	1893	3180	
1998	728788	229349		3746	1889	3191	
1999	716677	226588		3763	1877	3180	
2000	709458	240934	11386	3741	1839	3163	
2001	698966	248061	11471	3813	1783	3132	
2002	698966	219907	10787	3580	1839	3067	571
2003	514920	204468	10792	3584	1749	3033	838
2004	551600	208794	10878	3588	1583	2998	1284
2005	583209	207457	11177	3585	1502	3021	1702
2006	609128	212243	11269	3548	1402	3003	2097
2007	613855	197083	11528	3585	1365	3051	2553
2008	613143	180752	11485	3534	1310	3011	2675
2009	632770	182448	11665	3536	1291	3020	2809
2010	648424	181781	11835	3513	1274	3025	2992
2011	662894	184287	11926	3484	1294	3036	3022
2012	653419	187932	12083	3490	1289	3044	3088
2013	648619	195176	31155	3516	1271	3144	2967
2014	645470	200130	35029	3490	1242	3098	2975
2015	640536	208572	31927	3478	1234	3078	2986
2016	638763	216187	24866	3481	1213	3063	2986
2017	632057	229221	19896	3456	1200	3077	2992
2018	622001	249654	18033	3443	1161	3080	2949
2019	616094	266659	15958	3403	1128	3071	2869

注：1.村卫生室数计入医疗卫生机构数中；2.2008年社区卫生服务中心(站)减少的原因是江苏省约5000家农村社区卫生服务站划归村卫生室；3.2002年起,医疗卫生机构数不再包括高中等医学院校本部、药检机构、国境卫生检疫所和非卫生部门举办的计划生育指导站；4.2013年起，医疗卫生机构数包括原计生部门主管的计划生育技术服务机构；5.1996年以前门诊部(所)不包括私人诊所。

7-15-6 各地区医疗卫生机构情况

单位：个

地区	合计	医院				基层医疗卫生机构		
		小计	#综合医院	#中医医院	#专科医院	小计	#社区卫生服务中心(站)	#乡镇卫生院
全　国	**1007579**	**34354**	**19963**	**4221**	**8531**	**954390**	**35013**	**36112**
北　京	10336	664	240	162	211	9416	1952	
天　津	5962	441	284	55	98	5348	624	138
河　北	84651	2120	1456	249	372	81790	1425	1998
山　西	42162	1405	665	218	482	40249	985	1313
内蒙古	24564	794	397	122	161	23238	1197	1271
辽　宁	34238	1364	740	193	401	32275	1321	1022
吉　林	22198	797	422	114	240	20917	300	761
黑龙江	20375	1144	755	169	201	18478	631	966
上　海	5597	374	169	21	122	5021	1066	
江　苏	34796	1941	995	151	509	31821	2706	1028
浙　江	34119	1372	577	179	509	32145	4922	1081
安　徽	26435	1241	770	125	298	24558	1858	1380
福　建	27788	677	376	82	199	26596	663	882
江　西	37029	807	506	110	176	35398	585	1590
山　东	83616	2615	1507	320	679	79825	2421	1539
河　南	70734	1974	1209	317	388	67561	1523	2041
湖　北	35515	1035	562	126	310	33919	1148	1129
湖　南	57230	1616	875	187	506	54859	806	2169
广　东	53900	1631	911	170	501	51064	2625	1180
广　西	33679	678	385	102	159	31853	316	1261
海　南	5417	246	165	22	51	5057	192	285
重　庆	21057	846	453	128	196	20001	536	846
四　川	83756	2417	1507	247	582	80500	1039	4416
贵　州	28511	1340	954	98	254	26806	810	1329
云　南	25587	1376	893	158	295	23638	598	1361
西　藏	6940	156	108		8	6635	14	678
陕　西	35404	1208	756	168	262	33619	666	1532
甘　肃	26697	719	381	124	163	24761	676	1377
青　海	6513	220	124	14	37	6114	277	408
宁　夏	4397	219	143	29	43	4077	222	205
新　疆	18376	917	678	61	118	16851	909	926

7-15-6 续表

单位：个

地区			专业公共卫生机构					
	#村卫生室	#门诊部(所)	小计	#疾病预防控制中心	#专科疾病防治院(所/站)	#健康教育所(站)	#妇幼保健院(所/站)	#卫生监督所(中心)
全国	**616094**	**266659**	**15958**	**3403**	**1128**	**170**	**3071**	**2869**
北京	2449	5015	108	29	24		19	18
天津	2374	2207	95	23	14	1	19	17
河北	59526	18841	662	187	11	2	187	178
山西	28106	9569	445	134	7	12	131	128
内蒙古	13321	7449	466	119	43	25	114	117
辽宁	17963	11949	456	103	64		97	13
吉林	9615	10240	377	67	54	3	70	42
黑龙江	10448	6426	704	162	88	1	141	140
上海	1179	2776	106	19	15	1	19	17
江苏	15169	12905	685	118	42	6	115	105
浙江	11590	14541	403	100	15	1	92	100
安徽	15549	5770	544	119	42	4	121	112
福建	17596	7455	421	96	25		91	87
江西	28088	5129	742	136	112	6	112	111
山东	53663	22153	973	199	127	3	161	105
河南	56079	7910	1013	180	22	5	163	178
湖北	23242	8376	491	112	75	1	101	106
湖南	39504	12376	694	145	84	2	136	131
广东	25788	21465	1018	134	130	30	130	161
广西	19877	10399	1109	118	31	1	105	115
海南	2647	1933	105	26	13	8	24	6
重庆	10580	8025	150	41	14	4	41	39
四川	55772	19268	716	208	25	13	201	201
贵州	20265	4361	327	100	6		99	80
云南	13450	8219	526	153	27	8	147	140
西藏	5300	643	147	82			57	1
陕西	23747	7666	494	120	5	7	116	116
甘肃	16461	6245	1124	103	9	15	99	94
青海	4510	919	176	56	1	4	50	54
宁夏	2173	1477	90	25		7	21	24
新疆	10063	4952	591	189	3		92	133

7-15-7 村卫生室情况

单位：个

年份 地区	合计	村办	乡卫生院设点	联合办	私人办	其他
1985	777674	305537	29769	88803	323904	29661
1990	803956	266137	29963	87149	381844	38863
1995	804352	297462	36388	90681	354981	
2000	709458	300864	47101	89828	255179	16486
2005	583209	313633	32396	38561	180403	18216
2006	609128	333790	34803	36805	186524	17206
2007	613855	340082	33633	33649	186841	19650
2008	613143	342692	40248	31698	180157	18348
2009	632770	350515	45434	31035	183699	22087
2010	648424	365153	49678	32650	177080	23863
2011	662894	372661	56128	33639	175747	24719
2012	653419	370099	58317	32278	167025	25700
2013	648619	371579	59896	32690	158811	25643
2014	645470	349428	59396	29180	160549	46917
2015	640536	353196	60231	29208	153353	44548
2016	638763	351016	60419	29336	152164	45828
2017	632057	349025	63598	28687	147046	43701
2018	622001	342062	65495	28353	141623	44468
2019	616094	339525	69091	27626	134575	45277
北　京	2449	2220	5	3	205	16
天　津	2374	873	688	99	148	566
河　北	59526	28911	3009	1056	22682	3868
山　西	28106	19231	1165	702	3219	3789
内蒙古	13321	5186	2413	414	4175	1133
辽　宁	17963	8091	391	141	8742	598
吉　林	9615	3744	1725	1112	2517	517
黑龙江	10448	7180	1552	138	1099	479
上　海	1179	451	451	40		237
江　苏	15169	7662	4295	1930	22	1260
浙　江	11590	7065	1558	143	1917	907
安　徽	15549	7087	3135	1839	894	2594
福　建	17596	10663	1073	225	3880	1755
江　西	28088	13162	334	1480	11898	1214
山　东	53663	26374	14422	4556	5024	3287
河　南	56079	33314	866	2842	15686	3371
湖　北	23242	14815	3484	2850	1264	829
湖　南	39504	26468	1655	922	7044	3415
广　东	25788	14453	2016	102	5866	3351
广　西	19877	13588	880	175	4555	679
海　南	2647	803	242	28	1407	167
重　庆	10580	7201	895	253	1054	1177
四　川	55772	27926	3610	2535	18288	3413
贵　州	20265	9567	2941	521	5610	1626
云　南	13450	10101	1526	569	294	960
西　藏	5300	1991	2282	159		868
陕　西	23747	20437	679	331	2300	
甘　肃	16461	6344	4722	689	3094	1612
青　海	4510	1778	700	621	908	503
宁　夏	2173	825	514	186	346	302
新　疆	10063	2014	5863	965	437	784

7-15-8 卫生人员情况

单位：人

年 份	卫生人员	卫生技术人员	#执业(助理)医师	#执业医师	#注册护士	#药师(士)	乡村医生和卫生员	其他技术人员	管理人员	工勤技能人员
1949	541240	505040	363400	314000	32800	3357			11877	24323
1950	611240	555040	380800	327400	37800	8080			21877	34323
1955	1052787	874063	500398	402409	107344	60974			86465	92259
1960	1769205	1504894	596109	427498	170143	119293			132034	132277
1965	1872300	1531600	762804	510091	234546	117314		10996	168845	160899
1970	6571795	1453247	702304	446251	295147		4779280	10813	156862	171593
1975	7435212	2057068	877716	521617	379545	219904	4841695	14122	251420	270907
1978	7883041	2463931	978152	609608	405223	266570	4777469	22950	298104	320587
1980	7355483	2798241	1153234	709473	465798	308438	3820776	27834	310805	397827
1981	7199133	3011038	1243787	620291	525311	323786	3403012	29622	318721	436740
1982	6954413	3142943	1307205	668010	563912	342451	2996609	32207	326883	455771
1983	6757244	3252836	1352651	704060	595569	351002	2667214	37830	326927	472437
1984	6622973	3343998	1381456	716365	616080	358969	2409327	42539	341271	485838
1985	5606105	3410910	1413281	724238	636974	365145	1293094	46052	358812	497237
1986	5725854	3506517	1444150	745592	680583	372760	1279935	50957	370056	518389
1987	5842621	3608618	1481754	777333	717596	382121	1278499	57255	371167	527082
1988	5924557	3723756	1618174	1095926	829261	394287	1247045	65063	368227	520466
1989	6028234	3809097	1718018	1257668	921687	401098	1241275	73530	384890	519442
1990	6137711	3897921	1763086	1302997	974541	405978	1231510	85504	396694	526082
1991	6278458	3984974	1779545	1310933	1011943	409325	1253324	91265	408819	540076
1992	6409307	4073986	1808194	1327875	1039674	413598	1269061	99177	417670	549413
1993	6540522	4117067	1831665	1372471	1056096	413025	1325106	113138	432903	552311
1994	6630710	4199217	1882180	1425375	1093544	417166	1323701	116921	438084	552787
1995	6704395	4256923	1917772	1454926	1125661	418520	1331017	120782	450013	545660
1996	6735097	4311845	1941235	1475232	1162609	424952	1316095	125480	444571	537106
1997	6833962	4397805	1984867	1505342	1198228	428295	1317786	133369	448047	536955
1998	6863315	4423721	1999521	1513975	1218836	423644	1327633	145060	435507	531394
1999	6894985	4458669	2044672	1561584	1244844	418574	1324937	150041	434997	526341
2000	6910383	4490803	2075843	1603266	1266838	414408	1319357	157533	426789	515901
2001	6874527	4507700	2099658	1637337	1286938	404087	1290595	157961	412757	505514
2002	6528674	4269779	1843995	1463573	1246545	357659	1290595	179962	332628	455710
2003	6216971	4380878	1942364	1534046	1265959	357378	867778	199331	318692	450292
2004	6332739	4485983	1999457	1582442	1308433	355451	883075	209422	315595	438664
2005	6447246	4564050	2042135	1622684	1349589	349533	916532	225697	312826	428141
2006	6681184	4728350	2099064	1678031	1426339	353565	957459	235466	323705	436204
2007	6964389	4913186	2122925	1715460	1558822	325212	931761	243460	356569	519413
2008	7251803	5174478	2201904	1791881	1678091	330525	938313	255149	356854	527009
2009	7781448	5535124	2329206	1905436	1854818	341910	1050991	275006	362665	557662
2010	8207502	5876158	2413259	1972840	2048071	353916	1091863	290161	370548	578772
2011	8616040	6202858	2466094	2020154	2244020	363993	1126443	305981	374885	605873
2012	9115705	6675549	2616064	2138836	2496599	377398	1094419	319117	372997	653623
2013	9790483	7210578	2794754	2285794	2783121	395578	1081063	359819	420971	718052
2014	10234213	7589790	2892518	2374917	3004144	409595	1058182	379740	451250	755251
2015	10693881	8007537	3039135	2508408	3241469	423294	1031525	399712	472620	782487
2016	11172945	8454403	3191005	2651398	3507166	439246	1000324	426171	483198	808849
2017	11748972	8988230	3390034	2828999	3804021	452968	968611	451480	509093	831558
2018	12300325	9529179	3607156	3010376	4098630	467685	907098	476569	529045	858434
2019	12928335	10154010	3866916	3210515	4445047	483420	842302	503947	543750	884326

注：1. 卫生人员和卫生技术人员包括获得“卫生监督员”证书的公务员1万人。
2. 2013年起，卫生人员数包括卫生计生部门主管的计划生育技术服务机构人员数。
3. 执业(助理)医师数包括村卫生室执业(助理)医师数。
4. 1985年以前乡村医生和卫生员系赤脚医生数。

7-15-9 各地区卫生人员情况

单位：人

地区	合计	卫生技术人员					乡村医生和卫生员	其他技术人员	管理人员	工勤技能人员
		小计	#执业(助理)医师	#执业医师	#注册护士	#药师(士)				
全国	**12928335**	**10154010**	**3866916**	**3210515**	**4445047**	**483420**	**842302**	**503947**	**543750**	**884326**
北京	343167	271162	105866	99240	114891	15099	2776	17539	21776	29914
天津	139232	109848	46420	43430	41410	6424	4107	6621	10063	8593
河北	647179	490062	228583	173531	185025	19224	65749	30559	22974	37835
山西	341650	257857	105741	89259	108993	10887	33967	13276	15221	21329
内蒙古	249270	196402	78094	66189	80434	11116	16397	11203	11889	13379
辽宁	396701	309176	123873	111710	139098	13860	19756	17870	19860	30039
吉林	246368	188511	79027	68154	79315	8094	13617	10803	15339	18098
黑龙江	305615	237665	93517	79491	97640	11294	18072	10809	17457	21612
上海	248653	204484	74743	71247	92875	10379	599	11664	13731	18175
江苏	786334	633319	254659	211174	279836	31483	24803	34696	32556	60960
浙江	628000	520189	205515	179950	219790	30286	6937	26716	22587	51571
安徽	454604	361227	138406	113502	163390	15700	35006	18050	16610	23711
福建	334346	263220	99458	85083	116214	15475	21202	13374	11101	25449
江西	348273	267830	96445	80423	120413	15265	37284	10304	11131	21724
山东	1000633	782294	315311	259781	341379	36284	90798	46706	32519	48316
河南	887780	653890	251393	191795	278891	28312	96002	36863	36048	64977
湖北	526298	416204	153642	128460	194217	18618	34434	22854	22460	30346
湖南	618258	502252	190495	147271	240515	21212	36374	19985	24760	34887
广东	961948	792594	291057	243564	356330	43374	21810	30381	34987	82176
广西	440387	341421	115091	93954	152390	19136	31295	15025	16394	36252
海南	85927	67702	23928	20271	32062	3220	3233	3033	4428	7531
重庆	287998	224646	83293	67366	103147	9777	16012	9303	14516	23521
四川	793401	602411	221689	184960	270545	27463	60546	23559	36655	70230
贵州	347145	267604	89798	71572	121386	10070	32027	12294	17605	17615
云南	429274	339709	114031	93724	158461	12563	37483	16958	11086	24038
西藏	38840	20943	9317	7134	5986	987	12412	2081	1336	2068
陕西	435556	353840	108685	89326	150423	16311	27226	3800	26615	24075
甘肃	228512	178843	62807	50220	79468	7495	18197	10098	9000	12374
青海	61994	47359	17402	14692	18910	2464	6860	2824	1749	3202
宁夏	68618	55412	20755	18052	24307	3275	3132	2921	2856	4297
新疆	236374	185934	67875	55990	77306	8273	14189	11778	8441	16032

7-15-10 每千人口卫生技术人员数

单位：人

年 份	卫生技术人员			执业(助理)医师			注册护士		
	合计	城市	农村	合计	城市	农村	合计	城市	农村
1949	0.93	1.87	0.73	0.67	0.70	0.66	0.06	0.25	0.02
1955	1.42	3.49	1.01	0.81	1.24	0.74	0.14	0.64	0.04
1960	2.37	5.67	1.85	1.04	1.97	0.90	0.23	1.04	0.07
1965	2.11	5.37	1.46	1.05	2.22	0.82	0.32	1.45	0.10
1970	1.76	4.88	1.22	0.85	1.97	0.66	0.29	1.10	0.14
1975	2.24	6.92	1.41	0.95	2.66	0.65	0.41	1.74	0.18
1980	2.85	8.03	1.81	1.17	3.22	0.76	0.47	1.83	0.20
1985	3.28	7.92	2.09	1.36	3.35	0.85	0.61	1.85	0.30
1990	3.45	6.59	2.15	1.56	2.95	0.98	0.86	1.91	0.43
1995	3.59	5.36	2.32	1.62	2.39	1.07	0.95	1.59	0.49
1998	3.64	5.30	2.35	1.65	2.34	1.11	1.00	1.64	0.51
1999	3.64	5.24	2.38	1.67	2.33	1.14	1.02	1.64	0.52
2000	3.63	5.17	2.41	1.68	2.31	1.17	1.02	1.64	0.54
2001	3.62	5.15	2.38	1.69	2.32	1.17	1.03	1.65	0.54
2002	3.41			1.47			1.00		
2003	3.48	4.88	2.26	1.54	2.13	1.04	1.00	1.59	0.50
2004	3.53	4.99	2.24	1.57	2.18	1.04	1.03	1.63	0.50
2005	3.50	5.82	2.69	1.56	2.46	1.26	1.03	2.10	0.65
2006	3.60	6.09	2.70	1.60	2.56	1.26	1.09	2.22	0.66
2007	3.72	6.44	2.69	1.61	2.61	1.23	1.18	2.42	0.70
2008	3.90	6.68	2.80	1.66	2.68	1.26	1.27	2.54	0.76
2009	4.15	7.15	2.94	1.75	2.83	1.31	1.39	2.82	0.81
2010	4.39	7.62	3.04	1.80	2.97	1.32	1.53	3.09	0.89
2011	4.58	7.90	3.19	1.82	3.00	1.33	1.66	3.29	0.98
2012	4.94	8.54	3.41	1.94	3.19	1.40	1.85	3.65	1.09
2013	5.27	9.18	3.64	2.04	3.39	1.48	2.04	4.00	1.22
2014	5.56	9.70	3.77	2.12	3.54	1.51	2.20	4.30	1.31
2015	5.84	10.21	3.90	2.22	3.72	1.55	2.37	4.58	1.39
2016	6.12	10.42	4.08	2.31	3.79	1.61	2.54	4.75	1.50
2017	6.47	10.87	4.28	2.44	3.97	1.68	2.74	5.01	1.62
2018	6.83	10.91	4.63	2.59	4.01	1.82	2.94	5.08	1.80
2019	7.26	11.10	4.96	2.77	4.10	1.96	3.18	5.22	1.99

注：1.2002年以前，执业(助理)医师系医生，执业医师系医师，注册护士系护师(士)。
2.城市包括直辖市区和地级市辖区，农村包括县及县级市。
3.合计分母系常住人口数，分城乡分母为户籍人口数。

7-15-11 各地区每千人口卫生技术人员数

单位：人

地 区	卫生技术人员			执业(助理)医师			注册护士		
	合计	城市	农村	合计	城市	农村	合计	城市	农村
全 国	**7.26**	**11.10**	**4.96**	**2.77**	**4.10**	**1.96**	**3.18**	**5.22**	**1.99**
北 京	12.59	18.46		4.92	7.18		5.33	7.84	
天 津	7.03	9.53		2.97	3.95		2.65	3.69	
河 北	6.46	8.45	5.02	3.01	3.49	2.56	2.44	3.78	1.61
山 西	6.91	14.44	4.47	2.84	5.46	2.02	2.92	6.83	1.60
内蒙古	7.73	14.45	5.57	3.08	5.38	2.36	3.17	6.65	1.99
辽 宁	7.10	11.05	4.05	2.85	4.29	1.75	3.20	5.23	1.58
吉 林	7.01	11.44	5.32	2.94	4.69	2.28	2.95	5.17	2.06
黑龙江	6.34	10.75	4.49	2.49	4.02	1.89	2.60	5.02	1.49
上 海	8.42	14.50		3.08	5.27		3.82	6.61	
江 苏	7.85	10.34	6.16	3.16	3.85	2.71	3.47	4.88	2.48
浙 江	8.89	13.19	7.91	3.51	5.05	3.24	3.76	5.84	3.15
安 徽	5.67	8.26	3.61	2.17	2.94	1.48	2.57	4.11	1.47
福 建	6.63	10.84	4.58	2.50	4.11	1.72	2.93	5.02	1.91
江 西	5.74	8.92	3.97	2.07	3.02	1.50	2.58	4.43	1.64
山 东	7.77	11.11	5.63	3.13	4.32	2.36	3.39	5.21	2.25
河 南	6.78	12.70	3.99	2.61	4.52	1.62	2.89	6.21	1.52
湖 北	7.02	10.24	4.97	2.59	3.63	1.91	3.28	5.14	2.14
湖 南	7.26	12.97	5.29	2.75	4.63	2.08	3.48	6.56	2.45
广 东	6.88	11.34	4.36	2.53	4.13	1.64	3.09	5.23	1.82
广 西	6.88	9.36	4.35	2.32	3.23	1.43	3.07	4.52	1.78
海 南	7.17	14.63	4.53	2.53	5.11	1.63	3.39	7.29	2.01
重 庆	7.19	9.31	3.65	2.67	3.30	1.51	3.30	4.56	1.37
四 川	7.19	9.52	5.05	2.65	3.42	1.90	3.23	4.65	2.07
贵 州	7.39	9.38	4.65	2.48	3.31	1.51	3.35	4.64	2.00
云 南	6.99	13.82	5.60	2.35	4.87	1.83	3.26	6.82	2.53
西 藏	5.97	5.78	4.49	2.66	2.57	2.00	1.71	2.08	0.93
陕 西	9.13	11.04	6.94	2.80	3.59	1.99	3.88	5.22	2.58
甘 肃	6.76	10.17	4.76	2.37	3.38	1.76	3.00	5.04	1.89
青 海	7.79	13.29	5.45	2.86	4.55	2.15	3.11	6.31	1.74
宁 夏	7.98	11.14	5.21	2.99	4.10	2.03	3.50	5.16	2.04
新 疆	7.37	13.75	6.84	2.69	5.34	2.43	3.06	6.15	2.76

7-15-12 医疗卫生机构床位数

单位：万张

年 份	合计	#医院	#综合医院	#中医医院	#专科医院	#基层医疗卫生机构	#社区卫生服务中心(站)	#乡 镇卫生院	#专业公共卫生机构	#妇 幼保健院(所/站)	#专科疾病防治院(所/站)
1949	8.46	8.00									
1950	11.91	9.71	8.46	0.01	0.74					0.27	
1955	36.28	21.53	17.08	0.14	2.80					0.57	
1960	97.68	59.14	44.74	1.42	7.95			4.63		0.88	1.74
1965	103.33	61.20	48.04	1.04	7.49			13.25		0.92	
1970	126.15	70.50	57.21	1.01	7.79			36.80		0.70	
1975	176.43	94.02	76.33	1.37	11.11			62.03		0.97	2.88
1978	204.17	110.00	87.33	3.40	12.10			74.73		1.16	2.63
1980	218.44	119.58	94.11	5.00	12.87			77.54		1.64	2.73
1981	223.38	124.09	96.80	5.79	13.49			76.31		1.97	2.71
1982	228.03	128.52	99.83	6.40	13.90			75.32		2.33	2.73
1983	234.16	134.53	103.99	7.24	14.58			74.62		2.75	2.85
1984	241.24	141.24	108.00	8.65	15.29			73.14		3.18	2.96
1985	248.71	150.86	112.77	11.23	16.56			72.06		3.46	2.95
1986	256.25	155.98	117.52	12.52	17.71			71.12		3.67	3.06
1987	268.50	165.34	123.71	14.21	19.03			72.30		4.00	3.07
1988	279.49	174.70	129.06	15.55	20.23			72.61		4.35	3.00
1989	286.70	181.46	133.60	16.60	20.93			72.30		4.50	3.10
1990	292.54	186.89	136.90	17.57	21.95			72.29		4.66	3.10
1991	299.19	192.61	140.55	18.82	22.26			72.92		4.80	3.17
1992	304.94	197.66	144.10	20.04	22.71			73.28		5.00	3.22
1993	309.90	203.64	156.63	21.35	24.37			73.08		4.50	3.03
1994	313.40	207.04	158.70	22.18	24.85			73.24		4.80	2.98
1995	314.06	206.33	158.72	22.72	24.51			73.31		5.13	3.07
1996	309.96	209.65	159.73	23.75	24.86			73.47		5.60	2.83
1997	313.45	211.92	161.21	24.46	24.97			74.24		6.02	3.06
1998	314.30	213.41	162.00	24.95	25.01			73.77		6.30	2.90
1999	315.90	215.07	163.25	25.33	25.03			73.40		6.63	2.93
2000	317.70	216.67	164.09	25.93	25.08	76.65		73.48	11.86	7.12	2.84
2001	320.12	215.56	150.50	24.60	25.65	77.14		74.00	12.02	7.40	2.70
2002	313.61	222.18	168.38	24.67	26.21	71.05	1.20	67.13	12.37	7.98	3.18
2003	316.40	226.95	171.34	26.02	26.72	71.05	1.21	67.27	12.61	8.09	3.38
2004	326.84	236.35	177.68	27.55	28.26	71.44	1.81	66.89	12.73	8.70	3.12
2005	336.75	244.50	183.47	28.77	29.21	72.58	2.50	67.82	13.58	9.41	3.34
2006	351.18	256.04	190.29	30.32	32.05	76.19	4.12	69.62	13.50	9.93	2.80
2007	370.11	267.51	197.16	32.16	34.37	85.03	7.66	74.72	13.29	10.62	2.59
2008	403.87	288.29	211.28	35.03	37.77	97.10	9.80	84.69	14.66	11.73	2.64
2009	441.66	312.08	227.11	38.56	41.67	109.98	13.13	93.34	15.40	12.61	2.71
2010	478.68	338.74	244.95	42.42	45.95	119.22	16.88	99.43	16.45	13.44	2.93
2011	515.99	370.51	267.07	47.71	49.65	123.37	18.71	102.63	17.81	14.59	3.14
2012	572.48	416.15	297.99	54.80	55.74	132.43	20.32	109.93	19.82	16.16	3.57
2013	618.19	457.86	325.52	60.88	62.11	134.99	19.42	113.65	21.49	17.55	3.85
2014	660.12	496.12	349.99	66.50	68.58	138.12	19.59	116.72	22.30	18.48	3.76
2015	701.52	533.06	372.10	71.54	76.25	141.38	20.10	119.61	23.63	19.54	4.03
2016	741.05	568.89	392.79	76.18	84.46	144.19	20.27	122.39	24.72	20.65	4.00
2017	794.03	612.05	417.24	81.82	94.56	152.85	21.84	129.21	26.26	22.11	4.08
2018	840.41	651.97	437.89	87.21	105.41	158.36	23.13	133.39	27.44	23.28	4.08
2019	880.70	686.65	453.27	93.26	115.81	163.11	23.74	136.99	28.50	24.32	4.11

7-15-13 各地区医疗卫生机构床位数

单位：张

地区	合计	#医院	#基层医疗卫生机构	#社区卫生服务中心(站)	#乡镇卫生院	#专业公共卫生机构	#妇幼保健院(所/站)	#专科疾病防治院(所/站)
全国	**8806956**	**6866546**	**1631132**	**237445**	**1369914**	**285018**	**243232**	**41077**
北京	127777	120240	4879	4879		2658	2049	609
天津	68262	60990	6417	2435	3860	625		625
河北	430079	328553	86422	13552	71611	14251	13989	180
山西	218441	175047	38714	4379	31223	4060	3870	180
内蒙古	161083	128769	27228	4863	22130	4754	4363	391
辽宁	313847	267138	39284	7437	31565	3635	1715	1800
吉林	170332	145128	20502	3450	16944	2934	1952	982
黑龙江	262575	219027	36038	6771	23908	6710	4334	2370
上海	146454	128499	15827	15827		1248	1214	34
江苏	516015	407248	98511	22720	74600	7894	6462	1381
浙江	350191	307128	29964	8426	21095	11463	11019	357
安徽	347395	272106	68651	8188	60258	6208	4801	1407
福建	202211	156264	35522	4001	31521	8867	6628	2193
江西	267135	189562	61313	3875	56975	15007	11183	3818
山东	629722	481301	119274	18594	97779	26550	20690	5796
河南	640147	481174	132281	12504	118966	26547	24954	1568
湖北	403300	288159	98108	15996	80549	16953	14469	2480
湖南	506330	365129	121344	15469	105470	19658	14522	5126
广东	545196	441895	71376	9340	61494	31209	25398	5809
广西	277357	188283	72740	2672	69930	15609	15087	521
海南	49764	40762	6986	1187	5710	1916	1912	
重庆	231806	171092	55704	9928	44207	4615	4125	490
四川	631763	469814	148297	12133	135705	13652	12857	739
贵州	264986	205789	50427	5356	44041	8617	8479	138
云南	311899	241339	60273	5201	54351	9312	8587	605
西藏	17063	12748	3782	135	3647	495	495	
陕西	265814	215683	40119	3692	36116	9214	8246	968
甘肃	181172	142943	32216	4286	27836	5395	4925	455
青海	41443	34573	6378	1536	4716	473	473	
宁夏	40971	35427	4090	427	3628	1454	1454	
新疆	186426	144736	38465	8186	30079	3035	2980	55

7-15-14 各地区医疗卫生机构门诊服务情况

地 区	诊疗人次数（万人次）	#门急诊	观察室留观病例数（万人）	健康检查人数（万人）	急诊病死率（%）	观察室病死率（%）	居民平均就诊次数（次）
全 国	**871987.31**	**837547.38**	**4377.71**	**44353.00**	**0.06**	**0.05**	**6.23**
北 京	24886.39	24767.58	211.09	970.35	0.10	0.19	11.55
天 津	12288.53	11909.67	125.61	547.86	0.08	0.06	7.87
河 北	43227.90	40046.62	143.07	1567.97	0.15	0.69	5.69
山 西	13145.65	12190.77	44.54	866.54	0.14	0.17	3.53
内蒙古	10701.20	10079.77	41.19	559.37	0.13	0.18	4.21
辽 宁	19987.55	18715.31	261.74	1010.25	0.13	0.07	4.59
吉 林	11041.96	10009.34	41.82	498.63	0.12	0.12	4.10
黑龙江	11250.89	10511.91	37.68	646.07	0.16	0.34	3.00
上 海	27559.99	27138.37	18.36	1020.39	0.10	1.71	11.35
江 苏	61721.65	59949.74	146.08	3360.58	0.04	0.06	7.65
浙 江	68133.15	66546.97	117.14	3074.48	0.03	0.17	11.65
安 徽	33315.93	31223.97	88.64	1659.76	0.06	0.05	5.23
福 建	24899.64	24208.44	69.63	1086.77	0.03	0.03	6.27
江 西	23627.74	22656.36	119.02	1401.69	0.04	0.03	5.06
山 东	67464.05	64695.72	291.67	3015.88	0.14	0.16	6.70
河 南	61020.29	58116.62	138.02	2774.57	0.08	0.11	6.33
湖 北	35382.58	34082.21	272.63	1639.88	0.06	0.05	5.97
湖 南	28098.10	26362.63	377.16	1583.50	0.03	0.04	4.06
广 东	89179.77	87197.46	477.06	5202.81	0.03	0.01	7.74
广 西	26131.17	25403.47	114.99	1508.63	0.03	0.06	5.27
海 南	5252.63	5143.36	14.91	223.16	0.03	0.02	5.56
重 庆	17548.28	16931.59	214.12	910.83	0.07	0.02	5.62
四 川	56026.45	53089.75	276.10	3135.07	0.07	0.06	6.69
贵 州	17579.73	17103.44	155.34	826.09	0.04	0.03	4.85
云 南	28244.33	27508.35	328.00	1131.53	0.04	0.06	5.81
西 藏	1634.29	1487.48	5.91	178.93	0.06	0.12	4.66
陕 西	20898.97	20485.14	10.74	1137.69	0.07	0.28	5.39
甘 肃	12688.84	11984.92	95.56	741.25	0.07	0.02	4.79
青 海	2659.36	2471.19	30.24	164.31	0.18	0.01	4.37
宁 夏	4358.32	4180.22	51.78	249.56	0.10	0.01	6.27
新 疆	12031.98	11349.01	57.85	1658.58	0.19	0.36	4.77

7-15-15 各地区医疗卫生机构住院服务情况

地 区	入院人数（万人）	出院人数（万人）	住院病人手术人次（万人次）	病死率（%）	每床出院人数（人）	每百门急诊入院人数（人）	居民年住院率（%）
全 国	**26596.12**	**26502.66**	**6930.44**	**0.4**	**30.1**	**4.4**	**19.0**
北 京	384.86	384.15	159.74	1.0	30.1	1.7	17.9
天 津	169.88	169.44	81.04	0.7	24.8	1.7	10.9
河 北	1192.33	1185.59	229.13	0.3	27.6	5.3	15.7
山 西	501.54	499.33	126.94	0.2	22.9	5.7	13.4
内蒙古	362.53	361.41	82.52	0.6	22.4	4.8	14.3
辽 宁	708.29	708.80	181.71	1.0	22.6	5.0	16.3
吉 林	402.28	401.93	85.22	1.0	23.6	5.5	14.9
黑龙江	604.74	601.72	156.72	1.0	22.9	7.2	16.1
上 海	454.94	453.38	284.79	1.2	31.0	1.8	18.7
江 苏	1528.21	1523.43	435.50	0.2	29.5	3.2	18.9
浙 江	1104.33	1102.83	388.69	0.3	31.5	2.1	18.9
安 徽	1035.89	1032.41	243.85	0.3	29.7	4.6	16.3
福 建	609.22	607.78	158.37	0.1	30.1	3.6	15.3
江 西	884.37	882.66	182.11	0.2	33.0	6.8	19.0
山 东	1859.68	1849.93	452.03	0.4	29.4	4.9	18.5
河 南	2021.72	2013.22	396.25	0.2	31.4	5.4	21.0
湖 北	1368.76	1367.02	367.32	0.3	33.9	5.7	23.1
湖 南	1616.18	1606.70	288.34	0.1	31.7	9.0	23.4
广 东	1815.95	1814.17	837.24	0.5	33.3	2.8	15.8
广 西	1046.44	1043.64	196.66	0.3	37.6	5.7	21.1
海 南	128.94	128.95	30.11	0.3	25.9	3.3	13.6
重 庆	752.87	749.93	161.87	0.4	32.4	6.6	24.1
四 川	1981.59	1973.99	482.37	0.4	31.2	5.6	23.7
贵 州	860.10	854.53	180.81	0.2	32.2	6.8	23.7
云 南	1011.53	1007.33	271.72	0.2	32.3	5.2	20.8
西 藏	30.56	30.47	6.49	0.2	17.9	2.9	8.7
陕 西	819.28	814.88	205.52	0.3	30.7	5.9	21.1
甘 肃	520.12	517.77	82.54	0.1	28.6	6.5	19.6
青 海	105.98	104.75	18.77	0.2	25.3	5.7	17.4
宁 夏	123.32	123.03	29.18	0.2	30.0	3.7	17.7
新 疆	589.69	587.51	126.90	0.4	31.5	6.2	23.4

7-15-16 社区卫生服务中心(站)医疗服务情况

年份 地区	社区卫生服务中心					社区卫生服务站	
	诊疗人次 (万人次)	入院人数 (万人)	病床使用率 (%)	平均住院日 (日)	医师日均 担负诊疗人次 (人次)	诊疗人次 (万人次)	医师日均 担负诊疗人次 (人次)
2004	4615.6	15.2	61.2	21.0	13.0	5095.5	11.1
2005	5938.5	26.6	60.7	17.2	13.7	6281.5	11.0
2006	8285.5	43.6	57.9	15.5	13.0	9378.9	13.1
2007	12712.4	74.3	59.6	13.1	13.1	9875.0	14.6
2008	17247.3	103.3	58.7	13.4	12.9	8425.1	12.5
2009	26080.2	164.2	59.8	10.6	14.0	11617.3	13.7
2010	34740.4	218.1	56.1	10.4	13.6	13711.1	13.6
2011	40950.0	247.3	54.4	10.2	14.0	13703.8	13.7
2012	45475.1	268.7	55.5	10.1	14.8	14393.6	14.0
2013	50788.6	292.1	57.0	9.8	15.7	14921.2	14.3
2014	53618.8	298.1	55.6	9.9	16.1	14912.0	14.4
2015	55902.6	305.5	54.7	9.8	16.3	14742.5	14.1
2016	56327.0	313.7	54.6	9.7	15.9	15561.9	14.5
2017	60743.2	344.2	54.8	9.5	16.2	15982.4	14.1
2018	63897.9	339.5	52.0	9.9	16.1	16011.5	13.7
2019	69110.7	339.5	49.7	9.7	16.5	16805.7	14.0
北 京	5997.4	2.5	34.2	20.3	19.0	832.0	20.9
天 津	1955.3	0.5	17.7	15.5	23.3	342.9	31.7
河 北	789.2	7.6	39.3	8.6	8.7	997.1	9.0
山 西	437.9	3.6	29.8	9.6	7.0	432.7	6.7
内蒙古	482.3	3.2	22.4	8.9	6.9	321.8	6.5
辽 宁	1067.8	4.6	24.6	9.9	9.5	571.5	10.6
吉 林	516.6	2.3	28.3	8.2	7.0	37.0	7.7
黑龙江	693.0	5.4	28.3	8.1	6.8	78.4	5.8
上 海	8582.4	6.6	85.2	70.4	25.8		
江 苏	8015.8	45.9	54.6	8.9	17.8	1311.9	19.4
浙 江	10557.9	7.3	41.8	13.9	25.3	404.3	26.9
安 徽	1697.1	10.8	38.6	8.3	15.3	1375.3	15.3
福 建	1819.2	6.3	34.9	7.3	17.8	395.4	12.8
江 西	454.0	4.1	31.2	6.4	10.8	439.5	15.9
山 东	2521.0	23.2	44.6	9.1	10.4	1814.5	13.5
河 南	1711.2	18.1	45.6	9.4	10.5	985.4	13.3
湖 北	1744.7	31.5	57.2	8.5	10.6	716.3	17.8
湖 南	1285.7	36.9	58.6	7.3	7.9	249.7	7.9
广 东	11296.0	15.1	47.1	9.4	24.1	2320.0	31.5
广 西	884.5	5.3	53.1	8.0	13.6	196.8	11.2
海 南	105.7	1.4	37.3	6.8	8.8	247.1	15.6
重 庆	863.0	31.0	71.2	7.6	8.7	165.9	11.5
四 川	2672.4	29.4	65.3	8.3	17.2	544.0	14.8
贵 州	570.2	12.4	39.7	5.3	9.3	327.6	9.6
云 南	568.8	10.1	50.5	7.9	10.4	296.8	11.1
西 藏	13.7		24.8		5.9	4.7	6.9
陕 西	633.6	4.8	31.2	8.1	11.3	277.7	10.4
甘 肃	384.6	4.2	49.7	6.1	9.4	348.6	10.7
青 海	88.0	0.8	40.8	7.8	7.3	205.4	17.9
宁 夏	128.2	0.2	17.8	7.2	15.1	254.2	20.3
新 疆	573.9	4.5	39.5	7.9	12.1	311.3	8.0

7-15-17 监测地区5岁以下儿童和孕产妇死亡率

年份	新生儿死亡率(‰)			婴儿死亡率(‰)			5岁以下儿童死亡率(‰)			孕产妇死亡率(1/10万)		
	合计	城市	农村	合计	城市	农村	合计	城市	农村	合计	城市	农村
1991	33.1	12.5	37.9	50.2	17.3	58.0	61.0	20.9	71.1	80.0	46.3	100.0
1992	32.5	13.9	36.8	46.7	18.4	53.2	57.4	20.7	65.6	76.5	42.7	97.9
1993	31.2	12.9	35.4	43.6	15.9	50.0	53.1	18.3	61.6	67.3	38.5	85.1
1994	28.5	12.2	32.3	39.9	15.5	45.6	49.6	18.0	56.9	64.8	44.1	77.5
1995	27.3	10.6	31.1	36.4	14.2	41.6	44.5	16.4	51.1	61.9	39.2	76.0
1996	24.0	12.2	26.7	36.0	14.8	40.9	45.0	16.9	51.4	63.9	29.2	86.4
1997	24.2	10.3	27.5	33.1	13.1	37.7	42.3	15.5	48.5	63.6	38.3	80.4
1998	22.3	10.0	25.1	33.2	13.5	37.7	42.0	16.2	47.9	56.2	28.6	74.1
1999	22.2	9.5	25.1	33.3	11.9	38.2	41.4	14.3	47.7	58.7	26.2	79.7
2000	22.8	9.5	25.8	32.2	11.8	37.0	39.7	13.8	45.7	53.0	29.3	69.6
2001	21.4	10.6	23.9	30.0	13.6	33.8	35.9	16.3	40.4	50.2	33.1	61.9
2002	20.7	9.7	23.2	29.2	12.2	33.1	34.9	14.6	39.6	43.2	22.3	58.2
2003	18.0	8.9	20.1	25.5	11.3	28.7	29.9	14.8	33.4	51.3	27.6	65.4
2004	15.4	8.4	17.3	21.5	10.1	24.5	25.0	12.0	28.5	48.3	26.1	63.0
2005	13.2	7.5	14.7	19.0	9.1	21.6	22.5	10.7	25.7	47.7	25.0	53.8
2006	12.0	6.8	13.4	17.2	8.0	19.7	20.6	9.6	23.6	41.1	24.8	45.5
2007	10.7	5.5	12.8	15.3	7.7	18.6	18.1	9.0	21.8	36.6	25.2	41.3
2008	10.2	5.0	12.3	14.9	6.5	18.4	18.5	7.9	22.7	34.2	29.2	36.1
2009	9.0	4.5	10.8	13.8	6.2	17.0	17.2	7.6	21.1	31.9	26.6	34.0
2010	8.3	4.1	10.0	13.1	5.8	16.1	16.4	7.3	20.1	30.0	29.7	30.1
2011	7.8	4.0	9.4	12.1	5.8	14.7	15.6	7.1	19.1	26.1	25.2	26.5
2012	6.9	3.9	8.1	10.3	5.2	12.4	13.2	5.9	16.2	24.5	22.2	25.6
2013	6.3	3.7	7.3	9.5	5.2	11.3	12.0	6.0	14.5	23.2	22.4	23.6
2014	5.9	3.5	6.9	8.9	4.8	10.7	11.7	5.9	14.2	21.7	20.5	22.2
2015	5.4	3.3	6.4	8.1	4.7	9.6	10.7	5.8	12.9	20.1	19.8	20.2
2016	4.9	2.9	5.7	7.5	4.2	9.0	10.2	5.2	12.4	19.9	19.5	20.0
2017	4.5	2.6	5.3	6.8	4.1	7.9	9.1	4.8	10.9	19.6	16.6	21.1
2018	3.9	2.2	4.7	6.1	3.6	7.3	8.4	4.4	10.2	18.3	15.5	19.9
2019	3.5	2.0	4.1	5.6	3.4	6.6	7.8	4.1	9.4	17.8	16.5	18.6

7-15-18 部分地区城市居民主要疾病死亡率及死因构成

疾病名称	合计			男			女		
	死亡率(1/10万)	构成(%)	位次	死亡率(1/10万)	构成(%)	位次	死亡率(1/10万)	构成(%)	位次
传染病(含呼吸道结核)	6.01	0.96	10	8.27	1.16	9	3.68	0.68	10
寄生虫病	0.07	0.01	16	0.07	0.01	16	0.06	0.01	17
恶性肿瘤	161.56	25.73	1	203.01	28.37	1	118.95	22.13	2
血液,造血器官及免疫疾病	1.35	0.21	13	1.37	0.19	13	1.33	0.25	13
内分泌,营养和代谢疾病	21.44	3.42	6	21.08	2.95	6	21.82	4.06	6
精神障碍	3.10	0.49	11	2.91	0.41	11	3.30	0.61	11
神经系统疾病	9.14	1.45	8	9.21	1.29	8	9.06	1.68	8
心脏病	148.51	23.65	2	153.46	21.44	2	143.42	26.68	1
脑血管病	129.41	20.61	3	142.84	19.96	3	115.60	21.50	3
呼吸系统疾病	65.02	10.36	4	77.68	10.85	4	52.00	9.67	4
消化系统疾病	14.86	2.37	7	17.79	2.49	7	11.84	2.20	7
肌肉骨骼和结缔组织疾病	2.42	0.39	12	1.87	0.26	12	2.98	0.55	12
泌尿生殖系统疾病	6.60	1.05	9	7.49	1.05	10	5.67	1.05	9
妊娠,分娩产褥期并发症	0.06	0.01	17				0.11	0.02	16
围生期疾病	1.14	0.18	15	1.34	0.19	13	0.92	0.17	15
先天畸形,变形和染色体异常	1.17	0.19	14	1.28	0.18	15	1.06	0.20	14
损伤和中毒外部原因	36.06	5.74	5	45.02	6.29	5	26.85	4.99	5
诊断不明	3.05	0.49		4.14	0.58		1.92	0.36	
其他疾病	6.45	1.03		5.23	0.73		7.69	1.43	

注：本表系605个死因监测点结果。下表同。

7-15-19 部分地区农村居民主要疾病死亡率及死因构成

疾病名称	合计			男			女		
	死亡率(1/10万)	构成(%)	位次	死亡率(1/10万)	构成(%)	位次	死亡率(1/10万)	构成(%)	位次
传染病(含呼吸道结核)	6.94	1.00	10	9.72	1.23	8	4.06	0.69	10
寄生虫病	0.07	0.01	17	0.08	0.01	16	0.05	0.01	17
恶性肿瘤	160.96	23.27	2	206.64	26.18	1	113.78	19.26	3
血液,造血器官及免疫疾病	1.32	0.19	15	1.35	0.17	15	1.28	0.22	13
内分泌营养和代谢疾病	17.80	2.57	6	16.12	2.04	7	19.52	3.31	6
精神障碍	2.86	0.41	11	2.72	0.34	11	2.99	0.51	11
神经系统疾病	8.60	1.24	8	8.61	1.09	9	8.58	1.45	8
心脏病	164.66	23.81	1	167.63	21.23	3	161.59	27.36	1
脑血管病	158.63	22.94	3	175.18	22.19	2	141.54	23.96	2
呼吸系统疾病	74.61	10.79	4	85.39	10.82	4	63.47	10.75	4
消化系统疾病	14.49	2.10	7	18.49	2.34	6	10.36	1.75	7
肌肉骨骼和结缔组织疾病	2.04	0.30	12	1.68	0.21	12	2.42	0.41	12
泌尿生殖系统疾病	7.28	1.05	9	8.53	1.08	10	5.99	1.01	9
妊娠分娩产褥期并发症	0.07	0.01	16			18	0.14	0.02	16
围生期疾病	1.35	0.19	14	1.63	0.21	13	1.05	0.18	15
先天畸形,变形和染色体异常	1.36	0.20	13	1.48	0.19	14	1.24	0.21	14
损伤和中毒外部原因	51.08	7.39	5	66.49	8.42	5	35.17	5.96	5
诊断不明	2.26	0.33		2.93	0.37		1.56	0.26	
其他疾病	6.21	0.90		4.92	0.62		7.54	1.28	

注：农村包括县及县级市。

7-15-20 分地区民政机构床位数

单位：万张

地区	提供住宿的民政机构床位数	养老	儿童福利和救助	精神疾病	其他	每千老年人口养老床位数（张）
全国	**467.4**	**438.8**	**9.9**	**6.5**	**12.2**	**30.5**
北京	11.5	10.9	0.3		0.4	33.5
天津	5.9	5.7	0.1	0.1	0.1	23.4
河北	20.5	20.1	0.1	0.1	0.3	29.1
山西	6.3	5.7	0.1	0.1	0.4	23.6
内蒙古	8.8	8.3	0.2	0.2	0.2	53.2
辽宁	17.6	16.8	0.2		0.6	21.2
吉林	14.5	13.5	0.3	0.5	0.2	28.1
黑龙江	16.6	15.6	0.3	0.4	0.3	27.0
上海	14.3	13.6	0.2	0.2	0.3	26.9
江苏	44.2	42.7	0.4	0.5	0.6	40.9
浙江	32.0	31.2	0.3	0.1	0.4	53.7
安徽	25.8	24.6	0.6		0.5	34.9
福建	7.4	6.6	0.1	0.4	0.3	28.9
江西	18.0	17.4	0.2		0.4	29.1
山东	34.0	33.2	0.4		0.3	27.8
河南	25.0	23.7	0.4	0.2	0.7	21.8
湖北	26.6	25.5	0.4	0.1	0.7	37.3
湖南	20.9	19.3	0.4	0.5	0.6	25.1
广东	24.5	22.8	0.6	0.2	1.0	31.9
广西	8.0	7.2	0.4	0.2	0.3	30.1
海南	0.6	0.5			0.1	11.1
重庆	10.5	9.7	0.3	0.3	0.3	26.2
四川	32.9	29.4	0.8	1.4	1.3	27.9
贵州	8.7	7.6	0.4	0.4	0.3	30.8
云南	8.9	8.1	0.3	0.2	0.3	16.5
西藏	1.3	0.3	0.4		0.6	23.0
陕西	10.9	10.1	0.3	0.1	0.3	26.0
甘肃	2.8	2.2	0.3	0.1	0.2	30.5
青海	0.8	0.6	0.2			28.6
宁夏	2.0	1.7	0.1		0.1	26.9
新疆	5.3	3.9	0.8	0.3	0.2	15.5

注：老年人口指60岁及以上人口。

7-15-21 社会救助情况

单位：万人

年份 地区	城市居民最低生活保障人数	农村居民最低生活保障人数	农村特困人员集中供养人数	农村特困人员分散供养人数
2007	2272.1	3566.3	138.0	393.3
2008	2334.8	4305.5	155.6	393.0
2009	2345.6	4760.0	171.8	381.6
2010	2310.5	5214.0	177.4	378.9
2011	2276.8	5305.7	184.5	366.5
2012	2143.5	5344.5	185.3	360.3
2013	2064.0	5388.0	183.5	353.8
2014	1877.0	5207.0	174.3	354.8
2015	1701.1	4903.6	162.3	354.4
2016	1480.2	4586.5	139.7	357.2
2017	1261.0	4045.2	99.6	367.2
2018	1007.0	3519.1	86.2	368.8
2019	860.9	3455.4	75.0	364.1
北　京	6.5	3.8	0.2	0.4
天　津	7.6	6.5	0.1	0.9
河　北	19.5	157.4	2.9	23.1
山　西	28.0	96.1	1.5	11.8
内蒙古	33.9	128.9	1.0	7.4
辽　宁	39.2	60.3	2.1	10.6
吉　林	43.8	51.6	1.3	6.4
黑龙江	59.8	80.2	1.5	8.0
上　海	14.8	3.1	0.1	0.1
江　苏	12.3	68.9	4.8	15.6
浙　江	19.4	46.1	1.9	0.7
安　徽	36.7	178.4	5.7	29.9
福　建	6.2	41.5	0.9	5.4
江　西	35.9	142.3	4.8	8.0
山　东	13.3	117.8	5.6	18.5
河　南	44.1	272.6	7.3	41.9
湖　北	31.8	139.3	4.7	19.6
湖　南	50.7	134.2	5.1	31.4
广　东	15.7	124.7	1.5	20.0
广　西	30.5	246.9	1.2	22.4
海　南	3.7	14.7	0.2	2.0
重　庆	28.1	57.9	1.2	8.7
四　川	76.8	353.7	9.1	34.6
贵　州	48.8	207.3	2.2	6.0
云　南	43.8	251.1	1.4	10.0
西　藏	2.5	13.2	0.7	0.6
陕　西	21.6	85.7	3.6	8.7
甘　肃	39.7	138.1	0.8	8.6
青　海	6.5	28.2	0.3	1.3
宁　夏	9.3	38.3	0.3	0.6
新　疆	30.5	166.6	1.2	0.8

7-15-22 分地区医疗救助情况

地 区	资助参加基本医疗保险人数（万人）	门诊和住院医疗救助人次数（万人次）	资助参加基本医疗保险资金数（万元）	门诊和住院医疗救助资金数（万元）
全 国	**8750.8**	**7050.3**	**1589085.3**	**3342331.2**
北 京	10.5	14.3	2245.0	25232.0
天 津	29.3	146.9	11998.5	26096.2
河 北	395.2	497.8	54474.8	151249.5
山 西	141.8	44.4	25844.0	59386.6
内蒙古	135.7	74.1	20441.7	91699.3
辽 宁	91.7	89.3	20230.6	55190.0
吉 林	136.1	65.9	21316.3	46321.4
黑龙江	274.8	116.4	50948.8	108803.5
上 海	9.9	323.6	8782.7	49775.3
江 苏	317.7	862.4	92922.8	196510.4
浙 江	123.2	651.5	60774.0	170022.0
安 徽	609.3	386.5	131368.5	213362.3
福 建	210.6	454.8	60019.6	86258.0
江 西	304.3	315.3	66484.3	117048.0
山 东	290.6	202.1	54948.6	115131.1
河 南	631.8	267.7	38447.4	177989.7
湖 北	344.6	278.8	74447.5	191583.0
湖 南	655.4	219.5	133050.4	200223.8
广 东	324.6	320.8	77427.5	214332.3
广 西	196.0	108.2	44163.1	66436.4
海 南	64.3	28.9	29610.7	14352.3
重 庆	165.8	519.9	35004.0	128755.0
四 川	468.1	217.8	106920.9	187762.0
贵 州	791.4	269.2	91000.5	136809.7
云 南	626.7	209.4	74978.3	91575.3
西 藏	22.5	4.0	1094.1	20194.9
陕 西	21.4	90.8	3981.0	119205.0
甘 肃	714.8	108.7	62342.6	94419.0
青 海	69.4	32.8	11991.6	47310.0
宁 夏	119.4	50.8	18049.2	22401.0
新 疆	454.1	77.8	103776.1	116896.3

注：1.2016年起，将资助参加合作医疗保险合并到资助参加基本医疗保险统计。
2.2018年起，直接医疗救助修改为门诊和住院医疗救助，统计口径不变。
3.新疆数据包括新疆生产建设兵团。

7-15-23 社区服务机构、社会工作师情况

年份 地区	社区服务 机构和设施 (个)	社会工作师 累计合格人数 (人)	助理社会工作师 累计合格人数 (人)
2000	187888		
2005	203275		
2006	160007		
2007	172002		
2008	162976	4192	20648
2009	174976	8419	27259
2010	152941	11083	32687
2011	160352	13421	40755
2012	200162	19525	64601
2013	251939	31183	91901
2014	251368	38501	120111
2015	360956	51722	154461
2016	386186	69391	218794
2017	407453	83189	243421
2018	426524	106932	332334
2019	527757	128190	405404
北京	12128	9482	26854
天津	2903	2367	8385
河北	37799	2730	5343
山西	7679	2114	4299
内蒙古	5085	2178	3224
辽宁	8330	5080	13648
吉林	16277	2261	8571
黑龙江	3765	2083	6106
上海	9375	6968	19221
江苏	44552	14831	51063
浙江	38711	15963	49281
安徽	8104	3277	9829
福建	11455	4871	12201
江西	15037	1188	3959
山东	28662	9472	18811
河南	39313	2699	7079
湖北	33037	3177	13282
湖南	18509	2880	9461
广东	71249	18051	77167
广西	14070	1169	4231
海南	3213	156	737
重庆	13911	2640	8691
四川	25470	4200	18173
贵州	23525	430	2103
云南	5999	1161	3991
西藏	84	11	49
陕西	10897	4269	12013
甘肃	11278	814	2847
青海	1960	140	545
宁夏	2836	522	1631
新疆	2544	1006	2609

注：2015年起社区服务机构和设施指标包括社区养老机构、社区互助型养老设施数。

【主要统计指标解释】

卫生总费用 指一个国家或地区在一定时期内，为开展卫生服务活动从全社会筹集的卫生资源的货币总额，按来源法核算。它反映一定经济条件下，政府、社会和居民个人对卫生保健的重视程度和费用负担水平，以及卫生筹资模式的主要特征和卫生筹资的公平性合理性。

政府卫生支出 指各级政府用于医疗卫生服务、医疗保障补助、卫生和医疗保障行政管理、人口与计划生育事务支出等各项事业的经费。

社会卫生支出 指政府支出外的社会各界对卫生事业的资金投入。包括社会医疗保障支出、商业健康保险费、社会办医支出、社会捐赠援助、行政事业性收费收入等。

个人现金卫生支出 指城乡居民在接受各类医疗卫生服务时的现金支付，包括享受各种医疗保险制度的居民就医时自付的费用。

人均卫生费用 即某年卫生总费用与同期平均人口数之比。

卫生总费用与GDP之比 指某年卫生总费用与同期国内生产总值（GDP）之比。是用来反映一定时期，一定经济条件下，国家对卫生事业的资金投入力度，以及政府和全社会对居民卫生健康的重视程度。

民政事业费总支出 包括社会福利支出、社会救助支出、民政管理事务支出、行政事业单位离退休支出，以及财政从预算内经费中安排的其他用于民政事业的经费支出。

社会福利支出 指各级列入政府收支分类科目中20810项预算指标，用于社会福利支出。包括儿童福利、老年人福利、残疾人福利、殡葬、社会福利事业单位和其他社会福利支出。

医疗卫生机构 指从卫生健康行政部门取得《医疗机构执业许可证》，或从民政、工商行政、机构编制管理部门取得法人单位登记证书，为社会提供医疗保健、疾病控制、卫生监督服务或从事医学科研和医学在职培训等工作的单位。医疗卫生机构包括医院、基层医疗卫生机构、专业公共卫生机构、其他医疗卫生机构。

基层医疗卫生机构 包括社区卫生服务中心(站)、街道卫生院、乡镇卫生院、村卫生室、门诊部、诊所(医务室)。

专业公共卫生机构 包括疾病预防控制中心、专科疾病防治机构、妇幼保健机构、健康教育机构、急救中心(站)、采供血机构、卫生监督机构、卫生健康部门主管的计划生育技术服务机构。不包括传染病院、结核病医院、血防医院、精神病医院、卫生监督(监测、检测)机构。

卫生人员 指在医院、基层医疗卫生机构、专业公共卫生机构及其他医疗卫生机构工作的职工，包括卫生技术人员、乡村医生和卫生员、其他技术人员、管理人员和工勤人员等。

卫生技术人员 包括执业医师、执业助理医师、注册护士、药师（士）、检验技师（士）、影像技师（士）、卫生监督员和见习医（药、护、技）师（士）等卫生专业人员。不包括从事管理工作的卫生技术人员。

执业医师 指《医师执业证》“级别”为“执业医师”且实际从事医疗、预防保健工作的人员，不包括实际从事管理工作的执业医师。执业医师类别分为临床、中医、口腔和公共卫生四类。

每千人口执业(助理)医师 每千人口执业(助理)医师=(执业医师数+执业助理医师数)/人口数×1000。

新生儿死亡率 指年内新生儿死亡数与活产数之比，一般以‰表示。新生儿死亡指出生至28天以内(即0-27天)死亡人数。

5岁以下儿童死亡率 指年内未满5岁儿童死亡人数与活产数之比，一般以‰表示。

孕产妇死亡率 指年内每10万名孕产妇的死亡人数。孕产妇死亡指从妊娠期至产后42天内，由于任何妊娠或妊娠处理有关的原因导致的死亡，但不包括意外原因死亡者。按国际通用计算方法，“孕产妇总数”以“活产数”代替计算。

城市居民最低生活保障人数 指在报告期末共同生活的家庭成员人均收入低于当地最低生活保障标准，且家庭财产状况符合相关规定的城镇居民，并已发放补助经费的人数。

农村居民最低生活保障人数 指报告期末共同生活的家庭成员人均收入低于当地最低生活保障标准，得到当地政府给予最低生活保障待遇的农业人口家庭人数。

社区服务机构和设施数 是面向全体城乡居民提供社区服务的机构和设施。原则上，城乡社区服务机构应能提供以公共服务为主体的综合性服务，城乡社区服务设施面积应能满足社区组织办公和社区综合服务所需，并配置多功能社区居民活动场所。在此基础上可根据社区居民的实际需求，重点强化若干类服务功能。社区服务机构和设施包括（1）社区服务指导中心；（2）社区服务中心；（3）社区服务站；（4）未登记注册的农村特困供养机构；（5）社区养老照料机构和设施；（6）社区互助型养老设施；（7）其他社区服务机构和设施。

7 第三产业分行业主要指标

7-16 文化、体育和娱乐业

简要说明

一、主要内容

本篇主要反映新闻出版、广电、文化、文物、档案、体育事业发展情况。

内容包括广播电视业和文化事业财务情况；图书、期刊、报纸、音像制品的出版、印刷、发行以及引进和输出版权情况；广播影视宣传、覆盖、技术、财务收支等方面的情况；艺术表演团体、公共图书馆、群众艺术馆、博物馆以及国家档案馆等单位的机构、人员、经费和业务活动情况；体育系统机构人员、运动员获世界冠军以及创世界记录情况。

文化、体育和娱乐业企业法人单位分地区主要指标。

二、资料来源

新闻出版资料由国家新闻出版署提供；广播、电视资料由国家广播电视总局提供；电影资料由国家电影局提供；文化文物资料由文化和旅游部提供；档案资料由国家档案局提供；体育资料由国家体育总局提供。

详细资料分别见《中国新闻出版统计资料汇编》（国家新闻出版署编）、《全国广播电视服务业统计数据》（国家广播电视总局编）、《中国文化文物统计年鉴》（文化和旅游部编）、《体育事业统计年鉴》（国家体育总局体育经济司编）。

文化、体育和娱乐业企业法人单位分地区主要指标来源于国家统计局服务业司《规模以上服务业统计报表制度》和《规模以下服务业抽样调查统计报表制度》调查结果。

7-16-1 各地区广播电视行政事业单位财务收支情况

单位：万元

地区	总收入	#财政补助收入	#事业收入	#经营收入	总支出
全国合计	**11718995**	**8019721**	**2591929**	**567540**	**11668185**
国家广播电视总局	589686	466250	65900		541058
中央广播电视总台	384		383		397
其他部门所属单位	213421	19779	157253	20972	219787
北　京	628191	322166	272274	17830	686280
天　津	138335	72266	55487	3521	172452
河　北	340003	296303	36393	2910	317676
山　西	449338	357099	59474	3053	406949
内蒙古	326909	316059	6334	2455	319715
辽　宁	424106	280403	129134	6214	434882
吉　林	327312	314801	3717	4365	316153
黑龙江	246629	232120	6156	2025	244002
上　海	246643	217011	14424	1590	205813
江　苏	522366	208866	182313	82709	546029
浙　江	540064	243397	188857	56407	539750
安　徽	522646	345125	155138	1849	584845
福　建	283905	225459	39566	1271	275941
江　西	334510	294866	17660	12889	333945
山　东	746200	352146	355663	16832	717698
河　南	461742	279101	164874	6557	426055
湖　北	509363	335523	64233	98466	506137
湖　南	288009	177239	72945	15516	286685
广　东	621247	271283	255385	41161	679792
广　西	403856	307565	61330	86	422343
海　南	98996	72033	18675	6042	101241
重　庆	78617	72910	1060	2235	80881
四　川	711357	603521	36244	61698	690873
贵　州	172758	155375	7741	411	164102
云　南	276205	194988	72791	2495	278143
西　藏	119783	112383	6104	14	111959
陕　西	247908	162222	16741	61015	258570
甘　肃	230385	178581	40750	1737	211394
青　海	107083	102125	1536	2179	126501
宁　夏	77542	54495	18795	1437	86734
新　疆	433495	376261	6598	29600	373404

7-16-2 各地区广播电视企业单位经营情况

单位：万元

地 区	总收入	#营业收入	营业利润	本年应缴税金	本年新增固定资产
全国合计	**69355469**	**67714688**	**2409945**	**3173865**	**2908985**
国家广播电视总局	264258	252220	-48958	7143	15644
中央广播电视总台	6260469	5848231	1661286	263687	129920
其他部门所属单位	403271	384400	32541	14103	5913
北 京	22955773	22752154	-752374	1570305	176179
天 津	564346	544271	29166	23842	12832
河 北	664880	617188	39510	12613	56452
山 西	242994	232812	-10016	5514	12747
内 蒙 古	224375	212507	10748	36054	1707
辽 宁	276793	265598	2156	12188	47594
吉 林	239894	234140	34955	1380	90755
黑 龙 江	364220	344209	-63910	349	30834
上 海	7125739	7050538	-271004	224499	257675
江 苏	3243885	3128683	208661	122613	471971
浙 江	4530200	4433529	200993	204782	178424
安 徽	492443	479546	6784	9119	29579
福 建	1343994	1282404	29858	42545	57189
江 西	291601	287121	12044	5271	17954
山 东	980982	963648	55166	31376	51994
河 南	377575	366520	-40633	-1126	28289
湖 北	1438548	1383682	-77958	16477	154521
湖 南	3153805	3108237	124128	96934	96611
广 东	7181054	7040516	748482	122179	290045
广 西	368335	356335	28619	6888	126651
海 南	300215	293600	-1928	92989	1786
重 庆	588566	572399	77359	31268	68735
四 川	1485587	1408682	35522	55661	131885
贵 州	950389	905552	52337	19532	246023
云 南	385173	365699	25802	30311	38944
西 藏	2673	2470	-547	19	25
陕 西	489920	483947	12813	5324	36555
甘 肃	109679	93322	-31532	1375	16113
青 海	20420	17919	-5213	-907	2028
宁 夏	59620	43045	-5163	1761	4319
新 疆	1973795	1959564	290250	107799	21094

7-16-3 各地区广播电视企业资产负债情况

单位：万元

地 区	资产总额	#固定资产净值	负债总额
全国合计	**192137737**	**20584767**	**109740233**
国家广播电视总局	2074611	127717	1065365
中央广播电视总台	18743489	1294891	2557804
其他部门所属单位	1074634	40165	238355
北 京	46222919	1442897	34574122
天 津	2199762	267239	1590457
河 北	2296605	556986	1568486
山 西	569857	125816	362812
内蒙古	773584	564742	302878
辽 宁	1169421	483730	733420
吉 林	2561290	592785	1255609
黑龙江	1461653	473468	948337
上 海	15927705	1207457	10201819
江 苏	13796862	2562885	6271721
浙 江	19444081	1390452	9645067
安 徽	1030789	331736	654239
福 建	2475616	494090	1385998
江 西	759179	155017	569867
山 东	2861891	938562	1439940
河 南	1525229	492041	1131082
湖 北	3673565	952038	2159169
湖 南	8380178	979168	3739880
广 东	21850360	1238357	13842805
广 西	1139978	459277	623638
海 南	605545	15900	527007
重 庆	1536046	359036	1022979
四 川	4337918	1035829	2697803
贵 州	2383691	658806	1418014
云 南	1566219	411305	1054864
西 藏	5364	3323	1838
陕 西	1829960	465127	899335
甘 肃	1294907	243014	1045291
青 海	68653	46928	29865
宁 夏	371894	29857	195112
新 疆	6124283	144126	3985255

7-16-4 文化、体育和娱乐业企业法人单位分地区主要指标

地区	营业收入(亿元)	资产总计(亿元)	从业人员(万人)
全国	**11989.4**	**38213.1**	**347.4**
北京	2135.4	6588.6	32.2
天津	268.5	916.4	3.5
河北	176.7	896.4	11.2
山西	72.1	458.9	6.5
内蒙古	38.8	309.0	2.4
辽宁	118.9	725.8	5.6
吉林	55.4	280.4	2.1
黑龙江	53.4	189.9	2.8
上海	866.3	3145.8	11.9
江苏	960.5	3559.1	25.1
浙江	1004.3	3777.5	19.3
安徽	289.8	766.9	12.1
福建	421.2	842.3	16.2
江西	222.1	521.8	8.3
山东	494.5	1539.6	17.6
河南	650.9	1151.6	26.0
湖北	580.2	1734.6	17.8
湖南	700.1	1582.8	19.9
广东	1023.1	2714.1	35.5
广西	94.1	379.4	6.1
海南	51.9	420.3	2.2
重庆	311.4	791.4	12.5
四川	413.7	911.1	17.3
贵州	118.7	772.8	6.0
云南	155.8	567.6	7.7
西藏	17.0	84.9	0.7
陕西	233.3	1290.7	10.1
甘肃	55.2	358.1	4.4
青海	13.2	94.9	1.1
宁夏	16.5	60.6	1.1
新疆	376.2	779.6	2.3

7-16-5 电影综合情况

年 份	生产故事影片(部)	生产动画影片(部)	生产科教影片(部)	生产纪录影片(部)	生产特种影片(部)
1978	46	26	289	202	
1979	65	25	349	317	
1980	82	32	337	242	
1981	105	33	277	276	
1982	112	33	284	259	
1983	127	37	343	299	
1984	144	37	387	337	
1985	127	45	357	419	
1986	134	46	383	417	
1987	146	45	353	347	
1988	158	38	344	350	
1989	136	53	334	259	
1990	134	51	326	296	
1991	130	46	351	283	
1992	170	56	354	307	
1993	154	47	252	300	
1994	148	32	182	22	
1995	146	37	40	111	
1996	110	58	33	39	
1997	88	28	34	95	
1998	82	9	30	54	
1999	99	3	20	14	
2000	91	1	49	10	
2001	88	1	56	9	
2002	100	2	60	7	
2003	140	2	53	6	
2004	212	4	30	10	
2005	260	7	33	2	
2006	330	13	36	13	
2007	402	6	34	9	
2008	406	16	39	16	2
2009	456	27	52	19	4
2010	526	16	54	16	9
2011	558	24	76	26	5
2012	745	33	74	15	26
2013	638	29	121	18	18
2014	618	40	52	25	23
2015	686	51	96	38	17
2016	772	49	67	32	24
2017	798	32	68	44	28
2018	902	51	61	57	11
2019	850	51	74	47	15

注：2005年及以前动画片数为美术片数。

7-16-6 主要文化机构情况

单位：个

年　份	公共图书馆	文化馆(站)	省级、地市级文化馆	县市级文化馆	乡镇(街道)文化站	博物馆	艺术表演团　体	艺术表演场　馆
1978	1218	6893	92	2748	4053	349	3150	1095
1980	1732	8739	218	2912	5609	365	3533	1444
1985	2344	8576	335	2960	5281	711	3317	1377
1986	2406	8913	337	2993	5583	777	3195	2058
1987	2440	8974	348	2973	5653	827	3094	2148
1988	2485	9045	358	2975	5712	903	2985	2081
1989	2512	9037	366	2955	5716	967	2850	2050
1990	2527	9216	366	2955	5895	1013	2805	1955
1991	2535	10507	371	2894	7242	1075	2772	2068
1992	2558	9564	372	2900	6292	1106	2753	2037
1993	2572	10155	370	2886	6899	1130	2707	2024
1994	2589	11276	374	2887	8015	1161	2698	1998
1995	2615	13487	373	2886	10228	1194	2682	1958
1996	2620	45253	392	2892	41969	1219	2664	1934
1997	2628	45449	385	2901	42163	1282	2663	1947
1998	2662	45834	386	2901	42547	1339	2652	1929
1999	2669	45837	389	2905	42543	1363	2632	1911
2000	2675	45321	390	2907	42024	1392	2619	1900
2001	2696	43379	399	2842	40138	1461	2605	1854
2002	2697	42516	389	2854	39273	1511	2587	1829
2003	2709	41816	382	2846	38588	1515	2601	1900
2004	2720	41402	380	2841	38181	1548	2759	1928
2005	2762	41588	375	2851	38362	1581	2805	1866
2006	2778	40088	395	2819	36874	1617	2866	1839
2007	2799	40601	411	2806	37384	1722	4512	1732
2008	2820	41156	389	2829	37938	1893	5114	1662
2009	2850	41959	361	2862	38736	2252	6139	1499
2010	2884	43382	374	2890	40118	2435	6864	1461
2011	2952	43675	379	2906	40390	2650	7055	1429
2012	3076	43876	382	2919	40575	3069	7321	1279
2013	3112	44260	385	2930	40945	3473	8180	1344
2014	3117	44423	385	2928	41110	3658	8769	1338
2015	3139	44291	386	2929	40976	3852	10787	2143
2016	3153	44497	389	2933	41175	4109	12301	2285
2017	3166	44521	390	2938	41193	4721	15742	2455
2018	3176	44464	390	2936	41138	4918	17123	2478
2019	3196	44073	390	2936	40747	5132	17795	2716

注：1.2007年以前艺术表演团体为文化系统内数据，2007年起含非文化部门单位。艺术表演场馆不含民营艺术表演场馆。
2.1996年以前文化站数据未包括其他部门所属乡镇文化站。1996–1998年包括其他部门所属文化站，1999年以后，其他部门所属文化站划归文化部门管理。

7-16-7 文化文物机构人员情况

机构类别	机构（个）	文化部门	其他部门	从业人员（人）	文化部门	其他部门
总　计	**287693**	**66776**	**220917**	**2325241**	**695168**	**1630073**
一、文化合计	**277131**	**58026**	**219105**	**2162956**	**560209**	**1602747**
艺术表演团体	17795	2052	15743	412541	113764	298777
艺术表演场馆	2716	1202	1514	64507	19921	44586
公共图书馆	3196	3193	3	57796	57688	108
文化馆	3326	3326		53587	53587	
文化站	40747	40747		136481	136481	
艺术展览创作机构	733	715	18	6230	6038	192
艺术教育业	121	121		12843	12843	
文化科研机构	223	223		5633	5633	
文化市场经营机构	201351		201351	1221105		1221105
（不包括非公有制院团和场馆）						
文化行政主管部门	3257	3257		103590	103590	
其他文化机构	3666	3190	476	88643	50664	37979
二、文物合计	**10562**	**8750**	**1812**	**162285**	**134959**	**27326**
博物馆	5132	3480	1652	107993	84502	23491
文物保护管理机构	3518	3441	77	30689	27848	2841
文物科研机构	126	126		4313	4313	
文物商店	83	59	24	1344	931	413
其他文物机构	1703	1644	59	17946	17365	581

7-16-8 各地区出版印刷生产情况

地区	企业数（个）	从业人员（人）	印刷产量		装订产量（万令）	用纸量（万令）
			黑白（万令）	彩色（万对开色令）		
全国	**9014**	**408615**	**24906.68**	**119583.77**	**34738.73**	**51814.38**
北京	808	28793	1801.76	13439.03	2671.36	3634.73
天津	201	6880	378.24	2457.41	325.28	927.94
河北	676	29283	2664.22	3760.12	4970.49	3591.06
山西	153	6668	210.30	1496.27	317.98	613.15
内蒙古	194	3500	157.32	911.28	165.15	369.76
辽宁	157	5865	501.82	2547.05	664.82	1069.73
吉林	211	6208	676.42	2182.60	460.64	1323.57
黑龙江	155	4093	208.53	1224.75	278.06	513.64
上海	185	15133	454.38	9417.61	476.95	3120.84
江苏	443	29062	1392.67	7008.78	1905.13	3718.82
浙江	705	31994	2173.76	13232.51	2778.08	5492.54
安徽	354	13738	796.68	3961.56	1311.85	1840.68
福建	274	14792	634.79	1452.06	657.77	956.93
江西	143	7242	787.29	1501.88	921.96	1132.37
山东	605	39539	2912.15	7674.81	3573.52	5032.39
河南	449	16176	814.88	3582.73	1315.51	1635.04
湖北	374	15588	1430.96	4208.44	1740.57	2497.91
湖南	411	17272	883.64	5660.49	1295.66	1881.04
广东	808	63781	2628.47	17397.33	5299.61	6718.05
广西	252	6697	545.44	3525.40	526.95	1118.82
海南	37	1528	53.95	1087.90	38.53	277.91
重庆	110	6289	314.97	1400.62	371.54	571.44
四川	307	8786	1141.86	3415.69	948.40	1469.18
贵州	166	3536	102.81	1183.41	153.23	291.86
云南	184	5838	282.19	1862.97	326.00	468.23
西藏	28	826	41.74	131.18	40.55	65.18
陕西	247	9257	477.32	2157.19	598.42	751.93
甘肃	96	3995	178.06	422.17	192.89	233.07
青海	42	1295	34.73	316.25	63.89	80.59
宁夏	104	1216	44.63	116.62	43.22	67.59
新疆	135	3745	180.70	847.66	304.72	348.39

7-16-9 图书出版情况

类　别	种　数 (种)	印　数 (万册)
图书总计	**505979**	**1059756**
使用“中国标准书号”部分合计	**505533**	**1054858**
马列主义、毛泽东思想	758	1567
哲学	9506	9107
社会科学总论	5378	3407
政治、法律	17939	34380
军事	1218	957
经济	34239	15616
文化、科学、教育、体育	203978	801214
语言、文字	21222	28132
文学	53191	77065
艺术	26539	20568
历史、地理	18913	15155
自然科学总论	861	822
数理科学、化学	10682	6236
天文学、地球科学	3389	1886
生物科学	3692	2621
医学、卫生	22788	10859
农业科学	5025	1493
工业技术	52615	16793
交通运输	6299	2266
航空、航天	740	243
环境科学	2657	1442
综合性图书	3904	3029
不使用“中国标准书号”部分合计	**446**	**4898**
图片	446	380
国标(GB)、部标(BB)等标准类文件印品		1140
活页文选、活页歌篇、小件印品等		3378

7-16-10 图书、期刊和报纸出版情况

年份 地区	图书			期刊		报纸	
	种数（种）	#新出版	总印数（亿册、亿张）	种数（种）	总印数（亿册）	种数（种）	总印数（亿份）
1978	14987	11888	37.7	930	7.6	186	127.8
1980	21621	17660	45.9	2191	11.2	188	140.4
1985	45603	33743	66.7	4705	25.6	1445	246.8
1990	80224	55245	56.4	5751	17.9	1444	211.3
1995	101381	59159	63.2	7583	23.4	2089	263.3
1996	112813	63647	71.6	7916	23.1	2163	274.3
1997	120106	66585	73.1	7918	24.4	2149	287.6
1998	130613	74719	72.4	7999	25.4	2053	300.4
1999	141831	83095	73.2	8187	28.5	2038	318.4
2000	143376	84235	62.7	8725	29.4	2007	329.3
2001	154526	91416	63.1	8889	28.9	2111	351.1
2002	170962	100693	68.7	9029	29.5	2137	367.8
2003	190391	110812	66.7	9074	29.5	2119	383.1
2004	208294	121597	64.1	9490	28.3	1922	402.4
2005	222473	128578	64.7	9468	27.6	1931	412.6
2006	233971	160757	64.1	9468	28.5	1938	424.5
2007	248283	136226	62.9	9468	30.4	1938	438.0
2008	274123	148978	70.6	9549	31.0	1943	442.9
2009	301719	168296	70.4	9851	31.5	1937	439.1
2010	328387	189295	71.7	9884	32.2	1939	452.1
2011	369523	207506	77.1	9849	32.9	1928	467.4
2012	414005	241986	79.2	9867	33.5	1918	482.3
2013	444427	255981	83.1	9877	32.7	1915	482.4
2014	448431	255890	81.8	9966	30.9	1912	463.9
2015	475768	260426	86.6	10014	28.8	1906	430.1
2016	499884	262415	90.4	10084	27.0	1894	390.1
2017	512487	255106	92.4	10130	24.9	1884	362.5
2018	519250	247108	100.1	10139	22.9	1871	337.3
2019	505979	224762	106.0	10171	21.9	1851	317.6
中　央	204644	89650	28.9	3092	7.6	213	77.6
北　京	12350	5923	2.2	174	0.3	33	3.8
天　津	7819	4198	1.2	252	0.3	19	2.5
河　北	9980	3477	3.3	227	0.4	62	10.7
山　西	3380	1957	1.1	202	0.2	60	22.9
内蒙古	3641	1630	0.6	152	0.1	57	2.5
辽　宁	10384	4708	1.7	322	0.7	66	7.0
吉　林	25170	13204	2.7	240	0.5	51	6.4
黑龙江	8110	4943	0.8	315	0.3	64	4.3
上　海	30876	14017	5.3	641	0.7	70	7.8
江　苏	29534	10459	7.5	476	1.1	81	20.3
浙　江	16083	7131	4.5	235	0.7	66	20.0
安　徽	10066	3767	2.9	186	0.4	51	6.2
福　建	4380	2227	1.4	174	0.2	42	7.4
江　西	8337	4820	2.5	166	0.8	38	7.9
山　东	16348	5123	5.5	277	0.8	86	18.4
河　南	8950	4384	3.7	247	0.8	77	15.7
湖　北	13052	5847	3.2	430	1.0	73	7.3
湖　南	10397	3942	4.9	260	0.9	47	7.9
广　东	11062	5007	3.9	387	1.0	97	17.2
广　西	6096	2340	3.2	181	0.4	48	5.1
海　南	3942	1626	0.7	43	0.1	14	1.7
重　庆	5127	1522	1.4	142	0.4	27	2.3
四　川	13885	7305	3.7	364	0.5	79	12.0
贵　州	1222	696	1.4	93	0.2	27	2.5
云　南	7015	3895	1.8	129	0.2	41	3.3
西　藏	773	409	0.2	39		27	1.1
陕　西	11615	4910	2.0	287	0.3	43	4.9
甘　肃	4026	1863	1.0	131	0.8	50	4.1
青　海	621	280	0.1	54		26	0.8
宁　夏	3220	1101	0.8	37		14	1.0
新　疆	3874	2401	1.7	216	0.1	102	5.0

7-16-11 各地区少年儿童读物和课本出版情况

地 区	种数(种)		总印数（万册）		总印张(千印张)	
	少儿读物	课 本	少儿读物	课 本	少儿读物	课 本
全 国	**43712**	**87173**	**94555**	**375190**	**5704316**	**29404923**
中 央	10146	51482	20321	96559	1281242	9851159
北 京	2514	723	5304	1622	429509	145282
天 津	1078	385	2454	1570	128101	120346
河 北	916	277	1793	15164	83884	1027106
山 西	150	154	109	5166	9813	349835
内蒙古	310	896	131	4097	7355	297711
辽 宁	1021	2671	2429	5925	164426	481579
吉 林	2561	683	3390	4911	168410	324459
黑龙江	1148	1018	678	3454	30110	251547
上 海	1472	7182	6801	15135	265765	1357839
江 苏	2270	3786	3531	25390	217325	1714690
浙 江	2981	1464	6040	14290	430930	908587
安 徽	1532	800	3271	10916	191386	791319
福 建	517	459	792	6009	55293	408508
江 西	2130	413	5396	9050	303236	711163
山 东	2266	1476	4852	21529	302845	1396509
河 南	603	1150	857	19643	32595	1326297
湖 北	947	2050	2384	8423	193783	667889
湖 南	1287	893	4578	16602	416168	1026983
广 东	730	1674	1578	21741	77926	1455292
广 西	1584	477	2426	11563	135563	793105
海 南	148	37	112	1907	5814	120075
重 庆	244	2001	273	7004	13335	481092
四 川	2692	2258	7300	11300	406842	844655
贵 州	372	109	3722	6696	127767	478820
云 南	791	241	1824	8714	126660	585281
西 藏	77	116	33	1327	1551	93361
陕 西	676	1944	1535	7333	60675	550282
甘 肃	341	63	367	3252	24241	231122
青 海	10	136	6	948	471	73219
宁 夏	40	13	128	946	4954	70918
新 疆	158	142	140	7004	6341	468893

7-16-12 课本出版情况

项　　目	种数（种）	#新出版	总印数（万册）	总印张（千印张）	定价总金额（万元）
总　计	**87173**	**19890**	**375190**	**29404923**	**4173652**
大专及以上课本	63501	15787	30983	5619754	1305472
中专、技校课本	7010	1399	6920	910526	186608
中学课本	5417	688	171472	13292806	1407478
小学课本	4946	663	160901	8739187	1055094
业余教育课本	2074	630	1890	363639	95073
扫盲课本	7	1	1	65	18
教学用书	4218	722	3023	478946	123909

7-16-13 分地区音像制品及电子出版物情况

地　区	录像制品出版品种（种）	录像制品出版数量（万盒、万张）	录音制品出版品种（种）	录音制品出版数量（万盒、万张）	电子出版物出版品种（种）	电子出版物出版数量（万张）
全　国	**4141**	**6239**	**6571**	**16932**	**9070**	**29262**
中　央	1893	3551	3189	12935	4989	22076
北　京	108	16	165	73	28	48
天　津	5	2	17	6	32	9
河　北	24	1	47	383	104	160
山　西	45	8	44	40	61	3
内蒙古	8	2	14	3	88	40
辽　宁	35	2	100	100	142	94
吉　林	96	13	86	130	59	18
黑龙江	4		6		12	79
上　海	514	1467	1225	779	464	943
江　苏	52	6	179	553	490	2577
浙　江	66	15	74	216	418	969
安　徽	44	4	13		7	1
福　建	32	6	29	8	21	8
江　西	219	517	87	81	32	7
山　东	120	35	125	131	364	85
河　南	21	3	8	1	262	14
湖　北	28	12	21	4	101	18
湖　南	131	118	103	261	93	222
广　东	279	45	817	1120	354	917
广　西	19	5	77	37	7	2
海　南	29	3	16	1	3	
重　庆	26	13	18	7	129	61
四　川	43	3	9	1	580	122
贵　州			2		4	1
云　南	82	18	29	13	56	104
西　藏	28	12	1		30	4
陕　西	65	6	41	28	118	50
甘　肃	9	1	1			
青　海	12	5				
宁　夏			6	1		
新　疆	104	352	22	18	22	630

7-16-14 全国图书、期刊、报纸进出口情况

指　标	出口		进口	
	数量（万册、份）	金额（万美元）	数量（万册、份）	金额（万美元）
总　计	**1472.85**	**6079.69**	**4206.50**	**38560.51**
图书	1134.37	5521.35	3139.18	24147.74
哲学、社会科学	176.72	1566.51	185.01	3327.95
文化、教育	123.99	851.82	753.45	6239.37
文学、艺术	107.82	841.12	507.58	4444.72
自然、科学技术	39.19	366.34	81.28	2691.90
少儿读物	480.95	652.08	1156.84	3841.71
综合性图书	205.70	1243.48	455.02	3602.09
期刊	294.87	516.34	295.34	13365.54
报纸	43.61	42.00	771.98	1047.23

7-16-15 全国音像、电子出版物进出口情况

指　标	出口		进口	
	数量（盒、张）	金额（万美元）	数量（盒、张）	金额（万美元）
总　计	**11126**	**205.90**	**113804**	**41116.31**
录音合计	10286	55.30	108721	95.06
录像合计	840	0.99	5083	9.11
数字出版物		149.61		41012.14

7-16-16 版权引进和输出情况

单位：项

项目	合计	#图书	#录音制品	#录像制品	#电子出版物
本年引进版权					
总计	**16140**	**15684**	**78**	**204**	**11**
美国	4346	4234	15	73	
英国	3467	3409	3	7	1
德国	1234	1225	3	6	
法国	1065	1046	2	8	
俄罗斯	83	75		7	
加拿大	110	103		5	
新加坡	271	236	22	6	
日本	2260	2162	4	52	6
韩国	408	404			3
中国香港	218	203	10	3	
中国澳门	3	3			
中国台湾	826	797	19		
其他	1849	1787		37	1
本年输出版权					
总计	**15767**	**13680**	**290**	**8**	**838**
美国	1145	614			389
英国	541	493			12
德国	425	381			8
法国	230	170			24
俄罗斯	993	947	2	3	2
加拿大	166	130			
新加坡	547	404			72
日本	397	357			4
韩国	955	836	3	1	78
中国香港	1204	879	253	2	3
中国澳门	49	11	1		
中国台湾	1596	1441	10		105
其他	7519	7017	21	2	141

7-16-17 国家综合档案馆基本情况

年 份	馆藏档案（万卷、万件）	照片档案（万张）	开放档案（万卷、万件）	利用档案（万卷、万件次）	档案馆建筑面积（万平方米）
1991	9637.4	371.0	2094.3	937.0	348.1
1992	10003.5	402.4	2018.7	773.8	255.7
1993	10726.8	435.5	2140.7	891.9	275.9
1994	10782.9	449.6	2454.6	674.4	268.3
1995	11318.3	485.5	2790.3	529.3	282.5
1996	11341.4	494.6	2939.2	485.4	297.5
1997	12222.9	553.0	3304.6	501.0	347.6
1998	12276.5	579.7	3556.5	446.5	310.7
1999	12866.8	584.5	3808.2	508.5	328.4
2000	13314.0	631.7	4072.0	494.4	336.2
2001	13756.6	642.8	4129.7	575.4	342.0
2002	14790.7	720.5	4301.1	548.8	351.0
2003	15945.9	797.4	4618.4	602.6	361.4
2004	17601.5	827.9	4868.3	813.9	376.8
2005	18688.7	908.8	5132.3	868.0	393.1
2006	21656.5	1277.2	5746.3	1166.4	406.1
2007	23675.3	1393.3	5875.5	1244.9	421.9
2008	25051.0	1505.3	6072.2	1257.4	465.4
2009	28089.2	1646.3	6687.4	1308.0	473.3
2010	32198.6	1809.2	7428.6	1417.3	504.4
2011	35445.5	1965.8	7828.4	1564.5	551.1
2012	40547.7	1827.4	8254.6	1521.1	627.1
2013	42454.5	1927.6	8900.5	1477.8	709.3
2014	53470.3	2041.8	9179.7	1688.8	736.0
2015	58641.7	2102.4	9266.3	1978.3	785.5
2016	65062.5	2228.2	9707.9	2033.7	859.8
2017	65371.1	2336.5	10151.7	2078.0	949.3
2018	75051.1	2056.0	11222.1	1819.1	1050.9
2019	82850.7	2203.8	13171.6	2140.0	1164.6

7-16-18 档案馆机构和人员情况

单位：个、人

年 份	国家综合档案馆		国家专门档案馆		部门档案馆		企业档案馆数	事业单位档案馆数	科技事业单位档案馆数
	馆数	专职人员	馆数	专职人员	馆数	专职人员			
1991	2957	21657	211	2038	128	2171	229	19	28
1992	2962	22226	206	2082	122	2258	231	19	28
1993	2980	23624	200	2245	122	1448	221	20	31
1994	2983	23568	205	2294	136	2160	209	20	36
1995	3024	24777	216	2484	144	2168	213	27	38
1996	3011	24542	226	2658	134	2072	232	23	44
1997	3021	24904	223	2578	162	2521	228	26	46
1998	3034	24197	232	3200	149	2411	245	27	46
1999	3046	23530	225	3436	142	2123	304	40	59
2000	3070	23701	234	3319	141	1865	307	53	80
2001	3100	23652	243	3448	142	2086	286	47	84
2002	3110	22825	253	3435	148	2109	299	75	93
2003	3121	23086	260	3514	141	1770	300	75	85
2004	3127	23401	258	3591	149	1932	300	79	99
2005	3142	23413	238	3452	145	2020	301	105	63
2006	3154	22689	239	3537	137	1699	216	110	95
2007	3161	21399	245	3737	146	1985	215	126	94
2008	3170	21414	240	3663	154	1886	241	141	87
2009	3191	20949	241	3626	149	1814	233	167	96
2010	3194	19750	252	3833	167	1747	223	160	111
2011	3196	19985	255	3843	170	2121	183	179	124
2012	3237	18009	238	3577	183	2161	204	260	
2013	3325	18106	240	3579	218	2182	189	274	
2014	3319	17863	247	3538	209	2129	169	252	
2015	3322	18386	234	3457	237	2263	176	224	
2016	3336	17511	236	3521	213	2021	180	272	
2017	3333	16799	234	3275	202	1939	167	274	
2018	3315	22584	211	3119	143	1739	158	309	
2019	3337	34349	256	3300	140	1566	181	320	

注：2012年新修订的《全国档案事业统计年报制度》不再细分事业单位的属性，统称“省部属事业单位档案馆”。省部属事业单位包括文化事业档案馆数，科技事业单位档案馆数。

7-16-19 各地区广播电视节目综合人口覆盖情况

地区	公共广播节目套数(套)	广播节目综合人口覆盖率(%)	公共电视节目套数(套)	电视节目综合人口覆盖率(%)
全国	**2914**	**99.13**	**3609**	**99.39**
中央广播电视总台	23		29	
其他部门所属单位			5	
北京	26	100.00	26	100.00
天津	22	100.00	22	100.00
河北	181	99.58	218	99.68
山西	135	98.91	146	99.59
内蒙古	123	99.24	118	99.22
辽宁	109	99.24	130	99.27
吉林	82	99.36	77	99.41
黑龙江	108	99.21	104	99.12
上海	22	100.00	23	100.00
江苏	121	100.00	123	100.00
浙江	112	99.73	112	99.82
安徽	107	99.87	110	99.87
福建	93	99.62	101	99.71
江西	104	98.62	123	99.14
山东	172	99.13	257	99.10
河南	159	99.44	174	99.47
湖北	96	99.79	114	99.70
湖南	115	99.36	138	99.72
广东	137	99.98	165	99.98
广西	74	97.81	117	98.92
海南	25	99.06	16	99.08
重庆	34	99.17	47	99.40
四川	150	98.23	217	98.95
贵州	45	94.63	104	97.00
云南	68	98.95	183	99.14
西藏	30	98.07	82	98.61
陕西	107	98.87	117	99.38
甘肃	97	98.57	116	98.90
青海	47	98.81	50	98.82
宁夏	27	99.61	29	99.88
新疆	163	98.30	216	98.52

7-16-20 各地区广播电视从业人员情况

单位：人

地区	从业人员	按岗位分							
		管理人员	专业技术人员	编辑、记者	播音员、主持人	工程技术人员	艺术人员	经营人员	其他人员
全国合计	**994422**	**166394**	**523250**	**172246**	**31001**	**152592**	**30846**	**70908**	**304778**
国家广播电视总局	9889	1760	6597	177	3	4987	412	129	1532
中央广播电视总台	40097	5354	21027	8498	590	4291	1549	1439	13716
其他部门所属单位	4331	884	2832	1585	39	441	119	472	615
北京	94223	16237	43022	10387	1892	10568	5220	8203	34964
天津	9079	1263	6414	2628	258	1443	358	348	1402
河北	39431	6426	19130	6089	1440	4514	1443	2529	13875
山西	26382	4151	14465	7280	890	3630	398	886	7766
内蒙古	18685	1946	11805	4877	948	3467	280	554	4934
辽宁	25109	4433	14786	4493	1042	4667	1423	1673	5890
吉林	20566	3287	14188	4591	741	3805	305	4141	3091
黑龙江	24856	5232	12140	4449	810	4146	518	1630	7484
上海	36829	5737	20714	4302	565	5708	3550	4459	10378
江苏	58992	8060	33820	10708	1920	9381	1376	6429	17112
浙江	56199	9053	29333	9170	1717	9536	1198	4791	17813
安徽	30376	5369	17141	4716	1112	4031	749	5706	7866
福建	29927	5553	13561	4611	770	3764	533	1690	10813
江西	19718	4523	7735	2730	711	2059	246	459	7460
山东	53411	7239	31308	12150	2572	10311	1166	3041	14864
河南	46761	7332	22256	10142	1752	6692	428	1441	17173
湖北	37165	7021	19097	6486	1139	5836	756	3333	11047
湖南	48558	8230	23154	6555	1001	6184	1196	2733	17174
广东	73840	12778	36704	8276	1821	12308	2517	4317	24358
广西	18152	3793	10311	3818	696	3648	562	506	4048
海南	6436	862	3368	1407	292	868	395	244	2206
重庆	14167	2330	6656	2310	423	1844	537	910	5181
四川	47344	9612	22471	7248	1427	5395	1269	3968	15261
贵州	18568	4249	8740	3117	645	2671	170	832	5579
云南	21166	2893	12807	5640	816	4536	312	781	5466
西藏	4199	479	2690	871	238	816	58	6	1030
陕西	19569	3626	11767	3807	796	4145	804	1534	4176
甘肃	14695	3119	7285	3190	604	1884	324	737	4291
青海	4445	411	2911	1162	329	779	65	193	1123
宁夏	4659	749	2762	1174	233	908	111	179	1148
新疆	16598	2403	10253	3602	769	3329	499	615	3942

7-16-21　广播电视节目制作时间

单位：小时

项　　目	1995	2005	2011	2012	2013	2014	2015	2016	2017	2018	2019
广播节目制作	**2332164**	**6139227**	**6936960**	**7188245**	**7391245**	**7647267**	**7718163**	**7820296**	**7888254**	**8017573**	**8018667**
新闻	353368	1066880	1295019	1333084	1397353	1443464	1436129	1457302	1426059	1432069	1418838
专题	1054140	1822621	2016386	2044073	2091787	2120517	2072348	2096407	2144051	2166880	2179937
综艺	924656	1937290	1905916	1973796	1976162	2020456	2078791	2103561	2106228	2080201	1995132
广播剧		75456	119477	140493	178163	185405	183124	172558	231143	218013	224078
广告		671071	766463	796009	785278	808148	752705	761747	766344	749168	719208
其他		565909	833699	900790	962502	1069277	1195065	1228720	1214428	1371241	1481473
电视节目制作	**383513**	**2553861**	**2950490**	**3436301**	**3397834**	**3277394**	**3520190**	**3507217**	**3651775**	**3577444**	**3455809**
新闻	80800	637956	802376	886905	866756	918296	978801	989934	1085110	1079491	1086112
专题	193391	525528	775565	892521	854124	848276	930283	899782	909003	897248	870307
综艺	109322	382350	416289	483174	464977	468355	511398	484081	474273	439081	399761
影视剧		193771	75452	163348	201117	116750	120604	119102	153062	117810	120295
广告		524892	508294	555192	542823	510275	481973	483620	534911	472188	437437
其他		289364	372515	455161	468035	415441	497131	530698	495417	571626	541898

7-16-22　公共广播电视节目播出时间

单位：小时

指　标	总　计	新闻资讯类节目	专题服务类节目	综艺益智类节目	广播(影视)剧类节目	广告类节　目	其他类节　目
广　播	15533983	3021475	3332910	3757602	1002209	1344945	3074842
电　视	19509935	2797166	2561957	1305022	8484507	2119710	2241573

7-16-23 各地区有线广播电视实际用户情况

地　区	有线广播电视用户数(万户)	#数字电视	有线广播电视用户数占家庭总户数的比重(%)	#农村
全　国	**20661.43**	**19417.44**	**46.22**	**31.66**
北　京	598.92	593.46	109.13	90.20
天　津	356.02	351.12	89.77	40.00
河　北	695.78	570.82	26.47	13.97
山　西	372.50	300.52	28.84	22.51
内蒙古	218.20	213.40	25.32	3.81
辽　宁	663.45	615.86	43.38	25.36
吉　林	435.64	426.05	42.48	35.69
黑龙江	666.21	652.27	42.90	17.48
上　海	452.71	425.43	82.02	42.56
江　苏	1545.68	1499.96	61.89	51.07
浙　江	1346.73	1327.25	79.46	70.09
安　徽	786.55	587.71	36.45	18.92
福　建	727.40	727.40	67.30	63.87
江　西	551.85	526.85	42.49	51.68
山　东	1579.20	1448.58	49.19	38.52
河　南	903.09	784.90	27.48	13.85
湖　北	1071.48	1055.00	51.19	37.62
湖　南	790.51	725.50	37.06	27.74
广　东	1767.05	1705.31	65.51	52.35
广　西	674.34	660.81	42.06	22.25
海　南	155.77	145.06	58.16	33.47
重　庆	624.06	552.12	49.24	10.95
四　川	1023.40	948.97	31.78	17.67
贵　州	813.02	813.02	59.89	54.24
云　南	376.28	361.70	26.38	12.73
西　藏	24.64	21.92	30.56	0.03
陕　西	745.76	745.76	72.61	127.21
甘　肃	174.79	122.15	20.63	5.59
青　海	97.16	95.95	54.26	1.68
宁　夏	108.00	106.87	48.32	4.09
新　疆	315.26	305.72	42.11	4.26

7-16-24 电视节目进口情况

指　标	合 计	欧 洲	非 洲	美 洲		亚 洲
					#美 国	
全年电视节目进口总额 （万元）	**164302**	**26281**		**75818**	**73392**	**61747**
#电视剧	33793	1639		3558	3105	28596
动画电视	108290	18568		62249	61065	27403
纪录片	7522	2914		2842	2746	1486
全年电视节目进口量 （时）	**16182**	**1871**		**7677**	**7354**	**6522**
#电视剧 （部/集）	143/2539	23/180		11/252	9/156	109/2107
动画电视 （时）	6706	664		1725	1611	4313
纪录片 （时）	1378	628		499	417	226

7-16-24 续表

指　标	#日 本	#韩 国	#东南亚	#中国香港	#中国台湾	大洋洲
全年电视节目进口总额 （万元）	**28766**	**1527**	**5438**	**23151**	**2787**	**457**
#电视剧	2212	1203	5384	17214	2572	
动画电视	26184	324		895		70
纪录片	150			1270		281
全年电视节目进口量 （时）	**4579**	**70**	**1122**	**580**	**163**	**112**
#电视剧 （部/集）	33/268	2/34	60/1483	5/115	8/197	
动画电视 （时）	4248	45		20		5
纪录片 （时）	37			189		25

7-16-25 艺术表演场馆基本情况

项目	机构数(个)	从业人员(人)	座席数(个)	演(映)出场次(万场次)	#艺术演出	观众人次(万人次)
总计	**2716**	**64507**	**1818662**	**128.44**	**24.54**	**12561**
按登记注册类型分						
国有	1172	19039	826247	55.13	5.87	4605
集体	20	164	11620	0.45	0.08	50
其他	1524	45304	980795	72.86	18.59	7907
按性质分						
执行事业会计制度	891	13328	624890	32.06	3.83	3155
执行企业会计制度	1825	51179	1193772	96.38	20.71	9406
按机构类型分						
剧场	977	25549	688525	21.51	8.54	5006
影剧院	615	8477	382074	84.28	4.43	3548
书场、曲艺场	56	945	44748	1.14	0.94	182
杂技、马戏场	15	1345	32345	0.36	0.24	213
音乐厅	115	2973	47939	1.65	1.31	401
综合性	332	12071	450962	11.50	4.31	2056
其他艺术表演场馆	606	13147	172069	8.01	4.76	1156
按隶属关系分						
中央	7	213	6670	0.14	0.14	84
省、区、市	124	5400	103304	11.89	1.39	1235
地、市	351	7792	254205	30.82	1.80	1870
县、市及以下	2234	51102	1454483	85.60	21.22	9373

7-16-25 续表

项目	#艺术演出	收入合计(万元)	#财政拨款	#演出收入	支出合计(万元)
总计	**6785**	**1772329**	**289068**	**559160**	**1585932**
按登记注册类型分					
国有	2469	473932	212062	93499	480743
集体	38	3506	1577	654	3209
其他	4278	1294891	75430	465006	1101980
按性质分					
执行事业会计制度	1744	350044	190034	48231	358741
执行企业会计制度	5042	1422285	99034	510928	1227191
按机构类型分					
剧场	3201	709559	198424	239224	690447
影剧院	1175	192821	26037	59819	161146
书场、曲艺场	89	13268	11	10562	10195
杂技、马戏场	212	77066	497	63052	70203
音乐厅	328	82319	18325	37874	59098
综合性	1161	319578	41895	78434	291808
其他艺术表演场馆	620	377717	3880	70195	303036
按隶属关系分					
中央	78	3008		1375	2421
省、区、市	852	229203	97432	64419	188850
地、市	914	166332	59193	42646	165432
县、市及以下	4942	1373787	132444	450721	1229230

7-16-26 各地区艺术表演场馆基本情况

地区	机构数（个）	从业人员（人）	坐席数（个）	演(映)出场次合计（万场次）	#艺术演出	观众人次合计（万人次）	#艺术演出观众人次
全国	**2716**	**64507**	**1818662**	**128.4**	**24.5**	**12561.1**	**6785.2**
中央本级	7	213	6670	0.1	0.1	84.1	78.2
北京	52	2077	35608	20.7	0.9	1139.8	316.7
天津	74	920	37093	3.6	0.8	370.2	118.7
河北	112	2124	101462	7.6	0.4	269.2	120.6
山西	137	1712	109957	7.6	0.5	366.1	167.8
内蒙古	45	961	40679	1.8	0.3	171.1	71.2
辽宁	97	3688	54153	2.2	1.8	533.5	441.1
吉林	70	1318	23307	2.1	0.4	207.1	80.5
黑龙江	64	1315	29163	0.5	0.3	136.3	69.0
上海	50	1789	88444	1.8	0.6	563.3	387.6
江苏	244	3870	180042	19.9	1.1	891.8	314.4
浙江	358	7431	157378	12.2	2.4	1319.7	763.7
安徽	107	4322	54871	1.7	0.6	402.4	205.0
福建	57	1818	47306	6.7	1.4	368.8	217.1
江西	89	1639	45513	7.6	1.2	385.7	156.8
山东	145	4340	102552	3.3	2.2	537.5	305.9
河南	191	4483	137925	2.1	0.7	721.1	347.9
湖北	67	1087	48414	5.2	0.3	298.5	185.2
湖南	119	4114	99376	2.4	1.7	786.1	598.5
广东	84	2844	79637	1.1	0.4	761.1	313.8
广西	63	1769	13100	2.6	0.6	178.3	63.1
海南	30	1371	19594	0.6	0.4	600.9	564.4
重庆	49	698	29811	2.0	0.5	117.7	49.0
四川	101	2337	95448	1.4	0.9	320.6	214.3
贵州	18	317	1548	0.1	0.1	46.2	45.4
云南	50	808	15843	0.8	0.6	160.9	115.3
西藏	15	647	7144			60.4	58.4
陕西	114	2594	71587	4.3	1.2	412.3	235.6
甘肃	42	971	52449	1.5	0.7	165.0	105.1
青海	39	224	7083	0.6	0.4	81.4	12.3
宁夏	3	23	2596			14.2	10.0
新疆	23	683	22909	4.2	1.1	89.6	52.7

7-16-26 续表

地 区	收入合计（万元）	#财政拨款	#演出收入	支出合计（万元）	#人员支出	资产总计（万元）	#固定资产原价
全 国	**1772329**	**289068**	**559160**	**1585932**	**415750**	**6261535**	**1824184**
中央本级	3008		1375	2421	520	4498	1127
北 京	163149	38482	73845	136469	31186	521518	432236
天 津	36618	1267	3590	29630	4875	134439	9902
河 北	30634	9549	5603	37929	11747	209039	59802
山 西	20346	7151	5101	20850	7073	110245	87513
内蒙古	21212	3094	5775	40070	4930	219419	80361
辽 宁	91837	15473	11657	74833	15493	330559	7331
吉 林	14860	4233	6748	11689	5767	38263	12308
黑龙江	28911	5632	5118	23734	6408	63693	8660
上 海	144230	35236	35741	107826	15871	502503	229384
江 苏	93681	18004	20896	89109	20871	208273	94762
浙 江	278036	25270	33727	248345	56346	1156962	128418
安 徽	39770	7920	17783	36039	13471	158539	28987
福 建	42616	5405	20250	32653	10586	229556	24621
江 西	51272	29676	7192	99496	48352	190150	90889
山 东	98695	17875	43919	105357	27945	355255	118560
河 南	82460	7076	23746	61878	16140	253056	46467
湖 北	19008	5352	7677	20565	5840	110701	79811
湖 南	85526	4575	44895	65785	27699	308726	34188
广 东	111850	24520	67665	106370	20957	275052	97297
广 西	20539	357	1918	17903	6147	48054	3291
海 南	57887	1187	37675	33505	10765	138375	3668
重 庆	14585	102	1824	10238	2725	53238	2043
四 川	78331	3630	11875	58802	14709	206231	19975
贵 州	6160	830	1405	4059	2037	13246	1163
云 南	20242	972	3097	11198	3519	162069	23475
西 藏	20203	64	19470	15271	2936	28763	956
陕 西	58698	12417	22799	53551	13326	88910	46744
甘 肃	24242	118	15860	20613	3470	38938	19964
青 海	1955	310	166	2201	1056	21215	11348
宁 夏	263	207		233	195	1957	1927
新 疆	11509	3086	768	7313	2791	80095	17005

7-16-27 艺术表演团体基本情况

项　　目	机构（个）	从业人员（人）	演出场次（万场次）	#国内演出	国内演出观众人次（万人次）	收入合计（万元）
总　计	**17795**	**412541**	**296.80**	**295.62**	**123020**	**3969949**
按登记注册类型分						
国有	1693	99134	32.00	31.06	25615	2158160
集体	173	5548	4.51	4.46	2840	74991
其他	15929	307859	260.29	260.10	94565	1736799
按隶属关系分						
中央	16	4953	0.33	0.29	295	228974
省、区、市	213	30440	5.99	5.73	3350	845746
地、市	499	37856	9.89	9.46	7937	735271
县、市及以下	17067	339292	280.60	280.14	111438	2159959
按性质分						
执行事业会计制度	1513	79655	28.66	27.93	22472	1848385
执行企业会计制度	16282	332886	268.15	267.68	100548	2121565
按管理部门分						
文化部门	2052	113764	40.50	39.35	31521	2382952
其他部门	15743	298777	256.31	256.27	91498	1586997
按剧种分						
话剧、儿童剧、滑稽剧类	1787	29259	29.65	29.63	9623	298217
歌舞、音乐类	2809	85759	67.33	66.96	15909	1339013
京剧、昆曲类	164	8307	2.25	2.21	1625	201556
地方戏曲类	4982	149101	84.88	84.69	56356	1083954
杂技、魔术、马戏类	542	11933	18.52	18.09	9217	158291
曲艺类	934	16174	13.06	13.05	3830	108141
乌兰牧骑	113	3749	1.20	1.17	859	46585
综合性艺术表演团体	6464	108259	79.93	79.82	25601	734193

7-16-27 续表

项 目	#财政拨款	#演出收入	支出合计（万元）	政府采购的公益演出活动 演出场次（万场次）	观众人次（万人次）
总 计	**1845693**	**1267752**	**3433017**	**16.04**	**12242**
按登记注册类型分					
国有	1525193	277940	1964606	13.12	9986
集体	50416	15497	75793	1.30	1030
其他	270084	974315	1392617	1.62	1226
按隶属关系分					
中央	156133	25409	211544	0.13	126
省、区、市	548225	158185	851896	2.07	1304
地、市	563368	99626	734993	3.43	2914
县、市及以下	577967	984532	1634585	10.41	7898
按性质分					
执行事业会计制度	1384687	173342	1650073	11.21	8698
执行企业会计制度	461005	1094410	1782944	4.83	3544
按管理部门分					
文化部门	1635543	342298	2186591	15.73	11976
其他部门	210149	925454	1246426	0.31	266
按剧种分					
话剧、儿童剧、滑稽剧类	106255	115934	258847	0.42	229
歌舞、音乐类	667004	351255	1205784	3.83	2511
京剧、昆曲类	157026	26324	196025	0.54	390
地方戏曲类	606105	373891	902773	8.62	7354
杂技、魔术、马戏类	53536	57479	124210	0.44	240
曲艺类	43577	42324	84918	0.37	156
乌兰牧骑	43828	185	46046	0.63	404
综合性艺术表演团体	168361	300361	614414	1.21	958

7-16-28 各地区艺术表演团体基本情况

地 区	机构（个）	从业人员（人）	演出场次（万场次）	#国内演出	国内演出观众人次（万人次）	收入合计（万元）
全 国	**17795**	**412541**	**296.8**	**295.6**	**123020**	**3969949**
中央本级	16	4953	0.3	0.3	295	228974
北 京	370	11183	2.4	2.4	803	154464
天 津	151	3062	0.9	0.9	396	51116
河 北	749	16458	9.3	9.2	6854	96155
山 西	779	22570	9.8	9.7	5210	99262
内蒙古	264	9235	3.4	3.3	2238	109994
辽 宁	238	6972	7.8	7.8	836	67636
吉 林	95	3608	0.7	0.6	348	43783
黑龙江	87	3617	1.4	1.3	417	55099
上 海	311	10303	7.3	7.3	1225	214667
江 苏	626	13537	12.1	12.1	4683	196545
浙 江	1550	45700	37.5	37.5	18261	361244
安 徽	2628	37900	34.7	34.6	13398	135912
福 建	455	12889	8.6	8.6	4295	116172
江 西	337	8022	4.4	4.3	3125	57609
山 东	1306	25071	13.7	13.6	7056	159057
河 南	2221	51542	39.0	38.9	20174	357160
湖 北	388	10024	5.1	5.0	6049	123863
湖 南	575	12502	40.7	40.7	2640	107239
广 东	397	10284	4.6	4.6	2601	131990
广 西	95	3897	1.8	1.8	1039	82027
海 南	111	4414	1.1	1.1	1096	88223
重 庆	1646	18235	19.8	19.8	2976	81167
四 川	732	14304	6.1	6.1	2642	158145
贵 州	158	4078	2.1	2.1	1127	51908
云 南	304	7728	7.6	7.6	3539	300396
西 藏	85	2436	0.7	0.7	549	31204
陕 西	516	18717	5.6	5.5	4720	102291
甘 肃	343	9190	3.5	3.5	2648	67111
青 海	100	2569	0.5	0.5	213	33151
宁 夏	30	1802	0.5	0.5	300	20477
新 疆	132	5739	3.7	3.7	1265	85910

7-16-28 续表

地 区	#财政补贴收入	#演出收入	支出合计（万元）	#人员支出	资产总计（万元）	#固定资产原价
全 国	**1845693**	**1267752**	**3433017**	**1761925**	**13888797**	**2016894**
中央本级	156133	25409	211544	112560	404820	291183
北 京	70059	47602	145819	68178	264788	62282
天 津	30418	11405	55297	31945	966990	44259
河 北	41938	37118	80359	53388	402792	38234
山 西	45546	43605	228999	52604	2531548	42343
内蒙古	95562	8272	110038	72468	131334	120358
辽 宁	33027	9438	62402	25191	71738	46614
吉 林	28007	9782	43747	23398	47258	26542
黑龙江	48693	3696	54820	38220	69125	50160
上 海	92209	67288	205475	82356	369848	186218
江 苏	83589	81913	169975	82977	161417	52951
浙 江	88977	174610	280809	175052	815696	71030
安 徽	21379	93476	110759	70363	2457456	34987
福 建	58374	47249	115637	81678	155191	107026
江 西	30318	19224	48889	25144	71967	31387
山 东	82939	49305	181607	88818	849914	57972
河 南	158820	107625	189749	102385	368626	50054
湖 北	71454	28327	112473	55765	693269	82593
湖 南	53691	43582	94887	48242	183667	45964
广 东	70496	44391	131369	68521	172033	121555
广 西	30740	41075	74150	20216	236606	26035
海 南	9138	41577	57559	21130	589052	13369
重 庆	17562	47100	75090	40110	193361	28393
四 川	60212	44569	137283	60319	284622	38044
贵 州	15254	16432	44255	20520	95935	36143
云 南	133956	46785	89373	57288	781898	33091
西 藏	27819	345	30075	19545	31101	28998
陕 西	47412	40299	99750	58249	195347	90173
甘 肃	31471	25028	64559	32030	150122	57539
青 海	25791	3505	19874	9013	33462	18390
宁 夏	9347	2553	18327	5629	26775	14583
新 疆	75362	5167	88070	58624	81040	68422

7-16-29 群众文化机构基本情况

指标	总计	省、区、直辖市(级)	地市级	县市级		乡镇(街道)文化站	
					#县文化馆		#乡镇文化站
机构数 (个)	44073	31	359	2936	1604	40747	33530
从业人员 (人)	190068	1792	10166	41629	21540	136481	109630
组织文艺活动 (万次)	135.9	0.3	2.9	26.9	11.6	105.9	72.5
参加文艺活动人次 (万人次)	60137	2024	5591	23356	10932	29165	21741
举办训练班 (万次)	88.92	0.30	9.99	26.42	6.74	52.21	31.47
参加培训人次 (万人次)	5404	25	540	1441	423	3398	2147
举办展览个数 (万个)	16.40	0.06	0.41	2.67	1.24	13.26	10.23
参观展览人次 (万人次)	12465	381	1155	4052	1966	6877	5021
组织各类理论研讨和讲座次数(次)	38411	652	5953	31806	10459		
参加研讨和讲座人次 (万人次)	710.38	8.13	221.81	480.44	190.02		
拥有计算机台数 (万台)	40.12	0.29	1.23	5.43	2.63	33.16	26.05
本年收入合计 (亿元)	299.9	10.1	33.3	89.3	34.1	167.2	125.8
本年支出合计 (亿元)	309.5	10.2	32.9	88.3	34.0	178.1	130.6
馆办文艺团体 (个)	8094	133	1156	6805	3080		
馆办文艺团体演出场次 (万场次)	17.65	0.18	1.40	16.07	5.84		
馆办老年大学 (个)	769	10	88	671	369		
群众业余文艺团体 (万个)	44.18	0.04	0.90	8.11	3.71	35.14	27.06

7-16-30 各地区群众文化机构基本情况

地区	机构数（个）	从业人员（人）	收入合计（万元）	支出合计（万元）	资产总计（万元）	#固定资产原价
全国	**44073**	**190068**	**2998761**	**3094571**	**7556567**	**6466777**
北京	354	3437	108281	113897	141421	127330
天津	261	1372	30780	34018	63865	65298
河北	2435	7390	66702	67487	166277	154084
山西	1540	4385	38122	42664	101377	93171
内蒙古	1206	5091	50483	55941	170678	142674
辽宁	1546	4946	63068	65095	140220	122219
吉林	981	4364	46943	51130	92821	82407
黑龙江	1430	4972	47230	46557	81014	78609
上海	242	4907	243053	230670	317495	261139
江苏	1372	7654	206928	186290	558500	495082
浙江	1464	7960	268639	283997	785114	732091
安徽	1560	5958	86199	88825	278804	237780
福建	1219	4097	60104	63100	164459	138795
江西	1854	6351	61062	64275	211933	185949
山东	1972	8445	108491	115249	283859	254055
河南	2663	11225	85745	85795	142319	134407
湖北	1405	5162	162301	157686	504234	309671
湖南	2512	8931	89636	91137	181458	164607
广东	1759	12752	368950	388200	745166	640947
广西	1298	5145	62785	73525	163934	158239
海南	242	802	15800	14920	41783	29906
重庆	1069	5236	89937	92374	204498	183633
四川	4617	11243	147862	146768	387998	346730
贵州	1698	10907	96280	121519	502496	313538
云南	1599	9487	106356	112832	178908	151082
西藏	774	5972	50165	50374	201618	191554
陕西	1498	7031	62006	63918	370749	352616
甘肃	1491	6454	67326	66790	110252	99447
青海	443	1447	34880	43291	55785	46819
宁夏	272	1396	20958	22111	44345	41616
新疆	1297	5549	51691	54140	163189	131281

7-16-31 公共图书馆基本情况

指 标	总 计	#少 儿图书馆	按隶属关系分				
			中 央	省、区、直辖市(级)	地市级	县市级	#县图书馆
机构数 (个)	3196	128	1	39	379	2777	1570
从业人员 (人)	57796	2520	1411	7546	15100	33739	14881
总藏量 (万册件)	111181	5000	4036	21729	29084	56332	20264
当年购买的报刊种类（万种）	110.43	4.70	1.60	15.03	30.65	63.15	24.84
有效借书证数 (万个)	8627	432	476	981	3132	4038	1002
总流通人次 (万人次)	90135	3789	577	8681	27527	53350	17392
#书刊文献外借人次	26609	1195	35	1556	7905	17114	7047
书刊文献外借册次（万册次）	61373	4059	62	4990	19044	37277	12817
组织各类讲座次数 (次)	85955	9449	295	5109	26791	53760	19856
举办展览 (个)	35034	1486	23	1808	7827	25376	12057
举办培训班 (个)	74743	6111	2706	6521	19869	45647	16846
计算机 (台)	225815	8185	3188	18948	52738	150941	71677
#电子阅览室终端数	145736	4538	502	8199	31119	105916	51280
阅览室坐席数 (万个)	119.07	4.46	0.54	8.28	32.38	77.86	34.02

7-16-32 各地区公共图书馆基本情况

地区	机构数（个）	从业人员（人）	总藏量（万册件）	人均拥有公共图书馆藏量（册件）	有效借书证数（个）	总流通人次（万人次）	#书刊文献外借人次	书刊文献外借册次（万册次）	阅览室座席数（个）
全国	**3196**	**57796**	**111180.9**	**0.8**	**86272572**	**90134.77**	**26609.1**	**61372.6**	**1190656**
北京	23	1218	3012.3	1.4	1833010	1968.68	445.1	1266.1	15510
天津	29	1060	2099.2	1.3	1022686	1621.16	359.9	1066.7	20317
河北	173	1892	3063.6	0.4	1777678	2562.58	872.3	1713.5	45575
山西	128	1670	2026.2	0.5	1552870	2030.37	666.4	1044.4	39483
内蒙古	117	1795	1996.0	0.8	806413	1377.44	387.5	784.5	33023
辽宁	130	2423	4395.1	1.0	1729234	3122.86	759.3	1981.6	40720
吉林	66	1566	2168.0	0.8	1155538	970.77	358.4	710.3	22973
黑龙江	110	1594	2319.1	0.6	878448	1151.82	425.0	884.0	28477
上海	23	2164	8062.8	3.3	2631777	2733.57	505.7	2151.2	23771
江苏	117	3617	9887.0	1.2	16556959	8424.55	2512.3	6153.3	72873
浙江	103	4055	9432.9	1.6	12864483	13935.06	2542.7	7846.4	84904
安徽	127	1509	3122.5	0.5	2481483	3581.90	1371.5	2339.7	45855
福建	94	1612	4253.5	1.1	3035969	3895.46	1555.5	4176.5	44544
江西	114	1372	2659.0	0.6	1501514	1858.71	895.1	1688.3	39590
山东	154	2816	6615.6	0.7	5996720	5244.93	2268.0	3623.4	63898
河南	164	2910	3409.4	0.4	2095234	4295.20	1531.2	2465.4	62321
湖北	116	2101	4220.8	0.7	2203050	2645.80	1221.2	2297.6	47800
湖南	141	2063	3566.9	0.5	2418103	2662.03	1143.6	2409.0	42224
广东	146	4729	10542.5	0.9	8600035	12200.50	2348.9	7932.5	109862
广西	116	1680	2901.5	0.6	1233952	2113.12	558.5	1060.8	33899
海南	24	316	597.9	0.6	320358	443.57	86.0	228.0	6599
重庆	43	984	1901.3	0.6	2294786	1598.44	547.6	1323.9	31181
四川	206	2295	4171.7	0.5	2842777	2739.09	995.5	1929.0	62458
贵州	98	1088	1606.0	0.4	836845	930.33	392.2	641.7	26592
云南	151	1785	2338.3	0.5	653922	1693.38	486.0	1055.9	32911
西藏	81	185	244.7	0.7	12278	38.05	6.5	10.7	3624
陕西	111	2383	2096.8	0.5	648391	1537.82	532.6	1002.9	28177
甘肃	104	1433	1700.3	0.6	506889	907.18	372.5	714.8	27669
青海	52	469	494.1	0.8	194035	167.92	54.6	92.8	5261
宁夏	27	586	749.4	1.1	299813	530.91	185.5	353.9	13421
新疆	107	1015	1489.9	0.6	528748	574.55	187.4	362.3	29717

7-16-32 续表

地区	每万人拥有公共图书馆建筑面积（平方米）	计算机（台）	#电子阅览室终端数	收入合计（万元）	支出合计（万元）	资产总计（万元）	#固定资产原价
全　国	**121.4**	**225815**	**145736**	**1912115**	**1928714**	**7333667**	**5937017**
北　京	138.4	4461	2052	77215	74400	233198	197238
天　津	278.7	4550	2963	65225	59775	122831	118638
河　北	75.0	8135	5711	35665	36871	146507	119455
山　西	148.8	7110	4703	42598	41861	142942	117627
内蒙古	170.4	6603	4597	37609	39053	139532	125734
辽　宁	141.2	9771	5845	53087	53354	778684	697059
吉　林	114.2	4534	2883	34593	32865	93146	83940
黑龙江	91.8	5897	3752	31629	31220	92048	89161
上　海	182.9	6643	3009	169475	141282	697302	512405
江　苏	195.4	12545	7211	138182	143067	404196	360539
浙　江	223.4	12994	8573	140798	166239	404811	367265
安　徽	89.5	8288	6009	47053	43534	240589	219239
福　建	152.2	7457	4952	53067	57532	184925	165063
江　西	95.2	7659	4832	32981	34173	133064	123707
山　东	107.2	11919	8046	75270	78346	205289	201215
河　南	75.3	10445	7190	56250	57976	181536	166730
湖　北	121.4	7261	4734	61741	62709	258682	238754
湖　南	77.1	8029	5114	47544	48584	242787	227344
广　东	131.2	18103	11366	236423	240520	655309	526585
广　西	95.4	6764	4624	45266	44243	120232	95261
海　南	97.0	1517	963	11340	12801	23549	19872
重　庆	118.4	4416	3125	35636	35160	74844	69259
四　川	81.2	11346	8180	62430	68280	173358	132693
贵　州	79.1	5397	3573	65031	64014	139099	64267
云　南	84.7	7875	5408	41880	40346	100497	99648
西　藏	168.3	1419	946	6303	6550	20457	14966
陕　西	93.8	6160	4287	36503	38002	112760	67719
甘　肃	123.2	5287	3532	26496	28366	193573	174295
青　海	151.4	2081	1301	10928	12007	261126	42700
宁　夏	200.3	2345	1658	12498	14135	59829	60604
新　疆	140.5	5616	4095	22177	25569	94822	57284

7-16-33 文物业基本情况

项目	机构（个）	从业人员（人）	本年收入合计（万元）	本年支出合计（万元）	资产总计（万元）	实际使用房屋建筑面积（万平方米）
总计	**10562**	**162285**	**6211925**	**6108349**	**19075887**	**4840**
按单位性质分						
文物科研机构	126	4313	389495	368953	520336	86
文物保护管理机构	3518	30689	989519	926514	2120066	1629
博物馆	5132	107993	3376342	3391845	14476466	2959
文物商店	83	1344	77558	72535	243386	16
其他文物机构	1703	17946	1379011	1348502	1715632	149
按隶属关系分						
中央	12	3092	277341	258104	693512	61
省、区、市	328	18526	1178036	1107740	3776071	340
地、市	1809	49093	2004393	1969280	5921022	1279
县、市	8413	91574	2752155	2773225	8685282	3160
按管理部门分						
文物部门	8750	134959	5524310	5323772	13053457	3703
其他部门	1812	27326	687615	784577	6022429	1137

7-16-33 续表

项目	文物藏品（件/套）	#一级品	本年从有关部门接收文物数（件/套）	本年藏品征集数（件/套）	举办陈列展览（个）	参观人次（万人次）
总计	**51293830**	**90551**	**81498**	**358400**	**30702**	**131670**
按单位性质分						
文物科研机构	1522789	1589	5136	11	28	309
文物保护管理机构	1659712	8177	5361	12382	1973	19136
博物馆	39548334	79265	70779	329731	28701	112225
文物商店	7904158	185				
其他文物机构	658837	1335	222	16276		
按隶属关系分						
中央	3338663	14941	1010	2959	178	2953
省、区、市	18475183	31201	3643	21931	1592	13868
地、市	10235089	17652	59927	137264	9431	43052
县、市	19244895	26757	16918	196246	19501	71797
按管理部门分						
文物部门	38698042	84942	79485	244975	23035	107071
其他部门	12595788	5609	2013	113425	7667	24598

7-16-34 各地区博物馆基本情况

地 区	机构数（个）	从业人员（人）	文物藏品（件/套）	基本陈列展 览（个）	参观人次（万人次）	门票销售总 额（万元）
总 计	**5132**	**107993**	**39548334**	**28701**	**112225**	**527591**
中 央	3	2402	3306602	115	2543	73795
北 京	81	3786	2033344	501	2489	17499
天 津	68	1465	711945	458	1487	3408
河 北	136	4017	395093	763	3407	10224
山 西	158	4438	1374537	521	2461	18154
内蒙古	125	1839	959532	589	1484	227
辽 宁	65	2080	583427	434	2241	15313
吉 林	107	1586	641163	568	1121	4515
黑龙江	193	2668	997004	938	2218	69
上 海	98	3047	2026851	701	2768	44166
江 苏	345	7286	1886594	2042	10034	32263
浙 江	366	6041	1430036	2365	8030	7020
安 徽	219	3195	825635	1064	2979	1092
福 建	130	2691	679751	1298	4167	388
江 西	143	3347	448155	721	3792	692
山 东	541	8319	4380555	2958	7658	13007
河 南	340	7400	1148305	1574	6429	7242
湖 北	213	4218	2039685	1140	4110	1259
湖 南	117	3082	633889	526	6412	886
广 东	241	4472	1218419	2394	6861	21451
广 西	131	2201	315125	571	1994	91
海 南	27	601	147964	202	359	
重 庆	104	3046	556678	635	3793	11277
四 川	256	6659	4067408	1195	7219	40046
贵 州	91	1573	113495	288	1846	4
云 南	140	1838	1552840	882	2407	234
西 藏	7	215	66343	6	17	
陕 西	294	8881	3845472	1168	6793	157786
甘 肃	224	3202	527235	1546	3325	36263
青 海	24	390	67365	66	232	
宁 夏	55	824	341655	196	852	7718
新 疆	90	1184	226232	276	697	1505

7-16-34 续表

地 区	收入合计（万元）	支出合计（万元）	资产总计（万元）	#固定资产原价
总 计	**3376342**	**3391845**	**14476466**	**8714139**
中 央	197203	181688	459891	495597
北 京	191308	192359	612993	512614
天 津	39091	43020	350245	249194
河 北	65244	66967	286395	271989
山 西	104431	103373	485436	198468
内蒙古	53252	57005	307556	298641
辽 宁	56581	50827	278250	237584
吉 林	39033	36672	87489	58209
黑龙江	39191	36840	253727	234646
上 海	248180	215412	1083822	599106
江 苏	249330	256844	1462019	934988
浙 江	185726	248834	1793389	484608
安 徽	71510	81171	265875	191494
福 建	66688	67981	147234	83247
江 西	69044	63622	187698	147861
山 东	163157	164229	1006049	758638
河 南	106389	113719	379324	300762
湖 北	111281	112266	300841	151519
湖 南	147820	153562	425318	159487
广 东	299703	231468	967483	348641
广 西	39440	45900	140143	99120
海 南	67717	66356	146629	22159
重 庆	82728	106129	260471	139091
四 川	162541	159802	888892	504065
贵 州	18298	17416	68598	29245
云 南	50300	46990	277984	106716
西 藏	33643	10652	70939	2812
陕 西	228046	284486	765922	547961
甘 肃	113039	112639	520276	404632
青 海	24759	18130	51320	46432
宁 夏	17163	13735	71446	53282
新 疆	34506	31754	72812	41330

7-16-35 各地区文物保护管理机构基本情况

地区	机构数(个)	从业人员(人)	藏品数(件/套)	收入合计(万元)	支出合计(万元)	资产总计(万元)	#固定资产原价
全国	**3518**	**30689**	**1659712**	**989519**	**926514**	**2120066**	**1075173**
北京	26	1717	21949	119940	113245	100043	31494
天津	8	75	508	3821	2865	5981	836
河北	163	3662	97274	76238	72399	103717	39480
山西	129	1702	155784	47887	45688	65014	45760
内蒙古	95	713	78698	18697	16466	35842	25608
辽宁	61	1183	45266	26194	26629	12601	10083
吉林	52	158	4775	3992	3706	2044	567
黑龙江	81	221	14012	6861	5899	2072	1802
上海	7	100	2969	5054	7139	4049	4893
江苏	48	413	28382	24052	22299	26968	13312
浙江	92	2608	78657	156904	115781	466968	254474
安徽	93	472	39766	17189	14963	208827	203757
福建	50	439	4688	12675	12667	21092	3486
江西	66	393	32887	16670	12344	16222	8308
山东	98	2271	146246	55258	53302	126984	53380
河南	126	2408	106353	49638	44480	226651	59173
湖北	46	623	30902	16318	15648	14492	10316
湖南	83	947	73847	34401	33978	81498	22642
广东	31	304	19124	13556	11357	10175	4929
广西	70	358	22720	9840	13710	6283	2908
海南	12	215	978	3576	2830	7218	6237
重庆	38	228	30153	9707	10048	6576	2159
四川	172	1876	130392	71513	73652	121250	62242
贵州	69	326	9448	5663	5334	8486	4185
云南	137	786	113138	19949	24827	31619	19976
西藏	1259	1163	205171	35098	29754	32024	7712
陕西	215	3823	120784	80926	79279	217374	67266
甘肃	55	558	1868	11890	12262	25587	17834
青海	28	57	3049	1280	1678	509	347
宁夏	22	294	20943	12420	18463	61868	39599
新疆	85	507	2277	8158	10751	17384	8540

7-16-36 各地区娱乐场所基本情况

单位：万元

地区	机构数(个)	从业人员(人)	资产总计	营业收入	营业成本	营业利润
全国	**67358**	**542514**	**17277257**	**5359387**	**4641616**	**717719**
北京	520	6220	391398	69711	61896	7815
天津	539	4128	569652	49421	47005	2417
河北	1607	10822	502041	92621	82962	9659
山西	1142	8907	722682	59092	48983	10109
内蒙古	1627	7227	691911	74066	56777	17289
辽宁	2219	11139	461526	97989	86610	11379
吉林	1395	6018	136049	54792	42612	12180
黑龙江	2032	5773	109884	45405	35091	10314
上海	1002	11083	256320	205059	194299	10760
江苏	8657	35836	1525236	360935	337735	23200
浙江	4146	52880	1362177	665864	595954	69911
安徽	3473	18154	626540	165381	139733	25648
福建	2259	34418	527056	399633	349034	50599
江西	1651	15806	543162	144042	115195	28847
山东	3502	14179	469078	133957	116471	17436
河南	2281	16640	235484	111016	91417	19598
湖北	1540	12605	749703	127516	109392	18124
湖南	2479	28166	1071421	273225	235890	37335
广东	4326	65084	1320616	609605	549070	60535
广西	1828	18301	288737	162031	135832	26200
海南	860	8685	382158	62945	59818	3127
重庆	1813	14973	211200	159654	142251	17403
四川	4296	33816	1155817	319488	268332	51155
贵州	2404	26130	467421	266159	205697	60462
云南	4361	33096	782788	267093	222232	44861
西藏	602	7773	102973	66498	44393	22105
陕西	1294	10019	482391	95348	82596	12752
甘肃	1504	8647	610513	92795	75853	16942
青海	311	3061	54175	25030	20444	4587
宁夏	525	2814	303584	27445	21633	5813
新疆	1163	10114	163564	75572	66411	9161

7-16-37 各地区网吧基本情况

单位：万元

地　区	机构数(个)	从业人员(人)	资产总计	营业收入	营业成本	营业利润
全　国	**116807**	**311859**	**4858896**	**2443944**	**2022517**	**416879**
北　京	445	1995	25755	10802	10469	182
天　津	956	2398	40216	17937	16239	1698
河　北	3495	9724	121006	58927	49380	9536
山　西	2135	7159	104592	42767	35147	7563
内蒙古	1923	5904	96049	42697	32767	9930
辽　宁	2007	5655	81658	37419	32957	4068
吉　林	1804	5339	82085	34127	28522	5592
黑龙江	2943	6596	91511	37298	29243	7110
上　海	831	4303	72324	51501	47925	3478
江　苏	11333	18952	334971	173528	143434	29772
浙　江	6181	16709	284558	170310	144947	25364
安　徽	7196	16496	291431	137240	105652	31589
福　建	1831	5187	72915	47032	40030	7003
江　西	3133	11198	202248	105160	78540	26621
山　东	11134	15120	216223	102586	81560	21031
河　南	9625	22525	298199	133936	102495	31077
湖　北	5815	14336	254982	127447	103051	23388
湖　南	8799	24669	411302	194048	164584	29465
广　东	6298	20556	267064	166189	155192	11003
广　西	2772	8813	97751	56823	44494	12303
海　南	1120	2554	32997	14798	13844	954
重　庆	3549	12001	175255	99963	84307	15221
四　川	8097	29452	447665	236583	196664	39921
贵　州	3483	11360	198861	101835	77267	24571
云　南	3391	9196	148559	65907	53442	12466
西　藏	343	1457	36614	15226	11922	3304
陕　西	2885	10175	152534	66771	58385	8000
甘　肃	1283	4373	92966	39595	30832	8442
青　海	315	1655	32237	12849	11327	1501
宁　夏	484	1784	29919	12502	11462	1041
新　疆	1201	4218	64450	30141	26438	3688

7-16-38 体育系统机构人员情况

单位：个、人

指 标	合 计		国家级		省级		地级		县级	
	机构	人员	机构	人员	机构	人员	机构	人员	机构	人员
总 计	**6943**	**148181**	**44**	**5171**	**639**	**56763**	**1844**	**48132**	**4416**	**38115**
体育行政机关	3050	27305	1	238	33	1636	428	7647	2588	17784
运动项目管理部门	279	33482	19	1451	218	28894	41	3106	1	31
本科院校	8	6153	1	1110	7	5043				
职业、运动技术学院	16	5895			14	5357	2	538		
体育运动学校	216	14499			27	2311	159	11724	30	464
竞技体校	18	659					3	150	15	509
少儿体育运动学校(业余体校)	1348	19035			6	265	314	8679	1028	10091
单项运动学校	21	440			3	80	15	314	3	46
体育中学	33	1441					15	788	18	653
训练基地	70	2818	5	568	25	1717	38	491	2	42
体育场馆	637	12337	1	252	54	2581	360	7146	222	2358
体育科研机构	54	1336	1	186	27	901	26	249		
其他事业单位	1126	19866	12	685	207	6931	412	6361	495	5889
其他	67	2915	4	681	18	1047	31	939	14	248

7-16-39 运动员获世界冠军情况

年 份	项 数(项)	人 数(人)	个 数(个)
1978	4	4	4
1979	12	20	12
1980	3	3	3
1981	25	53	25
1982	12	31	13
1983	37	50	39
1984	33	46	37
1985	42	70	46
1986	26	56	26
1987	64	72	69
1988	54	59	54
1989	80	83	82
1990	54	61	54
1991	88	86	93
1992	86	68	89
1993	101	106	103
1994	79	86	79
1995	98	187	102
1996	72	58	75
1997	87	96	92
1998	75	89	83
1999	91	129	92
2000	92	109	110
2001	79	138	90
2002	99	123	110
2003	17	94	84
2004	27	175	101
2005	22	159	106
2006	24	169	141
2007	22	217	123
2008	24	151	120
2009	30	223	142
2010	22	180	108
2011	24	198	138
2012	24	140	107
2013	22	164	124
2014	22	206	98
2015	25	214	127
2016	23	154	107
2017	24	248	106
2018	27	222	118
2019	33	305	128

7-16-40 运动员分项创世界纪录情况

项 目	项 数(项)	人 数(人)	次 数(次)
总 计	**16**	**19**	**18**
射 击	4	7	6
举 重	7	7	7
竞 走	1	1	1
攀 岩	1	1	1
航海模型	2	2	2
轮 滑	1	1	1

7-16-41 分地区按岗位和文化程度分在岗专职教练员情况(2019年)

单位：人

地 区	合 计	按岗位分			按文化程度分			
		一 线	二 线	三 线	研究生及以上	本 科	专 科	中专(中学)及以下
全 国	**25860**	**5863**	**6017**	**13980**	**755**	**18642**	**5633**	**830**
国家直属	126	105	3	18	29	86	11	
北 京	739	207	112	420	25	618	92	4
天 津	481	213	34	234	20	359	97	5
河 北	886	173	218	495	23	669	158	36
山 西	787	163	287	337	13	516	229	29
内 蒙 古	555	68	151	336	3	354	159	39
辽 宁	1279	328	419	532	66	965	226	22
吉 林	790	148	174	468	23	539	191	37
黑 龙 江	1053	325	118	610	17	771	235	30
上 海	1138	252	102	784	37	984	110	7
江 苏	1427	275	474	678	77	1153	175	22
浙 江	1003	218	176	609	19	844	131	9
安 徽	617	142	127	348	16	401	181	19
福 建	1111	221	199	691	10	833	248	20
江 西	630	112	107	411	7	369	220	34
山 东	2573	603	701	1269	69	1926	473	105
河 南	1030	175	507	348	50	752	207	21
湖 北	820	231	165	424	33	471	267	49
湖 南	886	137	157	592	12	538	299	37
广 东	1996	573	639	784	36	1613	302	45
广 西	833	117	191	525	26	528	236	43
海 南	120	29	2	89		91	18	11
重 庆	299	60	102	137	8	220	65	6
四 川	1187	232	44	911	39	766	356	26
贵 州	313	103	120	90	7	205	84	17
云 南	901	127	205	569	16	604	251	30
西 藏	60	25	8	27	4	36	20	
陕 西	841	235	169	437	36	573	185	47
甘 肃	501	108	151	242	22	338	124	17
青 海	136	46		90	3	94	35	4
宁 夏	152	35	29	88	3	111	34	4
新 疆	590	77	126	387	6	315	214	55

【主要统计指标解释】

资产合计 指是指文化事业单位占有或者使用的能以货币计量的经济资源，包括各种财产、债权和其他权利。包括流动资产、固定资产、在建工程、无形资产和对外投资等。

固定资产原价 反映填表机构使用年限在一年以上、单位价值在规定标准以上，并在使用过程中基本保持原来物质形态的资产，包括房屋及构筑物，专用设备，通用设备，文物和陈列品，图书，档案，家具，用具，装具及动植物等，按原值（计提折旧的，按净值）进行反映。该指标根据“资产负债表”中的“固定资产原价”年（期）末数填列。

收入合计 反映行政事业单位在本年取得的全部收入，包括行政事业类资金收入和基本建设类收入，具体有财政拨款、上级补助收入、事业收入、经营收入、附属单位上缴收入和其他收入。根据“收入决算表”中的“本年收入合计”项填报。

财政补贴收入 反映填表单位本年度实际收到的本级财政拨款。包括一般预算财政拨款和政府性基金预算财政拨款。一级预算单位收到的应拨给下级单位使用的款项，年终时尚未拨出的，在编制财务决算表和填报统计报表时，应列为本单位的财政拨款。

事业收入 反映事业单位开展专业业务活动及辅助活动取得的收入。根据“收入决算表”中的“事业收入”项填报。

经营收入 反映事业单位在专业业务活动及辅助活动之外开展非独立核算经营活动取得的收入。根据“收入决算表”中的“经营收入”项填报。在确认经营收入时，应注意两个问题：一是经营收入是经营活动取得的收入，而不是专业业务活动及辅助活动取得的收入；二是经营收入是非独立核算的经营活动取得的收入，而不是独立核算的经营活动取得的收入。

支出合计 反映填表机构在业务活动中发生的各项资产耗费和损失等支出情况，包括基本支出、项目支出、经营支出等内容。按经济功能分类，还可分为工资福利支出、商品和服务支出、对个人和家庭补助支出、其他资本性支出等内容。

使用“中国标准书号”合计 使用统一书号的主要有两类：1.各级技术标准文献；2.年画、年历画、台历、无书名页的单张美术印刷品或折页美术印刷品，不另加封面的出版物（如活页文选、活页歌篇、小件印品）等。

不使用“中国标准书号”部分合计 指图片、图标（GB）、部标（BB）等标准类文件印品、活页文选、活页歌篇、小件印品等。

少年儿童读物类图书和课本出版种数 少年儿童读物是指供初中及初中以下少年儿童阅读的书籍，课本是指供大、中、小学生及业余教育使用的书籍。

国家综合档案馆 按行政区划或历史时期设置的，收集和管理所辖范围内多种门类档案的档案馆。

公共广播节目套数 指经国家广播电视总局批准的、广播电视播出机构开办的不向听众收取收听费用，以为大众提供公共广播服务为主要目的，用固定频率播出，并编有整套自办节目时间表的广播节目套数。

全年制作广播节目时间 指广播电视节目制作机构全年自采、自编、自录的及合作制作、加工制作的各类广播节目，包括直播广播节目。

公共电视节目套数 指经国家广播电视总局批准的、广播电视播出机构开办的不向观众收取收看费用，以为大众提供公共电视服务为主要目的，用固定频率播出的自办电视节目套数。

全年制作电视节目时间 指广播电视节目制作机构全年自采、自编、自录的及合作制作、加工制作的各类电视节目，包括直播电视节目。

全年公共电视节目播出时间 指广播电视播出机构自办节目频道内全年播出公共电视节目的时间（含重复播出时间）。

有线广播电视实际用户数 指通过广播电视有线传输网收看电视节目的家庭用户数，包括接收模拟信号和接收数字信号的有线电视用户数。

数字电视用户数 指通过广播电视有线传输网收看数字信号电视节目的家庭用户数。

广播综合人口覆盖率 根据国家广播电视总局制定的《广播电视人口覆盖率统计技术标准和方法》进行统计调查的，在对象区内能接收到中央、省、地市或县通过无线、有线或卫星等各种技术方式转播的各级广播节目的人口数占对象区总人口的比重。

电视节目综合人口覆盖率 根据国家广播电视总局制定的《广播电视人口覆盖率统计技术标准和方法》进行统计调查的，在对象区内能接收到中央、省、地市、或县通过无线、有线或卫星等各种技术方式转播的中央电视节目的人口数占对象区总人口的比重。

艺术表演团体 指由文化部门主办或实行行业管理（经文化市场行政部门审批或已申报登记并领取相关许可证），专门从事表演艺术等活动的各类专业艺术表演团体，含民间职业剧团。不包括群众业余文艺表演团体。

艺术表演场馆 指由文化部门主办或实行行业管理（经文化市场行政部门审批或已申报登记并领取相关许可证），有观众席、舞台、灯光设备，公开售票、专供文艺团体演出的文化活动场所。

文物及文化保护 指对具有历史、文化、艺术、科学价值，并经有关部门鉴定，列入文物保护范围的不可移动文物的保护和管理活动；对我国语言、文字、民间文化艺术、民俗等非物质遗产的文化保护和管理活动。包括近现代重要史迹及具有代表性、纪念性的建筑物的保护（含革命遗址、纪念碑、名人故居）；寺庙、清真寺、教学及各种祠、堂、碑遗址的保护；古文化遗址、古墓地、古建筑、石窟寺、石记得等的保护；民族语言、文字遗产保护；民间艺术（民间传说、神话、歌谣、故事、音乐、舞蹈、戏曲、曲艺皮影、绘画、剪纸等）遗产保护；民间、民俗传统活动（传统节日、庆典、民族艺术活动、民族体育活动等）遗产保护；民族制作（建筑风格、服饰、家具、木器、陶器、铜器等）遗产保护；其他未列明的文物与文化保护。

博物馆 指为了研究、教育、欣赏的目的，收藏、保护、展示人类活动和自然环境的见证物，向公众开放，非营利性、永久性社会服务机构，包括以博物馆（院）、纪念馆（舍）、美术（艺术）馆、科技馆、陈列馆等专有名称开展活动的单位。

总藏量 指图书馆已编目的古籍、图书、期刊和报纸的合订本、小册子、手稿，以及缩微制品、录像带、录音带、光盘等视听文献资料数量之和。

藏品 是文博机构根据收藏品的文化属性、自然属性等情况，所划分的文物藏品、标本藏品、模型藏品（含具有收藏、展示价值的雕塑、绘画等艺术作品）和复制品藏品的总和。本指标所统计的藏品是指报告期末，该机构已经整理并登记入账的藏品数。

7 第三产业分行业主要指标

7-17 公共管理、社会保障和社会组织

简要说明

一、主要内容

本篇资料主要包括社会活动参与、公检法、社会保险等内容。

社会活动参与资料主要包括历届全国人大代表情况、历届全国政协委员情况、全国工会组织情况。

公检法统计资料主要包括公安机关的刑事案件立案情况和治安案件查处情况，交通事故情况，人民检察机关办案情况，人民法院审理案件和收结案情况。

社会保险统计资料主要包括参加社会保险人员情况、社会保险基金收支情况。

二、资料来源

全国人大代表数由全国人大办公厅联络局提供，依全国人大换届情况每五年更新一次；全国政协委员数由全国政协办公厅人事局提供，依全国政协换届情况每五年更新一次；全国工会组织情况由全国总工会提供。

公检法统计资料分别由公安部、最高人民检察院、最高人民法院提供。

社会保险资料由人力资源和社会保障部与国家医疗保障局提供。

7-17-1 公安机关受理和查处治安案件数

案件类别	受　理 (起)	查　处 (起)	每万人口 受理案件数 (起)
总　　计	**9624881**	**8718816**	**68.2**
扰乱单位秩序	52834	50874	0.4
扰乱公共场所秩序	299385	297600	2.1
寻衅滋事	128245	121390	0.9
阻碍执行职务	45193	44077	0.3
非法携带枪支、弹药、管制工具	52811	51873	0.4
违反危险物质管理规定	45776	44990	0.3
殴打他人	2252895	2119597	16.0
故意伤害	156090	143581	1.1
盗窃	2297074	1855376	16.3
敲诈勒索	12592	10806	0.1
抢夺	7908	6050	0.1
盗窃、损毁公共设施	15425	13216	0.1
伪造、变造、倒卖有价票证、凭证	5354	5068	
违反旅馆业管理	89146	87614	0.6
违反房屋出租管理	145996	145511	1.0
诈骗	548092	439569	3.9
卖淫、嫖娼	115704	114648	0.8
赌博	265445	260901	1.9
毒品违法活动	451088	445585	3.2
其他	2637828	2460490	18.7

7-17-2 公安机关立案的刑事案件及构成

案件类别	立 案（起）		构 成（%）	
	2018	2019	2018	2019
总 计	**5069242**	**4862443**	**100.00**	**100.00**
杀人	7525	7379	0.15	0.15
伤害	97391	85226	1.92	1.75
抢劫	25413	17106	0.50	0.35
强奸	29807	33827	0.59	0.70
拐卖妇女儿童	5397	4571	0.11	0.10
盗窃	2786804	2258236	54.97	46.44
诈骗	1156351	1433831	22.81	29.49
走私	3856	4866	0.08	0.10
伪造、变造货币,出售、购买运输、持有、使用假币	1216	994	0.02	0.02
其他	955482	1016407	18.85	20.90

7-17-3 交通事故情况

类 别	发生数（起）	死亡人数（人）	受伤人数（人）	直接财产损失（万元）
总 计	**247646**	**62763**	**256101**	**134617.9**
机动车	215009	56924	221309	125800.9
#汽 车	159335	43413	157157	111420.6
摩托车	45635	10474	53710	10771.5
拖拉机	1865	699	1811	574.8
非机动车	29049	4375	32347	6212.2
#自行车	2283	440	2179	581.2
行人乘车人	3432	1437	2305	2485.3
其他	156	27	140	119.4

7-17-4 各地区交通事故情况

地 区	发生数 (起)	死亡人数 (人)	受伤人数 (人)	直接财产损失 (万元)
全 国	**247646**	**62763**	**256101**	**134617.9**
北 京	3108	1258	2788	3513.0
天 津	6703	736	6632	4145.9
河 北	4890	2494	4191	4777.2
山 西	8427	2052	8825	5831.4
内蒙古	4233	981	4401	2403.3
辽 宁	4733	1946	4300	2154.2
吉 林	3756	1032	4205	2264.3
黑龙江	5148	1059	5855	3733.5
上 海	1146	1130	295	693.3
江 苏	12414	4268	10409	6036.0
浙 江	11905	3236	10563	3830.8
安 徽	11088	2603	11993	5344.4
福 建	9111	1821	9090	2235.6
江 西	6481	1999	6743	6547.4
山 东	13150	3553	12190	5429.2
河 南	17462	2560	19034	10266.4
湖 北	23168	4904	26015	13978.8
湖 南	3724	898	4067	3678.9
广 东	23017	4932	21935	7547.5
广 西	20053	4379	23021	7739.0
海 南	2675	771	3148	1821.7
重 庆	4251	945	4776	1603.4
四 川	9662	2476	11335	8369.7
贵 州	13437	2921	16399	9256.1
云 南	6663	2718	6249	3477.0
西 藏	468	137	569	595.6
陕 西	5686	1258	5800	4000.0
甘 肃	2909	1194	2988	821.8
青 海	1461	530	1525	1027.5
宁 夏	1544	407	1549	558.3
新 疆	5173	1565	5211	936.7

7-17-5 人民检察院审查逮捕、审查起诉情况

案件分类	批捕、决定逮捕合计		决定起诉合计	
	(件)	(人)	(件)	(人)
合 计	**750262**	**1088490**	**1275233**	**1818808**
危害公共安全案	47918	58116	417725	433428
破坏社会主义市场经济秩序案	57317	94193	68117	138537
侵犯公民人身、民主权利案	124521	159223	159564	211180
侵犯财产案	261953	357900	312506	441437
妨害社会管理秩序案	249922	409391	302499	575635
贪污贿赂案	1921	2256	12428	15173
渎职侵权案	4526	4744	1794	2329
其他	2184	2667	600	1089

7-17-6 人民检察院办理刑事抗诉案件情况

案件类别	提出抗诉(件)	审判结果合计(件)	改判		维持原判(件)	发回重审(件)
			(件)	(人)		
合 计	**8302**	**6499**	**3010**	**4653**	**2135**	**1354**
贪污贿赂案件	453	445	198	252	166	81
渎职侵权案件	101	133	35	53	57	41
其他刑事案件	7748	5921	2777	4348	1912	1232

7-17-7 人民检察院办理民事、行政抗诉案件情况

单位：件

案件类别	合 计	民事案件	行政案件
提出抗诉	5259	5103	156
抗诉案件再审	4192	4091	101
改 判	2365	2342	23
调 解	245	244	1
发回重审	490	472	18
和解撤诉	117	114	3
维持原判	890	838	52
其 他	85	81	4
提出再审检察建议	8055	7972	83
采纳再审检察建议再审情况	3394	3360	34
改 判	2651	2629	22
调 解	158	153	5
发回重审	52	50	2
和解撤诉	124	122	2
维持原判	123	123	
其 他	286	283	3

7-17-8 人民检察院办理民事、行政公益诉讼案件情况（2019年）

单位：件

项 目	合 计	民事案件	行政案件
案件线索受理	141725	8934	132791
立案	126912	7125	119787
诉前检察建议	107989	4913	103076
#涉及防范化解重大风险	262	9	253
涉及精准脱贫	936	24	912
涉及污染防治	24469	559	23910
起诉	4778	4210	568
法院审结	3660	3311	349
#一审判决支持	3225	2922	303

7-17-9 人民检察院处理申诉案件情况

单位：件

案件分类	受 案	#改变原决定	#纠正原决定	#提出抗诉	#提出再审检察建议
合　计	**19580**	**139**	**59**	**28**	**250**
不服检察机关处理决定	4672	139	59		
不服不批捕	192	5	1		
不服不起诉	4157	112	49		
不服撤案	15		4		
不服其他诉讼终结的刑事处理决定	308	22	5		
不服法院刑事判决裁定	14908			28	250

7-17-10 人民检察院纠正违法情况

项　目	2018	2019
已纠正件次合计(件次)		**102441**
立案监督小计	40600	31531
监督立案	22215	16385
监督撤案	18385	15146
侦查监督	50455	42063
刑事执行活动检察	28561	28847
已纠正案件涉及人次合计(人次)		**177963**
立案监督小计		39286
监督立案		20934
监督撤案		18352
侦查监督小计		60880
纠正漏捕		27383
纠正漏诉		33497
减刑、假释、暂予监外执行检察	37436	38035
监外执行和社区矫正监管活动检察	39564	39762

7-17-11 人民法院审理一审案件情况

单位：件

年 份	收 案	刑 事	民商事	#知识产权	#海事海商	行 政	行政赔偿
1978	447755	146968	300787				
1979	513789	123846	389943				
1980	763535	197856	565679				
1981	906051	232125	673926				
1982	1024160	245219	778941				
1983	1343164	542648	756436			527	
1984	1355460	431357	838307			983	
1985	1319741	246655	846391		238	916	
1986	1611282	299720	989409		301	632	
1987	1875229	289614	1213219		346	5940	
1988	2290624	313306	1455130		569	8573	
1989	2913515	392564	1815385		725	9934	
1990	2916774	459656	1851897		753	13006	
1991	2901685	427840	1880635		951	25667	
1992	3051157	422991	1948786		1654	27125	
1993	3414845	403267	2089257		1830	27911	
1994	3955475	482927	2383764		1959	35083	
1995	4545676	495741	2718533		2847	52596	
1996	5312580	618826	3093995		3945	79966	
1997	5288379	436894	3277572		4534	90557	
1998	5410798	482164	3375069		5166	98350	
1999	5692434	540008	3519244		5736	97569	
2000	5356294	560432	3412259		6976	85760	
2001	5344934	628996	3459025		6891	100921	
2002	5132199	631348	4420123			80728	
2003	5130760	632605	4410236			87919	
2004	5072881	647541	4332727			92613	
2005	5161170	684897	4380095			96178	
2006	5183794	702445	4385732			95617	
2007	5550062	724112	4724440			101510	
2008	6288831	767842	5412591			108398	
2009	6688963	768507	5800144			120312	
2010	6999350	779595	6090622			129133	
2011	7596116	845714	6614049			136353	
2012	8442657	996611	7316463			129583	
2013	8876733	971567	7781972	88583	11224	123194	
2014	9489787	1040457	8307450	95522	12174	141880	
2015	11444950	1126748	10097804	109386	17546	220398	
2016	12088800	1101191	10762124	134248	16336	225485	
2017	12907729	1294377	11373753	201039	15367	230432	9167
2018	13920964	1203055	12449685	283414	15784	256656	11568
2019	15439600	1293911	13852052	399031	15249	279574	14063

注：1.一审案件指人民法院按照诉讼级别管辖按第一审程序审理的案件。

2.2002年起，经济纠纷和海事海商并入民事案件中。

3.2017年起，行政赔偿案件从行政案件中分离出来。

7-17-12 人民法院审理刑事一审案件收结案情况

单位：件

项 目	收 案	结 案
合 计	**1293911**	**1297191**
危害公共安全罪	417017	419710
破坏社会主义市场经济秩序罪	69743	67535
侵犯公民人身权利民主权利罪	166237	167820
侵犯财产罪	315482	314302
妨害社会管理秩序罪	309166	310502
危害国防利益罪	482	457
贪污贿赂罪	13408	14342
渎职罪	2059	2240
其他	317	283
合计中含自诉案件	10221	10617

注：结案中含上年旧存(以下各表同)。

7-17-13 人民法院审理刑事案件罪犯情况

单位：人

年 份	刑事罪犯总 数	#青少年罪犯			青少年罪犯占刑事罪犯比重(%)
			不满18岁	18岁至25岁	
1997	526312	199212	30446	168766	37.9
1998	528301	208076	33612	174464	39.4
1999	602380	221153	40014	181139	36.7
2000	639814	220981	41709	179272	34.5
2001	746328	253465	49883	203582	34.0
2002	701858	217909	50030	167879	31.0
2003	742261	231715	58870	172845	31.2
2004	764441	248834	70086	178748	32.6
2005	842545	285801	82692	203109	33.9
2006	889042	303631	83697	219934	34.2
2007	931745	316298	87506	228792	33.9
2008	1007304	322061	88891	233170	32.0
2009	996666	302023	77604	224419	30.3
2010	1006420	287978	68193	219785	28.6
2011	1050747	282429	67280	215149	26.9
2012	1173406	282990	63782	219208	24.1
2013	1157784	265439	55817	209622	22.9
2014	1183784	249576	50415	199161	21.1
2015	1231656	236341	43839	192502	19.2
2016	1219569	204657	35743	168914	16.8
2017	1268985	183471	32778	150693	14.5
2018	1428772	243275	34365	208910	17.0
2019	1659550	281860	43038	238822	17.0

7-17-14 人民法院审理婚姻家庭、继承一审案件收结案情况

单位：件

项目	收案	结案						
			调解	判决	不予受理	驳回	撤诉	其他
合计	**1836638**	**1850377**	**701338**	**673926**	**1435**	**21013**	**438754**	**13911**
婚姻家庭纠纷	1691808	1704228	610525	643142	1294	18255	417917	13095
离婚纠纷	1378126	1389595	480926	539727	786	13132	345507	9517
抚养纠纷	125174	125416	58966	38071	111	1682	25557	1029
扶养纠纷	3495	3503	1170	1248	3	86	950	46
赡养纠纷	26184	26394	7904	9914	19	382	7680	495
收养关系纠纷	2391	2410	1054	835	6	50	442	23
监护权纠纷	1484	1469	383	257	7	46	760	16
探望权纠纷	6388	6407	2534	2232	13	62	1461	105
其他	148566	149034	57588	50858	349	2815	35560	1864
继承纠纷	143580	144826	90190	30349	136	2740	20607	804
法定继承纠纷	67384	67737	50110	8558	59	723	8027	260
遗嘱继承纠纷	6872	7042	2711	2742	8	152	1374	55
其他	69324	70047	37369	19049	69	1865	11206	489
其他	1250	1323	623	435	5	18	230	12

7-17-15 人民法院审理民事一审案件情况

单位：件

项目	收案	结案						
			判决	不予受理	驳回	撤诉	调解	其他
合计	**13852052**	**13929634**	**6168918**	**30394**	**489621**	**3628517**	**3460086**	**152098**
人格权纠纷	177135	180477	90750	330	3563	38811	46185	838
婚姻家庭、继承纠纷	1836638	1850377	673926	1435	21013	438754	701338	13911
物权纠纷	325847	329539	143652	3199	28202	99796	51857	2833
合同、无因管理、不当得利纠纷	9164560	9211949	4175140	19868	375242	2486921	2064920	89858
知识产权与竞争纠纷	399031	394521	119655	202	6143	214618	38005	15898
劳动争议、人事争议	483767	482850	231054	2637	21820	82157	133281	11901
海事海商纠纷	15249	16014	5086	30	248	7167	3132	351
与公司、证券、保险、票据等有关的民事纠纷	340857	334379	169438	995	12810	70748	68257	12131
侵权责任纠纷	1042299	1064134	517074	1302	14210	175454	352596	3498
其他	66669	65394	43143	396	6370	14091	515	879

7-17-16　人民法院审理行政一审案件收结案情况

单位：件

项　　目	收　案	结　案	判　决	不予立案	驳　回	撤　诉	调　解	其　他
合　　计	**279574**	**284362**	**136134**	**17139**	**64693**	**55049**	**1142**	**10205**
土地等资源	30506	31011	12385	1839	9463	5827	87	1410
公　安	21572	21516	10653	1268	3492	5597	17	489
城　建	45626	46531	19410	2739	13104	8230	335	2713
交通运输	2117	2295	918	211	281	661	4	220
工　商	6086	6346	2557	155	1262	2197	24	151
环　保	2146	2291	1211	40	320	584	34	102
计划生育	338	343	148	60	80	42	7	6
税　务	659	663	237	29	166	208	2	21
卫　生	918	855	299	165	186	164	7	34
乡政府	14376	14108	5795	950	3832	2859	35	637
劳动和社会保障	19375	19643	12807	425	1731	4154	35	491
其　他	135855	138760	69714	9258	30776	24526	555	3931

7-17-17　工会组织情况

单位：万人

年　份	工会基层组织数（万个）	全国已建工会组织的基层单位的职工与会员人数				工会专职工作人员人数
		职工人数	#女性	会员人数	#女性	
全　国	**261.1**	**29412.8**	**11307.8**	**28317.8**	**10995.3**	**95.4**
北　京	3.2	479.1	182.8	447.5	172.7	1.5
天　津	1.7	278.9	104.5	276.1	103.5	0.7
河　北	12.7	1448.6	478.8	1426.3	474.3	5.2
山　西	5.7	776.9	254.0	764.5	250.8	3.5
内蒙古	5.6	572.9	182.6	548.3	176.9	1.7
辽　宁	5.7	822.8	309.9	800.9	303.2	2.9
吉　林	2.7	345.8	132.7	334.3	127.9	1.2
黑龙江	6.0	738.1	246.1	715.2	241.2	3.3
上　海	4.8	736.4	282.0	705.7	272.1	1.2
江　苏	15.7	2254.6	960.1	2175.2	935.1	3.2
浙　江	13.8	1949.3	822.7	1883.2	802.3	2.5
安　徽	9.1	880.6	330.0	819.7	312.5	3.4
福　建	10.9	905.4	403.6	888.0	399.3	1.3
江　西	8.8	904.1	332.7	874.0	328.7	6.3
山　东	12.1	1625.0	628.7	1585.1	615.1	8.9
河　南	18.4	1716.7	637.3	1634.8	615.1	12.3
湖　北	13.2	1394.1	521.8	1346.1	509.5	5.3
湖　南	15.9	1338.6	446.1	1218.3	429.0	7.7
广　东	25.8	3112.0	1367.4	2941.6	1304.0	6.6
广　西	9.5	849.1	319.0	821.3	311.6	1.8
海　南	1.6	185.4	75.3	178.2	71.9	0.3
重　庆	5.1	602.4	225.7	579.7	216.9	2.1
四　川	15.6	2012.2	768.6	1967.8	756.2	3.3
贵　州	6.6	785.7	281.1	774.6	278.6	1.7
云　南	8.7	539.0	210.6	519.5	206.2	1.1
西　藏	0.8	70.7	28.4	58.9	22.9	0.3
陕　西	11.6	935.7	330	910.6	322.2	3.5
甘　肃	3.8	424.6	151.8	414.8	149.1	1.0
青　海	1.5	125.7	49.4	122.8	48.9	0.2
宁　夏	1.1	115.5	48.2	113	47.3	0.2
新　疆	3.2	447.1	177.4	433.4	172.8	0.9

7-17-18 社会保险基金收支及累计结余

单位：亿元

年 份	合 计	基本养老保险	失业保险	基本医疗保险	工伤保险	生育保险
基金收入						
1990	186.8	178.8	7.2			
1995	1006.0	950.1	35.3	9.7	8.1	2.9
2000	2644.9	2278.5	160.4	170.0	24.8	11.2
2001	3101.9	2489.0	187.3	383.6	28.3	13.7
2002	4048.7	3171.5	213.4	607.8	32.0	21.8
2003	4882.9	3680.0	249.5	890.0	37.6	25.8
2004	5780.3	4258.4	290.8	1140.5	58.3	32.1
2005	6975.2	5093.3	340.3	1405.3	92.5	43.8
2006	8643.2	6309.8	402.4	1747.1	121.8	62.1
2007	10812.3	7834.2	471.7	2257.2	165.6	83.6
2008	13696.1	9740.2	585.1	3040.4	216.7	113.7
2009	16115.6	11490.8	580.4	3671.9	240.1	132.4
2010	19276.1	13872.9	649.8	4308.9	284.9	159.6
2011	25153.3	18004.8	923.1	5539.2	466.4	219.8
2012	30738.8	21830.2	1138.9	6938.7	526.7	304.2
2013	35252.9	24732.6	1288.9	8248.3	614.8	368.4
2014	39827.7	27619.9	1379.8	9687.2	694.8	446.1
2015	46012.1	32195.5	1367.8	11192.9	754.2	501.7
2016	53562.7	37990.8	1228.9	13084.3	736.9	521.9
2017	67154.5	46613.8	1112.6	17931.3	853.8	643.0
2018	79254.8	55005.3	1171.1	21384.4	913.0	781.0
2019	83550.4	57025.9	1284.2	24420.9	819.4	
基金支出						
1990	151.9	149.3	2.5			
1995	877.1	847.6	18.9	7.3	1.8	1.6
2000	2385.6	2115.5	123.4	124.5	13.8	8.3
2001	2748.0	2321.3	156.6	244.1	16.5	9.6
2002	3471.5	2842.9	182.6	409.4	19.9	12.8
2003	4016.4	3122.1	199.8	653.9	27.1	13.5
2004	4627.4	3502.1	211.3	862.2	33.3	18.8
2005	5400.8	4040.3	206.9	1078.7	47.5	27.4
2006	6477.4	4896.7	198.0	1276.7	68.5	37.5
2007	7887.8	5964.9	217.7	1561.8	87.9	55.6
2008	9925.1	7389.6	253.5	2083.6	126.9	71.5
2009	12302.6	8894.4	366.8	2797.4	155.7	88.3
2010	15018.9	10755.3	423.3	3538.1	192.4	109.9
2011	18652.9	13363.2	432.8	4431.4	286.4	139.2
2012	23331.3	16711.5	450.6	5543.6	406.3	219.3
2013	27916.3	19818.7	531.6	6801.0	482.1	282.8
2014	33002.7	23325.8	614.7	8133.6	560.5	368.1
2015	38988.1	27929.4	736.4	9312.1	598.7	411.5
2016	46888.4	34004.3	976.1	10767.1	610.3	530.6
2017	57145.6	40423.8	893.8	14421.8	662.3	744.0
2018	67792.7	47550.4	915.3	17823.0	742.0	762.0
2019	75346.6	52342.3	1333.2	20854.2	816.9	
累计结余						
1990	117.3	97.9	19.5			
1995	516.8	429.8	68.4	3.1	12.7	2.7
2000	1327.5	947.1	195.9	109.8	57.9	16.8
2001	1622.8	1054.1	226.2	253.0	68.9	20.6
2002	2423.4	1608.0	253.8	450.7	81.1	29.7
2003	3313.8	2206.5	303.5	670.6	91.2	42.0
2004	4493.4	2975.0	385.8	957.9	118.6	55.9
2005	6073.7	4041.0	519.0	1278.1	163.5	72.1
2006	8255.9	5488.9	724.8	1752.4	192.9	96.9
2007	11236.6	7391.4	979.1	2476.9	262.6	126.6
2008	15225.6	9931.0	1310.1	3431.7	384.6	168.2
2009	19006.5	12526.1	1523.6	4275.9	468.8	212.1
2010	23407.5	15787.8	1749.8	5047.1	561.4	261.4
2011	30233.1	20727.8	2240.2	6180.0	742.6	342.5
2012	38106.6	26243.5	2929.0	7644.5	861.9	427.6
2013	45588.1	31274.8	3685.9	9116.5	996.2	514.7
2014	52462.3	35644.5	4451.5	10644.8	1128.8	592.7
2015	59532.5	39937.1	5083.0	12542.8	1285.3	684.4
2016	66349.7	43965.2	5333.3	14964.3	1410.9	675.9
2017	77312.1	50202.2	5552.4	19385.6	1606.9	565.0
2018	89775.5	58151.6	5817.0	23440.0	1784.9	582.0
2019	96977.8	62872.6	4625.4	27696.7	1783.2	

注：1.2007年及以后基本医疗保险基金中包括职工基本医疗保险和城乡居民基本医疗保险。

2.2010年及以后基本养老保险基金中包括城镇职工基本养老保险和城乡居民基本养老保险。

3.工伤保险累计结余中含储备金。

4.2019年起，基本医疗保险基金包含生育保险基金（下同）。

7-17-19 参加基本养老保险人数

单位：万人

年份	年末参加基本养老保险人数	城镇职工基本养老保险					城乡居民基本养老保险
		合计	职工	#企业	离退休人员	#企业	
1989	5710.3	5710.3	4816.9	4816.9	893.4	893.4	
1990	6166.0	6166.0	5200.7	5200.7	965.3	965.3	
1991	6740.3	6740.3	5653.7	5653.7	1086.6	1086.6	
1992	9456.2	9456.2	7774.7	7774.7	1681.5	1681.5	
1993	9847.6	9847.6	8008.2	8008.2	1839.4	1839.4	
1994	10573.5	10573.5	8494.1	8494.1	2079.4	2079.4	
1995	10979.0	10979.0	8737.8	8737.8	2241.2	2241.2	
1996	11116.7	11116.7	8758.4	8758.4	2358.3	2358.3	
1997	11203.9	11203.9	8670.9	8670.9	2533.0	2533.0	
1998	11203.1	11203.1	8475.8	8475.8	2727.3	2727.3	
1999	12485.4	12485.4	9501.8	8859.2	2983.6	2863.8	
2000	13617.4	13617.4	10447.5	9469.9	3169.9	3016.5	
2001	14182.5	14182.5	10801.9	9733.0	3380.6	3171.3	
2002	14736.6	14736.6	11128.8	9929.4	3607.8	3349.2	
2003	15506.7	15506.7	11646.5	10324.5	3860.2	3556.9	
2004	16352.9	16352.9	12250.3	10903.9	4102.6	3775.0	
2005	17487.9	17487.9	13120.4	11710.6	4367.5	4005.2	
2006	18766.3	18766.3	14130.9	12618.0	4635.4	4238.6	
2007	20136.9	20136.9	15183.2	13690.6	4953.7	4544.0	
2008	21891.1	21891.1	16587.5	15083.4	5303.6	4868.0	
2009	23549.9	23549.9	17743.0	16219.0	5806.9	5348.0	
2010	35984.1	25707.3	19402.3	17822.7	6305.0	5811.6	10276.8
2011	61573.3	28391.3	21565.0	19970.0	6826.2	6314.0	33182.0
2012	78796.3	30426.8	22981.1	21360.9	7445.7	6910.9	48369.5
2013	81968.4	32218.4	24177.3	22564.7	8041.0	7484.8	49750.1
2014	84231.9	34124.4	25531.0	23932.3	8593.4	8013.6	50107.5
2015	85833.4	35361.2	26219.2	24586.8	9141.9	8536.5	50472.2
2016	88776.8	37929.7	27826.3	25239.6	10103.4	9023.9	50847.1
2017	91548.3	40293.3	29267.6	25856.3	11025.7	9460.4	51255.0
2018	94293.3	41901.6	30104.0	26502.6	11797.7	9980.5	52391.7
2019	96753.9	43487.9	31177.5	27508.7	12310.4	10396.3	53266.0

7-17-20 社会保险基本情况

年份	失业保险			基本医疗保险			工伤保险		年末参加生育保险人数（万人）
	年末参保人数（万人）	全年发放失业保险金人数（万人）	全年发放失业保险金（亿元）	年末参保人数（万人）	年末参保职工	年末参保城乡居民	年末参保人数（万人）	年末享受工伤待遇的人数（万人）	
1994	7967.8	196.5	5.1	400.3	400.3		1822.1	5.8	915.9
1995	8237.7	261.3	8.2	745.9	745.9		2614.8	7.1	1500.2
1996	8333.1	330.8	13.9	855.7	855.7		3102.6	10.1	2015.6
1997	7961.4	319.0	18.7	1762.0	1762.0		3507.8	12.5	2485.9
1998	7927.9	158.1	20.4	1877.6	1877.6		3781.3	15.3	2776.7
1999	9852.0	271.4	31.9	2065.3	2065.3		3912.3	15.1	2929.8
2000	10408.4	329.7	56.2	3786.9	3786.9		4350.3	18.8	3001.6
2001	10354.6	468.5	83.3	7285.9	7285.9		4345.3	18.7	3455.1
2002	10181.6	657.0	116.8	9401.2	9401.2		4405.6	26.5	3488.2
2003	10372.9	741.6	133.4	10901.7	10901.7		4574.8	32.9	3655.4
2004	10583.9	753.5	137.5	12403.6	12403.6		6845.2	51.9	4383.8
2005	10647.7	677.8	132.4	13782.9	13782.9		8478.0	65.1	5408.5
2006	11186.6	598.1	125.8	15731.8	15731.8		10268.5	77.8	6458.9
2007	11644.6	538.5	129.4	22311.1	18020.0	4291.1	12173.3	96.0	7775.3
2008	12399.8	516.7	139.5	31821.6	19995.6	11826.0	13787.2	117.8	9254.1
2009	12715.5	483.9	145.8	40147.0	21937.4	18209.6	14895.5	129.6	10875.7
2010	13375.6	431.6	140.4	43262.9	23734.7	19528.3	16160.7	147.5	12335.9
2011	14317.1	394.4	159.9	47343.2	25227.1	22116.1	17695.9	163.0	13892.0
2012	15224.7	390.1	181.3	53641.3	26485.6	27155.7	19010.1	190.5	15428.7
2013	16416.8	416.7	203.2	57072.6	27443.1	29629.4	19917.2	195.2	16392.0
2014	17042.6	422.0	233.3	59746.9	28296.0	31450.9	20639.2	198.2	17038.7
2015	17326.0	456.8	269.8	66581.6	28893.1	37688.5	21432.5	201.9	17771.0
2016	18088.8	483.9	309.4	74391.6	29531.5	44860.0	21889.3	196.0	18451.0
2017	18784.2	458.1	318.2	117681.4	30322.7	87358.7	22723.7	192.8	19300.2
2018	19643.5	452.3	357.6	134458.6	31680.8	102777.8	23874.4	198.5	20434.1
2019	20542.7	461.2	396.8	135407.4	32924.7	102482.7	25478.4	194.4	21417.3

7-17-21 各地区城镇职工基本养老保险情况

地 区	年末参加城镇职工基本养老保险人数(万人)			基金收支情况(亿元)		
		职 工	离退休人员	基金收入	基金支出	累计结余
全 国	**43487.9**	**31177.5**	**12310.4**	**52918.8**	**49228.0**	**54623.3**
中央机关	59.2	33.1	26.1	262.8	224.4	81.7
北 京	1748.2	1445.6	302.6	2760.6	1698.3	6018.5
天 津	695.6	469.3	226.3	1021.2	1000.5	556.5
河 北	1654.5	1187.8	466.7	2437.4	2425.7	910.0
山 西	871.5	597.9	273.6	1232.5	1168.8	1639.8
内蒙古	763.4	464.7	298.8	1060.9	1201.4	595.9
辽 宁	2026.2	1210.3	816.0	2486.4	2950.0	303.7
吉 林	882.1	506.2	375.9	1142.8	1263.6	501.9
黑龙江	1364.9	765.1	599.8	1785.4	2094.8	-433.7
上 海	1589.6	1077.6	511.9	2933.7	2779.7	2290.3
江 苏	3417.4	2499.3	918.1	3759.2	3382.3	4932.4
浙 江	3031.7	2174.9	856.9	3040.0	3138.5	3585.4
安 徽	1217.0	860.3	356.7	1514.6	1298.9	1909.7
福 建	1137.3	938.2	199.1	931.8	782.2	976.2
江 西	1096.9	748.5	348.4	1047.2	1083.9	824.6
山 东	2868.0	2156.8	711.2	2784.7	2872.7	2217.2
河 南	2133.8	1628.2	505.6	2053.0	1931.0	1326.3
湖 北	1684.8	1100.5	584.3	2418.0	2264.5	1017.1
湖 南	1557.8	1071.8	486.0	1767.5	1620.2	1836.7
广 东	4633.4	3962.2	671.2	5593.2	3761.5	12343.6
广 西	869.5	601.2	268.4	1128.7	1079.7	755.2
海 南	281.0	208.3	72.7	324.5	280.1	281.4
重 庆	1127.7	721.1	406.6	1238.3	1192.5	1090.1
四 川	2700.3	1784.6	915.7	2754.9	2764.2	3759.5
贵 州	677.5	521.7	155.8	725.6	613.5	894.0
云 南	649.9	468.4	181.5	951.3	764.5	1325.2
西 藏	48.2	38.2	10.0	139.1	107.4	171.2
陕 西	1080.7	816.7	264.1	1254.1	1187.5	804.2
甘 肃	469.4	309.8	159.6	598.5	599.3	467.0
青 海	152.8	106.1	46.7	300.5	323.3	37.0
宁 夏	226.6	160.6	66.0	269.1	266.8	261.5
新 疆	744.2	525.2	219.0	1137.1	1040.9	1307.0
不分地区	26.5	17.2	9.3	62.9	65.8	34.6
中央调剂金账户				1.0		1.5

注：1.不分地区合计中，包括中国人民银行、中国农业发展银行数。
2.中央调剂金账户金额为调剂基金利息收入。

7-17-22 各地区城乡居民基本养老保险情况

地 区	参保人数(万人)	#实际领取待遇人数	基金收支情况(亿元)		
			基金收入	基金支出	累计结余
全 国	**53266.0**	**16031.9**	**4107.0**	**3114.3**	**8249.2**
北 京	204.7	90.8	68.1	58.5	165.5
天 津	164.5	82.2	60.7	45.3	279.4
河 北	3524.1	1052.1	222.6	153.3	408.7
山 西	1627.8	422.5	95.7	64.0	234.0
内蒙古	768.2	233.9	63.7	56.3	101.3
辽 宁	1057.7	414.7	77.7	71.4	80.1
吉 林	702.1	264.4	47.3	37.1	72.5
黑龙江	916.7	296.3	65.1	46.3	99.7
上 海	77.1	51.6	75.9	76.9	80.5
江 苏	2336.9	1098.2	357.3	305.5	689.8
浙 江	1199.4	531.7	176.4	178.9	154.5
安 徽	3501.7	922.5	224.9	141.1	481.8
福 建	1554.1	478.1	120.1	90.2	195.5
江 西	1888.9	492.6	107.8	73.9	253.3
山 东	4560.3	1532.6	435.8	296.1	1125.5
河 南	5196.6	1406.7	283.7	203.6	555.6
湖 北	2345.4	723.3	198.0	129.7	373.8
湖 南	3413.6	872.1	188.1	135.8	363.8
广 东	2646.2	870.9	284.3	250.1	457.1
广 西	1983.7	588.7	123.8	92.5	190.4
海 南	305.0	75.9	38.2	19.1	101.6
重 庆	1162.7	358.5	83.2	62.1	153.9
四 川	3368.7	1119.5	246.7	204.0	531.1
贵 州	1855.8	462.2	71.2	59.7	135.6
云 南	2410.0	538.7	107.6	75.9	293.7
西 藏	166.0	25.2	9.3	5.8	28.9
陕 西	1765.6	514.6	122.2	87.8	257.0
甘 肃	1372.6	312.1	75.0	47.9	193.9
青 海	261.1	45.9	19.4	11.7	46.9
宁 夏	194.7	40.9	15.3	10.6	37.1
新 疆	734.1	112.7	41.8	23.3	106.9

注：2012年8月起，新型农村社会养老保险和城镇居民社会养老保险制度全覆盖工作全面启动，合并为城乡居民社会养老保险。

7-17-23 各地区失业保险情况

地区	年末参加失业保险人数(万人)	年末领取失业保险金人数(万人)	基金收支情况(亿元)		
			基金收入	基金支出	累计结余
全国	**20542.7**	**228.3**	**1284.2**	**1333.2**	**4625.4**
北京	1294.8	4.0	102.0	92.7	225.5
天津	335.5	6.6	25.2	34.1	57.0
河北	554.1	6.7	34.3	24.7	146.1
山西	443.9	3.1	23.8	14.4	164.0
内蒙古	267.4	2.3	19.7	12.3	119.2
辽宁	668.2	12.6	42.6	36.8	233.7
吉林	273.6	2.5	18.7	15.8	110.0
黑龙江	324.0	3.3	21.3	24.5	128.5
上海	984.9	10.6	105.1	127.1	92.6
江苏	1794.2	30.6	114.5	115.7	349.6
浙江	1561.7	13.6	87.8	187.0	248.4
安徽	518.8	7.2	38.1	51.2	84.8
福建	610.6	5.9	24.6	20.0	147.0
江西	289.7	1.6	13.8	6.6	75.8
山东	1366.0	17.7	82.1	77.7	252.2
河南	837.3	6.8	42.2	48.5	157.2
湖北	619.5	6.2	37.4	25.7	162.5
湖南	606.6	6.3	24.9	15.9	123.3
广东	3498.8	17.5	158.0	112.6	631.0
广西	363.0	5.5	24.3	20.7	120.4
海南	178.6	2.6	8.2	7.4	30.1
重庆	515.0	5.6	24.1	57.2	61.6
四川	953.5	32.7	98.8	102.9	370.0
贵州	276.1	2.7	17.7	12.2	73.4
云南	289.2	5.1	21.0	13.2	119.8
西藏	25.3		2.8	0.5	18.6
陕西	426.4	3.2	25.5	42.1	118.0
甘肃	173.0	0.8	12.9	8.0	75.4
青海	43.8	0.3	4.0	5.0	23.0
宁夏	97.4	1.6	6.4	4.8	32.6
新疆	352.1	3.1	22.4	15.8	74.0

7-17-24 各地区基本医疗保险参保人数

单位：万人

地 区	年末参保人数合计	职工基本医疗保险	职工	退休人员	城乡居民基本医疗保险
全 国	**135407.4**	**32924.7**	**24224.4**	**8700.4**	**102482.7**
北 京	2082.7	1682.5	1376.5	306.1	400.1
天 津	1137.0	595.0	383.0	212.1	541.9
河 北	6937.7	1079.2	741.9	337.3	5858.5
山 西	3266.4	702.0	482.3	219.7	2564.3
内蒙古	2178.4	530.7	360.2	170.5	1647.7
辽 宁	3894.7	1552.1	911.1	641.0	2342.6
吉 林	2548.1	525.9	333.7	192.3	2022.2
黑龙江	2837.1	873.6	496.5	377.1	1963.5
上 海	1889.1	1539.3	1026.9	512.4	349.8
江 苏	7848.8	2954.0	2189.6	764.5	4894.8
浙 江	5461.5	2426.6	1950.1	476.5	3034.9
安 徽	6731.5	888.1	632.9	255.3	5843.3
福 建	3788.1	841.4	678.8	162.6	2946.7
江 西	4782.4	579.0	372.0	207.0	4203.4
山 东	9569.6	2173.8	1624.3	549.5	7395.8
河 南	10289.8	1281.6	906.6	375.1	9008.1
湖 北	5562.6	1093.2	761.8	331.4	4469.4
湖 南	6716.1	930.6	631.6	299.0	5785.4
广 东	10783.5	4375.7	3850.2	525.6	6407.7
广 西	5207.2	620.5	444.5	176.0	4586.6
海 南	920.6	236.1	171.5	64.7	684.5
重 庆	3272.1	720.6	520.3	200.3	2551.4
四 川	8616.9	1778.1	1279.4	498.7	6838.8
贵 州	4186.7	462.0	342.3	119.7	3724.7
云 南	4533.4	528.0	373.4	154.6	4005.5
西 藏	347.1	47.7	36.5	11.2	299.3
陕 西	3960.8	712.9	508.5	204.4	3248.0
甘 肃	2572.9	344.3	230.2	114.1	2228.6
青 海	557.9	103.7	68.1	35.7	454.2
宁 夏	633.7	141.1	103.1	38.0	492.6
新 疆	2293.1	605.1	436.9	168.1	1688.1

7-17-25 分地区基本医疗保险基金(含生育保险)收支情况

单位：亿元

地　区	基金收入			基金支出			累计结余		
	合　计	职　工	居　民	合　计	职　工	居　民	合　计	职　工	居　民
全　国	**24420.9**	**15845.4**	**8575.5**	**20854.2**	**12663.2**	**8191.0**	**27696.7**	**22554.1**	**5142.5**
北　京	1553.6	1483.6	70.1	1320.0	1226.1	93.9	1108.8	1085.9	22.9
天　津	392.2	333.0	59.2	351.5	303.7	47.8	378.0	276.9	101.0
河　北	980.6	504.7	475.9	833.6	390.0	443.7	1054.0	820.9	233.1
山　西	472.4	269.3	203.1	449.5	234.4	215.1	507.9	387.2	120.7
内蒙古	382.7	245.5	137.2	325.9	197.8	128.1	419.8	348.8	71.0
辽　宁	735.5	548.8	186.8	677.0	505.6	171.4	639.2	500.6	138.6
吉　林	352.2	205.3	147.0	320.0	166.0	154.0	401.3	326.2	75.2
黑龙江	509.0	341.4	167.5	457.3	302.1	155.2	577.3	432.0	145.4
上　海	1445.3	1356.6	88.6	971.1	891.8	79.4	2931.2	2920.4	10.8
江　苏	1801.0	1336.4	464.6	1556.0	1091.8	464.2	2089.9	1857.7	232.2
浙　江	1625.1	1154.5	470.6	1370.5	950.5	420.0	2110.3	1941.1	169.2
安　徽	787.8	351.0	436.8	710.2	266.2	444.0	710.8	502.4	208.4
福　建	607.5	373.4	234.1	539.5	297.5	242.0	796.7	700.9	95.7
江　西	588.9	237.1	351.8	522.4	190.9	331.5	607.6	343.4	264.2
山　东	1655.5	1041.9	613.7	1426.1	867.0	559.2	1537.7	1158.4	379.3
河　南	1142.8	487.3	655.5	1091.2	408.5	682.7	936.9	665.0	271.8
湖　北	876.6	513.1	363.6	784.0	427.4	356.6	770.6	510.7	259.9
湖　南	843.6	406.4	437.2	753.4	325.6	427.9	815.9	585.8	230.1
广　东	2177.7	1656.6	521.1	1764.4	1281.3	483.0	3329.0	2913.7	415.3
广　西	638.2	276.5	361.8	561.8	221.6	340.2	786.7	401.2	385.5
海　南	152.9	98.0	54.9	117.6	67.1	50.5	199.9	159.8	40.2
重　庆	522.0	320.2	201.8	461.4	274.5	186.9	444.8	280.9	163.9
四　川	1311.3	753.7	557.6	1071.2	574.8	496.4	1694.1	1267.2	427.0
贵　州	530.3	219.1	311.2	427.3	163.1	264.2	445.1	259.5	185.6
云　南	652.8	324.3	328.5	565.9	254.2	311.7	619.6	443.2	176.3
西　藏	69.7	50.9	18.8	47.3	21.4	25.9	117.0	114.2	2.7
陕　西	580.1	323.0	257.1	505.4	257.9	247.5	552.1	461.7	90.5
甘　肃	317.6	148.6	169.0	287.3	124.1	163.2	233.1	168.3	64.8
青　海	125.8	80.7	45.0	93.4	61.5	31.9	157.0	122.1	34.9
宁　夏	117.3	71.5	45.8	91.6	52.0	39.6	130.2	102.6	27.6
新　疆	472.6	333.1	139.5	400.3	266.9	133.4	594.3	495.5	98.7

7-17-26 各地区工伤保险情况

地 区	年末参加工伤保险人数(万人)	享受工伤保险待遇人次(万人次)	基金收支情况(亿元)		
			基金收入	基金支出	累计结余
全 国	**25478.4**	**194.4**	**819.4**	**816.9**	**1783.2**
北 京	1242.2	4.4	45.1	39.1	58.0
天 津	400.2	4.0	12.6	12.3	17.7
河 北	951.4	10.0	56.5	49.0	52.5
山 西	624.2	7.4	38.2	41.5	57.4
内蒙古	338.2	2.4	12.2	11.8	45.7
辽 宁	816.8	13.1	39.6	33.5	51.7
吉 林	445.9	3.9	11.7	13.6	37.6
黑龙江	464.1	5.9	26.9	26.4	31.3
上 海	1084.1	6.4	33.6	37.1	61.8
江 苏	2016.3	15.1	72.1	74.4	161.4
浙 江	2257.4	22.2	59.3	62.9	100.6
安 徽	639.1	7.0	17.7	22.8	47.0
福 建	891.1	4.8	19.8	20.9	62.8
江 西	539.4	4.2	19.0	16.1	54.8
山 东	1710.7	11.9	56.9	53.8	119.7
河 南	966.2	4.6	26.0	26.1	70.1
湖 北	717.6	5.2	14.9	18.1	49.3
湖 南	807.6	13.4	46.2	40.5	95.7
广 东	3815.8	15.6	52.3	65.7	274.8
广 西	442.2	1.8	10.1	8.5	51.1
海 南	159.6	0.4	2.6	2.3	18.5
重 庆	661.7	6.2	24.5	20.3	12.5
四 川	1177.1	8.6	39.0	34.1	83.9
贵 州	408.5	2.6	14.9	17.8	20.9
云 南	438.5	4.9	13.4	17.4	28.0
西 藏	36.8	0.1	1.7	1.2	6.4
陕 西	577.4	3.0	18.2	17.0	41.6
甘 肃	244.1	1.5	10.2	9.3	18.5
青 海	74.0	0.5	4.5	2.9	11.9
宁 夏	119.6	0.6	4.9	4.9	11.6
新 疆	410.2	2.6	14.9	15.6	28.2

注：工伤保险累计结余中含储备金。

7-17-27 各地区生育保险情况

地 区	年末参加 生育保险人数 (万人)	享 受 待遇人次 (万人次)
全 国	**21417.3**	**1136.4**
北 京	1164.4	61.2
天 津	341.3	24.5
河 北	811.0	35.5
山 西	489.6	15.7
内蒙古	320.6	11.0
辽 宁	789.4	43.5
吉 林	326.3	22.3
黑龙江	343.5	9.1
上 海	989.6	32.4
江 苏	1868.8	143.5
浙 江	1561.1	71.6
安 徽	622.3	27.9
福 建	621.7	21.0
江 西	303.3	12.6
山 东	1298.8	81.2
河 南	765.3	31.6
湖 北	577.7	38.5
湖 南	600.4	32.0
广 东	3669.4	217.2
广 西	405.9	18.8
海 南	168.8	10.7
重 庆	466.9	29.4
四 川	954.9	36.8
贵 州	349.6	28.1
云 南	356.0	18.3
西 藏	34.3	3.6
陕 西	454.5	16.8
甘 肃	221.8	14.2
青 海	61.8	4.6
宁 夏	94.7	7.1
新 疆	383.6	15.9

【主要统计指标解释】

城镇职工基本养老保险

1. 参保职工人数 指报告期末按照国家法律、法规和有关政策规定参加城镇职工基本养老保险并在社保经办机构已建立缴费记录档案的职工人数，包括中断缴费但未终止养老保险关系的职工人数，不包括只登记未建立缴费记录档案的人数。

2. 离退休人员人数 指报告期末参加城镇职工基本养老保险的离休、退休和退职人员的人数。

3. 基金收入 指根据国家有关规定，由纳入基本养老保险范围的缴费单位和个人按国家规定的缴费基数和缴费比例缴纳的养老保险费，以及通过其他方式取得的形成基金来源的收入。包括单位和职工个人缴纳的基本养老保险费、基本养老保险基金利息收入、上级补助收入、下级上解收入、转移收入、财政补贴和其他收入。

4. 基金支出 指按照国家政策规定的开支范围和开支标准从职工基本养老保险基金中支付给参加职工基本养老保险的个人养老保险待遇支出，以及由于保险关系转移、上下级之间补助、上解等原因而发生的支出。其他支出包括基本养老金、医疗补助金、丧葬补助金和抚恤金、病残津贴、补助下级支出、上解上级支出、转移支出和其他支出等。

5. 基金累计结余 指职工基本养老保险基金收支相抵后的期末累计余额。

城乡居民基本养老保险

1. 参保人数 指报告期末，参加城乡居民养老保险（在经办机构参保登记并已建立缴费记录以及制度实施当年已经年满60周岁并在经办机构参保登记）的人数（不包括已经办理注销登记手续的人数）。

2. 实际领取待遇人数 指报告期末，实际领取城乡居民养老保险待遇的人数，不包括未足额发放的人数。

3. 基金收入 指根据国家有关规定，由参加城乡居民基本养老保险的个人按规定缴费的城乡居民基本养老保险费，以及通过集体补助、财政补助等其他方式取得的形成基金来源的收入。包括个人缴费收入、集体补助收入、政府补贴收入、利息收入、委托投资收益、转移收入、上级补助收入、下级上解收入和其他收入。

4. 基金支出 指按照国家政策规定的开支范围和开支标准从城乡居民基本养老保险基金中支付给参加城乡居民基本养老保险的个人养老金待遇支出，以及由于参保人员跨统筹地区或跨制度流动而发生的支出等。包括养老保险待遇支出、转移支出、补助下级支出、上解上级支出、其他支出。

5. 基金累计结余 指城乡居民基本养老保险基金收支相抵后的期末累计余额。

基本医疗保险

1. 参保人数 指报告期末按国家有关规定参加职工基本医疗保险和城乡居民基本医疗保险人员的合计。

2. 基金收入（含生育保险） 指由用人单位和个人按照国家规定的缴费基数、缴费比例或缴费标准缴纳的基本医疗保险费（含生育保险），财政补贴资金以及通过其他方式取得的形成基金来源的款项，包括：单位缴纳收入、个人缴纳收入、财政补贴收入、利息收入、上级补助收入、下级上解收入和其他收入。

3. **基金支出（含生育保险）** 指按照国家政策规定的开支范围和开支标准，从基本医疗保险基金（含生育保险）中支付给参保人员的医疗保险待遇支出，生育保险待遇支出以及其他支出。包括住院费用支出、门诊费用支出、大病保险支出、补助下级支出，上解上级支出和其他支出。

4. **基金累计结余（含生育保险）** 指基本医疗保险基金（含生育保险）收支相抵后的期末累计结余金额。

失业保险

1. **参保人数** 指报告期末按照国家法律、法规和有关政策规定参加了失业保险的城镇企业、事业单位的职工及地方政府规定参加失业保险的其他人员的人数。

2. **基金收入** 指报告期内筹集的失业保险基金的总额，包括失业保险费收入、利息收入、财政补贴收入、其他收入、转移收入。

3. **基金支出** 指报告期内为保障失业人员基本生活、预防失业、促进再就业等支出的基金总额，包括失业保险金支出、医疗补助金支出、丧葬补助金和抚恤金支出、职业培训和职业介绍补贴支出、其他费用支出、技能提升补贴支出、稳定岗位补贴支出、转移支出、其他支出。

4. **基金累计结余** 指截止报告期末失业保险基金收支相抵后的累计余额。

工伤保险

1. **参加保险人数** 指报告期末依据国家有关规定参加工伤保险的职工人数和有雇工的个体工商户的雇工数。

2. **享受工伤保险待遇人数** 指年报告期内因工伤或职业病而享受工伤保险待遇的职工人数。为享受工伤医疗待遇中未评定等级的人数、享受伤残待遇人数以及享受因工死亡待遇人数之和。

3. **基金收入** 指根据国家有关规定，由参加工伤保险的单位按国家规定的缴费基数和缴费比例缴纳及难以直接按照工资总额计算缴纳工伤保险费的部分行业企业按规定方式缴纳的工伤保险费，以及依法通过其他形式取得的形成基金来源的款项。包括：工伤保险费收入、利息收入、上级补助收入、下级上解收入和其他收入。

4. **基金支出** 指按照国家政策规定的开支范围和开支标准从工伤保险基金中支付给参加工伤保险的人员及供养直系亲属工伤保险待遇支出及其他支出。包括工伤医疗待遇支出、伤残待遇支出、工亡待遇支出、劳动能力鉴定支出、工伤预防费用支出、补助下级支出、上解上级支出和其他支出。

5. **基金累计结余** 指工伤保险基金收支相抵后的期末累计结余金额。

8 派生产业情况

8-1 旅游及相关产业

简要说明

一、主要内容

旅游及相关产业增加值，国内游客，入境游客（外国人、港澳同胞和台湾同胞），以及国际、国内旅游收入等。

二、统计范围

国内旅游和国际旅游。

旅游及相关产业增加值的核算范围包括《国家旅游及相关产业统计分类》中规定的全部旅游及相关活动。

三、统计调查方法

国内游客、国际旅游收入和国内旅游收入等指标采取抽样调查方法，其余指标均为全面调查统计取得。

旅游及相关产业增加值按照生产法、收入法核算。核算所需的数据来源于全国经济普查数据、国民经济核算数据和旅游及相关产业消费结构调查数据等资料。

四、资料来源

本篇资料由国家统计局贸易外经统计司根据国家移民管理局、文化和旅游部的资料编制。

入境游客人数和国内居民出境人数来自国家移民管理局；各地区接待入境过夜游客人数、国内游客人数和国内旅游收入资料来自文化和旅游部；国际旅游收入，1994 年以前由国家统计局贸易外经统计司根据国际旅游者在华花费外汇券统计资料整理提供，1994 年及以后由国家旅游局整理提供，2018 年及以后由文化和旅游部整理提供。

旅游及相关产业增加值由国家统计局国民经济核算司提供。

8-1-1 旅游及相关产业增加值

年 份	增加值(亿元)	占GDP比重(%)
2014	27433	4.26
2015	30017	4.36
2016	32979	4.42
2017	37081	4.46
2018	41478	4.51
2019	44989	4.56

注：第四次全国经济普查后，对2014年以来GDP和旅游及相关产业增加值历史数据进行了修订。

8-1-2 国内旅游情况

年 份	国内游客(百万人次)			旅游总花费(亿元)		
		城镇居民	农村居民		城镇居民	农村居民
1994	524	205	319	1023.51	848.21	175.30
1995	629	246	383	1375.70	1140.10	235.60
1996	640	256	383	1638.38	1368.36	270.02
1997	644	259	385	2112.70	1551.83	560.87
1998	695	250	445	2391.18	1515.10	876.05
1999	719	284	435	2831.92	1748.23	1083.69
2000	744	329	415	3175.54	2235.26	940.28
2001	784	375	409	3522.37	2651.68	870.69
2002	878	385	493	3878.36	2848.09	1030.27
2003	870	351	519	3442.27	2404.08	1038.19
2004	1102	459	643	4710.71	3359.04	1351.67
2005	1212	496	716	5285.86	3656.13	1629.73
2006	1394	576	818	6229.70	4414.70	1815.00
2007	1610	612	998	7770.60	5550.40	2220.20
2008	1712	703	1009	8749.30	5971.75	2777.55
2009	1902	903	999	10183.69	7233.79	2949.90
2010	2103	1065	1038	12579.77	9403.81	3175.96
2011	2641	1687	954	19305.39	14808.61	4496.78
2012	2957	1933	1024	22706.22	17678.03	5028.19
2013	3262	2186	1076	26276.12	20692.59	5583.53
2014	3611	2483	1128	30311.86	24219.76	6092.11
2015	3990	2802	1188	34195.05	27610.90	6584.15
2016	4435	3195	1240	39389.82	32241.95	7147.87
2017	5001	3677	1324	45660.77	37673.03	7987.74
2018	5539	4119	1420	51278.29	42589.99	8688.30
2019	6006	4471	1535	57250.92	47508.99	9741.93

8-1-3 历年入境游客

单位：万人次

年 份	合 计	#入境过夜游客	外国人	港澳台同胞	#台湾同胞
1978	180.92	71.60	22.96	156.15	
1979	420.39	152.90	36.24	382.06	
1980	570.25	350.00	52.91	513.90	
1981	776.71	376.70	67.52	705.31	
1982	792.43	392.40	76.45	711.70	
1983	947.70	379.10	87.25	856.41	
1984	1285.22	514.10	113.43	1167.04	
1985	1783.31	713.30	137.05	1637.78	
1986	2281.95	900.10	148.23	2126.90	
1987	2690.23	1076.00	172.78	2508.74	
1988	3169.48	1236.10	184.22	2977.33	43.77
1989	2450.14	936.10	146.10	2297.19	54.10
1990	2746.18	1048.40	174.73	2562.34	94.80
1991	3334.98	1246.40	271.01	3050.62	94.66
1992	3811.49	1651.20	400.64	3394.34	131.78
1993	4152.69	1898.20	465.59	3670.49	152.70
1994	4368.45	2107.00	518.21	3838.72	139.02
1995	4638.65	2003.40	588.67	4038.40	153.23
1996	5112.75	2276.50	674.43	4422.86	173.39
1997	5758.79	2377.00	742.80	5006.09	211.76
1998	6347.84	2507.29	710.77	5625.00	217.46
1999	7279.56	2704.66	843.23	6425.52	258.46
2000	8344.39	3122.88	1016.04	7320.80	310.86
2001	8901.29	3316.67	1122.64	7778.65	344.20
2002	9790.83	3680.26	1343.95	8446.88	366.06
2003	9166.21	3297.05	1140.29	8025.92	273.19
2004	10903.82	4176.14	1693.25	9210.57	368.53
2005	12029.23	4680.90	2025.51	10003.71	410.92
2006	12494.21	4991.34	2221.03	10273.19	441.35
2007	13187.33	5471.98	2610.97	10576.36	462.79
2008	13002.74	5304.92	2432.53	10570.21	438.56
2009	12647.59	5087.52	2193.75	10453.84	448.40
2010	13376.22	5566.45	2612.69	10763.53	514.06
2011	13542.35	5758.07	2711.20	10831.15	526.30
2012	13240.53	5772.49	2719.16	10521.37	534.02
2013	12907.78	5568.59	2629.03	10278.75	516.25
2014	12849.83	5562.20	2636.08	10213.75	536.59
2015	13382.04	5688.57	2598.54	10783.50	549.86
2016	13844.38	5926.73	2815.12	11029.26	573.00
2017	13948.24	6073.84	2916.53	11031.71	587.13
2018	14119.83	6289.57	3054.29	11065.53	613.61
2019	14530.78	6572.52	3188.34	11342.43	613.42

8-1-4 历年入境游客增长速度

单位：%

年 份	合 计	#入境过夜游客	外国人	港澳台同胞	#台湾同胞
1979	132.4	113.5	57.8	144.7	
1980	35.6	128.9	46.0	34.5	
1981	36.2	7.6	27.6	37.2	
1982	2.0	4.2	13.2	0.9	
1983	19.6	-3.4	14.1	20.3	
1984	35.6	35.6	30.0	36.3	
1985	38.8	38.7	20.8	40.3	
1986	28.0	26.2	8.2	29.9	
1987	17.9	19.5	16.6	18.0	
1988	17.8	14.9	6.6	18.7	
1989	-22.7	-24.3	-20.7	-22.8	23.6
1990	12.1	12.0	19.6	11.5	75.2
1991	21.4	18.9	55.1	19.1	-0.1
1992	14.3	32.5	47.8	11.3	39.2
1993	9.0	15.0	16.2	8.1	15.9
1994	5.2	11.0	11.3	4.6	-9.0
1995	6.2	-4.9	13.6	5.2	10.2
1996	10.2	13.6	14.6	9.5	13.2
1997	12.6	4.4	10.1	13.2	22.1
1998	10.2	5.5	-4.3	12.4	2.7
1999	14.7	7.9	18.6	14.2	18.9
2000	14.6	15.5	20.5	13.9	20.3
2001	6.7	6.2	10.5	6.3	10.7
2002	10.0	11.0	19.7	8.6	6.4
2003	-6.4	-10.4	-15.2	-5.0	-25.4
2004	19.0	26.7	48.5	14.8	34.9
2005	10.3	12.1	19.6	8.6	11.5
2006	3.9	6.6	9.7	2.7	7.4
2007	5.5	9.6	17.6	3.0	4.9
2008	-1.4	-3.1	-6.8	-0.1	-5.2
2009	-2.7	-4.1	-9.8	-1.1	2.2
2010	5.8	9.4	19.1	3.0	14.6
2011	1.2	3.4	3.8	0.6	2.4
2012	-2.3	0.3	0.3	-2.9	1.5
2013	-2.5	-3.5	-3.3	-2.3	-3.3
2014	-0.5	-0.1	0.3	-0.6	3.9
2015	4.1	2.3	-1.4	5.6	2.5
2016	3.5	4.2	8.3	2.3	4.2
2017	0.8	2.5	3.6		2.5
2018	1.2	3.6	4.7	0.3	4.5
2019	2.9	4.5	4.4	2.5	

8-1-5 历年国际旅游收入及增长速度

单位：亿美元

年 份	收入合计			增长速度(%)		
		商品收入	劳务收入		商品收入	劳务收入
1978	2.63	1.22	1.41			
1979	4.49	2.03	2.46	70.7	66.4	74.5
1980	6.17	3.15	3.02	37.4	55.2	22.8
1981	7.85	4.06	3.79	27.2	28.9	25.5
1982	8.43	4.31	4.12	7.4	6.2	8.7
1983	9.41	4.66	4.75	11.6	8.1	15.3
1984	11.31	5.65	5.66	20.2	21.2	19.2
1985	12.50	5.30	7.20	10.5	-6.2	27.2
1986	15.31	6.66	8.65	22.5	25.7	20.1
1987	18.62	7.78	10.84	21.6	16.8	25.3
1988	22.47	8.95	13.52	20.7	15.0	24.7
1989	18.60	6.30	12.30	-17.2	-29.6	-9.0
1990	22.18	7.75	14.43	19.2	23.0	17.3
1991	28.45	9.89	18.56	28.3	27.6	28.6
1992	39.47	12.90	26.57	38.7	30.4	43.2
1993	46.83	13.09	33.74	18.6	1.5	27.0
1994	73.23	26.45	46.78	56.4	102.1	38.6
1995	87.33	32.99	54.34	19.3	24.7	16.2
1996	102.00	34.50	67.50	16.8	4.6	24.2
1997	120.74	40.24	80.50	18.4	16.6	19.3
1998	126.02	41.39	84.63	4.4	2.9	5.1
1999	140.99	42.99	98.00	11.9	3.9	15.8
2000	162.24	47.54	114.70	15.1	10.6	17.0
2001	177.92	52.93	124.99	9.7	11.3	9.0
2002	203.85	58.71	145.14	14.6	10.9	16.1
2003	174.06	50.51	123.55	-14.6	-14.0	-14.9
2004	257.39	77.40	179.99	47.9	53.2	45.7
2005	292.96	91.26	201.70	13.8	17.9	12.1
2006	339.49	147.19	192.30	15.9	61.3	-4.7
2007	419.19	142.42	276.77	23.5	-3.2	43.9
2008	408.43	124.07	284.35	-2.6	-12.9	2.7
2009	396.75	127.63	269.12	-2.9	2.9	-5.4
2010	458.14	157.05	301.09	15.5	23.1	11.9
2011	484.64	154.54	330.09	5.8	-1.6	9.6
2012	500.28	149.01	351.26	3.2	-3.6	6.4
2013	516.64	153.10	363.54	3.3	2.7	3.5
2014	569.13	161.56	407.58	10.2	5.5	12.1
2015	1136.50	291.60	844.90			
2016	1200.00	305.70	894.30	5.6	4.8	5.8
2017	1234.17	333.02	901.15	2.8	8.9	0.8
2018	1271.03	470.16	800.85	3.0	41.2	-11.1
2019	1312.54	463.38	849.16	3.3	-1.4	6.0

注：2015年以后“国际旅游(外汇)收入”文化和旅游部(原国家旅游局)补充完善了停留时间为3-12个月的入境旅游花费和游客在华短期旅居花费，与以前年度不可比(以下表同)。

8-1-6 入境外国游客分组构成

单位：万人次

指　标	2019		2018	
	人数	比重(%)	人数	比重(%)
总　计	**4911.36**	**100.0**	**4795.11**	**100.0**
按性别分				
男	2881.29	58.7	2859.71	59.6
女	2030.07	41.3	1935.39	40.4
按年龄分				
14岁及以下	184.92	3.8	161.18	3.4
15-24岁	686.20	14.0	656.71	13.7
25-44岁	2439.71	49.7	2394.69	49.9
45-64岁	1365.75	27.8	1363.24	28.4
65岁及以上	234.77	4.8	219.28	4.6
按事由分				
会议/商务	628.47	12.8	614.70	12.8
观光/休闲	1740.31	35.4	1608.57	33.5
探亲/访友	143.17	2.9	132.24	2.8
服务员工	714.01	14.5	744.86	15.5
其他	1685.40	34.3	1694.74	35.3
按入境方式分				
船舶	260.67	5.3	276.26	5.8
飞机	1912.14	38.9	1827.17	38.1
火车	68.96	1.4	51.72	1.1
汽车	756.44	15.4	790.17	16.5
徒步	1913.15	39.0	1849.78	38.6

8-1-7 国际旅游收入

单位：亿美元

指　标	2008	2009	2010	2011	2012	2013	2014	2015	2016	2017	2018	2019
总　计	**408.43**	**396.75**	**458.14**	**484.64**	**500.28**	**516.64**	**569.13**	**1136.5**	**1200.00**	**1234.17**	**1271.03**	**1312.54**
商品收入	**124.07**	**127.63**	**157.05**	**154.54**	**149.01**	**153.10**	**161.56**	**291.60**	**305.70**	**333.02**	**470.16**	**463.38**
商品销售	85.34	91.49	115.90	118.56	111.54	111.82	113.28	209.00	209.50	229.95	327.61	302.97
餐饮	38.73	36.14	41.15	35.98	37.47	41.28	48.28	82.60	96.20	103.07	142.55	160.41
劳务收入	**284.36**	**269.12**	**301.09**	**330.09**	**351.26**	**363.54**	**407.58**	**844.90**	**894.30**	**901.15**	**800.85**	**849.16**
长途交通	124.87	117.41	130.91	151.17	172.78	174.57	195.95	448.50	446.50	449.46	366.31	401.91
民航	90.47	85.84	98.08	114.70	131.64	134.10	145.79	294.80	290.60	304.87	333.53	369.02
铁路	13.46	12.77	12.47	14.06	16.46	16.00	20.90	43.20	53.20	49.52	13.52	14.10
汽车	10.47	9.58	10.81	14.06	15.54	13.65	15.68	32.50	31.60	29.43	13.72	15.93
轮船	10.47	9.22	9.56	8.35	9.14	10.82	13.59	78.00	71.00	65.65	5.54	2.85
游览	22.02	20.80	21.07	25.32	25.55	30.92	32.54	44.80	67.10	65.04	53.71	58.66
住宿	48.60	44.34	51.95	50.98	52.11	59.76	69.50	132.90	116.30	122.08	181.09	200.49
娱乐	29.70	28.82	31.72	34.66	36.13	35.91	36.74	53.90	77.10	74.16	45.82	44.21
邮电通讯	10.02	9.55	14.60	10.36	7.91	7.92	11.04	23.90	28.90	27.57	11.62	7.47
市内交通	13.55	13.29	10.68	16.19	16.10	14.44	16.04	22.40	40.40	39.20	27.76	34.53
其他服务	35.60	34.91	40.15	41.41	40.68	40.01	45.77	118.60	118.00	123.64	114.54	101.89

8-1-8 各地区接待入境过夜游客情况

地区	2019				2018			
	人数（万人次）	#外国人	人天数（万人天）	#外国人	人数（万人次）	#外国人	人天数（万人天）	#外国人
北京	376.90	320.71	1714.71	1459.08	400.41	339.77	1721.75	1461.00
天津	56.10	50.76	401.64	361.16	58.96	55.93	378.61	373.16
河北	97.08	73.56	385.10	385.10	98.86	74.50	366.65	288.50
山西	76.22	49.80	201.89	136.22	71.35	46.60	187.15	125.78
内蒙古	195.83	186.56	602.40	565.13	188.08	178.82	592.40	550.88
辽宁	294.14	236.93	890.47	715.00	287.70	229.84	779.06	640.05
吉林	136.58	121.11	383.80	338.23	143.75	123.84	409.79	361.23
黑龙江	110.69	99.29	405.29	353.64	109.16	104.13	261.97	252.37
上海	734.69	599.16	2867.79	2336.72	742.04	601.99	2741.47	2227.36
江苏	399.46	266.46	1533.44	940.00	400.85	264.69	1523.91	926.00
浙江	467.11	329.83	1160.66	866.07	456.76	323.41	1134.77	850.91
安徽	379.74	210.74	1022.74	556.13	370.75	218.79	939.24	548.30
福建	566.03	239.98	1456.72	694.86	513.55	218.29	1324.59	639.44
江西	197.17	61.14	391.07	121.71	191.78	57.25	396.63	120.33
山东	404.22	294.41	1291.39	803.63	422.00	306.20	1383.03	1017.57
河南	180.35	113.76	455.62	301.74	167.25	105.02	390.01	250.89
湖北	450.02	349.94	1131.94	881.90	405.11	307.03	1020.90	793.19
湖南	466.95	250.14	1088.55	610.81	365.08	178.74	781.01	402.90
广东	3731.39	856.96	10507.31	2612.65	3748.06	862.37	9496.44	2602.70
广西	623.96	294.80	1456.86	712.15	562.33	270.19	1245.89	610.40
海南	143.59	107.91	438.19	373.82	126.36	89.68	338.94	273.48
重庆	297.11	169.72	1473.67	841.81	279.98	159.00	1357.89	771.15
四川	414.78	313.09	753.79	579.03	369.82	276.47	675.77	509.37
贵州	47.18	23.50	125.76	62.04	39.69	17.53	87.65	40.33
云南	739.02	586.50	1546.12	1227.07	706.08	549.94	1451.27	1137.34
西藏	54.19	36.91	202.13	137.69	47.62	24.16	135.79	78.06
陕西	465.72	329.61	1342.85	1027.88	437.14	307.30	1396.31	1068.96
甘肃	19.82	11.37	31.84	18.98	10.01	5.69	15.80	9.11
青海	7.31	4.70	21.93	15.03	6.92	5.36	21.44	17.37
宁夏	12.66	3.61	46.69	11.55	8.82	3.43	32.71	9.61
新疆	34.67	25.78	177.99	135.95	99.30	85.63	421.20	361.47

8-1-9 各地区入境过夜游客人均天花费额

单位：美元/人天

地 区	人均天花费		外国人		香港同胞		澳门同胞		台湾同胞	
	2019	2018	2019	2018	2019	2018	2019	2018	2019	2018
北 京	309.66	286.38	316.70	300.10	250.71	234.98	258.96	298.36	283.97	255.87
天 津	256.83	250.34	265.56	262.31	210.47	208.16	241.41	207.34	244.50	210.06
河 北	200.16	180.51	199.24	183.90	208.54	185.70	173.39	164.48	181.52	165.52
山 西	161.81	197.11	163.96	203.97	143.55	215.19	140.70	210.65	151.85	180.36
内蒙古	200.40	200.07	205.96	210.86	186.26	195.63	228.56	191.62	185.27	205.46
辽 宁	213.04	197.42	221.03	195.87	265.34	228.32	219.56	190.16	196.83	201.78
吉 林	194.46	189.75	209.70	191.70	170.68	181.07	135.57	159.25	153.98	166.63
黑龙江	193.47	206.07	191.04	206.02	208.59	228.20	181.05	224.40	200.29	202.70
上 海	288.75	266.63	293.08	267.00	251.39	265.34	236.04	243.30	271.05	250.14
江 苏	295.99	269.62	307.04	275.38	287.21	262.25	243.49	252.62	273.63	253.43
浙 江	247.39	233.52	250.99	226.96	230.91	217.19	216.76	253.14	230.11	221.36
安 徽	204.48	212.78	208.83	214.37	174.31	190.15	166.72	195.32	160.63	198.21
福 建	241.69	223.05	278.54	242.28	174.25	181.92	180.44	199.56	195.60	184.79
江 西	230.77	192.93	231.11	196.28	215.08	184.13	211.26	179.07	224.60	189.44
山 东	260.09	235.47	282.58	242.23	200.59	228.78	185.82	205.76	198.48	199.64
河 南	205.50	185.04	199.87	186.03	230.73	193.75	219.02	184.04	219.97	193.13
湖 北	211.63	218.10	223.08	221.46	187.06	189.28	197.61	200.77	214.31	212.96
湖 南	206.64	197.17	214.95	198.54	168.81	184.02	179.87	196.22	207.28	204.57
广 东	200.34	190.50	220.74	205.15	179.28	170.06	154.96	163.93	211.79	191.14
广 西	216.35	215.26	219.17	219.16	195.86	199.13	215.78	207.23	224.15	213.23
海 南	211.46	209.27	209.00	207.43	212.67	238.19	234.03	191.71	216.39	315.06
重 庆	239.09	215.81	241.94	224.88	224.75	214.39	232.88	223.36	251.74	223.99
四 川	195.31	193.82	199.84	200.44	185.82	178.12	174.39	189.99	189.71	187.66
贵 州	181.41	213.90	208.09	221.03	163.90	195.48	153.19	179.04	152.52	179.85
云 南	283.29	245.51	300.74	273.68	236.00	198.60	263.72	233.05	269.41	239.27
西 藏	259.55	227.38	257.48	231.02	207.51	193.49	259.84	187.26	239.16	211.63
陕 西	250.73	224.85	248.88	223.68	259.75	221.35	241.58	233.28	263.99	223.45
甘 肃	194.83	181.03	197.22	190.69	194.77	166.81	180.23	179.88	149.45	158.70
青 海	157.25	172.20	162.09	180.42	145.05	163.44	140.42	145.31	144.52	167.55
宁 夏	162.45	200.15	180.80	204.36	124.15	135.06	153.75	170.94	145.40	158.27
新 疆	250.30	197.49	258.70	197.49					230.88	

【主要统计指标解释】

旅游人数

1. 入境游客：指报告期内来我国观光、度假、探亲访友、就医疗养、购物、参加会议或从事经济、文化、体育、宗教活动的外国人、港澳台同胞等入境游客。统计时，外国人、港澳台同胞每入境一次统计1人次。

2. 国内游客：指报告期内在中国（大陆）观光游览、度假、探亲访友、就医疗养、购物、参加会议或从事经济、文化、体育、宗教活动的中国（大陆）居民人数，其出游的目的不是通过所从事的活动谋取报酬。统计时，国内游客按每出游一次统计1人次。

国际旅游收入　指入境游客在中国（大陆）境内旅行、游览过程中用于交通、参观游览、住宿、餐饮、购物、娱乐等全部花费。

国内旅游总花费　指国内游客在国内旅行、游览过程中用于交通、参观游览、住宿、餐馆、购物、娱乐等全部花费。

旅游及相关产业　指在国民经济活动中为游客直接提供行、住、吃、游、购、娱等旅游服务，以及为旅游提供相关服务活动的集合。《国家旅游及相关产业统计分类》中规定，游客是指以游览观光、休闲娱乐、探亲访友、文化体育、健康医疗、短期教育（培训）、宗教朝拜，或因公务、商务等为目的，前往惯常环境以外，出行持续时间不足一年的出行者。旅游是指游客的活动，即游客的出行、住宿、餐饮、游览、购物、娱乐等活动。

旅游及相关产业增加值　指一个国家所有常住单位一定时期内进行旅游及相关产业生产活动而创造的增加值。常住单位指在我国的经济领土上具有经济利益中心的经济单位。生产是指在机构单位的控制和组织下，利用劳动、资本、货物和服务投入，创造新的货物和服务产出的活动。

【主要统计指标解释】

8 派生产业情况

8-2 文化及相关产业

简要说明

一、主要内容

本篇资料反映 2019 年全国及分地区文化服务业的发展情况，主要内容包括文化及相关产业增加值，文化服务业企业的资产、收入、税金、利润等指标。

二、统计范围

文化及相关产业增加值的核算范围包括《文化及相关产业分类（2018）》中规定的全部文化及相关活动。

三、资料来源

本篇资料由国家统计局社会科技和文化产业统计司根据 2019 年规模以上文化服务业企业有关资料整理提供，其中，文化及相关产业增加值数据由国家统计局核算司提供。

8-2-1 文化及相关产业增加值

年 份	增加值(亿元)	占GDP比重(%)
2004	3440	2.13
2005	4253	2.27
2006	5123	2.33
2007	6455	2.39
2008	7630	2.39
2009	8786	2.52
2010	11052	2.68
2011	13479	2.75
2012	18071	3.34
2013	21870	3.67
2014	24538	3.81
2015	27235	3.95
2016	30785	4.12
2017	35427	4.26
2018	41171	4.48
2019	44363	4.50

注：1.2004-2011年执行《文化及相关产业分类》，2012-2016年执行《文化及相关产业分类(2012)》，2017-2019年执行《文化及相关产业分类(2018)》。

2.第四次全国经济普查后，对2014年以来的GDP和文化及相关产业增加值历史数据进行了修订。

8-2-2 各地区文化及相关产业增加值(2018年)

地 区	增加值(亿元)	占地区生产总值比重(%)
北 京	3075	9.29
天 津	574	4.29
河 北	846	2.60
山 西	344	2.16
内蒙古	350	2.17
辽 宁	587	2.50
吉 林	176	1.56
黑龙江	187	1.46
上 海	2193	6.09
江 苏	4657	5.00
浙 江	3813	6.57
安 徽	1537	4.52
福 建	2055	5.31
江 西	854	3.76
山 东	2528	3.79
河 南	2143	4.29
湖 北	1780	4.24
湖 南	1836	5.05
广 东	5788	5.79
广 西	448	2.28
海 南	161	3.28
重 庆	865	4.00
四 川	1706	3.98
贵 州	447	2.91
云 南	622	2.98
西 藏	74	4.76
陕 西	723	3.02
甘 肃	178	2.20
青 海	49	1.80
宁 夏	90	2.58
新 疆	258	2.02

8-2-3 规模以上文化服务业企业基本情况

单位：万元

指　　标	企业单位数(个)	年末从业人员(人)	资产总计	营业收入	营业利润	营业税金及附加	应交增值税
总　　计	**31486**	**3482548**	**915443850**	**434542088**	**51537744**	**3023988**	**8173613**
按单位规模分							
大型	1407	1489476	372500376	184057213	32846622	1470443	4106499
中型	4793	1042424	228095119	106402323	8741414	635426	1920985
小型	20600	887439	273526932	105240152	8135265	801065	1886226
微型	4686	63209	41321424	38842400	1814443	117053	259902
按登记注册类型分							
内资企业	30131	3062483	736048784	316476006	26260767	2410547	5797351
港、澳、台商投资企业	705	267100	146838111	81756357	23541420	475467	2040987
外商投资企业	650	152965	32556956	36309726	1735558	137975	335274
按企业控股情况分							
国有控股	5278	999177	394140966	93554487	9203981	834919	1704498
集体控股	367	50802	11404905	3245040	434218	37811	74569
私人控股	22325	1723186	274738525	192727336	13807367	1299818	3438736
港澳台商控股	657	258682	144970720	80846639	23385994	471284	2032016
外商控股	577	127174	26298266	33367303	1402180	123968	292451
其他	2282	323527	63890469	30801283	3304004	256188	631343
按地区分							
北　京	4088	465504	164500246	103283831	7441603	676602	1485348
天　津	583	50195	20820525	13713389	1399221	69589	246181
河　北	617	70253	15761382	2479544	-129344	22772	79267
山　西	178	24535	8105671	972910	-26415	7114	18185
内蒙古	120	13344	2509901	522413	6332	5869	6856
辽　宁	478	88911	9332046	3905506	170737	29707	64224
吉　林	139	16696	4452902	746633	68761	8076	17907
黑龙江	120	19699	2194831	716948	-60865	7022	-20749
上　海	2279	280550	95101067	49850638	6267742	237333	972523
江　苏	3743	437683	116011619	34361111	2863874	260490	749584
浙　江	1823	202068	98495015	65429758	12751283	297164	1189724
安　徽	946	85457	19341643	6457433	580186	48231	130533
福　建	1533	112849	14412005	8464098	765024	74402	149559
江　西	739	49083	7885324	3635158	191661	22739	57964
山　东	908	119315	30610145	7344371	645605	67426	165240
河　南	1376	139029	16893793	7161121	702441	112250	161113
湖　北	1417	270674	42131677	17248349	1495016	247569	442944
湖　南	1817	129530	22406424	8744075	580979	98930	142474
广　东	4049	448887	123517713	63478557	11379700	447447	1276734
广　西	307	35419	4819831	2565334	299162	14619	39052
海　南	130	19307	3722290	1629810	184456	17579	34700
重　庆	625	77926	22845225	8143344	923752	45403	140390
四　川	1060	126389	24985180	10833101	2050053	89707	371647
贵　州	390	33071	7926274	1603318	44038	20787	40094
云　南	418	45740	9646116	2777859	275701	33262	59023
西　藏	24	2039	552153	227365	23049	326	5210
陕　西	1182	83714	17823579	5041514	247181	42658	93440
甘　肃	142	15860	3041404	533302	-6439	5179	14044
青　海	33	3422	741045	427138	2462	1266	1
宁　夏	39	5231	723270	160330	-867	1894	4310
新　疆	183	10168	4133556	2083833	401657	10577	36091

注：本表数据根据《文化及相关产业分类(2018)》中文化服务业企业年报数据汇总得出。

【主要统计指标解释】

营业收入 指企业经营主要业务和其他业务所确认的收入总额。

营业利润 指企业从事生产经营活动所取得的利润。

营业税金及附加 指企业因从事生产经营活动按税法规定缴纳的应从经营收入中抵扣的税金和附加，包括营业税、消费税、城市维护建设税、教育费附加等。

应交增值税 指企业按税法规定，从事货物销售或提供加工、修理修配劳务等增加货物价值的活动本期应交纳的税金，不含期初未抵扣税额。

资产总计 指企业过去的交易或者事项形成的、由企业拥有或者控制的、预期会给企业带来经济利益的资源。

文化及相关产业 指为社会公众提供文化产品和文化相关产品的生产活动的集合。按照《文化及相关产业分类（2018）》的规定，文化及相关产业包括：

（一）以文化为核心内容，为直接满足人们的精神需要而进行的创作、制造、传播、展示等文化产品（包括货物和服务）的生产活动。具体包括新闻信息服务、内容创作生产、创意设计服务、文化传播渠道、文化投资运营和文化娱乐休闲服务等活动。

（二）为实现文化产品的生产活动所需的文化辅助生产和中介服务、文化装备生产和文化消费终端生产（包括制造和销售）等活动。

文化及相关产业增加值 指一个国家所有常住单位一定时期内进行文化及相关产业生产活动而创造的新增价值。常住单位指在我国的经济领土上具有经济利益中心的经济单位。生产是指在机构单位的控制和组织下，利用劳动、资本、货物和服务投入，创造新的货物和服务产出的活动。

8 派生产业情况

8-3 体育产业

简要说明

一、主要内容

体育产业增加值。

二、统计范围

体育产业增加值的核算范围包括《体育产业统计分类》中规定的全部体育及相关活动。

三、资料来源

本篇资料由国家统计局国民经济核算司提供。体育产业总产出和增加值采用生产法和收入法核算。核算所需的数据主要来源于三大部分：一是普查资料和专项调查资料，包括全国经济普查资料、全国体育产业专项调查资料等；二是国家统计局统计资料，包括国民经济核算资料、有关专业统计年报资料等；三是行政管理资料，如国家体育总局的部门统计资料等。

8-3-1 体育产业增加值(2019年)

单位：亿元

分类名称	总产出	增加值
体育产业	**29483**	**11248**
体育服务业	14930	7615
体育管理活动	866	452
体育竞赛表演活动	309	122
体育健身休闲活动	1797	832
体育场地和设施管理	2749	1012
体育经纪与代理、广告与会展、表演与设计服务	393	118
体育教育与培训	1909	1525
体育传媒与信息服务	706	285
体育用品及相关产品销售、出租与贸易代理	4501	2562
其他体育服务	1700	707
体育用品及相关产品制造	13614	3421
体育场地设施建设	940	212

注：2019年执行《体育产业统计分类(2019)》。

【主要统计指标解释】

体育产业　指为社会提供各种体育产品（货物和服务）和体育相关产品的生产活动的集合。

体育产业增加值　指一个国家所有常住单位一定时期内进行体育产业生产活动而创造的增加值。常住单位指在我国的经济领土上具有经济利益中心的经济单位。生产是指在机构单位的控制和组织下，利用劳动、资本、货物和服务投入，创造新的货物和服务产出的活动。

8 派生产业情况

8-4 企业信息化和电子商务

简要说明

一、主要内容

企业生产经营中应用信息技术的基本情况和电子商务交易活动情况。

二、统计范围

规模以上工业、有资质的建筑业、限额以上批发和零售业、限额以上住宿和餐饮业、房地产开发经营业和规模以上服务业的法人单位。

三、调查方法

以联网直报的方式对统计范围内的企业进行全面调查。

四、企业标准

规模以上工业：年主营业务收入2000万元及以上的工业法人单位。

有资质的建筑业：有总承包、专业承包资质的建筑业法人单位。

限额以上批发和零售业：年主营业务收入2000万元及以上批发业、年主营业务收入500万元及以上的零售业法人单位。

限额以上住宿和餐饮业：年主营业务收入200万元及以上的住宿和餐饮业法人单位。

房地产开发经营业：有开发经营活动的全部房地产开发经营业法人单位。

规模以上服务业：年营业收入2000万元及以上服务业法人单位，包括：交通运输、仓储和邮政业，信息传输、软件和信息技术服务业，水利、环境和公共设施管理业三个门类和卫生行业大类；年营业收入1000万元及以上服务业法人单位，包括租赁和商务服务业，科学研究和技术服务业，教育三个门类，以及物业管理、房地产中介服务、房地产租赁经营和其他房地产业四个行业小类；年营业收入500万元及以上服务业法人单位，包括：居民服务、修理和其他服务业，文化、体育和娱乐业两个门类，以及社会工作行业大类。

五、资料来源

本部分资料由国家统计局服务业统计司根据《信息化和电子商务应用情况》调查结果进行加工整理而得。

8-4-1 分地区企业信息化基本情况

单位：个

地 区	企业数	使用计算机的企业	比重(%)	使用互联网的企业	比重(%)	有网站的企业	比重(%)
全 国	**1039765**	**1036969**	**99.7**	**1039760**	**100.0**	**461331**	**44.4**
北 京	38309	38198	99.7	38309	100.0	18470	48.2
天 津	19519	19321	99.0	19519	100.0	7678	39.3
河 北	28751	28691	99.8	28751	100.0	13022	45.3
山 西	16109	16070	99.8	16109	100.0	4961	30.8
内蒙古	9753	9726	99.7	9751	100.0	3339	34.2
辽 宁	26500	26347	99.4	26499	100.0	11456	43.2
吉 林	10605	10579	99.8	10605	100.0	4034	38.0
黑龙江	10612	10576	99.7	10612	100.0	3655	34.4
上 海	42344	42141	99.5	42344	100.0	22056	52.1
江 苏	104951	104686	99.7	104951	100.0	57041	54.4
浙 江	96974	96811	99.8	96974	100.0	42531	43.9
安 徽	40439	40349	99.8	40439	100.0	21503	53.2
福 建	51379	51276	99.8	51379	100.0	18707	36.4
江 西	29196	29152	99.8	29196	100.0	12234	41.9
山 东	66593	66467	99.8	66593	100.0	30781	46.2
河 南	54474	54414	99.9	54474	100.0	21118	38.8
湖 北	40158	40081	99.8	40158	100.0	19207	47.8
湖 南	41505	41427	99.8	41505	100.0	17148	41.3
广 东	140878	140279	99.6	140878	100.0	70167	49.8
广 西	18531	18494	99.8	18531	100.0	4066	21.9
海 南	3501	3477	99.3	3501	100.0	1452	41.5
重 庆	22076	22048	99.9	22076	100.0	8871	40.2
四 川	42111	42063	99.9	42111	100.0	17973	42.7
贵 州	15782	15726	99.6	15781	100.0	5262	33.3
云 南	16940	16910	99.8	16940	100.0	5694	33.6
西 藏	955	949	99.4	955	100.0	361	37.8
陕 西	24750	24703	99.8	24750	100.0	10273	41.5
甘 肃	8501	8493	99.9	8500	100.0	3219	37.9
青 海	2278	2272	99.7	2278	100.0	891	39.1
宁 夏	3447	3441	99.8	3447	100.0	1357	39.4
新 疆	11844	11802	99.6	11844	100.0	2804	23.7

8-4-2 分地区企业信息化应用情况

单位：个

地区	企业数	采用信息化管理的企业	比重(%)	通过互联网开展有关生产经营活动的企业	比重(%)	通过互联网进行宣传和推广的企业	比重(%)
全国	**1039765**	**1001668**	**96.3**	**1039760**	**100.0**	**868040**	**83.5**
北京	38309	36207	94.5	38309	100.0	29560	77.2
天津	19519	18363	94.1	19519	100.0	14372	73.6
河北	28751	27429	95.4	28751	100.0	23877	83.0
山西	16109	15335	95.2	16109	100.0	12086	75.0
内蒙古	9753	9326	95.6	9751	100.0	7369	75.6
辽宁	26500	25121	94.8	26499	100.0	19364	73.1
吉林	10605	10209	96.3	10605	100.0	8355	78.8
黑龙江	10612	10115	95.3	10612	100.0	7906	74.5
上海	42344	40481	95.6	42344	100.0	34235	80.8
江苏	104951	102120	97.3	104951	100.0	88768	84.6
浙江	96974	94283	97.2	96974	100.0	81473	84.0
安徽	40439	39532	97.8	40439	100.0	35431	87.6
福建	51379	49594	96.5	51379	100.0	43663	85.0
江西	29196	28259	96.8	29196	100.0	25304	86.7
山东	66593	64255	96.5	66593	100.0	57596	86.5
河南	54474	52987	97.3	54474	100.0	49109	90.2
湖北	40158	39360	98.0	40158	100.0	35989	89.6
湖南	41505	40540	97.7	41505	100.0	37151	89.5
广东	140878	132511	94.1	140878	100.0	112717	80.0
广西	18531	17805	96.1	18531	100.0	14971	80.8
海南	3501	3329	95.1	3501	100.0	2820	80.5
重庆	22076	21620	97.9	22076	100.0	19269	87.3
四川	42111	41119	97.6	42111	100.0	36630	87.0
贵州	15782	15234	96.5	15781	100.0	13007	82.4
云南	16940	16511	97.5	16940	100.0	13995	82.6
西藏	955	911	95.4	955	100.0	728	76.2
陕西	24750	23958	96.8	24750	100.0	21256	85.9
甘肃	8501	8224	96.7	8500	100.0	7281	85.6
青海	2278	2231	97.9	2278	100.0	1903	83.5
宁夏	3447	3345	97.0	3447	100.0	2864	83.1
新疆	11844	11354	95.9	11844	100.0	8991	75.9

8-4-3 分地区电子商务应用情况

地区	企业数（个）	有电子商务交易的企业（个）	比重（%）	有电子商务销售的企业（个）	比重（%）	有电子商务采购的企业（个）	比重（%）	电子商务销售额（亿元）	电子商务采购额（亿元）
全国	**1039765**	**109410**	**10.5**	**83858**	**8.1**	**54592**	**5.3**	**169325.89**	**101275.08**
北京	38309	8516	22.2	6219	16.2	5008	13.1	23235.87	13420.45
天津	19519	1420	7.3	1074	5.5	634	3.2	3226.27	2346.38
河北	28751	2044	7.1	1562	5.4	1005	3.5	2726.32	1925.99
山西	16109	972	6.0	724	4.5	433	2.7	2136.67	1342.86
内蒙古	9753	583	6.0	403	4.1	281	2.9	2568.14	1631.26
辽宁	26500	1455	5.5	1106	4.2	600	2.3	4112.04	2570.28
吉林	10605	537	5.1	395	3.7	249	2.3	596.78	288.92
黑龙江	10612	505	4.8	380	3.6	216	2.0	599.09	314.88
上海	42344	4660	11.0	3354	7.9	2231	5.3	20462.37	11367.51
江苏	104951	9844	9.4	7488	7.1	5208	5.0	9873.81	7417.99
浙江	96974	11353	11.7	9047	9.3	5255	5.4	11482.02	4005.17
安徽	40439	5830	14.4	4852	12.0	2690	6.7	5569.61	2231.30
福建	51379	5749	11.2	4917	9.6	2301	4.5	4477.93	1725.13
江西	29196	2658	9.1	2339	8.0	1252	4.3	2968.47	1369.07
山东	66593	8351	12.5	5015	7.5	5334	8.0	12882.35	7959.77
河南	54474	3831	7.0	2838	5.2	2070	3.8	4262.26	2460.14
湖北	40158	3909	9.7	2997	7.5	2177	5.4	4734.43	3074.54
湖南	41505	4158	10.0	3192	7.7	2216	5.3	3444.84	2308.26
广东	140878	15175	10.8	12449	8.8	6644	4.7	30168.24	21902.50
广西	18531	1762	9.5	1247	6.7	910	4.9	1586.50	1355.27
海南	3501	452	12.9	389	11.1	138	3.9	828.47	297.07
重庆	22076	2737	12.4	2099	9.5	1333	6.0	4762.88	1719.79
四川	42111	4968	11.8	3556	8.4	2715	6.4	5367.96	3688.85
贵州	15782	1487	9.4	1157	7.3	703	4.5	1415.35	612.19
云南	16940	1783	10.5	1357	8.0	887	5.2	1959.58	936.20
西藏	955	96	10.1	72	7.5	43	4.5	156.63	38.04
陕西	24750	2713	11.0	2193	8.9	1253	5.1	1994.32	1021.16
甘肃	8501	674	7.9	513	6.0	313	3.7	553.53	788.44
青海	2278	211	9.3	174	7.6	79	3.5	210.81	219.03
宁夏	3447	296	8.6	221	6.4	135	3.9	243.54	171.78
新疆	11844	681	5.7	529	4.5	279	2.4	718.79	764.86

8-4-4 按行业分企业信息化基本情况

单位：个

行业	企业数	使用计算机的企业	比重(%)	使用互联网的企业	比重(%)	有网站的企业	比重(%)
总计	**1039765**	**1036969**	**99.7**	**1039760**	**100.0**	**461331**	**44.4**
采矿业	9743	9716	99.7	9742	100.0	2926	30.0
制造业	346562	346135	99.9	346562	100.0	201869	58.2
电力、热力、燃气及水的生产和供应业	13642	13599	99.7	13640	100.0	5898	43.2
建筑业	113944	113682	99.8	113944	100.0	39983	35.1
批发和零售业	234752	234171	99.8	234751	100.0	76462	32.6
交通运输、仓储和邮政业	38575	38457	99.7	38575	100.0	14050	36.4
住宿和餐饮业	50627	50564	99.9	50627	100.0	17196	34.0
信息传输、软件和信息技术服务业	22077	21959	99.5	22077	100.0	16714	75.7
房地产业	112782	111921	99.2	112781	100.0	36630	32.5
租赁和商务服务业	38930	38721	99.5	38930	100.0	17972	46.2
科学研究和技术服务业	22544	22509	99.8	22544	100.0	14166	62.8
水利、环境和公共设施管理业	5471	5464	99.9	5471	100.0	2629	48.1
居民服务、修理和其他服务业	7255	7247	99.9	7255	100.0	2494	34.4
教育	5145	5142	99.9	5145	100.0	3001	58.3
卫生和社会工作	6318	6315	100.0	6318	100.0	4046	64.0
文化、体育和娱乐业	11398	11367	99.7	11398	100.0	5295	46.5

8-4-5 按行业分企业信息化应用情况

单位：个

行业	企业数	采用信息化管理的企业	比重(%)	通过互联网开展有关生产经营活动的企业	比重(%)	通过互联网进行宣传和推广的企业	比重(%)
总计	**1039765**	**1001668**	**96.3**	**1039760**	**100.0**	**868040**	**83.5**
采矿业	9743	9383	96.3	9742	100.0	7055	72.4
制造业	346562	336758	97.2	346562	100.0	304415	87.8
电力、热力、燃气及水的生产和供应业	13642	13380	98.1	13640	100.0	10569	77.5
建筑业	113944	109763	96.3	113944	100.0	90045	79.0
批发和零售业	234752	223592	95.2	234751	100.0	185204	78.9
交通运输、仓储和邮政业	38575	37149	96.3	38575	100.0	30149	78.2
住宿和餐饮业	50627	48298	95.4	50627	100.0	43812	86.5
信息传输、软件和信息技术服务业	22077	21613	97.9	22077	100.0	20718	93.8
房地产业	112782	108947	96.6	112781	100.0	93529	82.9
租赁和商务服务业	38930	36726	94.3	38930	100.0	31761	81.6
科学研究和技术服务业	22544	21716	96.3	22544	100.0	19717	87.5
水利、环境和公共设施管理业	5471	5298	96.8	5471	100.0	4481	81.9
居民服务、修理和其他服务业	7255	6894	95.0	7255	100.0	5752	79.3
教育	5145	5025	97.7	5145	100.0	4799	93.3
卫生和社会工作	6318	6250	98.9	6318	100.0	5757	91.1
文化、体育和娱乐业	11398	10876	95.4	11398	100.0	10277	90.2

8-4-6 按行业分企业电子商务应用情况

行业	企业数(个)	有电子商务交易的企业(个)	比重(%)	有电子商务销售的企业(个)	比重(%)	有电子商务采购的企业(个)	比重(%)	电子商务销售额(亿元)	电子商务采购额(亿元)
总计	**1039765**	**109410**	**10.5**	**83858**	**8.1**	**54592**	**5.3**	**169325.89**	**101275.08**
采矿业	9743	322	3.3	111	1.1	265	2.7	601.43	746.45
制造业	346562	35303	10.2	25811	7.4	20327	5.9	56339.81	41302.30
电力、热力、燃气及水的生产和供应业	13642	834	6.1	176	1.3	722	5.3	1645.69	3693.43
建筑业	113944	4217	3.7	754	0.7	3832	3.4	186.06	7673.33
批发和零售业	234752	31922	13.6	29177	12.4	12223	5.2	84183.35	42730.24
交通运输、仓储和邮政业	38575	2366	6.1	1390	3.6	1469	3.8	7294.35	711.06
住宿和餐饮业	50627	16260	32.1	15843	31.3	3915	7.7	1168.73	48.77
信息传输、软件和信息技术服务业	22077	4716	21.4	3336	15.1	2898	13.1	11465.59	1756.61
房地产业	112782	3515	3.1	664	0.6	3102	2.8	394.47	39.38
租赁和商务服务业	38930	3585	9.2	2413	6.2	2137	5.5	4860.58	1881.50
科学研究和技术服务业	22544	1868	8.3	687	3.0	1543	6.8	273.68	613.98
水利、环境和公共设施管理业	5471	723	13.2	571	10.4	342	6.3	74.09	9.66
居民服务、修理和其他服务业	7255	587	8.1	372	5.1	368	5.1	84.58	12.58
教育	5145	387	7.5	237	4.6	255	5.0	330.49	7.73
卫生和社会工作	6318	472	7.5	246	3.9	307	4.9	18.45	27.30
文化、体育和娱乐业	11398	2333	20.5	2070	18.2	887	7.8	404.55	20.77

【主要统计指标解释】

计算机（数） 指企业（单位）在生产经营中使用的计算机，包括台式机、笔记本电脑和平板电脑。

互联网 指在世界范围内的公共计算机网络。它提供一系列通信服务（包括万维网）的接入，并传送电子邮件、新闻、娱乐和数据文件等。

网站 指在公共互联网上，面向公众使用的，基于TCP/IP协议的计算机系统，以域名本身或者“WWW.+域名”为网址的web站点，由地址、软件、硬件和内容组成。

电子商务销售额 指报告期内企业（单位）借助网络订单而销售的商品和服务总额（包括增值税）。借助网络订单指通过网络接受订单，付款和配送可以不借助于网络。

电子商务采购额 指报告期内企业（单位）借助网络订单而采购的商品和服务总额（包括增值税）。借助网络订单指通过网络发送订单，付款和配送可以不借助于网络。

9 港澳台第三产业情况

9-1 香港第三产业情况

简要说明

一、本章资料反映香港特别行政区主要社会、经济发展情况。内容包括:土地、人口、就业、国民收入、国际收支平衡、工业、能源、建筑、运输、对外贸易、政府收支及金融、教育、房屋、卫生、社会保障等方面。

二、本章由香港特别行政区政府统计处向有关政府决策局/部门及公营机构搜集数据,国家统计局国际统计信息中心负责整理、编辑。

三、在统计工作方面,按《中华人民共和国香港特别行政区基本法》的有关原则,香港特别行政区保留其单独运作的统计系统,并负责编制和发布反映香港特别行政区情况的统计数据。由于香港和内地在使用统计名词及概念方面会有所不同,读者在比较两地数据时,请参考本章末的“主要统计指标解释”。

四、香港特别行政区是单独的关税地区,香港与内地之间的贸易,亦需办理进出口报关。在贸易统计方面,香港特别行政区对外贸易统计数据亦包括香港特别行政区与内地的贸易。

五、在外汇统计及与之有关的各方面,港币是香港特别行政区的法定货币,因此,除港币以外的货币(包括人民币)均视作外币。

六、更详细的统计资料及有关的技术细节,可参阅香港特别行政区政府统计处出版的《香港统计月刊》、《香港统计年刊》及各专题统计出版物。

七、本章节表中的符号使用说明:

本章节表中使用的符号含义如下:“-”表示不适用;“空格”表示没有数字;“#”表示临时数字;“§”表示数字少于单位的一半。

9-1-1 主要统计指标概况

项目		2015	2016	2017	2018	2019
香港陆地面积①	**（平方公里）**	**1106**	**1106**	**1106**	**1106**	**1106**
香港岛		81	81	81	81	81
九龙		47	47	47	47	47
新界		978	978	978	978	978
人口						
年中人口	（万人）	729.1	733.7	739.2	745.1	750.7
粗出生率	（‰）	8.2	8.3	7.7	7.2	7.0
粗死亡率	（‰）	6.3	6.4	6.3	6.4	6.5#
婴儿死亡率 （按每千名登记活产婴儿计算）	（‰）	1.4	1.8	1.7	1.5	1.3#
劳工						
劳动人口	（万人）	390.3	392.0	394.7	397.9	396.6
劳动人口参与率	（%）	61.1	61.1	61.1	61.2	60.6
失业率	（%）	3.3	3.4	3.1	2.8	2.9
就业人数	（万人）	377.4	378.7	382.3	386.7	385.0
选定行业的就业人数	（万人）					
制造		11.3	11.8	11.1	10.3	10.4
建筑		31.7	32.8	34.2	35.2	33.8
进出口贸易及批发		48.0	46.5	45.0	44.3	38.7
零售、住宿②及膳食服务③		62.5	62.0	63.8	63.1	60.9
运输、仓库、邮政及速递服务、资讯及通讯		45.5	45.0	45.3	45.1	44.8
金融、保险、地产、专业及商用服务		75.0	76.2	77.9	79.4	83.5
公共行政、社会及个人服务		100.8	101.8	102.9	107.0	110.4
实际工资指数④	（1992年9月=100）	117.7	120.7	123.2	124.5	123.8
对外贸易						
商品贸易						
进口	（亿港元）	40464	40084	43570	47214	44154
整体出口	（亿港元）	36053	35882	38759	41581	39887
服务贸易						
服务出口⑤	（亿港元）	8089	7647	8113	8869	7929#
服务进口⑤	（亿港元）	5743	5781	6059	6399	6182#
国民收入及国际收支平衡						
本地生产总值						
按2018年环比物量计算⑥						
年增长率	（%）	2.4	2.2	3.8	2.8	-1.2
本地生产总值	（亿港元）	25996	26560	27567	28352	27997
人均本地生产总值	（港元）	356532	362017	372941	380507	372930
按当年价格计算						
年增长率	（%）	6.1	3.8	6.8	6.6	1.1
本地生产总值	（亿港元）	23983	24904	26594	28352	28657
人均本地生产总值	（港元）	328924	339454	359780	380507	381714
本地居民总收入						
按当年价格计算						
本地居民总收入	（亿港元）	24427	25530	27749	29700#	30138#
人均本地居民总收入	（港元）	335010	347986	375412	398601#	401450#
对外初次收入流量净值	（亿港元）	444	626	1156	1348	1482#

9-1-1 续表 1

项　　目		2015	2016	2017	2018	2019
国际收支平衡						
经常帐户	(亿港元)	796	985	1218	1059#	1760#
资本及金融帐户	(亿港元)	-1286	-1011	-765	-1751#	-2470#
净误差及遗漏	(亿港元)	491	26	-454	691#	710#
整体的国际收支	(亿港元)	2820	89	2505	76#	-89#
国际投资头寸⑦						
国际投资头寸净值⑧	(亿港元)	77747	89468	111050	100473	121717#
对外金融资产	(亿港元)	338245	357388	428100	425477	437596#
对外金融负债	(亿港元)	260497	267921	317051	325004	315879#
消费价格指数						
(2014年10月至2015年9月=100)						
综合消费价格指数		100.6	103.0	104.5	107.0	110.1
甲类消费价格指数		100.6	103.5	105.1	107.9	111.5
乙类消费价格指数		100.6	102.9	104.3	106.7	109.6
丙类消费价格指数		100.5	102.6	104.2	106.5	109.3
工业生产						
工业生产指数	(2015年=100)	100.0	99.6	100.0	101.3	101.7
工业电力消费量	(太焦耳)	11436	11252	11196	11081	10815
工业煤气消费量	(太焦耳)	1649	1477	1569	1717	1824
房屋及物业						
永久性居住屋宇单位⑨	(万个)					
公营租住房屋⑩		78.32	78.67	80.54	81.29	83.01
资助出售单位⑪		39.60	39.89	40.31	40.90	41.88
私人永久性房屋⑪		151.64	154.79	156.51	158.25	160.36
总计		269.56	273.35	277.36	280.44	285.25
新落成私人楼宇						
楼宇数目	(栋)	612	556	703	732	658
实用楼面面积	(万平方米)					
住宅⑫		58.5	63.7	63.2	79.3	48.4
非住宅		44.8	59.2	74.1	61.7	67.2
获批准可动工兴建私人楼宇	(栋)					
初次呈交		486	383	269	238	249
重大修改		159	163	192	199	147
政府收支、金融、保险	(亿港元)					
政府储备结余⑬⑭		8429	9540	11029	11709	11603
政府收入总额⑭⑮		4500	5731	6198	5998	5909
政府开支总额⑭⑮		4356	4621	4709	5318	6078
货币供应量M_3						
港元⑯		57788	62927	70245	72843	74547
外币⑰		58762	62587	67793	71194	73317
总计		116550	125513	138038	144037	147864
港汇指数(贸易总值(进口及整体出口)加权) (2010年1月=100)⑱		101.3	104.1	104.2	101.8	105.2

9-1-1 续表 2

项 目	2015	2016	2017	2018	2019
运输、通讯、旅游					
进出香港货物					
总卸下 (万吨)	16887	16669	19108	17543	18567
总装上 (万吨)	11491	11647	11772	10975	10276
集装箱吞吐量（万标准集装箱）	2007	1981	2077	1960	1830
电话服务 （万条操作线路）	421	421	415	410	405
访港旅客 （万人次）	5930.8	5665.5	5847.2	6514.8	5591.3
教育 **（人）**					
小学学生人数	337558	349008	362049	372465	373228
中学学生人数⑲	354698	339849	332382	327023	328743
教资会资助大学学生人数	191997	190919	192034	193469	189173
卫生					
医生 （人）	13726	14013	14290	14651	15004
注册中医 （人）	7071	7262	7425	7409	7582
病床 （张）	38287	39090	39683	40434	41474
社会保障					
综合社会保障援助⑬					
个案数目 （个）	242903	236522	231468	224603	222691
发放款项 （亿港元）	223	223	217	223	227#
公共福利金⑬					
个案数目 （个）	808909	846028	897541	957595	1015187
发放款项 （亿港元）	217	221	236	393	366#
交通意外伤亡援助⑬					
获批个案数目 （个）	7148	7340	6553	7334	6820

注：①2014年前的数字是该年6月底的数据，而2014年起的数字是该年10月底的数据。面积包括不在区议会分区内的落马州河套。
②住宿服务包括酒店、宾馆、旅舍及其他提供短期住宿服务的机构单位。
③零售、住宿及膳食服务业合计通常被称为「与消费及旅游相关行业」。
④实际工资指数是按其名义指数扣除以2014/15年为基期的甲类消费价格指数而计算出来。
⑤数字已采纳《2010年国际服务贸易统计手册》内最新的国际建议。
⑥以环比物量计算的本地生产总值及其组成部分的参照年，已由2017年重订为2018年。重订参照年会影响以环比物量计算的数值，但不会影响其变动率。
⑦期末头寸。
⑧国际投资头寸净值是对外金融资产总值与对外金融负债总值之间的差额。
⑨数字包括所有住宅屋宇单位及非住宅楼宇内已知作居所用途的屋宇单位，但不包括非住宅用途、酒店及院舍内供住院或在囚人士居住的屋宇单位。
⑩数字不包括香港房屋委员会售出的公营租住房屋单位。
⑪数字包括香港房屋委员会、香港房屋协会及市区重建局售出而不可在公开市场买卖的屋宇单位。可在公开市场买卖的资助出售单位则归类为私人永久性房屋。
⑫数字包括住宅楼宇内用作非住宅用途的实用楼面面积，例如：会所/娱乐设施、管理员办事处/宿舍、电机房等。
⑬数字是以相应的财政年度为根据。例如2019年的数字代表2019/20财政年度终结时的数字。
⑭2019/20年度的数字有待审计署署长核实。
⑮数字不包括“政府一般收入帐目及各基金之间的转拨”。
⑯所列数字已包括外币掉期存款。
⑰所列数字已扣除外币掉期存款。《中华人民共和国香港特别行政区基本法》说明，港元是香港特别行政区的法定货币。外币指港元以外的其他货币，因而人民币亦视作外币。
⑱由2012年1月3日起公布的新系列。数字是指年内每日电汇或现钞收市中间兑换价的平均值。
⑲数字涵盖日、夜校。

9-1-2 按当年价格计算的生产法本地生产总值

单位：亿港元

经济活动	2014	2015	2016	2017	2018
农业、渔业、采矿及采石①	**14.96**	**16.30**	**18.98**	**17.36**	**17.62**
工业	**1597.25**	**1692.72**	**1861.91**	**1919.91**	**1837.04**
制造	278.85	267.16	268.44	272.99	275.71
电力、燃气和自来水供应及废弃物管理	356.36	346.53	344.14	349.78	356.60
建筑	962.05	1079.02	1249.32	1297.14	1204.73
服务	**20447.50**	**21545.41**	**22297.60**	**23573.59**	**25149.60**
进出口贸易、批发及零售	5315.41	5278.22	5255.26	5486.36	5751.03
住宿及膳食服务②	787.25	781.34	796.82	835.07	915.25
运输、仓库、邮政及速递服务	1376.58	1500.73	1497.42	1533.59	1584.40
资讯及通讯	777.61	808.13	842.08	868.91	914.49
金融及保险	3679.89	4099.33	4289.03	4804.88	5351.26
地产、专业及商用服务	2394.34	2527.14	2661.39	2748.22	2808.43
公共行政、社会及个人服务	3795.88	4074.05	4369.12	4654.88	4994.46
楼宇业权	2320.53	2476.48	2586.49	2641.66	2830.28
以基本价格计算的本地生产总值	**22059.72**	**23254.43**	**24178.49**	**25510.86**	**27004.26**
产品税	**832.36**	**954.33**	**837.43**	**1106.98**	**1178.25**
统计差额③ (%)	**-1.30**	**-0.90**	**-0.40**	**-0.10**	**0.60**
以当时市价计算的本地生产总值	**22600.05**	**23982.80**	**24904.38**	**26593.84**	**28351.61**

注：以上的统计数字是按“香港标准行业分类2.0版”编制。

①由于要为采矿及采石业个别机构单位的数据保密，因此采矿及采石业的数字会包括在「农业、渔业、采矿及采石」内。

②住宿服务包括酒店、宾馆、旅舍及其他提供短期住宿服务的机构单位。

③统计差额是以当年价格计算,以支出法编制的本地生产总值与以生产法编制的本地生产总值之间的差额。这差额是由于在编制过程中数据来源及估算方法有所不同而引致的。统计差额是以其占当时市价计算的本地生产总值的百分比来表示。

9-1-3 按行业划分的就业人数

单位：万人

行　业	2015	2016	2017	2018	2019
制造	11.3	11.8	11.1	10.3	10.4
建筑	31.7	32.8	34.2	35.2	33.8
进出口贸易及批发	48.0	46.5	45.0	44.3	38.7
零售、住宿①及膳食服务②	62.5	62.0	63.8	63.1	60.9
运输、仓库、邮政及速递服务、资讯及通讯	45.5	45.0	45.3	45.1	44.8
金融、保险、地产、专业及商用服务	75.0	76.2	77.9	79.4	83.5
公共行政、社会及个人服务	100.8	101.8	102.9	107.0	110.4
其他	2.5	2.6	2.1	2.4	2.6
总计	**377.4**	**378.7**	**382.3**	**386.7**	**385.0**

注：数字是根据该年1月至12月进行的“综合住户统计调查”结果，以及年中人口估计数字而编制。

①住宿服务包括酒店、宾馆、旅舍及其他提供短期住宿服务的机构单位。

②零售、住宿及膳食服务业合计通常被称为「与消费及旅游相关行业」。

9-1-4 按行业划分督导级

(1992年9月 = 100)

行业主类	2015	2016	2017	2018	2019
名义工资指数					
制造	199.1	206.8	214.8	223.4	229.7
进出口贸易、批发及零售	210.5	216.3	222.8	229.5	233.1
运输	189.1	195.3	200.8	212.7	220.0
住宿及膳食服务活动①	186.2	195.1	204.2	214.0	221.0
金融及保险活动	222.8	230.0	238.2	247.3	254.7
地产租赁及保养管理	231.7	239.9	250.8	261.4	270.6
专业及商业服务	236.8	247.5	258.8	269.8	277.9
个人服务	287.8	301.9	313.9	326.1	335.5
所有选定行业②	211.9	219.6	227.9	237.3	243.9
实际工资指数③					
制造	110.5	113.6	116.1	117.2	116.6
进出口贸易、批发及零售	116.9	118.8	120.4	120.4	118.3
运输	105.0	107.3	108.5	111.6	111.7
住宿及膳食服务活动①	103.4	107.2	110.4	112.2	112.2
金融及保险活动	123.7	126.3	128.7	129.7	129.3
地产租赁及保养管理	128.7	131.8	135.6	137.1	137.4
专业及商业服务	131.5	135.9	139.9	141.5	141.1
个人服务	159.8	165.8	169.6	171.1	170.3
所有选定行业②	117.7	120.7	123.2	124.5	123.8

注：指有关年度12月份的数字。
①住宿服务包括酒店、宾馆、旅舍及其他提供短期住宿服务的机构单位。
②指“劳工收入统计调查”内工资统计调查所涵盖的所有行业，包括并没有列出其统计数字的电力及燃气供应业、污水处理及废弃物管理业与出版活动业。
③实际工资指数是按其名义指数扣除以2014/15年为基期的甲类消费价格指数而计算出来。

9-1-5 商品进出口贸易总额

单位：亿港元

贸易种类	2015	2016	2017	2018	2019
进口	40464	40084	43570	47214	44154
整体出口	36053	35882	38759	41581	39887
贸易总额	76517	75966	82329	88795	84041
商品贸易差额	-4411	-4201	-4811	-5633	-4268

9-1-6 商品进口及商品整体出口的主要供应地和目的地

单位：亿港元

贸易种类／主要国家／地区	2015	2016	2017	2018	2019
进口(供应地)	**40464**	**40084**	**43570**	**47214**	**44154**
中国内地	19840	19168	20301	21863	20581
中国台湾	2744	2921	3297	3384	3305
新加坡	2459	2617	2881	3141	2907
日本	2603	2467	2534	2600	2526
韩国	1721	1962	2521	2783	2201
整体出口(目的地)	**36053**	**35882**	**38759**	**41581**	**39887**
中国内地	19365	19435	21058	22873	22109
美国	3422	3240	3302	3568	3040
日本	1228	1167	1285	1293	1210
印度	1018	1167	1586	1343	1182
中国台湾	650	745	894	862	883

9-1-7 商品转口的主要来源地和目的地

单位：亿港元

贸易种类／主要国家／地区	2015	2016	2017	2018	2019
转口(目的地)	**35584**	**35454**	**38324**	**41118**	**39409**
中国内地	19161	19249	20886	22668	21902
美国	3383	3204	3267	3532	3003
日本	1217	1155	1275	1283	1201
印度	1013	1162	1572	1337	1177
中国台湾	629	727	873	837	863
转口(来源地)	**35584**	**35454**	**38324**	**41118**	**39409**
中国内地	21630	20855	22268	23460	21547
中国台湾	2757	3067	3437	3974	4151
韩国	1671	1868	2279	2618	2511
日本	1862	1812	1854	1974	1982
美国	1096	1143	1157	1258	1399

9-1-8 按标准国际贸易分类划分商品进口和出口

单位：亿港元

标准国际贸易分类	2014	2015	2016	2017	2018	2019
进口	**42190**	**40464**	**40084**	**43570**	**47214**	**44154**
0 粮食及活动物	1791	1637	1770	1820	1906	1809
1 饮料及烟叶	266	301	318	317	339	296
2 除燃料外的非食用未加工材料	261	232	143	162	166	193
3 矿物燃料、润滑油及有关物质	1223	938	753	973	1236	1126
4 动物及植物油、脂肪及蜡	15	14	14	15	15	15
5 未列明的化学及有关产品	1697	1579	1493	1584	1696	1520
6 主要按材料分类的制成品	4339	3843	3574	3771	3810	3463
7 机械和运输设备	25672	25671	26141	28769	31462	29456
8 杂项制成品	6911	6234	5860	6113	6523	6204
9 未列入其他分类的货物及交易	17	16	16	46	62	73
整体出口	**36728**	**36053**	**35882**	**38759**	**41581**	**39887**
0 粮食及活动物	496	510	614	702	751	689
1 饮料及烟叶	167	194	197	179	191	163
2 除燃料外的非食用未加工材料	237	186	125	128	160	166
3 矿物燃料、润滑油及有关物质	66	56	40	46	54	49
4 动物及植物油、脂肪及蜡	4	3	3	3	3	3
5 未列明的化学及有关产品	1379	1273	1173	1222	1267	1219
6 主要按材料分类的制成品	3740	3371	3292	3637	3237	2841
7 机械和运输设备	23931	24264	24801	27025	29779	28907
8 杂项制成品	6659	6148	5586	5766	6093	5799
9 未列入其他分类的货物及交易	48	47	51	50	46	51

9-1-9 按服务组成部分划分的服务出口及进口

单位：亿港元

服务组成部分	2015	2016	2017	2018	2019
服务出口					
制造服务	§	§	§	§	
保养及维修服务	27	26	26	29	
运输	2309	2187	2374	2588	
旅游	2802	2550	2598	2890	
建筑	13	9	10	8	
保险及退休金服务	101	112	110	117	
金融服务	1487	1383	1570	1741	
知识产权使用费	50	52	56	58	
电子通讯、计算机及资讯服务	220	221	221	231	
其他商业服务	1053	1074	1115	1173	
个人、文化及康乐服务	20	23	26	27	
政府货品及服务	7	7	8	8	
总计	**8089**	**7647**	**8113**	**8869**	**7929#**
服务进口					
制造服务	900	882	913	932	
保养及维修服务	9	10	11	14	
运输	1342	1314	1363	1453	
旅游	1788	1874	1979	2072	
建筑	13	10	10	8	
保险及退休金服务	113	110	113	118	
金融服务	373	366	423	486	
知识产权使用费	144	146	150	156	
电子通讯、计算机及资讯服务	148	150	150	157	
其他商业服务	892	897	924	980	
个人、文化及康乐服务	8	10	10	11	
政府货品及服务	13	12	14	13	
总计	**5743**	**5781**	**6059**	**6399**	**6182#**
服务出口净额	**2346**	**1866**	**2054**	**2469**	**1747#**

注：数字已采纳《2010年国际服务贸易统计手册》内最新的国际建议。
由于进位原因，统计表内个别项目的数字加起来可能与其总计略有差别。

9-1-10 按主要目的地和来源地划分的服务出口及进口

单位：亿港元

目的地／来源地	2014	2015	2016	2017	2018
服务出口①					
中国内地	3216	3108	2964	3103	3401
美国	1202	1168	1048	1106	1200
英国	534	594	607	635	688
日本	364	329	310	334	357
新加坡	274	295	295	322	342
其他	2411	2315	2167	2264	2441
所有目的地	8001	7808	7390	7763	8429
服务进口①					
中国内地	2165	2217	2210	2283	2375
美国	631	638	656	663	699
日本	427	446	459	499	520
英国	336	334	333	349	376
新加坡	282	255	244	257	272
其他	1856	1815	1844	1922	2031
所有来源地	5697	5704	5745	5972	6274

注：数字已采纳《2010年国际服务贸易统计手册》内最新的国际建议。
由于进位原因，统计表内个别项目的数字加起来可能与其所有目的地／来源地的数字略有差别。
①由于非直接计算金融中介服务没有按地区细分数字，本统计表内的数字不包括非直接计算的金融中介服务数字。因此于本统计表内所有目的地／来源地的数字与表9-1-9内所有服务的相应数字并不相同。

9-1-11 按当年价格计算货物及服务进出口占本地生产总值比重

单位：%

指 标	2005	2010	2015	2018	2019
本地生产总值（亿港元）	**14121**	**17763**	**23983**	**28352**	**28657**
对外商品贸易					
进口（离岸价）	134.26	168.66	169.56	166.00	154.19
出口（离岸价）	151.36	170.10	162.17	157.08	149.79
对外服务贸易					
服务出口	26.09	35.23	33.73	31.28	27.67
服务进口	30.98	30.79	23.95	22.57	21.57

注：对外商品进口及出口与服务出口及进口数字是根据《2008年国民经济核算体系》的标准，采用所有权转移原则记录外地加工货品及转手商贸活动编制而成的。

9-1-12 按居住国家和地区划分的访港旅客人数

单位：万人次

居住国家和地区	2015	2016	2017	2018	2019
中国内地	4584.2	4277.8	4444.5	5103.8	4377.5
南亚及东南亚	355.9	370.2	362.6	357.2	304.1
中国台湾	201.6	201.1	201.1	192.5	153.9
北亚	229.3	248.5	271.8	270.9	212.1
欧洲、非洲及中东	216.7	222.6	220.2	223.2	198.5
美洲	172.8	177.3	178.2	187.3	160.1
澳大利亚、新西兰及南太平洋	68.1	68.4	68.7	70.4	61.2
中国澳门/未能辨别	102.1	99.5	100.1	109.5	123.9
总计	**5930.8**	**5665.5**	**5847.2**	**6514.8**	**5591.3**
与上年比较的变动百分比(%)	**-2.5**	**-4.5**	**3.2**	**11.4**	**-14.2**

9-1-13 按居住国家和地区划分的访港旅客人均消费和逗留时间

国家和地区	2005	2010	2015	2017	2018	2019
过夜旅客人均消费 (港元)	**4663**	**6728**	**7234**	**6443**	**6614**	**5818**
中国内地	4554	7453	7924	7010	7029	5990
南亚及东南亚	4377	5251	6255	5687	6026	5732
中国台湾	4916	5197	5092	4758	5233	4813
北亚	4300	4976	4156	3978	4354	4272
欧洲、非洲及中东	5331	6674	6412	5862	6739	5981
美洲	5477	6476	6737	6184	6215	6008
澳大利亚、新西兰及南太平洋	5068	7050	6530	6500	6726	6200
中国澳门/未能辨别	2765	3824	4383	3979	4240	4481
入境不过夜旅客人均消费(港元)	**810**	**1846**	**2409**	**2059**	**2202**	**2004**
中国内地	1247	2356	2696	2298	2410	2198
南亚及东南亚	244	543	630	752	603	704
中国台湾	195	610	587	553	693	634
北亚	204	377	441	374	519	526
欧洲、非洲及中东	301	560	510	520	586	581
美洲	320	329	458	378	416	444
澳大利亚、新西兰及南太平洋	547	573	491	487	430	423
中国澳门/未能辨别	1284	2299	1818	1807	2050	1777
过夜旅客逗留时间 (晚数)	**3.7**	**3.6**	**3.3**	**3.2**	**3.1**	**3.3**
中国内地	4.2	3.9	3.2	3.1	3.0	3.3
南亚及东南亚	3.2	3.2	3.4	3.5	3.4	3.5
中国台湾	2.5	2.5	2.6	2.7	2.7	2.9
北亚	2.2	2.2	2.3	2.2	2.2	2.3
欧洲、非洲及中东	3.3	3.9	4.1	4.0	3.9	4.0
美洲	3.4	3.9	3.9	3.8	3.8	3.9
澳大利亚、新西兰及南太平洋	3.4	3.8	3.9	3.8	3.8	3.8
中国澳门/未能辨别	2.3	2.2	2.2	2.2	2.2	2.3

9-1-14 按主要货物装卸地点划分的集装箱吞吐量

单位：万标准集装箱

项　　目	2015	2016	2017	2018	2019
集装箱吞吐量	**2007.3**	**1981.3**	**2077.0**	**1959.6**	**1830.3**
葵青货柜码头					
抵港					
载货集装箱	700.5	701.6	740.6	680.0	639.3
空集装箱	101.4	89.1	104.9	120.2	108.0
离港					
载货集装箱	683.1	662.0	701.3	668.8	604.5
空集装箱	72.2	67.6	76.7	78.3	70.2
葵青货柜码头以外					
抵港					
载货集装箱	166.3	179.8	180.1	182.8	176.6
空集装箱	59.8	60.1	51.1	31.3	28.9
离港					
载货集装箱	160.8	154.6	153.2	138.3	145.1
空集装箱	63.2	66.5	69.1	59.9	57.8

注：一个标准集装箱单位等同一个20英尺集装箱的容量。

9-1-15 按运输方式划分的进出香港货物

单位：万吨

项　　目	2015	2016	2017	2018	2019
卸下					
空运	159.6	164.8	172.4	178.1	160.7
水运	15280.8	15077.4	17457.8	15950.9	17093.3
海运	11218.0	11029.1	11887.3	10987.8	11115.2
河运	4062.8	4048.3	5570.5	4963.1	5978.1
道路运输①	1446.9	1426.7	1477.4	1414.0	1312.5
总计	16887.3	16668.9	19107.6	17543.0	18566.5
装上					
空运	278.4	287.3	321.4	323.7	309.7
水运	10375.1	10595.6	10696.7	9903.2	9238.2
海运	5640.6	5379.4	5801.7	5467.2	5017.2
河运	4734.5	5216.3	4895.1	4436.0	4221.0
道路运输①	837.5	763.7	753.6	747.6	727.9
总计	11491.0	11646.6	11771.7	10974.5	10275.8

注：①港珠澳大桥于2018年10月24日开始通车营运。由2018年10月开始，道路货物数字亦包括港珠澳大桥。

9-1-16 通讯及互联网服务

项目	2015	2016	2017	2018	2019
邮递服务					
信件邮件 (亿件物品)	12.0	12.2	11.7	12.5	11.7
包裹 (万件)	110.5	101.5	88.2	81.2	69.9
已使用对外电讯设施容量①（以每秒千兆比特计）	**25818**	**34427**	**48717**	**64592**	**96234**
电话服务①② （万条操作线路）					
住宅	235.6	236.2	232.5	228.6	226.5
商用	185.5	184.5	182.6	181.3	178.8
总计	421.1	420.7	415.1	409.9	405.4
图文传真① （万条操作线路）	**17.7**	**16.7**	**16.1**	**15.4**	**14.5**
对外电话通讯量 （万分钟）					
拨出③	491487	366887	303071	225271	
拨入④	200167	165899	136351	101999	
公共无线电传呼接收器① （个）	**34924**	**28499**	**23128**	**18147**	**14948**
移动电话用户	**7971884**	**8161032**	**8604971**	**9208885**	**9481012**
系统①⑤⑥ （个）	**(16774732)**	**(17233286)**	**(19013175)**	**(21639538)**	**(23975075)**
互联网服务					
互联网服务商数目①⑦ （个）	**215**	**225**	**233**	**251**	**252**
互联网服务的用户(接驳线)数目①⑧ （个）					
拨号上网登记线路(不包括互联网储值卡)⑨	200283	190859	140923	52284	50055
以私人租用线路接驳的已登记线路⑨	2263	2551	2641	2911	23192
宽带互联网接驳线⑨	2335662	2611682	2645752	2699029	2787835
互联网使用量⑧					
客户通过公共电话网络接驳⑩ (万分钟)	24022	21458	19676	16271	13240
客户通过宽带网络接驳 (太字节)⑪	3510437	4824088	5988964	6792188	7849486

注：①年底数字。②数字包括直通内线式电话线、图文传真线及电文线路的直拨服务。③数字也包括图文传真及数据。④估计数字。⑤数字不包括预付智能卡。包括预付智能卡的数字于括号内展示。 ⑥数字包括3G及4G服务。
⑦营办商数目包括所有持牌获准提供互联网接驳服务的营办商。
⑧数字为根据互联网服务供应商申报的估计数字，并不包括不属于持牌互联网服务供应商客户的使用者。
⑨已登记线路是指由互联网服务供应商以拨号或宽频互联网形式向客户提供的接驳(包括免费的接驳线)。如互联网服务供应商向同一客户提供多条接驳线，统计数字会根据其向客户提供的接驳线数目作统计。相关接驳线如用作提供多于一项服务，亦只作一条接驳线计算。在2019年之前，统计数字为已登记客户户口数目，即互联网服务供应商的客户户口(包括免费的客户户口)。拥有超过一个客户登入识别码的登记客户户口只算作一个已登记的客户户口。已登记客户户口不包括只获提供电邮地址的客户户口。
⑩不包括通过私人租用线路接驳及使用宽带服务的客户。
⑪1个太字节 = 8万亿比特。

9-1-17 15岁及以上人口受教育程度

教育程度/性别	2015		2016		2017		2018		2019	
	人数(万人)	百分比	人数(万人)	百分比	人数(万人)	百分比	人数(万人)	百分比	人数(万人)	百分比
总计										
男	290.16	45.45	290.93	45.31	291.85	45.16	292.83	45.01	293.47	44.81
女	348.20	54.55	351.17	54.69	354.48	54.84	357.82	54.99	361.44	55.19
未受教育/学前教育①										
男	5.54	0.87	5.87	0.91	5.51	0.85	5.49	0.84	5.65	0.86
女	20.30	3.18	19.99	3.11	19.34	2.99	18.90	2.90	19.48	2.97
小学										
男	39.70	6.22	39.20	6.10	37.95	5.87	37.04	5.69	37.41	5.71
女	55.37	8.67	55.32	8.62	55.07	8.52	54.98	8.45	55.48	8.47
初中										
男	47.27	7.40	47.12	7.34	47.65	7.37	47.59	7.31	47.32	7.22
女	49.35	7.73	48.42	7.54	49.80	7.71	49.71	7.64	50.30	7.68
高中										
男	98.38	15.41	97.51	15.19	97.71	15.12	96.27	14.80	94.24	14.39
女	125.70	19.69	125.81	19.59	125.81	19.46	125.14	19.23	122.94	18.77
高等教育										
非学位课程②										
男	24.79	3.88	25.22	3.93	24.48	3.79	25.54	3.92	27.99	4.27
女	23.44	3.67	23.47	3.66	22.97	3.55	24.78	3.81	28.20	4.31
学位课程③										
男	74.49	11.67	76.01	11.84	78.54	12.15	80.89	12.43	80.87	12.35
女	74.04	11.60	78.16	12.17	81.50	12.61	84.30	12.96	85.04	12.99

注：数字是根据该年1月至12月进行的“综合住户统计调查”结果，以及年中人口估计数字而编制。
① 包括所有幼儿园及幼儿中心班级。
② 包括所有在香港或以外地区学院的证书、文凭、高级证书、高级文凭、专业文凭及其它同等程度的高等教育课程。
③ 包括所有在香港或以外地区学院的学士学位、研究生修课及专题研究课程。

9-1-18 研究及发展经费支出及人员情况

年份	研究及发展经费支出(百万港元)			研究及发展人员数目①②（人）			
	总计	资本支出	经常支出	总计	研究人员	技术人员	其他辅助人员
2000	6218	496	5722	9802	7728	1374	699
2005	10922	2228	8694	22054	18024	2346	1683
2010	13313	899	12414	25174	21697	2159	1319
2011	13945	1009	12935	25698	21618	2462	1617
2012	14816	1152	13664	26517	22488	2779	1249
2013	15613	1054	14559	27524	23945	2080	1499
2014	16727	1141	15587	29169	25622	1985	1563
2015	18271	1640	16630	30110	25619	2692	1799
2016	19713	1890	17824	31282	27100	2351	1831
2017	21280	2145	19135	32355	27635	2908	1811
2018	24497	2831	21666	33576	29682	2328	1566

注：① 研究及发展人员的数目是以“相当于全日制的人数”计算。
② 在2018年统计年度，研究及发展人员的涵盖范围已作检讨并更新。2010年至2017年的有关数字亦已作相应修订。

9-1-19 香港国际收支平衡表

单位：亿港元

标准组成部分①	2015	2016	2017	2018#	2019#
经常账户②	**796**	**985**	**1218**	**1059**	**1760**
货物	-1773	-1297	-1785	-2530	-1260
服务	2346	1866	2054	2469	1747
初次收入	444	626	1156	1348	1482
二次收入	-221	-210	-206	-228	-209
资本及金融账户②	**-1286**	**-1011**	**-765**	**-1751**	**-2470**
资本账户	-2	-4	-6	-16	-7
直接投资	7948	4478	1869	1728	713
证券投资	-9709	-4696	2642	-6164	-3187
金融衍生工具	992	363	618	332	88
其他投资	2305	-1064	-3381	2445	-166
储备资产③	-2820	-89	-2505	-76	89
净误差及遗漏④	**491**	**26**	**-454**	**691**	**710**
整体的国际收支	**2820**	**89**	**2505**	**76**	**-89**

注：①根据国际收支平衡的会计常规，某标准组成部分的净贷方数字以正数显示，而净借方则以负数显示。
②经常账户差额的正数值显示盈余而负数值则为赤字。在资本及金融账户方面，正数值显示资金净流入而负数值则为资金净流出。由于对外资产的增加是属于借方记账而减少则属贷方记账，因此负数值的储备资产显示储备资产的增加，而正数值则显示减少。
③在国际收支平衡架构下储备及非储备资产的估计数字是指交易数字。因估值方式改变(包括价格变动及汇率变动)及重新分类所导致的影响并没计算在内。
④原则上，贷方和借方各项记账的净总和等于零。实际上，由于有关数据是从多个来源搜集得来，贷方和借方记账之间可能由于各种原因而出现差异。为令贷方记账的总和与借方记账的总和相等，须加进一个反映净误差及遗漏的平衡项目。

9-1-20 香港国际投资头寸（期末头寸）

单位：亿港元

概括组成部分	2014	2015	2016	2017	2018	2019#
资产	**323915**	**338245**	**357388**	**428100**	**425477**	**437596**
直接投资	123585	132308	135269	159229	160713	155975
证券投资	90777	97555	106015	134711	124782	142520
金融衍生工具	6235	6411	8581	6169	6313	6086
其他投资	77842	74161	77577	94269	100421	98625
储备资产	25475	27809	29946	33721	33249	34389
负债	**256427**	**260497**	**267921**	**317051**	**325004**	**315879**
直接投资	127145	136973	141422	169435	171207	161731
证券投资	40858	35922	33908	44772	42186	44433
金融衍生工具	5503	5757	8270	5509	5753	5792
其他投资	82921	81845	84321	97334	105857	103923
国际投资头寸净值①	**67488**	**77747**	**89468**	**111050**	**100473**	**121717**

注：①国际投资头寸净值是对外金融资产总值与对外金融负债总值之间的差额。

9-1-21 外币兑换率及港汇指数

单位：每单位外币兑换港元

项　　目	2015	2016	2017	2018	2019
年内平均数字①					
澳元	5.83	5.78	5.98	5.86	5.44
加拿大元	6.07	5.86	6.01	6.05	5.91
人民币	1.2299	1.1664	1.1552	1.1855	1.1332
欧元	8.60	8.59	8.82	9.25	8.77
印度卢比	0.121	0.116	0.120	0.115	0.111
日元	0.0640	0.0716	0.0695	0.0709	0.0719
马来西亚林吉特	2.00	1.87	1.81	1.94	1.89
新台币	0.251	0.247	0.262	0.263	0.256
菲律宾比索	0.174	0.166	0.157	0.152	0.153
英镑	11.85	10.51	10.05	10.46	10.00
韩圆	0.0069	0.0067	0.0069	0.0071	0.0067
新加坡元	5.64	5.62	5.65	5.81	5.74
瑞士法郎	8.06	7.88	7.92	8.01	7.89
泰铢	0.227	0.220	0.230	0.243	0.253
美元	7.752	7.762	7.794	7.839	7.836
特别提款权	10.84389	10.79275	10.80958	11.10253	10.82677
港汇指数					
(2010年1月=100)②					
贸易总值(进口及整体出口)加权	101.3	104.1	104.2	101.8	105.2
进口货值加权	101.7	104.2	104.2	101.7	104.9
整体出口货值加权 ③	100.9	104.1	104.3	101.9	105.5
年底数字④					
澳元	5.66	5.59	6.10	5.53	5.46
加拿大元	5.58	5.77	6.22	5.75	5.97
人民币	1.1761	1.1113	1.1989	1.1386	1.1175
欧元	8.47	8.16	9.38	8.95	8.72
印度卢比	0.117	0.114	0.123	0.112	0.110
日元	0.0644	0.0663	0.0693	0.0709	0.0716
马来西亚林吉特	1.81	1.73	1.93	1.89	1.90
新台币	0.243	0.248	0.267	0.257	0.258
菲律宾比索	0.167	0.157	0.157	0.152	0.153
英镑	11.49	9.57	10.55	9.93	10.21
韩圆	0.0066	0.0064	0.0073	0.0071	0.0067
新加坡元	5.48	5.36	5.85	5.74	5.78
瑞士法郎	7.83	7.61	8.02	7.95	8.04
泰铢	0.215	0.217	0.241	0.241	0.260
美元	7.751	7.754	7.814	7.834	7.787
特别提款权	10.74079	10.42662	11.13385	10.89406	10.76948
港汇指数					
(2010年1月=100)②					
贸易总值(进口及整体出口)加权	104.9	108.8	100.9	104.8	105.9
进口货值加权	105.3	108.9	100.9	104.6	105.5
整体出口货值加权③	104.3	108.6	100.9	105.1	106.4

注：《中华人民共和国香港特别行政区基本法》说明，港元是香港特别行政区的法定货币。外币指港元以外的其他货币，因而人民币亦视作外币。

①数字是指年内每日电汇或现钞收市中间兑换价的平均值。

②由2012年1月3日起公布的新系列。

③包括转口和港产品出口。

④数字是该年最后一个交易日的电汇或现钞收市中间兑换价。

9-1-22 货币供应量(年底数字)

单位：亿港元

项 目	2015	2016	2017	2018	2019
法定纸币及硬币的流通量					
由商业银行发行	3601.65	4077.95	4557.15	4838.45	5166.05
由政府发行	116.61	122.53	124.39	128.45	132.54
总计	3718.26	4200.48	4681.54	4966.90	5298.59
由认可机构持有的法定纸币及硬币	224.86	295.78	294.00	301.51	325.59
由公众持有的法定纸币及硬币	3493.40	3904.70	4387.54	4665.39	4973.00
货币供应量：就外币掉期存款作出调整					
货币供应量 M_1					
港元	12533.80	14287.75	15980.14	15557.31	15331.04
外币	7177.66	7851.95	8334.47	8658.67	9516.34
总计	19711.46	22139.70	24314.61	24215.98	24847.38
货币供应量 M_2					
港元①	57655.49	62802.30	70103.45	72624.51	74387.89
外币②	58528.92	62278.96	67449.10	70856.08	73070.83
总计	116184.41	125081.27	137552.55	143480.59	147458.72
货币供应量 M_3					
港元①	57787.72	62926.66	70245.14	72843.22	74546.55
外币②	58762.47	62586.65	67793.24	71193.67	73317.20
总计	116550.19	125513.31	138038.37	144036.88	147863.75
货币供应量：未就外币掉期存款作出调整					
货币供应量 M_2					
港元	57655.01	62801.87	70102.79	72624.26	74387.65
外币	58529.40	62279.40	67449.77	70856.33	73071.07
总计	116184.41	125081.27	137552.55	143480.59	147458.72
货币供应量 M_3					
港元	57787.25	62926.22	70244.47	72842.97	74546.31
外币	58762.95	62587.08	67793.91	71193.92	73317.43
总计	116550.19	125513.31	138038.37	144036.88	147863.75

注：《中华人民共和国香港特别行政区基本法》说明，港元是香港特别行政区的法定货币。外币指港元以外的其他货币，因而人民币亦视作外币。
①所列数字已包括外币掉期存款。
②所列数字已扣除外币掉期存款。

9-1-23 股票价格指数、证券交易成交额及市场总值

项　　目	2015	2016	2017	2018	2019
香港上市①					
主板					
股票价格指数					
恒生指数②（1964年7月31日=100）					
最高	28588.5	24364.0	30199.7	33484.1	30280.1
最低	20368.1	18278.8	21883.8	24540.6	24896.9
收市	21914.4	22000.6	29919.2	25845.7	28189.8
分类指数					
(1984年1月13日= 975.47)					
金融					
最高	41536.9	32402.1	41193.5	46650.3	42019.2
最低	27976.1	24003.0	30116.2	34073.3	34448.3
收市	30576.0	30308.3	40829.5	35808.2	39114.6
公用事业					
最高	57904.3	56018.9	59179.5	59676.1	63052.4
最低	48525.5	46669.1	50174.3	52940.1	53631.5
收市	51113.6	50037.5	55654.7	57792.6	56584.5
地产					
最高	37738.0	35897.0	40252.6	44445.1	45890.9
最低	27787.3	24379.3	28996.9	33396.2	35380.1
收市	29907.2	28991.7	40088.4	37143.4	40190.1
工商业					
最高	16791.7	14440.2	18738.9	20091.8	17561.2
最低	11659.7	10795.9	12790.1	13956.6	14023.8
收市	12522.2	12884.6	18156.2	14656.7	16234.3
恒生综合指数					
(2000年1月3日= 2 000)					
最高	4029.6	3284.3	4168.1	4631.4	4079.0
最低	2805.4	2477.8	2980.1	3269.6	3313.2
收市	3021.5	2994.6	4140.5	3449.7	3827.6
恒生中国企业指数③					
(2000年1月3日= 2 000)					
最高	14962.7	10209.7	12100.7	13962.5	11881.7
最低	9058.5	7498.8	9310.8	9902.6	9731.9
收市	9661.0	9394.9	11709.3	10124.8	11168.1
恒生香港中资企业指数					
(2000年1月3日= 2 000)					
最高	5642.5	4128.3	4478.4	4929.0	4788.6
最低	3736.6	3236.7	3558.0	3994.4	3941.1
收市	4052.1	3588.0	4426.3	4169.0	4537.8
主板					
成交金额（亿港元）	258359.6	162799.8	215601.0	262952.7	213901.9
市场总值④(亿港元)	244255.5	244504.3	337180.0	297232.4	380583.4
GEM					
成交金额（亿港元）	2546.6	1164.5	1490.6	1274.9	498.6
市场总值④(亿港元)	2581.8	3108.7	2808.4	1861.8	1067.0

注：对于最高和最低指数，恒生指数有限公司是根据期内每日即市指数编制。
①恒生指数系列按指数成分股的上市地域分类为香港上市、跨市场及内地上市。
②恒生指数采用流通市值加权法计算，并设有个别成分股比重上限。
③此指数采用流通市值加权法计算，并为每只成分股的比重上限设定为10%。
④年底数字。

9-1-24 按种类划分的日均固体废物量

单位：吨(每日计)

类　别	2014	2015	2016	2017	2018
于堆填区弃置的固体废物					
都市固体废物①					
家居②	6 418	6 464	6 391	6 404	6 712
工商业③	3 364	3 694	3 954	4 329	4 716
小计	9 782	10 159	10 345	10 733	11 428
整体建筑废物④	3 942	4 200	4 422	4 207	4 081
特殊废物⑤	1 135	743	565	575	587
总计	**14 859**	**15 102**	**15 332**	**15 516**	**16 096**
已回收的都市固体废物⑥	5 625	5 569	5 225	5 015	4 870

注：①都市固体废物包括运往弃置设施的家居废物及工商业废物，但不包括建筑废物及已回收的都市固体废物。
②家居废物包括在住宅及公众地方所产生的废物，包括住宅大厦、公共垃圾桶、街道、本港海域及郊野公园收集的废物。
③工商业废物包括商店、食肆、酒店、办公室、私人屋苑街市及所有工业活动产生的废物，而建筑及拆卸废物、化学废物或其他特殊废物除外。
④建筑废物包括由建筑及拆卸活动所产生的废物，但不包括可运往公众填土区作填海用途的物料。在堆填区弃置的整体建筑废物包括来自建筑地盘的建筑废物，以及在建筑地盘以外设立的混凝土配料厂和水泥/砂浆生产厂所产生的废弃混凝土。
⑤特殊废物包括弃置于堆填区的动物尸体、屠房废物、报废货物、滤水厂及污水处理后的污泥、污水处理厂的隔滤物、禽畜废物、医疗废物及化学废物。
⑥都市固体废物回收后会在本地或香港以外地方循环再造。

【主要统计指标解释】

年中人口 是以“居住人口”方法编制，利用“居住人口”方法所编制的人口估计称为“居港人口”。“居港人口”包括“常住居民”和“流动居民”。“常住居民”指两类人士:（a）在统计时点之前的6个月内，在港逗留最少3个月，又或在统计时点之后的6个月内，在港逗留最少3个月的香港永久性居民，不论在统计时点他们是否身在香港；及（b）在统计时点身在香港的香港非永久性居民。至于“流动居民”，是指在统计时点之前的6个月内，在港逗留最少一个月但少于3个月，又或在统计时点之后的6个月内，在港逗留最少1个月但少于3个月的香港永久性居民，不论在统计时点他们是否身在香港。根据新的编制方法，旅客并不包括在香港人口内。

粗出生率 是指某一年内的活产婴儿数目相对该年年中每千名人口的比率。

粗死亡率 是指某一年内的死亡人数相对该年年中每千名人口的比率。

婴儿死亡率 是指某一年内一岁以下婴儿死亡人数相对该年每千名活产婴儿的比率。

劳动人口 是指15岁及以上陆上非住院人口，并符合就业人口或失业人口定义的人士。

劳动人口参与率 是指劳动人口占所有15岁及以上陆上非住院人口的比例。

就业人口 包括在统计前7天内有做工赚取薪酬或利润或有一份正式工作的15岁及以上人士。无酬家庭从业人员及在统计前7天内正休假的就业人士亦包括在内。

失业率 是指失业人士在劳动人口中所占的比例。

本地生产总值 是指一个经济体的所有居民生产单位，在一个指定的期间内(一般是1年或1季)，未扣除固定资本消耗的生产总值。

人均本地生产总值 是指把该经济体在某统计年的本地生产总值除以该经济体在同年的人口总数所得的数字。

本地居民总收入 指一个经济体的居民透过从事各项经济活动而赚取的总收入，不论该等经济活动是否在该经济体的经济领域内或外进行。换言之，编制本地居民总收入应包括本地居民在该经济领域内或外从事各类经济活动的收入，并扣除非本地居民在该经济领域内从事经济活动的收入。本地居民总收入的计算方法如下:

本地居民总收入

=本地生产总值+对外初次收入流量净值

=本地生产总值+本地居民从经济领域外所赚取的初次收入-非本地居民从经济领域内所赚取的初次收入

初次收入 包括投资收益及雇员报酬。投资收益包括:直接投资收益、证券投资收益、其它投资收益及储备资产收益。

人均本地居民总收入 指把该经济体在某统计年的本地居民总收入除以该经济体在同年的人口总数所得的数字。

国际收支平衡 是一项统计报表，有系统地撮录在一个指定期间内（一般是1年或1季）某经济体与世界各地之间（即居民与非居民之间）进行的经济交易。完整的国际收支平衡表包括两大账户：(a)经常账户；及(b)资本及金融账户。

经常账户 量度居民与非居民之间关于货物、服务、初次收入和二次收入的流量。

货物 在国际收支平衡表内经常账户的货物主要包括一般商品、转手商贸活动下的货物净出口及非货币黄金。

服务 在国际收支平衡表内经常账户的服务主要包括运输服务、旅游服务、保险和退休金服务、金融服务、制造服务及其他服务。

初次收入账户 显示应收及应付的外地款额，作为向非居民提供／从非居民获得可予使用的劳动力、金融资源或自然资源的回报。在国际收支平衡经常账户内初次收入的概念及定义，与本地居民总收入的对外初次收入流量是相同的。

二次收入账户 记录居民与非居民之间的经常转移。经常转移指提供可能即时或短时间内被耗用的实质或金融资源而无同等经济价值作回报的交易。经常转移属单向性质，在国际收支平衡表内是一项用以抵销单边交易的记账。例子包括职工汇款、捐款、官方援助及退休金。

资本账户 量度有关资本转移及非生产、非金融资产（如商标和品牌）的获得和处置的对外交易。资本转移的例子包括债权人减免债务，和涉及获得或处置固定资产的现金转移。

金融账户 记录居民与非居民之间关于金融资产及负债的交易，显示某经济体的对外交易是如何融资的。金融账户内的交易按功能(即投资目的)归类为直接投资、证券投资、金融衍生工具、其它投资及储备资产。

直接投资 指某经济体的投资者对另一经济体内的企业所作的对外投资，并对该企业拥有持久利益及在其管理上具有相当程度的影响力或话语权。就统计计算而言，若投资者持有某企业10%或以上的表决权，便视作对该企业的管理具话语权。

证券投资 指对非本地股权证券及债务证券（如中长期债券、货币市场工具）所作的投资，直接投资或储备资产所包括的投资除外。与直接投资者相比，投资在非本地企业所发行的股权证券及债务证券的证券投资者，在该等企业并无持久利益或在管理方面没有影响力。凡持有一间企业不足10%的表决权均视为证券投资。

金融衍生工具 是一种与某个特定的金融工具、指标或商品挂钩的金融工具，使特定的金融风险本身能透过这种工具在金融市场进行交易。金融衍生工具包括期权类合约（如认股权证和期权）及远期类合约（如期货、利率掉期、货币掉期、远期利率协议、远期外汇合约）。

其他投资 指对非居民的其他金融申索和负债，但不属直接投资、证券投资、金融衍生工具或储备资产。其他投资包括不可转让的贷款、货币和存款、贸易信贷和预付款，以及其他资产／负债。

储备资产 是由一个经济体的金融当局（就香港而言，即香港金融管理局）控制的对外资产，并随时可供金融当局用来应付国际收支平衡的财务需要、干预外汇市场以调节该经济体的货币汇率，以及用作其他相关目的（如维持大众对货币及经济的信心，及作为向外地借贷的基础）。

国际投资头寸 是显示一个经济体在某特定时点的对外金融资产及负债存量的资产负债表。对外金融资产及负债的差额即为该经济体的国际投资头寸净值，代表其对世界各地的净申索或净负债。国际投资头寸与国际收支平衡的金融账户完全协调，同样也按投资类别分类。资产和负债分类为直接投资、证券投资、金融衍生工具及其他投资。国际投资头寸的资产方还包括储备资产。有关投资组成部分的详细解释，请参阅国际收支平衡表内金融账户组成部分的解释。

国际投资头寸净值 是对外金融资产总值与对外金融负债总值之间的差额。

工业生产指数 量度本地工业生产量的实际变动，即撇除价格变动因素后的本地生产量的变动情况。

实用楼面面积 指各层楼面面积总和，但不包括楼梯、公共通道空间、升降机等候处、盥洗室、厕所、厨房、及为楼宇提供升降机、空调系统、或类似设施而安装的机械所占用的空间。

获批准可动工兴建楼宇 是指获屋宇署签发“同意书”动工兴建的楼宇。这种“同意书”是发给私人发展计划（包括香港房屋协会的计划）及香港房屋委员会的私人机构参建居屋计划。

初次呈交 就一项建筑工程初次呈交建筑事务监督要求批准的图则。

重大修改 指经过大规模修改的建筑图则，而这些图则必须从根本上接受重新评估。

自置住房住户 是指住户拥有其居住屋宇单位的业权。

进口货物 是指在香港以外出产或制成的货物，输入香港供本地使用或转口，以及再进口的香港产品。其货值是以到岸价值计算。

港产品出口货物 是指香港的天然产品或在香港经过制造工序，以致其基本原料的形状、性质、式样或用途受到永久改变的产品。如果产品在香港只进行简单的稀释、包装、入樽、烘干、简单装配、分类、装饰等过程，则该产品并不能以香港作为来源地。其货值是以离岸价值计算。

转口货物 是指输出曾经自外地输入香港的货物，而这些货物并没有在香港经过任何制造工序，以致永久改变其形状、性质、式样或用途。其货值是以离岸价值计算。

直接投资 指某经济体的投资者对另一经济体内的企业所作的对外投资，并对该企业拥有持久利益及在其管理上具有相当程度的影响力或话语权。就统计计算而言，若投资者持有某企业10%或以上的表决权，便视作对该企业的管理具话语权。直接投资包括股权及投资基金份额，以及债务工具。股权及投资基金份额包括所持有的分行股本、附属公司及联营公司的股票、投资基金份额，以及收益再投资（即投资者应得但有关企业的分行、附属公司、联营公司或投资基金没有分发的利润）。债务工具主要涉及公司之间的债务交易，包括母公司与其分行、附属公司及联营公司之间的短期及长期借贷。

外商直接投资 指境外居民持有香港居民企业的直接投资。跨国企业在香港营运的分行或附属公司，是外商直接投资的典型例子。

对外直接投资 指香港居民投资者持有境外企业的直接投资。

直接投资头寸 指某一特定日子香港居民在境外投资的价值或接受外来投资的价值。

直接投资流动 指某一时段内香港居民于境外投资或接受外来投资的投入或撤走。

贷款基金 提供资金予如房屋贷款和教育贷款等贷款计划。基金收入主要来自政府一般收入帐目转拨的款项、偿还的贷款及贷款利息。

港汇指数 是量度港元相对其他主要贸易伙伴的货币汇率变动加权平均值的指数，作为反映港元相对各种选定货币强弱的整体指标。由2012年1月3日起公布的新系列港汇指数已取代旧港汇指数系列。新系列指数是以2010年1月为基期及包括15种货币(印度卢比亦被纳入新系列指数中)。

外币兑换率 指外币兑港元的电汇或现钞收市中间兑换价。

认可机构 包括持牌银行、有限制牌照银行及接受存款公司。持牌银行可接受任何金额及期限的存款。随着撤销利率限制的最后阶段在2001年7月3日生效，各类存款利率再无任何限制。至于有限制牌照银行，它们可接受金额不少于港币50万元的任何期限的定期存款。接受存款公司则可接受金额不少于港币10万元而期限不少于3个月的定期存款。有限制牌照银行及接受存款公司均无任何存款利率限制。

外币掉期存款 是指顾客在现货市场购买外币，然后存入认可机构，但同时订下远期合约，将该笔外币（本金加利息）在存款到期时售予认可机构。从分析角度来看，这类掉期存款应当作港元定期存款。

货币供应量（M_1） 是指市民持有的法定纸币和硬币加上持牌银行的客户活期存款。

货币供应量（M_2） 是指货币供应量M_1所包括的项目，加上持牌银行的客户储蓄及定期存款，再加上持牌银行发行而由非认可机构持有的可转让存款证。

货币供应量（M_3） 是指货币供应量M_2所包括的各项，加上有限制牌照银行及接受存款公司客户的存款，再加上以上两类认可机构发行而由非认可机构持有的可转让存款证。

恒生指数 是以流通市值加权法计算，每只成分股的比重上限设定由15%逐步降低至10%。此改变由2014年9月5日收市后，会在12个月内通过五轮指数调整。该指数内的五十只成份股划分为四个行业类别指数，包括工商、金融、地产及公用事业，其涵盖市值占香港联合交易所主板所有上市股份总市值大约百分之六十。

消费物价指数 量度住户一般所购买的消费商品和服务的价格水平随时间而变动的情况。消费物价指数的按年变动率被广泛地用作反映消费者所面对的通货膨胀的指标。不同的消费物价指数数列反映消费物价转变对不同开支组别的住户的影响。甲类、乙类及丙类消费物价指数分别根据较低、中等及较高开支范围的住户的开支模式编制而成。综合消费物价指数是根据以上所有住户的整体开支模式而编制，反映消费物价转变对整体住户的影响。每个项目的开支权数，是其在住户总开支中所占的比重。开支权数是根据住户开支统计调查的结果而制订的。并会每隔五年更新一次，以确保相应的消费物价指数能准确地反映不同开支范围住户的最新开支模式。

教育程度 是指某人在学校或其它教育机构修读达到的最高教育水平，不论他/她有否完成该课程。计算教育程度时，只包括正式课程，即须最少为期一个学年，入学须具备指定的学历资格（香港公开大学的非学位、副学位、学位及研究生课程除外），以及设有考试或指定评核成绩的程序。

社会保障计划 旨在帮助社会上需要经济或物质援助的人士，应付基本及特别需要。这个无须供款的社会保障制度，包括综合社会保障援助计划、公共福利金计划、暴力及执法伤亡赔偿计划、交通意外伤亡援助计划和紧急救济。

综合社会保障援助计划 是以入息补助方法，为那些在经济上无法自给的人士提供安全网，使他们的入息达到一定水平，以应付生活上的基本需要。申请人必须符合居港规定及通过入息及资产审查。

公共福利金计划 包括普通伤残津贴、高额伤残津贴、高龄津贴、长者生活津贴及广东计划。高龄津贴及伤残津贴其目的分别是为年龄在70岁或以上或严重残疾的香港居民，每月提供现金津贴，以应付因年老或严重残疾而引致的特别需要。至于在 2013年4月起实施的长者生活津贴，旨在为年龄在65岁或以上有经济需要的香港居民，每月提供特别津贴，以补助他们的生活开支。广东计划由2013年10月起实施。

交通意外伤亡援助计划 的目的是向道路交通意外受害人，或这些人士的受养人（如受害人因伤死亡）迅速提供经济援助，而无须考虑计划受惠人的经济状况，或有关交通意外是因谁人的过失而造成。援助金按意外受害人的伤亡情况支付；至于财物损失，则不在援助范围内。

9 港澳台第三产业情况

9-2 澳门第三产业情况

简要说明

一、本章资料反映澳门特别行政区主要社会、经济发展情况。内容包括：土地、人口、就业、国民经济核算、工业、能源、建筑、交通通讯、对外贸易、财政金融、物价、教育、卫生、房屋、社会保障等方面。

二、本章由澳门特别行政区政府统计暨普查局提供所有数据，国家统计局国际统计信息中心负责整理、编辑。

三、在统计工作方面，按中华人民共和国"澳门特别行政区基本法"的有关原则，澳门特别行政区保留其单独运作的统计系统，并负责编制和发布反映澳门特别行政区情况的统计数据。由于澳门和内地在使用统计名词及概念方面会有所不同，读者在比较两地数据时，请参考本章末的"主要统计指标解释"。

四、澳门特别行政区是单独的关税地区，澳门与内地之间的贸易，亦需办理进出口报关。在贸易统计方面，澳门特别行政区对外商品贸易统计数据亦包括澳门特别行政区与内地的贸易。

五、在外汇统计及与之有关的各方面，澳门元是澳门特别行政区的法定货币，因此，除澳门元以外的货币（包括人民币）均视作外币。

六、更详细的统计资料及有关的技术细节，可参阅澳门特别行政区政府统计暨普查局出版的《统计月刊》、《统计年鉴》及各专题统计出版物。

七、本章节表中的符号使用说明："o"表示数据小于本表最小单位半数；"#"表示保密资料；"-"表示绝对数值为零；"r"表示修订数字。

9-2-1 主要统计指标概况

项 目		2015	2016	2017	2018	2019
人口及生命统计						
年中人口	(万人)	64.3	65.3	64.8	65.9	67.2
粗出生率	(‰)	11.0	11.0	10.1	9.0	8.9
粗死亡率	(‰)	3.1	3.4	3.3	3.1	3.4
婴儿死亡率	(‰)	1.6	1.7	2.3	3.4	1.5
(按每千名出生登记活产婴儿计算)						
劳动、就业						
劳动人口	(万人)	40.4	39.7	38.7	39.2	39.5
劳动力参与率	(%)	73.7	72.3	70.8	70.9	70.3
失业率	(%)	1.8	1.9	2.0	1.8	1.7
就业不足率	(%)	0.4	0.5	0.4	0.5	0.5
就业人口	(万人)	39.7	39.0	38.0	38.5	38.8
建筑业		5.5	4.4	3.3	3.1	3.1
批发及零售业		4.5	4.4	4.6	4.4	4.2
酒店及饮食业		5.5	5.7	5.5	5.6	5.6
文娱博彩及其他服务业		9.4	9.3	9.2	9.6	9.7
对外商品贸易	**(亿澳门元)**					
出口		107	100	113	122	128
本地产品出口		18	20	18	15	15
再出口		89	81	95	107	113
进口		847	714	759	901	901
贸易价格比率	(2016=100)	99.5	100.0	100.2	100.0	100.1
工业生产						
工业电力消耗量	(亿千瓦小时)	1.5	1.6	1.6	1.6	1.5
私人建筑						
获发使用准照楼宇						
单位数目	(个)	4364	498	4525[r]	4268[r]	3013
总建筑面积	(万平方米)	258	19	84	129	47
获发动工批示楼宇						
单位数目	(个)	3688	5372	3226[r]	1674[r]	405
总建筑面积	(万平方米)	169	87	41	58	44
楼宇单位买卖数目	(个)	9771	14108	13985	15073	11022
不动产买卖契约数目	(宗)	8771	13262	13961	13494	10303
不动产按揭贷款数目	(宗)	16570	18529	17439	20095	16508
运输、通讯、旅游	**(万次)**					
进出澳门重型货运车		38.5	36.3	34.5	34.8	34.1
进出澳门的客船班次		14.5	13.9	13.9	13.2	11.1
澳门国际机场的商业航班		5.2	5.4	5.5	6.2	7.4
注册车辆	(万辆)	24.9	25.0	24.2	24.0	24.1
固网及移动电话用户线(包括储值咭，万户)		204.3	210.9	238.0	230.5	291.0
入境旅客	(万人次)	3071	3095	3261	3580	3941
酒店业入住率	(%)	82	83	87	91	91
财政收支、货币、金融(亿澳门元)						
财政总收入		1161	1105	1264	1413	1407
财政总支出		808	826	813	830	847
货币供应(广义货币供应量M_2)						
总计		4728	5325	5915	6515[r]	6875
澳门元		1413	1630	1828	1985	2106
港元		2435	2892	3203	3420	3311
其他货币		880	802	884	1110	1458
本地/私人部门贷款及垫款		3844	4181	4517	5011	5155

9-2-1 续表

项 目		2015	2016	2017	2018	2019
消费物价指数						
(2018年4月至2019年3月=100)						
综合消费价格指数		92.80	95.00	96.16	99.05	101.78
甲类消费价格指数		92.94	95.08	96.22	99.13	101.79
乙类消费价格指数		91.63	94.37	95.71	98.48	101.77
房屋(期末)						
公共房屋	(套)	11507	12219	12209	14817	14670
教育						
幼儿教育学生	(人)	16789	17757	18802	18626	19265
小学生	(人)	26436	28438	30169	32530	33961
中学生	(人)	28745	27473	26608	26022	26396
高等教育学生	(人)	31970	32750	33098	34279	36107
医疗						
医生	(人)	1674	1726	1730	1754	1808
护士	(人)	2279	2342	2397	2464	2491
病床	(张)	1494	1591	1596	1604	1628
社会保障						
受益人数目	(人)	358113	358541	360044	364665	365435
供款单位数目	(个)	23388	23885	24443	25470	25860
福利金受领人数	(人)	88855	98223	107174	117159	125429
福利金发放金额	(万澳门元)	293327	337623	372508	403924	459194
律贴受领人次	(人次)	17893	21000	18430	18073	18278
律贴发放金额	(万澳门元)	4558	5994	4668	6414	7091
治安						
罪案数目	(宗)	13653	14387	14293	14365	14178
囚犯数目	(期末)	1280	1271	1284	1458	1636
本地生产总值						
按以环比物量(2018年)计算						
实际增长率	(%)	-21.6	-0.7[r]	9.9[r]	5.4[r]	-4.7
本地生产总值	(亿澳门元)	3865.5[r]	3837.7[r]	4217.1[r]	4446.7[r]	4237.2
人均本地生产总值	(万澳门元)	60.3[r]	59.4[r]	65.0[r]	67.3[r]	62.9
当年价格						
名义增长率	(%)	-18.1	0.2[r]	12.2[r]	9.2[r]	-2.2
本地生产总值	(亿澳门元)	3622.1	3628.8[r]	4073.3[r]	4446.7[r]	4346.7
人均本地生产总值	(万澳门元)	56.5	56.2[r]	62.8[r]	67.3[r]	64.5

9-2-2 本地生产总值(当年价格)

年 份	本地生产总值		实际增长率(%)	人均本地生产总值	
	(亿澳门元)	(亿美元)		(澳门元)	(美元)
1993	448.2	56.3	5.2	116729	14650
1994	498.8	62.7	4.3	125708	15792
1995	557.4	70.0	3.3	136192	17093
1996	567.4	71.2	-0.4	136693	17159
1997	575.1	72.1	-0.3	137821	17282
1998	538.0	67.4	-4.6	127386	15966
1999	518.7	64.9	-2.4	121363	15186
2000	539.4	67.2	5.7	125271	15608
2001	547.2	68.1	2.9	126107	15698
2002	588.3	73.2	8.9	134181	16703
2003	657.3	81.9	11.7	148182	18473
2004	849.2	105.9	26.8	186776	23281
2005	968.7	120.9	8.1	204607	25541
2006	1183.4	147.9	13.3	238057	29755
2007	1473.8	183.4	14.4	282962	35212
2008	1677.6	209.2	3.4	312149	38918
2009	1714.7	214.8	1.3	318611	39905
2010	2250.5	281.2	25.3	419153	52380
2011	2943.5	367.1	21.7	536178	66867
2012	3438.2	430.3	9.2	603525	75536
2013	4118.7	515.5	11.2	692501	86680
2014	4420.7	553.5	-1.2	710895	89005
2015	3622.1	453.6	-21.6	564635	70712
2016	3628.8	453.9	-0.7	561858	70278
2017	4073.3	507.5	9.9	627625	78197
2018	4446.7	550.8	5.4	673481	83425
2019	4346.7	538.6	-4.7	645438	79977

9-2-3 支出法本地生产总值

单位：亿澳门元

本地生产总值组成部分	2015	2016	2017	2018	2019
按当年价格计算					
私人消费支出	945.3	957.7	988.5	1057.5	1102.2
政府最终消费支出	347.8	377.7	393.5	420.6	451.7
固定资本形成总额	890.8	784.9	802.5	741.9	594.7
存货增加	19.3	-1.5	-9.7	22.0	22.0
货物出口	156.4	123.6	140.1	158.9	145.7
减:货物进口	1083.9	933.1	990.2	1071.2	1078.9
服务出口	2665.7	2637.5	3116.2	3522.6	3483.9
减:服务进口	319.2	317.9	367.6	405.6	374.6
本地生产总值	**3622.1**	**3628.8**	**4073.3**	**4446.7**	**4346.7**
人均本地生产总值　（澳门元）	**564635**	**561858**	**627625**	**673481**	**645438**
以环比物量(2018年)计算					
私人消费支出	1000.5	992.3	1014.6	1057.5	1088.1
政府最终消费支出	389.2	406.9	406.5	420.6	437.0
固定资本形成总额	964.5	849.4	828.1	741.9	592.8
存货增加	18.9	-1.5	-9.8	22.0	22.1
货物出口	156.1	124.3	140.9	158.9	145.7
减:货物进口	1074.4	939.5	998.5	1071.2	1082.5
服务出口	2768.1	2746.0	3212.5	3522.6	3403.6
减:服务进口	345.1	334.1	376.4	405.6	369.4
本地生产总值	**3865.5**	**3837.7**	**4217.1**	**4446.7**	**4237.2**
人均本地生产总值　（澳门元）	**602565**	**594206**	**649791**	**673481**	**629175**

9-2-4　生产法本地生产总值

单位：亿澳门元

经济活动	2014	2015	2016	2017	2018
第二产业	**221.2**	**278.0**	**238.7**	**201.4**	**182.7**
采矿业	-	-	-	-	-
制造业	18.4	21.7	21.6	22.6	23.9
电力、煤气及水供应	22.3	23.6	25.6	29.9	26.8
建筑业	180.5	232.7	191.5	148.9	131.8
第三产业	**4124.0**	**3286.0**	**3322.4**	**3775.0**	**4188.8**
批发零售、维修、酒店、餐厅及酒楼业	445.7	397.9	399.8	466.9	529.3
运输、仓储及通信业	88.7	97.3	102.0	105.3	113.3
金融保险、不动产、租赁及商业服务	727.4	725.4	786.3	858.5	915.6
公共行政、社会服务及个人服务（包括博彩业）	2862.1	2065.2	2034.3	2344.4	2630.6
以生产者价格计算的增加值	**4345.2**	**3563.8**	**3561.2**	**3976.3**	**4371.6**
加进口税	**4.6**	**5.1**	**4.5**	**5.3**	**5.1**
以市场价格按生产法计算的本地生产总值	**4349.7**	**3568.9**	**3565.6**	**3981.6**	**4376.7**
以市场价格按支出法计算的本地生产总值	**4420.7**	**3622.1**	**3628.8**	**4073.3**	**4446.7**
统计差异(%)	**-1.6**	**-1.5**	**-1.7**	**-2.3**	**-1.6**

9-2-5　生产法本地生产总值结构

单位：%

经济活动	2014	2015	2016	2017	2018
第二产业	**5.1**	**7.8**	**6.7**	**5.1**	**4.2**
采矿业	-	-	-	-	-
制造业	0.4	0.6	0.6	0.6	0.6
电力、煤气及水供应业	0.5	0.7	0.7	0.8	0.6
建筑业	4.2	6.5	5.4	3.7	3.0
第三产业	**94.9**	**92.2**	**93.3**	**94.9**	**95.8**
批发零售、维修、酒店、餐厅及酒楼业	10.3	11.2	11.2	11.7	12.1
运输、仓库及通信业	2.0	2.7	2.9	2.7	2.6
金融、保险、不动产、租赁及商业服务	16.7	20.4	22.1	21.6	20.9
公共行政、社会服务及个人服务（包括博彩业）	65.9	58.0	57.1	59.0	60.2
以生产者价格计算的增加值	**100.0**	**100.0**	**100.0**	**100.0**	**100.0**

9-2-6 按行业划分的就业人口

单位：万人

行　　业	2015	2016	2017	2018	2019
总数	**39.65**	**38.97**	**37.98**	**38.54**	**38.78**
制造业	0.69	0.79	0.65	0.64	0.63
水电及气体生产供应业	0.12	0.12	0.11	0.11	0.09
建筑业	5.48	4.44	3.27	3.11	3.05
批发及零售业	4.50	4.41	4.58	4.37	4.16
酒店及饮食业	5.50	5.72	5.46	5.61	5.61
运输、仓储及通信业	1.75	1.93	1.91	1.92	1.98
金融业	1.08	1.04	1.13	1.08	1.21
不动产及工商服务业	2.98	3.04	3.02	3.19	3.48
公共行政及社保事务	2.94	2.83	2.87	2.98	2.79
教育	1.66	1.59	1.70	1.75	1.73
医疗卫生及社会福利	1.13	1.21	1.29	1.24	1.26
文娱博彩及其他服务业	9.42	9.27	9.23	9.64	9.70
家务工作	2.36	2.53	2.68	2.85	3.03
其他及不详	0.05	0.05	0.06	0.06	0.08

9-2-7 按行业划分的月工作收入中位数

单位：澳门元

行　　业	2015	2016	2017	2018	2019
总数	**15000**	**15000**	**15000**	**16000**	**17000**
制造业	10300	11300	12000	11500	10800
水电及气体生产供应业	26000	23000	29000	30000	20500
建筑业	13000	15000	15000	15000	17000
批发及零售业	12000	12000	13000	13000	14000
酒店及饮食业	10000	10000	10000	11000	12000
运输、仓储及通信业	14000	14000	15300	16000	16000
金融业	18000	20000	20000	20000	21000
不动产及工商服务业	9500	10000	10000	10000	11000
公共行政及社保事务	34800	35000	37400	39500	40300
教育	22000	22000	25000	25000	28000
医疗卫生及社会福利	20000	20500	21000	24000	22100
文娱博彩及其他服务业	18000	19000	19000	20000	20000
家务工作	3800	4000	4000	4000	4200

9-2-8 主要商品进出口总额及占本地生产总值比重

单位：亿澳门元

贸易种类	2015	2016	2017	2018	2019
商品进出口总额	**953.6**	**814.0**	**871.3**	**1023.0**	**1029.3**
出口	106.9	100.5	112.8	121.9	128.0
本地产品出口	18.2	19.6	17.9	15.3	15.1
再出口	88.7	80.8	95.0	106.6	112.8
进口	846.6	713.5	758.5	901.0	901.3
进出口差额	-739.7	-613.1	-645.7	-779.1	-773.3
出口/进口比率 (%)	12.6	14.1	14.9	13.5	14.2
占本地生产总值比重 (%)					
出口	3.0	2.8	2.8	2.7[r]	2.9
本地产品出口	0.5	0.5	0.4	0.3	0.3
再出口	2.4	2.2	2.3	2.4	2.6
进口	23.4	19.7	18.6[r]	20.3[r]	20.7

9-2-9 按主要原产地和目的地划分的商品进出口

单位：亿澳门元

主要国家/地区	2015	2016	2017	2018	2019
进口(原产地)					
中国内地	318.5	258.4	257.0	315.2	306.5
中国香港	75.3	62.1	68.0	70.4	56.5
欧盟	188.4	170.3	190.9	225.3	249.2
日本	51.7	45.2	54.5	73.0	61.8
中国台湾	13.7	12.5	14.7	14.5	13.0
美国	48.0	34.3	33.2	36.7	43.5
出口(目的地)					
美国	2.0	1.6	1.9	1.3	2.9
欧盟	2.3	1.7	1.9	2.1	2.0
中国内地	18.4	17.5	21.2	20.1	15.8
中国香港	63.3	55.6	66.0	75.7	81.6

9-2-10 按标准国际贸易分类划分的商品进口和出口

单位：百万澳门元

标准国际贸易分类	2005			2010			2019		
	进口	出口	出进口比率(%)	进口	出口	出进口比率(%)	进口	出口	出进口比率(%)
总数	**31340**	**19823**	**63.3**	**44118**	**6960**	**15.8**	**90129**	**12797**	**14.2**
0 粮食及活动物	2012	67	3.3	4142	108	2.6	11164	263	2.4
1 饮料及烟叶	1863	256	13.7	3409	473	13.9	3933	664	16.9
2 除燃料外的非食用未加工材料	196	54	27.8	196	73	37.4	660	161	24.4
3 矿物燃料、润滑油及有关物质	3041	#	#	5285	#	#	7124	#	#
4 动物及植物油、脂肪及蜡	56	o	0.3	124	1	1.1	171	2	1.1
5 未列明的化学及有关产品	1514	183	12.1	3026	269	8.9	12848	944	7.3
6 主要按材料分类的制成品	8129	2716	33.4	3107	1011	32.5	4128	517	12.5
7 机械和运输设备	7834	1616	20.6	10473	1025	9.8	15854	3248	20.5
8 杂项制成品	6677	14124	211.5	14281	3182	22.3	34171	4933	14.4

注：部分货物的资料因统计保密的规定而未在此表列出。

9-2-11 按证件签发地划分的入境旅客人数

单位：万人次

证件签发地	2015	2016	2017	2018	2019
总数	**3071.5**	**3095.0**	**3261.1**	**3580.4**	**3940.6**
亚洲	3003.2	3024.3	3191.7	3507.9	3868.7
中国内地	2041.1	2045.4	2219.6	2526.1	2792.3
中国香港	653.5	642.0	616.5	632.8	735.4
中国台湾	98.8	107.5	106.0	106.1	106.3
日本	28.2	30.1	32.9	32.6	29.6
马来西亚	22.9	22.3	21.8	22.8	20.6
菲律宾	27.7	28.7	30.7	31.2	42.3
韩国	55.4	66.2	87.4	81.3	74.3
新加坡	15.9	15.6	14.3	13.5	11.6
其他	59.8	66.6	62.4	61.6	56.2
美洲	28.6	30.0	29.6	31.5	31.5
欧洲	25.8	27.2	26.8	27.7	27.8
大洋洲	10.7	10.8	10.4	10.7	10.0
非洲及其他	3.1	2.7	2.5	2.5	2.6

注：由于小数进位关系，各小项之和与总数可能出现差异。

9-2-12 按原居地划分的旅客人均消费

单位：澳门元

原居地	2005	2010	2015	2016	2017	2018	2019
人均消费①	**1523**	**1518**	**1665**	**1701**	**1880**	**1946**	**1626**
中国内地	3078	2039	1965	1975	2203	2242	1834
中国香港	898	811	887	999	970	1054	954
中国台湾	1336	677	1466	1620	1585	1613	1377
日本	952	1394	1524	1708	1744	1871	1752
东南亚	1458	1319	1448	1388	1449	1378	1241
欧洲	824	1148	1154	1170	1258	1287	1248
美洲	1317	1064	1240	1212	1181	1242	1192
大洋洲	1042	1254	1334	1386	1385	1461	1330
其他	996	1581	1302	1355	1619	1579	1712
非购物消费①	**851**	**745**	**902**	**958**	**1026**	**1030**	**884**
中国内地	1221	749	913	952	1052	1040	873
中国香港	689	656	744	838	798	859	759
中国台湾	895	495	1101	1228	1188	1217	1067
日本	670	1240	1355	1526	1530	1652	1582
东南亚	948	951	1105	1075	1094	1036	950
欧洲	691	1011	1023	1066	1138	1165	1152
美洲	1038	878	1035	1034	1008	1057	1026
大洋洲	800	1022	1134	1225	1229	1287	1193
其他	754	1311	1130	1181	1364	1353	1486
购物消费	**672**	**773**	**762**	**744**	**855**	**916**	**743**
中国内地	1856	1290	1051	1022	1151	1202	960
中国香港	209	155	143	161	173	196	195
中国台湾	441	182	365	391	397	396	310
日本	282	154	169	182	214	219	170
东南亚	509	369	342	313	354	343	291
欧洲	132	136	131	104	120	122	96
美洲	279	185	205	178	173	185	166
大洋洲	242	232	200	161	156	174	137
其他	242	270	172	175	255	225	226

注：①不包括博彩消费。自2010年开始，旅客消费是经统计推算的结果，而前期的为样本值。

9-2-13 零售业销售额

单位：亿澳门元

项　目	2014	2015	2016	2017	2018	2019
销售总额	**679.96**	**615.41**	**588.39**	**662.62**	**768.07**	**771.87**
百货公司	103.42	90.70	85.99	98.85	123.28	133.40
超级市场	42.08	43.75	42.48	44.33	46.13	49.49
汽车	40.51	37.09	20.15	21.52	25.71	23.91
钟表金饰	180.35	136.86	126.04	147.44	161.69	158.50
成人服装	66.78	69.69	77.46	86.89	101.47	89.03
车用燃料	12.51	12.28	12.14	12.80	15.05	16.80
家用燃料	7.56	5.54	5.46	5.68	6.32	5.90
家庭电器	13.74	14.35	12.86	11.73	13.01	11.65
药房	18.84	18.78	18.16	19.25	21.41	21.33
其他	194.17	186.37	187.65	214.13	254.00	261.86

9-2-14 按出入境方式统计的对外商品贸易

单位：万吨

项　目	2015	2016	2017	2018	2019
入境①					
海路	429.4	420.7	348.6	353.1	526.9
空路	0.7	0.6	0.6	0.7	0.8
陆路	154.1	149.9	148.4	136.2	130.6
其他②	9542.3	9703.0	9780.7	10126.3	10183.0
总数	**10126.5**	**10274.2**	**10278.4**	**10616.4**	**10841.3**
出境①					
海路	20.5	21.2	46.1	32.9	16.0
空路	0.9	1.3	1.5	2.0	2.3
陆路	5.7	4.1	4.7	4.6	3.0
其他②	17.6	17.6	19.7	22.1	25.3
总数	**44.7**	**44.2**	**72.0**	**61.6**	**46.6**

注：①包括转运货物。

②包括邮递及以管道运输方式进出澳门的货物。

9-2-15 港口集装箱总吞吐量

单位：标准集装箱

项　目	2015	2016	2017	2018	2019
入　境	91932	80922	81958	86943	84618
出　境	57508	48413	47631	51119	47699
转　口	287	82	209	577	722

9-2-16 通信服务

项　　目	2015	2016	2017	2018	2019
邮递服务　　　（万件）					
信件邮件	3343	3316	3218	3303	3079
包裹	0.7	0.7	0.5	0.5	0.5
电话服务　　　（万户）					
固网电话用户	14.7	13.9	13.1	12.4	11.6
移动电话用户	67.7	70.1	74.3	76.4	80.2
储值卡	121.9	126.9	150.6	141.7	199.1
对外电话通讯量　（万分钟）					
拨出	31587	26010	21168	17473	14008
拨入	22141	18942	17211	15645	13450
互联网					
登记用户　　　（万户）	33.9	36.3	39.7	54.3	59.0
总使用用时数　（万小时）	106369	116694	124194	126880	158540

注：由于小数进位关系，此表内"电话服务"细项之和与统计表9-2-1内"固网及移动电话用户"之总数出现差异。

9-2-17 按受教育程度统计14岁及以上人口

项　　目	2001人口普查		2006中期人口统计		2011人口普查		2016中期人口统计	
	人数（万人）	构成（%）	人数（万人）	构成（%）	人数（万人）	构成（%）	人数（万人）	构成（%）
总计	**34.97**	**100.0**	**43.36**	**100.0**	**49.27**	**100.0**	**57.70**	**100.0**
男	16.45	47.0	20.97	48.4	23.40	47.5	27.55	47.8
女	18.52	53.0	22.39	51.6	25.86	52.5	30.15	52.2
从未入学/学前教育	2.10	6.0	2.06	4.7	1.65	3.4	1.59	2.7
男	0.48	1.4	0.50	1.1	0.38	0.8	0.39	0.7
女	1.62	4.6	1.56	3.6	1.27	2.6	1.20	2.1
小学	13.64	39.0	13.28	30.6	12.17	24.7	12.14	21.0
男	6.63	19.0	6.59	15.2	5.81	11.8	5.71	9.9
女	7.01	20.0	6.69	15.4	6.36	12.9	6.43	11.1
初中	9.45	27.0	12.07	27.8	12.31	25.0	12.69	22.0
男	4.43	12.7	6.00	13.8	6.11	12.4	6.39	11.1
女	5.02	14.3	6.07	14.0	6.19	12.6	6.30	10.9
高中	6.63	18.9	10.43	24.0	14.09	28.6	16.61	28.8
男	3.32	9.5	5.16	11.9	6.73	13.7	8.09	14.0
女	3.31	9.5	5.27	12.1	7.36	14.9	8.52	14.8
高等教育								
高等专科	0.75	2.1	0.64	1.5	0.99	2.0	1.28	2.2
男	0.29	0.8	0.26	0.6	0.46	0.9	0.61	1.1
女	0.46	1.3	0.38	0.9	0.53	1.1	0.67	1.2
大学	2.39	6.8	4.86	11.2	8.02	16.3	13.34	23.1
男	1.29	3.7	2.44	5.6	3.88	7.9	6.33	11.0
女	1.10	3.2	2.42	5.6	4.13	8.4	7.01	12.2
特殊教育	0.02	0.1	0.03	0.1	0.04	0.1	0.06	0.1
男	0.01	o	0.02	o	0.03	o	0.04	o
女	0.01	o	0.01	o	0.02	o	0.02	o

9-2-18 外币兑换率

单位：一单位外币兑换的澳门元

项　目	2015	2016	2017	2018	2019
年内平均数字					
澳元	6.0120	5.9497	6.1552	6.0401	5.6078
欧元	8.8624	8.8507	9.0677	9.5360	9.0358
韩圆	0.0071	0.0069	0.0071	0.0073	0.0069
美元	7.9850	7.9948	8.0262	8.0729	8.0703
新台币	0.2516	0.2480	0.2638	0.2679	0.2611
英镑	12.2122	10.8456	10.3353	10.7810	10.2996
港元	1.0300	1.0300	1.0300	1.0300	1.0300
日元	0.0660	0.0738	0.0716	0.0731	0.0741
马来西亚林吉特	2.0587	1.9334	1.8669	2.0022	1.9479
新西兰元	5.5879	5.5748	5.7079	5.5894	5.3171
人民币	1.2676	1.2021	1.1889	1.2220	1.1673
新加坡元	5.8135	5.7957	5.8132	5.9850	5.9150
瑞士法郎	8.3060	8.1184	8.1582	8.2533	8.1243
年底数字					
澳元	5.8203	5.7855	6.2828	5.6848	5.6179
欧元	8.7294	8.4322	9.6179	9.2324	8.9870
韩圆	0.0068	0.0066	0.0075	0.0072	0.0069
美元	7.9834	7.9877	8.0518	8.0664	8.0216
新台币	0.2420	0.2474	0.2704	0.2640	0.2669
英镑	11.8298	9.8209	10.8289	10.2359	10.5199
港元	1.0300	1.0300	1.0300	1.0300	1.0300
日元	0.0663	0.0687	0.0713	0.0731	0.0737
马来西亚林吉特	1.8592	1.7812	1.9834	1.9463	1.9567
新西兰元	5.4670	5.5674	5.7152	5.4130	5.4021
人民币	1.2151	1.1473	1.2327	1.1730	1.1492
新加坡元	5.6464	5.5290	6.0212	5.9079	5.9501
瑞士法郎	8.0820	7.8480	8.2321	8.2009	8.2795

9-2-19 货币供应

单位：亿澳门元(年底数字)

项　　目	2015	2016	2017	2018	2019
狭义货币供应量M_1	**616.6**	**636.7**	**723.9**	**807.6**	**881.6**
分类一：澳门元	335.9	367.6	421.3	452.4	470.6
港元	267.0	255.0	287.8	341.8	386.6
其他货币	13.6	14.1	14.8	13.4	24.4
分类二：流通货币(澳门元)	120.4	135.6	149.1	160.1	168.8
活期存款	496.2	501.2	574.8	647.5	712.9
广义货币供应量$M_2$①	**4728.3**	**5324.8**	**5914.7**	**6514.5r**	**6875.2**
分类一：澳门元	1413.4	1630.2	1827.9	1985.1	2106.3
港元	2435.1	2892.3	3203.0	3419.7	3311.0
其他货币	879.9	802.2	883.8	1109.8r	1457.9
分类二：狭义货币供应量$M_1$②	616.6	636.7	723.9	807.6	881.6
准货币负债③	4111.7	4688.0	5190.7	5706.9r	5993.6
储蓄存款	1455.5	1694.3	1923.9	1924.0	1931.7
通知存款	2.8	2.0	3.4	1.7	1.8
定期存款	2653.0	2991.0	3262.2	3780.7	4059.7

注：① M2 = M1 + 准货币负债。
② 货币供应量M1包括流通货币及活期存款。
③ 准货币负债：包括储蓄存款、通知存款、定期存款、其他存款及存款证明书。

【主要统计指标解释】

本地生产总值 反映每年在澳门特区生产的货物和提供各种服务的总量。本年鉴中的本地生产总值用支出法及生产法估算，支出法等于私人消费支出、政府最终消费支出、固定资本形成总额、库存变化和货物及服务出口净值（出口减进口）的总和。而生产法等于各经济行业的增加值总额的总和，这种方法可以评估澳门特区的产业结构。

婴儿死亡率 参考期内年龄在1岁或以下的死亡人数与出生活婴数目的千分比。

出生率 参考期内出生活婴数目与平均人口之千分比。

死亡率 参考期内死亡人数与平均人口之千分比。

幼儿、小学、中学教育 指有系统的，且主要专为儿童及青少年开办的，由幼儿教育至中学教育的课程；中学教育包括职业技术教育。

幼儿教育 为期3年，对象是年龄3-5岁的儿童。在报名当年的12月31日年满3岁的幼儿可报读幼儿教育第一年。

小学教育 为期6年，完成幼儿教育或在报名当年的12月31日年满6岁的儿童可报读小学教育第一年。就读小学的最高年龄为15岁。

中学教育 由两个阶段组成：初中教育及高中教育。大学预科不纳入中学教育。

1. 初中教育 为期3年，合格完成小学教育者可以入读。就读初中最大年龄为18岁，但在特别情况下，经教育机构决定，可以逾越此年限。

2. 高中教育 为期3年，合格完成初中教育者可以入读。就读高中最大年龄为21岁，但在特别情况下，经教育机构决定，可以逾越此年限。

高等教育 指透过理论、实践等在科学、文化及技术领域提供的培训教育；高等教育包括大学教育及高等专科教育。

劳动人口 在参考期内可参与生产商品或提供服务的年龄在16岁及以上人士。包括就业人士及失业人士。

就业人口 在参考期内为赚取报酬、利润或家庭收入而工作最少一小时的年龄在16岁及以上人士。包括没有上班但与雇主保持正式工作联系的雇员，以及因某些原因而暂时没有上班的公司东主或股东。

就业不足人口 在参考期内不论其职业身份，非自愿地工作少于35小时，并可随时接受更多的工作或正在寻找更多工作的就业人士。

劳动力参与率 劳动人口占年龄在16岁及以上人士的百分比。

失业率 失业人口占劳动人口的百分比。

就业不足率 就业不足人口占劳动人口的百分比。

旅客 指任何非以澳门特区为常居地的人士，连续在澳门的逗留时间少于一年，其旅游目的并非受雇于澳门特别行政区的居民实体。

酒店入住率 入住客房数量与可供应客房数量之百分比。

进口 将来自外地的货物输入澳门特区，但再进口和转运制度下输入者除外。

出口 将货物输出澳门特区，但暂时出口和转运制度下输出者除外。

本地产品出口 将原产地为澳门特区的任何货物输出澳门特区。

再出口 指原进口的货物未经加工输出澳门特区；或虽加工，但不能取得澳门特区产地资格。

转运 货物经过澳门特区而运到下一目的地。

原产地 农业产品种植之国家／地区、矿产开采之国家／地区、工业产品生产之国家／地区，被视为原产地国家／地区。若工业产品的制造工序于两个或以上的国家／地区进行，应以进行最后转变成型工序的国家／地区为原产地，再包装、分类及混合等工序不能构成最后转变成型工序；当产品入口国对相关货物产地来源有特定规定时，应遵从有关规定。

目的地 目的地是指货物实际最后到达的国家或地区(不论在运输途中有或没有中断)。如有中间国家或地区，只要不在中间国家或地区内进行商业交易，最后到达的国家或地区都可被视为目的地。

贸易价格比率指数 即货物出口单位价格指数与货物进口单位价格指数之比率。

单位 包括住宅、商业、办公室、工业、停车位、酒店及其他单位。

建筑面积 相等于所有楼层楼面面积之总和。楼面面积从外墙起量度，包括大堂、楼梯、升降机所占面积以及所有公用地方面积。

居民消费价格指数 反映澳门特区住户于购买一篮子之指定商品或服务时，在不同时间该等商品或服务之价格变动。

狭义货币供应量M_1 为流通货币及活期存款之和。

广义货币供应量M_2 指狭义货币供应量M_1加上准货币负债。准货币负债指储蓄存款、通知存款、定期存款、其他存款和存款证明书。

财务活动 由财务资产及财务负债组成。

9 港澳台第三产业情况

9-3　台湾第三产业情况

简要说明

一、本章资料反映台湾省主要社会、经济发展情况，重点反映第三产业情况。内容包括：人口、就业、国民经济核算、工业、交通通讯、对外贸易、财政金融、物价、教育、社会保障等方面。

二、本章数据主要来自台湾“行政院主计处”及相关部门统计出版物，国家统计局国际统计信息中心负责整理、编辑。

三、贸易数据从 2016 年 1 月起按照一般贸易制度口径予以统计，并按此方法对 2001 年至 2015 年的贸易数据进行了重新修订。

9-3-1 主要统计指标概况

指标		2014	2015	2016	2017	2018	2019
人口							
户籍登记人口数①	(万人)	2343.4	2349.2	2354.0	2357.1	2358.9	2360.3
人口自然增长率	(‰)	2.0	2.1	1.5	1.0	0.4	0.1
人口密度①	(人/平方公里)	647.5	649.0	650.3	651.2	651.7	652.1
性别比①(女=100)		99.7	99.4	99.1	98.9	98.6	98.4
劳动、就业							
劳动力人口	(万人)	1153.5	1163.8	1172.7	1179.5	1187.4	1194.6
劳动力参与率	(%)	58.5	58.7	58.8	58.8	59.0	59.2
男		66.8	66.9	67.1	67.1	67.2	67.3
女		50.6	50.7	50.8	50.9	51.1	51.4
工业就业人口比率	(%)	36.1	36.0	35.9	35.8	35.7	35.6
服务业就业人口比率	(%)	58.9	59.0	59.2	59.3	59.4	59.6
失业率	(%)	4.0	3.8	3.9	3.8	3.7	3.7
工业及服务业月人均薪资	(新台币元)	47832.0	49024.0	49266.0	50480.0	52407.0	53657.0
工业		46903.0	48373.0	48654.0	49907.0	52005.0	52865.0
服务业		48558.0	49526.0	49730.0	50912.0	52708.0	54245.0
公共安全							
刑案发生率	(件/10万人)	1308.8	1269.2	1253.8	1245.8	1206.7	1140.4
犯罪人口率	(人/10万人)	1117.8	1147.8	1160.1	1219.7	1236.7	1182.7
刑案破获率	(%)	86.0	91.9	93.0	94.6	95.2	96.4
少年疑犯人数(12-17岁)	(人)	10969.0	11002.0	9775.0	10499.0	8893.0	9441.0
火灾发生次数	(次)	1417.0	1704.0	1856.0	30464.0	27922.0	22866.0
死伤人数	(人)	368.0	850.0	430.0	480.0	463.0	628.0
机动车肇事率	(件/万辆)	143.7	143.1	142.4	137.4	147.0	146.6
道路交通事故伤亡人数							
死亡	(人)	1819.0	1696.0	1604.0	1517.0	1493.0	1849.0
受伤	(人)	413229.0	410073.0	403906.0	394198.0	428049.0	428753.0
保险							
全民健保参保人数	(万人)	2362.2	2373.7	2381.5	2388.0	2394.8	2402.0
社保参保人数	(万人)						
公务员和教师		58.7	58.3	57.9	58.4	58.9	59.2
劳工		992.0	1007.3	1016.5	1027.2	1037.2	1046.9
农民		135.0	128.5	123.6	117.5	113.0	108.4
工业							
受雇者劳动生产力指数(2011年=100)		95.9	95.0	100.0	103.3	105.4	105.3
工业生产指数(2016年=100)		99.3	98.1	100.0	105.0	108.8	108.5
制造业		99.3	98.1	100.0	105.3	109.4	108.9
工业生产价值	(新台币亿元)	153648.8	138029.5	131456.1	139100.7	147888.9	139798.9
商业及对外贸易							
营利事业家数①	(万家)	132.1	135.0	137.5	140.4	143.4	
营利事业销售额	(新台币亿元)	403680.6	389800.8	384053.2	403054.5		
货物进出口额	(亿美元)	6005.1	5208.1	5083.7	5726.9	6188.0	6148.9
出口		3194.1	2844.3	2791.7	3154.9	3340.1	3291.9
进口		2811.0	2363.8	2292.0	2572.0	2847.9	2856.9
出(入)超		383.2	480.5	499.8	582.9	492.2	435.0
对日出(入)超		-218.4	-193.1	-211.5	-213.7	-213.5	-207.5
对美出(入)超		50.8	60.9	63.1	83.8	63.9	114.1
对内地及港出(入)超		775.4	656.5	666.6	783.6	827.0	737.0
外销订单	(亿美元)	4728.1	4518.1	4445.4	4928.1	5118.2	4845.6
运输通信							
交通运输客运人数	(亿人)						
铁路		10.2	10.6	10.9	11.2	11.5	11.9

注：①为年底数。②为年度资料。③卖出汇率，且为年底数。④从2013年12月30日起，国道高速公路由计次收费改为计程电子收费。

9-3-1 续表

指　　标	2014	2015	2016	2017	2018	2019
公路	12.4	12.2	12.3	12.4	12.5	12.4
航空　（万人）						
省内	1056.3	979.8	1084.3	1109.7	1159.2	1224.1
省外	4439.1	4798.4	5197.9	5447.5	5692.2	5957.8
高速公路收费站通行车辆数④（万辆次）	518434.6	548997.5	579102.6	591902.2	592668.3	597496.5
每百人机动车辆数①　（辆）	90.9	91.1	91.4	92.1	92.7	93.7
港埠货物装卸量　（万计费吨）	74861.5	72138.6	73356.1	72550.4	74085.2	73055.8
旅游　（万人次）						
出省旅游人数	1184.5	1318.3	1458.9	1565.5	1664.5	1710.1
来台湾旅客人数	991.0	1044.0	1069.0	1074.0	1106.7	1186.4
财政、金融						
赋税实征净额②　（新台币亿元）	19761.1	21348.6	22240.8	22512.5	23869.4	24705.2
直接税　（%）	59.8	62.0	62.5	62.6	62.4	63.5
间接税　（%）	40.2	38.0	37.5	37.4	37.6	36.5
外汇存底①　（亿美元）	4189.8	4260.3	4342.0	4515.0	4617.8	4781.3
汇率③						
1美元　（新台币）	30.4	31.9	32.3	30.4	30.2	30.9
货币总计数$M_2$①　（新台币亿元）	376968.4	398840.0	413018.3	427702.2	439052.0	458918.5
年增率　（%）	6.1	5.8	3.6	3.6	2.7	4.5
存款①　（新台币亿元）	371339.0	393558.0	407174.0	420940.0	431958.0	450861.0
放款与投资①　（新台币亿元）	281106.0	294063.0	305492.0	320227.0	337475.0	354224.0
再贴现率①　（年息百分比率）	1.9	1.6	1.4	1.4	1.4	1.4
股价指数(1966年＝100)	8992.0	8959.0	8763.0	10208.0	10620.2	10790.0
国际收支余额　（亿美元）						
经常账户	606.1	727.7	712.6	830.9	708.4	650.9
资本账户	-0.1	-0.1	-0.1	-0.1	0.6	-0.03
金融账户	505.3	650.1	585.3	713.4	542.2	522.3
价格指数年增长率(2016年=100)　（%）						
批发	-0.6	-8.9	-3.0	0.9	3.6	-2.3
消费者	1.2	-0.3	1.4	0.6	1.4	0.6
进口	-2.1	-12.9	-3.1	1.4	6.1	-1.5
出口	0.1	-4.7	-2.7	-1.5	1.5	-2.8
国民经济核算　（新台币亿元）						
本地居民总收入	166971.5	174947.4	180064.1	184307.1	187576.9	193393.8
本地生产总值	162580.5	170550.8	175552.7	179833.5	183428.9	188868.8
居民消费	86028.4	87875.6	90820.8	93256.8	96092.0	98772.6
固定资本形成总额	36305.6	36637.6	38075.7	37958.7	39905.5	44296.5
商品及服务出口	125594.8	121571.0	118081.3	120955.1	122194.9	120975.6
减：商品及服务进口	109336.2	99594.9	96147.4	96956.8	101841.4	101302.3
GDP增长率　（%）	4.7	1.5	2.2	3.3	2.8	2.7
农业	2.0	-7.7	-9.7	8.3	4.5	-1.8
工业	9.3	0.9	3.7	4.8	3.2	0.7
服务业	3.2	1.2	1.3	2.9	2.9	2.8
产业结构　（%）						
农业	1.9	1.8	1.9	1.8	1.7	1.8
工业	35.8	36.2	36.9	37.0	36.7	35.6
服务业	62.9	61.8	61.3	61.6	62.3	62.1
人均本地居民总收入　（新台币元）	713443.0	745634.0	765711.0	782437.0	795489.0	819724.0
人均本地居民总收入　（美元）	23492.0	23367.0	23684.0	25704.0	26376.0	26514.0
居民储蓄总值　（新台币亿元）	57351.1	62035.1	63396.2	65639.4	65569.6	66429.8
储蓄率　（%）	34.4	35.5	35.2	35.6	35.0	34.4

9-3-2 本地生产总值部门构成

单位：%

年 份	本地生产总值(新台币亿元)	农业	工业	制造业	水、电、燃气业及污染治理业	建筑业	服务业	批发、零售业	金融及保险业	不动产业	咨讯及通讯传播业
2009	129194.45	1.68	30.69	25.96	2.12	2.46	66.38	17.22	6.15	8.92	3.51
2010	140603.45	1.61	33.30	28.60	1.97	2.60	64.83	16.84	6.17	8.49	3.30
2011	142622.01	1.74	32.62	28.27	1.56	2.67	65.64	17.14	6.37	8.55	3.23
2012	146777.65	1.68	32.37	28.07	1.59	2.60	65.05	16.70	6.34	8.51	3.14
2013	152707.28	1.73	33.71	29.11	1.93	2.57	64.51	16.77	6.36	8.49	3.10
2014	162580.47	1.86	35.76	31.10	2.05	2.52	62.90	16.03	6.48	8.17	3.06
2015	170550.80	1.75	36.22	31.36	2.32	2.46	61.84	15.62	6.45	8.02	3.08
2016	175552.68	1.87	36.87	32.22	2.25	2.34	61.27	15.25	6.41	7.97	3.13
2017	179833.47	1.83	36.98	32.66	1.94	2.32	61.59	15.46	6.55	7.99	3.09
2018	183428.91	1.70	36.71	32.51	1.73	2.41	62.30	15.63	6.70	8.12	3.04
2019	188868.78	1.76	35.64	31.29	1.75	2.54	62.13	15.30	6.77	8.11	3.04

9-3-3 本地居民总收入

年 份	本地居民总收入			人均本地居民总收入	
	新台币亿元	实际年增长率 %	亿 美 元①	新 台 币 元	美 元①
2007	136894	6.3	4169	597334	18189
2008	134209	-2.0	4255	583576	18503
2009	133218	-0.7	4030	577241	17460
2010	144761	8.7	4574	625560	19765
2011	146343	1.1	4966	630965	21410
2012	151100	3.3	5101	649322	21922
2013	156732	3.7	5265	671384	22552
2014	166972	6.5	5498	713443	23492
2015	174947	4.8	5483	745634	23367
2016	180064	2.9	5570	765711	23684
2017	184307	2.4	6055	782437	25704
2018	187577	1.8	6219	795489	26376
2019	193394	3.1	6256	819724	26514

注：①按当年汇率折算。

9-3-4 劳动力和就业状况

项　目		2014	2015	2016	2017	2018	2019
劳动力总计	(万人)	1153.5	1163.8	1172.7	1179.5	1187.4	1194.6
男		644.1	649.7	654.1	656.8	660.2	663.1
女		509.4	514.1	518.6	522.7	527.2	531.5
就业人数	(万人)	1107.9	1119.8	1126.7	1135.2	1143.4	1150.0
男		616.6	623.4	626.7	630.5	634.6	637.6
女		491.3	496.4	500.0	504.7	508.9	512.4
就业者行业构成	(%)	100.0	100.0	100.0	100.0	100.0	100.0
农、林、渔、牧业		4.9	5.0	4.9	4.9	4.9	4.9
工业		36.1	36.0	35.9	35.8	35.7	35.6
矿业及土石采取业		0.04	0.04	0.04	0.04	0.03	0.03
制造业		27.1	27.0	26.9	26.8	26.8	26.7
电力及燃气供应业		0.3	0.3	0.3	0.3	0.3	0.3
用水供应及污染整治业		0.7	0.7	0.7	0.7	0.7	0.7
建筑业		8.0	8.0	8.0	7.9	7.9	7.9
服务业		58.9	59.0	59.2	59.3	59.4	59.6
批发及零售业		16.5	16.4	16.4	16.5	16.6	16.7
运输及仓储业		3.9	3.9	3.9	3.9	3.9	3.9
金融及保险业		3.8	3.8	3.8	3.8	3.8	3.8
咨讯及通讯传播		2.2	2.2	2.2	2.2	2.3	2.3
住宿及餐饮业		7.1	7.3	7.3	7.3	7.3	7.4
教育服务业		5.8	5.8	5.8	5.7	5.7	5.7
公共行政		3.4	3.3	3.3	3.3	3.2	3.2
失业人数	(万人)	45.7	44.0	46.0	44.3	44.0	44.6
失业率	(%)	4.0	3.8	3.9	3.8	3.7	3.7

9-3-5 服务业就业人员月平均工资

单位：新台币元

年　份	服务业月平均工资	批发、零售业	运输、仓储业	金融、保险业	不动产业	专业、科学及技术服务
2009	43867	40081	47911	67713	39032	49426
2010	45600	41766	49012	74219	42093	52141
2011	46881	42562	50333	76920	43783	54097
2012	46747	41815	50364	77957	41546	54950
2013	46756	42249	50021	77864	42165	53835
2014	48558	44377	50291	83085	44786	55491
2015	49526	45422	51579	84742	44075	56132
2016	49730	45345	52540	85452	42897	56427
2017	50912	47260	53314	86425	44893	57585
2018	52708	49798	54994	89215	47658	58773
2019	54245	51328	55588	93059	50431	61326

9-3-6 货物进出口额

年份	按新台币计算（亿元）			按美元计算（亿美元）		
	进出口总额	出口	进口	进出口总额	出口	进口
2009	126093	67695	58398	3823	2052	1771
2010	168310	87574	80736	5331	2774	2557
2011	176112	91724	84388	5995	3122	2873
2012	172229	90373	81856	5818	3053	2765
2013	174434	92190	82243	5882	3109	2774
2014	181663	96634	85029	6005	3194	2811
2015	165024	90137	74887	5208	2844	2364
2016	163831	89972	73859	5084	2792	2292
2017	174402	96058	78344	5727	3155	2572
2018	186562	100691	85871	6188	3340	2848
2019	190198	101831	88367	6149	3292	2857

9-3-7 出口与进口货物分类

单位：亿美元

年份	出口				进口			
	出口额	资本品	中间产品	消费品	进口额	资本设备	原材料	消费品
2010	2773.5	293.0	2173.9	294.4	2557.5	386.1	1918.3	231.9
2011	3121.8	336.3	2407.6	365.1	2873.2	367.5	2206.7	274.8
2012	3053.1	337.5	2380.8	321.9	2764.7	340.6	2120.3	282.2
2013	3108.7	326.5	2444.9	320.8	2773.8	361.2	2084.0	297.1
2014	3194.1	342.3	2518.5	316.3	2811.0	377.7	2077.7	314.5
2015	2844.3	333.6	2207.6	285.4	2363.8	372.2	1626.1	320.1
2016	2791.7	337.4	2173.0	264.1	2292.0	411.1	1532.8	315.3
2017	3154.9	378.7	2481.1	276.6	2572.0	405.6	1789.5	339.9
2018	3340.1	404.6	2632.5	284.6	2847.9	418.7	2032.9	361.1
2019	3291.9	441.2	2537.5	294.5	2856.9	508.0	1940.6	371.0

9-3-8 货物出口去向和进口来源

单位：亿美元

项 目	2014	2015	2016	2017	2018	2019
出口去向						
中国内地	847.1	732.7	737.3	887.5	965.0	918.2
中国香港	437.7	391.2	382.5	411.7	414.0	403.3
日 本	201.3	195.6	194.7	205.7	228.0	232.8
韩 国	128.6	127.7	125.3	144.2	157.4	169.2
美 国	350.3	344.5	334.0	367.7	394.9	462.4
泰 国	61.9	57.7	54.9	63.8	61.7	55.2
马来西亚	86.7	72.0	78.1	103.7	106.0	94.0
印度尼西亚	38.8	31.1	27.5	31.9	33.3	29.2
新 加 坡	206.8	174.0	161.5	176.2	173.2	181.9
越 南	101.0	96.8	95.1	104.6	107.7	107.7
德 国	62.1	59.8	59.0	64.3	70.6	65.2
法 国	15.5	13.9	15.4	17.1	16.7	15.2
意 大 利	18.9	17.0	18.6	20.3	23.3	19.8
英 国	42.3	39.1	36.4	37.6	38.6	35.8
巴 西	16.8	11.7	9.5	12.7	13.4	11.8
澳大利亚	36.5	32.8	29.5	29.3	34.0	32.4
沙特阿拉伯	20.3	17.0	12.2	10.7	7.8	9.1
科 威 特	2.1	2.1	1.7	1.4	1.5	1.6
进口来源						
中国内地	492.5	452.6	439.9	500.4	537.9	573.9
中国香港	17.3	14.7	13.3	15.1	14.1	10.6
日 本	419.8	388.7	406.2	419.4	441.5	440.3
韩 国	152.9	134.5	146.5	168.9	195.2	177.3
美 国	293.4	283.6	270.9	284.0	331.0	348.3
泰 国	44.1	40.4	38.2	43.6	45.8	42.5
马来西亚	89.5	67.3	62.9	71.8	93.0	103.8
印度尼西亚	74.0	59.6	43.1	48.8	54.9	46.9
新 加 坡	84.4	71.7	75.3	87.1	84.2	79.2
越 南	25.8	25.4	27.5	31.2	37.0	52.8
德 国	96.3	87.7	85.7	92.0	99.7	94.0
法 国	30.9	29.5	30.3	39.0	37.1	32.3
意 大 利	23.9	21.4	22.0	25.2	26.9	26.1
英 国	19.8	19.9	18.4	19.4	20.8	20.2
巴 西	23.5	22.7	19.5	26.0	16.4	20.6
澳大利亚	75.9	68.5	61.2	82.4	95.5	100.6
沙特阿拉伯	137.2	73.2	58.1	68.6	86.1	77.3
科 威 特	66.7	39.7	29.3	35.7	51.2	43.0

9-3-9 旅游人数及外汇收入

指　　标		2015	2016	2017	2018	2019
离境旅游人数	**（万人次）**	**1318.3**	**1458.9**	**1565.5**	**1664.5**	**1710.1**
来台旅游人数	**（万人次）**	**1044.0**	**1069.0**	**1074.0**	**1106.7**	**1186.4**
香港澳门		151.4	161.5	169.2	165.4	175.8
中国大陆		418.4	351.2	273.3	269.6	271.4
外国		473.5	555.6	631.3	671.3	739.0
未列明		0.7	0.7	0.2	0.5	0.2
旅游收入总额	**（亿美元）**	**257.3**	**256.7**	**255.1**	**261.9**	
来台旅客						
旅游外汇收入	（亿美元）	143.9	133.7	123.2	137.1	144.1
平均每人停留时间	（夜）	6.6	6.5	6.4	6.5	6.2
旅客人均每日消费	（美元）	208.0	193.0	179.0	192.0	196.0

9-3-10 铁路和公路客货运量

年　份	铁　　路				公　　路			
	客运量（亿人）	客运周转量（亿人公里）	货运量（亿吨）	货物周转量（亿吨公里）	客运量（亿人）	客运周转量（亿人公里）	货运量（亿吨）	货物周转量（亿吨公里）
2009	7.18	192.69	0.10	7.70	10.39	158.82	5.97	290.71
2010	7.78	209.27	0.10	8.66	11.10	163.07	6.28	296.32
2011	8.63	228.21	0.11	8.48	11.64	170.40	6.38	295.51
2012	9.24	242.02	0.11	8.28	11.91	175.86	6.53	298.51
2013	9.70	253.16	0.11	7.27	12.20	179.28	5.51	384.74
2014	10.22	263.27	0.11	6.81	12.39	183.84	5.42	378.52
2015	10.60	270.98	0.11	6.34	12.17	175.65	5.32	378.05
2016	10.90	279.37	0.09	5.62	12.25	173.79	5.30	385.33
2017	11.21	289.91	0.08	5.12	12.35	170.53	5.37	403.51
2018	11.52	296.15	0.08	5.42	12.49	171.36	5.61	441.69
2019	11.93	304.44	0.07	5.17	12.39	170.37	5.60	443.70

9-3-11 港口客运量及货运量

年 份	客运量(万人)			货运量(万吨)		
	总计	进港	出港	总计	进港	出港
2009	57.58	27.77	29.80	23574	17057	6517
2010	66.96	32.53	34.44	24649	18212	6437
2011	66.48	32.43	34.04	24442	18139	6303
2012	69.91	34.59	35.32	23892	17876	6016
2013	99.12	49.17	49.94	24347	18189	6158
2014	137.86	68.30	69.56	25548	19240	6308
2015	135.12	66.87	68.25	24068	18208	5861
2016	122.96	60.79	62.17	24602	18593	6009
2017	142.71	70.49	72.22	24648	18924	5724
2018	142.46	70.26	72.20	24262	18290	5971
2019	150.41	74.33	76.07	23085	16919	6166

9-3-12 港口集装箱及货物装卸量

年 份	折合20英尺标准集装箱(万TEU)			装卸量(万收费吨)		
	总计	进港	出港	总计	装货量	卸货量
2009	1171	588	583	60575	24435	36140
2010	1274	635	639	65540	26584	38956
2011	1342	674	669	67900	27547	40353
2012	1388	694	694	69080	28455	40625
2013	1405	706	698	70575	28970	41606
2014	1505	754	751	74861	30844	44017
2015	1449	726	723	72139	29576	42562
2016	1487	744	742	73356	30395	42961
2017	1491	746	745	72550	30014	42536
2018	1532	767	765	74085	30817	43268
2019	1530	769	761	73056	30484	42571

9-3-13 民航客运量及货运量

年份	客运量（万人次）	国际线	省内线	过境	货运量（万吨）	国际线	省内线
2007	3977	2443	1271	263	170.9	119.1	4.0
2008	3524	2278	985	218	158.7	103.4	3.7
2009	3606	2343	923	28	174.4	86.7	3.7
2010	4109	2526	973	25	233.6	101.8	3.7
2011	4286	2496	1048	24	217.9	95.2	3.6
2012	4686	2694	1068	28	209.1	93.1	3.6
2013	5034	3017	1055	40	208.5	90.6	3.6
2014	5536	3310	1056	40	222.2	94.4	3.5
2015	5816	3616	980	37	215.1	93.5	3.3
2016	6325	4072	1084	43	223.3	99.6	3.2
2017	6598	4403	1110	41	241.6	107.8	3.0
2018	6890	4618	1159	39	246.3	108.2	3.0
2019	7216	4883	1224	34	231.5	105.0	3.0

资料来源：台湾“交通部民航局”。

9-3-14 邮政及电信营运量

项目		2014	2015	2016	2017	2018	2019
邮政							
函件	（亿件）						
收寄		27.6	26.1	25.0	23.5	21.5	20.2
包裹	（万件）						
收寄		2356.2	2417.2	2383.3	2460.5	2573.7	2594.6
电信							
市内电话用户数	（万户）	1210	1189	1170	1145	1121	1099
移动电话用户数	（万户）	2653.5	2936.9	2892.8	2865.6	2922.0	2920.8
综合业务数字网用户数	（万户）	10.4	1.4	1.4	1.3	0.9	0.7
数据通信出租电路数	（万路）	13.8	14.6	16.9	15.2	15.4	15.0
国际互联网用户数	（万户）	794.5	811.2	620.5	622.3	614.9	627.3
宽带用户	（万户）	743.7	761.7	579.2	582.3	576.2	589.7
国际电话去话分钟数	（万分钟）	296079	233069	182973	136685	108830	69641

9-3-15 入学率和教育经费

单位：%

年 份	粗入学率(6-21岁)			15岁以上人口识字率②	教育经费占GNP比重	政府教育经费占政府支出比重
	初等教育(6-11岁)	中等教育(12-17岁)	高等教育①(18-21岁)			
2007	100.8	98.7	85.3	97.6	5.2	20.8
2008	99.0	99.1	84.1	97.8	5.4	20.5
2009	99.1	99.1	82.7	97.9	5.8	19.9
2010	99.0	99.0	83.1	98.0	5.3	20.1
2011	98.8	98.9	83.6	98.2	5.3	20.6
2012	98.7	98.7	84.2	98.3	5.4	20.5
2013	98.6	98.6	84.0	98.4	5.3	20.8
2014	98.5	98.7	83.8	98.5	5.1	21.3
2015	98.4	98.9	83.7	98.6	5.0	21.8
2016	98.3	98.6	84.0	98.7	4.9	21.5
2017	98.1	98.3	84.5	98.8	4.9	21.7
2018	98.0	98.5	84.7	98.9	5.0	20.6

注：① 不含五专前三年、研究所及进修教育。②年底资料。

9-3-16 科技人员数和科研开发经费

年 份	科技人员数(人)				科研开发经费			每万人口研究人员数(人)	研究人员平均每年使用经费(新台币万元)
	总计	研究人员	技术人员	支援人员	金额(新台币亿元)	占GDP比重(%)	政府投入经费所占比重(%)		
2009	256252	154949	80433	20870	3670.5	2.8	28.8	67.0	237.0
2010	273249	165370	86882	20997	3958.8	2.8	27.5	71.4	239.0
2011	288311	174341	91618	22352	4153.6	2.9	26.4	75.1	238.0
2012	296288	179491	94863	21934	4340.0	3.0	24.7	77.0	242.0
2013	300514	179975	98356	22183	4584.3	3.0	23.5	77.0	255.0
2014	307379	181589	103408	22382	4845.4	3.0	21.9	77.5	267.0
2015	312923	183022	106822	23079	5116.2	3.0	21.2	77.9	280.0
2016	316467	184898	108755	22814	5417.6	3.1	21.4	78.5	293.0
2017	321877	187971	110428	23478	5745.0	3.2	19.8	79.7	306.0
2018	330579	193035	114145	23399	6159.9	3.4	18.8	81.8	319.0

9-3-17 金融概况

年 份	货币供应量(新台币亿元)	流动性负债(新台币亿元)	储备货币(新台币亿元)	主要金融机构存款(新台币亿元)	主要金融机构放款与投资(新台币亿元)	再贴现率(年息%)	汇率(卖出价)(新台币/美元)
2009	105116	416730	23040	294486	214823	1.25	32.08
2010	114571	445203	25018	310063	228037	1.63	30.42
2011	118302	469541	27209	323022	241729	1.88	30.32
2012	124184	496032	29021	333004	255488	1.88	29.08
2013	134708	530162	31208	350624	267206	1.88	29.82
2014	143101	568299	32633	371339	281106	1.88	31.68
2015	152926	607126	34524	393558	294063	1.63	32.88
2016	161777	638980	36303	407174	305492	1.38	32.30
2017	167414	672411	37765	420940	320227	1.38	29.85
2018	177160	704974	40545	431958	337475	1.38	30.75
2019	190606	744291	42985	450861	354224	1.38	30.05

9-3-18 国际收支

单位：亿美元

年份	A.经常账户					B.资本账户			合计(A+B)	C.金融账户	
	合计	商品贸易净额	服务净额	收入净额	经常转移净额	合计	收入	支出		合计	直接投资
											资产
2009	406.6	393.7	-91.0	125.2	-21.3	-0.50	0.02	0.52	406.1	134.9	-58.8
2010	367.3	368.9	-110.5	135.8	-26.9	-0.49	0.05	0.54	366.8	-3.4	-115.7
2011	379.1	396.5	-112.5	131.8	-36.6	-0.36	0.03	0.39	378.8	-320.3	-127.7
2012	429.3	492.9	-183.7	145.9	-25.8	-0.24	0.04	0.28	429.0	-314.7	-131.4
2013	499.4	545.8	-152.0	135.2	-29.6	0.67	1.03	0.36	500.0	-410.5	-142.9
2014	606.1	602.5	-113.4	144.6	-27.6	-0.08	0.29	0.37	606.0	-505.3	-127.1
2015	727.7	731.4	-107.8	137.8	-33.7	-0.05	0.15	0.20	727.6	-650.1	-147.1
2016	712.6	709.6	-104.9	139.6	-31.7	-0.09	0.17	0.26	712.5	-585.3	-179.5
2017	830.9	812.6	-87.2	147.0	-41.4	-0.12	0.14	0.26	830.8	-713.4	-115.5
2018	708.4	670.3	-66.2	137.5	-33.2	0.63	0.86	0.23	709.1	-542.2	-180.6
2019	650.9	576.7	-51.2	154.1	-28.6	-0.03	0.63	0.66	650.9	-522.3	-118.0

9-3-18 续表

单位：亿美元

年份	C.金融账户							合计(A至C)	D.误差与遗漏	国际收支余额(A至D)	E.准备与相关项目
	直接投资	证券投资		衍生性金融产品		其他投资					
	负债	资产	负债	资产	负债	资产	负债				
2009	28.1	-317.0	213.7	53.4	-44.9	256.6	3.7	541.0	0.3	541.3	-541.3
2010	24.9	-334.9	128.2	45.0	-39.2	123.2	165.1	363.4	38.4	401.7	-401.7
2011	-19.6	-195.0	-161.9	57.8	-47.4	-79.9	253.4	58.5	3.9	62.4	-62.4
2012	32.1	-457.1	32.1	47.7	-43.8	53.5	152.2	114.4	40.5	154.8	-154.8
2013	36.0	-370.8	79.5	60.6	-52.2	-474.7	453.9	89.5	23.7	113.2	-113.2
2014	28.3	-571.0	130.6	59.8	-54.3	-119.4	147.9	100.7	29.5	130.2	-130.2
2015	23.9	-563.4	12.3	112.3	-134.2	165.3	-119.1	77.5	72.6	150.1	-150.1
2016	92.6	-814.6	43.4	111.7	-128.7	69.4	220.4	127.2	-20.6	106.6	-106.6
2017	32.9	-818.0	39.6	115.1	-110.0	-118.9	261.5	117.4	7.3	124.7	-124.7
2018	70.0	-688.5	-151.8	167.5	-183.9	200.8	224.2	166.9	-41.9	125.0	-125.0
2019	82.5	-548.8	84.8	154.9	-179.9	-67.6	69.9	128.6	38.0	166.6	-166.6

【主要统计指标解释】

就业人口 于资料标准周内，年满15岁从事有酬工作者或工作在15小时以上的无酬家属工作者。

失业人口 于资料标准周内，年满15岁同时具有无工作、随时可以工作及正在寻找工作者。此外尚包括等待恢复工作者及已找到职业而未开始工作也无报酬者。

就业人员工资 包括经常性工资、加班费及其他非经常性工资。

劳动生产力指数 劳动生产力是指在单位时间内，每一劳工所能生产的产量。此项指数可衡量劳动生产力的变动趋势。

初等教育 小学教育。

中等教育 初中、高中、高职及五专前三年。

高等教育 大专院校（扣除五专前三年）及研究所硕士、博士班教育。

各级教育粗入学率 为（各该级教育学生人数/各该级教育学龄人口数）×100；其中高等教育学龄学生人数仅含大专院校扣除五专前三年及研究所（含硕士、博士班）的学生人数。

本地居民总收入(GNI) 为某一期间本地常住居民提供生产要素从事生产所创造的附加值或报酬（不论在地区内或国外），即等于地区内生产总值加国外要素所得收入净额。

本地生产总值(GDP) 为某一期间本地及非本国常住居民提供生产要素在地区内从事生产所创造的附加值。

经济增长率 指某一期间的实际本地生产总值的增长率。

储蓄率 据居民储蓄总值与本地居民生产总值之比。

商业与对外贸易 包括进口与出口。出口货物以通关放行装船（机）离岸日为统计时间，以离岸价格（F.O.B.）计价；进口货物经办妥通关手续，或存入保税关栈的货物，以其提出关栈报运进口放行日为统计时间，以到岸价格（C.I.F.）计价。出口国别是以出口货物的出口商所申报的运销地分列，其运销地有数处得随时变更者，以最终的运销地为准；进口国别是按原产国别分列。

客运周转量 指于某特定时间内，铁路、公路客运运输所运送旅客运程的总和，或每架次飞机所载运的旅客人数与其航行里程乘积之和。可用以推算该时间内的客运收入。

货运周转量 指于某特定时间内，铁路、公路、航空货运运输所运送货物的重量与其运程乘积之和。可用以推算该时间内的货运收入。

批发价格 指企业间相互交易的地区内生产物品出厂价格及进出口物品的价格，以反映生产厂商出售原材料、半成品及制成品等价格变动情况。

消费价格 以台湾地区（包括城市和农村）为范围所编制的零售价格指数，以此衡量台湾地区一般家庭为消费需要所购买的商品与服务价格水平的变动情况。

进口及出口价格 以台湾地区进出口商品为调查价格范围，以此衡量进出口商品价格水平的变动情况。

道路交通事故 指造成人员死亡或受伤的案件，死亡人数包括立即死亡及事故发生后24小时内死亡。

社会保险 社会保险是包括全民健康保险(1995年3月开办)、劳工保险、就业保险(2003年1月开办)、公务人员保险、退休人员保险、私立学校教职员保险、农民健康保险及军人保险。

储备货币 包括存款货币机构与中华邮政公司储汇处的准备金及社会大众持有的通货二项。

流动性负债 指金融机构及债券型基金的流动性负债，包括金融机构以外部门持有通货，金融机构收受企业及个人的各种存款、货币市场共同基金与信托资金，保险业提列的人寿保险准备，以及企业及个人持有金融债券、央行发行的国库券与储蓄券；自1994年1月资料起，尚加计企业及个人持有上列机构的附买回交易余额与外国人持有的新台币存款；自1999年1月资料起，尚包括企业及个人持有债券型基金。

存款货币 指企业及个人在货币机构的支票存款、活期存款及活期储蓄存款。

货币总计数 M_{1a}指通货净额加企业及个人（含非营利团体）在货币机构的支票存款及活期存款；M_{1b}是通货净额加存款货币，或M_{1a}加个人（含非营利团体）在货币机构的活期储蓄存款（目前仅个人及非营利团体可以开设储蓄存款帐户）。M_2指M_{1b}加准货币。

附录一

世界及主要国家第三产业统计资料摘要

简要说明

一、本章选取了四十余个国家和地区主要宏观经济指标和第三产业方面统计指标，力求反映国家或地区经济概貌同时重点介绍第三产业情况。如需了解这些国家和地区其他指标，请参阅国家统计局国际统计信息中心编辑的《国际统计年鉴》。

二、中国数据未包括中国香港特别行政区、中国澳门特别行政区和中国台湾省的相关数据。

三、所有国家和地区的数据均来自于有关国际组织，每张表均附有资料来源。

四、经过有关国际组织调整，数据口径基本一致。

五、一些数据的合计数或相对数，因受进位的影响，不一定等于分项的累加。

六、本章中使用的符号含义如下："空格"表示无该项数据或该项统计数据不详；"…"表示数据不够本表最小单位数的一半；"|"表示因统计口径的调整，与之前数据不严格可比。

附录1-1 国内生产总值

单位：亿美元

国家和地区	2000	2005	2010	2014	2015	2016	2017	2018	2019
世　界	**336186**	**475172**	**661131**	**794508**	**751988**	**763358**	**812292**	**864090**	**877515**
中　国	12113	22860	60872	104757	110616	112333	123104	138948	143429
中国香港	1717	1816	2286	2915	3094	3208	3412	3617	3660
中国澳门	67	121	281	553	454	454	508	551	539
孟加拉国	534	694	1153	1729	1951	2214	2497	2740	3026
文　莱	60	95	137	171	129	114	121	136	135
柬埔寨	37	63	112	167	180	200	222	246	271
印　度	4684	8204	16756	20391	21036	22948	26528	27132	28751
印度尼西亚	1650	2859	7551	8908	8609	9319	10156	10422	11192
伊　朗	1096	2265	4868	4327	3850	4180	4453		
以色列	1323	1425	2340	3096	2998	3190	3533	3706	3951
日　本	48875	47554	57001	48504	43895	49225	48669	49548	50818
哈萨克斯坦	183	571	1480	2214	1844	1373	1668	1793	1802
韩　国	5762	9349	11441	14843	14658	15001	16239	17206	16424
老　挝	17	27	71	133	144	158	169	180	182
马来西亚	938	1435	2550	3381	3014	3013	3190	3586	3647
蒙　古	11	25	72	122	117	112	114	131	139
缅　甸	89	120	495	654	678	672	689	762	761
巴基斯坦	820	1201	1772	2444	2706	2787	3046	3146	2782
菲律宾	837	1074	2084	2975	3064	3186	3285	3468	3768
新加坡	961	1278	2398	3149	3080	3187	3419	3732	3721
斯里兰卡	163	244	567	794	806	824	874	884	840
泰　国	1264	1893	3411	4073	4013	4134	4563	5065	5436
越　南	312	576	1159	1862	1932	2053	2238	2452	2619
埃　及	998	897	2189	3055	3327	3329	2354	2509	3032
尼日利亚	694	1761	3634	5685	4946	4046	3757	3982	4481
南　非	1364	2578	3753	3509	3176	2964	3496	3683	3514
加拿大	7423	11694	16135	18035	15561	15282	16499	17163	17364
墨西哥	7079	8775	10578	13146	11706	10779	11577	12207	12583
美　国	102523	130366	149921	175217	182193	187072	194854	205802	214277
阿根廷	2842	1987	4236	5263	5947	5575	6427	5199	4497
巴　西	6554	8916	22089	24560	18022	17957	20628	18855	18398
委内瑞拉	1171	1455	3932	4824					
捷　克	616	1363	2075	2078	1868	1951	2159	2450	2465
法　国	13622	21961	26426	28522	24382	24713	25952	27879	27155
德　国	19431	28458	33964	38839	33605	34668	36658	39495	38456
意大利	11438	18575	21340	21591	18359	18758	19618	20858	20012
荷　兰	4164	6851	8466	8910	7653	7835	8339	9141	9091
波　兰	1719	3061	4793	5454	4776	4720	5264	5871	5922
俄罗斯	2597	7640	15249	20592	13635	12768	15742	16696	16999
西班牙	5969	11533	14207	13694	11951	12321	13126	14197	13941
土耳其	2730	5014	7719	9342	8598	8637	8527	7714	7544
乌克兰	313	861	1360	1335	910	934	1122	1309	1538
英　国	16578	25387	24752	30638	29286	26943	26662	28607	28271
澳大利亚	4152	6934	11461	14675	13517	12088	13301	14339	13927
新西兰	526	1147	1466	2009	1775	1882	2054	2079	2069

资料来源：世界银行WDI数据库。

附录1-2 国内生产总值增长率

单位：%

国家和地区	2000	2005	2010	2014	2015	2016	2017	2018	2019
中　国	8.5	11.4	10.6	7.4	7.0	6.8	6.9	6.8	6.1
中国香港	7.7	7.4	6.8	2.8	2.4	2.2	3.8	2.9	-1.2
中国澳门	5.7	8.1	25.3	-1.2	-21.6	-0.7	9.9	5.4	-4.7
孟加拉国	5.3	6.5	5.6	6.1	6.6	7.1	7.3	7.9	8.2
文　莱	2.8	0.4	2.6	-2.5	-0.4	-2.5	1.3	0.1	3.9
柬埔寨	10.7	13.3	6.0	7.1	7.0	7.0	6.8	7.5	7.1
印　度	3.8	7.9	8.5	7.4	8.0	8.3	7.0	6.1	5.0
印度尼西亚	4.9	5.7	6.2	5.0	4.9	5.0	5.1	5.2	5.0
伊　朗	5.9	3.2	5.8	4.6	-1.3	13.4	3.8		
以色列	7.5	3.9	5.6	3.8	2.3	4.0	3.5	3.5	3.5
日　本	2.8	1.7	4.2	0.4	1.2	0.5	2.2	0.3	0.7
哈萨克斯坦	9.8	9.7	7.3	4.2	1.2	1.1	4.1	4.1	4.5
韩　国	9.1	4.3	6.8	3.2	2.8	2.9	3.2	2.7	2.0
老　挝	5.8	7.1	8.5	7.6	7.3	7.0	6.9	6.2	4.7
马来西亚	8.9	5.3	7.4	6.0	5.1	4.5	5.7	4.7	4.3
蒙　古	1.1	7.3	6.4	7.9	2.4	1.2	5.3	7.2	5.1
巴基斯坦	4.3	6.5	1.6	4.7	4.7	5.5	5.6	5.8	1.0
菲律宾	4.4	4.9	7.3	6.3	6.3	7.1	6.9	6.3	6.0
新加坡	9.0	7.4	14.5	3.9	3.0	3.2	4.3	3.4	0.7
斯里兰卡	6.0	6.2	8.0	5.0	5.0	4.5	3.6	3.3	2.3
泰　国	4.5	4.2	7.5	1.0	3.1	3.4	4.1	4.2	2.4
越　南	6.8	7.5	6.4	6.0	6.7	6.2	6.8	7.1	7.0
埃　及	6.4	4.5	5.1	2.9	4.4	4.3	4.2	5.3	5.6
尼日利亚	5.0	6.4	8.0	6.3	2.7	-1.6	0.8	1.9	2.2
南　非	4.2	5.3	3.0	1.8	1.2	0.4	1.4	0.8	0.2
加拿大	4.9	5.0	3.1	2.9	0.7	1.0	3.2	2.0	1.7
墨西哥	4.9	2.3	5.1	2.8	3.3	2.9	2.1	2.1	-0.1
美　国	4.1	3.5	2.6	2.5	2.9	1.6	2.2	3.2	2.3
阿根廷	-0.8	8.9	10.1	-2.5	2.7	-2.1	2.7	-2.5	-2.2
巴　西	4.4	3.2	7.5	0.5	-3.5	-3.3	1.3	1.3	1.1
委内瑞拉	3.7	10.3	-1.5	-3.9	-5.7				
捷　克	4.3	6.5	2.3	2.7	5.3	2.5	4.4	2.8	2.6
法　国	3.9	1.7	1.9	1.0	1.1	1.1	2.3	1.8	1.5
德　国	2.9	0.7	4.2	2.2	1.7	2.2	2.5	1.5	0.6
意大利	3.8	0.8	1.7	0.0	0.8	1.3	1.7	0.8	0.3
荷　兰	4.2	2.1	1.3	1.4	2.0	2.2	2.9	2.6	1.8
波　兰	4.6	3.5	3.6	3.3	3.8	3.1	4.9	5.3	4.1
俄罗斯	10.0	6.4	4.5	0.7	-2.0	0.2	1.8	2.5	1.3
西班牙	5.2	3.7	0.2	1.4	3.8	3.0	2.9	2.4	2.0
土耳其	6.6	9.0	8.5	5.2	6.1	3.2	7.5	2.8	0.9
乌克兰	5.9	3.0	3.8	-6.6	-9.8	2.2	2.5	3.4	3.2
英　国	3.4	3.2	2.0	2.6	2.4	1.9	1.9	1.3	1.4
澳大利亚	3.9	3.2	2.1	2.5	2.2	2.8	2.4	2.9	1.9
新西兰	2.9	3.3	1.6	3.6	3.6	3.7	3.2	3.8	2.2

资料来源：世界银行WDI数据库。

附录1-3　国内生产总值产业构成

单位：%

国家和地区	第一产业			第二产业			第三产业		
	2000	2010	2019	2000	2010	2019	2000	2010	2019
中　国	14.7	9.3	7.1	45.5	46.5	39.0	39.8	44.2	53.9
中国香港	0.1	0.1	0.1①	12.1	6.8	6.5①	83.8	90.9	88.6①
中国澳门				11.6	4.8	4.1①	81.3	94.4	94.2①
孟加拉国	22.7	17.0	12.7	22.3	25.0	29.6	50.6	53.5	52.8
文　莱	1.0	0.7	1.0	63.7	68.7	62.5	35.3	32.5	38.2
柬埔寨	35.7	33.9	20.7	21.7	21.9	34.2	36.9	38.3	38.8
印　度	21.6	17.0	16.0	27.3	30.7	24.9	42.7	45.0	49.9
印度尼西亚	15.7	13.9	12.7	42.0	42.8	38.9	33.4	40.7	44.2
伊　朗	9.1	6.5	9.5②	40.3	44.2	34.9②	51.4	51.1	54.4②
以色列	1.3	1.5	1.1①	23.2	21.1	19.4①	65.0	66.6	69.8①
日　本	1.5	1.1	1.2①	32.8	28.4	29.1①	65.9	70.2	69.3①
哈萨克斯坦	8.1	4.5	4.4	37.8	40.6	33.1	48.4	51.7	55.5
韩　国	3.9	2.1	1.7	34.8	34.1	33.0	51.6	54.7	56.8
老　挝	33.6	22.6	15.3	16.5	30.5	30.9	42.2	43.6	42.7
马来西亚	8.6	10.1	7.3	48.3	40.5	37.4	46.3	48.5	54.2
蒙　古	27.4	11.7	11.0	22.2	33.2	39.1	39.2	44.8	39.0
缅　甸	57.2	36.9	21.4①	9.7	26.5	38.0①	33.1	36.7	40.7①
巴基斯坦	25.6	23.3	22.0	17.5	19.7	18.3	50.3	52.8	53.9
菲律宾	13.9	13.7	8.8	35.0	32.3	30.2	51.1	53.9	61.0
新加坡	0.1			32.5	26.6	24.5	60.7	67.8	70.4
斯里兰卡	19.9	8.5	7.4	27.3	26.6	27.4	52.8	54.6	58.2
泰　国	8.5	10.5	8.0	36.7	39.9	33.4	54.8	49.6	58.6
越　南	24.5	18.4	14.0	36.7	32.1	34.5	38.7	36.9	41.6
埃　及	15.5	13.3	11.0	30.8	35.8	35.6	46.5	46.2	50.5
尼日利亚	21.4	23.9	21.9	33.8	25.3	27.4	43.8	50.8	49.7
南　非	3.0	2.4	1.9	29.1	27.4	26.0	59.1	61.0	61.2
加拿大	1.9	1.3	1.9③	29.9	26.7	23.3③	61.1	65.5	68.0③
墨西哥	3.3	3.2	3.5	34.2	32.4	30.1	57.8	60.4	60.5
美　国	1.2	1.0	0.9②	22.5	19.4	18.2②	72.8	76.2	77.4②
阿根廷	4.7	7.1	7.2	26.0	25.3	23.1	63.5	51.5	53.6
巴　西	4.8	4.1	4.4	23.0	23.3	17.9	58.3	57.6	63.3
委内瑞拉	3.9	5.4		46.4	48.4		43.1	39.0	
捷　克	3.1	1.5	1.9	33.9	33.3	32.0	54.1	55.6	56.2
法　国	2.1	1.6	1.6	21.3	17.8	17.1	66.3	70.7	70.2
德　国	1.0	0.8	0.8	27.7	26.8	26.8	61.5	62.3	62.4
意大利	2.6	1.8	1.9	24.3	21.9	21.4	62.7	66.3	66.3
荷　兰	2.3	1.8	1.7	21.7	19.7	17.8	65.7	68.4	69.8
波　兰	3.1	2.6	2.2	28.9	29.2	28.8	56.8	56.2	56.9
俄罗斯	5.8	3.3	3.4	33.9	30.0	32.2	49.7	53.1	54.0
西班牙	3.7	2.4	2.7	28.0	23.2	20.2	59.2	66.3	67.9
土耳其	10.1	9.0	6.4	26.9	24.6	27.7	52.6	54.3	55.9
乌克兰	14.5	7.4	9.0	30.8	25.9	22.6	39.5	55.1	54.4
英　国	0.9	0.6	0.6	23.1	18.9	17.4	65.7	70.6	71.3
澳大利亚	3.1	2.2	2.1	24.6	25.2	25.2	64.3	65.7	66.2
新西兰	7.8	6.6	5.8②	23.6	21.2	20.4②	61.8	64.4	65.2②

注：①2018年数据。②2017年数据。③2016年数据。
资料来源：世界银行WDI数据库。

附录1-4 第三产业增加值

单位：亿美元

国家和地区	2000	2005	2010	2013	2014	2015	2016	2017
中　　国		9449	26888	44863	50145	55584	57697	63182
中国香港	1438	1617	2079	2512	2637	2779	2872	
中国澳门	55	100	265	495	516	411	419	
孟加拉国	270	367	617	801	927	1048	1188	1335
文　　莱	21	26	42	53	54	49	49	50
柬 埔 寨	14	25	43	59	66	72	80	88
印　　度	1907	3470	7484	8671	9752	10073	10889	12710
印度尼西亚	551	1153	3071	3788	3763	3728	4070	4431
伊　　朗	563	1087	2491	2259	2168	2157	2314	2872
以 色 列	875	956	1571	2004	2112	2081	2217	
日　　本	32190	32796	40020	36785	34189	30391	34040	
哈萨克斯坦	88	297	765	1258	1214	1093	794	916
韩　　国	2900	4811	5870	7053	7670	7473	7605	8089
老　　挝	7	12	31	51	59	64	67	70
马来西亚	434	634	1236	1615	1694	1517	1532	1603
巴基斯坦	349	531	937	1203	1263	1411	1471	1619
菲 律 宾	418	551	1100	1567	1632	1723	1817	1878
新 加 坡	581	823	1615	2161	2194	2126	2170	2281
斯里兰卡	86	142	310	419	452	462	465	486
泰　　国	691	988	1687	2173	2162	2199	2294	2563
越　　南	121	245	428	663	727	768	840	
尼日利亚	310	811	1845	2697	3079	2796	2419	2097
南　　非	805	1549	2290	2244	2141	1950	1805	2149
墨 西 哥	4092	5265	6385	7788	7912	7138	6575	7008
美　　国	75211	97323	113786	125730	131325	138334	143449	
阿 根 廷	1761	964	2181	2976	2786	3320	3100	3629
巴　　西	3818	5000	12726	14757	15043	11229	11343	12963
捷　　克	333	737	1155	1136	1115	1005	1059	1175
法　　国	9033	15049	18671	19763	20064	17118	17339	18139
德　　国	11968	18085	21253	23266	24133	20956	21514	22678
意 大 利	7160	12018	14079	14184	14402	12221	12412	12866
荷　　兰	2703	4481	5788	6057	6229	5362	5502	5841
波　　兰	976	1719	2695	3003	3087	2685	2654	3058
俄 罗 斯	1291	3729	8100	12856	11466	7655	7274	8863
西 班 牙	3519	6903	9365	9188	9290	8036	8260	8688
土 耳 其	1435	2646	4191	5055	5013	4583	4644	4538
乌 克 兰	124	434	749	1031	723	465	468	564
英　　国	10948	17600	17530	19438	21476	20507	18869	18580
澳大利亚	2669	4460	7531	10450	9645	9089	8247	8863
新 西 兰	325	738	944	1227	1314	1165		

资料来源：世界银行WDI数据库。

附录1-5 第三产业就业人口占总就业人口比重

单位：%

国家和地区	2013	2014	2015	2016	2017	2018	2019
中　国	38.5	40.6	42.2	43.5	44.9	45.7	46.4
中国香港	87.6	87.7	87.8	87.8	87.9	88.1	88.2
中国澳门	87.0	83.9	83.8	85.9	89.0	89.6	90.0
孟加拉国	36.0	36.4	36.6	36.9	39.0	39.7	40.2
文　莱	80.6	80.8	81.5	82.1	82.5	82.7	82.8
柬埔寨	31.2	30.2	32.6	36.7	37.6	38.1	38.7
印　度	29.1	29.6	30.3	30.9	31.2	31.7	32.0
印度尼西亚	44.1	44.3	44.9	46.5	47.2	48.1	48.9
伊　朗	48.4	48.4	49.4	50.1	50.4	50.9	51.5
以色列	81.0	81.2	81.4	81.5	81.7	81.9	82.1
日　本	71.0	71.2	71.4	71.8	71.9	72.1	72.3
哈萨克斯坦	56.0	58.8	61.4	62.1	62.7	63.3	63.7
韩　国	69.5	69.6	69.7	70.2	70.1	69.8	70.0
老　挝	22.4	22.9	23.5	24.1	24.6	25.1	25.7
马来西亚	58.6	59.7	60.0	61.1	61.6	62.2	62.6
蒙　古	49.8	51.3	51.3	50.6	52.0	52.8	53.2
缅　甸	30.7	31.0	31.5	32.5	33.5	34.3	35.0
巴基斯坦	34.8	34.9	35.0	34.1	35.9	37.6	38.0
菲律宾	53.4	53.6	54.6	55.5	56.3	56.6	57.2
新加坡	79.8	81.6	81.9	82.3	82.9	83.5	83.8
斯里兰卡	43.8	44.8	45.6	46.5	45.5	45.7	45.8
泰　国	39.2	43.0	44.0	45.2	45.7	45.1	45.8
越　南	32.0	32.2	33.2	33.4	34.1	34.6	35.0
埃　及	47.9	48.0	49.1	48.9	48.4	48.5	48.5
尼日利亚	49.9	50.5	50.9	51.3	51.7	52.2	52.7
南　非	71.5	71.9	70.6	71.1	71.4	71.7	72.0
加拿大	77.9	78.1	78.4	78.7	79.0	78.9	79.1
墨西哥	62.0	61.4	61.4	61.1	60.9	61.1	61.2
美　国	78.7	78.7	78.7	78.8	78.8	78.8	78.9
阿根廷	75.4	75.3	76.1	76.9	77.5	78.0	78.5
巴　西	65.9	66.8	67.6	69.0	70.1	70.6	71.0
委内瑞拉	71.2	71.8	72.3	73.0	73.7	74.4	75.1
捷　克	59.5	59.2	59.0	59.0	59.1	59.7	60.0
法　国	75.6	76.6	76.9	76.8	76.9	77.2	77.5
德　国	70.8	70.5	70.9	71.3	71.3	71.4	71.7
意大利	69.4	69.5	69.6	70.0	70.2	70.1	70.4
荷　兰	81.4	81.5	81.2	81.3	81.2	81.7	82.0
波　兰	57.5	58.0	57.9	58.0	58.1	58.6	58.8
俄罗斯	65.2	65.7	66.0	66.3	67.1	67.3	67.6
西班牙	76.0	76.3	76.0	76.2	75.6	75.5	75.6
土耳其	50.7	51.1	52.4	53.7	54.1	54.9	55.3
乌克兰	55.2	59.1	60.1	60.2	60.3	60.7	61.0
英　国	80.1	79.8	80.2	80.4	80.6	80.8	81.1
澳大利亚	76.9	76.9	78.0	78.0	78.0	77.5	77.6
新西兰	73.7	73.3	72.3	73.3	73.3	74.4	74.8

资料来源：世界银行WDI数据库。

附录1-6 雇员每月平均工资

单位：本币

国家和地区	2010	2012	2013	2014	2015	2016	2017	2018
中　　国①	3045	3897	4290	4697	5169	5631		
中国香港	11000	12000	12600	13000	14200	15000		
中国澳门	8900	11000	12000	13000	15000	15000	15000	15800
孟加拉国						12915	12016	
文　　莱				2092			1622	
柬 埔 寨	377112	486059	498888	625347	668066	745008		
印度尼西亚	1375408	1418531	1576738	1704256	1818033			
以 色 列	8100	9149	9030	9317	9503	9724		
日　　本	296200	297700	295700	299600	304000	304000	304300	306200
哈萨克斯坦	77611	101263	109141	121021	126021	142898	150827	
韩　　国	2785030	2997420	3116400	3235210	3269000	3351000	3446000	3593000
老　　挝	1597120						2354377	
马来西亚		1906		2193	2312	2463	2879	3087
缅　　甸					125261		181860	203091
巴基斯坦	8940		12569	13701	15559		18827	19270
菲 律 宾	9337	10166	10641	11164	11502	12209	12646	13487
新 加 坡	4089	4433	4622	4727	4892	4056	4232	4437
斯里兰卡	13750		19212	20774	24139	27091	29691	31554
泰　　国		11184	14191	14352	11107	14818	129926	14944
越　　南	2518605	3757662	4099224	4470629	5126699	5493000	5371754	5775919
埃　　及	804	2564	3044		1829	4079	4547	2254
阿 根 廷	2419	3926	4989	6461			14492	18457
巴　　西		1415	1533	1674	1836	2058	2174	2285
捷　　克	26881	26133	26444	26802	27811	29056	31109	33684
法　　国	2567	2879	2905	2775	2962	2989		
德　　国	2882	3749	3794	3045	3979	4078	4149	4278
意 大 利	2286			2458	2123	2137	2141	2186
波　　兰	3224	3530	3659	3777	3908	4047	4284	
俄 罗 斯	20952	26629	29792	32495	34030	36709	38609	
西 班 牙	1839	1850	1869	1881	1894	1878	1971	2001
乌 克 兰	2239	3026	3265	3480	4195	5183	7104	8865
英　　国	2119	2130	2182		2208	2281	2341	
新 西 兰	3940			4420	4522	4640	4760	

注：①城镇单位就业人员平均工资。
资料来源：国际劳工组织数据库。

附录1-7 货物进口总额

单位：亿美元

国家和地区	2000	2005	2010	2014	2015	2016	2017	2018	2019
世　界	**66475**	**107853**	**154359**	**190553**	**167222**	**161979**	**179752**	**198123**	**192376**
中　国	2251	6600	13962	19592	16796	15879	18438	21357	20771
中国香港	2140	3002	4414	6008	5588	5465	5889	6266	5778
中国澳门	26	45	56	113	106	89	95	112	112
孟加拉国	89	139	278	411	420	448	528	605	601
文　莱	11	15	25	36	32	27	31	42	44
柬埔寨	19	39	68	107	133	139	153	184	221
印　度	515	1429	3502	4629	3941	3616	4499	5145	4839
印度尼西亚	436	757	1357	1782	1427	1357	1569	1887	1707
伊　朗	139	400	654	551	449	431	495	494	418
以色列	377	449	587	715	621	658	691	766	765
日　本	3795	5159	6941	8122	6481	6077	6721	7485	7207
哈萨克斯坦	50	174	311	413	306	250	293	325	378
韩　国	1605	2612	4252	5256	4365	4062	4785	5352	5033
老　挝	5	9	21	43	57	54	57	62	60
马来西亚	820	1143	1646	2089	1760	1687	1954	2176	2050
蒙　古	6	12	33	52	38	34	43	59	61
缅　甸	24	19	48	165	169	157	193	193	180
巴基斯坦	109	254	378	476	442	468	577	601	505
菲律宾	370	495	585	687	748	894	1019	1193	1128
新加坡	1345	2000	3108	3779	2971	2833	3279	3709	3593
斯里兰卡	63	88	135	194	189	192	210	222	198
泰　国	619	1182	1829	2277	2027	1942	2215	2482	2366
越　南	156	368	848	1478	1656	1748	2129	2369	2539
埃　及	146	224	529	668	636	558	616	720	709
尼日利亚	87	208	442	583	447	355	313	430	510
南　非	297	623	968	1219	1047	917	1016	1140	1075
加拿大	2448	3224	4027	4753	4301	4129	4437	4705	4637
墨西哥	1795	2282	3102	4116	4053	3975	4322	4765	4673
美　国	12593	17327	19692	24125	23153	22502	24085	26142	25684
阿根廷	252	287	568	657	602	559	669	655	491
巴　西	586	776	1915	2392	1791	1434	1575	1886	1841
捷　克	320	765	1267	1542	1414	1430	1634	1847	1782
法　国	3389	5041	6111	6766	5708	5677	6186	6714	6512
德　国	4972	7771	10548	12072	10511	10553	11629	12844	12342
意大利	2388	3848	4870	4744	4109	4068	4531	5032	4735
荷　兰	2183	3638	5164	5896	5121	5008	5746	6455	6360
波　兰	490	1016	1780	2236	1965	1995	2338	2690	2620
俄罗斯	449	1254	2486	3079	1930	1915	2384	2487	2541
西班牙	1561	2888	3270	3589	3119	3109	3520	3906	3719
土耳其	545	1168	1855	2511	2136	2022	2387	2312	2103
乌克兰	140	361	609	544	375	393	496	570	606
英　国	3396	5219	5923	6941	6300	6367	6410	6723	6918
澳大利亚	715	1253	2016	2374	2085	1963	2288	2354	2216
新西兰	139	262	306	425	366	361	401	438	422

资料来源：世界贸易组织数据库。

附录1-8 货物出口总额

单位：亿美元

国家和地区	2000	2005	2010	2014	2015	2016	2017	2018	2019
世　界	**64540**	**105103**	**153065**	**190072**	**165556**	**160431**	**177376**	**194681**	**188887**
中　国	2492	7620	15778	23423	22735	20976	22633	24867	24990
中国香港	2027	2921	4007	5241	5105	5166	5499	5685	5349
中国澳门	25	25	9	12	13	13	14	15	16
孟加拉国	64	93	192	304	324	349	359	393	379
文　莱	39	62	89	105	64	49	56	66	65
柬埔寨	14	31	51	68	85	101	110	127	141
印　度	424	996	2264	3227	2680	2645	2992	3248	3242
印度尼西亚	654	870	1578	1763	1504	1445	1688	1802	1675
伊　朗	287	563	1013	952	703	729	928	1050	551
以色列	314	428	584	685	641	606	611	620	584
日　本	4792	5949	7698	6902	6249	6451	6983	7381	7055
哈萨克斯坦	88	278	600	795	460	367	483	610	573
韩　国	1723	2844	4664	5731	5268	4954	5737	6049	5422
老　挝	3	6	17	27	37	42	49	53	59
马来西亚	982	1416	1986	2339	2000	1897	2181	2475	2382
蒙　古	5	11	29	58	47	49	62	70	76
缅　甸	16	38	87	115	114	118	139	167	174
巴基斯坦	90	161	214	247	221	204	216	234	234
菲律宾	381	413	515	621	588	574	687	693	703
新加坡	1378	2296	3519	4154	3516	3305	3734	4130	3908
斯里兰卡	54	63	86	113	105	103	114	119	120
泰　国	690	1109	1933	2275	2143	2154	2366	2530	2462
越　南	145	324	722	1502	1621	1766	2150	2437	2643
埃　及	53	129	264	269	213	255	256	276	290
尼日利亚	210	505	840	1031	502	333	445	605	617
南　非	300	516	913	930	810	762	889	940	900
加拿大	2766	3605	3875	4763	4101	3900	4207	4508	4469
墨西哥	1664	2142	2983	3969	3806	3739	4094	4507	4611
美　国	7819	9011	12785	16205	15026	14510	15463	16640	16456
阿根廷	263	404	682	684	568	579	586	618	651
巴　西	551	1185	2019	2251	1911	1852	2178	2393	2226
捷　克	291	781	1330	1750	1579	1627	1821	2022	1985
法　国	3276	4634	5238	5814	5063	5012	5352	5818	5697
德　国	5518	9709	12589	14942	13262	13344	14482	15605	14892
意大利	2405	3731	4473	5298	4570	4617	5074	5495	5327
荷　兰	2331	4064	5743	6724	5704	5706	6521	7267	7092
波　兰	317	894	1597	2201	1991	2038	2344	2636	2640
俄罗斯	1050	2438	4006	4968	3414	2817	3531	4431	4188
西班牙	1153	1926	2544	3245	2823	2900	3195	3468	3336
土耳其	278	735	1139	1665	1510	1492	1645	1772	1809
乌克兰	146	342	515	539	381	364	433	473	501
英　国	2832	3935	4202	5108	4658	4109	4410	4864	4688
澳大利亚	639	1061	2126	2400	1877	1925	2311	2571	2716
新西兰	133	217	314	416	344	338	381	397	395

资料来源：世界贸易组织数据库。

附录1-9 服务贸易进口总额

单位：亿美元

国家和地区	2000	2005	2010	2014	2015	2016	2017	2018	2019
世　界	**14637**	**25467**	**37849**	**50266**	**47885**	**48240**	**52081**	**56047**	**57306**
中　国	359	833	1923	4309	4330	4492	4641	5207	4970
中国香港	246	561	702	738	739	743	776	815	788
中国澳门	8	15	25	37	38	38	44	49	46
孟加拉国	15	22	41	74	74	76	83	96	95
文　莱	8	9	11	17	16	16	12	15	18
柬埔寨	3	6	10	21	22	24	27	30	32
印　度	189	602	1142	1274	1227	1328	1540	1749	1781
印度尼西亚	154	220	260	331	308	304	326	376	393
伊　朗	22	104	182	165	151	151	173		
以色列	118	141	185	241	243	255	285	299	309
日　本	1139	1374	1629	1905	1766	1842	1910	1988	2017
哈萨克斯坦	18	74	112	137	107	97	99	118	113
韩　国	332	591	960	1141	1108	1108	1248	1273	1250
老　挝			3	11	11	10	11	11	13
马来西亚	166	218	324	451	399	399	420	443	432
蒙　古	2	4	8	19	14	21	22	26	29
缅　甸	3	5	8	22	24	25	29	34	34
巴基斯坦	21	73	66	80	82	87	101	97	88
菲律宾	52	64	117	206	234	238	258	263	274
新加坡	300	549	1003	1664	1615	1586	1800	2003	1988
斯里兰卡	16	28	43	56	59	61	65	68	65
泰　国	153	267	411	449	422	432	464	547	585
越　南	33	44	98	148	158	166	169	178	186
埃　及	72	95	130	168	167	164	161	178	202
尼日利亚	31	64	199	232	183	113	180	306	389
南　非	57	119	192	166	151	145	158	161	153
加拿大	436	653	989	1130	1037	1035	1111	1145	1141
墨西哥	162	223	267	342	324	329	373	374	361
美　国	2050	2848	4045	4667	4762	4904	5228	5391	5643
阿根廷	90	72	143	176	187	216	250	240	192
巴　西	156	215	578	859	689	615	704	689	671
捷　克	53	107	177	223	196	198	217	248	256
法　国	597	1333	1811	2525	2334	2368	2489	2663	2628
德　国	1367	2076	2624	3314	3005	3147	3413	3658	3630
意大利	544	931	1116	1153	1015	1035	1150	1245	1227
荷　兰	518		1603	1927	2132	1833	2163	2446	2461
波　兰	89	155	309	366	329	342	381	437	437
俄罗斯	162	395	732	1189	872	731	874	932	975
西班牙	329			669	622	656	720	826	860
土耳其	85	108	185	265	243	245	260	268	268
乌克兰	26	70	122	117	104	109	122	138	147
英　国	965	1778	1848	2302	2290	2222	2277	2583	2792
澳大利亚	186	325	569	700	628	615	673	718	702
新西兰	44	83	101	130	116	119	130	138	142

资料来源：世界贸易组织数据库。

附录1-10 服务贸易出口总额

单位：亿美元

国家和地区	2000	2005	2010	2014	2015	2016	2017	2018	2019
世　界	**14913**	**26204**	**38964**	**51697**	**49296**	**50184**	**54515**	**59489**	**60656**
中　国	301	780	1774	2181	2176	2083	2264	2697	2817
中国香港	404	473	805	1068	1043	984	1040	1130	1012
中国澳门	33	78	237	452	334	330	388	436	431
孟加拉国	3	7	12	16	17	20	23	30	32
文　莱	2	6	5	6	6	5	5	6	6
柬埔寨	4	11	19	37	38	38	44	52	60
印　度	160	519	1166	1566	1557	1612	1847	2043	2137
印度尼西亚	51	126	163	229	216	226	247	305	309
伊　朗	14	49	87	103	108	98	101		
以色列	156	173	254	358	368	391	442	500	553
日　本	683	997	1318	1593	1583	1707	1820	1888	2005
哈萨克斯坦	9	20	39	67	59	59	63	71	75
韩　国	308	493	819	1108	964	939	887	980	1015
老　挝	1	2	5	8	8	8	8	9	11
马来西亚	138	196	346	420	348	355	370	401	408
蒙　古	1	4	5	6	7	8	10	12	14
缅　甸	5	3	3	31	37	37	38	45	67
巴基斯坦	13	20	29	36	35	36	39	40	42
菲律宾	34	86	178	255	290	312	348	384	410
新加坡	284	454	1001	1535	1529	1514	1694	2023	2045
斯里兰卡	9	15	25	56	64	71	77	83	75
泰　国	138	198	341	516	577	635	707	772	816
越　南	27	42	74	109	111	209	209	245	274
埃　及	97	144	236	203	181	133	186	229	243
尼日利亚	18	14	26	15	27	32	45	44	45
南　非	49	116	157	165	147	140	154	156	144
加拿大	393	601	771	913	837	862	929	976	991
墨西哥	133	157	154	210	227	241	275	286	301
美　国	2824	3629	5628	7370	7483	7618	8105	8405	8533
阿根廷	48	63	126	132	130	132	153	148	140
巴　西	90	143	291	390	330	326	337	346	333
捷　克	67	131	219	251	228	242	271	304	301
法　国	800	1559	2013	2720	2549	2585	2706	2940	2871
德　国	796	1597	2203	2949	2756	2872	3141	3376	3352
意大利	559	908	1002	1136	975	1001	1113	1225	1214
荷　兰	514		1626	2042	1959	1889	2189	2463	2621
波　兰	104	181	354	487	451	497	584	693	720
俄罗斯	96	286	486	648	508	498	567	636	617
西班牙	522			1376	1215	1305	1440	1558	1575
土耳其	202	275	360	614	546	454	527	582	641
乌克兰	38	100	177	146	122	121	139	155	170
英　国	1184	2434	2855	3883	3690	3604	3717	4055	4118
澳大利亚	194	317	511	582	541	572	643	685	692
新西兰	50	100	114	144	146	154	164	171	167

资料来源：世界贸易组织数据库。

附录1-11　外汇储备和黄金储备

单位：亿美元

国家和地区	外汇储备（亿美元）				黄金储备（万盎司）			
	2000	2010	2015	2019	2000	2010	2015	2019
中　国	1656	28473	33304	31079	1270	3389	5666	6264
中国香港	1075	2686	3587	4412	7	7	7	7
中国澳门	33	237	189	222				
孟加拉国	15	99	258	306	11	43	44	45
文　莱	4	12	29	37			15	14
柬埔寨	5	32	68	169	40	40	46	114
印　度	373	2678	3278	4269	1150	1793	1793	2041
印度尼西亚	283	900	1006	1227	310	235	251	253
以色列	232	693	889	1243				
日　本	3472	10363	11795	12559	2455	2460	2460	2460
哈萨克斯坦	16	247	198	93	184	216	713	1239
韩　国	959	2869	3585	3979	44	46	336	336
老　挝	1	6	10		2	29	1	
马来西亚	274	1023	914	995	117	117	123	125
蒙　古	2	21	12	32	8	6	7	74
缅　甸	2	57	43	55	23	23	23	23
巴基斯坦	15	131	172	132	209	207	207	208
菲律宾	130	540	724	781	723	495	630	636
新加坡	795	2237	2457	2770	410	410	410	410
斯里兰卡	10	66	65	66	34	35	72	63
泰　国	319	1657	1493	2146	237	320	490	495
越　南	34	121	279	780				
埃　及	129	324	121	400	243	243	243	255
尼日利亚	99	323	260	360	69	69	69	
南　非	58	354	389	459	590	402	403	403
加拿大	290	449	691	736	118	11	5	
墨西哥	351	1149	1684	1706	25	23	390	386
美　国	312	521	392	415	26161	26150	26150	26150
阿根廷	244	466	206	392	2	176	198	176
巴　西	324	2806	3489	3465	212	108	216	217
委内瑞拉	126	92	51		1024	1176	877	
捷　克	130	403	626	1482	45	41	32	26
法　国	321	362	364	517	9725	7830	7831	7832
德　国	497	374	364	360	11152	10934	10870	10824
意大利	224	357	344	427	7883	7883	7883	7883
荷　兰	70	89	88	44	2932	1969	1969	1969
波　兰	263	863	894	1158	331	331	331	735
俄罗斯	243	4329	3094	4333	1236	2536	4548	7302
西班牙	295	133	387	545	1683	905	905	905
土耳其	223	790	914	770	374	373	1657	1682
乌克兰	11	333	124	241	45	89	88	81
英　国	342	493	1016	1375	1567	997	998	998
澳大利亚	168	328	375	504	256	257	250	157
新西兰	36	151	131	163				

资料来源：国际货币基金组织IFS数据库。

附录1-12 外商直接投资

单位：亿美元

国家和地区	外商直接投资				对外直接投资			
	2000	2010	2015	2019	2000	2010	2015	2019
世　界	**13566.1**	**13962.0**	**20417.7**	**15398.8**	**11637.3**	**13960.3**	**17080.9**	**13137.7**
中　国	407.2	1147.3	1355.8	1412.3	9.2	688.1	1456.7	1171.2
中国香港	545.8	705.4	1743.5	683.8	540.8	862.5	718.2	592.8
中国澳门	0.0	28.3	10.4	19.0		-4.4	-8.8	-1.6
孟加拉国	5.8	9.1	22.4	16.0	0.0	0.2	0.5	0.0
文　莱	5.5	4.8	1.7	2.8	0.3	-0.4	0.8	
柬埔寨	1.5	14.0	18.2	37.1	0.1	0.2	0.9	1.0
印　度	35.9	274.2	440.6	505.5	5.1	159.5	75.7	121.0
印度尼西亚	-45.5	137.7	166.4	234.3		26.6	59.4	33.8
伊　朗	1.9	36.5	20.5	15.1	0.1	2.4	1.2	0.9
以色列	69.6	69.9	113.4	182.2	33.4	79.4	109.7	85.7
日　本	83.2	-12.5	29.8	145.5	315.6	562.6	1362.5	2266.5
哈萨克斯坦	12.8	115.5	40.6	31.2	0.0	78.9	8.0	-25.9
韩　国	115.1	95.0	41.0	105.7	48.4	282.2	236.9	355.3
老　挝	0.3	2.8	10.8	5.6	0.1	0.3	0.4	
马来西亚	37.9	90.6	100.8	76.5	20.3	134.0	105.5	63.0
蒙　古	0.5	16.9	0.9	24.4		0.6	0.1	1.3
缅　甸	0.9	66.7	28.2	27.7				
巴基斯坦	3.1	20.2	16.7	22.2	0.1	0.5	0.3	-0.1
菲律宾	22.4	13.0	44.5	50.0	1.3	29.4	43.5	6.6
新加坡	147.5	574.6	597.0	920.8	68.5	354.1	452.2	332.8
斯里兰卡	1.8	4.8	6.8	7.6	0.0	0.4	0.5	0.8
泰　国	34.1	145.6	56.2	41.5	-0.2	79.4	16.9	118.5
越　南	12.9	80.0	118.0	161.2		9.0	11.0	4.7
埃　及	12.4	63.9	69.3	90.1	0.5	11.8	1.8	4.1
尼日利亚	13.1	61.0	35.9	33.0	1.7	9.2	-15.1	2.8
南　非	8.9	36.4	17.3	46.2	2.7	-0.8	57.4	31.2
加拿大	668.0	284.0	438.4	503.3	446.8	347.2	674.4	766.0
墨西哥	182.5	271.3	353.5	329.2		143.7	106.6	102.3
美　国	3140.1	1980.5	4676.3	2462.2	1426.3	2777.8	2643.6	1249.0
阿根廷	104.2	113.3	117.6	62.4	9.0	9.7	8.8	15.7
巴　西	327.8	776.9	499.6	719.9	22.8	220.6	-116.4	155.2
委内瑞拉	47.0	15.7	7.7	9.3	5.2	24.9	4.0	10.8
捷　克	49.9	61.4	4.7	75.8	0.4	11.7	24.9	49.2
法　国	275.0	138.9	453.7	339.7	1619.5	481.6	532.2	386.6
德　国	1982.8	656.4	305.4	363.6	570.9	1254.5	990.3	987.0
意大利	133.8	91.8	196.4	265.7	66.9	326.9	216.4	249.3
荷　兰	638.6	-71.8	1789.9	842.2	756.3	683.6	2477.4	1246.5
波　兰	94.5	128.0	152.7	132.2	0.2	61.5	50.0	21.3
俄罗斯	26.5	316.7	118.6	317.4	31.5	411.2	270.9	225.3
西班牙	395.8	398.7	85.6	124.1	582.1	378.4	419.3	241.4
土耳其	9.8	90.9	189.8	84.3	8.7	14.7	48.1	28.4
乌克兰	6.0	65.0	29.6	30.7	0.0	7.4	-0.5	6.5
英　国	1153.0	582.0	391.9	591.4	2327.4	480.9	-668.2	314.8
澳大利亚	141.9	368.0	295.8	361.6	28.6	198.0	-93.4	54.0
新西兰	13.5	-0.6	-3.1	54.3	6.1	7.2	-0.6	-1.8

资料来源：联合国贸发会议FDI数据库。

附录1-13 货币汇率(年平均价)

单位：1美元合本币数

国家和地区	2000	2005	2010	2015	2016	2017	2018	2019
中 国	8.28	8.19	6.77	6.23	6.64	6.76	6.62	6.91
中国香港	7.79	7.78	7.77	7.75	7.76	7.79	7.84	7.84
中国澳门	8.03	8.01	8.00	7.99	8.00	8.03	8.07	8.07
孟加拉国	52.14	64.33	69.65	77.95	78.47	80.44	83.47	84.45
文 莱	1.72	1.66	1.36	1.38	1.38	1.38	1.35	1.36
柬 埔 寨	3840.75	4092.50	4184.92	4067.75	4058.70	4050.58	4051.17	4061.15
印 度	44.94	44.10	45.73	64.15	67.19	65.12	68.39	70.42
印度尼西亚	8421.78	9704.74	9090.43	13389.41	13308.33	13380.83	14236.94	14147.67
伊 朗	1764.86	8963.96	10254.18	29011.49	30914.85	33226.30	40864.33	42000.00
以 色 列	4.08	4.49	3.74	3.89	3.84	3.60	3.59	3.57
日 本	107.77	110.22	87.78	121.04	108.79	112.17	110.42	109.01
哈萨克斯坦	142.13	132.88	147.35	221.73	342.16	326.00	344.71	382.75
韩 国	1130.96	1024.12	1156.06	1131.16	1160.43	1130.43	1100.50	1165.36
老 挝	7887.64	10655.17	8254.16	8127.61	8124.37	8244.84	8401.33	8679.41
马来西亚	3.80	3.79	3.22	3.91	4.15	4.30	4.04	4.14
蒙 古	1076.67	1205.25	1357.06	1970.31	2140.29	2439.78	2472.48	2663.54
缅 甸	6.52	5.82	5.64	1162.62	1234.87	1360.36	1429.81	1518.26
巴基斯坦	53.65	59.51	85.19	102.77	104.77	105.46	121.82	150.04
菲 律 宾	44.19	55.09	45.11	45.50	47.49	50.40	52.66	51.80
新 加 坡	1.72	1.66	1.36	1.38	1.38	1.38	1.35	1.36
斯里兰卡	77.01	100.50	113.06	135.86	145.58	152.45	162.47	178.75
泰 国	40.11	40.22	31.69	34.25	35.30	33.94	32.31	31.05
越 南	14167.75	15858.92	18612.92	21697.57	21935.00	22370.09	22602.05	23050.24
埃 及	3.47	5.78	5.62	7.69	10.03	17.78	17.77	16.77
尼日利亚	101.70	131.27	150.30	192.44	253.49	305.79	306.08	306.92
南 非	6.94	6.36	7.32	12.76	14.71	13.32	13.23	14.45
加 拿 大	1.49	1.21	1.03	1.28	1.33	1.30	1.30	1.33
墨 西 哥	9.46	10.90	12.64	15.85	18.66	18.93	19.24	19.26
美 国	1.00	1.00	1.00	1.00	1.00	1.00	1.00	1.00
阿 根 廷	1.00	2.90	3.90	9.23	14.76	16.56	28.10	48.15
巴 西	1.83	2.43	1.76	3.33	3.49	3.19	3.65	3.94
委内瑞拉	0.68	2.09	2.58	6.28	9.26	9.98	33765.99	
捷 克	38.60	23.96	19.10	24.60	24.44	23.38	21.73	22.93
法 国	1.09	0.80	0.75	0.90	0.90	0.89	0.85	0.89
德 国	1.09	0.80	0.75	0.90	0.90	0.89	0.85	0.89
意 大 利	1.09	0.80	0.75	0.90	0.90	0.89	0.85	0.89
荷 兰	1.09	0.80	0.75	0.90	0.90	0.89	0.85	0.89
波 兰	4.35	3.24	3.02	3.77	3.94	3.78	3.61	3.84
俄 罗 斯	28.13	28.28	30.37	60.94	67.06	58.34	62.67	64.74
西 班 牙	1.09	0.80	0.75	0.90	0.90	0.89	0.85	0.89
土 耳 其	0.63	1.34	1.50	2.72	3.02	3.65	4.83	5.67
乌 克 兰	5.44	5.13	7.94	21.85	25.55	26.60	27.20	25.85
英 国	0.66	0.55	0.65	0.66	0.74	0.78	0.75	0.78
澳大利亚	1.73	1.31	1.09	1.33	1.35	1.31	1.34	1.44
新 西 兰	2.20	1.42	1.39	1.43	1.44	1.41	1.45	1.52

资料来源：世界银行WDI数据库。

附录1-14　铁路货运和客运周转量

国家和地区	铁路货运周转量(亿吨公里)			铁路客运周转量(亿人公里)		
	2000	2017	2018	2000	2017	2018
中　　国	13336.1	21464.7	22384.4	4414.7	6852.1	6812.0
孟加拉国	7.8			39.4		
柬 埔 寨	0.9			0.5		
印　　度	3052.0	6201.8		4306.7	11498.4	
印度尼西亚	50.0			192.3	256.5	
伊　　朗	141.8	303.0		71.2	132.7	
以 色 列	11.7	13.8		7.8	27.7	
日　　本	218.0			2406.6	1972.5	
哈萨克斯坦	1249.8	2062.6		102.2	192.4	
韩　　国	106.2	82.3	78.8	281.0	219.4	230.0
马来西亚	9.2	12.3		12.2	20.3	
蒙　　古	42.9	134.9		10.7	9.7	
巴基斯坦	36.1	50.3	80.8	185.0	224.8	249.0
泰　　国	22.5			99.4		
越　　南	19.2	35.7	39.9	32.0	36.6	35.4
埃　　及	40.1			735.7		
尼日利亚	1.1			3.6		
南　　非	1004.3			118.9		
加 拿 大				15.2	15.4	16.0
墨 西 哥				0.8		
美　　国	21401.9	24451.3	25252.2	89.7	106.6	102.4
阿 根 廷	40.5					
巴　　西	1538.6				158.1	
捷　　克	172.2	118.2		72.7	77.8	
法　　国	561.7			701.5	932.8	
德　　国	769.1	706.1		740.2	775.0	794.6
意 大 利	228.4	99.7	94.8	482.4	443.1	394.5
荷　　兰	38.2			146.7	182.8	185.4
波　　兰	540.1			197.1		
俄 罗 斯	13731.8	24918.8		1670.5	1229.2	1293.7
西 班 牙	120.4	66.5	63.6	197.9	269.9	279.0
土 耳 其	96.5		120.6	58.3	45.7	55.6
乌 克 兰	1728.4	1919.1		517.7	280.0	
英　　国	181.0			392.3		
澳大利亚	335.9			12.7		

资料来源：世界银行WDI数据库。

附录1-15　空运货物周转量和客运量

国家和地区	空运货物周转量（万吨公里）			航空客运量（万人）		
	2000	2017	2018	2000	2017	2018
世　界	**11825721**	**21286665**	**22070720**	**167406**	**397379**	**423264**
高收入国家	**10126920**	**15884379**	**16271046**	**136471**	**234093**	**244898**
中等收入国家	**1669483**	**5188894**	**5583910**	**30441**	**161636**	**176522**
低收入国家	**29318**		**216269**	**494**	**1650**	**1844**
中　国	390008	2332362	2525621	6189	55123	61144
中国香港	511151	1241520	1267672	1438	4558	4710
中国澳门	2190	3277	3184	153	278	316
孟加拉国	19387	6175	6382	133	466	598
文　莱	14023	13261	12935	86	117	123
柬 埔 寨		88	68		131	141
印　度	54765	240710	270396	1730	13975	16404
印度尼西亚	40854	105236	113191	992	10839	11515
伊　朗	7372	32567	29074	872	2686	2560
以 色 列	88570	91290	99454	444	699	740
日　本	867205	1068457	942066	10912	12390	12639
哈萨克斯坦	1175	4951	5022	46	690	714
韩　国	765134	1151180	1192956	3433	8282	8816
老　挝	167	147	153	21	120	125
马来西亚	186384	145521	140441	1656	5871	6048
蒙　古	844	837	782	25	60	67
缅　甸	77	483	474	44	315	341
巴基斯坦	34031	21453	21753	529	726	688
菲 律 宾	28995	75335	83591	576	3934	4308
新 加 坡	600489	506299	519490	1670	3810	4040
斯里兰卡	25571	39847	43620	176	540	588
泰　国	171288	251189	266626	1739	7070	7605
越　南	11733	45335	48137	288	4259	4705
埃　及	27806	40383	43763	452	1175	1234
尼日利亚	882	2200	1942	51	479	817
南　非	68757	83335	71625	800	2082	2392
加 拿 大	189611	284099	343407	4177	9140	8938
墨 西 哥	30986	92884	109038	2089	5854	6457
美　国	3017198	4159155	4298530	66533	84940	88902
阿 根 廷	29665	30510	31157	892	1675	1808
巴　西	172790	173655	184565	3129	9640	10211
委内瑞拉	3310	279	155	430	421	214
捷　克	3222	2782	2523	223	545	573
法　国	522434	426060	444379	5258	6832	7019
德　国	712771	790165	796986	5796	11416	10980
意 大 利	174841	143725	141801	3042	2629	2763
荷　兰	436734	585548	588652	2090	4276	4400
波　兰	7783	22181	27149	234	738	928
俄 罗 斯	104141	684523	681061	1769	8937	9933
西 班 牙	87950	107863	111707	3971	7160	8067
土 耳 其	38504	480024	594921	1219	10792	11560
乌 克 兰	1220	5379	7526	95	679	785
英　国	516087	591564	619837	7044	15116	16539
澳大利亚	173074	198259	202764	3258	7426	7567
新 西 兰	81714	133595	134930	1078	1627	1725

资料来源：世界银行WDI数据库。

附录1-16 电话主线和移动电话普及率

国家和地区	电话主线(条/千人)			移动电话(部/千人)		
	2000	2017	2018	2000	2017	2018
世　界	**159.1**	**130.0**	**128.1**	**120.4**	**1027.6**	**1064.4**
高收入国家	**539.4**	**395.0**	**381.5**	**483.8**	**1247.9**	**1276.6**
中等收入国家	**81.8**	**85.7**	**82.6**	**44.5**	**1034.3**	**1056.5**
低收入国家	**10.2**	**13.1**	**8.8**	**1.9**	**543.1**	**604.0**
中　国	112.2	136.4	134.6	66.1	1034.4	1155.3
中国香港	594.3	581.6	569.2	824.6	2517.7	2699.8
中国澳门	413.4	221.7	195.5	329.7	3287.9	3453.3
孟加拉国	3.9	4.4	9.0	2.2	945.3	1002.5
文　莱	241.6	197.4	192.5	285.1	1283.3	1319.3
柬埔寨	2.5	8.3	5.4	10.7	1160.1	1194.9
印　度	30.7	17.4	16.2	3.4	873.2	869.4
印度尼西亚	31.5	41.8	31.0	17.4	1644.4	1193.4
伊　朗	144.6	385.1	372.6	14.7	1079.0	1084.6
以色列	500.2	393.0	381.8	740.0	1278.5	1276.6
日　本	485.9	502.5	499.4	523.7	1355.2	1414.1
哈萨克斯坦	122.9	203.9	182.9	13.2	1476.4	1422.8
韩　国	545.9	525.4	506.3	566.0	1245.9	1296.7
老　挝	7.7	161.9	209.9	2.4	533.8	518.6
马来西亚	199.5	211.6	204.1	220.8	1361.2	1345.3
蒙　古	49.0	94.0	116.7	64.5	1248.1	1331.8
缅　甸	5.8	10.4	9.7	0.3	898.2	1138.4
巴基斯坦	21.5	14.1	13.2	2.2	695.2	725.6
菲律宾	39.3	39.6	38.8	82.8	1101.3	1262.0
新加坡	483.0	348.9	347.6	681.9	1468.4	1488.2
斯里兰卡	40.9	123.2	116.5	22.9	1334.7	1426.5
泰　国	88.8	50.1	42.2	48.5	1756.0	1801.8
越　南	31.8	46.4	45.0	9.9	1268.7	1472.0
埃　及	79.7	68.5	79.9	19.8	1067.6	952.9
尼日利亚	4.5	0.7	0.7	0.3	759.3	881.8
南　非	110.3	84.4	57.9	185.4	1552.3	1599.3
加拿大	681.3	393.9	373.4	285.3	862.8	895.8
墨西哥	124.7	166.3	171.5	142.3	916.3	952.3
美　国	683.4	357.8	336.2	388.6	1230.5	1290.1
阿根廷	214.1	221.8	220.1	176.0	1408.8	1320.9
巴　西	176.9	194.3	182.9	132.7	1050.1	988.4
委内瑞拉	104.8	201.6	192.0	225.2	833.1	717.7
捷　克	376.3	154.1	141.8	422.4	1187.5	1191.1
法　国	575.9	597.3	594.2	492.3	1064.4	1083.6
德　国	617.0	537.2	511.3	592.2	1327.2	1293.2
意大利	479.0	341.2	336.4	745.2	1382.3	1374.7
荷　兰	620.9	384.9	345.9	675.3	1206.3	1237.3
波　兰	283.9	195.3	173.4	175.0	1329.5	1347.5
俄罗斯	219.1	219.6	206.6	22.3	1561.9	1574.3
西班牙	419.0	419.9	417.3	594.4	1125.6	1159.9
土耳其	290.9	139.4	141.3	255.1	959.1	973.0
乌克兰	213.3	169.4	143.9	16.8	1313.6	1277.5
英　国	597.9	481.8	475.4	737.4	1185.4	1183.7
澳大利亚	529.2	344.1	324.9	450.8	1117.1	1135.8
新西兰	474.5	380.7	371.1	399.6	1361.1	1349.3

资料来源：世界银行WDI数据库。

附录1-17 互联网服务商

单位：个/百万人

国家和地区	2005	2010	2013	2014	2015	2016	2017	2018	2019
世　界	**64.6**	**187.3**	**371.0**	**450.5**	**573.7**	**1268.0**	**3520.6**	**6174.7**	**10049.6**
高收入国家	**352.5**	**1070.1**	**2119.5**	**2571.7**	**3263.7**	**6953.3**	**18620.6**	**33891.9**	**56031.1**
中等收入国家	**2.2**	**6.0**	**20.3**	**27.3**	**42.7**	**166.6**	**638.3**	**864.5**	**1236.6**
低收入国家	**0.1**	**0.2**	**0.8**	**1.2**	**1.6**	**2.7**	**7.8**	**9.7**	**11.2**
中　国	0.3	1.2	5.2	9.8	19.7	47.9	209.1	446.7	735.0
中国香港	162.3	447.5	1161.6	1553.6	2331.8	3873.3	10484.9	19403.6	60546.1
中国澳门	53.9	210.0	415.7	503.2	752.4	1111.2	1779.7	2650.3	4167.4
孟加拉国		0.2	1.0	1.3	2.0	23.6	65.2	116.0	100.2
文　莱	13.7	41.2	150.8	241.6	573.6	612.2	1620.8	1988.5	10720.4
柬埔寨	0.1	0.7	4.0	4.6	10.2	20.5	55.2	81.1	159.3
印　度	0.6	1.7	6.2	8.4	11.7	38.3	123.1	187.8	389.2
印度尼西亚	0.5	1.6	7.8	11.8	17.7	306.2	1280.7	1283.0	1683.8
伊　朗	0.3	1.2	3.1	5.2	12.3	64.1	225.7	494.6	1035.1
以色列	162.8	444.4	960.4	1008.7	1305.0	2119.6	6967.6	9611.9	11115.7
日　本	257.7	552.9	1054.7	1376.7	1504.3	2109.5	5980.2	11670.8	18701.4
哈萨克斯坦	0.9	3.5	17.4	26.9	48.2	264.2	1232.2	1374.2	2359.0
韩　国	20.0	175.3	337.1	406.6	557.7	721.0	1198.9	2065.1	4543.8
老　挝	0.3	0.5	2.6	3.3	4.2	8.3	16.4	20.4	31.2
马来西亚	14.7	44.9	122.3	151.1	233.9	945.6	4917.7	5713.0	6723.9
蒙　古	3.2	9.2	40.6	59.2	75.0	437.4	1527.1	1689.8	1690.5
缅　甸			0.2	0.7	1.0	20.5	9.9	9.2	12.3
巴基斯坦	0.3	0.6	1.7	2.5	3.4	31.7	115.1	109.1	62.6
菲律宾	2.4	5.0	12.5	16.1	20.9	40.5	87.8	92.9	111.3
新加坡	275.4	531.6	2549.5	2544.0	3585.2	19060.7	58690.3	84713.9	122481.4
斯里兰卡	1.8	3.6	11.6	15.9	20.9	71.1	305.2	412.4	328.4
泰　国	4.8	11.2	38.9	51.9	69.4	146.5	578.3	953.9	1403.8
越　南	0.1	2.3	14.2	20.3	32.7	278.7	1348.7	1769.5	2597.0
埃　及	0.5	2.5	6.4	8.0	10.5	14.7	36.2	35.1	35.3
尼日利亚	0.2	0.6	2.2	3.0	3.6	47.4	222.8	184.2	74.8
南　非	20.2	52.1	173.2	221.9	272.8	917.6	9430.7	12034.3	14353.1
加拿大	569.1	1282.7	2362.9	2697.8	3386.9	10221.4	26566.7	30953.2	35900.8
墨西哥	8.0	13.4	31.6	41.0	57.9	119.7	185.5	225.7	271.5
美　国	785.2	2481.8	4304.0	5130.9	6360.9	11439.7	30350.8	65864.2	124014.2
阿根廷	10.7	25.2	73.9	89.9	123.3	735.0	1628.6	1872.6	3018.5
巴　西	14.1	28.3	86.8	112.3	159.0	410.0	1581.6	2036.4	2740.9
委内瑞拉	4.6	7.1	14.9	16.4	21.4	148.1	293.5	275.6	217.1
捷　克	41.6	305.5	1079.9	1417.6	2048.8	11991.4	25419.9	42344.6	56198.3
法　国	76.1	278.1	821.4	1189.0	1898.5	6688.0	14831.4	20421.5	29396.3
德　国	274.2	1049.3	2601.2	3352.8	4297.9	11625.0	34181.3	56406.6	77932.7
意大利	44.7	127.1	375.0	493.1	628.0	1305.1	7744.1	12258.0	15168.8
荷　兰	327.1	2084.8	5668.3	7204.7	9728.9	24130.8	70412.1	100581.5	130369.8
波　兰	22.0	155.0	517.7	681.1	955.8	2492.5	6534.9	16227.1	20603.1
俄罗斯	2.4	17.1	79.7	120.4	321.4	1163.9	3541.1	5190.6	9339.0
西班牙	81.2	207.1	488.3	625.8	889.6	2762.6	7247.0	11302.8	17716.3
土耳其	18.1	86.3	264.0	298.7	363.5	1301.1	3351.9	4335.1	5438.2
乌克兰	1.3	12.4	54.0	74.7	141.8	1905.5	3948.3	6027.8	7867.2
英　国	464.7	1315.4	2832.5	3251.0	4386.3	8696.4	21195.9	27261.8	35989.5
澳大利亚	498.1	1402.8	3505.1	3938.6	4574.1	9810.2	21544.8	32903.6	36720.9
新西兰	489.9	1388.7	3194.0	3490.9	3932.8	6430.2	14980.5	17835.0	20375.4

资料来源：世界银行WDI数据库。

附录1-18 互联网网民占总人口比重

单位：%

国家和地区	2000	2005	2010	2013	2014	2015	2016	2017	2018
世　　界	**6.7**	**15.7**	**28.8**	**36.8**	**39.9**	**41.7**	**44.7**	**49.7**	
高收入国家	**29.9**	**57.8**	**71.5**	**76.3**	**78.0**	**79.4**	**83.7**	**84.6**	
中等收入国家	**1.6**	**7.4**	**21.5**	**31.0**	**34.6**	**36.5**	**39.6**	**45.9**	
低收入国家	**0.1**	**1.0**	**5.0**	**8.0**	**9.5**	**12.2**	**12.9**	**15.8**	
中　　国	1.8	8.5	34.3	45.8	47.9	50.3	53.2	54.3	
中国香港	27.8	56.9	72.0	74.2	79.9	85.0	87.5	89.4	90.5
中国澳门	13.6	34.9	55.2	65.8	69.8	77.6	81.6	83.2	83.8
孟加拉国	0.1	0.2	3.7	6.6	13.9	14.4	18.0	15.0	
文　　莱	9.0	36.5	53.0	64.5	68.8	71.2	90.0	94.9	94.6
柬 埔 寨	0.1	0.3	1.3	6.8	14.0	6.4	32.4	32.5	40.0
印　　度	0.5	2.4	7.5	15.1	21.0	17.0	22.0	34.5	
印度尼西亚	0.9	3.6	10.9	14.9	17.1	22.0	25.5	32.3	39.9
伊　　朗	0.9	8.1	15.9	30.0	39.4	45.3	53.2	64.0	70.0
以 色 列	20.9	25.2	67.5	70.3	75.0	77.4	79.7	81.6	83.7
日　　本	30.0	66.9	78.2	88.2	89.1	91.1	93.2	84.6	91.3
哈萨克斯坦	0.7	3.0	31.6	63.3	66.0	70.8	74.6	76.4	78.9
韩　　国	44.7	73.5	83.7	84.8	87.6	89.9	92.8	95.1	96.0
老　　挝	0.1	0.9	7.0	12.5	14.3	18.2	21.9	25.5	
马来西亚	21.4	48.6	56.3	57.1	63.7	71.1	78.8	80.1	81.2
蒙　　古	1.3		10.2	17.7	19.9	22.5	22.3	23.7	47.2
缅　　甸		0.1	0.3	8.0	11.5	21.7	25.1	30.7	
巴基斯坦		6.3	8.0	10.9	12.0	14.0	12.4	15.5	
菲 律 宾	2.0	5.4	25.0	48.1	49.6	36.0	55.5	60.1	
新 加 坡	36.0	61.0	71.0	80.9	79.0	79.0	84.5	84.5	88.2
斯里兰卡	0.7	1.8	12.0	21.9	25.8	12.1	16.4	34.1	
泰　　国	3.7	15.0	22.4	28.9	34.9	39.3	47.5	52.9	56.8
越　　南	0.3	12.7	30.7	38.5	41.0	45.0	53.0	58.1	70.4
埃　　及	0.6	12.8	21.6	29.4	33.9	37.8	41.3	45.0	46.9
尼日利亚	0.1	3.6	11.5	19.1	21.0	36.0	25.7	42.0	
南　　非	5.4	7.5	24.0	46.5	49.0	51.9	54.0	56.2	
加 拿 大	51.3	71.7	80.3	85.8	87.1	90.0	91.2	91.0	
墨 西 哥	5.1	17.2	31.1	43.5	44.4	57.4	59.5	63.9	65.8
美　　国	43.1	68.0	71.7	71.4	73.0	74.6	85.5	87.3	
阿 根 廷	7.0	17.7	45.0	59.9	64.7	68.0	71.0	74.3	
巴　　西	2.9	21.0	40.7	51.0	54.6	58.3	60.9	67.5	70.4
委内瑞拉	3.4	12.6	37.4	54.9	57.0	64.0	60.0	72.0	
捷　　克	9.8	35.3	68.8	74.1	74.2	75.7	76.5	78.7	80.7
法　　国	14.3	42.9	77.3	81.9	83.8	78.0	79.3	80.5	82.0
德　　国	30.2	68.7	82.0	84.2	86.2	87.6	84.2	84.4	89.7
意 大 利	23.1	35.0	53.7	58.5	55.6	58.1	61.3	63.1	74.4
荷　　兰	44.0	81.0	90.7	94.0	91.7	91.7	90.4	93.2	94.7
波　　兰	7.3	38.8	62.3	62.9	66.6	68.0	73.3	76.0	77.5
俄 罗 斯	2.0	15.2	43.0	68.0	70.5	70.1	73.1	76.0	80.9
西 班 牙	13.6	47.9	65.8	71.6	76.2	78.7	80.6	84.6	86.1
土 耳 其	3.8	15.5	39.8	46.3	51.0	53.8	58.4	64.7	71.0
乌 克 兰	0.7	3.8	23.3	41.0	46.2	48.9	53.0	58.9	62.6
英　　国	26.8	70.0	85.0	89.8	91.6	92.0	94.8	94.6	94.9
澳大利亚	46.8	63.0	76.0	83.5	84.0	84.6	86.5	86.6	
新 西 兰	47.4	62.7	80.5	82.8	85.5	88.2	88.5	90.8	

资料来源：世界银行WDI数据库。

附录1-19 国际旅游收支

单位：亿美元

国家和地区	国际旅游支出			国际旅游收入		
	2000	2017	2018	2000	2017	2018
世 界	**5368.2**	**14712.4**	**15753.2**	**5709.9**	**15361.4**	**16492.6**
高收入国家	**4536.7**	**9253.2**	**9876.2**	**4584.9**	**11203.5**	**11926.6**
中等收入国家	**797.2**	**5410.8**	**5819.5**	**1091.0**	**4039.4**	**4429.8**
低收入国家	**26.5**			**37.3**		
中 国	141.7	2578.8	2773.5	173.2	385.6	403.9
中国香港	125.0	253.9	265.0	82.0	381.7	418.7
孟加拉国	4.7	11.3	12.1	0.5	3.5	3.6
柬 埔 寨	0.5	9.2	10.8	3.5	40.2	48.3
印 度	36.9	218.6	257.9	36.0	278.8	291.4
印度尼西亚	32.0	109.5	116.3	49.8	146.9	156.0
伊 朗	6.7	119.3		6.8	46.3	
以 色 列	37.3	89.9	97.7	46.1	75.8	80.7
日 本	426.4	257.7	281.0	59.7	369.8	452.8
哈萨克斯坦	4.8	27.0	28.5	4.0	23.6	26.5
韩 国	79.5	344.5	347.7	85.3	171.7	198.6
老 挝	0.1	9.3	9.5	1.1	6.6	7.6
马来西亚	25.4	121.5	132.5	58.7	203.1	217.7
蒙 古	0.5	6.2	8.2	0.4	4.6	5.3
缅 甸	0.3	1.4	1.2	2.0	19.9	16.7
巴基斯坦	5.7	34.0	29.0	5.5	8.7	8.2
菲 律 宾	18.4	124.4	124.7	23.3	83.5	97.3
新 加 坡	45.4	245.9	253.5	51.4	198.9	204.2
斯里兰卡	3.8	24.1	24.9	3.9	50.8	56.1
泰 国	32.2	126.8	146.8	99.4	570.6	652.4
越 南		50.4	59.1		88.9	100.8
埃 及	12.1	24.2	29.0	46.6	86.4	127.0
尼日利亚	6.1	81.9	132.2	1.9	26.2	19.8
南 非	26.8	60.7	63.5	33.4	97.1	97.9
加 拿 大	151.3	318.1	335.8	130.4	204.0	219.8
墨 西 哥	63.7	136.5	140.7	91.3	224.7	238.0
美 国	914.7	1737.6	1865.1	1209.1	2515.4	2561.5
阿 根 廷	54.6	141.8	130.9	32.0	58.4	60.0
巴 西	45.5	229.9	222.3	19.7	61.8	63.2
委内瑞拉	16.5			4.7		
捷 克	12.8	55.3	60.7	29.7	77.0	82.9
法 国	267.0	525.0	579.3	385.3	679.4	731.3
德 国	576.0	977.8	1042.0	249.4	563.3	602.6
意 大 利	181.7	348.2	376.4	287.1	467.2	516.0
荷 兰	136.5	247.2	259.5	112.9	234.1	258.5
波 兰	34.2	95.7	106.1	61.3	140.8	157.5
俄 罗 斯	88.5	355.8	387.9	34.3	149.8	186.7
西 班 牙	77.1	223.5	266.7	326.6	759.1	812.5
土 耳 其	17.1	51.8	49.9	76.4	318.7	371.4
乌 克 兰	5.6	75.4	82.9	5.6	20.2	22.7
英 国	470.1	651.8	688.9	299.8	477.2	485.2
澳大利亚	90.7	397.1	423.5	115.9	439.8	473.3
新 西 兰	12.4	44.6	46.0	22.7	105.9	109.6

资料来源：世界银行WDI数据库。

附录1-20 国际旅游人数

单位：万人

国家和地区	国外游客到达人数			出国旅游人数		
	2000	2017	2018	2000	2017	2018
世　界	**68964.6**	**136321.6**	**144195.3**	**73337.9**	**150455.3**	**156355.6**
高收入国家	**48733.2**	**84658.7**	**87971.9**	**48582.2**	**78431.8**	**81428.1**
中等收入国家	**18962.2**	**48374.4**	**52674.2**	**13614.7**	**49414.7**	**51453.1**
低收入国家	**520.1**					
中　国	3122.9	6074.0	6290.0	1047.3	14303.5	14972.0
中国香港	881.4	2788.4	2926.3	5890.1	9130.4	9221.4
中国澳门	519.7	1725.5	1849.3	14.4	139.1	157.9
孟加拉国	19.9	102.6		112.8		
文　莱	98.4	25.9	27.8			
柬埔寨	46.6	560.2	620.1	4.1	175.2	199.5
印　度	264.9	1554.3	1742.3	441.6	2394.3	2629.6
印度尼西亚	506.4	1404.0	1581.0	220.5	885.6	946.8
伊　朗	134.2	486.7	729.5	228.6	1054.3	724.3
以色列	241.7	361.3	412.1	353.0	759.7	847.3
日　本	475.7	2869.1	3119.2	1781.9	1788.9	1895.4
哈萨克斯坦	168.3	770.1	878.9	124.7		
韩　国	532.2	1333.6	1534.7	550.8	2649.6	2869.6
老　挝	19.1	325.7	377.0		304.9	320.7
马来西亚	1022.2	2594.8	2583.2	3053.2		
蒙　古	15.4	46.9	52.9			
缅　甸	41.6	344.3	355.1			
巴基斯坦	55.7					
菲律宾	199.2	662.1	716.8	167.0		
新加坡	606.2	1390.3	1467.3	444.4	947.4	988.9
斯里兰卡	40.0	211.6	233.4	52.4	143.9	147.6
泰　国	957.9	3559.2	3817.8	190.9	896.3	996.6
越　南	214.0	1292.2	1549.8			
埃　及	511.6	815.7	1119.6	296.4		
尼日利亚	149.2					
南　非	587.2	1028.5	1047.2	383.4		
加拿大	1962.7	2088.3	2113.4	1918.2	3306.0	2603.3
墨西哥	2064.1	3929.1	4131.3	1107.9	1906.7	1974.8
美　国	5123.8	7718.7	7974.6	6132.7	8765.7	9256.4
阿根廷	290.9	671.1	694.2	495.3	1221.3	1113.0
巴　西	531.3	658.9	662.1	322.8	1061.0	1062.8
委内瑞拉	46.9	42.7		95.4	107.9	
捷　克	477.3	1016.0	1061.1		677.5	739.0
法　国	7719.0	8675.8	8932.2	1988.6	2905.5	2691.4
德　国	1898.3	3745.2	3888.1	8050.7	9240.2	10854.2
意大利	4118.1	5825.3	6156.7	2008.0	3180.5	3334.7
荷　兰	1000.3	1792.4	1878.0	1389.6	2209.5	2211.5
波　兰	1740.0	1825.8	1962.2	5667.7	1200.0	1280.0
俄罗斯	2116.9	2439.0	2455.1	1837.1	3962.9	4196.4
西班牙	4640.3	8186.9	8277.3	410.0	1703.1	1911.6
土耳其	958.6	3760.1	4576.8	528.4	888.7	838.3
乌克兰	643.1	1423.0	1410.4	1342.2	2643.7	2781.1
英　国	2321.2	3765.1	3631.6	5683.7	7135.6	7038.6
澳大利亚	493.1	881.5	924.6	349.8	1093.2	1140.3
新西兰	178.0	355.5	368.6	128.3	285.3	303.8

资料来源：世界银行WDI数据库。

附录1-21 政府卫生保障支出占政府支出比重

单位：%

国家和地区	2000	2005	2010	2014	2015	2016	2017
中国	6.1	7.5	8.8	9.6	9.4	9.1	9.1
孟加拉国	5.2	4.4	4.4	3.6	3.4	3.0	3.0
文莱	5.7	6.4	5.8	5.2	5.9	6.2	6.2
柬埔寨	8.6	9.9	6.5	5.7	6.4	6.0	6.1
印度	3.3	3.0	3.1	3.3	3.4	3.4	3.4
印度尼西亚	3.6	4.2	4.5	5.8	6.9	8.3	8.7
伊朗	11.0	9.4	11.9	22.6	22.6	22.9	22.9
以色列	8.9	9.3	10.7	11.4	11.7	12.1	11.9
日本	15.3	17.8	18.9	22.6	23.2	23.2	23.6
哈萨克斯坦	9.3	11.4	8.3	8.8	8.4	9.6	7.9
韩国	8.1	9.3	11.8	12.2	12.5	13.1	13.4
老挝	6.2	5.8	2.7	2.8	3.8	3.7	4.1
马来西亚	4.6	5.6	6.3	7.9	8.2	8.3	8.9
蒙古	12.3	9.0	7.7	6.1	7.1	6.5	8.2
缅甸	1.3	1.1	1.2	4.0	4.8	3.1	3.5
巴基斯坦	5.9	3.7	2.8	3.5	3.7	4.1	4.3
菲律宾	6.5	6.6	7.2	6.3	7.3	7.2	7.1
新加坡	6.7	6.9	7.5	11.0	11.2	11.9	12.6
斯里兰卡	10.1	10.1	7.8	9.0	8.4	8.6	8.5
泰国	12.7	13.1	14.4	14.5	14.8	15.1	15.0
越南	7.5	7.2	7.9	8.5	8.1	9.5	9.5
埃及	6.7	5.2	4.4	4.2	5.1	5.1	5.4
尼日利亚	2.4	6.4	2.7	3.5	5.3	5.0	4.6
南非	10.9	9.8	12.5	13.4	13.3	13.3	13.3
加拿大	14.8	17.1	18.3	19.5	19.6	19.5	19.3
墨西哥	9.9	11.1	10.5	10.7	11.2	10.8	11.1
美国	16.2	17.9	18.4	21.5	22.3	22.5	22.6
阿根廷	17.8	16.0	16.7	16.3	16.5	13.5	16.1
巴西	10.1	8.4	9.2	9.7	9.9	9.9	10.3
委内瑞拉	11.9	8.4	8.2	4.8	4.3	1.6	1.4
捷克	12.4	12.9	13.2	14.9	14.3	14.8	15.2
法国	14.6	15.1	15.1	15.5	15.5	15.6	15.5
德国	17.2	16.8	17.6	19.2	19.5	19.6	19.9
意大利	11.8	13.7	14.1	13.4	13.3	13.5	13.4
荷兰	12.6	14.7	14.3	15.6	15.1	15.3	15.3
波兰	8.6	9.0	10.0	10.5	10.7	11.0	10.9
俄罗斯	9.7	9.9	8.6	9.2	8.8	8.2	8.8
西班牙	12.4	14.4	14.8	14.2	14.8	15.1	15.3
土耳其	7.2	10.3	10.9	10.1	9.7	9.7	9.7
乌克兰	7.1	8.4	7.5	6.5	6.6	7.0	7.4
英国	13.8	14.5	15.0	18.2	18.4	18.8	18.7
澳大利亚	15.2	16.3	16.3	16.6	17.2	17.5	17.8
新西兰	14.7	17.4	17.6	19.5	18.9	19.2	19.3

资料来源：世界银行WDI数据库。

附录1-22 教育支出占政府财政支出的比重

单位：%

国家和地区	2000	2005	2010	2015	2016	2017	2018
中　　国							
中国澳门		10.5	15.4	13.4	13.5	13.5	
孟加拉国	20.5				11.4	18.4	14.7
文　　莱	8.9		5.3		11.4		
柬 埔 寨	11.1		7.3				8.8
印　　度	16.7	11.2	11.8				
印度尼西亚		15.2	16.7	20.5			
伊　　朗	20.6	22.3	18.8	18.6	19.3	20.0	21.2
以 色 列	13.0	13.2	13.7	15.5	15.5		
日　　本	9.7	9.7	9.2		8.4		
哈萨克斯坦		10.3		12.2	13.8	11.4	13.9
韩　　国							
老　　挝	7.3	14.1	7.3				
马来西亚	21.4		18.4	19.8	20.9	21.7	19.7
蒙　　古	16.1		14.7	13.6	13.1	12.7	
缅　　甸						10.1	10.4
巴基斯坦	8.5	13.8	11.9	13.2	15.1	14.6	
菲 律 宾	15.2	12.4					
中国香港		22.5	19.9	18.6	18.1	17.8	18.8
新 加 坡	20.3	22.3	18.6				
斯里兰卡			8.6	11.0	17.7	14.5	11.3
泰　　国	28.4	20.6	16.2				
越　　南			17.1		15.6		14.5
埃　　及		15.0					
尼日利亚							
南　　非		19.9	18.0	18.7	18.1	18.7	18.9
加 拿 大	13.0	12.2	12.3				
墨 西 哥	19.7	21.9	18.6	19.0	17.9		
美　　国		15.1	13.1				
阿 根 廷	16.2	15.8	15.1	14.0	13.4	13.3	
巴　　西	11.5	11.3	14.2	16.2			
委内瑞拉							
捷　　克	8.9	9.2	9.3	13.9	14.2		
法　　国	10.8	10.4	10.1	9.7			
德　　国			10.3	11.0	10.9		
意 大 利	9.2	9.0	8.7	8.1	7.8		
荷　　兰	11.1	12.3	11.7	12.2	12.8		
波　　兰	11.9	12.2	11.1	11.6	11.3		
俄 罗 斯	9.0	12.0		10.9	11.0		
西 班 牙	10.7	10.8	10.6	9.8	10.0		
土 耳 其	6.4			12.8			
乌 克 兰	11.4	13.7			12.4	13.1	
英　　国	12.0	13.2	13.0	13.8	13.8		
澳大利亚	13.4	13.6	14.3	14.1	13.8		
新 西 兰		16.3	15.7	16.4	16.8		

资料来源：世界银行WDI数据库。

【主要统计指标解释】

国内生产总值 指生产活动总成果，等于所有常住单位创造的增加值的总和（包括产出价值中未包括的产品税，不包括各项产品补贴），等于按购买者价格计算的货物和服务最终使用价值（不包括中间消费）减去进口的货物和服务价值，或等于常住生产单位初次收入分配的总和。

第三产业 第三产业即服务业。

在《国际标准产业分类》第三版中指第50类至第99类，包括批发零售贸易业（包括旅馆和饭店业）、交通运输业、政府、金融、专业服务和个人服务，例如教育、卫生、房地产服务，还包括虚拟的银行服务费、进口税和加工或调整数据时的统计误差。

在《国际标准产业分类》第四版中指第45类至第99类，包括批发和零售业；汽车和摩托车的修理、运输和储存、食宿服务活动、信息和通信、金融和保险活动、房地产活动、专业、科学和技术活动、行政和辅助活动、公共管理和国防；强制性社会保障、教育、人体健康和社会工作活动、艺术、娱乐和文娱活动、其他服务活动、家庭作为雇主的活动；家庭自用、未加区分的物品生产和服务活动、国际组织和机构的活动。

增加值总额 等于总产出减去中间消耗。用于衡量单个生产者、行业或部门生产活动对国内生产总值的贡献。增加值总额是国民核算账户（SNA）中初次收入形成的来源，因此被（从生产账户）结转到初次收入分配账户中进行反映。

就业人员 为一定年龄以上，在特定短期（一周或一天）内，属于下列类型的所有人：

（1）有酬从业人员，包括两类：①正在工作的人，指在参考期内做某些工作以得到现金或实物形式工资或薪金的人员；②有工作岗位但目前不工作的人，指现在有工作，却在短期内暂时不上班，但同时与工作单位有正式联系的人。这种正式联系，可以按照如下的一项或多项标准，根据各国的不同情况予以判断：1）持续领到工资或薪金；2）保证在暂时的不上班状态终止后返回该岗位，或对返回的时间有协议；3）在不工作的这段时间里，该从业者能得到补偿而无须接受其他工作。军人应被包括在有酬从业人员中。

（2）自营就业者，包括两类：①正在工作，指在短期时间内以利润或家庭收入为目的，从事某些工作得到现金或实物的人；②拥有企业而不工作的人，指自己拥有企业（如商业企业，农场，服务性企业），在一定时期内因特殊原因暂不工作的人。

工资 定期以现金或以实物形式支付给雇员的报酬，包括对雇员工作时间、完成的工作量和未工作的有酬时间（如年休假，法定假日）支付的劳动报酬。工资不包括雇主为其雇员支付的社会保险和养老金缴款、雇员因此而得到的收益、解雇和辞职时加发的工资。

贸易体系 是指贸易国家进行对外货物贸易统计所采用的统计制度。它有总贸易体系（又称一般贸易体系）和专门贸易体系（又称特殊贸易体系）两种类型。总贸易体系数值大于相应的专门贸易体系数值。

总贸易体系以货物通过国境作为统计进出口的标准。专门贸易体系则以货物通过关境或结关作为统计进出口的标准。

总贸易体系和专门贸易体系说明的是不同的问题。前者说明一国在国际商品流通中所处的地位和所起的作用；后者说明一国作为生产者和消费者在国际贸易中的地位。

出口 即货物离开一国的统计疆界。在总贸易体系中，一国的统计疆界与它的经济领土是一致的。在专门贸易体系中，一国的统计疆界只包括一部分经济领土，一般这部分与货物自由贸易区是一致的。自由贸易地区是一国经济疆界的一部分，在此间货物可以无进口税限制地流通。一般采用离岸价。

进口 指货物进入一国统计疆界。在总贸易体系中，进口包括直接为国内使用的进口，流入入境加工仓库的进口，注入海关仓库和自由区的进口；在专门贸易体系中，进口包括直接进入国内市场为国内使用的商品的进口，由海关仓库和自由区进入国内市场的进口，以及流向入境加工仓库的进口。一般采用到岸价。

服务贸易 服务（原为非要素服务）指无形商品的经济产出。它可以在同一时间产生、转让和消费。商品服务的出口（贷方和收入）和进口（借方和支付）来自于国际收支统计中的国际服务交易统计，其概念、定义和分类与国际货币基金组织 1993 年《国际收支手册》第五版一致。

外汇储备 一国当局可以使用和控制的外汇资产，它可直接用来弥补国际收支不平衡或间接用来平衡国际收支。

黄金储备（货币黄金） 一国当局拥有的、作为储备资产的黄金。

国际旅游支出 是指出境游客在他国的旅游消费，包括在国际旅行时，搭乘他国运输工具所支付的交通费（有些国家不包括这项交通费）。除非特别声明外，国际旅游支出包括境外一日游客（不过夜游客）在访问地的消费。

国际旅游收入 是指入境游客（过夜旅客）在本国的旅游消费，包括国际旅行时，入境游客搭乘本国运输工具所付给本国的交通费（有些国家不包括这项交通费）。国际旅游收入包括目的地国接受的所有商品和服务的支付。除特别声明外，国际旅游收入可以包括入境一日游游客（不过夜游客）在本国的消费。

附录二 中国服务业采购经理指数及世界主要经济体的相关情况

简要说明

一、调查内容

服务业企业主管运营的负责人或采购（或供应）经理对企业经营、采购及相关业务活动情况的判断，主要包括对业务总量、新订单（客户需求）、存货、投入品价格、销售价格、从业人员、供应商配送、业务活动预期等情况的判断。

二、调查范围

涉及《国民经济行业分类》（GB/T 4754-2017）中第三产业的33个行业大类。

三、调查方法

服务业采购经理调查采用PPS抽样调查方法。

四、季节调整说明

该调查是一项月度调查，受季节因素影响，数据波动较大。现发布的服务业采购经理调查各分类指数均为经季节调整后的数据。

五、资料来源

中国服务业采购经理指数资料是国家统计局服务业统计司根据《采购经理调查统计报表制度》收集的调查资料加工整理而得；世界主要经济体服务业采购经理指数资料主要来自于美国供应管理协会、摩根大通、Markit经济研究机构等官方网站和各有关国际组织。

附录2-1　中国服务业采购经理指数(经季节调整)

单位：%

月份	商务活动指数	新订单指数	投入品价格指数	销售价格指数	业务活动预期指数
2019.1	53.6	50.2	51.8	49.4	58.8
2	53.5	50.5	52.5	49.8	60.6
3	53.6	51.5	52.2	50.6	60.3
4	53.3	50.2	52.5	50.1	60.0
5	53.5	50.0	51.7	49.5	59.5
6	53.4	50.7	51.1	49.1	60.3
7	52.9	49.7	52.7	50.5	59.1
8	52.5	49.4	51.2	48.7	59.8
9	53.0	49.7	52.8	49.8	59.3
10	51.4	48.4	50.9	48.4	60.3
11	53.5	50.5	52.6	51.1	60.6
12	53.0	50.0	52.3	49.9	59.1

附录2-2　世界主要经济体服务业采购经理指数

单位：%

月份	中国	美国	欧元区	日本	德国	英国	法国	俄罗斯	巴西
2019.1	53.6	56.7	51.2	51.6	53.0	50.1	47.8	54.9	52.0
2	53.5	59.7	52.8	52.3	55.3	51.3	50.2	55.3	52.2
3	53.6	56.1	53.3	52.0	55.4	48.9	49.1	54.4	52.7
4	53.3	55.5	52.8	51.8	55.7	50.4	50.5	52.6	49.9
5	53.5	56.9	52.9	51.7	55.4	51.0	51.5	52.0	47.8
6	53.4	55.1	53.6	51.9	55.8	50.2	52.9	49.7	48.2
7	52.9	53.7	53.2	51.8	54.5	51.4	52.6	50.4	52.2
8	52.5	56.4	53.5	53.3	54.8	50.6	53.4	52.1	51.4
9	53.0	52.6	51.6	52.8	51.4	49.5	51.1	53.6	51.8
10	51.4	54.7	52.2	49.7	51.6	50.0	52.9	55.8	51.2
11	53.5	53.9	51.9	50.3	51.7	49.3	52.2	55.6	50.9
12	53.0	55.0	52.8	49.4	52.9	50.0	52.4	53.1	51.0

注：美国为非制造业采购经理指数，其他国家均为服务业商务活动指数。

【主要统计指标解释】

商务活动指数 指根据企业报告期内完成的业务活动总量的变化情况汇总而成的扩散指数。国际上通常用商务活动指数来反映服务业经济发展的总体情况，一般来说该指数高于50%，反映服务业经济总体上升或扩张；低于50%，反映服务业经济下降或收缩。

新订单指数 指根据企业报告期内签订的订单量、合同量或其它需求总量的变化情况汇总而成的扩散指数。

投入品价格指数 指根据企业报告期内主要投入价格水平的变化情况汇总而成的扩散指数。

销售价格指数 指根据企业报告期内销售（或收费）价格水平的变化情况汇总而成的扩散指数。

业务活动预期指数 指根据企业对未来业务活动整体水平预测的变化情况汇总而成的扩散指数。

附录三 部分国家服务业生产指数月度增速

简要说明

一、主要内容

中国服务业生产指数由中国国家统计局编制，于 2017 年 3 月开始正式按月对外发布。本篇收集了 2019 年中国月度服务业生产指数的当月同比增速和累计同比增速。此外，本篇还收集了世界上主要编制服务业生产指数国家——英国和韩国，2019 年月度服务业生产指数的当月同比增速和环比增速。

二、统计范围

中国服务业生产指数统计范围包括《国民经济行业分类》(GB/T 4754-2017) 中从批发零售业门类到文化、体育和娱乐业门类全部 13 个行业门类中 40 个行业大类的市场性活动，不包括公共管理、社会保障和社会组织，国际组织 2 个行业门类，以及科学研究和技术服务业，教育，卫生和社会工作 3 个行业门类中的非企业法人。同时，受基础数据所限，暂时也不包括农、林、牧、渔专业及辅助性活动，开采专业及辅助性活动，以及金属制品、机械和设备修理业。

三、资料来源

中国服务业生产指数资料由国家统计局服务业统计司提供；英国、韩国服务业生产指数资料来自两国统计局的官方网站。

附录3-1 2019年各国服务业生产指数月度增速(%)

月份	中国		英国		韩国	
	同比	累计	同比	环比	同比	环比
1月			2.0	0.3	2.4	1.3
2月	7.3	7.3	2.6	0.2	-0.2	-1.5
3月	7.6	7.4	2.4	0.1	0.8	0.4
4月	7.4	7.4	2.0	-0.1	1.6	0.5
5月	7.0	7.3	1.6	0.1	2.3	0.3
6月	7.1	7.3	1.9	0.4	0.1	-1.1
7月	6.3	7.1	1.9	0.3	1.5	1.2
8月	6.4	7.0	1.6	-0.1	2.4	1.1
9月	6.7	7.0	1.5	-0.1	0.9	-1.4
10月	6.6	7.0	1.5	0.3	0.7	0.5
11月	6.8	6.9	0.8	-0.4	2.4	0.8
12月	6.8	6.9	1.4	0.3	2.6	0.2

注：1.中国1月不计算指数，1-2月合并计算。
2.英国数据取自英国统计局2019年12月服务业生产指数报告。
3.韩国数据取自每月公布的服务业生产指数表中的确定值。

【主要统计指标解释】

服务业生产指数 指剔除价格因素后，服务业报告期相对于基期的产出变化。以基期为100，如果指数大于100，表明服务业总体产出增长；小于100，表明服务业总体产出下降。目前，中国服务业生产指数以上年为基期。

服务业生产指数月度同比增速 指当月服务业生产指数相对于上年同期（以上年同期为100）的同比增速，=（当月服务业生产指数/100-1）×100%。

服务业生产指数月度累计增速 指累计服务业生产指数相对于上年同期(以上年同期为100）的同比增速，=（累计服务业生产指数/100-1）×100%。

服务业生产指数环比增速 指经季节调整后，当月服务业生产指数相对于上月（以上月为100）的增速，=（季节调整后当月服务业生产指数/100-1）×100%。